W0461041

PRINCIPI DI ECONOMIA POLITICA

Angela Ambrosino
Roberto Marchionatti
Fiorenzo Mornati

PRINCIPI DI ECONOMIA POLITICA

Terza edizione

IUSTITIAM COLIMUS
G. Giappichelli Editore – Torino

© Copyright 2020 - G. GIAPPICHELLI EDITORE - TORINO
VIA PO, 21 - TEL. 011-81.53.111 - FAX 011-81.25.100
http://www.giappichelli.it

ISBN/EAN 978-88-921-1541-5

Composizione: Voxel Informatica s.a.s. - Chieri (TO)

Stampa: Stampatre s.r.l. - Torino

Le fotocopie per uso personale del lettore possono essere effettuate nei limiti del 15% di ciascun volume/fascicolo di periodico dietro pagamento alla SIAE del compenso previsto dall'art. 68, commi 4 e 5, della legge 22 aprile 1941, n. 633.

Le fotocopie effettuate per finalità di carattere professionale, economico o commerciale o comunque per uso diverso da quello personale possono essere effettuate a seguito di specifica autorizzazione rilasciata da CLEARedi, Centro Licenze e Autorizzazioni per le Riproduzioni Editoriali, Corso di Porta Romana 108, 20122 Milano, e-mail autorizzazioni@clearedi.org e sito web www.clearedi.org.

Indice

pag.

pag.

pag.

Parte IV
L'approccio macroeconomico

pag.

Appendice matematica e statistica

Premessa

Un manuale costituisce un tentativo di dare una rappresentazione dello stato della scienza in un dato momento. Per la scienza economica di oggi questo tentativo si presenta non di facile attuazione. Infatti gli ultimi trenta-quarant'anni hanno rappresentato un periodo di straordinario cambiamento per la scienza economica, che ha comportato una progressiva ridefinizione del suo stato e dei suoi confini.

I cambiamenti di una scienza sociale, quale è l'economia, avvengono per movimenti interni, volti a risolvere problemi di natura essenzialmente logica che di volta in volta emergono, e per movimenti esterni, ovvero dovuti al tentativo di comprendere i mutamenti del mondo economico reale. Su entrambi i piani molto è accaduto nel periodo citato, il che ha determinato una profonda differenza tra la concezione della scienza economica che si era venuta affermando nel secondo dopoguerra, e che ha costituito il 'paradigma' dominante (che possiamo definire neoclassico a livello microeconomico e della sintesi neoclassica a livello macroeconomico) fino agli anni settanta del Novecento, e la riflessione successiva che quel paradigma ha messo, almeno parzialmente, in discussione.

I libri di testo esistenti riflettono in misura soltanto parziale i cambiamenti avvenuti. Essi, da un lato, hanno integrato in modo molto limitato tali cambiamenti con gli elementi costitutivi del modello base, dall'altra hanno cercato e cercano di inglobare le novità all'interno del bagaglio di conoscenze accumulato, smorzando differenze e problemi, tendendo a collocarli nel regno delle eccezioni e delle anomalie, affiancando l'uno all'altro approcci diversi in modo sovente acritico e, soprattutto, astorico.

Quest'ultimo aspetto, l'astoricità dei libri di testo, costituisce oggi, a parere degli autori, un problema di rilievo, perché il non percepire la natura storica della disciplina limita la comprensione del suo stato attuale. Come scrisse, un grande economista e storico del pensiero economico del Novecento, Joseph A. Schumpeter, l'evoluzione del pensiero economico nel tempo è il risultato "di una lotta incessante con le creazioni delle nostre menti e di quelle dei nostri predecessori" e progredisce in modo non lineare. Questo manuale cerca di recuperare un approccio che non dimentica l'origine e la natura storica delle teorie e la loro evoluzione non lineare e dà uno spazio ai nuovi sviluppi della teoria economica maggiore di quello che tradizionalmente essi trovano nei libri di testo. La finalità del libro è quella di fornire una approfondita introduzione ai principi necessari per comprendere il dibattito economico odierno.

Il libro è così strutturato.

La prima parte offre una breve introduzione storica alla formazione e sviluppo della scienza economica, nella sua relazione con gli eventi del mondo reale e i mutamenti istituzionali.

La seconda parte, centrale in ogni manuale di economia, presenta il modello neoclassico, ovvero quel modello che ha costituito il fondamento microeconomico della scienza economica per gran parte del secolo trascorso: a partire dalla definizione di scienza economica imposta da tale approccio, si presentano i concetti analitici fondamentali e le ipotesi-base, per poi affrontare l'analisi dei mercati e le scelte degli agenti economici a livello parziale e generale. Una ipotesi fondamentale del modello è quella di concorrenza perfetta: questa assunzione costituisce il contesto essenziale per definire il benessere e l'efficienza dei mercati. Se il cuore del modello neoclassico giace in questa ipotesi relativa alla struttura del mercato, il modello può però estendersi a considerare un insieme di problemi che (dalle imperfezioni della concorrenza alle esternalità, ai beni pubblici, al progresso tecnico) costituiscono dei fallimenti del mercato, ovvero fallimenti dell'allocazione ottimale delle risorse da parte delle semplici forze di mercato, e che permettono quindi di affrontare il problema del ruolo dello stato in economia.

La terza parte del libro offre una introduzione ai nuovi contributi che hanno contraddistinto la scienza economica più recente o che, in ogni caso, comportano implicazioni non del tutto coerenti con il modello neoclassico e che costituiscono, almeno potenzialmente, l'ossatura di un paradigma alternativo. L'informazione imperfetta, la razionalità limitata e la razionalità strategica sono i concetti che vengono qui introdotti, insieme ad alcuni sviluppi teorici che hanno rappresentato ambiti di dibattito anche acceso in anni recenti: dagli sviluppi dell'economia dei mercati finanziari, alle applicazioni dell'economia alle tematiche della giustizia e del diritto, oltre all'economia delle istituzioni, un campo di discussione in forte espansione che invita a ripensare in modo ampio e articolato i fondamenti stessi del pensiero economico contemporaneo.

La parte quarta è dedicata alla macroeconomia, ovvero a quell'approccio che affronta il sistema economico sul piano aggregato. Si tratta di un campo d'analisi che ha conosciuto nel secondo dopoguerra grandi mutamenti e discussioni teoriche, in particolare tra keynesiani e non keynesiani, dando luogo, se si esclude il periodo che va fino ai primi anni settanta del Novecento – il periodo della macroeconomia keynesiana –, a notevoli difficoltà nel definire un paradigma dominante, malgrado i tentativi compiuti, in particolare in relazione alla ridefinizione del paradigma neoclassico base. Per questa ragione, dopo la presentazione degli elementi essenziali della contabilità nazionale e quindi delle variabili di cui si occupa la macroeconomia, la successione dei capitoli scelta dagli autori segue un percorso storico, ovvero come successione di teorie che si sono via via affermate e tra loro in parziale contrapposizione. Una breve trattazione delle teorie della crescita completa la parte.

Lo strumento matematico è divenuto sempre più importante in economia. Esso permette sovente una rappresentazione rigorosa di problemi semplici, non sempre ottenibile in termini puramente verbali. Per questa ragione nel corso del libro se ne fa uso, normalmente affiancando la rappresentazione formale a quella verbale e grafica, offrendo così allo studente un insieme di prospettive da cui affrontare un problema. Un'appendice matematica offre una presentazione dei concetti matematici utili a comprendere le formulazioni presentate nel libro.

Alcuni capitoli o paragrafi trattano argomenti in cui la formulazione matematica è necessaria e prevalente e, per questo motivo, possono essere di difficile comprensione per gli studenti del primo anno di università che hanno un bagaglio di conoscenze matematiche molto limitato. Si sono indicati questi capitoli con un asterisco: gli argomenti in essi trattati vanno considerati come approfondimenti che possono essere inizialmente trascurati, senza implicazioni sulla comprensione delle altre parti del testo, e che possono essere trattati successivamente.

Nota alla terza edizione

Questa nuova edizione introduce vari cambiamenti ed estensioni.

Per quanto riguarda la parte microeconomica le novità sono le seguenti. Nella parte terza, "Oltre il modello neoclassico", abbiamo inserito due nuovi capitoli: il capitolo 6 dedicato alla Analisi Economica del Diritto e il capitolo 7 su Economia delle Istituzioni.

Tutto il volume è stato rivisto dagli autori al fine di correggere eventuali refusi e migliorarne la fruibilità.

Parte I Introduzione

1 Note storiche su formazione e sviluppo dei mercati e della scienza economica

SOMMARIO: 1. Formazione e sviluppo dei mercati: un processo di lungo periodo. – 2. La formazione di una ideologia economica e l'emergere di un pensiero economico sistematico. – 3. Adam Smith e l'economia politica classica. – 4. L'economia marginalista o neoclassica. – 5. L'economia del Novecento.

Nel Settecento la riflessione sul fenomeno economico, di per sé antichissima, subì una straordinaria accelerazione e un mutamento che giustificano l'affermazione che in quel momento storico nacque la scienza economica moderna. Questo avvenne in particolare grazie alle opere dei Fisiocrati in Francia (i quali chiamarono se stessi *économistes* e coniarono il termine *économie politique*) e di Adam Smith in Scozia. I loro lavori furono il risultato della sistematizzazione di una lunga elaborazione intellettuale, che si fa risalire al Cinquecento (ma con qualche anticipazione già nei secoli precedenti), relativa al commercio, alla ricchezza e prosperità delle nazioni, compiuta da mercanti, banchieri e uomini di stato. A sua volta questa riflessione accompagnò, e fu stimolata, dal grande processo di trasformazione che il continente europeo attraversò in questi secoli, ovvero la formazione di un'economia monetaria fondata su mercati: quel che è noto come capitalismo. Nel corso di questo processo quelle attività particolari da lunghissimo tempo conosciute – coltivare la terra, fabbricare manufatti, commerciare, depositare e prestare denaro – vennero collegate in un sistema economico inteso come insieme di mercati interdipendenti. Le condizioni di sviluppo della scienza economica stanno nell'emergere di due fenomeni tra loro strettamente connessi: l'affermarsi di tale sistema di mercato generalizzato e il costituirsi di un'ideologia economica.

1. Formazione e sviluppo dei mercati: un processo di lungo periodo

Il fenomeno della formazione dell'economia di mercato – dai mercati elementari alle fiere, alle borse – e di un'ideologia ad essa funzionale è il risultato di un processo di lunga durata che ha conosciuto avanzate e ritorni. Questo processo è stato magistralmente narrato da un grande storico, Fernand Braudel in *Civiltà materiale, economia e capitalismo, XV-XVIII secolo*[1], ampio studio del capitalismo preindustriale.

La nascita dei mercati moderni in Europa è legata all'esistenza delle città: luoghi in cui l'incontro di offerta e domanda permette lo scambio di beni, mettendo in relazione l'area della produzione con quella del consumo, la campagna con la città. I mercati esistono in forma elementare, intermittenti o continui, fin dal XII secolo. Con lo sviluppo delle città i mercati crescono, si moltiplicano e si specializzano. Emergono le figure del mercante e del bottegaio. Progressivamente tutto tende a passare per il mercato, quindi a diventare merce: non solo i prodotti delle campagne e degli artigiani, ma anche il denaro, la terra e il lavoro. La specializzazione dei mercati si accompagna poi alla loro gerarchizzazione: al vertice pochi ricchi mercanti, specializzati nei commerci di lunga distanza, alla base piccoli commercianti rivenditori.

Al centro della vita commerciale stanno due istituzioni: le fiere e le borse. Le grandi fiere, essenzialmente mercati all'ingrosso, rompono la cerchia ristretta dei mercati locali e allargano gli scambi, collegano le economie di regioni diverse, facilitano la circolazione e sono tra loro collegate, con i mercanti che passano da una all'altra. Le borse, istituzioni che emergono nel Seicento, sono il luogo d'incontro privilegiato delle nuove figure sociali che, con i mercati, emergono: banchieri, mercanti, agenti di cambio, negozianti. Ogni centro commerciale ha la sua borsa, dove ogni cosa viene trattata, insieme mercato monetario, finanziario e di valori. All'inizio del Seicento emerge come piazza centrale e permanente del mercato del denaro, cuore del nuovo sistema, la città olandese di Amsterdam, con la sua grande borsa valori. Qui, in una dimensione prima sconosciuta, si scambia e si specula sui titoli pubblici e sulle azioni della Compagnia delle Indie orientali. Ben presto alla piazza di Amsterdam si affianca quella di Londra e, ma di minore importanza, quella di Parigi. Londra diventerà

---

[1] F. BRAUDEL, *Civiltà materiale, economia e capitalismo, XV-XVIII secolo*, Einaudi, Torino, 1982.

il centro più importante a fine Settecento, capitale della potenza egemone del capitalismo classico.

2. La formazione di una ideologia economica e l'emergere di un pensiero economico sistematico

Un momento cruciale nella progressiva formazione di un'ideologia economica si ha con l'emergere di una "nuova arte di vivere" nella Firenze del 1300, come ha rilevato l'economista e storico tedesco Werner Sombart[2]: ne sono testimonianza i *Libri della Famiglia* di Leon Battista Alberti e il *Libro dei buoni costumi* di Paolo da Certaldo, con il loro elogio del denaro, del valore del tempo e della parsimonia. Ma, come sottolinea Braudel, un'arte di vivere non è ancora una nuova civiltà, per questo ci vogliono tempi più lunghi e altre condizioni istituzionali. È necessario che occupazioni prima a malapena tollerate – quali quelle del mercante e del banchiere – diventino accettate e oggetto di considerazione. Deve inoltre formarsi una riflessione approfondita, che ricerchi l'esistenza di leggi di funzionamento del nuovo sistema emergente e dia luogo a una qualche forma di "scienza dell'economia politica".

Nel tardo Cinquecento e nel Seicento l'interesse per il fenomeno economico nasceva, da un lato, dalla crescente consapevolezza di vivere in un'epoca di espansione dell'attività economica, in cui si stava formando un sistema interdipendente di mercati, interni e internazionali, non solo di beni ma anche di uomini e capitali, la cui natura complessa andava spiegata; dall'altro lato, dalle aumentate esigenze di risorse per finanziare gli eserciti dei governi dei nuovi stati nazionali in formazione, che si stavano consolidando sulle rovine del feudalesimo.

Il compito di iniziare una riflessione sistematica sul fenomeno economico lo assolse quell'insieme eterogeneo di scrittori diffusi in tutta Europa, soprattutto in Francia e Inghilterra, che vanno sotto il nome di *mercantilisti* e che furono i tipici rappresentanti dello "spirito capitalistico" delle grandi compagnie commerciali. Si tratta di un insieme di società costituite nel XVII secolo in alcuni paesi europei cui i governi assegnarono il monopolio delle attività commerciali nelle rispettive colonie d'Asia: la più famosa e importante fu la Compagnia in-

[2] W. SOMBART, *Il capitalismo moderno*, UTET, Torino, 1978.

glese delle Indie Orientali (la *British East India Company*), fondata all'inizio del 1600, che governò l'India e fondò Hong Kong e Singapore. Membro del *Committee* che dirigeva la Compagnia fu Thomas Mun (1571-1641) autore di uno dei più famosi testi mercantilisti, *England's Treasure by Foreign Trade* del 1621, prima compiuta formulazione del "sistema commerciale": egli sostenne che la ricchezza deriva dal commercio estero ed è costituita dalle riserve di metalli preziosi, per cui la bilancia commerciale deve essere in attivo; sta al governo regolamentare il commercio estero in modo da mantenere l'attivo di bilancio, incoraggiando l'importazione di materie prime a basso costo e l'esportazione di beni manufatti. A questa visione in cui la crescita economica di un paese è collegata a un forte intervento dello stato in favore dei ceti commerciali – della traduzione pratica della quale fu massimo rappresentante nell'Europa del Seicento Jean-Baptiste Colbert, potentissimo ministro di Luigi XIV in Francia – si affiancò e in parte si sostituì a poco a poco l'idea secondo cui lo stato non deve controllare il mercato, ma piuttosto si deve adeguare alle sue "supposte leggi" che saranno in grado di correggerne eventuali effetti negativi: il primo coerente rivendicatore della libertà di commercio fu, settant'anni dopo Mun, un altro commerciante ed economista inglese, Dudley North (1641-1691), nel suo *Discourse upon Trade* (1691).

Vero la fine del XVII secolo e l'inizio del XVIII secolo si diffuse l'idea che l'intervento pubblico nell'economia fosse fonte più di svantaggi che vantaggi per la collettività e che dunque la sua azione avrebbe dovuto essere circoscritta a garantire la possibilità che le attività produttive e commerciali si svolgessero indisturbate. A sostenere queste tesi, accanto a North, troviamo il medico, statistico ed economista inglese William Petty (1623-1687), il medico e filosofo d'origine olandese ma stabilitosi in Inghilterra Bernard de Mandeville (1670-1733), il filosofo inglese John Locke (1632-1704), il banchiere inglese Richard Cantillon (1680-1734), autori che ebbero chiari i problemi della fondazione di un'economia come scienza e possono essere considerati precursori dell'economia politica classica.

3. Adam Smith e l'economia politica classica

I decenni intorno alla metà del Settecento furono anni di profonda crisi politica nel mondo europeo, che portarono all'affermarsi dell'Inghilterra come potenza egemone dal punto di vista militare, politico ed economico. La sua affermazione si accompagnò a una accelerazione delle trasformazioni economiche (oltreché in Inghilterra anche, seppure in misura minore, in Francia) in particolare nelle campagne dove i metodi di coltivazione subirono importanti innovazioni (favorite dal movimento delle recinzioni) che portarono a un aumento della produttività e a una espulsione di manodopera dalle campagne. Ciò facilitò l'avvio della rivoluzione industriale, a sua volta favorita da numerose innovazioni tecnologiche di straordinaria importanza, con l'emergere di una nuova figura sociale, l'imprenditore-capitalista. A ciò si deve aggiungere quella rivoluzione culturale, rappresentata dall'Illuminismo, che impose le idee di ragione, libertà e scienza contro dogmi, superstizione e dispotismo, e, nel campo del pensiero economico, fornì le basi filosofiche dell'economia classica. In Francia si affermò in questo periodo la scuola fisiocratica, di cui il medico di corte di Luigi XV Francois Quesnay (1694-1774) fu il maestro riconosciuto, che introdusse le nuove idee di ricchezza come prodotto netto che si ottiene dal lavoro della terra e di interdipendenza dei processi produttivi. In Italia i contributi, tra gli altri, di Ferdinando Galiani (1728-1787), Cesare Beccaria (1738-1794) e Pietro Verri (1728-1797), in tema di moneta, domanda, rendimenti, furono, in particolare quelli di Galiani, di rilievo. Ma è in Gran Bretagna che si sviluppano i contributi di sintesi che fondano la nuova scienza: di David Hume (1711-1776) e, soprattutto, di Adam Smith (1723-1790), senza dimenticare quello di James Steuart (1712-1780), autore dell'ultima grande difesa del sistema mercantilista.

Con il filosofo illuminista scozzese Adam Smith (1723-1790) si ha una delle prime rappresentazioni, e certo quella di maggior successo, del quadro generale delle forze determinanti la ricchezza delle nazioni nel suo libro dal titolo *An Inquiry into the Nature and Causes of the Wealth of Nations* (*Indagine sulla natura e le cause della ricchezza delle nazioni*) pubblicato nel 1776. Smith riprese molte idee e concetti dei suoi predecessori ma li organizzò in un insieme assolutamente innovativo. In primo luogo, riprendendo l'idea giusnaturalistica di ordine naturale, egli rappresenta il sistema di mercato come il luogo di estrinsecazione di quell'ordine attraverso l'idea di "mano invisibile":

"Ogni individuo cerca di impiegare il proprio capitale per produrre il massimo valore possibile. In genere egli non intende promuovere l'interesse pubblico, e non si rende neppure conto della misura in cui lo promuove, ma agisce esclusivamente per la propria sicurezza e per il proprio tornaconto. E in questo è guidato da una mano che lo porta a perseguire un fine estraneo alle proprie intenzioni. Nel fare i propri interessi spesso promuove anche quelli della società in maniera molto più efficace di quando si propone di promuoverli realmente".

La mano invisibile è, appunto, il mercato, il fine è il benessere collettivo. Attraverso questa potente metafora, Smith fornisce la prima rappresentazione dell'idea secondo la quale un'economia composta da individui razionali che interagiscono tra loro attraverso lo scambio realizza un'organizzazione della produzione e della distribuzione che è efficiente e benefica. Attraverso la teoria del valore, che spiega formazione e determinazione dei valori di scambio, ossia i prezzi, rimandandoli alle quantità di lavoro impiegate, Smith offre una spiegazione del funzionamento di un mercato.

In secondo luogo, Smith pone all'origine della ricchezza non più l'ambito della circolazione, privilegiato dall'analisi mercantilista, ma quello della produzione. La divisione del lavoro, il processo per il quale una particolare operazione produttiva viene suddivisa in un certo numero di operazioni separate, compiute da individui diversi (ovvero il processo di specializzazione), è posto all'origine dell'aumento di produttività del lavoro, e quindi condizione della crescita del prodotto materiale.

In terzo luogo, Smith stabilisce una relazione tra il processo di divisione del lavoro e l'ampiezza del mercato. Egli sostiene che la divisione del lavoro è "limitata dall'ampiezza del mercato", ovvero è possibile tanto più il mercato è esteso. D'altra parte il mercato sarà tanto più esteso quanto più sviluppata è la divisione del lavoro nella produzione e in genere nella società. Così Smith per primo concepisce il circolo virtuoso della crescita. La relazione tra divisione del lavoro e ampiezza del mercato, tanto semplice quanto teoricamente potente, meritò la definizione di 'teorema smithiano'.

A partire da Smith si sviluppò una linea di pensiero – non una scuola vera e propria – detta classica i cui principali esponenti sono David Ricardo (1772-1823), Thomas Malthus (1766-1834), John Stuart Mill (1806-1873), Karl Marx (1818-1883). Le questioni del valore e della distribuzione del prodotto nazionale, insieme alla questione della crescita, furono al centro dei contributi teorici di questi grandi economisti: le direzioni prese dalla loro riflessione posero problemi e contraddizioni che minarono il loro sistema teorico, oltre a non rappresentare adeguatamente, con la parziale eccezionale dell'analisi marxiana e poi marxista, i nuovi problemi che le trasformazioni del capitalismo ponevano – l'emergere di una crescente concentrazione del capitale finanziario e del potere industriale che modificavano in modo sostanziale il funzionamento della concorrenza sul mercato, oltre al modificarsi della struttura sociale.

4. L'economia marginalista o neoclassica

I contributi, a partire dai primi anni settanta dell'Ottocento, di Stanley William Jevons (1835-1882), Leon Walras ((1834-1910), Carl Menger (1840-1921), Alfred Marshall (1842-1924) e molti altri che seguirono le loro tracce – in particolare Francis Y. Edgeworth (1845-1926), Vilfredo Pareto (1848-1923), Knut Wicksell (1851-1926), Irving Fisher (1867-1947) – diedero luogo a una nuova linea di pensiero che progressivamente venne affermandosi nel campo della scienza economica e che fu detta marginalista o neoclassica. A partire dalla teoria della domanda e del consumatore, a quella dell'impresa e della produzione, a quella della distribuzione, il nuovo approccio ridefinì confini e contenuti dell'economia su fondamenti soggettivisti e utilitaristi – quest'ultimo aspetto poi criticato e abbandonato nella rigorosa formulazione della teoria della scelta data da Pareto, il grande economista italiano successore di Walras alla cattedra di economia politica dell'università di Losanna.

La nuova linea di pensiero si suddivide fondamentalmente in due filoni, l'uno prevalentemente astratto ed interessato ai problemi teorici interni alla teoria economica (facente capo a Walras e alla scuola di Losanna), l'altro (facente capo a Marshall e alla scuola di Cambridge, in Inghilterra, da lui fondata) attento non soltanto a dare più solide basi scientifiche alla teoria economica, in quel periodo fortemente criticata dalle correnti storiciste, ma anche ad offrire rappresentazioni più realistiche, capaci di dar ragione della complessità del reale a scapito dell'eleganza formale e maggiormente coinvolto, come lo erano stati i classici, nelle grandi questioni economico-sociali del tempo.

Il filone walrasiano abbandonò il grande tema classico della crescita e si concentrò principalmente sulla riformulazione della teoria del valore su basi soggettive (e non più oggettive come i classici) e sul problema, altamente astratto e sostanzialmente astorico, della determinazione delle condizioni necessarie affinché la distribuzione delle risorse disponibili in un dato momento fra i loro possibili usi alternativi sia efficiente e renda massima la soddisfazione degli individui. Le nuove teorie rinunciano ai concetti classici di lavoro e produzione, come concetti teorici fondanti, per sostituirli o subordinarli a quelli di scarsità, utilità, massimizzazione ed efficienza. Ma l'analisi ha ancora, come la teoria dei classici, seppure a un livello più astratto, il suo centro nell'elaborazione di una teoria del mercato che traduca l'idea smithiana di mano invisibile dentro il nuovo sistema di pensiero: questo obiettivo è perseguito in un ambito in cui si ipotizza l'esistenza di concorrenza perfetta, ovvero una situazione altamente astratta in cui i soggetti non sono individualmente in grado di influire sui prezzi dei beni e dei servizi – si dice che gli agenti economici sono *price-taker* – e massimizzano le loro "funzioni obiettivo" in un ambiente perfettamente conosciuto.

Il filone marshalliano adottò invece come concetti privilegiati quello di industria e impresa rappresentativa, concentrandosi sull'analisi di equilibri meno generali, o parziali, prendendo in considerazione le diverse forme che la competizione di mercato andava assumendo – da quella concorrenziale, la più studiata, anche se sotto ipotesi meno astratte dell'approccio walrasiano, a quella monopolistica e oligopolistica – cercando anche di tener conto delle imperfezioni del mercato e delle sue componenti dinamiche. L'opera principale di Marshall, i *Principles of Economics,* pubblicati per la prima volta nel 1890 e che poi ebbero sette altre edizioni (l'ultima del 1920), si affermò come il testo classico dell'epoca neoclassica, che cercò di trattare tutti i grandi problemi teorici del nuovo sistema in una prospettiva di continuità con il sistema classico, offrendone una rappresentazione adeguata a lettori non specialistici, e con lunghi *excursus* storico-sociali capaci di inserire l'*opus* teorico dentro la contemporaneità dei problemi sociali.

Dal punto di vista della teoria pura, la centralità del problema dell'allocazione ottimale delle risorse e la predilezione per una rappresentazione astratta dei problemi comportarono l'adozione di un metodo matematico di ragionamento e, in particolare del calcolo infinitesimale, oltreché di un diffuso utilizzo del metodo geometrico (prediletto da Marshall). Il termine con cui si suole definire quella corrente di pensiero, marginalismo, prende appunto il nome dall'utilizzo del concetto matematico di margine e dell'analisi infinitesimale.

Nel suo complesso l'epoca della teoria marginalista fu caratterizzata da crescita economica sostenuta, intenso cambiamento tecnologico, miglioramento delle condizioni di vita, apertura dei mercati a livello internazionale – è l'età del *gold standard* e dell'egemonia inglese. Questo spiega l'ottimismo e la fiducia nel mercato espressa dagli economisti neoclassici e la forza della loro fede liberista. Tutto ciò fu bruscamente interrotto dalla prima guerra mondiale e messo in crisi dalla situazione che si determinò nel dopoguerra e nel ventennio successivo, caratterizzato da depressione economica internazionale, disoccupazione di massa e chiusura dei mercati internazionali. Inevitabilmente anche la scienza economica fu influenzata da questi drammatici movimenti. La nuova scienza economica non ebbe più la stessa concezione e la stessa fiducia nei meccanismi di mercato dei predecessori neoclassici.

5. L'economia del Novecento

Tra le due guerre mondiali la scienza economica fu oggetto di forti dispute sul piano metodologico e teorico – che portarono allo sviluppo di nuove sottodiscipline e campi di applicazione, tra i quali non possiamo dimenticare la teoria dei giochi –, oltreché sulla sua capacità interpretativa dei mutamenti del capitalismo in atto. Ne risultò una sua profonda trasformazione che pose le basi della scienza economica contemporanea.

L'elemento forse più caratterizzante il periodo è il sorgere, come campo autonomo all'interno della disciplina, della macroeconomia, per opera di John Maynard Keynes (1883-1946), intellettuale ed economista inglese formatosi nell'ambiente di Cambridge, allievo in economia di Marshall. *The General Theory of Employment, Interest and Money,* da lui pubblicata nel 1936 offrì, in primo luogo, una critica della teoria della mano invisibile e dell'idea che il capitalismo concorrenziale è sempre in grado di garantire la piena occupazione e efficienza nella distribuzione delle risorse, ovvero una critica della natura automatica e autoregolantesi del meccanismo di mercato; in secondo luogo, il libro presentò una teoria macroeconomica (ovvero relativa al sistema economico come un tutto) dell'equilibrio di sottoccupazione, in altri termini fu in grado di spiegare perché le depressioni possono accadere e mantenere per un tempo indeterminato l'economia al di sotto del livello di piena occupazione delle risorse; in terzo luogo, il libro pose le basi teoriche della politica economica, ovvero la teoria secondo la quale lo stato, attraverso gli strumenti della spesa e delle entrate pubbliche, può intervenire per evitare che nel sistema economico si manifestino situazioni di grave crisi e depressione.

La visione e la politica di tipo keynesiano, sebbene riviste all'interno di uno schema teorico di sintesi tra le novità di Keynes e la dottrina neoclassica – opera di più autori, in primo luogo l'americano Paul Samuelson (1915-2009) e l'inglese John Hicks (1904-1989) –, dominarono la disciplina economica nel secondo dopoguerra, fino all'inizio degli anni settanta. A partire dall'inizio di quel decennio si manifestarono le prime crepe del sistema internazionale creato dopo la guerra ed emerse il problema particolarmente acuto dell'inflazione, accanto a un problema di decelerazione della crescita economica – si coniò allora, per rappresentare questa situazione, il termine stagflazione. Il tentativo di comprensione teorica di questi problemi nella scienza economica portò a una sorta di reazione teorica al keynesismo dominante: emerse il monetarismo di Milton Friedman (1912-2006) e della "Scuola di Chicago", e poi la cosiddetta

Nuova Macroeconomia Classica di Robert Lucas (1937-), entrambi critici dell'interventismo in economia.

Con gli anni ottanta del Novecento, a seguito della critica della controrivoluzione keynesiana, si aprì nella scienza economica un lungo periodo di ridiscussione di assunzioni e teorie, a livello microeconomico e macroeconomico, che ha dato luogo a una situazione che possiamo definire di ridefinizione della natura, dei confini e del metodo della scienza economica. L'epicentro della discussione si è avuto a livello microeconomico, dove è emerso un insieme di nuove concettualizzazioni, grazie ai contributi di autori quali Herbert Simon (1916-2001), George Akerlof (1940-), Joseph Stiglitz (1943-) e Oliver Williamson (1932-). L'introduzione di assunzioni di informazione incompleta e asimmetrica, di razionalità limitata e strategica, di costi di transazione, e la considerazione delle istituzioni, hanno permesso un allargamento della comprensione di fenomeni reali di difficile spiegazione all'interno della tradizionale microeconomia neoclassica, nello stesso tempo rendendo necessario considerare aspetti della realtà sociale prima trascurati segnatamente norme e valori quindi rendendo più complicati e/o complessi i modelli interpretativi dei processi decisionali e dunque ponendo il problema della costruzione di una nuova sintesi teorica.

Parte II

Il modello micro-economico neoclassico. Il modello base e il modello allargato

A Il modello neoclassico di base

Il modello[1] neoclassico che qui presentiamo, fondato su categorie e concetti creati e sviluppati dagli economisti neoclassici a partire dagli anni settanta dell'Ottocento, rappresenta il modello economico di base nei libri di testo fino ai giorni nostri. Definiamo 'di base' il modello neoclassico fondato su alcune ipotesi fortemente semplificatrici relative alla natura dell'agente economico, alla forma di mercato, all'informazione ed agli effetti delle azioni degli agenti; esso è anche conosciuto come modello di concorrenza perfetta.

[1] Per modello intendiamo una rappresentazione semplificata della realtà attraverso variabili legate tra loro da relazioni logiche.

1. Premessa. Definizioni e concetti analitici fondamentali

SOMMARIO: 1. Premessa. Definizioni e concetti analitici fondamentali. – 1.1. La definizione neoclassica di economia. – 1.2. Concetti analitici fondamentali. – 1.2.1. Il soggetto della scelta: l'agente razionale. – 1.2.2. Strumenti per la scelta dell'agente razionale: le nozioni di insieme delle alternative disponibili, costo opportunità e margine. – 1.2.2.1. L'insieme delle alternative disponibili. – 1.2.2.2. Costo e costo opportunità. – 1.2.2.3. Pensare al margine. – 1.2.3. Condizioni tendenziali del sistema economico: equilibrio e efficienza. – 1.2.3.1. Equilibrio. – 1.2.3.2. Efficienza.

1.1. La definizione neoclassica di economia

Nel corso dell'evoluzione del pensiero neoclassico, si sono date più definizioni di cosa sia l'economia. Limitandoci alle più note e, nello stesso tempo, capaci di rappresentare le diverse visioni coesistenti, possiamo far riferimento a quelle di Alfred Marshall e Lionel Robbins.

Nei *Principles of Economics,* Marshall propose la seguente definizione di economia:

> L'economia è uno studio degli uomini, di come essi vivono e si muovono e pensano negli affari ordinari della vita. Ma si occupa principalmente di quei moventi che influiscono in modo più potente e continuativo sulla condotta dell'uomo nella parte professionale della sua vita ... Il movente più costante del lavoro professionale è il desiderio del compenso che è la remunerazione del lavoro ... È questa misurazione definita ed esatta dei moventi più costanti della vita professionale che ha permesso all'economia di superare di gran lunga ogni altro ramo dello studio dell'uomo ... [e] ha reso l'economia più esatta di ogni altro ramo della scienza sociale. Ma naturalmente l'economia non può essere confrontata con l'esattezza delle scienze fisiche; giacché tratta delle forze sottili e sempre mutevoli della natura umana.

Tale definizione, a lungo prevalente tra gli economisti fino al primo dopoguerra, venne soppiantata da una definizione formale che ebbe la sua formulazione forse più completa in un libro dell'economista inglese Lionel Robbins (1898-1984) pubblicato nel 1932, *An Essay on the Nature and Significance of*

Economic Science. In questo libro il concetto di economia, quale emerso dalla sistemazione dell'economia marginalista avvenuta a partire dagli anni novanta dell'Ottocento, venne ridefinito in un modo che diventerà dominante nei trattati di economia successivi. Robbins definisce così le condizioni che rendono un'azione umana suscettibile di considerazione da parte dell'economista:

> Gli scopi sono molteplici; il tempo e i mezzi[2] per conseguirli sono limitati e sono capaci di usi alternativi; nello stesso tempo gli scopi hanno diversa importanza.

Il quadro in cui si svolge l'azione economica è, dunque, caratterizzato dall'esistenza di scarsità. È questo un aspetto fondamentale del modello perché, in assenza di scarsità, non si porrebbe un problema di scelta in quanto tutti gli scopi si potrebbero raggiungere completamente. Così scrive Robbins:

> La scarsità dei mezzi per conseguire dati scopi è una condizione quasi onnipresente della condotta umana. Qui, dunque, è l'unità dell'oggetto della scienza economica: nelle forme che la condotta umana assume per disporre di mezzi che sono scarsi.

Ne deriva la seguente definizione di scienza economica:

> L'economia è quella scienza che studia la condotta umana come una relazione tra scopi e mezzi scarsi applicabili a usi alternativi, ovvero la scelta (o decisione) degli individui sull'uso (o allocazione) efficiente (che dà cioè il massimo risultato possibile) delle proprie risorse scarse (cioè insufficienti per realizzare pienamente ognuno degli scopi perseguiti).

Dalla menzionata definizione formale di economia come scienza che "analizza le conseguenze dell'esistenza di mezzi scarsi per usi alternativi" derivano due importanti implicazioni: a) "essa è scienza deduttiva" e b) essa si applica indipendentemente dai vari contesti istituzionali: "alla condotta dell'uomo isolato o del potere esecutivo di una società comunista come a quella dell'individuo in un'economia di scambio"[3].

La definizione fortemente astratta e generale di Robbins ebbe grande fortu-

[2] Con mezzi, o risorse, si intendono: le risorse umane, le risorse naturali, le risorse artificialmente costruite nel passato per usi successivi, designate collettivamente capitale.

[3] Ciò ha ispirato il cosiddetto "imperialismo disciplinare della scienza economica", ovvero l'idea secondo la quale i concetti base della scienza economica sono applicabili a spiegare pressoché tutti i fenomeni sociali.

na ed è ancora oggi alla base dell'approccio microeconomico neoclassico, cioè dello studio del comportamento delle singole unità di un sistema economico.

1.2. Concetti analitici fondamentali

1.2.1. *Il soggetto della scelta: l'agente razionale*

Come abbiamo appena ricordato, nella prospettiva robbinsiana gli individui scelgono per raggiungere certi scopi a partire da mezzi scarsi. La loro azione, o comportamento, può essere più o meno coerente e adeguata agli scopi. Nel modello semplice, che qui adottiamo, si assume che il comportamento degli individui sia razionale, ossia che questi valutino, sulla base delle loro preferenze, supposte ordinabili, i costi e i benefici delle alternative[4], tutte pienamente conosciute, e scelgano l'alternativa che gli permetta di massimizzare la loro soddisfazione. Si dice, in questo caso, che la razionalità è perfetta (o strumentale).

È questa una concezione della razionalità semplice – in quanto può essere formalizzata nella soluzione di un problema di massimizzazione – ed estrema, in quanto postula un soggetto irrealmente onnisciente. Concezione solo in parte condivisa dai vari autori che pure hanno contribuito a crearla, essa rappresenta in modo essenziale la versione neoclassica del concetto di *homo oeconomicus,* diffusosi nell'ultima fase dell'epoca classica a partire soprattutto dalle opere del filosofo ed economista inglese John Stuart Mill, che lo elaborò come artificio metodologico utile alla semplificazione dell'analisi della complessità del mondo sociale.

1.2.2. *Strumenti per la scelta dell'agente razionale: le nozioni di insieme delle alternative disponibili, costo opportunità e margine*

1.2.2.1. *L'insieme delle alternative disponibili*

Nell'operazione di scelta, l'agente economico deve tener conto dei vincoli che limitano le alternative a sua disposizione. Essi sono relativi alle risorse monetarie da utilizzarsi per il consumo, alla tecnologia di produzione e al tempo. L'insieme delle *alternative* di consumo, i cui vincoli sono costituiti dalle risorse monetarie disponibili, si dicono *vincoli di bilancio*; l'insieme delle *alternative* di produzione, i

[4] Per alternativa si intende una combinazione di scopi e mezzi disponibili per il loro raggiungimento.

cui vincoli sono costituiti dalle risorse produttive e dalla tecnologia disponibili, si dicono *frontiera o curva delle possibilità produttive*; l'insieme delle *alternative* i cui vincoli sono determinati dal tempo si dicono *vincoli di tempo*.

Una maggior quantità di un'alternativa ne implica una minore dell'altra: si dice che esiste un *trade-off* tra le alternative. Ad esempio: per un consumatore consumare maggiormente un bene significa minor denaro disponibile per acquistare un altro bene; per un'impresa produrre una maggior quantità di un dato bene significa produrre meno di qualche altro bene; per un individuo dedicare più tempo a un'attività significa averne di meno disponibile per un'altra.

L'insieme delle alternative disponibili può essere rappresentato con un grafico in cui sull'asse orizzontale misuriamo la quantità di un bene (ad esempio il bene *a*) e sull'asse verticale la quantità dell'altro bene disponibile (ad esempio il bene *b*). Calcolata la quantità massima disponibile di ciascuno dei due beni, date le risorse, il segmento che unisce i due punti sui due assi rappresenta tutte le combinazioni possibili dei due beni. Tale segmento può essere rappresentato da una retta o da una curva.

Grafico II.A.1. – *L'insieme delle alternative disponibili*

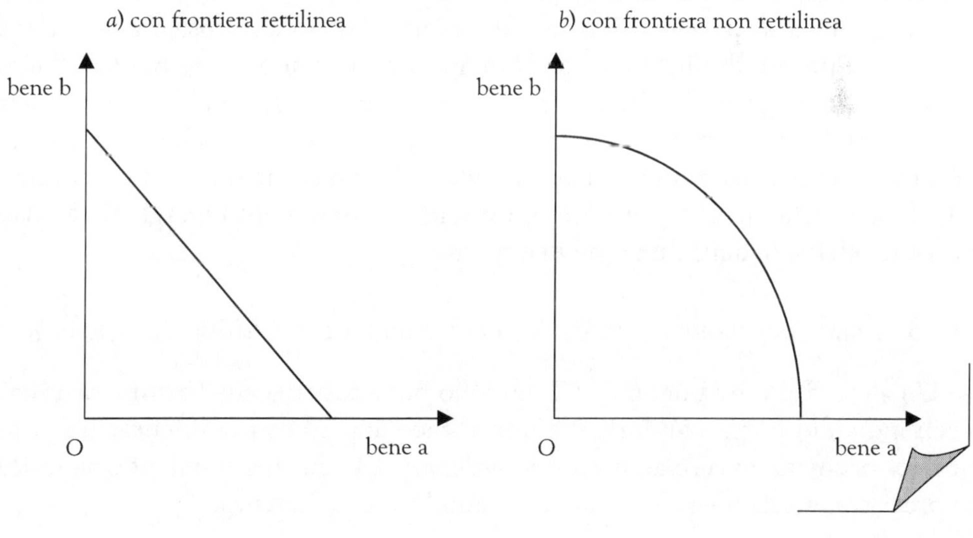

1.2.2.2. *Costo e costo opportunità*

Il concetto di costo di produzione nell'approccio neoclassico è riferito in primo luogo a quello di penosità e disutilità. In questo senso esso mantiene, nella formulazione marshalliana, un riferimento al concetto classico di 'costo reale', oggettivo. A questa idea di costo se ne affianca un'altra, prevalente nella tradizione austriaca e walrasiana, in cui il costo viene invece svuotato di qualsiasi riferimento a elementi oggettivi e espresso in termini puramente soggettivi: si tratta del costo delle opportunità, concetto introdotto dall'economista austriaco Friedrich von Wieser (1851-1926) nel 1889 in un volume dal titolo *Der natürliche Wert* (*Il valore naturale*), e diffuso da vari economisti (tra cui l'inglese Philip Wicksteed (1844-1927)). Il concetto mette in evidenza il fatto che la scelta tra alternative in condizioni di scarsità implica un costo: la più soddisfacente delle alternative cui si rinuncia. Così il costo opportunità del maggior consumo di un bene è dato dal minor consumo del più soddisfacente dei beni cui si rinuncia; il costo opportunità di un'attività consiste nel valore della più remunerativa delle attività cui si rinuncia. Nel grafico II.A.1. sopra, l'inclinazione del segmento rappresenta il costo opportunità (o prezzo relativo) del bene misurato sull'asse orizzontale.

1.2.2.3. *Pensare al margine*

Nel compiere una scelta, l'agente economico misura i costi ed i benefici derivanti da una variazione della situazione in cui si trova. Si suppone, più precisamente, che la scelta riguardi non solo se fare o meno una cosa, ma soprattutto se farne un po' di più o un po' di meno, ovvero i suoi incrementi o decrementi. Nello scegliere, dunque, l'agente economico confronta i benefici al margine (benefici marginali) con i costi al margine (costi marginali). In termini non formali una variazione al margine può definirsi come una unità incrementale di una certa quantità; in termini formali, un incremento marginale è misurato dalla derivata della funzione in oggetto.

1.2.3. *Condizioni tendenziali del sistema economico: equilibrio e efficienza*

Un'altra idea fondamentale del modello neoclassico è che l'azione razionale degli individui possa condurre, se non ostacolata, ad una configurazione economica ordinata, ovvero ad un *ordine economico*. I concetti che danno significato preciso a questa idea sono quelli di equilibrio ed efficienza.

1.2.3.1. *Equilibrio*

L'equilibrio è una situazione in cui: ogni agente economico fa quanto di meglio può (cioè dato il contesto in cui agisce) per raggiungere i suoi obiettivi; lo stato del mondo che ogni agente economico così raggiunge, in assenza di influenze esterne, non cambierà, in quanto le aspettative di ciascuno sono soddisfatte. È un'idea di equilibrio semplice che, come scrisse Marshall, "corrisponde all'equilibrio meccanico di una pietra appesa ad una corda elastica, o di un certo numero di sfere che si appoggiano l'un l'altra nel cavo di un bacino"[5]. In questo contesto, i soggetti scelgono, tra le alternative disponibili, quelle preferite e definiscono così una situazione non soggetta a mutamento endogeno; in altri termini l'equilibrio così definito è di tipo *statico* (non dinamico).

1.2.3.2. *Efficienza*

In generale, efficienza significa che l'utilizzo delle risorse disponibili è il migliore possibile. Una definizione precisa di efficienza è stata data da Vilfredo Pareto. Essa afferma che il sistema economico è efficiente quando il combinarsi delle scelte individuali realizza un'allocazione delle risorse tale che non è possibile apportare miglioramenti al sistema, nel senso che non si può migliorare la condizione di un agente economico senza peggiorare la condizione di un altro: si definisce tale situazione *efficienza paretiana*, o si dice che il meccanismo di allocazione delle risorse è *Pareto-efficiente* (lo esamineremo più avanti, vedi par. 5.2).

---

[5] Marshall considerò questa nozione meccanica di equilibrio come un primo stadio di analisi cui avrebbe dovuto seguire un'analisi avanzata, dove il concetto di equilibrio è biologico, inteso come equilibrio, instabile, tra forze vitali e forze di declino.

2. Il mercato, lo scambio e la formazione dei prezzi. Premessa e ipotesi preliminari

SOMMARIO: 2. Il mercato, lo scambio e la formazione dei prezzi. Premessa e ipotesi preliminari. – 2.1. Il mercato, la divisione del lavoro e i benefici dello scambio. Un'applicazione del concetto di costo-opportunità. – 2.2. La teoria del mercato: ipotesi preliminari. – 2.2.1. La forma di mercato: l'ipotesi di concorrenza perfetta. – 2.2.2. La completezza dell'informazione e della conoscenza rilevante e il ruolo dei prezzi. – 2.2.3. L'assenza di esternalità. – 2.2.4. Le regole del gioco: l'esistenza di diritti di proprietà. – 2.2.5. Appendice. Un modo di allocare le risorse alternativo al meccanismo di mercato: il razionamento.

La scienza economica neoclassica, in quanto studio della scelta razionale in condizioni di scarsità, si applica, nelle intenzioni dei suoi esponenti, a qualsiasi contesto socio-istituzionale. Ciononostante, essa è considerata, come scrisse Robbins, di "interesse e utilità massima" quando è applicata all'analisi di un'economia di scambio di mercato. Va anche tenuto sempre presente che, come abbiamo visto nella prima parte, la formazione storica della scienza economica si è accompagnata inestricabilmente allo sviluppo dell'economia di mercato e che il mercato è stato tradizionalmente considerato dagli economisti il modo migliore per raggiungere l'ordine e l'efficienza economici. Il concetto di mercato è perciò l'oggetto di analisi per eccellenza della scienza economica.

2.1. Il mercato, la divisione del lavoro e i benefici dello scambio. Un'applicazione del concetto di costo-opportunità

Il concetto di costo opportunità permette di analizzare la convenienza a specializzarsi e scambiare, ovvero ci aiuta nel definire i vantaggi dello scambio e giudicare se sia sempre conveniente scambiare. Offriamo qui una prima rappresentazione di un fenomeno che analizzeremo in modo formalmente più approfondito trattando l'equilibrio economico generale.

Secondo Adam Smith lo scambio si basa sul *vantaggio assoluto*: se un individuo è più efficiente nella produzione di un bene e meno in quella di un altro, per la produzione del quale è più efficiente un altro individuo, entrambi beneficeranno dello scambio. Successivamente David Ricardo dimostrò, utilizzando la teoria del valore-lavoro, che, anche se un individuo è meno efficiente nei confronti di un altro individuo nella produzione di entrambi i beni, esiste ancora la possibilità di scambi reciprocamente vantaggiosi. La sua teoria del *vantaggio comparato* sarà poi dimostrata in termini di costo-opportunità dall'economista austriaco Gottfried Haberler (1900-1995) negli anni trenta del Novecento.

Secondo tale approccio, gli individui si specializzano in quelle attività in cui sono più efficienti, vale a dire hanno minori costi opportunità. Ciò implica che individui razionali sul mercato scambino proprio quei beni nei quali si sono specializzati[6]. In questo modo lo scambio può generare mutui vantaggi.

Per evidenziare questo meccanismo di generazione di mutui vantaggi dallo scambio consideriamo il caso semplice in cui vi sono due individui indipendenti, Adamo ed Eva, ognuno dei quali produce due beni: "cibo" e "prodotti di abbigliamento".

In primo luogo rappresentiamo la possibilità o capacità di produzione dei due individui, esprimendola in tempo necessario per produrre una unità di prodotto e definendo quanta sia la produzione massima ottenibile in una giornata lavorativa di 8 ore. La tavola 1a rappresenta il tempo necessario per produrre una unità di bene e la tavola 1b il massimo di produzione per ciascun bene nel caso in cui tutta la giornata lavorativa sia dedicata alla produzione di uno dei due beni.

Tavole 1a-1b. – *Adamo e Eva e le loro possibilità di produzione*

1a	Tempo necessario (minuti) per produrre 1 unità di	
	cibo	*abbigliamento*
Adamo	60	15
Eva	20	10
1b	Quantità prodotta in 8 ore da Adamo e Eva (in unità)	
	cibo	*abbigliamento*
Adamo	8	32
Eva	24	48

[6] Una seconda implicazione della specializzazione, di ordine dinamico, ed indicata da Smith, può essere la seguente: la specializzazione aumenta la produttività e comporta un'ulteriore riduzione dei costi opportunità.

Eva ha dunque un vantaggio assoluto in entrambe le produzioni (impiegando minor tempo di lavoro per produrre una unità di bene, ovvero utilizzando una minor quantità di fattori produttivi). Le conviene specializzarsi e scambiare? E conviene ad Adamo? Per rispondere alla domanda possiamo procedere nel seguente modo. In primo luogo si calcolino i costi-opportunità di Adamo e Eva nella produzione di cibo e beni di abbigliamento.

Tavola 2. – *I costi-opportunità di Adamo e Eva*

	Costo opportunità di 1 unità di	
	cibo	*abbigliamento*
Adamo	4 unità abbigliamento	¼ unità cibo
Eva	2 unità abbigliamento	½ unità cibo

Dall'esempio risulta che:

– Eva produce il cibo a un costo-opportunità minore rispetto ad Adamo ($2 < 4$), per cui possiamo dire che ha un vantaggio comparato nella produzione di cibo;

– Adamo produce i prodotti di abbigliamento a un costo-opportunità minore rispetto a Eva ($\frac{1}{4} < \frac{1}{2}$), per cui ha un vantaggio comparato nella produzione di abbigliamento.

Adamo ed Eva possono decidere di specializzarsi (totalmente o parzialmente) sulla base dei rispettivi vantaggi comparati, ovvero:

– Eva può specializzarsi nella produzione di cibo e quindi ottenere i capi di abbigliamento di cui ha necessità per vivere attraverso lo scambio con Adamo;

– Adamo può specializzarsi nella produzione di capi d'abbigliamento e quindi ottenere il cibo necessario scambiando con Eva.

Assumiamo poi che in autarchia, cioè in assenza di scambi, ogni individuo produca entrambi i beni nelle quantità indicate nella tavola 2. In autarchia, la loro possibilità di consumo dipende solo dalla loro capacità di produzione e dalla distribuzione del tempo di lavoro tra le due produzioni.

In seguito i due individui si specializzino (Adamo completamente nella produzione di capi d'abbigliamento, Eva prevalentemente in quella di cibo) e scambino assumendo, dopo una contrattazione fra di loro, un prezzo compreso tra i costi opportunità di ciascun bene: per esempio, il prezzo sia di 3 unità di abbigliamento per una di cibo ovvero di 1/3 di unità di cibo per un'unità di abbigliamento (tavola 4).

Tavola 3. – *Situazione iniziale di produzione e consumo (autarchia)*

Quantità di beni prodotti da Adamo e Eva in una giornata lavorativa				
	Adamo		*Eva*	
	cibo	*abbigliamento*	*cibo*	*abbigliamento*
Produzione	4	16	12	24
Consumo	4	16	12	24

Tavola 4. – *Situazione di produzione e consumo in caso di specializzazione e scambio*

Quantità di beni prodotti, scambiati e consumati in una giornata lavorativa				
	Adamo		*Eva*	
	cibo	*abbigliamento*	*cibo*	*abbigliamento*
Produzione	0	32	18	12
Scambio	riceve 5	dà 15	dà 5	riceve 15
Consumo	5	17	13	27

Confrontando la situazione prima e dopo lo scambio si può notare che lo scambio determina mutui benefici in termini di maggior consumo disponibile di ciascun bene per ciascuno dei due scambisti:

	Adamo		*Eva*	
	cibo	*abbigliamento*	*cibo*	*abbigliamento*
Benefici (+ consumo)	+ 1	+ 1	+ 1	+ 3

Se lo scambio avvenisse, non al prezzo di 3 unità di cibo per 1 di abbigliamento, ma ad un prezzo non compreso tra i costi opportunità di ciascun bene (per esempio fosse di 5 unità di abbigliamento per 1 di cibo), esso favorirebbe uno degli scambisti e danneggerebbe l'altro (tavola 5).

Tavola 5.

	Quantità di beni prodotti, scambiati e consumati in una giornata lavorativa			
	Adamo		*Eva*	
	cibo	*abbigliamento*	*cibo*	*abbigliamento*
Produzione	0	32	18	12
Scambio	riceve 5	dà 25	dà 5	riceve 25
Consumo	5	7	13	37

Il grafico II.A.2 rappresenta la frontiera di produzione di Adamo ed Eva.

Grafico II.A.2. – *Frontiera di produzione degli individui coinvolti nello scambio (2 individui e 2 beni)*

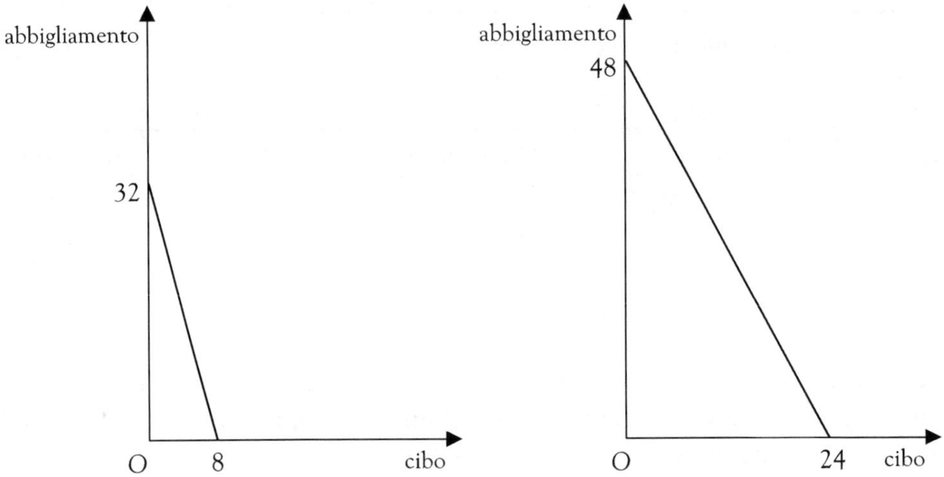

a) frontiera di produzione di Adamo
b) frontiera di produzione di Eva

Si noti che:

– dal momento che l'inclinazione della frontiera della produzione misura il prezzo relativo fra i beni sull'asse *y* e sull'asse *x*, allora;

– l'inclinazione rappresenta il costo opportunità del bene misurato sull'asse orizzontale (x);

– un'inclinazione minore significa un vantaggio comparato della produzione del bene misurato sull'asse orizzontale;

– un'inclinazione maggiore significa un vantaggio comparato nella produzione del bene misurato sull'asse verticale.

Quale prezzo si determinerà effettivamente sul mercato? La risposta ci verrà data dalla teoria del mercato.

2.2. La teoria del mercato: ipotesi preliminari

2.2.1. *La forma di mercato: l'ipotesi di concorrenza perfetta*

Con l'espressione *concorrenza perfetta* si intende una situazione in cui il comportamento degli agenti economici è *price-taking* su tutti i mercati, ovvero tali agenti (individui e imprese) non possono influenzare i prezzi di mercato e quindi li assumono come dati: operano, cioè, all'interno di un insieme di vincoli sui quali non possono intervenire[7]. All'interno di tali vincoli, gli agenti si comportano secondo i canoni della razionalità perfetta, decidendo in modo atomistico, cioè senza preoccuparsi del comportamento altrui.

La condizione di *price-taker* si ha quando gli agenti economici:

– sono tanto numerosi da non poter influenzare le variabili di mercato (detenendo una quota di mercato infinitesimale);

– operano in condizioni di piena libertà di entrata e uscita dal mercato ed in assenza di *costi di transazione*, cioè di costi aggiuntivi per portare a termine attività di mercato, ovvero di costi che bisogna sopportare per stabilire un accordo e farlo rispettare.

2.2.2. *La completezza dell'informazione e della conoscenza rilevante e il ruolo dei prezzi*

Nel contesto della concorrenza perfetta:

a) i consumatori *conoscono* perfettamente le proprie preferenze e le imprese *conoscono* perfettamente le tecnologie disponibili;

---

[7] Questo concetto di concorrenza perfetta, divenuto prevalente, è essenzialmente attribuibile a Walras e Pareto. La concezione di concorrenza perfetta (o libera, come egli preferì definirla) di Marshall fa invece riferimento a una struttura di mercato in cui operano molti soggetti che perseguono individualmente i propri obiettivi; dal punto di vista analitico la concezione marshalliana non richiede di considerare i prezzi come dati, ma piuttosto come il risultato di una contrattazione, un approccio che Edgeworth definì contrattazione negoziale e formalizzò nel suo capolavoro *Mathematichal Psychics* (1881).

b) gli agenti economici hanno una *informazione* completa e simmetrica sui beni acquistati e venduti. In particolare i consumatori:

- hanno piena informazione del loro insieme di opportunità, ovvero di ciò che è disponibile e a quale prezzo;
- sono informati delle caratteristiche di ogni bene;

c) i beni sono omogenei (o indifferenziati), ovvero le unità di un bene portate sul mercato sono perfettamente sostituibili le une alle altre, il che implica che non vi è motivo di preferire le unità offerte da uno o dall'altro venditore dello stesso bene;

d) tutte queste informazioni sono disponibili in maniera certa, ovvero tutti gli eventi e le situazioni presenti e future sono perfettamente conosciute e prevedibili.

Deriva dalle ipotesi fatte che, in equilibrio, tutti gli scambi hanno luogo a un *unico prezzo*.

In un mondo del genere, i prezzi rappresentano il modo in cui gli agenti comunicano fra di loro. Essi funzionano come informatori perfetti perché misurano esattamente la scarsità delle risorse ed offrono gli stimoli (*incentivi*) necessari ad allocare le risorse in modo efficiente.

2.2.3. *L'assenza di esternalità*

Si assume anche l'assenza di esternalità, ovvero che non vi sono divergenze tra costi privati e pubblici, in quanto le azioni degli agenti non hanno su altri agenti effetti di cui coloro che compiono le azioni possano non sopportare le conseguenze.

2.2.4. *Le regole del gioco: l'esistenza di diritti di proprietà*

Si assume il diritto dell'individuo proprietario di risorse di a) assumere ogni decisione riguardante l'uso del bene che non sia esplicitamente vietata da norme o spetti ad altri per contratto, ovvero usare le proprie risorse e i propri beni come meglio crede al fine di ricavarne una remunerazione, e b) di poterli vendere e di rifiutarne l'uso a chiunque non paghi il prezzo da lui richiesto.

Si ritiene che i diritti di proprietà diano agli agenti economici gli incentivi ad usare in modo efficiente le risorse di cui dispongono[8]. Infatti quando i diritti di proprietà sono limitati o non esistono, si creano inefficienze, in particolare l'eccessivo sfruttamento delle risorse.

Un caso classico è rappresentato dai diritti sulle risorse marine. Per moltissimo

---

[8] La teoria economica dei diritti di proprietà è abbastanza recente: essa può farsi iniziare con un articolo del 1960 del premio Nobel Ronald Coase (1910-), dal titolo *The problem of social cost.*, in *Journal of Law and Economics*, October 1960, pp. 1-44.

tempo non sono stati definiti diritti di proprietà sulle riserve oceaniche di pesce, perché il pesce era disponibile in quantità che apparivano praticamente inesauribili. Nel tempo, tuttavia, l'introduzione di nuovi metodi di pesca, come la pesca a strascico, e l'aumento della dimensione dell'industria della pesca, hanno fortemente intensificato lo sfruttamento delle risorse ittiche. In risposta al bisogno di preservare le zone di pesca, i paesi hanno introdotto diritti di proprietà sulla pesca nelle aree marittime costiere. Questo ha offerto un incentivo (ai pescatori di quei paesi) a non sfruttare eccessivamente le proprie risorse nel timore che esse si esauriscano troppo rapidamente.

2.2.5. *Appendice. Un modo di allocare le risorse alternativo al meccanismo di mercato: il razionamento*

Un bene è razionato quando è disponibile in quantità minore di quella desiderata. Il razionamento può avvenire:

a) per mezzo di *code*: stabilito il prezzo di un bene, esso viene mantenuto invariato quale sia il numero di persone che lo vogliono acquistare a quel prezzo e si mettono in fila per ottenerlo. Biglietti per il cinema o il teatro, per concerti o avvenimenti sportivi, sono spesso allocati in questo modo;

b) per mezzo di *buoni*: per ottenere un bene i compratori devono pagare un prezzo e esibire un buono che dà diritto ad ottenerne un certo ammontare. È uno schema di allocazione adottato spesso in tempo di guerra;

c) per mezzo di *lotterie*: i beni vengono allocati attraverso un processo di estrazione (aleatorio).

Tali schemi di razionamento possono essere considerati equi in determinate condizioni ma sono in qualche modo non efficienti, perché non consentono di attribuire i beni a chi è disposto a pagare di più. Le inefficienze si possono manifestare in vari modi: dallo spreco di tempo nel fare la fila alla formazione di mercati illegali.

L'analisi del modello di mercato sotto le ipotesi presentate verrà svolta considerando due diverse situazioni:

a) la prima è relativa a quel che succede su un singolo mercato ignorando quel che accade sugli altri mercati, ovvero non considera le interdipendenze esistenti nell'economia (è l'ipotesi di *ceteris paribus* introdotta da Marshall[9]): si parla in tal caso di analisi di *equilibrio parziale*;

b) la seconda riguarda quel che accade sull'insieme dei mercati considerando le interdipendenze esistenti: si parla in tal caso di analisi di *equilibrio generale*.

---

[9] Introducendo l'ipotesi di *ceteris paribus* Marshall intendeva definire uno studio in cui un insieme di fenomeni e tendenze viene isolato e analizzato sotto l'ipotesi che l'influenza di altri fenomeni e tendenze si può *temporaneamente* trascurare.

3. Il mercato dei beni. Il modello di domanda e offerta di mercato per un singolo bene: l'equilibrio parziale

Il capitolo studia il funzionamento del mercato di un singolo bene in un dato periodo di tempo, attraverso l'analisi della domanda e dell'offerta in condizioni di concorrenza perfetta.

La domanda e l'offerta sono fatti acquisibili per via empirica, che richiedono però una spiegazione teorica. Il modello teorico qui adottato ipotizza che gli individui che operano sul mercato agiscano razionalmente e quindi al fine di massimizzare le loro funzioni obbiettivo. La questione da esaminare è perciò relativa al legame esistente tra la domanda e offerta *e* il processo di scelta di individui massimizzanti. Tale legame è indagato nel presente capitolo: dapprima ci occuperemo delle scelte del consumatore e della curva di domanda, poi delle scelte dell'impresa e della curva di offerta.

3.1. Le scelte del consumatore e la domanda

Le scelte del consumatore possono essere trattate facendo riferimento a due diversi approcci, quello paretiano e quello marshalliano: punto di partenza del primo è il concetto di preferenze, quello del secondo il concetto di utilità.

3.1.1. *L'approccio paretiano*

3.1.1.1. *Preferenze e curve di indifferenza*

Le preferenze di un consumatore possono essere espresse in termini di confronto tra combinazioni (o panieri) di quantità di beni. Combinazioni diverse di quantità di beni, ad esempio beni alimentari e beni di abbigliamento, possono essere confrontate e ordinate in base alla loro preferibilità.

Assumiamo che il consumatore:

a) abbia *preferenze complete*, ovvero sia sempre in grado di confrontare ed ordinare le varie combinazioni, nel senso che per ogni coppia di combinazioni *A* e *B* il consumatore preferirà *A* a *B* o *B* a *A* o sarà indifferente ad entrambe;

b) abbia *preferenze transitive*, ovvero se preferisce la combinazione *A* alla combinazione *B* e la combinazione *B* alla combinazione *C*, allora preferisca la combinazione *A* alla *C*, sia cioè coerente;

c) preferisca sempre disporre di un bene (purché non sia indesiderabile) in misura maggiore che in misura minore: si parla in tal caso di *proprietà di non sazietà delle preferenze*;

d) preferisca combinazioni intermedie a combinazioni estreme, ovvero abbia una preferenza per la varietà, così preferendo panieri intermedi, bilanciati rispetto a panieri estremi contenenti tutto di un bene e nulla dell'altro: è questa *l'ipotesi di (stretta) convessità delle preferenze.*

Sulla base di queste proprietà degli ordinamenti di preferenze è possibile dare una rappresentazione grafica delle preferenze del consumatore. Supponiamo che egli disponga di 5 panieri alternativi, *A, B, C, D* e *E*; che preferisca il paniere *D* a tutti gli altri panieri; che preferisca le combinazioni *A, B* e *C* a *E*; e sia indifferente tra *A, B* e *C*. La figura che unisce le tre combinazioni *A, B* e *C* è chiamata *curva di indifferenza*.

Grafico II.A.3. – *La curva di indifferenza*

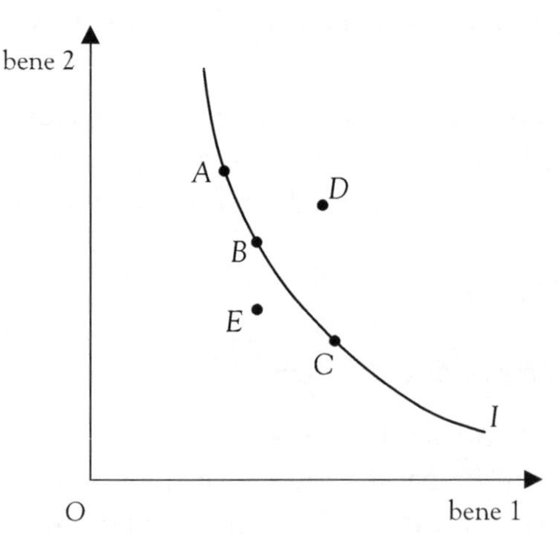

Una curva di indifferenza è il luogo geometrico dei punti del piano rappresentanti le infinite combinazioni di quantità di beni che danno al consumatore il medesimo livello di soddisfazione. Le preferenze del consumatore si rappresentano così attraverso un *sistema di curve di indifferenza* (o *mappa di indifferenza*), una per ogni possibile livello di soddisfazione. Le curve forniscono una graduatoria *ordinale* delle combinazioni, che pone cioè le varie combinazioni su una scala di preferenze, dalla più preferita alla meno preferita, senza dire di quanto una sia preferita a un'altra (se ciò fosse possibile, si parlerebbe invece di graduatoria *cardinale* delle preferenze).

Grafico II.A.4. - *Una mappa di indifferenza*

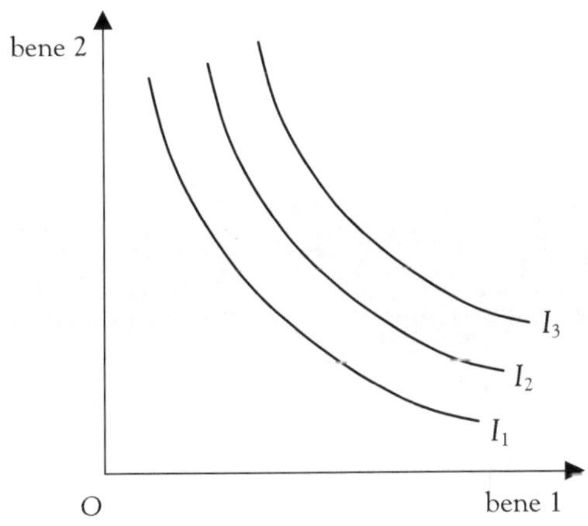

Le proprietà delle curve di indifferenza sono le seguenti:

a) le curve hanno pendenza negativa. L'ipotesi di non sazietà esclude la possibilità che le curve abbiano inclinazione positiva. Per comprendere questo fatto immaginiamo il caso di inclinazione positiva e vediamone le implicazioni. Nel grafico II.A.5 se una curva di indifferenza passasse per *B* e *D*, paniere che contiene maggiori quantità di entrambi i beni rispetto ad *B*, ciò implicherebbe che il paniere *D* non sarebbe preferito dal consumatore a *B*, con la conseguenza di violare l'ipotesi di non sazietà;

Grafico II.A.5. - *Le curve di indifferenza non possono essere inclinate positivamente*

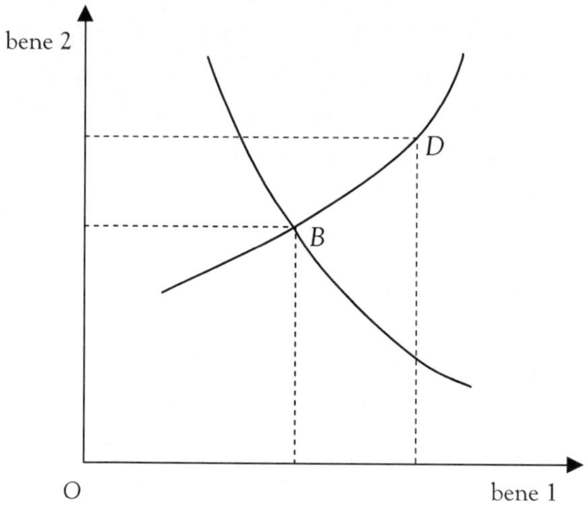

Grafico II.A.6. - *Le curve di indifferenza non possono intersecarsi*

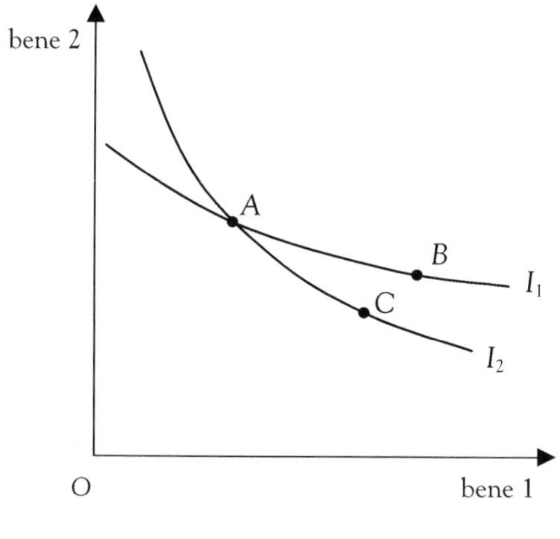

b) le curve non si intersecano. Per capirne la ragione, immaginiamo il caso contrario e vediamo perché in tal caso verrebbero violate le nostre ipotesi circa il comportamento del consumatore. Nel grafico II.A.6 due curve di indifferenza si incrociano in un punto *A*. Dato che i punti *A* e *B* si trovano sulla stessa curva di indifferenza I_1, il consumatore è indifferente tra le due combinazioni. I punti *A* e *C* si trovano sulla stessa curva I_2 e quindi il consumatore è indifferente tra i due panieri. Allora il consumatore risulterebbe essere indifferente tra le combinazioni *B* e *C*, ma ciò non può essere vero perché la combinazione *B* è preferita alla *C* in quanto contiene una quantità maggiore di entrambi i beni. L'intersezione violerebbe l'ipotesi di non sazietà;

c) curve più alte implicano un livello di soddisfazione più elevato, come è implicito nell'ipotesi di non sazietà.

Il rapporto al quale il consumatore è disposto a scambiare un bene con un altro, lasciando inalterata la sua soddisfazione, è detto *tasso marginale di sostituzione* nel consumo (*TMS*). Esso è definibile come il rapporto tra le variazioni Δq_2 e Δq_1 delle quantità dei due beni, misurate lungo la curva di indifferenza, necessarie per mantenere costante la soddisfazione del consumatore (in termini infinitesimali il saggio è la derivata della curva di indifferenza). Esso esprime il fatto che se la quantità di un bene si riduce, la quantità dell'altro deve aumentare per mantenere inalterata la soddisfazione. Esso è perciò misurato dalla pendenza della curva di indifferenza.

Scendendo lungo la curva di indifferenza dall'alto verso il basso, il tasso marginale di sostituzione è decrescente in valore assoluto per l'ipotesi di convessità della curva di indifferenza: esso ci dice che, se si attribuiscono al consumatore unità aggiuntive del bene 1, gli si devono togliere quantità decrescenti del bene 2, in quanto l'individuo attribuisce a quantità acquisite maggiori di un bene valori unitari decrescenti.

Grafico II.A.7. – *Il tasso marginale di sostituzione nel consumo*

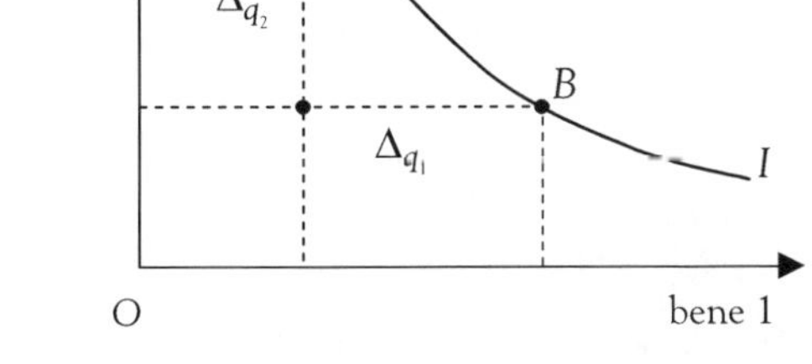

3.1.1.1.*bis*. *Una nota. Forme particolari delle curve di indifferenza*

Le preferenze variano da individuo a individuo. Un individuo può ritenere il bene 1 identico al bene 2: in tal caso una unità del bene 1 procura all'individuo altrettanto piacere di una unità del bene 2. In questo caso si dice che i due beni sono *perfetti sostituti* e la curva di indifferenza assume la forma di una retta, quindi con pendenza costante e pari a – 1 (grafico II.A.8a). All'opposto un individuo può considerare i due beni perfetti complementi, per cui desidera consumare il bene 1 solo congiuntamente al bene 2. Nel caso più semplice in cui un individuo è disposto a consumare una unità del bene 1 solo insieme a 1 unità del bene 2 – i beni sono cioè complementari in rapporto 1 a 1 – un incremento del consumo di uno dei due bene non genera nessuna soddisfazione aggiuntiva se non si verifica, allo stesso tempo, un incremento di pari ammontare nel consumo dell'altro bene. In questo caso, la curva di indifferenza ha la forma del grafico II.A.8b. Infine un individuo può considerare quantità minori di un bene (ad esempio il bene 2) sempre più desiderabili, ovvero il bene diviene un sostituto via via migliore del bene 1: in tal caso, la curva di indifferenza assume una forma concava verso l'origine (grafico II.A.8c).

Grafico II.A.8. – *Forme particolari delle curve di indifferenza: a) perfetti sostituti, b) perfetti complementi, c) preferenze concave*

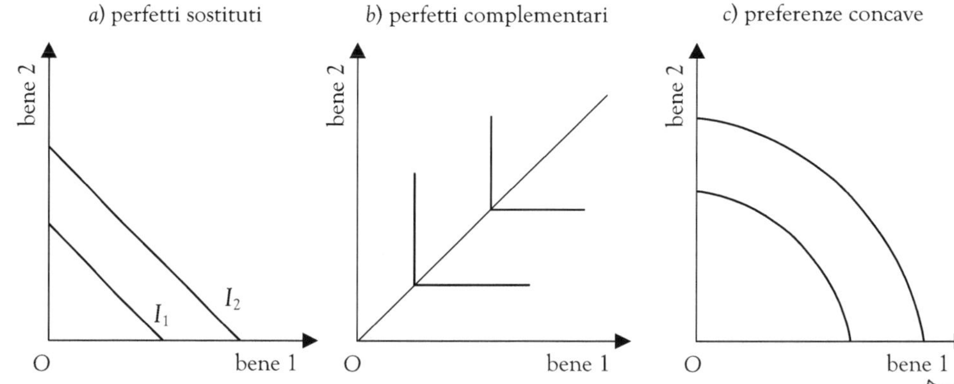

3.1.1.2. *La scelta ottima del consumatore*

Le scelte individuali vengono effettuate tenendo conto delle preferenze e dei vincoli che limitano la capacità di consumo degli individui. I vincoli sono rappresentati dal reddito monetario e dai prezzi dei beni. *Il vincolo di bilancio* (vedi par. 1.2.2.1) mostra tutte le combinazioni di quantità di beni che il consumatore è in grado di acquistare, dato il suo reddito e i prezzi dei beni.

Con tali informazioni il consumatore può allora allocare il suo reddito tra i beni disponibili. Egli ordina i panieri in termini di preferenze sulla mappa di indifferenza e il vincolo di bilancio gli indica quali sono i panieri che egli può acquistare. Combinando questi due elementi può scegliere il miglior paniere tra quelli ammissibili (cioè acquistabili), ovvero quello rappresentato dalla curva di indifferenza più alta possibile.

Il punto scelto dal consumatore sul suo vincolo di bilancio è perciò quello in cui la sua curva di indifferenza è tangente a tale vincolo. Esso è detto *ottimo*. Nel punto di ottimo la pendenza della curva di indifferenza e quella del vincolo di bilancio sono uguali, ovvero nel punto di ottimo il tasso marginale di sostituzione è uguale al prezzo relativo (il rapporto tra i prezzi dei beni). In simboli: $TMS = p_1/p_2$. Nel grafico II.A.9 il paniere ottimo è rappresentato dalla combinazione (q_1^*, q_2^*).

Grafico II.A.9. – *La scelta ottima del consumatore*

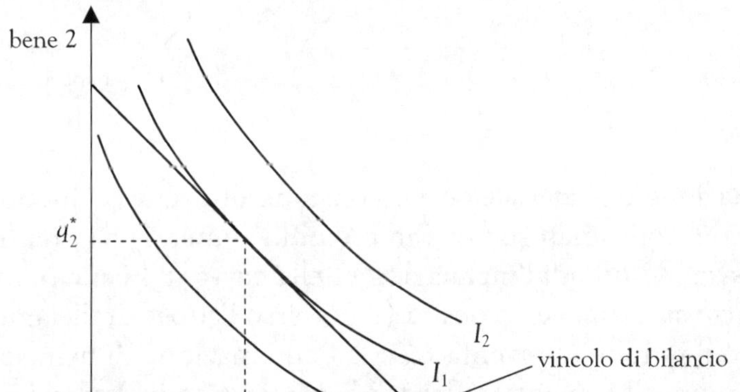

3.1.1.3. *Scelte del consumatore, variazioni del reddito e dei prezzi*

3.1.1.3.1. *Scelta del consumatore e variazioni del reddito*

La decisione del consumatore dipende dalle sue preferenze, dal reddito di cui dispone e dal prezzo dei beni. In che modo la variazione del reddito o dei prezzi, date le preferenze, influenza la scelta ottima della quantità da consumare? Consideriamo il grafico II.A.10. Se inizialmente il vincolo di bilancio è *AB*, la

Grafico II.A.10. – *Scelta del consumatore e variazioni del reddito*

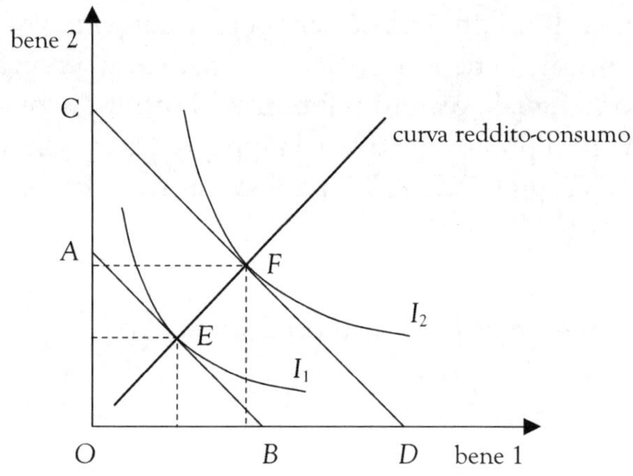

combinazione di beni scelta dal consumatore sarà *E*. Supponiamo ora che il reddito del consumatore vari (ad esempio aumenti) e i prezzi rimangano invariati, lasciando quindi l'inclinazione della curva di bilancio invariata. Il vincolo di bilancio si sposta verso destra (cioè verso l'alto) parallelamente, perché è aumentato il reddito, e diventa *CD*: la combinazione di beni scelta diviene *F*. In altri termini, all'aumentare del reddito, restando inalterati i prezzi, il consumo dei due beni aumenta. La linea che passa attraverso i punti che indicano le combinazioni ottimali a ciascun livello di reddito si dice linea reddito-consumo.

Nel caso trattato esiste una relazione positiva tra variazione del reddito e variazione della domanda (consumo) di beni indotta da quella variazione del reddito[10]: si dice che i beni sono *normali*. Si definiscono invece *inferiori* quei beni

[10] La relazione tra reddito del consumatore e quantità consumata di un bene fu studiata dallo statistico tedesco Ernst Engel (1821-1896) che nel secolo XIX analizzò le spese in beni di consumo delle famiglie in relazione al loro reddito e scoprì che tanto più una famiglia è po-

per i quali esiste una relazione negativa fra variazione della domanda e variazione del reddito, ovvero beni la cui domanda diminuisce all'aumentare del reddito. La curva reddito-consumo ha così inclinazione positiva in caso di beni normali e negativa in caso di beni inferiori.

Grafico II.A.11. – *Variazioni del reddito, beni normali e beni inferiori*

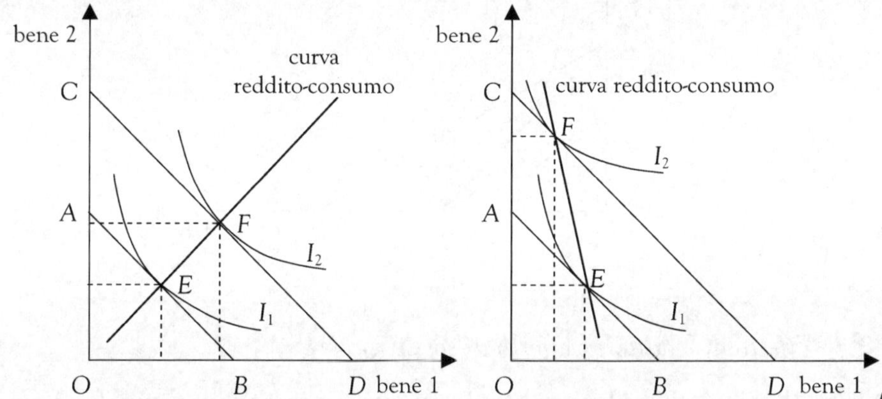

a) bene normale *b*) bene inferiore

3.1.1.3.2. *Scelte del consumatore e variazioni dei prezzi*

Esaminiamo ora gli effetti del cambiamento di prezzo di un bene, date le preferenze, e lasciando invariato il reddito. Consideriamo il grafico II.A.12. Se inizialmente il vincolo di bilancio è *AB*, la combinazione di beni scelta dal consumatore sarà *E*. Supponiamo ora che diminuisca il prezzo del bene 1, l'altro prezzo e il reddito restando inalterati. L'inclinazione del vincolo di bilancio, data dal rapporto tra i prezzi, varia: nel caso esaminato l'inclinazione, in valore assoluto, diminuisce. Il vincolo diventa *AD* e la scelta ottima sarà *F*. La diminuzione del prezzo di un bene aumenta dunque le disponibilità del consumatore: in questo caso, esso comprerà di più del bene 1 e meno del bene 2.

vera tanto maggiore era la quota di reddito destinata all'acquisto di beni di prima necessità (generi alimentari principalmente). Questa relazione secondo cui la proporzione del reddito dedicata all'alimentazione diminuisce all'aumentare del reddito è nota come *legge di Engel*.

Grafico II.A.12. – *Scelta del consumatore e variazioni dei prezzi*

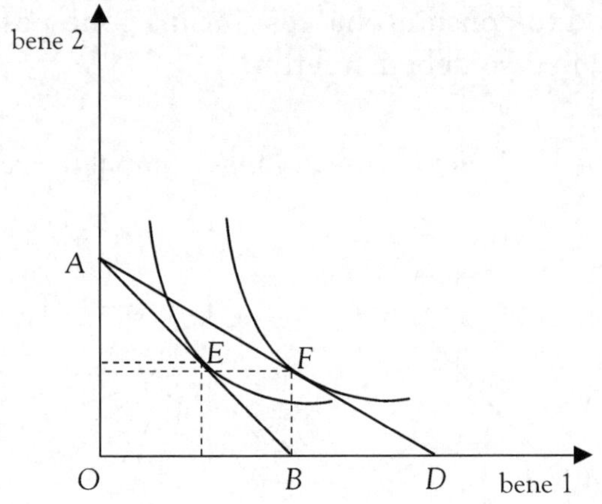

3.1.1.3.3. *Effetto di reddito ed effetto di sostituzione*[11]

Quando il prezzo di un bene varia, la quantità domandata di quel bene varia. Tale effetto può essere scomposto in:

– *effetto di reddito*: variazione del consumo conseguente ad una variazione del prezzo che fa spostare il consumatore su una curva di indifferenza differente;
– *effetto di sostituzione*: variazione di consumo conseguente ad una variazione di prezzo che fa spostare il consumatore lungo una curva di indifferenza (vi è sostituzione tra beni).

Diamone ora una rappresentazione grafica. Supponiamo che il consumatore abbia inizialmente scelto il paniere *E*, dove la curva di indifferenza I_1 è tangente alla retta di bilancio *AB*. Supponiamo ora che il prezzo del bene 1 diminuisca (a parità di reddito e di prezzo del bene 2). La retta di bilancio ruota allora verso destra e diventa *AD*. La scelta ottima del consumatore sarà allora nel

[11] I concetti di effetto reddito ed effetto sostituzione vennero introdotti dall'economista matematico russo Eugen Slutsky (1880-1948) in un articolo pubblicato in italiano del 1915, sul *Giornale degli economisti*, dal titolo *Sulla teoria del bilancio del consumatore*, che sviluppava l'analisi paretiana; vennero poi riscoperti negli anni trenta dagli economisti inglesi John Hicks (1904-1989) e Roy Allen (1906-1983) in un articolo su *Economica* dal titolo *A reconsideration of the Theory of Value* (febbraio 1934).

punto F sulla curva di indifferenza I_2. La diminuzione del prezzo del bene 1 ha causato un aumento della sua domanda che è attribuibile in primo luogo al maggior reddito a disposizione (effetto di reddito). In secondo luogo, essendo il bene 1 diventato relativamente meno caro del bene 2, ci dobbiamo attendere che il consumatore sostituisca il bene 2 con il bene 1, consumandone perciò anche per questo motivo una quantità maggiore. Per isolare questo effetto sostituzione, annulliamo l'effetto reddito, traslando la retta di bilancio AD verso il basso fino a raggiungere il punto di tangenza G tra la curva di indifferenza iniziale I_1 e la nuova retta di bilancio CC': in questo modo la variazione di consumo del bene 1 è esclusivamente attribuibile all'effetto sostituzione, cioè quello che opera passando da E a G. Il tratto tra G e F rappresenta l'effetto reddito.

Grafico II.A.13. - *Scelta del consumatore, effetto reddito e effetto sostituzione*

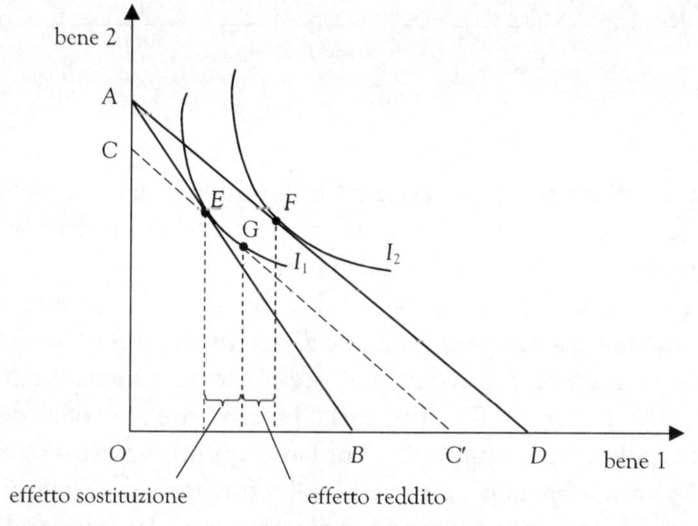

3.1.2. *La curva e la funzione di domanda*

3.1.2.1. *La domanda individuale*

Le variazioni di prezzo modificano il vincolo di bilancio del consumatore e quindi le quantità da lui acquistate dei due beni. La *curva di domanda* individuale di un bene riflette tali decisioni (ottime) di consumo.

Se il prezzo del bene 1 diminuisce, l'ottimo del consumatore si sposta e la quantità del bene 1 consumata aumenta. La *curva di domanda* del bene 1 riflette questa relazione prezzo-quantità, come mostrato dal grafico II.A.14.

Grafico II.A.14. – *La curva di domanda individuale*

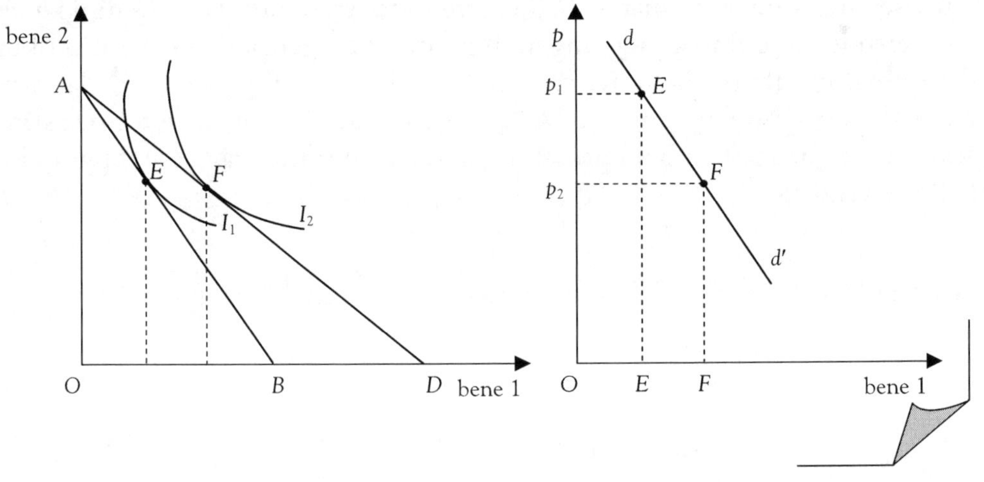

La domanda di un bene (o servizio) è dunque la quantità dello stesso che un compratore intende acquistare a un certo prezzo in un dato istante, dato il reddito, le preferenze e i prezzi degli altri beni.

Se indichiamo con D la quantità che il compratore è disposto ad acquistare al prezzo p, possiamo scrivere la *funzione di domanda* come $D = D(p)$. Si tratta di una funzione decrescente rispetto al prezzo: essa è inizialmente pari a una quantità positiva a (per $p = 0$) e poi varia linearmente al variare del prezzo, diminuendo quando questo aumenta. Abbiamo quindi un'espressione algebrica del tipo: $D(p) = a - bp$, con a e b positivi. La funzione di domanda può essere rappresentata graficamente nel modo indicato sopra, determinando così la *curva di domanda*. Nel disegnarla si segue la procedura di Marshall, che adottò questa raffigurazione: sul sistema di assi cartesiani si pone la variabile indipendente prezzo (p) in ordinata e la variabile dipendente quantità (Q) in ascissa.

Quello rappresentato è il caso generale. Un'eccezione ad esso è rappresentata dai cosiddetti *beni di Giffen* per i quali la domanda aumenta all'aumentare del prezzo. Si tratta del caso che Marshall definì un paradosso che egli attribuiva allo statistico scozzese Robert Giffen (1837-1910). Esso faceva riferimento al consumo del pane (e delle patate) tra i poveri nell'Irlanda di metà Ottocento: un aumento del prezzo del bene aveva l'effetto di costringere gli individui poveri a rinunciare a beni più costosi e aumentare il consumo del bene il cui prezzo era aumentato. I beni di Giffen costituiscono così un caso particolare di beni inferiori il cui consumo, secondo la legge di Engel, aumenta più lentamente al crescere del reddito.

3.1.2.2. *La domanda di mercato*

La figura sopra riportata (3.12) rappresenta, come detto, la domanda del bene da parte di un singolo consumatore. La domanda di mercato rappresenta invece l'insieme delle domande dei consumatori, risultato dell'aggregazione delle curve di domanda individuali. Sotto determinate assunzioni semplificatrici – data distribuzione del reddito, indipendenza tra le curve di domanda individuali – l'aggregazione avviene mediante la somma delle domande individuali. La domanda *di mercato* è cioè data dalla somma, a parità di prezzo, delle quantità domandate da ciascun consumatore. Graficamente è costituita dalla somma orizzontale delle curve di domanda di ciascun soggetto a un dato prezzo. Il grafico II.A.15 rappresenta tale curva assumendo che l'intero mercato sia rappresentato da due soli consumatori.

Grafico II.A.15. – *Domanda di mercato*

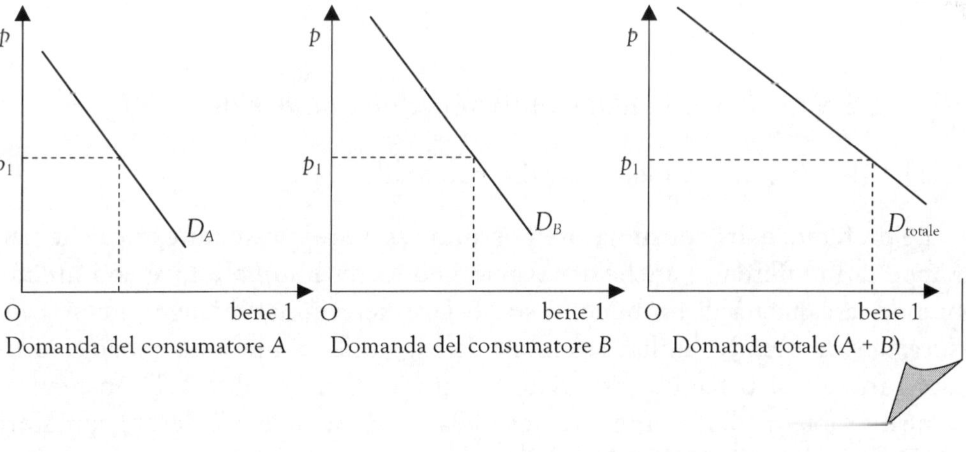

3.1.2.3. *Spostamenti della curva di domanda*

Abbiamo finora rappresentato la domanda in funzione esclusivamente del prezzo, ma essa dipende oltre che dal prezzo anche da altri fattori: le preferenze dei consumatori, il reddito disponibile e le aspettative di reddito futuro, i prezzi degli altri beni, la variazione del numero e della composizione, per reddito, dei consumatori. Variazioni di questi fattori causano *spostamenti* della curva di domanda. Un aumento della domanda in corrispondenza di ciascun prezzo implica uno spostamento della curva di domanda verso destra; una diminuzione della domanda in corrispondenza di ciascun prezzo implica uno spostamento della curva di domanda verso sinistra.

Grafico II.A.16. – *Spostamenti della curva di domanda*

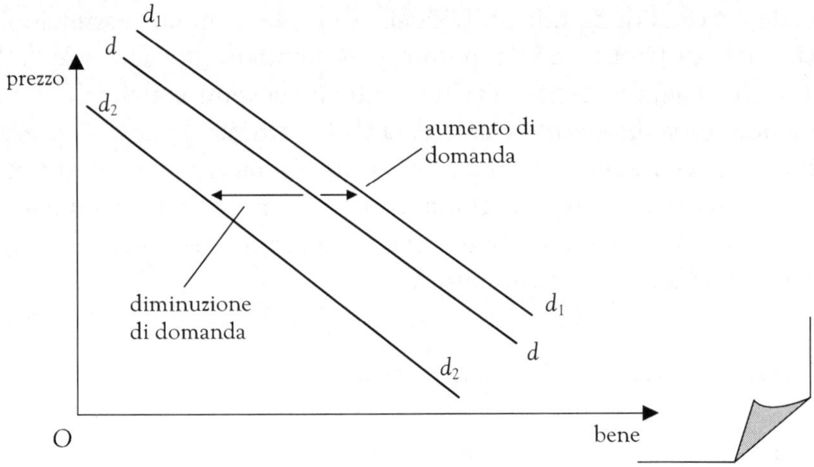

3.1.3. *L'approccio marshalliano: utilità e utilità marginale*

3.1.3.1. *Utilità, utilità totale e utilità marginale*

Le preferenze del consumatore possono essere rappresentate, oltreché dalle mappe di indifferenza, anche attraverso i concetti di *utilità,* dove con *utilità* si intende la capacità di un bene di soddisfare determinati bisogni e con *utilità marginale,* si intende l'utilità ottenibile dall'aggiunta di un'unità di bene. Alcuni autori marginalisti hanno formulato il criterio di razionalità del consumatore come il problema di massimizzazione della funzione di utilità del consumatore.

Una funzione di utilità è data dall'espressione:

$$U = U(x_1, x_2, ..., x_n)$$

dove $x_1, x_2, ..., x_n$ indicano le quantità variabili degli n beni consumabili. Essa attribuisce un valore numerico di utilità a ciascun insieme di beni[12]. Il paniere al quale la funzione associa il valore più alto tra tutti quelli appartenenti a un insieme ammissibile è quello che massimizza la funzione.

Tradizionalmente si suppone che l'utilità aumenti all'aumentare del consumo e che gli incrementi di utilità decrescano di intensità, ovvero che l'utilità totale aumenti ma che l'utilità marginale (il rapporto tra la variazione dell'utilità totale e la variazione della quantità del bene, $\Delta U/\Delta x$)[13] diminuisca: questa relazione è nota come legge dell'utilità marginale decrescente o "legge di Gossen", dal nome dell'economista tedesco Herman Heinrich Gossen (1810-1858), anticipatore della rivoluzione marginalista, che la formulò nel 1854.

Graficamente possiamo rappresentare l'utilità totale mediante una curva la quale aumenta con intensità decrescente, raggiunge un massimo e poi decresce.

Grafico II.A.17. - *Utilità totale e marginale*

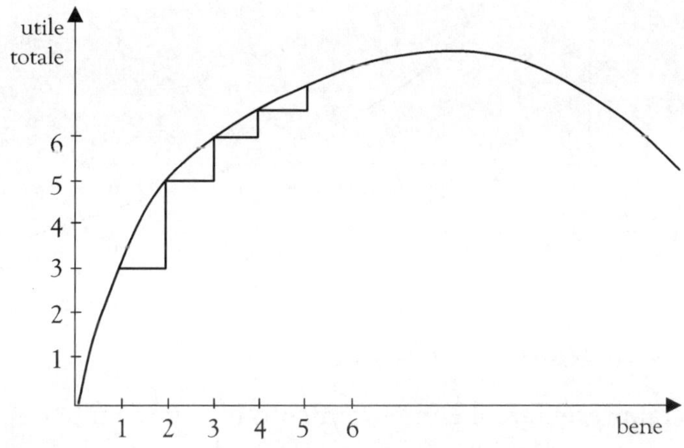

---

[12] Si dice in tal caso che l'utilità è misurabile in senso cardinale, ovvero dà informazioni non solo circa l'ordine delle preferenze ma anche sull'intensità delle stesse. L'ipotesi di utilità cardinale, adottata da W.S. Jevons, L. Walras e, almeno inizialmente, da A. Marshall, sollevò però tra gli economisti nell'era del positivismo la questione: è ragionevole ritenere che un attributo soggettivo come quello di utilità possa essere misurato come se l'utilità fosse una proprietà fisica dei beni, quindi oggettivamente misurabile? Fu Pareto a risolvere la questione mostrando che il problema della massimizzazione del consumatore può risolversi semplicemente stabilendo un ordine di preferenze, e quindi dando il via all'approccio sviluppato precedentemente nel par. 3.1.1).

[13] In termini infinitesimi, l'utilità marginale è la derivata parziale della funzione di utilità rispetto al bene x.

La corrispondente curva dell'utilità marginale dunque decresce intersecando l'asse delle ascisse in corrispondenza del punto di massimo dell'utilità totale, per poi assumere valori negativi. In questo contesto il saggio marginale di sostituzione tra i beni può essere interpretato come quel tasso al quale il consumatore è disposto a scambiare i beni a parità di utilità totale ottenibile.

Grafico II.A.18. – *Utilità totale e marginale*

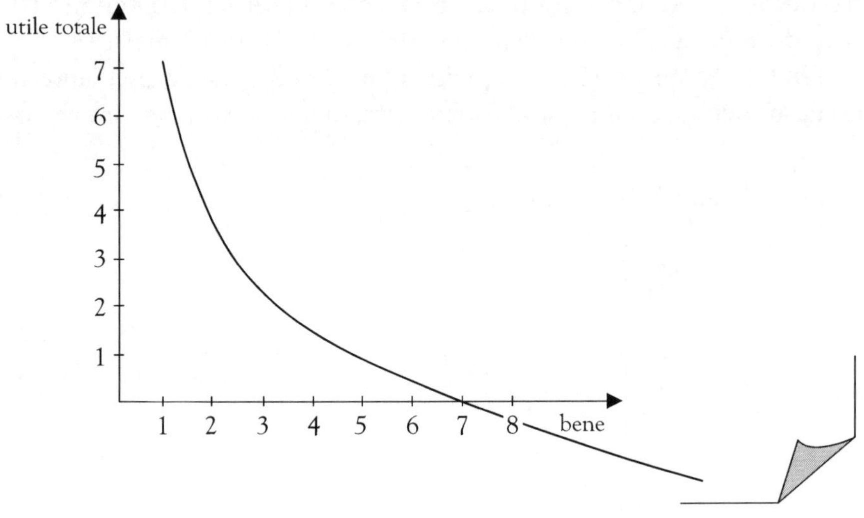

3.1.3.2. *La massimizzazione dell'utilità*

Possiamo rappresentare il comportamento massimizzante del consumatore a partire dal concetto di utilità marginale. Dato il reddito e i prezzi di mercato, il consumatore spenderà interamente il suo reddito nei vari beni in modo tale da eguagliare l'utilità marginale dei diversi beni rispetto ai rispettivi prezzi. Se definiamo UM_i/p_i l'*utilità marginale ponderata* del bene *i-mo*, possiamo affermare che in equilibrio il consumatore eguaglia le utilità marginali ponderate dei vari beni:

$UM_1/p_1 = UM_2/p_2 = ... = UM_n/p_n$ o, il che è lo stesso, che il rapporto tra le utilità marginali di due beni eguaglia il rapporto tra i loro prezzi: $UM_1/UM_2 = p_1/p_2$.

Ciò equivale a dire che l'utilità che si ottiene spendendo una unità di moneta addizionale (utilità marginale della moneta) nell'acquisto di una quantità addizionale di un bene deve essere la stessa per tutti i beni. In questo modo il consumatore massimizza la sua funzione di utilità.

Se si fissa l'utilità marginale della moneta, al crescere del prezzo di un bene la sua utilità marginale dovrà aumentare (per assicurare l'uguaglianza tra utilità marginale ponderata ed utilità marginale della moneta) e quindi la domanda del bene dovrà diminuire.

3.1.3.3. *Funzione di utilità e curve di indifferenza. Una nota*

Una funzione di utilità può 'tradursi' in una curva di indifferenza. Infatti quest'ultima è interpretabile, in una prospettiva cardinale dell'utilità, come l'insieme delle combinazioni di beni che generano lo stesso livello di utilità [14]. Non è vero però il contrario, poiché la conoscenza delle preferenze di un consumatore non permette di individuare un'unica funzione di utilità.

3.1.4. *Un altro approccio alle preferenze del consumatore: le preferenze rivelate*

Nell'ambito del *revival* delle teorie paretiane a partire dagli anni trenta del Novecento si è sviluppato un particolare approccio alle preferenze, che ha preso il nome di *preferenze rivelate*, il quale esclude la necessità di introdurre assunti psicologico-comportamentali. Introdotto dall'economista americano Paul Samuelson (1915-2009) nel 1938, a partire dalla considerazione che le preferenze di un individuo non sono osservabili mentre lo sono le sue scelte, esso risale alle preferenze degli individui a partire dall'*osservazione* del loro comportamento (compie quindi una ricostruzione empirica delle preferenze) e individua quel che le scelte del consumatore rivelano circa le sue preferenze, ovvero risponde alla domanda: assumendo date le scelte del consumatore, è possibile dire che esse sono state compiute da un consumatore razionale?

Partiamo da una situazione in cui vi siano tre panieri di beni, *A*, *B* e *C*. I panieri *A* e *B* si trovano sulla retta di bilancio, il paniere *C* al di sotto di essa. Il consumatore, assunto razionale, sceglie il paniere *A*. Cosa possiamo dire sulle sue preferenze? Il consumatore avrebbe potuto scegliere uno qualunque dei tre panieri, ma dal momento che ha acquistato il paniere *A*, questo deve essere quello ottimo: in altri termini la scelta che il consumatore fa è preferita a quelle altre che avrebbe potuto fare. Supponendo che le preferenze non cambino il

[14] Analiticamente ciò implica che, data la funzione di utilità $U = U(x, y)$, lungo una curva di indifferenza si abbia: $dU = U_x dx + U_y dy = 0$, e quindi $dy/dx = -U_x/U_y$.

consumatore non dovrebbe invertire la scelta in occasione di un altro acquisto. Per ottenere un comportamento coerente, deve valere l'assioma seguente, detto *assioma debole delle preferenze rivelate*: dati due panieri di beni distinti *A* e *B*, se *A* si è rivelato preferito a *B* allora *B* non dovrà mai rivelarsi preferito a *A*.

Nell'esempio fatto, il consumatore ha potuto confrontare direttamente le due situazioni. Se, invece, il paniere *A* si rivela direttamente preferito al paniere *B* e il paniere *B* si rivela preferito a *C*, si può affermare, per la proprietà transitiva, che *A* è preferito a *C*, ma indirettamente, poiché la relazione tra *A* e *C* è mediata da *B*. Se questa relazione vale per tutti i panieri dell'insieme di consumo allora possiamo dire che il comportamento del consumatore soddisfa l'*assioma forte delle preferenze rilevate*: dati due panieri di beni distinti *A* e *B*, se *A* si è rivelato preferito a *B* (direttamente o indirettamente) allora *B* non dovrà mai rivelarsi direttamente o indirettamente preferito a *A*.

3.2. Le scelte del produttore (o dell'impresa) e l'offerta

Esaminiamo ora il lato dell'offerta, ovvero il comportamento dei produttori o imprese. Definiamo l'impresa un soggetto che utilizza fattori produttivi (*input*) per trasformarli in prodotti vendibili (*output*) attraverso la produzione. Si suppone che non vi sia separazione tra proprietà e controllo dell'impresa per cui il proprietario svolge anche le funzione del manager.

Producendo, l'impresa sostiene costi per l'acquisto dei fattori di produzione e ottiene, con la vendita dei beni prodotti, ricavi e profitti. Il profitto è dato dalla differenza tra ricavi (quantità venduta per prezzo) e costi.

L'obiettivo dell'impresa è la *massimizzazione del profitto*. Per ottenere il suo obiettivo l'impresa deve decidere quanto produrre e come produrlo, compatibilmente con i vincoli, rappresentati dalla tecnologia disponibile e dai prezzi dei fattori di produzione e dei prodotti vendibili.

Iniziamo la trattazione delle scelte dell'impresa rappresentando la tecnologia e il suo rapporto con la produzione: a tal fine introduciamo la *funzione di produzione*.

3.2.1. *La funzione di produzione e la tecnologia*

Il primo stadio del processo di scelta dell'impresa è la soluzione del problema del modo 'migliore' di produrre, cioè al costo più basso possibile.

Supponiamo che il prodotto possa essere ottenuto in modi diversi, ovvero con diverse combinazioni dei fattori produttivi, e che i fattori disponibili siano due, 'capitale' (dove per capitale intendiamo qui la disponibilità di mezzi di produzione, o 'macchine') e 'lavoro'.

3.2.1.1. *La funzione di produzione e gli isoquanti*

Con il termine produzione si intende il processo produttivo svolto dalle imprese che trasformano *input* in *output*. La relazione esistente tra gli *input* del processo produttivo e la produzione risultante, dato il livello di conoscenze circa le tecniche produttive, si descrive con la *funzione di produzione*. Essa indica il prodotto (*output*) massimo che l'impresa può ottenere con le combinazioni di fattori produttivi (*input*) possibili (cioè rese possibili dalla tecnologia disponibile):

$$Q = F(K, L)$$

dove Q è la produzione, K e L i fattori di produzione impiegati, capitale e lavoro. Supponiamo che l'*output* possa essere prodotto con diverse combinazioni di K e L. Gli *isoquanti*[15] mostrano le varie combinazioni di quantità di fattori produttivi necessarie all'impresa per produrre efficientemente (cioè senza sprechi) un determinato *output*. Un insieme di isoquanti, o una mappa di isoquanti, descrive dunque la funzione di produzione dell'impresa. Nel grafico II.A.19 l'impiego della quantità OA di lavoro e OB di capitale permette di produrre la quantità Q_1 di prodotto. La stessa quantità Q_1 è producibile con la quantità OG di lavoro e OF di capitale. La quantità Q_2 (con $Q_2 > Q_1$) è invece ottenibile con, ad esempio, la combinazione OA di lavoro e OD di capitale.

Per le ragioni già sostenute nel par. 3.1.1.1, assumeremo che gli isoquanti non si intersechino e che ad isoquanti più lontani dall'origine siano associati livelli di *output* maggiori. Inoltre si assume che gli isoquanti (per la proprietà d'efficienza) siano inclinati verso il basso. Essi hanno normalmente forma strettamente convessa. Casi estremi sono rappresentati dalla perfetta sostituibilità tra i fattori (in tal caso l'isoquanto è una linea retta), e dalla non sostituibilità (in tal caso l'isoquanto è rappresentato da un punto).

L'inclinazione dell'isoquanto misura il *tasso marginale di sostituzione tecnica* tra fattori produttivi, cioè il saggio cui un *input* può essere sostituito con un altro a parità di *output* prodotto. In simboli: $SMST = dK/dL$.

---

[15] Il concetto di isoquanto fu introdotto dall'economista norvegese Ragnar Frisch (1895-1973), premio Nobel per l'economia nel 1969.

Grafico II.A.19. - *Gli isoquanti*

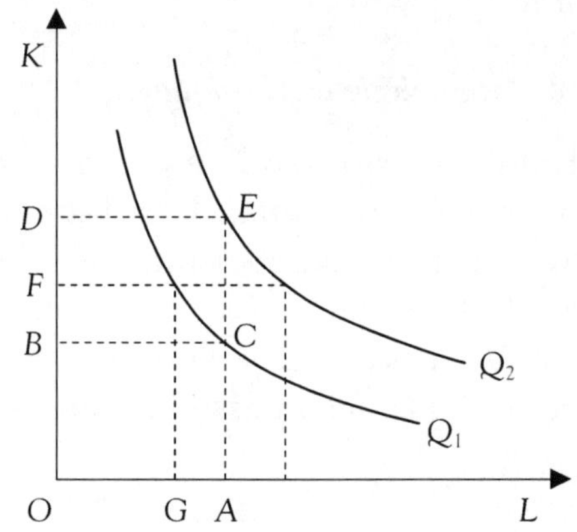

Definiamo il prodotto addizionale ottenuto dall'impiego aggiuntivo di un fattore (capitale o lavoro), tenendo costante l'impiego degli altri fattori di produzione, il *prodotto marginale del fattore* considerato.

In simboli: $dQ = (MP_L) \cdot (dL)$ è la variazione di prodotto causata da una variazione del fattore lavoro, e $dQ = (MP_K) \cdot (dK)$ la variazione di prodotto indotta da una variazione del fattore capitale.

Assumendo che la produzione sia costante (il che è implicito nel fatto che ci si trova sull'isoquanto) e che gli *input* di lavoro e di capitale aumentino avremo[16]:

$$(MP_L) \cdot (dL) + (MP_K) \cdot (dK) = 0,$$

da cui:

$$(MP_L) \cdot (dL) = -(MP_K) \cdot (dK) \quad \text{e} \quad (MP_L)/(MP_K) = -(dK)/(dL).$$

Il tasso marginale di sostituzione tecnica è perciò definibile come il rapporto tra il prodotto marginale di un fattore ed il prodotto marginale dell'altro fattore.

[16] In termini di calcolo differenziale $\partial Q/(= MP_K)$ e $(= MP_L)/\partial L$ sono derivate parziali che indicano rispettivamente le variazioni della quantità prodotta in relazione a incrementi infinitesimi di un fattore, restando l'altro invariato.

3.2.1.2. *Tecnologia di produzione e rendimenti di scala*

Ogni tecnologia presenta diversi rendimenti di scala. Essi misurano la relazione esistente tra le variazioni nell'*output*, dovute da una variazione equi-proporzionale nell'impiego di tutti i fattori produttivi, e la variazione stessa nell'impiego dei fattori. In particolare:

– se aumentando equi-proporzionalmente l'impiego di capitale e lavoro l'*output* aumenta proporzionalmente, la tecnologia presenta *rendimenti di scala costanti;*

– se aumentando equi-proporzionalmente l'impiego di capitale e lavoro l'*output* aumenta più che proporzionalmente, la tecnologia presenta *rendimenti di scala crescenti;*

– se aumentando equi-proporzionalmente l'impiego di capitale e lavoro l'*output* aumenta meno che proporzionalmente, la tecnologia presenta *rendimenti di scala decrescenti.*

In simboli, data una funzione di produzione $f(K, L)$ e una costante λ:

se $f(\lambda K, \lambda L) = \lambda f(K, L)$, allora la funzione è caratterizzata da rendimenti di scala costanti;

se $f(\lambda K, \lambda L) > \lambda f(K, L)$, allora la funzione è caratterizzata da rendimenti di scala crescenti;

se $f(\lambda K, \lambda L) < \lambda f(K, L)$, allora la funzione è caratterizzata da rendimenti di scala decrescenti.

3.2.1.3. *La funzione di produzione Cobb-Douglas*

Una particolare funzione di produzione, molto usata dagli economisti nei loro lavori teorici e empirici, è la funzione Cobb-Douglas[17] la cui forma

---

[17] Il matematico Charles Cobb (1875-1949) e l'economista Paul Douglas (1892-1976) presentarono in un articolo del 1928 su *The American Economic Review* dal titolo *A Theory of Production* la funzione di produzione che da loro prese il nome e che diventò la forse più utilizzata funzione di produzione dell'economia neoclassica grazie alle sue proprietà e alla facilità di trattazione analitica. Nella specificazione con rendimenti di scala costanti la funzione Cobb-Douglas fu originariamente introdotta dall'economista neoclassico svedese Knut Wicksell (1851-1926) in un libro del 1896.

Le principali caratteristiche di tale funzione di produzione sono: a) che è omogenea di primo grado; b) che, nel caso in cui $\alpha + \beta = 1$, è linearmente omogenea; c) che i corrispondenti isoquanti hanno, per valori positivi di K e L, pendenze negative e sono strettamente convessi.

generale è la seguente:

$$Q = AL^{\alpha}K^{\beta}$$

dove: Q è l'*output*, L e K i fattori produttivi capitale e lavoro, A una costante che misura il grado di produttività totale della tecnologia utilizzata, α e β sono coefficienti tecnici, costanti positive che permettono di analizzare alcune caratteristiche della tecnologia impiegata, tra cui i rendimenti di scala. Infatti la somma $\alpha + \beta$ determina la tipologia dei rendimenti di scala:

- se $\alpha + \beta = 1$ i rendimenti di scala sono costanti;
- se $\alpha + \beta > 1$ i rendimenti di scala sono crescenti:
- se $\alpha + \beta < 1$ i rendimenti di scala sono decrescenti.

3.2.1.4. *Breve e lungo periodo*

Se l'impresa, nel decidere la quantità di fattori da usare per produrre un certo ammontare di prodotto, può scegliere senza vincoli la combinazione che rende minimo il costo di produzione, si dice che l'impresa si trova in una situazione di lungo periodo. Se invece l'impresa sceglie sotto il vincolo di dover usare una certa quantità fissa di un fattore di produzione, si dice che l'impresa si trova in una situazione di breve periodo. Nel caso in cui l'impresa non potesse variare alcun fattore, si direbbe che l'impresa opera nel brevissimo periodo. Si noti che la distinzione tra breve e lungo periodo non è di tipo temporale, ma logico.

Nei paragrafi precedenti abbiamo assunto che l'impresa si trovasse in una situazione di lungo periodo. Rappresentiamo ora la situazione in cui l'impresa si trovi nel breve periodo, ovvero operi con un fattore fisso.

3.2.1.5. *La funzione di produzione con un fattore fisso (o funzione di produzione di breve periodo)*

Supponiamo che il produttore non sia in grado di modificare il fattore capitale, che è perciò da considerarsi fisso, e possa variare soltanto il fattore lavoro, considerato dunque variabile. In tal caso, l'impresa può aumentare l'*output* esclusivamente attraverso l'incremento di lavoro. La funzione di produzione diventa: $Q = F(\overline{K}, L)$, dove $\overline{K}$ rappresenta un numero fisso di unità di capitale.

Le caratteristiche della funzione di produzione in tal caso sono le seguenti:

– al crescere della quantità del fattore variabile impiegato cresce il prodotto totale;

– aumentando l'utilizzo del lavoro – restando gli altri *input* costanti – il prodotto marginale del lavoro tende prima a aumentare e poi diminuire: ciò dipende dal fatto che, potendo variare soltanto un fattore di produzione, l'impresa presto o tardi opererà in condizioni di *rendimenti decrescenti di un fattore di produzione* (in questo caso il lavoro);

– aumentando l'utilizzo di un *input*, la produttività media, cioè il rapporto tra *output* e quantità complessivamente impiegata dell'*input*, dapprima cresce per raggiungere il suo massimo nel punto in cui eguaglia la produttività marginale dell'*input*, e poi decresce.

Grafico II.A.20. – *Il prodotto totale*

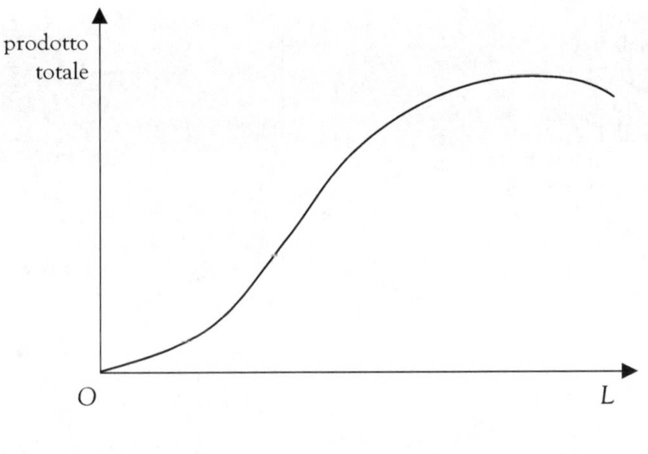

Grafico II.A.21. – *Il prodotto marginale e il prodotto medio*

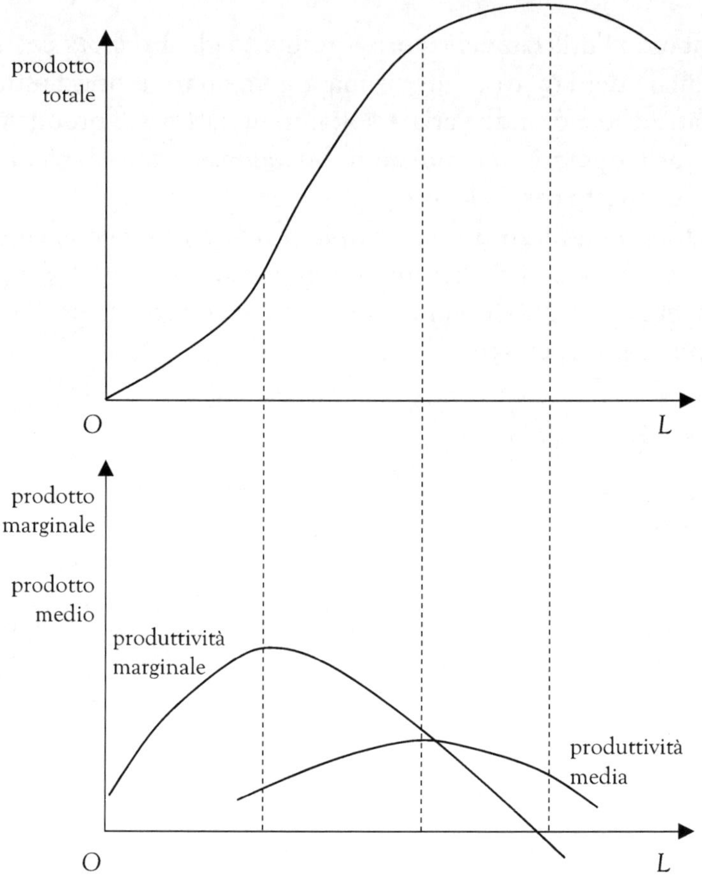

3.2.2. *La funzione di costo di lungo e di breve periodo*

3.2.2.1. *Isoquanti, isocosti e minimizzazione dei costi*

L'isoquanto, come abbiamo visto, è una curva che rappresenta il vincolo tecnico alla scelta dell'impresa, cioè tutte le possibili combinazioni di fattori che generano efficientemente lo stesso livello di quantità prodotta. Supponiamo che l'impresa voglia spendere una data somma per comprare i fattori di produzione necessari a produrre e che essa conosca il prezzo dei fattori (il salario (w) e il costo del capitale (o tasso di interesse r)).

Per quella data spesa possono esistere infinite combinazioni alternative dei due fattori. Tutte le combinazioni dei due fattori che possono acquistarsi con una data spesa (le combinazioni di fattori che hanno lo stesso costo) danno luogo a una retta che definiamo *isocosto*. Data la somma che l'impresa decide di spendere, se compra una quantità maggiore di un fattore, dovrà acquistare una quantità minore dell'altro fattore: la pendenza dell'isocosto è perciò decrescente. Essa misura il rapporto tra i prezzi dei due fattori. Essendo i prezzi dei fattori produttivi costanti, tale rapporto è costante e per questo l'isocosto è rappresentabile graficamente con una retta.

Grafico II.A.22. - *Gli isocosti*

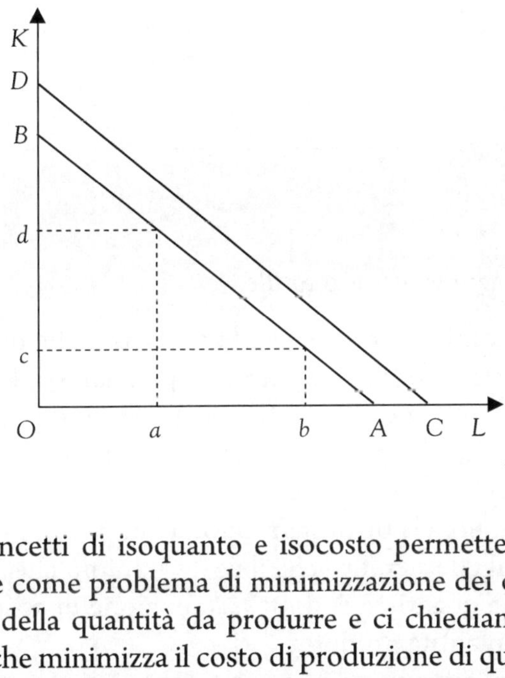

L'utilizzo dei due concetti di isoquanto e isocosto permette di risolvere il problema del produttore come problema di minimizzazione dei costi. Assumiamo come data la scelta della quantità da produrre e ci chiediamo quale sia la combinazione di fattori che minimizza il costo di produzione di quella quantità.

La combinazione di *input* meno costosa è quella situata sull'isocosto più basso. Il punto di tangenza tra isoquanto e isocosto rappresenta la posizione di costo minimo. In quel punto il tasso marginale di sostituzione tecnica è uguale al rapporto tra i prezzi dei due fattori.

Si noti che, essendo il tasso marginale di sostituzione tecnica uguale al rapporto tra il prodotto marginale del lavoro e quello del capitale, nel punto di ottimo questo eguaglia il rapporto tra i prezzi dei due fattori, lavoro e capitale. In simboli:

$$MP_L/MP_K = w/r \quad \text{o, il che è lo stesso,} \quad MP_L/w = MP_K/r.$$

Grafico II.A.23. – *La scelta che minimizza il costo*

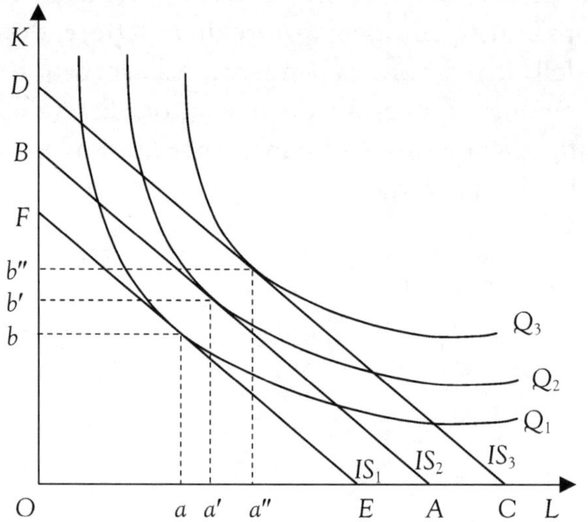

3.2.2.2. *La funzione di costo totale*

Stabilita la combinazione di capitale e lavoro che permette di minimizzare il costo di una certa quantità di prodotto, ripetendo l'operazione per tutte le quantità possibili di produzione, si individua la relazione che indica il costo più basso al quale un'impresa può produrre ciascuna quantità: tale relazione è detta *funzione di costo totale dell'impresa.*

Quando aumenta la quantità prodotta l'impresa si sposta su una retta di isocosto più alta, il che significa che il costo minimo che l'impresa sostiene cresce al crescere della quantità prodotta. La funzione di costo è dunque crescente al crescere della quantità prodotta.

La forma della funzione di costo totale dipende dalla relazione tra costo e quantità prodotta: se aumenti unitari di prodotto comportano un incremento di costo sempre uguale la funzione di costo è rappresentabile con una retta; se incrementi unitari di prodotto comportano incrementi di costo crescenti, la funzione di costo è convessa; se incrementi unitari di prodotto comportano incrementi di costo decrescenti, la funzione di costo è concava. Con un dato insieme di tecnologie disponibili, la terza situazione non può durare a lungo, per cui una funzione di costo di forma normale è rappresentabile dapprima concava, fino a un certo livello di produzione, poi convessa per livelli di produzione superiori.

Grafico II.A.24. – *La funzione di costo totale*

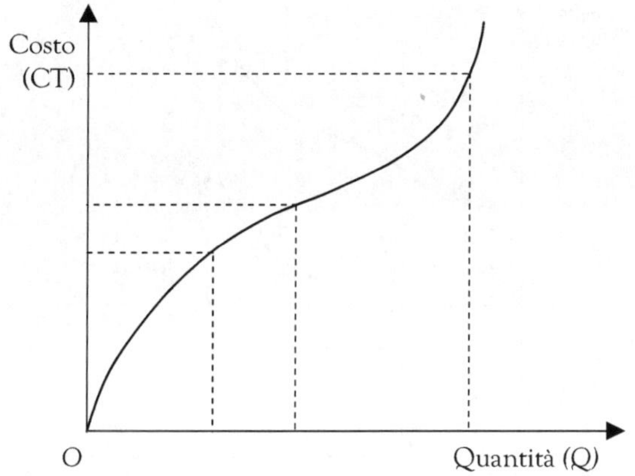

Il rapporto tra costo totale e quantità prodotta si dice costo medio, in simboli: $CMT = CT/Q$; il rapporto tra l'aumento del costo totale dovuto a un aumento unitario della quantità prodotta e l'aumento della quantità prodotta si dice *costo marginale*, in simboli: $CMa = dCT/dQ$.

3.2.2.3. *La funzione di costo di breve periodo*

3.2.2.3.1. *Costi fissi, variabili e totali*

Nel breve periodo uno dei fattori di produzione (il capitale) è fisso, per cui la combinazione ottima dei fattori è quella che minimizza l'impiego del fattore variabile (il lavoro). Il costo che l'impresa deve sostenere per ogni quantità che può produrre, ovvero la funzione di costo totale di breve periodo, è dunque dato dal costo del capitale che rappresenta un costo fisso, cioè che non varia al variare della quantità prodotta, e dal costo del lavoro, che è un costo variabile. In simboli: $CT = CF + CV$, dove CT rappresenta il costo totale, CF il costo fisso e CV il costo variabile.

Graficamente il costo fisso è rappresentabile come una retta orizzontale e il costo variabile con una curva crescente che parte dall'origine e cresce al crescere della produzione. La forma della curva di costo totale dipende, come già mostrato per il lungo periodo, dalla forma della funzione di produzione: se ipotizziamo che a bassi livelli di produzione corrispondano rendimenti crescenti e ad alti livelli rendimenti decrescenti, le curve del costo variabile e del costo totale saranno inizialmente concave e poi convesse.

Grafico II.A.25. – *Costo fisso, variabile e totale*

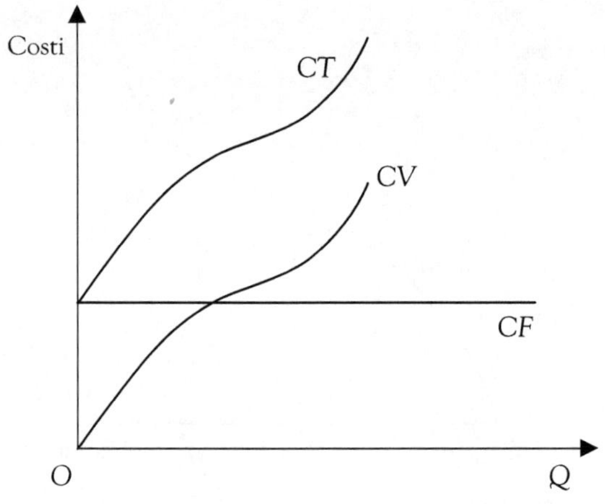

3.2.2.3.2. *Costo medio e costo marginale*

Il costo medio è ora rappresentabile come la somma di due componenti, costo fisso medio e costo variabile medio: $CMT = CT/Q = CFT/Q + CVT/Q$. Il costo marginale non è invece influenzato dall'esistenza di costi fissi, perché il costo fisso ha per definizione variazione nulla: $CMa = dCT/dQ$.

Grafico II.A.26. – *Costo medio e costo marginale*

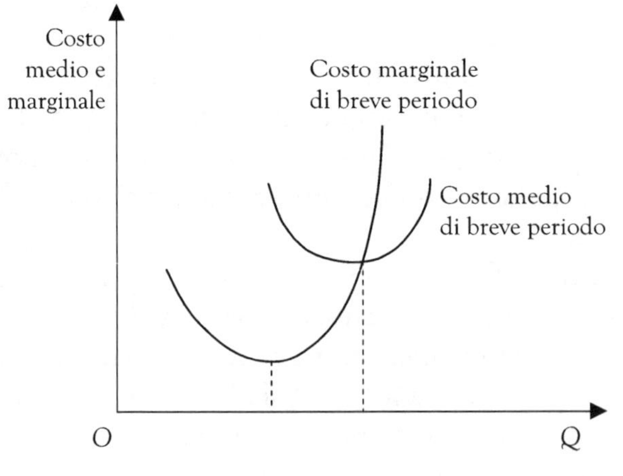

Dato il capitale, l'*input* variabile mostra dapprima una produttività crescente (e quindi costi decrescenti) e poi una produttività decrescente (e quindi costi crescenti). Perciò graficamente le curve del costo medio totale e del costo marginale hanno forma a *U*. La curva del costo marginale interseca la curva del costo medio totale nel suo punto di minimo (costo minimo).

3.2.2.3.3. *Le curve di costo nel breve e nel lungo periodo*

Nel breve periodo l'impresa non può variare la propria capacità produttiva (numero e dimensioni dei propri impianti produttivi), perciò alcune decisioni sono fisse. Nel lungo periodo tali decisioni diventano variabili. Quindi la curva di costo di lungo periodo dell'impresa è diversa da quella di breve periodo.

Supponiamo che vi siano cinque diverse curve di costo marginale e medio associate a diverse quantità di capitale impiegato (impianti). Per ogni quantità di *output* vi è una curva di costo medio di breve periodo che risulta ottimale. Nel breve periodo, in cui lo stock di capitale è fisso, l'impresa dovrà muoversi lungo una ed una sola curva di costo; nel lungo periodo, in cui può modificare l'impiego di capitale, si potrà collocare sulla curva di costo più conveniente. Ne deriva che le curve di costo marginale e medio di lungo periodo sono date dall'unione dei punti che rappresentano punti di costo minimo nel lungo periodo sulle rispettive curve di costo di breve periodo più basse, il che dà luogo a una curva spezzata.

Se poi assumiamo che il numero di impianti sia infinito, la curva spezzata diviene una curva liscia, detta inviluppo delle curve di costo di breve periodo. La

Grafico II.A.27. – *Le curve di costo marginale e medio di lungo periodo*

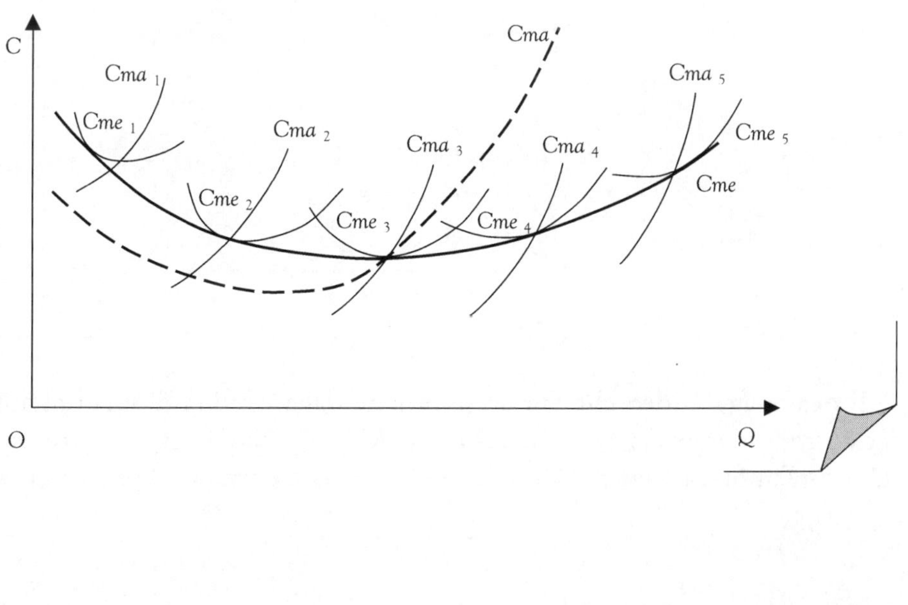

forma ad *U* della curva di lungo periodo dipende dall'ipotesi che oltre la dimensione ottima d'impianto, individuata dal punto in cui i costi medi sono minimi e quindi le economie di scala sono pienamente sfruttate, si generano diseconomie di scala, generalmente considerate di natura manageriale.

Come già visto, la curva del costo totale di lungo periodo avrà quindi una forma inizialmente concava e poi convessa.

3.2.3. *Produzione, vendita e massimizzazione del profitto*

Conosciuta la struttura dei costi, dato che il profitto – quel che l'impresa vuole massimizzare – è la differenza tra ricavi e costi, resta da esaminare il ricavo che l'impresa può ottenere vendendo ciò che produce.

3.2.3.1. *I ricavi*

Il *ricavo totale* dell'impresa è il risultato della vendita di un certo ammontare di prodotto. Esso è uguale alla quantità prodotta e venduta per il prezzo al quale si compie la vendita, in simboli $RT = pQ$. Se il prezzo è costante, al crescere della quantità venduta il ricavo totale aumenta ed ha la forma di una retta crescente che parte dall'origine.

Grafico II.A.28. – *Il ricavo totale*

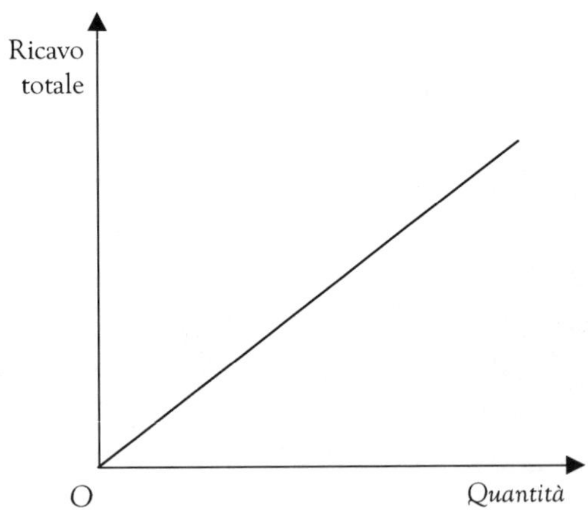

Il ricavo aggiuntivo che l'impresa ottiene dalla vendita di una unità in più è detto *ricavo marginale*, in simboli $Rma = dRT/dQ$. Poiché in concorrenza perfetta, in cui l'impresa è *price taker*, il ricavo marginale è uguale al prezzo di mercato, che per l'impresa è sempre lo stesso indipendentemente dalle quantità vendute, tale ricavo marginale è graficamente rappresentabile come una retta orizzontale.

Il ricavo medio è dato dal ricavo totale diviso per la quantità venduta. In simboli: $Rme = RT/Q$. Poiché $RT = pQ$, allora $Rme = pQ/Q = p$. Graficamente è anch'esso rappresentabile con la stessa retta orizzontale.

Al prezzo di mercato p – con $p = Rme = Rma$ –, l'impresa vende dunque tutto quanto riesce a produrre. La retta orizzontale rappresenta perciò la curva di domanda della singola impresa.

Grafico II.A.29. – *Il ricavo medio e il ricavo marginale*

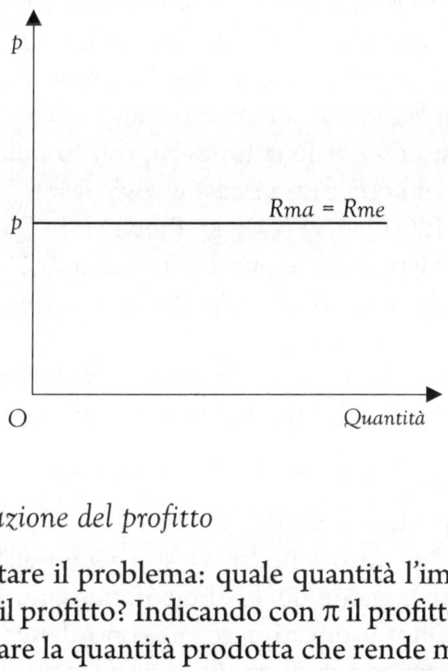

3.2.3.2. *La massimizzazione del profitto*

Possiamo ora affrontare il problema: quale quantità l'impresa decide di produrre per massimizzare il profitto? Indicando con π il profitto, si ha $\pi = RT - CT$. Il problema è determinare la quantità prodotta che rende massima la differenza tra ricavo e costo.

Innanzitutto all'impresa, nel breve periodo, conviene produrre se l'eventuale perdita unitaria generata dalla produzione p, cioè $CmeT - p > 0$, è minore della perdita in cui incorrerebbe se non producesse, pari al costo medio fisso ($CmeF$). Dunque, all'impresa conviene produrre se esiste almeno una quantità per cui

$$CmeT - p < CmeF, \text{ ovvero } CmeV < p,$$

dove $CmeV$ è il costo medio variabile. Se esistono più quantità che soddisfano tale condizione, l'impresa sceglie quella che massimizza il profitto.

A tal fine l'impresa confronta i ricavi che ottiene dal produrre e vendere quantità aggiuntive di prodotto, i ricavi marginali, con i costi che deve sostenere, i costi marginali. L'impresa può trovarsi in una delle tre situazioni seguenti:

– se $Cma < Rma = p$, l'impresa ha convenienza ad espandere la produzione;
– se $Cma > Rma = p$, l'impresa contrae la produzione;
– se $Cma = Rma = p$, l'impresa ottiene il profitto massimo, ovvero massimizza la differenza tra ricavi e costi, e quindi non cambia la produzione.

Dunque, la quantità prodotta che massimizza il profitto è quella in corrispondenza della quale il *ricavo* marginale è uguale al *costo marginale*.

Nel punto in cui il ricavo marginale è uguale al costo marginale l'impresa è in equilibrio. L'entità del profitto che essa ottiene nel breve periodo dipende dalla struttura dei costi, in particolare dipende dalla differenza tra costo medio totale e prezzo corrente. Se $CmeT < p$, si dice che l'impresa ottiene un extraprofitto (o *quasi-rendita*, secondo la definizione di Marshall); se $CmeT > p$ l'impresa è in perdita; se $CmeT = p$ l'impresa ottiene un extraprofitto nullo, o il profitto normale. Dato il profitto come differenza tra ricavi e costi, $\pi = RT - CT$, la differenza può essere scritta come: $(RT/Q - CT/Q) \cdot Q$. Poiché $RT/Q = P$ e $CT/Q = CMeT$, allora possiamo scrivere il profitto in questi termini: $\pi = (P - CMeT) \cdot Q$.

L'impresa massimizza il profitto quando $Rma = Cma$, e, poiché $Rma = p$, allora $p = Cma$.

Poiché $Rma = Rme$, allora $p = CmeT = Cma$. Noi sappiamo che Cma e $CmeT$ si incontrano nel punto di minimo del Rme, per cui in quel punto

$$P = CmeT, \text{ e } P - CmeT = 0.$$

In altri termini il profitto è nullo.

L'affermazione il "profitto è nullo" va spiegata: nell'equilibrio i ricavi eguagliano i costi, tra i quali anche quelli che compensano il lavoro di amministrazione dell'impresa. Oltre a questi però possono determinarsi "extraprofitti" o "perdite" nel breve periodo, ovvero, le imprese possono trovarsi in una delle due situazioni sotto rappresentate. Ciò può essere il risultato di un aumento o una diminuzione della domanda e di conseguenza di una variazione del prezzo cui il sistema non è in grado di adeguarsi istantaneamente, ma soltanto nel lungo periodo.

Nel grafico II.A.30a l'impresa ottiene un extraprofitto, indicato dall'area tratteggiata, ottenuto moltiplicando la quantità ottimale Q^* per la differenza tra ricavo medio (= prezzo) e costo medio. Nel grafico II.A.30b l'impresa è in perdita e nel grafico II.A.30c l'impresa ottiene profitti nulli.

Grafico II.A.30. – *L'equilibrio dell'impresa nel breve periodo*

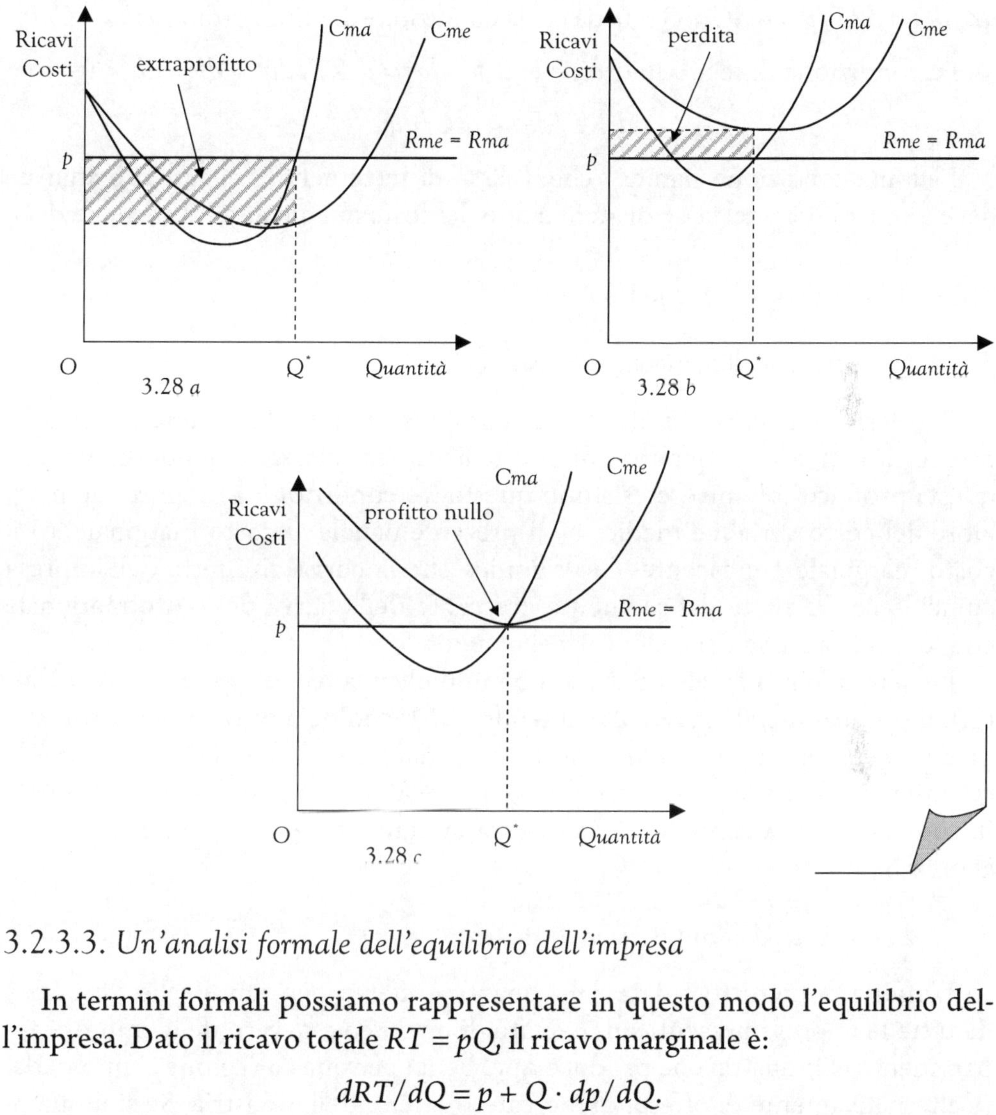

3.2.3.3. *Un'analisi formale dell'equilibrio dell'impresa*

In termini formali possiamo rappresentare in questo modo l'equilibrio dell'impresa. Dato il ricavo totale $RT = pQ$, il ricavo marginale è:

$$dRT/dQ = p + Q \cdot dp/dQ.$$

Essendo p un dato è da considerarsi costante rispetto a Q, per cui si ha $dp/dQ = 0$, per cui $dRT/dQ = p$. Quindi:

$$Rma = p = Rme.$$

Dato il costo totale C, il profitto è: $\pi = RT - C$. Il profitto è massimo se

$$d\pi/dQ = 0,$$

da cui otteniamo:

$d\pi/dQ = dRT/dQ - dC/dQ = 0$, da cui la condizione di primo ordine $Rma = Cma$.

La condizione di secondo ordine è: $d^2\pi/ dq^2 = d^2RT/dq^2 - d^2C/dq^2 < 0$, cioè

$$d^2RT/dq^2 < d^2C/dq^2.$$

L'ultima condizione significa che il tasso di incremento del ricavo marginale deve essere minore del tasso di incremento del costo marginale all'aumentare di Q.

3.2.4. *L'offerta nel breve periodo*

3.2.4.1. *L'offerta della singola impresa*

Per derivare la curva di offerta di un'impresa si deve determinare, per ogni prezzo di mercato, le quantità offerte dall'impresa stessa, tenendo conto che questa produce soltanto se esistono queste tre condizioni: a) il prezzo è maggiore del costo variabile medio, b) il prezzo è uguale al costo marginale, c) il costo marginale è crescente. Ciò significa che la curva di offerta dell'impresa coincide con la parte del segmento crescente della curva del costo marginale che sovrasta la curva del costo variabile medio.

Le determinanti di tale offerta sono molteplici: la tecnologia, il costo dei fattori di produzione, il prezzo. Assumendo che tecnologia e costo dei fattori siano dati, *l'offerta è determinata esclusivamente dal prezzo*. Se indichiamo con S la quantità che il venditore è disposto a vendere al prezzo p, possiamo scrivere la funzione di offerta come $S = S(p)$. Si tratta di una funzione crescente rispetto al prezzo.

3.2.4.2. *L'offerta dell'industria o di mercato*

L'offerta di mercato è data dalla quantità offerta, per ogni livello di prezzo, da tutte le imprese presenti sul mercato di quel bene, ovvero delle imprese appartenenti all'industria che produce quel bene: per questa ragione si può parlare alternativamente di offerta di mercato o offerta dell'industria. Se si ipotizzano costanti il prezzo del bene ed i prezzi dei fattori produttivi, la curva di offerta di mercato si può ottenere sommando orizzontalmente le curve di offerta di tutte le imprese presenti.

Grafico II.A.31a. – *La curva di offerta del mercato*

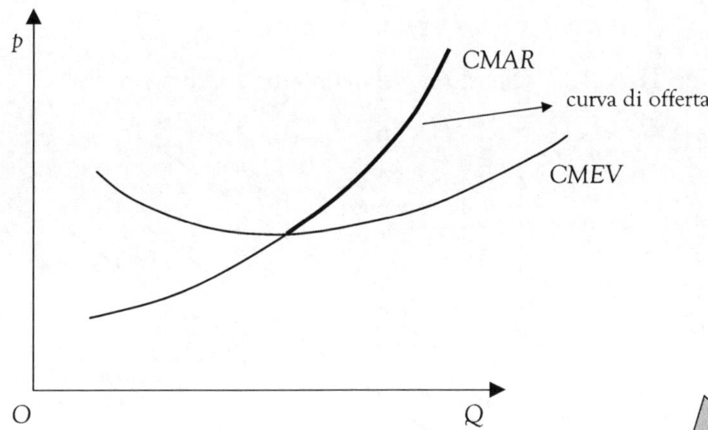

Grafico II.A.31b. -

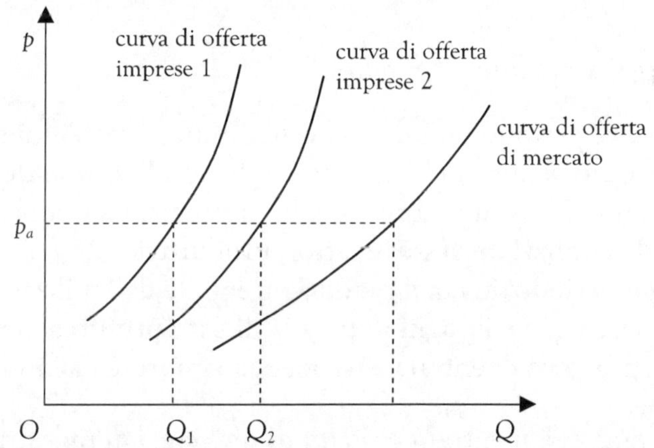

3.2.4.3. *Spostamenti della curva d'offerta*

Come accennato, l'offerta dipende, oltre che dal prezzo, da altri fattori: la tecnologia a disposizione dei produttori, i costi di acquisto dei fattori produttivi, i prezzi degli altri beni, la variazione del numero dei produttori. Variazioni di questi fattori causano spostamenti della curva di offerta. Un aumento dell'offerta in corrispondenza di ciascun prezzo implica uno spostamento della curva di offerta verso destra; una diminuzione dell'offerta in corrispondenza di ciascun prezzo implica uno spostamento della curva di offerta verso sinistra.

Grafico II.A.32. – *Spostamenti della curva di offerta*

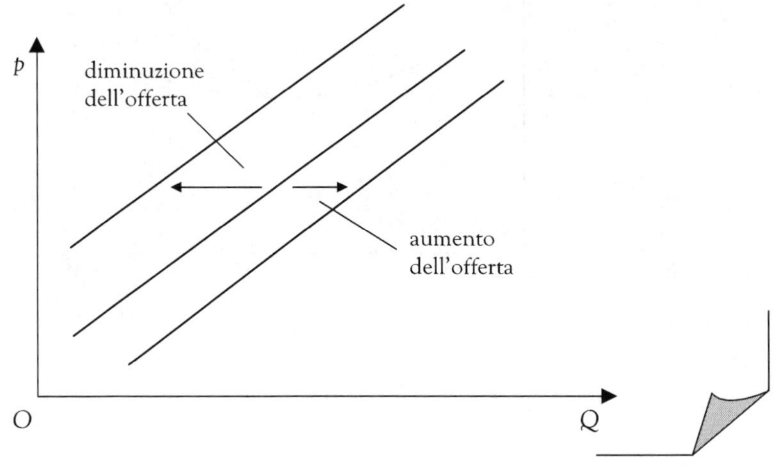

3.2.5. *L'offerta nel lungo periodo*

Se nel breve periodo un'impresa o più imprese nell'industria ottengono un extraprofitto, ciò significa che in quell'industria l'utilizzo dei fattori produttivi dà luogo a un reddito superiore a quello normale, cioè superiore a quello ottenibile con altri utilizzi degli stessi fattori produttivi.

Nel lungo periodo, in cui il reddito ottenibile dall'utilizzo dei fattori produttivi deve essere uguale in ogni impiego, gli extraprofitti si devono annullare attraverso un processo di entrata e uscita delle imprese dall'industria.

3.2.5.1. *Il processo di entrata e uscita di imprese dall'industria*

Nel lungo periodo le imprese possono entrare e uscire dal mercato. Le condizioni di entrata e uscita sono date dall'assunzione che le imprese sono libere di entrare e uscire senza costi. Ne deriva che l'impresa entra sul mercato se può realizzare un extra-profitto, ed esce dal mercato al fine di evitare una perdita.

Più precisamente:

– l'impresa esce dal mercato se il ricavo totale è minore del costo totale, in simboli: $RT < CT$. Dividendo per Q abbiamo: $(RT/Q) < (CT/Q)$. Poiché $RT/Q = P$ e $CT/Q = CMeT$, possiamo dire che l'impresa esce dal mercato se $P < CMeT$;

– l'impresa entra nel mercato (avvia un'attività produttiva) se il prezzo che potrà ottenere sarà maggiore del costo medio totale. In simboli: $P > CMeT$.

Il processo di entrata può essere descritto come segue:

– le nuove entrate determinano un aumento del numero di imprese e l'offerta aumenta – sul grafico la curva di offerta sposta verso destra – per cui

– il prezzo del bene tende a ridursi. Poiché $p = Rma = Rme$, *Rma* e *Rme* si riducono, quindi

– i profitti (ricavi meno costi) tendono a ridursi;

– il processo di entrata si interrompe quando $P = CmeT$, ovvero quando il profitto si annulla e di conseguenza l'incentivo a entrare si annulla.

Poiché l'impresa produce la quantità in corrispondenza della quale $P = Cma$, e se la libertà di entrata determina $P = CmeT$, allora avremo: $CmeT = Cma$. Poiché $CmeT = Cma$ solo quando il *CmeT* è minimo, possiamo affermare che l'equilibrio di lungo periodo dell'impresa è caratterizzato da: *efficienza produttiva e profitti nulli*. L'entrata e l'uscita di imprese comporta che nel lungo periodo ciascuna impresa consegua il profitto normale o "profitto nullo".

3.2.5.2. *L' offerta dell'impresa e dell'industria e l'equilibrio nel lungo periodo in presenza di costi variabili*

La determinazione della curva di offerta dell'industria nel lungo periodo non è determinabile semplicemente sommano le curve di offerta delle singole imprese ma è complicata dagli effetti dell'entrata e uscita di imprese, che abbiamo esaminato, e delle variazioni dei prezzi dei fattori produttivi. La considerazione di quest'ultimo elemento può essere fatta utilizzando la tripartizione dei costi compiuta da Marshall a seconda del regime di costi prevalente, costanti, crescenti o decrescenti.

a) *Costi costanti*

Assumiamo che il prezzo dei fattori produttivi resti costante qualunque sia la loro quantità domandata e, per semplicità, che le imprese (in numero illimitato) abbiano tutte le stesse curve di costo di lungo periodo. In tal caso la curva di offerta di mercato di lungo periodo è piana in corrispondenza del costo medio minimo di lungo periodo.

b) *Costi crescenti*

Assumiamo ora che il prezzo dei fattori aumenti al crescere della quantità prodotta e che le imprese abbiano tutte le stesse curve di costo di lungo periodo. Le imprese, per produrre una quantità superiore di beni, devono acquistare più fattori produttivi; se i prezzi dei fattori di produzione aumentano quando se ne domanda una quantità maggiore, cresce il costo di produzione delle imprese. Di conseguenza la curva di offerta di mercato è inclinata positivamente.

c) *Costi decrescenti*

Assumiamo ora che il prezzo dei fattori diminuisca al crescere della quantità prodotta da parte di imprese con la stessa struttura di costi. Le imprese, per produrre una quantità superiore di beni, devono acquistare più fattori produttivi; se i prezzi dei fattori di produzione diminuiscono quando se ne domanda una quantità maggiore, diminuisce il costo di produzione delle imprese. Di conseguenza la curva di offerta di mercato è inclinata negativamente. Secondo Marshall la diminuzione dei costi può essere attribuita al sorgere di economie interne o economie esterne. Solo le seconde – intese come economie esterne alle imprese singolarmente prese ed interne all'industria considerata – possono essere prese in considerazione in un modello di concorrenza perfetta, perché la considerazione delle economie interne di larga scala comporta l'abbandono della configurazione di concorrenza perfetta: infatti un'impresa che goda di queste economie interne avrà costi medi e marginali di lungo periodo decrescenti e quindi trarrà profitto dall'espansione dell'impianto, così potendo raggiungere dimensioni tali che la sua produzione eserciti un'influenza sul prezzo, il che implica l'abbandono del campo della concorrenza perfetta e l'entrata in quello del monopolio.

Grafico II.A.33. – *L'offerta di lungo periodo in presenza di costi dei fattori costanti, crescenti e decrescenti*

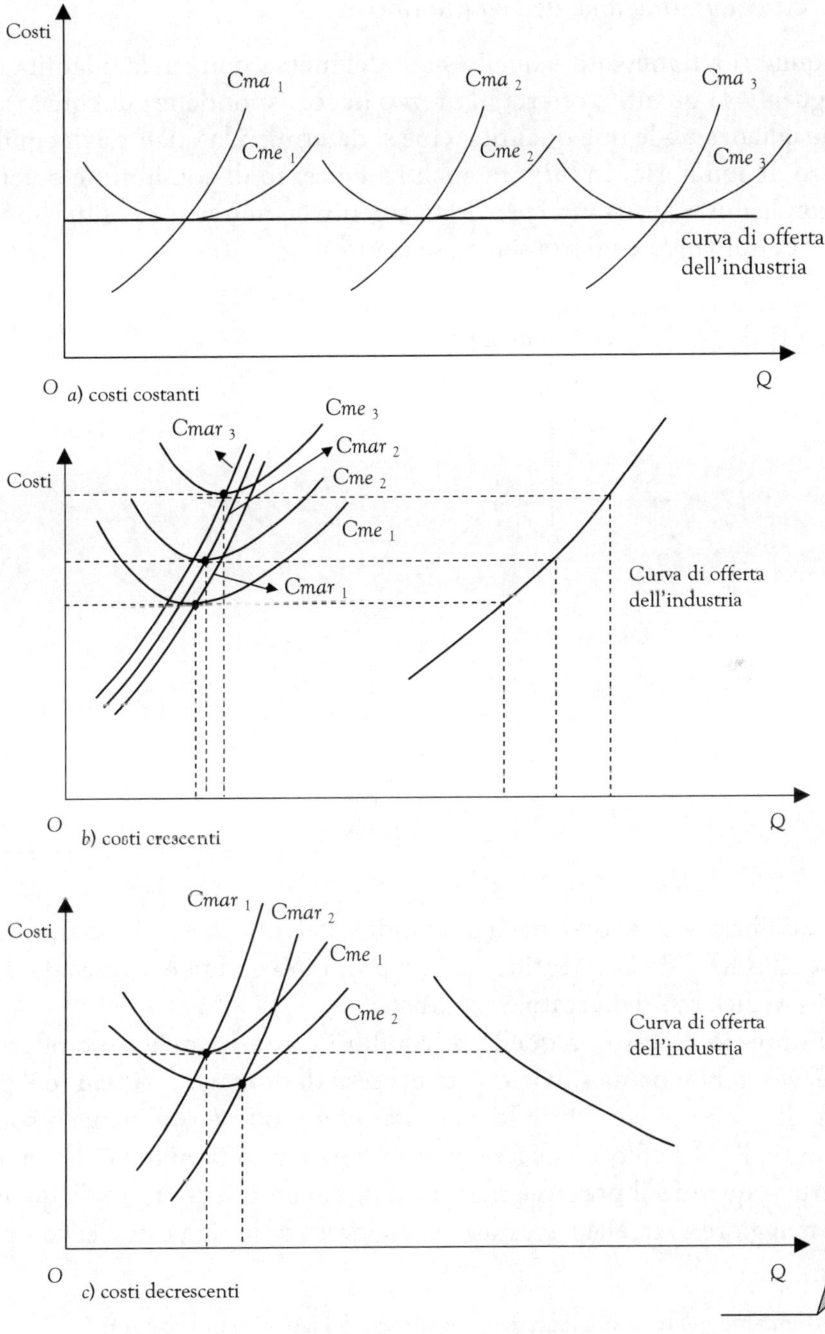

3.3. L'equilibrio del mercato dei beni

3.3.1. *La determinazione dell'equilibrio*

L'equilibrio di mercato è quello stato del mercato in cui la quantità domandata eguaglia la quantità offerta. Il prezzo in corrispondenza del quale si realizza l'uguaglianza tra le due quantità, cioè si determina la quantità di equilibrio, è il prezzo di equilibrio. In termini analitici il prezzo di equilibrio è determinato dalla condizione: $D(p) = S(p)$. Graficamente l'equilibrio è la situazione in cui le curve di domanda e offerta si intersecano[18].

Grafico II.A.34. – *L'equilibrio del mercato*

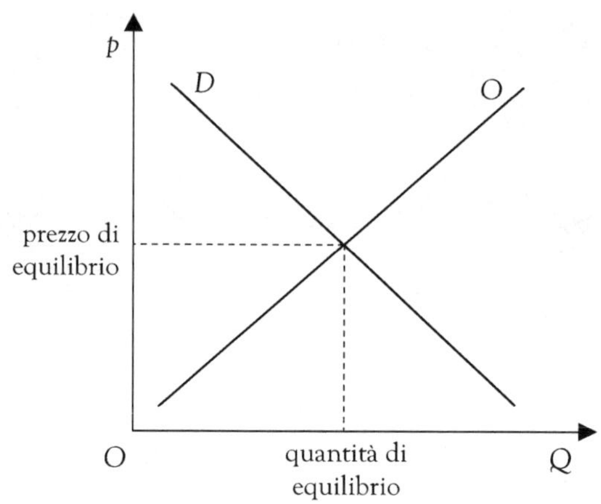

In equilibrio le due forze della domanda e dell'offerta si bilanciano. Nel punto di equilibrio tutta la quantità di bene posta in vendita è acquistata dai compratori – si dice che il mercato è sgombro.

A un prezzo diverso da quello di equilibrio, con le medesime offerte e domande, vi sarebbe o una situazione di eccesso di domanda – quando il prezzo è minore di quello di equilibrio la quantità offerta non è sufficiente a soddisfare le richieste di tutti coloro che a quel prezzo ne fanno domanda –, o un eccesso di offerta – quando il prezzo è maggiore di quello di equilibrio, la quantità offerta è maggiore di quella necessaria per soddisfare le richieste dei compratori a

---

[18] Assumiamo nel tracciare il grafico che i prezzi dei fattori siano costanti.

quel prezzo. In queste posizioni il mercato è in una situazione di squilibrio. In concorrenza perfetta, quando un mercato non è in equilibrio si determinano forze che spingono all'equilibrio, cioè un meccanismo di aggiustamento (vedi oltre par. 3.3.4).

3.3.2. *Le variazioni dell'equilibrio. Un'analisi di statica comparata*

Cosa accade all'equilibrio quando, per una ragione qualsiasi (dovuta a variazioni di fattori diversi dal prezzo), cambiano le condizioni di mercato e la domanda o l'offerta, o entrambe, mutano? Avvengono dei mutamenti che portano a determinare una nuova posizione di equilibrio. Il confronto tra le due posizioni di equilibrio, la vecchia e la nuova, sotto diverse condizioni di mercato, è chiamato analisi di statica comparata.

a) *Spostamenti della curva di domanda*

Nel grafico II.A.35 la curva *d-d* e la curva *o-o* rappresentano la situazione iniziale, e il punto A l'equilibrio del mercato. Supponiamo che la curva di domanda, a causa ad esempio di un aumento del reddito, si sposti verso destra e diventi *d'-d'*. Essa incontrerà ora la curva di offerta in un altro punto, *A'*, il nuovo equilibrio. Lo spostamento ha avuto due effetti: il prezzo e la quantità di equilibrio sono entrambi maggiori (da $p_1 - q_1$ a $p_2 - q_2$).

Grafico II.A.35. – *Gli spostamenti della curva di domanda (con offerta inalterata)*

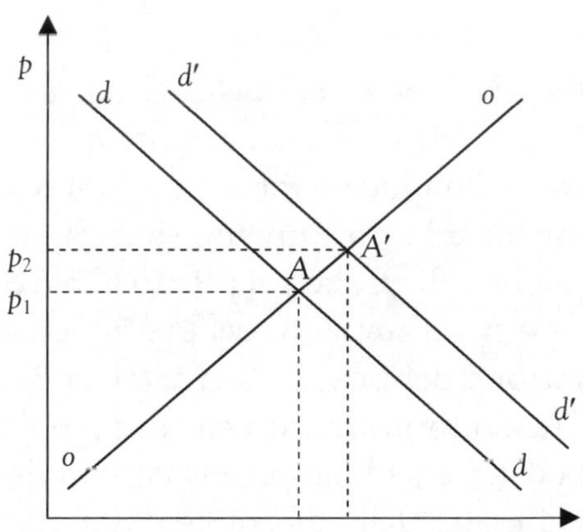

b) *Spostamenti della curva di offerta*

Nel grafico II.A.36 la curva *d-d* e la curva *o-o* rappresentano la situazione iniziale, e il punto *A* l'equilibrio del mercato. Supponiamo che la curva di offerta, a causa ad esempio di una riduzione dei costi, si sposti verso destra e diventi *o'-o'*. Essa incontrerà ora la curva di offerta in un altro punto, *A'*, il nuovo equilibrio. Lo spostamento ha avuto due effetti: il prezzo è minore e la quantità maggiore (da $p_1 - q_1$ a $p_2 - q_2$).

Grafico II.A.36. – *Gli spostamenti della curva di offerta (con domanda inalterata)*

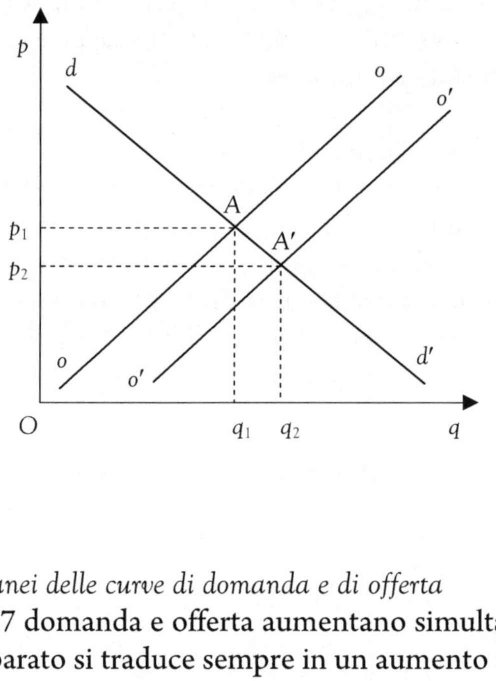

c) *Spostamenti simultanei delle curve di domanda e di offerta*

Nel grafico II.A.37 domanda e offerta aumentano simultaneamente. Poiché un loro aumento separato si traduce sempre in un aumento della quantità dobbiamo attenderci che anche un loro aumento simultaneo comporti un aumento della quantità di equilibrio. L'effetto sul prezzo è invece opposto: un aumento della domanda comporta un aumento del prezzo, un aumento dell'offerta si traduce in una diminuzione del prezzo. Il risultato netto dipenderà allora da quale direzione di mutamento prevarrà: nell'esempio del grafico si ha un aumento del prezzo. Una diversa pendenza delle curve avrebbe potuto dare risultati diversi. Misurazioni esatte della direzione e dell'entità degli effetti richiedono l'introduzione di un nuovo concetto, quello di *elasticità*.

Grafico II.A.37. – *Spostamenti simultanei delle curve di domanda e offerta*

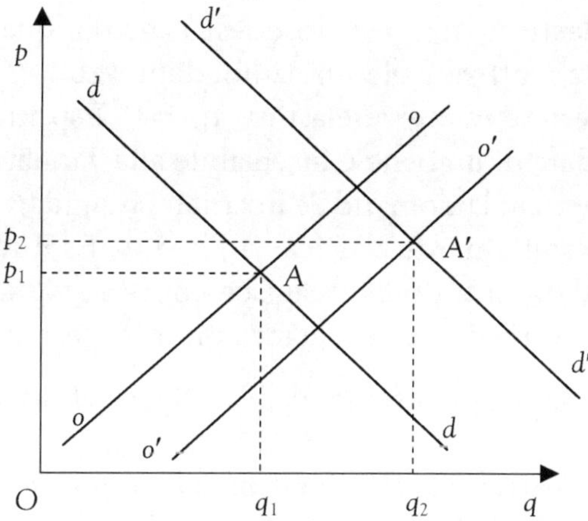

3.3.3. *Misurare le variazioni dell'equilibrio: l'elasticità della domanda e dell'offerta rispetto al prezzo*

L'andamento ascendente o discendente di una curva offre informazioni di tipo essenzialmente qualitativo. La pendenza di una curva offre invece informazioni di tipo quantitativo. La pendenza dipende però dall'unità di misura. Per ovviare a questo problema si utilizza la nozione di elasticità. Introdotta da Cournot e ripresa e diffusa da Marshall, essa è il rapporto tra le variazioni percentuali di due variabili. In termini formali, date due variabili y e x, l'elasticità di y rispetto ad x è data da:

$$\eta_{yx} = (\Delta y/y)/(\Delta x/x) = \Delta y/\Delta x \cdot x/y$$

dove Δ rappresenta una variazione finita, piccola a piacere. Nella formula entrano soltanto variazioni relative per cui mutando l'unità di misura delle grandezze il valore del rapporto non muta. Essa varia da infinito a zero. La nozione, ampiamente utilizzata in economia, può applicarsi sia alla domanda che all'offerta.

3.3.3.1. *L'elasticità della domanda al prezzo*

Essa misura la sensibilità della domanda di un bene rispetto a variazioni del suo prezzo. In simboli:

$$\eta_D = (\Delta q/q)/(\Delta p/p) = \Delta q/\Delta p \cdot p/q$$

L'elasticità della domanda rispetto al prezzo può classificarsi in diverse tipologie di valori:

– domanda anelastica: $0 < |\eta_D| < 1$. In questo caso la quantità domandata di un bene presenta bassa reattività alle variazioni di prezzo;

– domanda elastica: $|\eta_D| > 1$. In questo caso la quantità domandata di un bene presenta alta reattività alle variazioni di prezzo;

– domanda perfettamente anelastica: $\eta_D = 0$. Esprime la situazione in cui la quantità domandata di un bene è insensibile alle variazioni di prezzo (cioè ne è indipendente), per cui la domanda è invariata, o rigida;

– domanda perfettamente elastica: $|\eta_D| \to \infty$. Esprime la situazione in cui la quantità domandata di un bene reagisce con una variazione infinita, in corrispondenza di una variazione, per quanto piccola, del prezzo.

Il grafico II.A.38 mostra esempi dei vari tipi di elasticità.

Grafico II.A.38. – *L'elasticità della domanda al prezzo*

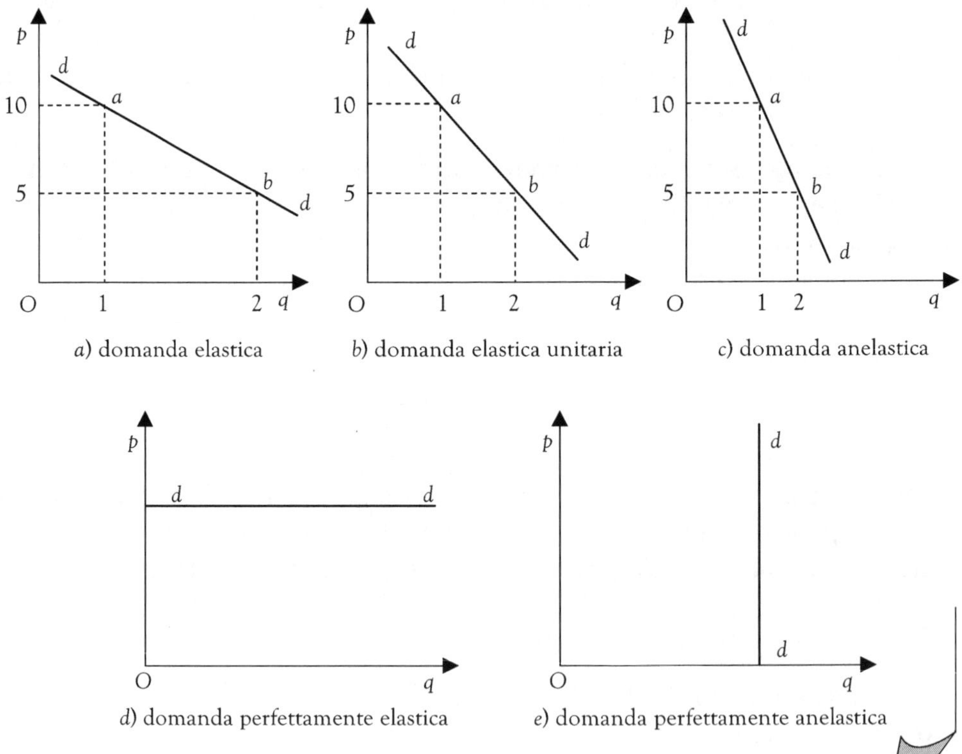

a) domanda elastica *b*) domanda elastica unitaria *c*) domanda anelastica

d) domanda perfettamente elastica *e*) domanda perfettamente anelastica

Due problemi si presentano nel calcolo dell'elasticità:

– l'elasticità della domanda varia normalmente lungo la curva di domanda, ovvero il valore dell'elasticità è normalmente differente a seconda del punto della curva di domanda in cui viene calcolato;
– i cambiamenti dei valori dell'elasticità non sono simmetrici: i mutamenti percentuali tra due valori dipendono dai valori iniziali e finali assunti.

Per ovviare a questi problemi si possono utilizzare due diverse misure dell'elasticità: elasticità d'arco ed elasticità puntuale. Per elasticità d'arco si intende una misura della sensibilità media al variare del prezzo in un tratto limitato della curva, mentre per elasticità puntuale si intende il limite cui tende il valore dell'elasticità d'arco.

a) *Elasticità puntuale*

Tale misurazione usa il calcolo differenziale per calcolare l'elasticità per un cambiamento infinitesimale nel prezzo e nella quantità in ogni dato punto sulla curva di domanda. In simboli:

$$\eta_D = dq/dp \cdot p/q$$

b) *Elasticità d'arco*

Calcoliamo l'elasticità della domanda tra due punti della curva della domanda del grafico II.A.39.

Dal punto *B* al punto *A* il prezzo cresce del 50%: $(6 - 4)/4 = 1/2$, e la quantità domandata diminuisce del 33%: $(120 - 80)/120$. L'elasticità è perciò: $33/50 = 0{,}66$.

Dal punto *A* al punto *B* il prezzo diminuisce del 33%: $(6 - 4)/6 = 1/3$ e la quantità domandata aumenta del 50%: $(120 - 80)/80 = 1/2$. L'elasticità è perciò: $50/33 = 1{,}5$. Come si vede la direzione del cambiamento influenza il valore dell'elasticità.

Per evitare il problema, si usa la misurazione dell'elasticità d'arco, secondo la quale, invece di dividere la variazione per il punto iniziale, la si divide per il punto intermedio tra quello iniziale e quello finale. In tal modo una variazione da 4 a 6 euro è: $(6 - 4)/5 = 2/5 = 40\%$; una variazione media da 6 a 4 euro è $(6 - 4)/5 = 2/5 = 40\%$; una variazione da 80 a 120 è $(120 - 80)/100 = 40/100 = 40\%$, in questo caso l'elasticità d'arco è quindi 1. In formula:

$$\eta_D = (\Delta q/q)/(\Delta p/p) = (Q_2 - Q_1)/[(Q_1 + Q_2)/2]/(p_2 - p_1)/[(p_1 + p_2)/2].$$

Grafico II.A.39. – *L'elasticità della domanda fra due punti*

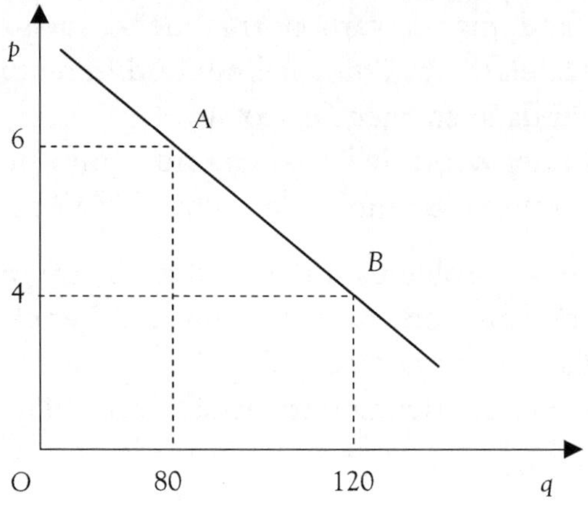

3.3.3.2. *L'elasticità incrociata della domanda al prezzo*

L'elasticità incrociata è un indice che mette in evidenza l'influenza della variazione del prezzo di un bene sulla quantità acquistata di un altro bene. È definibile così:

$$\eta_{i,j} = (\Delta q_i / q_i) / (\Delta p_j / p_j).$$

Se l'elasticità incrociata della domanda è positiva, cioè se la quantità consumata di *i* varia nella stessa direzione di quella di *j*, i due beni si dicono *sostituti* o *succedanei*; ad esempio, trasporti pubblici ed auto privata, burro e margarina, ecc. Se, invece, il coefficiente di elasticità incrociata è negativo, i due beni si dicono *complementari* (beni chi si consumano congiuntamente); ad esempio, automobile e benzina. Se l'elasticità incrociata della domanda è nulla, cioè se la quantità consumata di *i* non varia al variare del prezzo di *j*, i due beni si dicono indipendenti: ad esempio burro e auto privata.

3.3.3.3. *L'elasticità della domanda e il ricavo del venditore*

Se una curva di domanda ha elasticità inferiore all'unità (cioè è anelastica), una diminuzione del prezzo ridurrà i ricavi delle vendite e viceversa. Se invece la curva ha elasticità maggiore dell'unità (ovvero è elastica), una diminuzione del prezzo accrescerà i ricavi e viceversa. Il grafico II.A.40 esemplifica questi casi.

Grafico II.A.40. – *L'elasticità della domanda al prezzo e il ricavo*

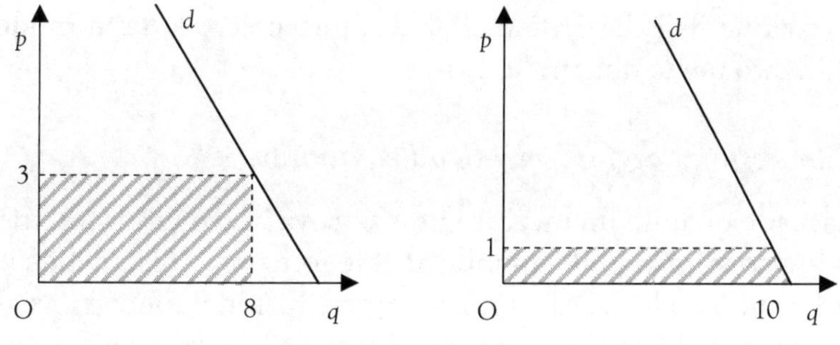

a) domanda anelastica

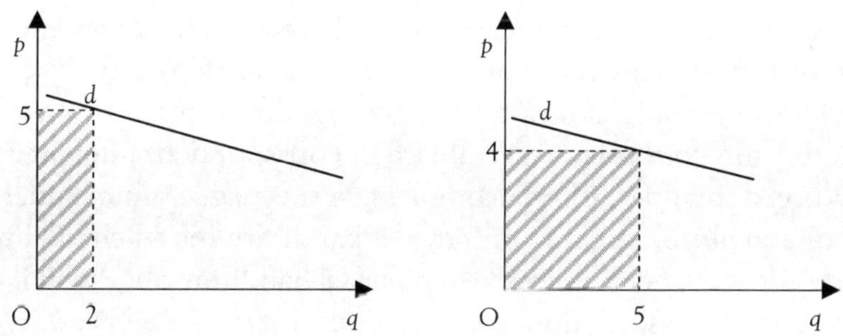

b) domanda elastica

3.3.3.4. *Le determinanti dell'elasticità della domanda*

La determinante principale dell'elasticità è l'esistenza o meno di beni sostituti: un bene con sostituti stretti (es. margarina/burro, Coca Cola/Pepsi Cola) tende ad avere una domanda elastica. Va considerato che il grado di sostituibilità dipende dalla definizione del prodotto: il cibo in generale/un cibo particolare: se si considera la definizione più generale si deve ritenere la domanda tendenzialmente anelastica, mentre se si considera una definizione particolare la domanda tende ad essere elastica. Una seconda determinante è rappresentata dalle differenze tra consumatori, per gusti e per reddito. Anche il tempo influenza il valore dell'elasticità: esso è tanto maggiore quanto più ampio è l'intervallo di tempo considerato.

3.3.3.5. *L'elasticità dell'offerta al prezzo*

Essa misura la sensibilità dell'offerta di un bene rispetto a variazioni del suo prezzo. In simboli:

$$\eta_S = (\Delta q/q)/(\Delta p/p) = \Delta q/\Delta p \cdot p/q.$$

Essa è positiva per la legge dell'offerta, che stabilisce una relazione positiva tra prezzo e quantità offerta.

La trattazione dell'elasticità dell'offerta può essere fatta in modo analogo a quello utilizzato per la domanda.

3.3.4. *Il processo di aggiustamento all'equilibrio*

Cosa accade quando un mercato non si trova in equilibrio? Attraverso quale processo logico si giunge all'equilibrio? Il fenomeno è descrivibile in due modi diversi, rifacendosi al meccanismo di contrattazione concorrenziale descritto da Walras nei suoi *Elements d'économie politique* e al meccanismo marshalliano descritto nei *Principles*.

Nella sua descrizione dei mercati Walras si rifece al funzionamento delle Borse Valori, considerando l'organizzazione del mercato analoga a quella di un'asta, dove un banditore avvia le contrattazioni scegliendo un prezzo a caso. Se tutti gli scambisti trovano conveniente scambiare in corrispondenza del prezzo "gridato" dal banditore, domanda e offerta complessive si eguaglieranno e quel prezzo sarà il prezzo di equilibrio. In caso contrario, il banditore modificherà il prezzo: se al prezzo precedente vi era un eccesso di offerta il banditore abbasserà il prezzo, se al contrario vi era eccesso di domanda alzerà il prezzo. Tale processo di aggiustamento per tentativi ed errori, chiamato da Walras *tâtonnement,* continuerà fino alla scomparsa di tutti gli eccessi di domanda e offerta e all'individuazione del prezzo di equilibrio, che sarà quello cui gli scambi avranno effettivamente luogo [19].

Nella descrizione walrasiana del processo logico di aggiustamento all'equilibrio sono le variazioni dei prezzi a condurre il mercato all'equilibrio. Si noti che ciò implica funzioni di domanda e offerta che esprimono le quantità in funzione dei prezzi, ovvero $q = f(p)$.

Nell'approccio marshalliano, l'aggiustamento opera attraverso variazioni delle quantità decise dai venditori. In caso di prezzo di domanda maggiore del prezzo di offerta, i venditori reagiscono aumentando il volume di offerta (aumentando la produzione), e viceversa nel caso contrario. Si noti che ciò implica funzioni di domanda e offerta che esprimono i prezzi in funzione delle quantità, ovvero $p = f(q)$.

---

[19] L'ipotesi che gli scambi possano avvenire soltanto al prezzo di equilibrio è cruciale. Infatti, se si permettesse lo scambio al prezzo prevalente in un certo momento prima che l'equilibrio fosse raggiunto, la domanda e l'offerta di mercato muterebbero per il venir meno di alcuni degli operatori che dopo aver scambiato abbandonano il mercato, e l'equilibrio potrebbe essere diverso da quello che si sarebbe determinato senza uscite dal mercato.

Per Walras compratori e venditori sono *price takers* e reagiscono ai prezzi gridati dal banditore aggiustando le quantità domandate e offerte. Per Marshall ogni operatore ha in mente prezzi di offerta e di domanda "normali" e in base a essi aggiusta via via le quantità acquistate o vendute sul mercato.

Grafico II.A.41. – *Confronto tra equilibrio walrasiano e equilibrio marshalliano*

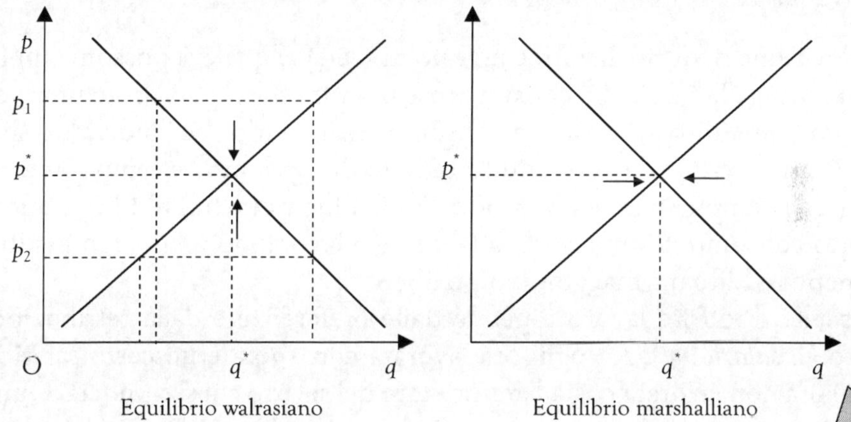

3.4. Altri mercati, altre scelte: il mercato del lavoro

Sul mercato del lavoro gli individui (in quanto lavoratori) offrono lavoro (più correttamente ore di lavoro) e le imprese domandano lavoro. L'equilibrio è così il risultato di due scelte, quella dei lavoratori e quella delle imprese.

3.4.1. *La decisione di offrire lavoro*

La decisione di offrire lavoro è un tipo di scelta al quale si possono applicare gli strumenti della teoria del consumatore. Infatti essa si può configurare come una scelta tra reddito da lavoro (e consumo, assumendo che l'individuo spenda immediatamente tutto il suo reddito in beni di consumo) e tempo libero. Rinunciando a tempo libero e lavorando, l'individuo riceve un reddito e aumenta il proprio consumo. Rinunciando a lavorare o lavorando meno, l'individuo ottiene meno reddito ma maggior tempo libero[20].

La scelta di offrire lavoro dipende dalle preferenze e dalla retribuzione di mercato (il *salario, w*). Ad ogni ora lavorata corrisponde un certo salario, per cui ogni ora non lavorata costa l'ammontare del salario cui si rinuncia. Quindi il salario rappresenta il costo opportunità del tempo libero. Dato tale costo opportunità l'individuo deve decidere il tempo da dedicare al lavoro e al tempo libero. Questa scelta dipende dal confronto tra l'utilità che egli attribuisce al tempo libero, e la disutilità che egli attribuisce al lavoro. Si può anche dire che l'individuo confronta il salario offerto dal mercato con il proprio salario di riserva, cioè il salario al quale è indifferente tra lavorare e non lavorare, che rappresenta appunto le sue preferenze.

Si assume che il potenziale lavoratore non abbia alcun controllo sul salario che riceve in cambio del proprio tempo e che possa liberamente scegliere il numero di ore da offrire nel mercato del lavoro.

L'individuo massimizza la propria soddisfazione (in termini di tempo libero e consumo di beni e servizi) sotto il vincolo di tempo totale disponibile e di bilancio (reddito totale). Nel grafico II.A.42 riportiamo sull'asse delle ascisse la quantità di tempo libero e sull'asse delle ordinate il reddito che il lavoratore può ricevere e utilizzare nell'acquisto di beni di consumo. Il vincolo di bilancio del-

[20] L'ipotesi che gli individui possano decidere la quantità di lavoro offerto è totalmente irrealistica se la si intende come una decisione assoluta tra lavorare e non lavorare. Normalmente la maggior parte degli individui non ha questa possibilità. Si può però interpretare più realisticamente questa scelta come decisione di aumentare o meno le ore lavorate (ad esempio fare lo straordinario o fare un secondo lavoro, oppure no).

l'individuo esprime il *trade-off* tra reddito-consumo e tempo libero. L'inclinazione del vincolo di bilancio è il salario.

Grafico II.A.42. - *La scelta tra tempo libero e reddito-consumo*

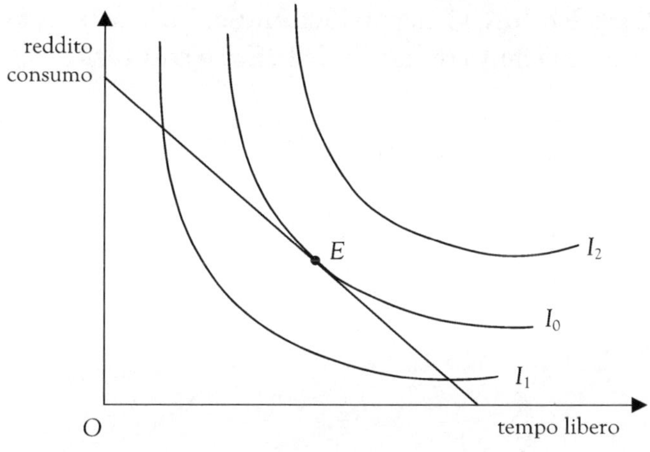

Le preferenze dell'individuo sono indicate dalle curve di indifferenza. Le curve di indifferenza indicano tutte le combinazioni di tempo libero e consumo tra le quali l'individuo è indifferente. Il tasso marginale di sostituzione tra tempo libero e reddito-consumo è dato dall'inclinazione della curva di indifferenza. Esso misura la quantità di consumo supplementare che l'individuo richiede per compensarlo della rinuncia di un'unità di tempo libero.

Sulla base delle consuete assunzioni, l'individuo preferisce una maggior quantità di reddito-consumo e di tempo libero, per cui si posizionerà sulla curva di indifferenza più elevata che può raggiungere. Essa è quella tangente al vincolo di bilancio. Nel punto di tangenza, il punto *E* del grafico, tasso marginale di sostituzione e vincolo di bilancio hanno la stessa inclinazione, cioè in quel punto il tasso marginale di sostituzione uguaglia il salario.

Le variazioni del salario di mercato, oltre che le variazioni nel sistema di preferenze dell'individuo, influenzano sia la decisione di partecipazione al mercato del lavoro che il numero di ore di lavoro offerte dagli individui. Un aumento di *w* aumenta il reddito disponibile dell'individuo e quindi la domanda di tutti i beni normali, incluso il tempo libero: per l'effetto reddito, quindi, il lavoro offerto diminuisce. L'*effetto reddito* ha segno negativo: l'aumento del salario riduce l'offerta di lavoro. L'*effetto di sostituzione* ha invece segno positivo: all'aumentare del salario di mercato *w*, che si ricordi, è anche il prezzo del tempo libero, il costo-opportunità del tempo libero aumenta, l'individuo desidera disporre di meno tempo libero e decide di offrire più ore di lavoro. A seconda della prevalenza dell'uno o dell'altro effetto l'individuo decide di offrire più o meno lavoro. Il grafico II.A.43 esemplifica entrambe le situazioni possibili, ovvero la prevalenza dell'effetto reddito o dell'effetto sostituzione.

Grafico II.A.43. – *Effetti della variazione del salario (aumento)*

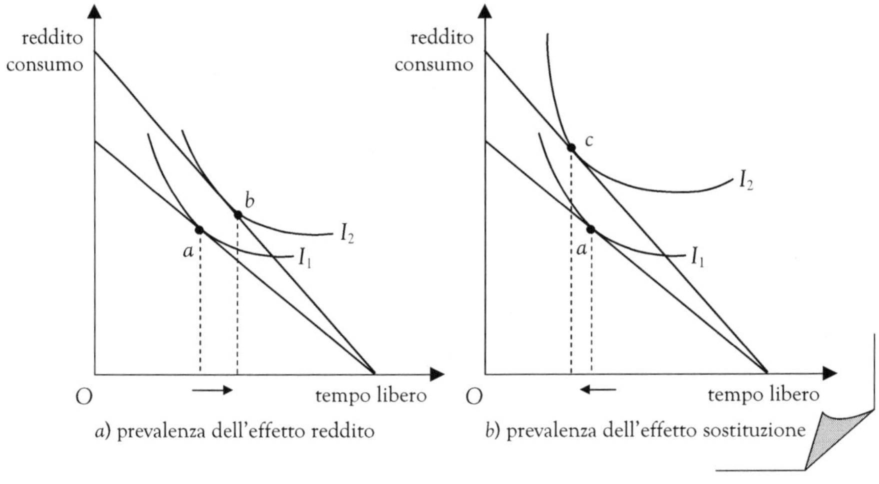

a) prevalenza dell'effetto reddito
b) prevalenza dell'effetto sostituzione

La curva di offerta di lavoro dipende dunque dagli effetti reddito e sostituzione. Si assume che, normalmente, l'effetto sostituzione prevalga sull'effetto reddito, il che implica che la curva di offerta di lavoro abbia la consueta pendenza positiva. Si può anche supporre che a bassi livelli di salario un aumento dello stesso determini un aumento delle ore di lavoro offerte, cioè che l'effetto sostituzione domini l'effetto reddito, mentre a livelli più elevati di salario un suo aumento può portare a *ridurre* le ore di lavoro offerte, ovvero a far prevalere l'effetto reddito. In tal caso la curva di offerta di lavoro avrebbe la forma evidenziata nel grafico II.A.44, piegandosi all'indietro oltre un certo livello salariale.

Grafico II.A.44. – *La curva di offerta di lavoro piegata all'indietro*

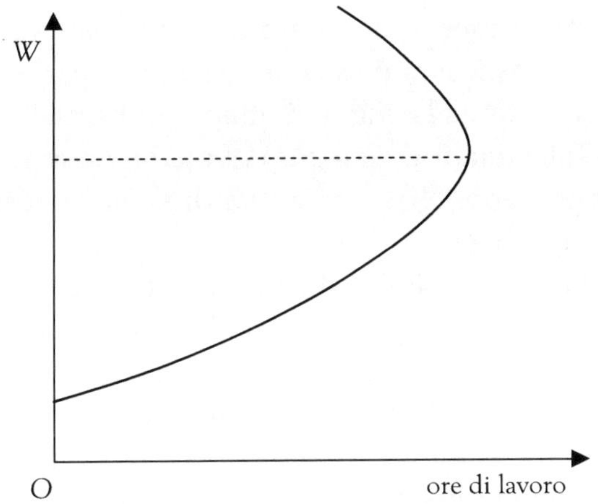

3.4.2. *La domanda di lavoro*

La domanda di lavoro è effettuata dalle imprese. Essa è una *domanda derivata* dalle decisioni prese dall'impresa che massimizza il profitto.

Grafico II.A.45. – *La domanda di lavoro (a partire dalla curva di offerta dell'impresa e dalla funzione di produzione)*

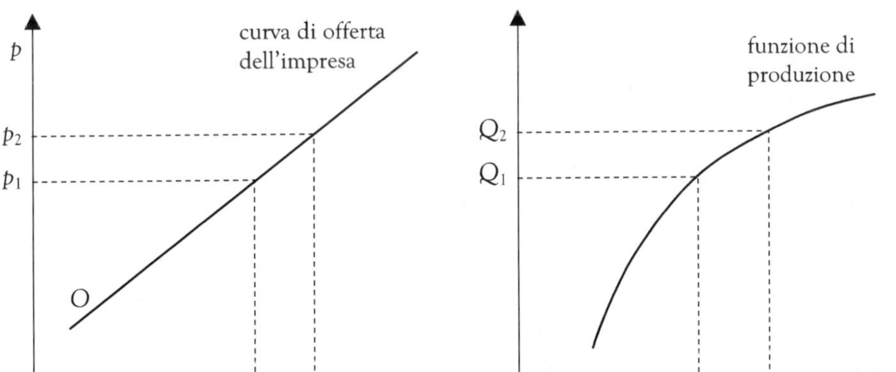

Assumiamo per semplicità che vi sia un solo fattore di produzione (il lavoro) e che perciò la decisione dell'impresa in merito a quanto produrre corrisponda alla decisione in merito a quanto lavoro assumere. Dato il prezzo del bene e la struttura dei costi, si può calcolare l'*output* a partire dalla curva del costo marginale, che determina la curva di offerta. In base alla funzione di produzione, che informa sulla quantità di *input* (lavoro) necessario per ciascun livello di produzione, si può conoscere la quantità di lavoro necessario, cioè quanto l'impresa domanda di lavoro.

Si può derivare la domanda di lavoro in un altro modo. Il costo aggiuntivo dell'assunzione di un lavoratore addizionale è uguale al salario, mentre il beneficio aggiuntivo è dato dal prodotto marginale in valore (il prodotto marginale per il prezzo del bene), il prodotto del lavoratore aggiuntivo essendo il prodotto marginale del lavoro. L'impresa assumerà lavoratori finché il guadagno che ogni lavoratore addizionale assicura (la produttività marginale del lavoro in valore) supera il salario e si arresterà nel momento in cui produttività marginale del lavoro e salario si eguaglieranno. Se p è il prezzo del bene, w il salario e *PmaL* il prodotto marginale del lavoro, si può enunciare la condizione di equilibrio così: $p \cdot PmaL = w$. Poiché il prodotto marginale del lavoro diminuisce all'aumentare del lavoro offerto, anche $p \cdot PmaL$ diminuisce. Come evidenziato nel grafico II.A.46, al salario w_1 il prodotto marginale del lavoro in valore eguaglia il salario in corrispondenza di una quantità di lavoro pari a L_1: questa è la do-

Grafico II.A.46. – *La curva di domanda di lavoro come curva della produttività marginale del lavoro*

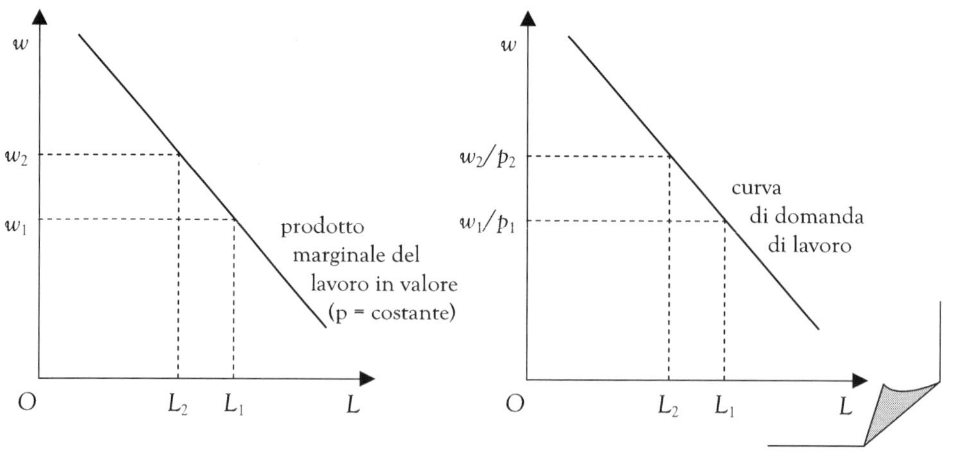

manda di lavoro quanto il salario è w_1. Se il salario è $w_2 > w_1$, il prodotto marginale del lavoro uguaglia il salario in corrispondenza di una quantità di lavoro pari a L_2: questa è la domanda di lavoro quanto il salario è w_2. La curva di domanda di lavoro è la curva del prodotto marginale del lavoro a ciascun livello di salario. Al ridursi del salario aumenta la domanda di lavoro.

Sulla base della condizione di equilibrio sopra enunciata, si può dire che la domanda di lavoro dipende dal salario e dal prezzo del bene. Infatti, data l'equazione $p \cdot PmaL = w$, dividendo entrambi i membri per il prezzo si trova la condizione: $PmaL = w/p$, dove w/p è detto il salario reale. Possiamo quindi dire che l'impresa assume i lavoratori fino al punto in cui il salario reale eguaglia il prodotto marginale del lavoro.

3.4.3. *L'equilibrio del mercato del lavoro*

L'equilibrio sul mercato del lavoro richiede che la domanda di lavoro eguagli l'offerta di lavoro. In simboli: $O_s = O_d$, dove $O_s = O_s\,(w, p)$ e $O_d = O_d\,(w, p)$. Assumendo p dato, il problema è individuare quel salario *reale*, il salario nominale di equilibrio, al quale la domanda di lavoro eguaglia l'offerta, come illustrato nel grafico II.A.47.

Grafico II.A.47. – *L'equilibrio del mercato del lavoro*

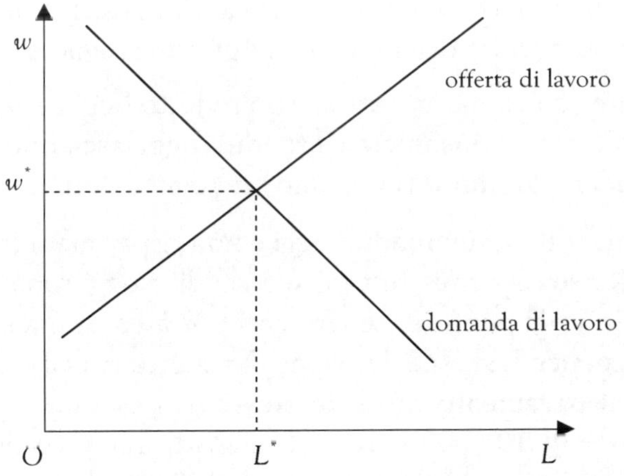

3.5. Altri mercati, altre scelte: il mercato finanziario

Il mercato finanziario è il mercato sul quale gli individui che hanno risparmiato del denaro lo rendono disponibile per quegli individui che hanno intenzione di fare investimenti produttivi e necessitano di risorse per finanziarli. Il mercato finanziario è dunque il luogo nel quale offerta e domanda di fondi mutuabili (con tale termine si definiscono i fondi che possono essere dati o presi a prestito) si incontrano. Il prezzo al quale essi si scambiano è detto tasso d'interesse.

3.5.1. *La decisione di risparmiare*

Finora le scelte degli individui esaminate nei capitoli precedenti comportavano *trade-off* tra alternative nel tempo presente. La scelta di se e quanto risparmiare rappresenta invece una scelta presente che influenza le scelte future, una *scelta intertemporale* dunque.

La decisione di risparmio non è indipendente da quella di consumo. Nel decidere cosa fare del suo reddito l'individuo può decidere di utilizzarlo tutto subito o di risparmiarne una parte per il consumo futuro. Come l'individuo alloca il suo consumo nel tempo? La decisione di quanto consumare e di quanto risparmiare è un problema di scelta intertemporale in cui l'alternativa è tra consumo corrente e consumo futuro.

Le combinazioni alternative di consumo oggi e consumo futuro possono essere rappresentate come punti di un grafico a due dimensioni. Sull'asse delle ascisse si misura il consumo oggi e sull'asse verticale il consumo futuro. La retta di bilancio ci informa sul reddito dell'individuo. Egli può scegliere tra tre alternative:

a) utilizzare (consumare) tutto il suo reddito oggi e niente in futuro;
b) non utilizzare (consumare) il reddito oggi lasciandolo tutto per il futuro;
c) suddividere il reddito (consumo) tra oggi e domani.

Se consuma tutto il suo reddito oggi e non risparmia si troverà nel punto *A* del grafico II.A.48; se risparmia tutto il suo reddito oggi rimandando il consumo al futuro si troverà nel punto *B*: se farà così potrà consumare di più di quanto potrebbe fare oggi perché la sua decisione di rinunciare al consumo oggi sarà ricompensata con il pagamento di un interesse. Ad esempio, se il reddito corrente dell'individuo è di 100.000 euro e il tasso di interesse del 20%, la scelta dell'individuo è tra un consumo corrente di 100mila euro, nel caso in cui non risparmi nulla, e un consumo futuro, ad esempio tra un anno, di 120.000 (100.000 + 20% · 100.000), se i 100mila euro di reddito sono interamente risparmiati. Questi due valori rappresentano gli estremi del vincolo di bilancio. Ogni altra combinazione possibile tra consumo presente e futuro è data dai punti sulla retta. Essendo il tasso di interesse del 20% ogni euro non speso oggi in consumi dà luogo a 1,2 euro nel futuro. La pendenza del vincolo di bilancio è pari a 1,20 ed indica il tasso di interesse. Il *vincolo di bilancio intertemporale* è la retta che unisce i punti corrispondenti al massimo consumo corrente e al massimo consumo futuro. La sua pendenza è $-(1 + r)$, ovvero il rapporto tra il valore del consumo corrente e quello del consumo futuro.

100.000 euro disponibili oggi se risparmiati danno luogo a 100.000 $(1 + r)$ disponibili a un anno, perciò 100.000 euro oggi valgono 100000 $(1 + r)$ nel futuro: possiamo dire che 100.000 euro rappresenta il valore attuale di 120.000 euro tra un anno e 120.000 mila euro il valore futuro 100.000 euro disponibili oggi. Il tasso d'interesse è così il prezzo relativo tra presente e futuro[21].

Grafico II.A.48. – *Il vincolo di bilancio intertemporale*

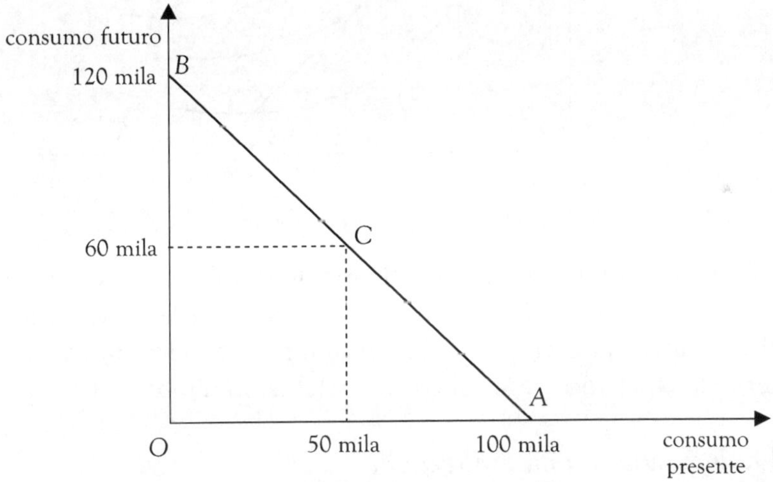

Quale paniere sceglierà il consumatore tra quelli che è in grado di acquistare? A tal fine dobbiamo rappresentare le preferenze dell'individuo tra consumo presente e consumo futuro attraverso le curve di indifferenza. In ogni punto della curva la pendenza della curva di indifferenza intertemporale corrisponde al tasso marginale di sostituzione tra consumo corrente e futuro, o *tasso marginale di sostituzione intertemporale (TMSI)*. La preferenza intertemporale è nor-

[21] Vi è quindi una semplice formula per calcolare il valore attuale di una somma di denaro M da incassare tra un anno: dividere tale somma per $1 + r$.

malmente positiva, il che significa che per essere compensato per la rinuncia ad una unità di consumo corrente l'individuo vuole più di una unità di consumo futuro. L'allocazione ottima si ha in corrispondenza del punto di tangenza tra il vincolo di bilancio e la curva di indifferenza più alta raggiungibile.

Grafico II.A.49. – *Le curve di indifferenza del consumatore/risparmiatore e l'allocazione ottimale tra consumo presente e futuro*

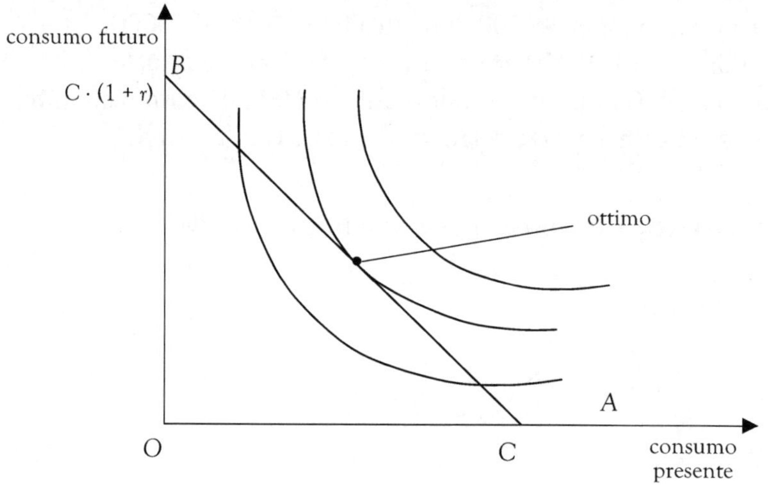

Quando il tasso di interesse varia, il vincolo di bilancio ruota e l'individuo è indotto a variare il proprio risparmio. In generale, se il tasso di interesse aumenta, il consumatore incrementa l'ammontare di risparmio, dal che si deduce che l'offerta di risparmio cresce al crescere del tasso d'interesse.

3.5.2. *La domanda di fondi mutuabili*

I produttori che necessitano di fondi per l'investimento in beni capitali domandano fondi mutuabili. Assumiamo che essi prendano a prestito tali fondi sul mercato finanziario. Perché sia conveniente farlo, essi dovranno ottenere dagli investimenti futuri un rendimento tale da poter restituire il prestito ottenuto più gli interessi e ottenere un profitto. I produttori confrontano perciò il tasso di rendimento che si aspettano di poter ottenere dai loro investimenti con il costo del prendere a prestito, cioè con il tasso di interesse che dovranno pagare.

Supponiamo che un'impresa possa compiere un investimento il cui costo attuale è pari a C capace di generare un rendimento pari a R_1 tra un anno e il tasso di rendimento sia π. Si avrà allora la seguente relazione: $C(1 + \pi) = R_1$, o, dividendo entrambi i lati dell'equazione per $(1 + \pi)$, $C = R_1/(1 + \pi)$. Possiamo anche scrivere: $\pi = (R_1/C) - 1$.

Se, per esempio, $C = 100$ euro e $R_1 = 105$, allora $\pi = 5\%$, ovvero 5% è il tasso di rendimento annuo di un investimento pari a 100 effettuato oggi il cui rendimento tra un anno sarà 105 euro.

Se il progetto di investimento è su due anni, un investimento pari a C oggi varrà $C(1 + \pi)$ dopo un anno e $C(1 + \pi)^2$ – ovvero $[C(1 + \pi)](1 + \pi)$ – dopo 2 anni. In generale, per un numero di anni da 1 a n, la formula diviene:

$$C = R_1/(1 + \pi) + R_2/(1 + \pi)^2 + R_3/(1 + \pi)^3 + ... + R_n/(1 + \pi)^n.$$

Un produttore intraprenderà un progetto di investimento se il tasso di rendimento atteso π è maggiore del tasso di interesse r sul mercato.

Possiamo ora definire la domanda di fondi mutuabili dell'impresa. Ad ogni livello del tasso di interesse l'impresa domanda una quantità di fondi mutuabili tale da finanziare tutti i progetti di investimento che garantiscono saggi di rendimento maggiori del tasso di interesse. Nel grafico poniamo il tasso di interesse sull'asse delle ordinate e la quantità di fondi mutuabili sull'asse delle ascisse. La domanda di fondi mutuabili è la relazione tra queste due variabili. La curva è inclinata negativamente poiché, quanto più basso è il saggio di interesse tanto maggiore sarà la domanda di fondi mutuabili.

Grafico II.A.50. *La domanda di fondi mutuabili*

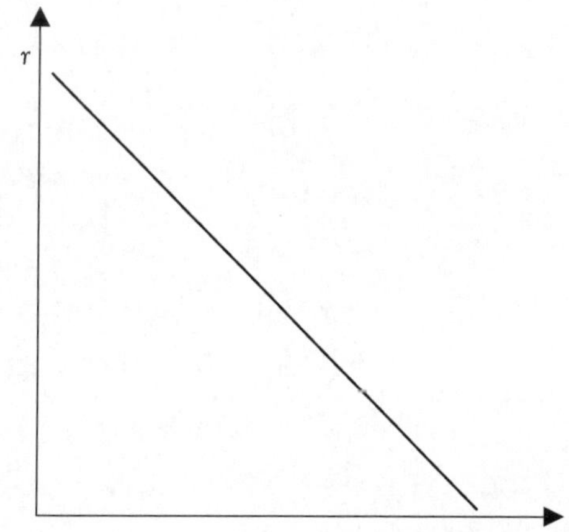

3.5.3. *L'equilibrio del mercato finanziario*

L'equilibrio nel mercato dei fondi mutuabili si determina in corrispondenza dell'intersezione tra le curve di domanda di fondi e di offerta di risparmio. Come evidenziato nel grafico II.A.51 quel punto individua il tasso di interesse r^* e l'ammontare di fondi che saranno investiti dall'impresa a quel tasso.

Si noti che in equilibrio il saggio di rendimento dell'ultimo progetto profittevole realizzato, cioè la remunerazione del capitale, è uguale al tasso di interesse.

Grafico II.A.51. – *L'equilibrio del mercato finanziario*

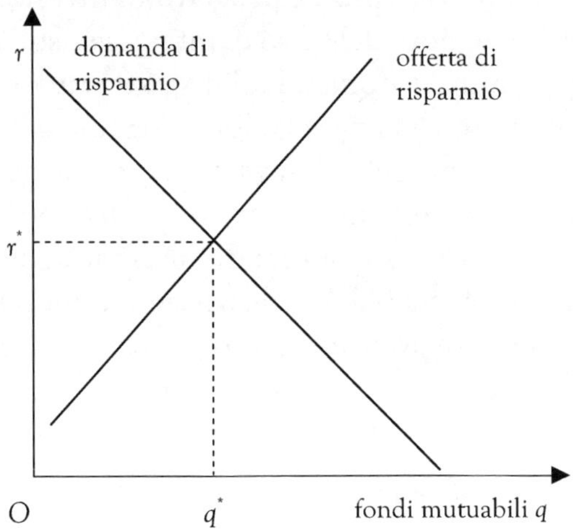

3.6. La scelta in condizioni di incertezza

3.6.1. *Incertezza, rischio e comportamento razionale*

La teoria delle scelte in condizioni di incertezza estende la teoria della scelta razionale alle decisioni compiute in condizioni in cui non è noto con certezza l'esito della decisione, cioè le conseguenze delle scelte di un agente economico. Ad esempio un individuo cui è offerto di partecipare ad una lotteria deve scegliere tra l'alternativa certa di disporre di una somma di denaro equivalente al biglietto che deve acquistare e l'alternativa incerta di ottenere il premio.

Nel processo decisionale l'individuo si serve del calcolo delle probabilità, quell'approccio matematico che affronta la scelta degli individui di fronte a eventi casuali (o aleatori), ovvero non certi ma possibili[22]. In questo modo l'incertezza è ridotta a rischio, intendendo con rischio quella situazione in cui un individuo può attribuire probabilità matematiche agli eventi incerti – di conseguenza incertezza sarebbe quella situazione in cui la probabilità dei possibili stati del mondo non è conosciuta con esattezza o non è conosciuta del tutto[23]. Nel paragrafo assumiamo che sia sempre possibile attribuire una probabilità agli eventi.

Rappresentiamo la scelta in queste situazioni come decisione tra diverse "lotterie", cioè distribuzioni di probabilità associate a premi (*payoff*) monetari diversi. La natura delle decisioni incerte è così assimilata ai giochi d'azzardo. Quale "lotteria" sceglierà l'individuo? Nel contesto del modello neoclassico egli sceglierà razionalmente sulla base delle sue preferenze rispetto a tali lotterie. Il problema è la rappresentazione di tali preferenze.

---

[22] Il concetto di probabilità si è modificato nel corso del tempo. Nato nel Seicento, ebbe la sua prima formulazione sistematica, nota oggi come concezione classica, grazie al matematico P.S. Laplace nel 1812, secondo cui la probabilità di un evento è il rapporto tra il numero dei casi favorevoli e il numero dei casi egualmente possibili. Nell'Ottocento si sviluppò la concezione frequentista (o statistica) basata sull'esperimento e sull'osservazione di prove ripetute (o frequenza relativa) del fenomeno oggetto di studio. Ancora nell'Ottocento videro la luce concezioni poi ulteriormente sviluppate nel Novecento: la concezione detta soggettiva, che valuta la probabilità di un evento in base alla fiducia che un individuo attribuisce al verificarsi di un evento in base alle informazioni disponibili e alle sue opinioni; la concezione logistica, secondo cui la probabilità di un evento è una relazione logica tra l'evento stesso e l'insieme di conoscenze disponibili. Nel Novecento si è poi sviluppata la concezione assiomatica, che ha elaborato tutta la teoria a partire dai concetti primitivi di evento e probabilità.

[23] Questa separazione – non da tutti gli economisti neoclassici ritenuta rilevante – è stata introdotta nella teoria economica dall'economista americano Frank Knight (1885-1972) nel libro *Risk, Uncertainty and Proft*, Hart, Schaffner & Marx, Boston, 1921.

La teoria della scelta in condizioni di incertezza, formulata nelle sue linee essenziali tra anni quaranta e cinquanta del Novecento, fornisce gli strumenti logici per rispondere alla questione sollevata. Essa mostra come il concetto di massimizzazione di una funzione-obiettivo possa rappresentare anche il comportamento in condizioni di incertezza: ciò che gli agenti massimizzano è in questo caso una funzione di utilità attesa entro un dato vincolo di bilancio.

3.6.2. *La distribuzione di probabilità e le sue proprietà*

La distribuzione di probabilità ci informa sulla probabilità che una variabile casuale assuma un determinato valore. Il valore atteso è il valore medio del fenomeno aleatorio sotto indagine. Esso è dato dalla media ponderata dei valori V_i associabili a ciascuna modalità dell'evento stesso, il sistema dei pesi essendo rappresentato dalle probabilità π_i associate a ciascuna modalità:

$$VA = V_1 \pi_i + V_2 \pi_2 + ... + V_n \pi_n$$

sotto il vincolo: $\pi_1 + \pi_2 + ... + \pi_n = 1$.

A ciascuna distribuzione di probabilità è associata una variabilità della variabile casuale, cioè la tendenza ad assumere valori diversi all'interno di un campo di variazione. Una misura esatta della variabilità è la varianza della distribuzione, che è data dal valore medio del quadrato delle deviazioni (scarti) della variabile causale dalla sua media:

$$\sigma^2 = \Sigma \pi_i (v_i - \overline{x})^2 ,$$

dove $\overline{x}$ è la media della variabile casuale. La varianza è utilizzata per descrivere il rischio di un evento.

3.6.3. *La scelta in condizioni di incertezza. Il modello dell'utilità attesa di von Neumann-Morgenstern*

3.6.3.1. *L'utilità attesa e la funzione di utilità attesa*

La scelta in condizioni di incertezza è dunque rappresentabile come una scelta tra lotterie alternative, ciascuna caratterizzata da un valore atteso e una varianza, la quale esprime il rischio associato a un evento. L'atteggiamento dell'individuo rispetto al rischio è così cruciale per la scelta. Se l'individuo fosse indifferente al rischio connesso a ciascuna scelta, ovvero fosse neutrale al rischio, il confronto fra lotterie avverrebbe solo sulla base dei valori monetari attesi, dove un valore monetario atteso maggiore dovrebbe essere preferibile ad uno minore. Ma in generale gli individui tengono conto anche del rischio associato a una scelta. In generale possiamo dire che ciò che è importante per l'individuo è la soddisfazione che egli ottiene da quel che riceve, ovvero l'utilità attesa, secondo l'approccio seguito dalla teoria neoclassica che si fonda sul contributo dato da John Von Neumann e Oskar Morgenstern, nel 1944, in un libro dal titolo *Theory of games and Economic Behavior* (*Teoria dei giochi e comportamento economico*)[24].

Il modello assume che gli agenti economici:

– conoscono la distribuzione di probabilità che accompagna il verificarsi di un evento non certo e, quindi, la distribuzione di probabilità di guadagni e perdite associate all'evento: si dice che essi conoscono il valore atteso attribuibile a un evento non certo;

– massimizzano l'utilità attesa associata a ciascun evento non certo.

Quando gli individui decidono in condizioni di incertezza non scelgono dunque soltanto l'alternativa che massimizza il valore atteso ma anche l'utilità di ciascun risultato. Essi massimizzano cioè l'utilità attesa. Il valore numerico di utilità assegnato alle diverse opzioni ha dunque importanza: ciò significa che gli individui si comportano come se avessero una funzione di utilità cardinale. Von Neumann e Morgenstern, hanno proposto l'uso di una funzione di utilità cardinale totale di tipo additivo:

$$UA = U(V_1, V_2, ..., V_n, \pi_1, \pi_2, ..., \pi_n) = \pi_1\, u(V_1) + \pi_2\, u(V_2) + ... + \pi_n\, u(V_n)$$

dove: V_i sono gli esiti possibili e π_i le probabilità associate.

L'agente massimizza l'utilità totale attesa dato il vincolo dell'insieme di alternative disponibili.

3.6.3.2. *Utilità attesa e atteggiamento nei confronti del rischio*

A seconda della forma assunta dalla funzione di utilità attesa è possibile rappresentare i diversi atteggiamenti degli individui nei confronti del rischio: essi possono essere di avversione, neutralità o propensione al rischio.

---

[24] La prima formulazione della teoria dell'utilità attesa è attribuibile al matematico svizzero Daniel Bernoulli nel 1738, in un lavoro che affrontava il cosiddetto paradosso di San Pietroburgo. Si tratta di un particolare gioco d'azzardo basato su una variabile causale con valore atteso infinito. Esso rappresenta una situazione in cui l'applicazione della teoria delle decisioni, che tiene conto esclusivamente del valore atteso, suggerisce una linea di condotta che non sarebbe seguita da nessun essere ragionevole. La soluzione al paradosso di Bernoulli fu appunto di modificare il modello predendo in considerazione l'utilità della decisione.

a) *Avversione al rischio*

L'avversione al rischio è l'atteggiamento di un soggetto che preferisce ricevere un reddito certo pari a $\bar{x}$ piuttosto che una lotteria incerta il cui valore atteso corrisponde a $\bar{x}$. La sua funzione di utilità è concava, ovvero con utilità marginale decrescente.

b) *Neutralità al rischio*

La neutralità al rischio è l'atteggiamento di un soggetto che è indifferente tra una lotteria incerta e un pagamento certo uguale al valore atteso della lotteria. La sua funzione di utilità attesa è lineare. Essa implica che egli sceglierà tra diverse alternative esclusivamente sulla base del loro valore atteso, preferendo lotterie con valore atteso più alto indipendentemente dalla loro rischiosità.

c) *Propensione al rischio*

La propensione al rischio è l'atteggiamento di un soggetto che preferisce sempre ad una lotteria incerta un premio certo corrispondente al valore atteso della lotteria. La sua funzione di utilità attesa è convessa, ovvero con utilità marginale crescente.

Grafico II.A.52. – *Funzione di utilità di un soggetto avverso al rischio*

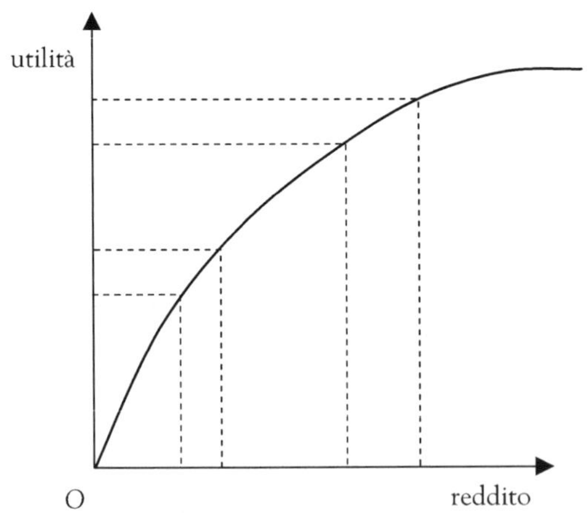

Grafico II.A.53. – *Funzione di utilità di un soggetto neutrale al rischio*

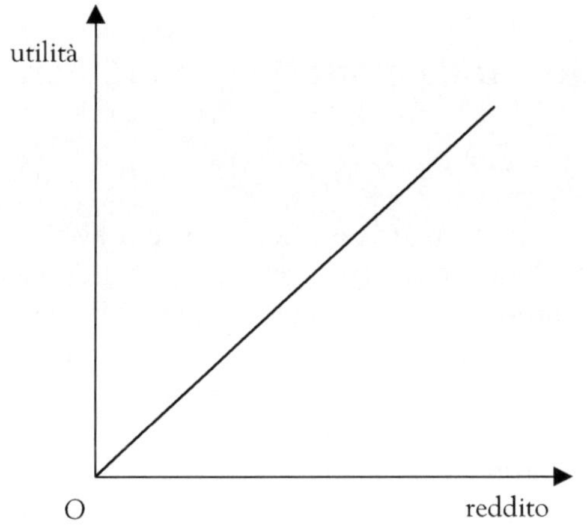

Grafico II.A.54. – *Funzione di utilità di un soggetto propenso al rischio*

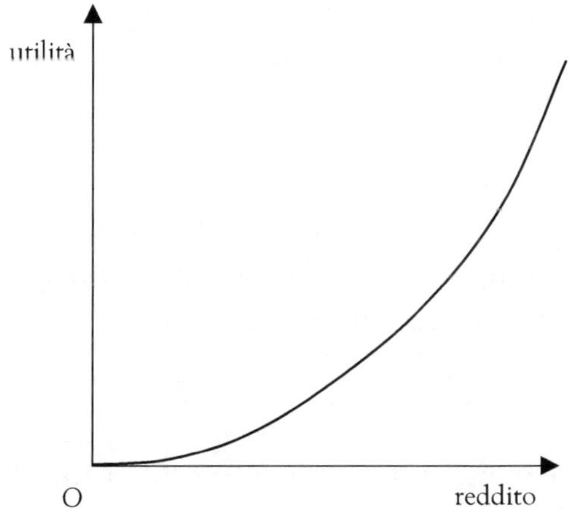

4. Il modello di domanda e offerta per più beni. L'equilibrio generale

SOMMARIO: 4. Il modello di domanda e offerta per più beni. L'equilibrio generale. – 4.1. Premessa. – 4.2. Un'illustrazione algebrica e geometrica dell'equilibrio generale. – 4.3. Approfondimenti. Definizione, esistenza, stabilità ed unicità dell'EEG concorrenziale: la concezione walrasiana. – 4.3.1. Definizione dell'EEG concorrenziale. – 4.3.2. Esistenza dell'EEG concorrenziale. – 4.3.3. Stabilità ed unicità dell'EEG concorrenziale. – Appendice. Un caso di stabilità dell'EEG concorrenziale. – 4.4. Definizione, esistenza e stabilità dell'EEG: la concezione edgeworthiana. – 4.5. Approfondimenti. Relazioni tra le concezioni walrasiana ed edgeworthiana dell'EEG concorrenziale.

4.1. Premessa

Nell'ambito dell'economia neoclassica l'equilibrio economico generale (EEG) rappresenta il tentativo di descrivere in prima approssimazione, cioè in modi molto astratti ma rigorosi, il funzionamento del sistema economico, cioè l'interdipendenza delle sue variabili di prezzo e quantità.

Dell'EEG proponiamo, dopo una prima presentazione meramente intuitiva (par. 1), i concetti di definizione, esistenza, stabilità ed unicità tanto nella concezione walrasiana (par. 2) quanto in quella edgeworthiana (par. 3). Infine mostreremo lo stretto rapporto teorico tra le due concezioni (par. 4). L'esposizione è limitata al caso teoricamente fondamentale dell'equilibrio dello scambio concorrenziale.

4.2. Un'illustrazione algebrica e geometrica dell'equilibrio generale

Si ipotizzi che:

– vengano prodotti solo i beni *a* e *b*;

– il bene *a* sia domandato da tutti i consumatori ma anche dai produttori del bene *b*, che si servono di *a* quale unico *input* per la produzione di *b*;

– il bene *b* sia domandato da tutti i consumatori ma anche dai produttori di *a*, che si servono di *b* quale unico *input* per la produzione di *a*;

– dal punto di vista della domanda: *a* e *b* siano beni normali (cioè: all'aumentare del prezzo di *a*, la domanda di *a* diminuisca; all'aumentare del prezzo di *b*, la domanda di *b* diminuisca) e tra di loro indipendenti (cioè: all'aumentare del prezzo di *a*, la domanda di *b* non vari; all'aumentare del prezzo di *b*, la domanda di *a* non vari);

– dal punto di vista dell'offerta: l'offerta di *a* aumenti all'aumentare del prezzo di *a* ed al diminuire del prezzo di *b*; l'offerta di *b* aumenti all'aumentare del prezzo di *b* ed al diminuire del prezzo di *a*.

Il mercato di *a* è in equilibrio quando la domanda e l'offerta di *a* sono uguali: il mercato di *a* è quindi in equilibrio quando

$$D_a(p_a) = O_a(p_a, p_b).$$

Analogamente, il mercato di *b* è in equilibrio quando la domanda e l'offerta di *b* sono uguali: il mercato di *b* è quindi in equilibrio quando

$$D_b(p_b) = O_b(p_a, p_b).$$

Quindi algebricamente, l'equilibrio simultaneo ed unico dei due mercati, se esiste, è dato dalla soluzione, se esiste ed è unica[25], del sistema di equazioni:

$$\begin{cases} D_a(p_a) = O_a(p_a, p_b) \\ D_b(p_b) = O_b(p_a, p_b) \end{cases}.$$

La soluzione, costituita dall'eventuale unica coppia di valori di p_a e p_b che soddisfi simultaneamente entrambe le equazioni, indica, dal punto di vista economico, che l'equilibrio simultaneo di tutti i mercati è dato dai prezzi di tutti i beni prodotti e domandati. L'insieme dei valori dei prezzi che mettono in equilibrio simultaneamente tutti i mercati è l'*equilibrio economico generale*.

Esplicitando le equazioni su riportate è possibile determinare l'equilibrio economico anche geometricamente (grafico II.A.55).

Abbiamo quindi per il mercato di *a*:

$$D_a(p_a) = a_0 + a_1 p_a$$

(con $a_0 > 0$ e, per formalizzare l'ipotesi che *a* è un bene normale, $a_1 < 0$);

$$O_a(p_a, p_b) = b_1 p_a + b_2 p_b$$

[25] Un sistema di equazioni è risolvibile ed ha una sola soluzione se il numero delle sue equazioni tra di loro indipendenti e coerenti è uguale al numero delle incognite.

(con $b_1 > 0$ e $b_2 < 0$, per formalizzare le ipotesi che O_a cresce al crescere di p_a e decresce al crescere di p_b; inoltre poiché, per essere economicamente significativa, deve essere $O_a \geq 0$, bisogna che sia $b_1p_a + b_2p_b \geq 0$ cioè che sia $\frac{p_a}{p_b} \geq -\frac{b_2}{b_1}$).

Quindi $D_a(p_a) = O_a(p_a, p_b)$ implica

$$a_0 + a_1p_a = b_1p_a + b_2p_b \quad \text{cioè} \quad a_0 + (a_1 - b_1)p_a = b_2p_b$$

quest'ultima equazione rappresenta il luogo geometrico dei punti del piano costituiti dalle infinite combinazioni di p_a e p_b che mettono in equilibrio il mercato di a. Ponendo, per fissare le idee, p_a sull'asse delle ascisse e p_b sull'asse delle ordinate, il succitato luogo geometrico si rappresenta con una retta (che chiamiamo *rea*) dove:

– l'inclinazione è data da $\frac{dp_b}{dp_a} = \frac{a_1 - b_1}{b_2}$ ed è quindi positiva;

– per significatività economica, consideriamo solo il tratto di *rea* con p_a e p_b entrambi non negativi e che inizia con $p_a = -\frac{a_0}{a_1 - b_1}$ e $p_b = 0$, e da cui ricaviamo che, all'aumentare di a_0, *rea* si sposta verso destra.

Analogamente, abbiamo per il mercato di b:

$$D_b(p_b) = c_0 + c_1p_b$$

(con $c_0 > 0$ e $c_1 < 0$, per formalizzare l'ipotesi che b è un bene normale);

$$O_b(p_a, p_b) = d_1p_b + d_2p_a$$

(con $d_1 > 0$ e $d_2 < 0$, per formalizzare le ipotesi che O_b cresce al crescere di p_b e decresce al crescere di p_a; inoltre poiché, per essere economicamente significativa, deve essere $O_b \geq 0$, bisogna che sia $d_1p_b + d_2p_a \geq 0$ cioè che sia $\frac{p_b}{p_a} \geq -\frac{d_2}{d_1}$).

Quindi $D_b(p_b) = O_b(p_a, p_b)$ implica

$$c_0 + c_1p_b = d_1p_b + d_2p_a \quad \text{cioè} \quad c_0 + (c_1 - d_1)\, p_b = d_2p_a.$$

Quest'ultima equazione rappresenta il luogo geometrico dei punti del piano costituiti dalle infinite combinazioni di p_a e p_b che mettono in equilibrio il mercato di b. Ponendo, per fissare le idee, p_a sull'asse delle ascisse e p_b sull'asse delle ordinate, il succitato luogo geometrico si rappresenta con una retta (che chiamiamo *reb*) dove:

- l'inclinazione è data da $\dfrac{dp_b}{dp_a} = \dfrac{d_2}{c_1 - d_1}$ ed è quindi positiva;
- per significatività economica, consideriamo solo il tratto di *reb* con p_a e p_b entrambi non negativi e che inizia con $p_b = -\dfrac{c_0}{c_1 - d_1}$ e $p_a = 0$ e da cui ricaviamo che, all'aumentare di c_0, *reb* si sposta verso l'alto.

Grafico II.A.55. – *L'EEG dei mercati di a e b*

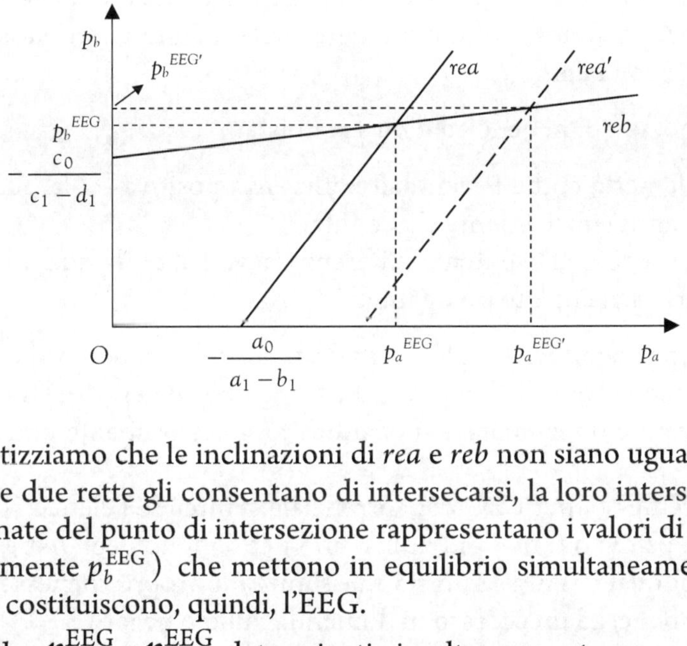

Se ipotizziamo che le inclinazioni di *rea* e *reb* non siano uguali e che le posizioni delle due rette gli consentano di intersecarsi, la loro intersezione è unica: le coordinate del punto di intersezione rappresentano i valori di p_a e p_b (p_a^{EEG} e rispettivamente p_b^{EEG}) che mettono in equilibrio simultaneamente entrambi i mercati e costituiscono, quindi, l'EEG.

Essendo p_a^{EEG} e p_b^{EEG} determinati simultaneamente, quando variano, variano simultaneamente.

Precisamente p_a^{EEG} e p_b^{EEG} variano simultaneamente al variare di uno qualunque dei parametri (rappresentanti gusti, redditi, tecnologia) da cui dipendono la posizione e l'inclinazione delle rette di equilibrio dei mercati. Per esempio, se *rea* si trasla verso destra, l'EEG cambia nel senso di un aumento tanto di p_a^{EEG} e p_b^{EEG}.

4.3. Approfondimenti. Definizione, esistenza, stabilità ed unicità dell'EEG concorrenziale: la concezione walrasiana

4.3.1. *Definizione dell'EEG concorrenziale*

Siano dati:

– *n* individui, detti scambisti;
– *m* beni, essendo note, per ogni bene e per ogni scambista, la quantità (positiva o nulla) inizialmente posseduta e quindi, per ogni bene e per gli *n* scambisti considerati nel loro complesso, la quantità complessivamente posseduta (positiva o nulla);
– *n* panieri, uno per ogni scambista: le somme delle quantità dei singoli beni, contenute nei panieri, sono dunque uguali alle quantità complessivamente possedute dei singoli beni.

Si definiscano, per ogni bene ed ogni scambista:

– la domanda netta come l'eventuale differenza positiva tra la quantità domandata e la quantità inizialmente posseduta;
– l'offerta netta come l'eventuale differenza negativa tra la quantità domandata e la quantità inizialmente posseduta.

Si definisca, per ogni bene e gli *n* scambisti considerati nel loro complesso, l'eccesso di domanda come la differenza (positiva, nulla o negativa) tra la quantità complessivamente domandata e la quantità complessivamente posseduta inizialmente.

Tutto ciò premesso, per EEG concorrenziale si intende l'elenco (o vettore) di prezzi dati (positivi o tutt'al più nulli), uno per ognuno degli *m* beni, in corrispondenza del quale ogni scambista massimizza il proprio benessere dando luogo, per ogni bene, ad un eccesso di domanda nullo o negativo.

4.3.2. *Esistenza dell'EEG concorrenziale*

Mediante la teoria della domanda, per un qualunque bene, per esempio *a*, e per un qualunque scambista si può definire una funzione di domanda netta o di offerta netta, per esempio $D_a = D_a(p_a, p_b, ..., p_m)$, dotata delle seguenti proprietà:

– dato un vettore di prezzi, la domanda o l'offerta netta sono univocamente determinate;

– ogni domanda ed ogni offerta netta sono funzioni continue dei prezzi;
– se tutti i prezzi cambiano equi-proporzionalmente, la domanda o l'offerta netta non variano.

La funzione di eccesso di domanda di ogni bene, per esempio $z_a = z_a(p_a, p_b, ..., p_m)$, mantiene le tre proprietà appena evocate, poiché è definita come la somma algebrica delle funzioni di domanda netta o di offerta netta degli n scambisti.

Perché la proprietà della continuità della funzione di eccesso di domanda sia sempre valida è necessario ipotizzare anche che, quando il prezzo di un bene è nullo, il suo eccesso di domanda sia positivo ma finito.

La proprietà dell'invarianza dell'eccesso di domanda rispetto alla variazione equi-proporzionale di tutti i prezzi implica che l'eccesso di domanda non cambia se tutti i prezzi sono moltiplicati per lo stesso numero: quindi, in particolare, l'eccesso di domanda non cambia se i prezzi sono moltiplicati per il reciproco della loro somma, cioè se sono normalizzati, il che consente di ottenere (se i beni, per semplicità, sono solo a e b)

$$p'_a + p'_b = 1, \quad \text{dove} \quad p'_a = \frac{p_a}{p_a + p_b} \quad \text{e} \quad p'_b = \frac{p_b}{p_a + p_b}.$$

Se ne ricava che il luogo geometrico dei punti del piano le cui coppie coordinate rappresentano tutti i possibili vettori di prezzi normalizzati è dato dall'equazione

$$p'_a = 1 - p'_b$$

che è rappresentata da una retta inclinata negativamente con ordinata all'origine uguale all'unità e con estremi i punti aventi le coordinate (1,0) e (0,1), dove la prima coordinata attiene a p'_a e la seconda a p'_b.

Grafico II.A.56. – *Retta dei prezzi normalizzati*

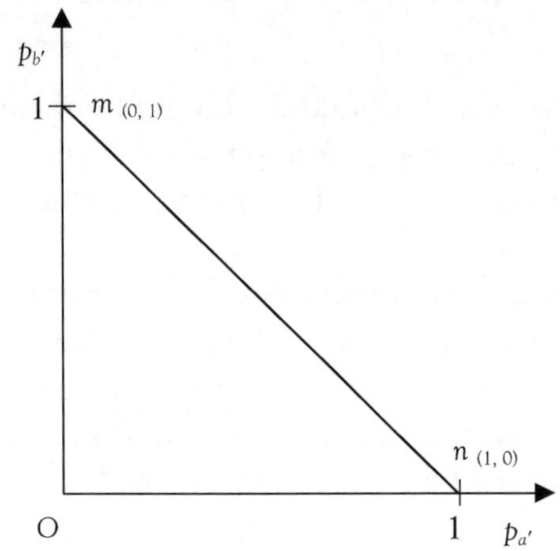

Per l'ipotesi di non sazietà, ogni scambista spende tutto il suo reddito con la conseguenza che, per ogni vettore di prezzo, la somma degli eccessi di domanda corrispondenti è nulla (legge di Walras). Infatti siano, per un qualunque scambista, $\overline{x}_a$ e $\overline{x}_b$ le quantità inizialmente possedute dei beni a e b ed x_a e x_b le quantità domandate di a e b: si avrà

$$p_a x_a + p_b x_b = p_a \overline{x}_a + p_b \overline{x}_b$$

da cui si ricava

$$p_a(x_a - \overline{x}_a) + p_b(x_b - \overline{x}_b) = 0 \quad \text{cioè} \quad p_a D_a + p_b D_b = 0.$$

Ricordando che la funzione di eccesso di domanda di un bene è la somma algebrica delle funzioni di domanda netta o di offerta netta degli n scambisti, si ottiene

$$p_a z_a + p_b z_b = 0.$$

Le relazioni tra l'eccesso di domanda ed il prezzo di un bene siano conformi all'ipotesi walrasiana del *tâtonnement*, cioè che:

– un eccesso di domanda positivo dia luogo ad un aumento del prezzo;
– un eccesso di domanda negativo dia luogo ad una diminuzione del prezzo;
– un eccesso di domanda nullo non faccia variare il prezzo;
– un aumento del prezzo: riduca un eccesso di domanda positivo; aumenti

(in valore assoluto) un eccesso di domanda negativo; renda negativo un eccesso di domanda nullo;

– una diminuzione del prezzo: aumenti un eccesso di domanda positivo; riduca (in valore assoluto) un eccesso di domanda negativo; renda positivo un eccesso di domanda nullo.

Per la dimostrazione dell'esistenza dell'EEG concorrenziale, consideriamo il piano cartesiano come l'insieme di tutti i possibili vettori di z_a e z_b: ridenominiamo l'origine degli assi, che corrisponde al vettore di equilibrio degli eccessi di domanda (cioè al vettore con eccessi di domanda nulli), con $z_{(0,0)}$.

Grafico II.A.57. – *Insieme di tutti i possibili vettori degli eccessi di domanda*

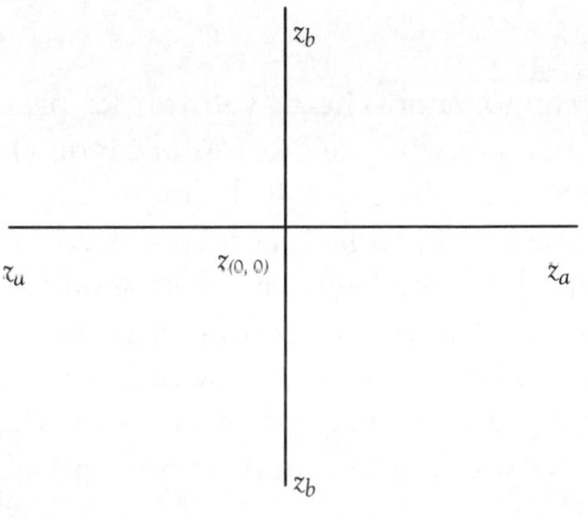

Supponiamo che al vettore dei prezzi normalizzati (0,1), chiamiamolo $m_{(0,1)}$, non corrisponda $z_{(0,0)}$. Applicando al caso in esame la legge di Walras otteniamo $0 \cdot z_a + 1 \cdot z_b = 0$ il che implica $z_b = 0$ (poiché $0 \cdot z_a = 0$) e $z_a > 0$ perché, se fosse $z_a = 0$, ad $m_{(0,1)}$ corrisponderebbe, contro l'ipotesi fatta, $z_{(0,0)}$: chiamiamo $\mu_{(0,1)}$ il vettore degli z_a e z_b corrispondente a $m_{(0,1)}$.

Grafico II.A.58. – *Curva dei vettori degli eccessi di domanda corrispondenti ai prezzi normalizzati*

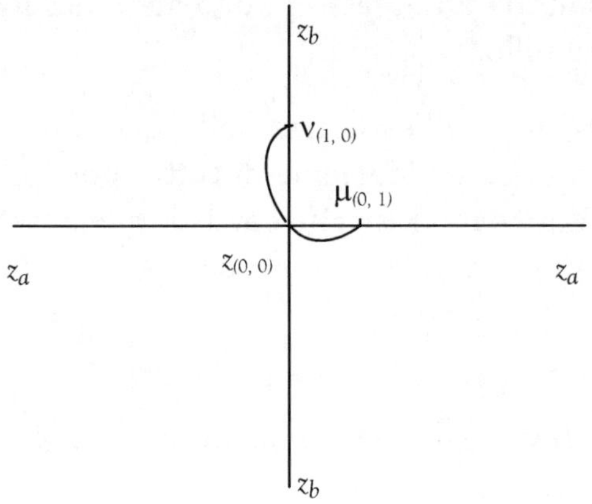

Analogamente, supponiamo che al vettore dei prezzi normalizzato (1,0) chiamiamolo $n_{(1,0)}$, non corrisponda $z_{(0,0)}$. Applicando al caso in esame la legge di Walras otteniamo $1 \cdot z_a + 0 \cdot z_b = 0$ il che implica $z_a = 0$ (poiché $0 \cdot z_b = 0$) e $z_b > 0$ perché, se fosse $z_b = 0$, ad $n_{(1,0)}$ corrisponderebbe, contro l'ipotesi fatta, $z_{(0,0)}$: chiamiamo $\nu_{(1,0)}$ il vettore degli z_a e z_b corrispondente a $n_{(0,1)}$.

Se facciamo variare in un modo continuo, tra $m_{(0,1)}$ e $n_{(1,0)}$, il vettore dei prezzi normalizzati, stante la continuità delle funzioni degli eccessi di domanda rispetto al vettore dei prezzi, le coppie degli eccessi di domanda corrispondenti ai vettori dei prezzi costituiranno i punti di una curva continua che ha come estremi $\mu_{(0,1)}$ e $\nu_{(1,0)}$.

Per la legge di Walras, per prezzi positivi non si possono avere vettori con eccessi di domanda entrambi positivi (poiché sarebbe $p_a z_a + p_b z_b > 0$) o entrambi negativi (poiché sarebbe $p_a z_a + p_b z_b < 0$): quindi la curva continua degli eccessi di domanda non passerà né nel quadrante di NE (dove tutti i vettori hanno coordinate entrambe positive) né nel quadrante di SO (dove tutti i vettori hanno coordinate entrambe negative).

La curva continua degli eccessi di domanda che collega $\mu_{(0,1)}$ e $\nu_{(1,0)}$ deve quindi:

– percorrere il quadrante di SE, prima scendendo da $\mu_{(0,1)}$ e poi risalendo verso $z_{(0,0)}$;

– passare per $z_{(0,0)}$;

– percorrere il quadrante di NO, prima risalendo da $z_{(0,0)}$ e poi piegando a destra verso $\nu_{(1,0)}$.

Ipotizziamo che:

– ad un vettore di prezzi normalizzati positivi *r* corrisponda un vettore di eccessi di domanda ρ situato nel quadrante di SE e quindi con $z_a > 0$ e $z_b < 0$; a ρ corrisponde dunque, per l'ipotesi del *tâtonnement*, un nuovo vettore di prezzi *r'* che, rispetto a *r*, presenta p'_a maggiore e p'_b minore;

– ad un vettore di prezzi normalizzati positivi *d* corrisponda un vettore di eccessi di domanda δ situato nel quadrante di NO e quindi con $z_a < 0$ e $z_b > 0$; a δ corrisponde dunque, per l'ipotesi del *tâtonnement*, un nuovo vettore di prezzi *d'* che, rispetto a *d*, presenta p'_a minore e p'_b maggiore.

Si intuisce quindi che, raggiungendo *r* da *d* o viceversa (e quindi raggiungendo ρ da δ e viceversa) si passa, per la continuità tanto della retta dei prezzi normalizzati quanto della curva degli eccessi di domanda, per un vettore di prezzi normalizzati p^* cui corrisponde $z_{(0,0)}$ al quale, a sua volta, corrisponde p^*.

Quindi l'EEG concorrenziale, rappresentato da p^*, esiste.

Grafico II.A.59. – *Individuazione geometrica dell'esistenza dell'EEG concorrenziale*

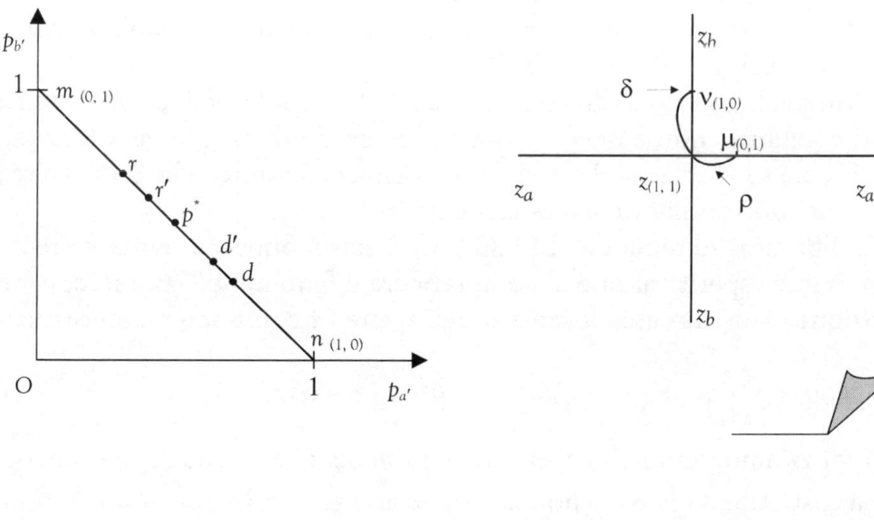

4.3.3. *Stabilità ed unicità dell'EEG concorrenziale*

Dimostrata l'esistenza dell'EEG segue la necessità di dimostrarne l'unicità e la stabilità, dove per stabilità si intende la convergenza del sistema economico all'EEG qualora ne sia inizialmente discosto. La necessità di tale dimostrazione origina dal fatto che, se l'EEG non fosse unico e stabile, qualora il sistema se ne scostasse se ne allontanerebbe indefinitamente rendendo impossibili gli importanti esercizi di statica comparata, cioè i confronti tra equilibri, in quanto non sarebbe individuabile il secondo equilibrio da confrontare con il primo. I problemi dell'unicità e della stabilità sono connessi in quanto che, se vi sono diversi EEG, è praticamente inevitabile che qualcuno di essi sia instabile.

La stabilità dell'EEG è stata dimostrata da Kenneth Arrow, Leonid Hurwicz (1917-2008, premio Nobel per l'economia nel 2007) e dal matematico Henry David Block (1920-1978) ma solo nell'ipotesi, ritenuta troppo restrittiva (cioè insufficientemente generale ovvero troppo lontana dalla realtà), che tutti i beni siano sostituti lordi cioè che l'eccesso di domanda di un bene diminuisca al diminuire del prezzo di un qualunque altro bene (si veda in appendice al paragrafo una formulazione semplificata di questa dimostrazione).

Hugo Sonnenschein (1940-) ha invece dimostrato (con successivi complementi di Debreu e Rolf Mantel (1934-1999)) che, tenendo conto che l'unicità e la stabilità dell'EEGC richiedono particolari funzioni aggregate di eccesso di domanda, le ipotesi generali da cui si ricavano le funzioni individuali, e quindi aggregate, di eccesso di domanda non sono in grado di attribuire a queste ultime forme particolari e, quindi, neppure le forme particolari richieste dall'unicità e dalla stabilità dell'EEG.

Dunque la teoria ha dimostrato che il sistema economico concorrenziale, se fuori equilibrio, non è necessariamente in grado di raggiungere tale equilibrio con le sole sue forze: va da sé che un sistema economico che può essere perennemente fuori equilibrio è teoricamente irrilevante.

Il dibattito sul tema dell'EEGC (che è stato, finora, il tentativo teorico più importante esperito al fine di comprendere il fenomeno economico, che è l'interazione di un numero elevatissimo di agenti) è comunque sempre in corso.

*Appendice *. Un caso di stabilità dell'EEG concorrenziale*

Ipotizziamo, sempre in presenza dei soli beni a e b, che l'EEG concorrenziale sia costituito da p_a e p_b (non normalizzati) entrambi > 0. Se a e b sono tra loro normali e sostituti lordi (cioè se $\frac{\partial z_a}{\partial p_b} > 0$ e $\frac{\partial z_b}{\partial p_a} > 0$) e se vale l'ipotesi del *tâtonnement*, si dimostra che l'EEG concorrenziale è globalmente stabile ed anche unico.

Se p^* è l'EEG concorrenziale allora abbiamo, per definizione, $z_a^* = z_b^* = 0$. Un qualunque $p^{**} \neq p^*$ (per esempio con $p_a^{**} = p_a^*$ e $p_b^{**} > p_b^*$) non può essere EEG in quanto $p_b^{**} > p_b^*$ (cioè un aumento di p_b) implica, per l'ipotesi di sostituibilità lorda, $z_a > 0$ e quindi, per la legge di Walras, $z_b < 0$.

L'ipotesi di sostituibilità lorda e la legge di Walras implicano anche che la somma di eccessi di domanda di squilibrio (chiamiamoli z_a^{**} e z_b^{**} e corrispondano al vettore dei prezzi che ha come componenti p_a^{**} e p_b^{**}) moltiplicati per i rispettivi prezzi di equilibrio (cioè p_a^* e p_b^*: per esempio sia $p_a^* < p_a^{**}$ e $p_b^* > p_b^{**}$) è positiva cioè

$$p_a^* z_a^{**} + p_b^* z_b^{**} > 0.$$

Infatti, per l'ipotesi di sostituibilità lorda, $p_a^* < p_a^{**}$ (cioè un aumento di p_a rispetto all'originario valore di equilibrio) implica, $z_b^{**} > 0$ e $p_b^* > p_b^{**}$ (cioè una riduzione di p_b rispetto all'originario valore di equilibrio) implica $z_a^{**} < 0$. Si ottiene quindi

$$(p_a^* - p_a^{**}) z_a^{**} + (p_b^* - p_b^{**}) z_b^{**} > 0$$

da cui si ricava

$$p_a^* z_a^{**} + p_b^* z_b^{**} > p_a^{**} z_a^{**} + p_b^{**} z_b^{**}$$

che implica (applicando la legge di Walras al secondo membro della diseguaglianza)

$$p_a^* z_a^{**} + p_b^* z_b^{**} > 0.$$

Infine, sempre nell'ipotesi di sostituibilità lorda ed avvalendosi della proposizione appena dimostrata, si dimostra che la distanza D tra un qualunque vettore dei prezzi non di equilibrio p^{**} e p^* si annulla al passare del tempo, si dimostra cioè che un qualunque vettore dei prezzi p^{**} converge a p^* e che quindi p^*, cioè l'EEG concorrenziale, è globalmente stabile.

Infatti sia

$$D(p^{**}, p^*) = (p_a^{**} - p_a^*)^2 + (p_b^{**} - p_b^*)^2$$

funzione che si può derivare rispetto al tempo t ottenendo

$$\frac{dD}{dt}=2(p_a^{**}-p_a^{*})\frac{dp_a^{**}}{dt}+2(p_b^{**}-p_b^{*})\frac{dp_b^{**}}{dt}.$$

Poiché per l'ipotesi del *tâtonnement* si hanno: $\frac{dp_a^{**}}{dt}=z_a^{**}$ e $\frac{dp_b^{**}}{dt}=z_b^{**}$ cioè la variazione del prezzo di un bene è proporzionale e dello stesso segno del corrispondente eccesso di domanda, l'equazione diventa:

$$\frac{dD}{dt}=2(p_a^{**}-p_a^{*})z_a^{**}+2(p_b^{**}-p_b^{*})z_b^{**}=2[p_a^{**}z_a^{**}+p_b^{**}z_b^{**}-(p_a^{*}z_a^{**}+p_b^{*}z_b^{**})]$$

da cui si ottiene (applicando la legge di Walras a $p_a^{**}z_a^{**}+p_b^{**}z_b^{**}$ e ricordando che $p_a^{*}z_a^{**}+p_b^{*}z_b^{**}>0$)

$$\frac{dD}{dt}=-2(p_a^{*}z_a^{**}+p_b^{*}z_b^{**})<0$$

cioè che, nel tempo, la distanza tra un qualunque vettore dei prezzi non di equilibrio p^{**} e p^{*} diminuisce.

Si completa la dimostrazione verificando, con metodi matematici più complessi di quelli impiegati nel presente volume, che p^{**} non può convergere verso un vettore diverso da p^{*}.

4.4. Definizione, esistenza e stabilità dell'EEG: la concezione edgeworthiana

Ipotizziamo che due individui possiedano complessivamente le quantità, finite, $\bar{a}$ e $\bar{b}$ dei beni *a* e *b*.

Nel quadrante positivo del piano cartesiano si può costruire un rettangolo denominato scatola di Edgeworth che ha: una doppia origine, l'origine del piano (che verrà in seguito evocata come origine di Sud-Ovest ed indicata come SO) ed il punto che ha come coordinate $\bar{a}$ e $\bar{b}$ (tale punto verrà indicato come origine di Nord-Est ed indicata come NE); come lati, SO$\bar{a}$ = NE$\bar{a}$ (lati orizzontali) e NE$\bar{a}$ = SO$\bar{b}$ (lati verticali).

Grafico II.A.60. – *La scatola di Edgeworth*

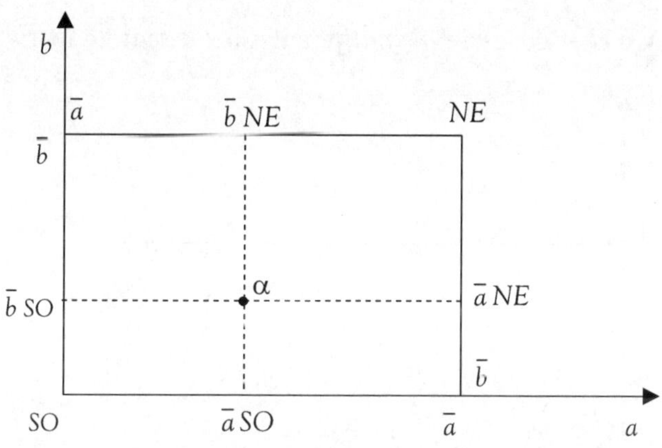

Un individuo (lo chiamiamo SO) viene associato all'origine di Sud-Ovest e l'altro (lo chiamiamo NE) all'origine di Nord-Est.

Se ipotizziamo che *a* e *b* siano perfettamente divisibili, ogni punto della scatola di Edgeworth rappresenta una delle infinite possibili distribuzioni (o allocazioni) tra SO e NE di $\bar{a}$ e $\bar{b}$: infatti, ad ogni punto della scatola di Edgeworth, per esempio α, corrispondono due coppie di coordinate (una, SO $\bar{a}_{SO}$ e SO$\bar{b}_{SO}$, riferita all'origine di Sud-Ovest, l'altra NE$\bar{a}_{NE}$ e NE$\bar{b}_{NE}$, riferita all'origine di Nord-Est), cioè due coppie di quantità di beni, cioè due panieri.

SO$\bar{a}_{SO}$ e SO$\bar{b}_{SO}$ aumentano se ci si sposta dall'origine di Sud-Ovest (dove

SO possiede quantità nulle di entrambi i beni) all'origine di Nord-Est (dove SO possiede completamente le quantità di entrambi i beni). Viceversa NE $\bar{a}_{NE}$ e NE $\bar{b}_{NE}$ aumentano se ci si sposta dall'origine di Nord-Est (dove NE possiede quantità nulle di entrambi i beni) all'origine di Sud-Ovest (dove NE possiede completamente le quantità di entrambi i beni).

Se ipotizziamo che le preferenze tanto di SO quanto di NE soddisfino le proprietà di completezza, transitività, riflessività, non sazietà, continuità, derivabilità, stretta convessità, le preferenze di entrambi saranno rappresentate da una mappa di curve di indifferenza strettamente convesse, continue, differenziabili, non intersecantisi e coprenti l'intera scatola di Edgeworth (nella figura rappresentiamo solo alcune delle curve di indifferenza: il benessere di SO aumenterà spostandosi, lungo la sua mappa di curve di indifferenza, verso l'origine di Nord-Est, mentre il benessere di NE aumenterà spostandosi, lungo la sua mappa di curve di indifferenza, verso l'origine di Sud-Ovest.

Grafico II.A.61. – *Le curve di indifferenza nella scatola di Edgeworth*

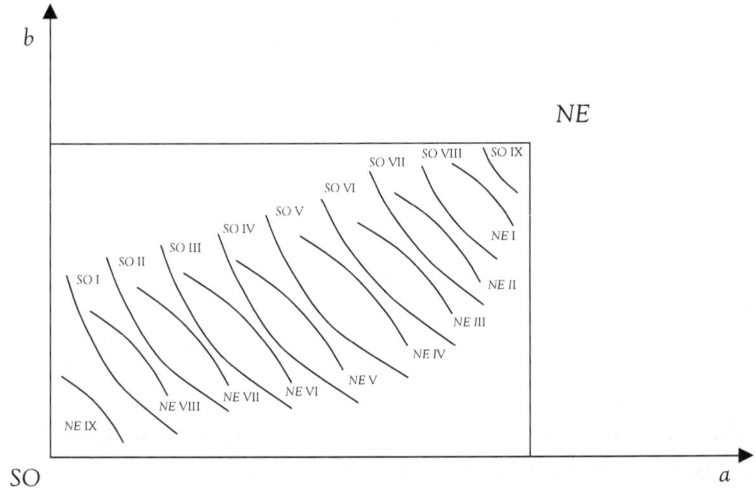

Ipotizziamo che SO e NE scambino solo se:

– entrambi aumentano la loro soddisfazione, cioè se entrambi possono raggiungere un paniere nella regione dei panieri preferiti al paniere originario, per esempio (grafico II.A.62) *s*: per NO la regione preferita è la parte della scatola di Edgeworth sovrastante la curva di indifferenza passante per *s*, per NE è la parte della scatola di Edgeworth sottostante la curva di indifferenza passante per *s*;

Grafico II.A.62. – *Regioni dei panieri preferiti nella scatola di Edgeworth*

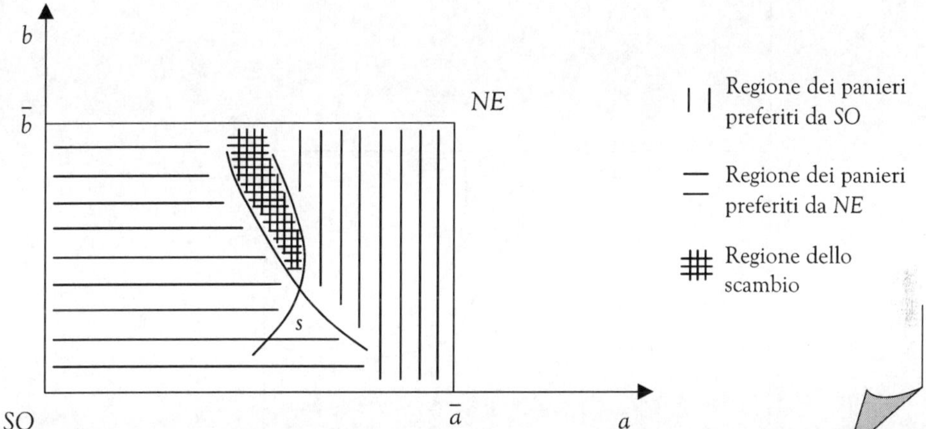

– almeno uno dei due aumenti la propria soddisfazione senza che l'altro diminuisca la propria (il che avviene se lo scambio permette ad uno dei due di raggiungere un paniere preferito a quello originario ed all'altro di almeno restare sulla curva di indifferenza originaria).

Geometricamente lo scambio è, quindi, possibile se la superficie compresa tra le curve di indifferenza che si intersecano nel punto menzionato (superficie che è a sua volta l'intersezione tra le regioni dei panieri preferiti) non è vuota: infatti, muovendosi in tale superficie (comprensiva delle due curve di indifferenza), almeno uno dei due individui potrà conseguire un paniere preferito rispetto a quello originario senza che l'altro peggiori la propria situazione di benessere rispetto a quella originaria.

Infatti:

– se (grafico II.A.63) lo scambio conduce i due scambisti da *s* a t_1 (punto situato sulla stessa curva di indifferenza originaria di SO e su una curva di indifferenza di NE più elevata di quella originaria), lo scambio[26] è fattibile, secondo le nostre ipotesi comportamentali, in quanto fa aumentare il benessere di NE

[26] SO cede a NE $s0_1$ di *a* ed ottiene in cambio 0_1t_1 di *b*.

senza far diminuire quello di SO;

Grafico II.A.63. – *Risultati dello scambio*

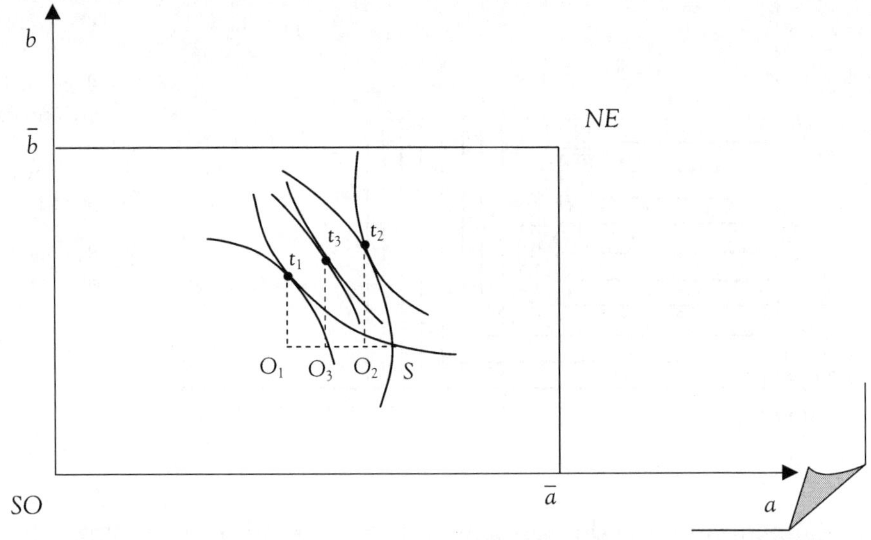

– se lo scambio conduce i due scambisti da *s* a t_2 (punto situato sulla stessa curva di indifferenza originaria di NE e su una curva di indifferenza di SO più elevata di quella originaria), lo scambio[27] è fattibile, secondo le nostre ipotesi comportamentali, in quanto fa aumentare il benessere di SO senza far diminuire quello di NE;

– se lo scambio conduce i due scambisti da *s* a t_3 (punto situato su una curva indifferenza di NE più elevata di quella originaria e su una curva di indifferenza di SO più elevata di quella originaria), lo scambio[28] è fattibile, secondo le nostre ipotesi comportamentali, in quanto fa aumentare tanto il benessere di SO quanto quello di NE.

L'ipotesi di stretta convessità implica che ogni coppia di curve di indifferenza di SO e NE abbia un solo punto di tangenza: per cui, tutti i punti della superficie che non sono punti di tangenza sono punti di intersezione tra coppie di curve di indifferenza.

---

[27] SO cede a NE $s0_2$ di *a* ed ottiene in cambio 0_2t_2 di *b*.

[28] SO cede a NE $s0_3$ di *a* ed ottiene in cambio 0_3t_3 di *b*.

Se lo scambio conduce SO e NE in un punto di intersezione, lo scambio non si ferma in quel punto perché, come abbiamo visto con riferimento all'allocazione originaria *s* (ipotizzata punto di intersezione tra curve di indifferenza):

– se lo scambio proseguisse nella superficie tra le curve di indifferenza entrambi gli individui starebbero meglio;
– se lo scambio proseguisse lungo una curva di indifferenza, l'individuo cui si riferisce la curva di indifferenza vedrebbe il proprio benessere immutato mentre l'altro individuo vedrebbe il proprio benessere aumentare.

Se lo scambio, invece, conduce SO e NE in un punto di tangenza (per esempio t_1), lo scambio si ferma in quel punto perché:

– se lo scambio proseguisse nella superficie tra le curve di indifferenza (per esempio grafico II.A.64 conducendo gli scambisti al punto t_6) tanto SO quanto NE starebbero peggio trovandosi su curve meno elevate di quelle corrispondenti al punto di tangenza;

Grafico II.A.64. – *Risultati di un eventuale scambio oltre i punti di tangenza*

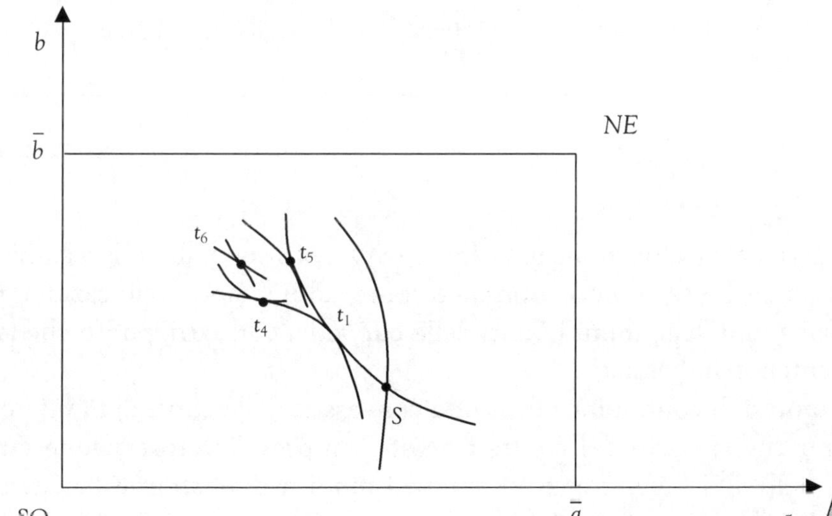

– se lo scambio proseguisse lungo una curva di indifferenza (per esempio conducendo gli scambisti al punto t_4 oppure al punto t_5), l'individuo cui si riferisce la curva di indifferenza vedrebbe il proprio benessere immutato mentre l'altro individuo vedrebbe il proprio benessere ridursi.

Un punto di tangenza si chiama *ottimo paretiano*: l'insieme degli infiniti punti Pareto-ottimali della scatola di Edgeworth si chiama *curva dei contratti*: quando lo scambio conduce ad uno dei punti della curva dei contratti non continuerà neppure lungo la curva perché, evidentemente, farebbe aumentare il benessere di un individuo ma peggiorando quello dell'altro[29].

Grafico II.A.65. – *La curva dei contratti*

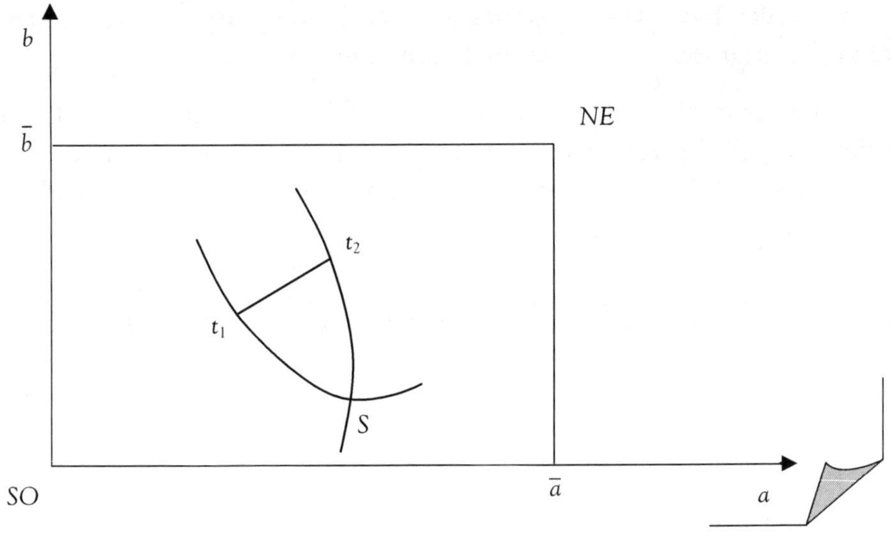

Quindi, data l'allocazione iniziale *s*, se SO e NE sono liberi di scambiare perverranno, anche se la teoria non dice come, ad una nuova allocazione rappresentata da uno degli infiniti punti della curva dei contratti, punto che la teoria parimenti non individua.

Le ipotesi di continuità e di stretta convessità delle curve di indifferenza assicurano che la curva dei contratti esista sempre: l'interpretazione edgeworthiana dell'EEG concorrenziale giunge quindi a dimostrarne l'esistenza e la molteplicità (cioè la non unicità).

---

[29] Per esempio (grafico II.A.65) se, lungo la curva dei contratti, si passa da t_1 a t_2, il benessere di SO aumenta e quello di NE diminuisce.

Poiché s è esterna alla curva dei contratti, si pone la questione della stabilità di uno qualunque degli EEG.

A tal proposito, ricordiamo che, secondo le ipotesi sul comportamento di scambio di SO e NE, costoro, partendo da s, potranno:

– scambiare lungo la curva di indifferenza di SO passante per s e, pervenuti al punto più basso della curva dei contratti (t_1) fermarvisi;

– scambiare lungo la curva di indifferenza di NE passante per s e, pervenuti al punto più alto della curva dei contratti (t_2), fermarvisi;

– scambiare all'interno della superficie tra le curve di indifferenza che si intersecano in s raggiungendo un punto s' di intersezione tra coppie di curve di indifferenza più vicino alla curva dei contratti di quanto sia s;

– riprendere gli scambi da s' raggiungendo un punto di intersezione s'' ancora più vicino alla curva dei contratti di quanto sia s' e così raggiungendo la curva dei contratti, per esempio nel punto t_3, senza che siano incentivati ad andare oltre perché (come abbiamo visto) o un individuo starebbe peggio senza che l'altro stesse meglio od entrambi starebbero peggio.

L'equilibrio raggiunto sulla curva dei contratti è quindi stabile.

Grafico II.A.66. – *La stabilità dell'EEG*

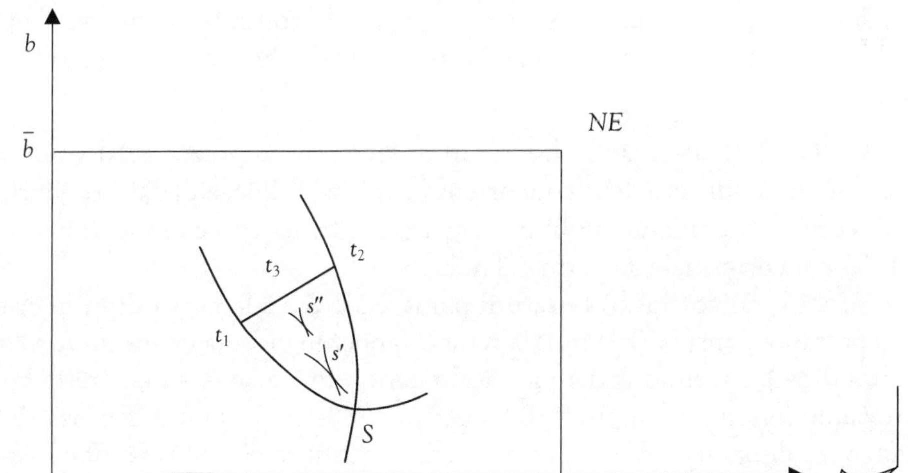

4.5. Approfondimenti. Relazioni tra le concezioni walrasiana ed edgeworthiana dell'EEG concorrenziale

Per nucleo dello scambio si intende l'insieme delle allocazioni della scatola di Edgeworth che non possono essere migliorate da alcuna coalizione di scambisti nel senso che, data una di tali allocazioni, non si può formare alcuna coalizione di scambisti che, redistribuendo tra i suoi membri le quantità di beni contenute nell'allocazione, sia in grado di aumentare il benessere di qualche membro della coalizione senza peggiorare quello di alcun altro.

Dati due scambisti, la loro curva dei contratti è il nucleo dei loro scambi.

Infatti, data l'allocazione originaria s e le curve di indifferenza di SO e NE che si intersecano in s:

– la coalizione costituita da SO preferirà il proprio paniere s(SO) a tutti i panieri sottostanti la propria curva passante in s mentre la coalizione costituita da NE preferirà il proprio paniere s(NE) a tutti i panieri sovrastanti la propria curva passante in s;

– la coalizione costituita da SO e NE potrà migliorare, come abbiamo visto, qualunque allocazione della superficie situata tra le curve di indifferenza intersecantisi in s ma non sulla curva dei contratti;

– alcun punto della curva dei contratti potrà essere migliorato perché un qualunque ulteriore scambio lungo la curva dei contratti comporta l'aumento del benessere di uno scambista e la riduzione del benessere dell'altro scambista.

Se SO e NE effettuano i loro scambi secondo un prezzo relativo dato, cioè secondo le condizioni della concorrenza perfetta, l'allocazione di equilibrio (cioè con eccessi di domanda nulli per entrambi i beni) che essi raggiungono, cioè l'EEG concorrenziale, fa parte del nucleo.

Infatti (grafico II.A.67): dato il paniere s(SO) e la curva di indifferenza di SO passante per s(SO), si noti la retta tt tangente in s alla citata curva di indifferenza di SO. Facendo variare in modo continuo, verso destra, la retta tangente troviamo infiniti nuovi punti di tangenza con le curve di indifferenza di SO: la tangenza di ognuno di tali punti indica le quantità che SO sarebbe disposto a scambiare con NE per il prezzo relativo indicato parimenti dall'inclinazione della retta tangente. Infatti, ruotando verso destra la retta tt tangente in s alla curva di indifferenza I_{SO}, otteniamo la nuova retta tt' tangente in s' alla nuova (e più elevata curva di indifferenza) I'_{SO} : ne ricaviamo che, per passare da s a *s'*, SO cede (a NE) la quantità *os* di *a* e riceve (da NE) la quantità *o s'* di *b*. *s'* è uno degli infiniti punti della curva di offerta *s*SO di SO[30].

Grafico II.A.67. – *Costruzione della curva di offerta per SO*

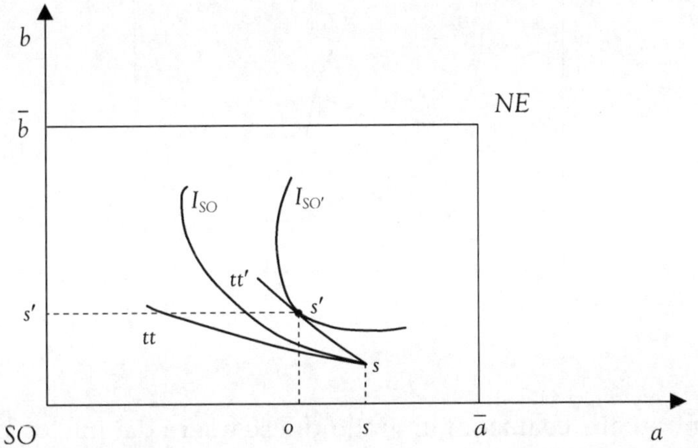

L'insieme di tali punti di tangenza rappresenta la curva di offerta di SO. Partendo da *s*(NE) si può costruire, analogamente, la curva di offerta *s*NE di NE.

Il punto di intersezione t_{ec} tra *s*SO e *s*NE, unico per l'ipotesi di stretta convessità, è un punto di equilibrio concorrenziale in quanto: le quantità complessivamente domandate ed offerte di entrambi i beni si eguagliano; vi passa una singola retta del prezzo relativo alla quale sono tangenti una curva di indifferenza di SO e NE. Inoltre la citata tangenza, nel punto di intersezione delle curve di offerta, tra una curva di indifferenza di SO ed una di NE fa sì che tale punto faccia parte della curva dei contratti.

L'equilibrio concorrenziale è quindi situato nella curva dei contratti.

Si può inoltre dimostrare che, al crescere del numero degli scambisti, il nucleo si riduce all'allocazione corrispondente all'equilibrio concorrenziale.

---

[30] I valori delle quantità scambiate sono in equilibrio per cui $p_a os = p_b os'$, da cui ricaviamo che $os/os' = p_b/p_a$.

Grafico II.A.68. – *Le curve di offerta per SO e NE e la presenza dell'equilibrio concorrenziale nella curva dei contratti*

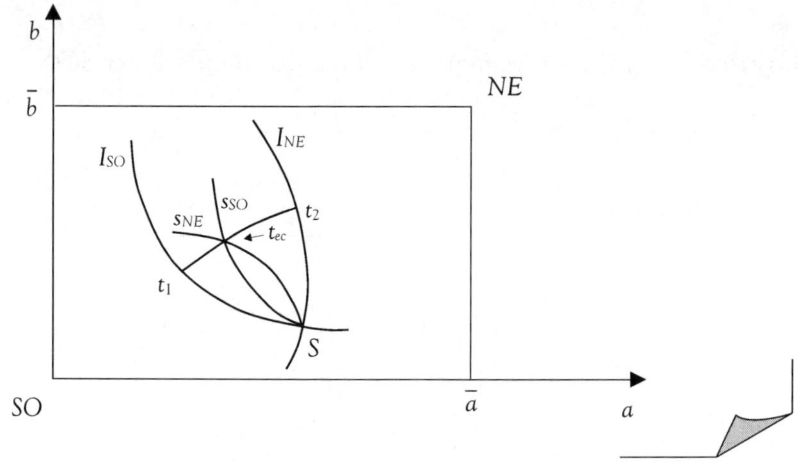

Esistono infatti coalizioni in grado di escludere dal nucleo ogni allocazione t^* che sia unita all'allocazione originaria *s* da una retta che interseca una delle due curve di indifferenza tangenti in t^* (per fissare le idee, la curva di indifferenza di SO): ricordiamo che la retta dell'EEG concorrenziale non interseca alcuna delle due curve di indifferenza tangenti nell'allocazione concorrenziale della curva dei contratti.

Grafico II.A.69. – *La caratterizzazione geometrica, nella curva dei contratti, del punto di EEG concorrenziale e degli altri punti*

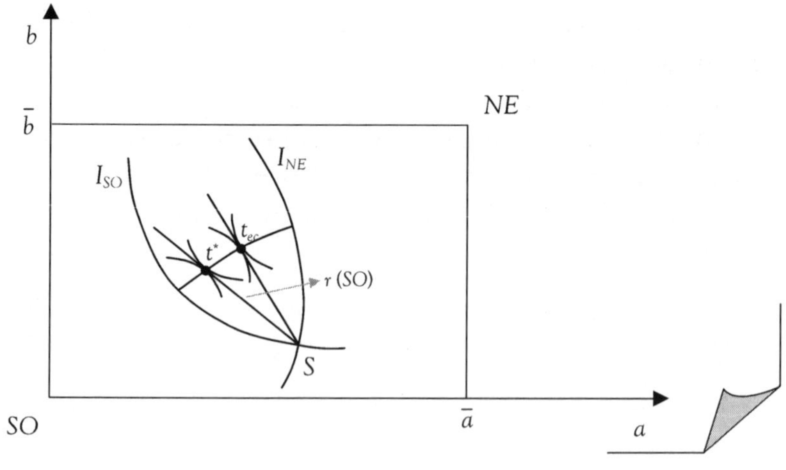

Precisamente, ipotizziamo che:

– si possano aggiungere a SO e NE altri scambisti loro cloni nei termini degli stessi panieri iniziali, s(SO) e s(NE) e degli stessi panieri sulla curva dei contratti, t^*(SO) e t^*(NE);

– i cloni siano in grado di costituire una coalizione che dia: ai cloni di SO un paniere situato sulla retta unente t^* ad s, chiamiamolo genericamente r(SO) e rileviamo che è preferito dai cloni a t^*(SO) in quanto situato su una curva di indifferenza più elevata; ai cloni di NE ancora il paniere t^*(NE).

Se la nuova allocazione è realizzabile con le quantità di beni originariamente a disposizione della coalizione, l'allocazione t^*, venendo migliorata, non fa più parte del nucleo dello scambio.

Si consideri il seguente esempio.

Siano dati:

– l'allocazione originaria s contenente i panieri s(SO) e s(NE);

– l'allocazione t^* della curva dei contratti contenente i panieri t^*(SO) e t^*(NE);

– n individui-cloni di SO e $n - 1$ individui-cloni di NE;

l'allocazione $r = \frac{1}{n}s + \frac{n-1}{n}t^*$ sulla retta unente t^* ad s e che contiene, in particolare, il paniere $r(\text{SO}) = \frac{1}{n}s(\text{SO}) + \frac{n-1}{n}t^*(\text{SO})$.

La coalizione degli n cloni di SO e degli $n - 1$ cloni di NE possiede, dunque, la quantità originaria

$$ns(\text{SO}) + (n-1)s(\text{NE});$$

si tenga presente che vale anche

$$s(\text{SO}) + s(\text{NE}) = t^*(\text{SO}) + t^*(\text{NE}).$$

Valendo quanto segue:

$$nr(\text{SO}) + (n-1)\,t^*(\text{NE}) - n\left[\frac{1}{n}s(\text{SO}) + \frac{n-1}{n}t^*(\text{SO})\right] + (n-1)\,t^*(\text{NE}) =$$

$$= s(\text{SO}) + (n-1)[t^*(\text{SO}) + t^*(\text{NE})] = s(\text{SO}) + (n-1)[s(\text{SO}) + s(\text{NE})] =$$

$$= ns(\text{SO}) + (n-1)s(\text{NE})$$

ne traiamo che effettivamente l'allocazione *nr* (SO) + (*n* – 1) *t* (NE), che migliora l'allocazione t^*, è praticabile e che quindi l'allocazione t^* è espunta dal nucleo e così via. Resta quindi a far parte del nucleo la sola allocazione di EEG.

L'equilibrio concorrenziale coincide quindi con l'unica allocazione non migliorabile da coalizioni in un'economia con un gran numero di individui, coincide cioè il nucleo di un'economia di cooperazione con un gran numero di individui.

5. Benessere ed efficienza in un mercato di concorrenza

Scopo dell'economia del benessere è quello di fornire criteri per stabilire l'ottimalità, e quindi la sub-ottimalità, delle varie forme di mercato. Vi sono due impostazioni: quella riconducibile ad Alfred Marshall e quella riconducibile a Vilfredo Pareto. L'economia del benessere marshalliana concerne l'equilibrio parziale e si fonda sulle ipotesi di misurabilità e confrontabilità inter-personale dell'utilità, mentre l'economia del benessere paretiana concerne l'equilibrio generale e si fonda sulle ipotesi di non misurabilità e non confrontabilità dell'utilità.

5.1. L'approccio marshalliano

L'economia del benessere marshalliana si articola sui concetti di surplus del consumatore (par. 5.1.1), di surplus del produttore (par. 5.1.2) e di surplus della società (par. 5.1.3).

5.1.1. *Il surplus del consumatore*

Si ipotizzi che il consumatore, nell'ipotesi di costanza del reddito, dei gusti e dei prezzi degli altri beni, sia in grado di indicare, per ogni unità di un bene, il prezzo massimo che sarebbe disposto a pagare per acquistarla: tale prezzo massimo rappresenta, nell'ipotesi di costanza dell'utilità marginale della moneta[31], anche l'utilità attribuita dal consumatore alla singola unità del bene. Dall'ipotesi di razionalità si ricava anche che il consumatore è disposto ad acquistare un'unità di un bene solo se il prezzo che deve pagare (prezzo di mercato) non è maggiore del prezzo massimo.

Il surplus che il consumatore ricava dall'acquisto di un'unità di un bene è dato dalla differenza positiva tra il prezzo massimo che è disposto a pagare ed il prezzo di mercato: il surplus del consumatore è quindi il beneficio che il consumatore trae dal partecipare al mercato.

Possiamo dunque ridefinire la curva di domanda del consumatore come la curva che mostra, per ogni unità del bene e nell'ipotesi di costanza dell'utilità marginale della moneta, il prezzo massimo che il consumatore è disposto a pagare per acquistarla. A seguito dell'ipotesi di decrescenza dell'utilità marginale del bene, il prezzo massimo decresce al crescere della quantità: infatti, per l'ipotesi appena citata, al crescere delle unità acquistate l'utilità dell'ultima unità acquistata è sempre più piccola e quindi il prezzo massimo che il consumatore di tale unità è disposto a pagare è sempre più piccolo.

Dal canto suo, il prezzo di mercato (che in concorrenza perfetta è uguale per ogni unità acquistabile) è rappresentato da una retta parallela all'asse delle ascisse: graficamente, il surplus del consumatore è dunque rappresentato dal triangolo A compreso tra la curva di domanda e la retta del prezzo p^* (grafico II.A.70). In altri termini, il consumatore trae dal consumo della quantità q^* un'utilità lorda rappresentata dal trapezio $A + A'$. Potendo acquistare sul mercato di concorrenza perfetta tutte le unità della quantità q^* al prezzo p^*, e quindi rinunciando per tale acquisto alla sola utilità rappresentata dal trapezio A', il consumatore trae dal consumo della quantità q^* acquistata, sul mercato di concorrenza perfetta, al prezzo p^* un'utilità netta o surplus rappresentata dal triangolo A.

---

[31] Infatti, dalla versione utilitaristica della teoria del consumatore ricaviamo che la quantità di un qualunque bene che massimizza l'utilità del consumatore, a prezzi dati e con utilità marginale della moneta (λ) costante, è quella per cui $\frac{\frac{\partial U}{\partial Q}}{p} = \lambda$ da cui si ottiene che $\frac{\frac{\partial U}{\partial Q}}{\lambda} = p$. Dal punto di vista economico, l'ipotesi di costanza dell'utilità marginale della moneta implica l'ipotesi che la parte del reddito spesa nell'acquisto del bene sia modesta con la conseguenza che un aumento del reddito determina un aumento trascurabile della quantità acquistata del bene e quindi dell'utilità totale.

Grafico II.A.70. – *Il surplus del consumatore*

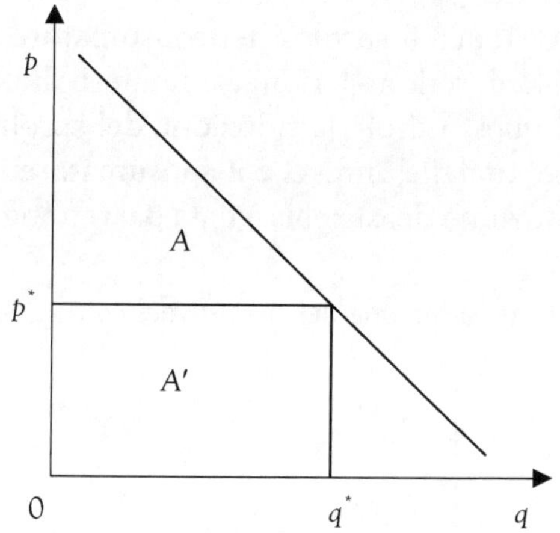

Una riduzione del prezzo di mercato da p^* a p^{**} aumenta il surplus del consumatore del trapezio B facendolo salire da A a $A + B$. Analiticamente, la riduzione del prezzo aumenta il surplus del consumatore perché riduce il prezzo delle unità del bene che il consumatore acquistava già prima della riduzione (a questo titolo il surplus è dato dal rettangolo b') e gli consente quindi, *ceteris paribus* (segnatamente a parità di reddito), di acquistarne ulteriori unità (a questo titolo il surplus è dato dal triangolo b'').

Grafico II.A.71. – *Un aumento del surplus del consumatore*

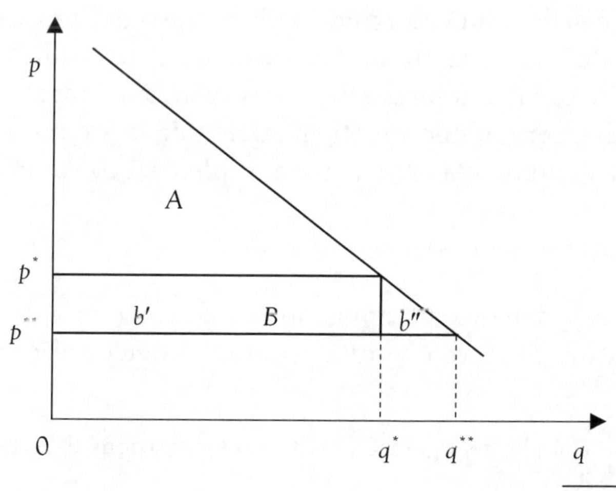

Analogamente, un aumento del prezzo di mercato da p a p^{***} riduce il surplus del consumatore del trapezio C, riducendolo da A a D[32]. Analiticamente, l'aumento del prezzo riduce il surplus del consumatore perché, *ceteris paribus* (segnatamente a parità di reddito), riduce il numero di unità che il consumatore può acquistare (a questo titolo la riduzione del surplus è data dal triangolo c'); ed aumenta il prezzo delle unità che il consumatore continua ad acquistare (a questo titolo la riduzione del surplus è data dal rettangolo c'').

Grafico II.A.72. – *Una riduzione del surplus del consumatore*

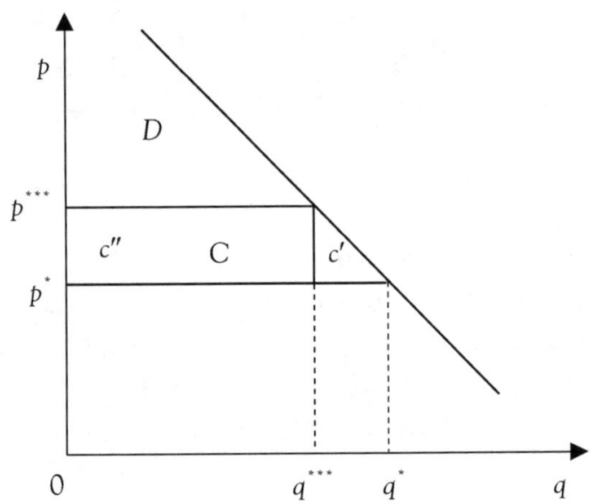

Le considerazioni fatte a proposito del consumatore valgono, sempre nell'ipotesi di concorrenza perfetta e di costanza dei prezzi degli altri beni, dei gusti, dei redditi e delle utilità marginali della moneta dei consumatori e con l'ipotesi aggiuntiva della comparabilità (in particolare dell'additività) delle utilità personali, anche per il complesso dei consumatori: i concetti summenzionati possono quindi essere ridenominati, mantenendo la loro rappresentazione grafica, come curva di domanda di mercato e surplus dei consumatori.

5.1.2. *Il surplus del produttore*

Dalla teoria dell'offerta sappiamo che il prezzo minimo al quale il produttore è disposto a vendere un'unità prodotta è uguale al costo marginale di que-

[32] Per non complicare il grafico omettiamo l'indicazione di A, tenendo presente che, per costruzione, è $A = C + D$.

st'ultima; dall'ipotesi di razionalità si ricava che il produttore è disposto a vendere un'unità del bene solo se il prezzo che ottiene (cioè il prezzo di mercato) non è minore del prezzo minimo.

Il surplus che il produttore ricava dalla vendita di un'unità è dato dalla differenza positiva tra il prezzo di mercato ed il prezzo minimo: il surplus del produttore è quindi il beneficio che il produttore trae dal partecipare al mercato.

Possiamo dunque ridefinire la curva di offerta del produttore come la curva che mostra, per ogni unità prodotta ed offerta del bene, il prezzo minimo al quale il produttore è disposto ad offrirla: se ipotizziamo rendimenti decrescenti, al crescere della quantità prodotta ne cresce il costo marginale e quindi il prezzo minimo cresce al crescere della quantità prodotta.

Dal canto suo, il prezzo di mercato (che in concorrenza perfetta è uguale per ogni unità offerta) è rappresentato da una retta parallela all'asse delle ascisse: graficamente, il surplus del produttore è dunque rappresentato dal triangolo E compreso tra la retta del prezzo p^* e la curva di offerta. In altri termini, il produttore trae dal produrre e dal vendere sul mercato la quantità q^* al prezzo p^* un ricavo dato dal rettangolo $E + E'$. Poiché, per produrre la quantità q^* deve subire un costo complessivo pari al trapezio E', il produttore trae dal produrre e dal vendere sul mercato una quantità q^* al prezzo p^* un ricavo netto o surplus pari ad E.

Grafico II.A.73. – *Il surplus del produttore*

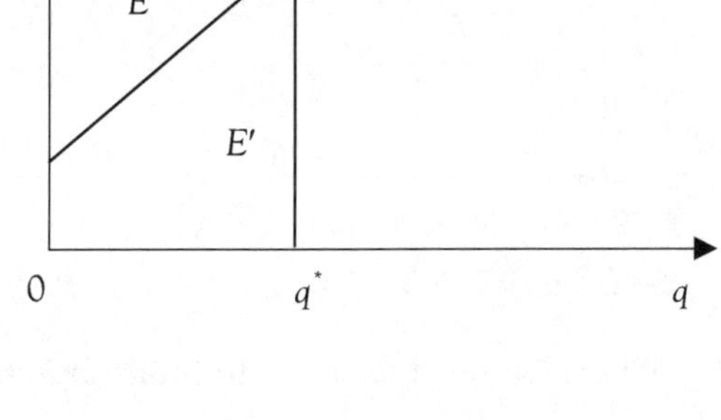

Una riduzione del prezzo di mercato da p^* a p^{***} riduce il surplus del produttore della superficie F, facendolo scendere da E a G[33]. Analiticamente, la riduzione del prezzo riduce il surplus del produttore perché: riduce il numero di unità che al produttore conviene offrire (a questo titolo la riduzione del surplus è data dal triangolo f''); e riduce anche il prezzo ottenibile per le unità che al produttore continua essere conveniente offrire (a questo titolo la riduzione del surplus è data dal rettangolo f').

Grafico II.A.74. – *Riduzione del surplus del produttore*

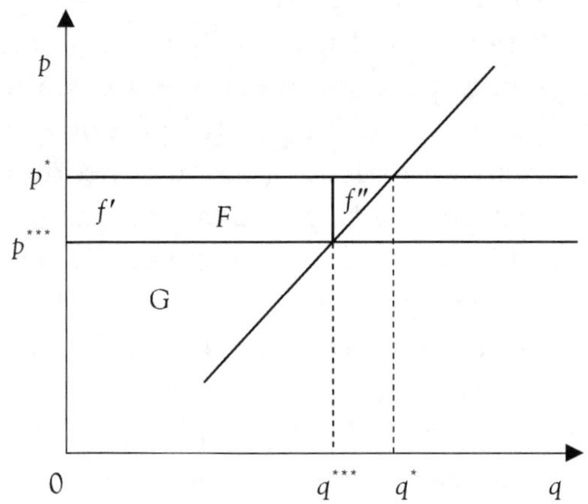

Grafico II.A.75. – *Aumento del surplus del produttore*

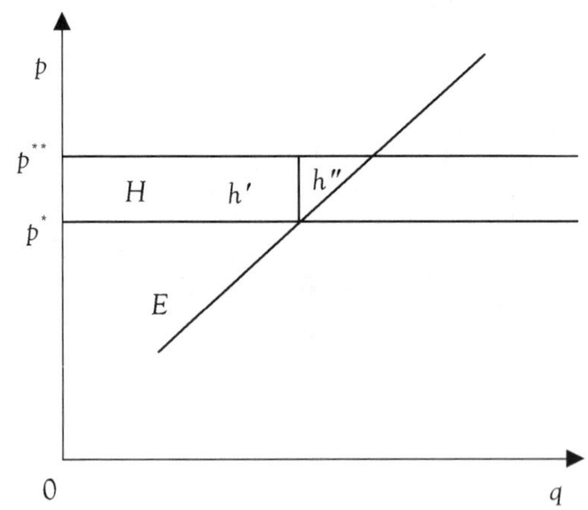

[33] Per non complicare il grafico omettiamo l'indicazione di E, tenendo presente che, per costruzione, è $E = F + G$.

Analogamente, un aumento del prezzo di mercato da p^* a p^{**} aumenta il surplus del produttore del trapezio *H*, facendolo salire da *E* a *E* + *H*. Analiticamente, l'aumento del prezzo aumenta il surplus del produttore perché: aumenta il prezzo delle unità del bene che il produttore aveva convenienza ad offrire già prima dell'aumento (a questo titolo il surplus è dato dal rettangolo h'); rende conveniente al produttore offrire ulteriori unità (a questo titolo il surplus è dato dal triangolo h'').

Le considerazioni fatte a proposito del produttore valgono, sempre nell'ipotesi di concorrenza perfetta e di costanza di tecnologia e dei prezzi dei fattori produttivi, anche per il complesso dei produttori: i concetti summenzionati saranno quindi ridenominati, mantenendo la loro rappresentazione grafica, come curva di offerta di mercato e surplus dei produttori.

5.1.3. *Il surplus della società*

Se vale l'ipotesi di assenza di esternalità di produzione e di consumo, il surplus della società è dato dalla somma del surplus dei consumatori e del surplus dei produttori: in altri termini, il surplus della società è dato dalla somma delle differenze positive che, per ogni unità prodotta, sussistono tra il più alto prezzo massimo che i consumatori sono disposti a pagare per acquistarla ed il più basso costo marginale sostenuto dai produttori per produrla.

Grafico II.A.76. – Il *surplus della società*

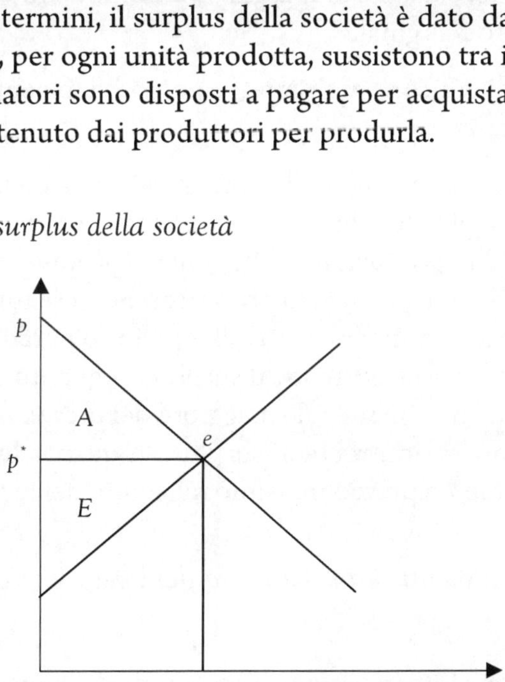

Se si rappresenta il mercato di concorrenza perfetta con una curva di domanda inclinata negativamente ed una curva d'offerta inclinata positivamente e se ne individua il punto d'equilibrio, il surplus che la società trae dal funzionamento di tale mercato è il triangolo $A + E$ compreso tra la curva di domanda, la curva d'offerta ed il punto d'equilibrio *e*.

5.1.4. *L'ottimalità della concorrenza perfetta*

Se una forma di mercato massimizza il surplus della società, tale forma di mercato è qualificata efficiente. Quindi, una forma di mercato non è efficiente se il suo surplus può essere aumentato:

– affidando la produzione di almeno una unità ad un produttore che sostenga un costo marginale più basso e quindi possa richiedere un prezzo minimo più basso;
– e/o affidando il consumo di qualche unità ad un consumatore che sia disposto a pagare un prezzo massimo più elevato;
– e/o variando la quantità prodotta d'equilibrio, aumentandola se il prezzo massimo è maggiore del costo marginale e diminuendola se il prezzo massimo è minore del costo marginale.

Un mercato di concorrenza perfetta è quindi efficiente perché il suo surplus non può aumentarsi:

– né affidando il consumo delle unità prodotte a consumatori disposti a pagare prezzi ancora più alti, perché tali consumatori non esistono;
– né affidando la produzione delle unità a produttori disposti a venderle a prezzi ancora più bassi, perché tali produttori non esistono;
– né variando la quantità prodotta di equilibrio perché:
• aumentandola si ridurrebbe il surplus, in quanto le singole unità aggiuntive avrebbero un costo marginale maggiore del prezzo massimo;
• riducendola si ridurrebbe il surplus, in quanto le singole unità non più prodotte avrebbero un prezzo massimo maggiore del loro costo marginale.

5.1.5. *Approfondimenti. La superiorità del libero scambio sulla protezione doganale*

Un'applicazione interessante dell'economia del benessere marshalliana concerne la teoria dei dazi doganali.

Se un Paese produce di un bene una quantità trascurabile rispetto a quella mondiale e se tale Paese è aperto al commercio mondiale, quel bene vi è offerto e domandato al prezzo mondiale p_w che è sicuramente minore del prezzo di equilibrio interno p_e. Se il Paese passa dal libero scambio al protezionismo doganale applicando, all'importazione del bene, un dazio ad valorem (cioè un dazio proporzionale a p_w) d, il bene sarà offerto e domandato al nuovo prezzo $p_w (1 + d)$ con $p_w < p_w(1 + d) < p_e$.

L'aumento del prezzo implica i seguenti effetti: la riduzione della quantità domandata da q_4 a q_3; l'aumento della quantità prodotta internamente da q_1 a q_2; la riduzione delle importazioni (date dalla differenza positiva tra domanda e produzione interna) da q_4q_1 a q_3q_2; l'aumento del gettito dei dazi doganali (che da zero passano ad una quantità positiva, data dal prodotto della quantità importata per il dazio e rappresentata graficamente dal rettangolo $E = q_3q_2$).

In termini di surplus, il passaggio al protezionismo ha i seguenti effetti:

– una riduzione del surplus dei consumatori da $A + B + C + D + E + F + G$ a $A + B + C$;
– aumento del surplus dei produttori da H a $H + G$;
– aumento del gettito fiscale pari a D;
– perdita della società nel suo complesso dovuta al fatto che la riduzione del surplus dei consumatori (pari a $D + E + F + G$) è maggiore dell'aumento del surplus dei produttori (pari a G) e del gettito fiscale.

In altri termini, per la società il passaggio dal libero scambio al protezionismo doganale comporta la perdita dei triangoli E e F.

E rappresenta il costo della protezione doganale in termini del minore consumo del bene indotto dal cambiamento, provocato dall'applicazione del dazio doganale, del suo prezzo relativo. F rappresenta la differenza tra $F + I$, il costo della produzione interna di q_1q_2, e il costo I che il Paese avrebbe dovuto sopportare continuando a comprare q_1q_2 all'estero.

Grafico II.A.77. – *L'effetto dei dazi doganali*

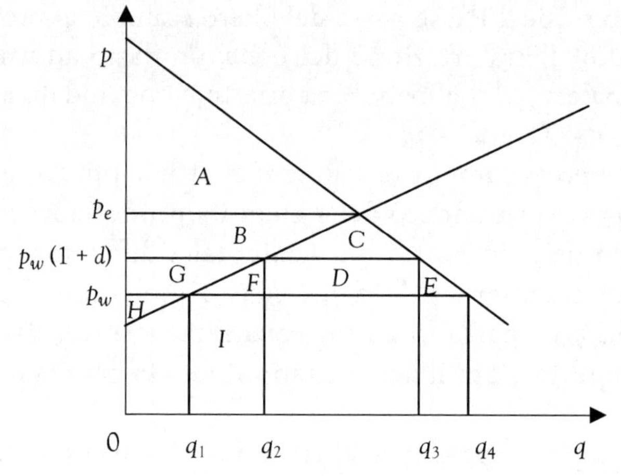

5.2. L'approccio paretiano

L'economia del benessere paretiana può esporsi dando la definizione di Pareto-ottimalità (par. 5.2.1), individuando le quattro condizioni che un'allocazione di risorse deve soddisfare perché si possa qualificare Pareto-ottimale (par. 5.2.2), descrivendo (per maggiore chiarezza) in termini non formali un'allocazione Pareto-ottimale (par. 5.2.3), dimostrando che l'allocazione delle risorse dell'EEG di concorrenza perfetta (e solo lei) integra le quattro condizioni della Pareto-ottimalità (par. 5.2.4), enunciando i due teoremi dell'economia del benessere (par. 5.2.5).

5.2.1. *La definizione di allocazione Pareto-ottimale*

L'equilibrio economico generale concorrenziale determina quella che è l'allocazione delle risorse (cioè le quantità prodotte dei vari beni ed i connessi impieghi dei fattori produttivi) di concorrenza perfetta. Tuttavia, essendo infinite le possibili allocazioni di risorse, è interessante chiedersi se l'allocazione di concorrenza perfetta sia quella ottimale, il che implica, come abbiamo appena visto esaminando il caso dell'equilibrio parziale, la necessità di dare una definizione di allocazione ottimale la quale non può che fondarsi su giudizi di valore, cioè su affermazioni che (come l'ipotesi di confrontabilità o di non confrontabilità delle utilità personali), non sono necessariamente accettate da tutti.

Si è così affermata un'economia del benessere alternativa a quella marshalliana e che è caratterizzata, oltre che dal collocarsi nel quadro teorico dell'equilibrio generale concorrenziale, anche dal ricorrere alla teoria della scelta (cioè ad una concezione semplicemente ordinale dell'utilità, implicante, come già abbiamo visto, che un consumatore, posto davanti a due panieri di beni, sia in grado di dire solo se è tra loro indifferente o se preferisce l'uno all'altro ma, in questo caso caso, senza che sia in grado di dire di quanto preferisca l'uno all'altro) ed al giudizio di valore secondo cui non sono possibili confronti di utilità interpersonali. Questa economia del benessere è anche qualificata come paretiana, con qualche forzatura visto che, se la teoria della scelta è sicuramente un prodotto di Vilfredo Pareto, il giudizio di valore appena citato non è adottato da Pareto in tutta la sua opera (segnatamente, non lo segue nel suo importante lavoro sociologico[34]).

---

[34] Facciamo qui riferimento al *Trattato di sociologia generale*, Barbera, Firenze, 1916, cap. XII, par. 2131.

Comunque dal giudizio di valore dell'inconfrontabilità delle utilità personali si deducono le seguenti definizioni:

– un'allocazione *X* è preferita (oppure è Pareto-superiore) all'allocazione *Y* se e solo se, in *X*, nessun individuo sta peggio ed almeno uno sta meglio che in *Y*;

– un'allocazione *X* è dis-preferita (oppure è Pareto-inferiore) all'allocazione *Y* se e solo se, in *X*, nessun individuo sta meglio ed almeno uno sta peggio che in *Y*;

– l'allocazione *X* è Pareto-inconfrontabile all'allocazione *Y* se e solo se, in *X*, qualcuno sta meglio e qualcun altro sta peggio che in *Y*;

– se l'allocazione *X* è Pareto inconfrontabile all'allocazione *Y*, si dice che l'allocazione *X* è Pareto-ottimale.

5.2.2. *Approfondimento. Le condizioni di un'allocazione Pareto-ottimale*

Si ipotizzi, per semplicità, un sistema economico costituito da: 2 consumatori, *A* e *B*; 2 imprese, *C* e *D*; 2 fattori di produzione, *K* e *L*; 2 beni di consumo, *E* e *F*. Si ipotizzi inoltre che *K* sia posseduto da *A* che consuma *E* e *F*; *L* sia posseduto da *B* che consuma *E* e *F*; *C* produca *E* utilizzando *K* e *L*; *D* produca *F* utilizzando *K* e *L*. Riutilizziamo i risultati ottenuti nel par. 4.4 del capitolo sull'equilibrio economico generale concorrenziale.

5.2.2.1. *La prima condizione di un'allocazione Pareto-ottimale*

Si ipotizzino date le quantità complessivamente disponibili di *E* e *F* e si ricerchino le quantità di *E* e di *F* consumate singolarmente da *A* e da *B*, dei quali siano note le preferenze.

Tutti i punti della scatola di Edgeworth le cui dimensioni sono pari a $O_AE'(= O_BF')$ e $O_AF'(= O_BE')$ rappresentano le infinite possibili allocazioni tra *A* e *B* delle quantità date di *E* e *F*. Le preferenze sono rappresentate da due famiglie di curve di indifferenza (la famiglia di *A* con origine 0_A, la famiglia di *B* con origine 0_B) strettamente convesse verso le rispettive origini e coprenti l'intera scatola di Edgeworth.

Quindi in ogni punto della scatola di Edgeworth passano una curva di indifferenza di *A* ed una curva di indifferenza di *B*, che vi si possono o toccare o intersecare. Se, partendo da un qualunque punto α di intersezione, i consumatori sono liberi di scambiare (geometricamente: sono liberi di spostarsi sulla superficie delimitata dalle due curve di indifferenza) faranno solo quegli scambi che

Grafico II.A.78. – *La scatola di Edgeworth per i consumatori*

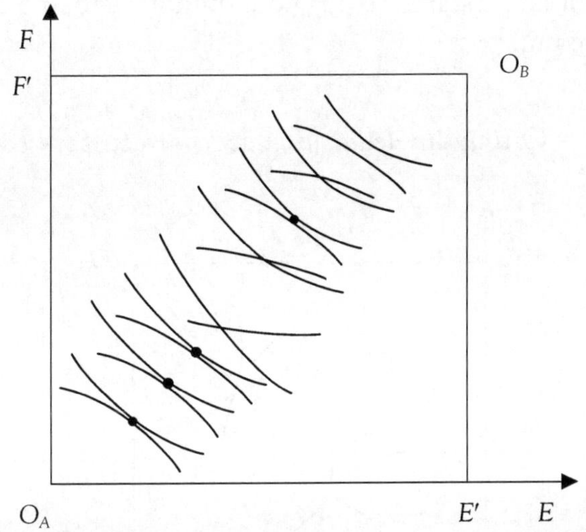

consentono ad almeno uno dei due di stare meglio senza che nessuno dei due stia peggio, cioè percorreranno uno degli infiniti sentieri, costituiti da sequenze continue di infiniti punti di intersezione, che terminano in uno degli infiniti punti di tangenza tra le curve di indifferenza di *A* e *B* che costituiscono, nel loro insieme la curva dei contratti dei consumatori.

Grafico II.A.79. – *Curva dei contratti per i consumatori*

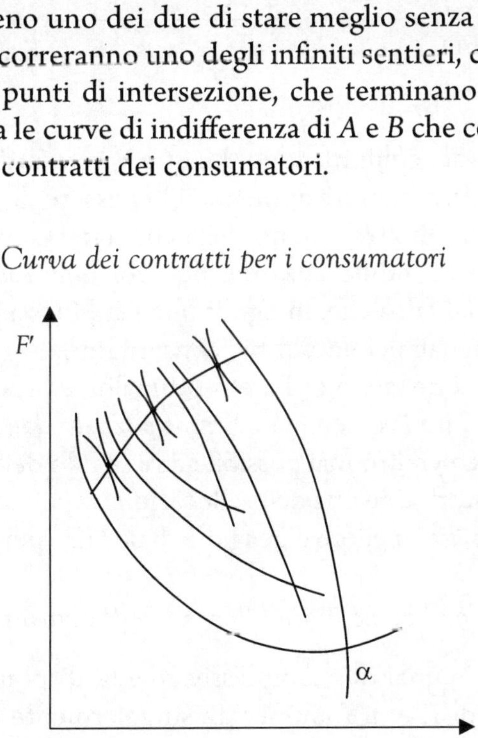

Infatti, se gli scambi continuassero lungo o oltre la curva dei contratti, almeno uno dei due consumatori starebbe peggio e quindi, se fosse libero di scambiare, non scambierebbe più.

Grafico II.A.80. – *Ottimalità della curva dei contratti per i consumatori*

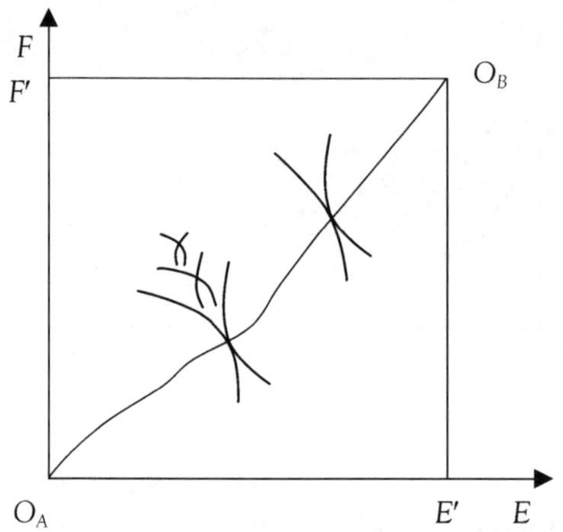

I punti della curva dei contratti sono dunque Pareto-ottimali in quanto, spostandosi dall'uno all'altro, sempre aumenta il benessere di un consumatore e si riduce quello dell'altro. Inoltre, i punti della curva dei contratti, essendo punti di tangenza tra curve di indifferenza dei due consumatori, sono geometricamente caratterizzati dal fatto che, in ognuno di essi, i tassi marginali di sostituzione tra *E* e *F* sono uguali per entrambi i consumatori.

Dunque, la prima condizione di Pareto ottimalità è la seguente: *l'allocazione Pareto-ottimale dei beni tra i consumatori è caratterizzata dall'eguaglianza dei TMS dei consumatori.* Non è peraltro mai possibile dire se uno dei punti della curva dei contratti dei consumatori, cioè una delle allocazioni rispettanti la prima condizione di Pareto ottimalità, sia migliore o peggiore di un altro punto della stessa curva.

5.2.2.2. *La seconda condizione di un'allocazione Pareto-ottimale*

Si ipotizzino date le quantità complessivamente disponibili di *K* e *L* e si ricerchino le quantità di *K* e di *L* impiegate singolarmente dalle imprese *C* e *D* delle quali siano note le funzioni di produzione implicanti, per ipotesi, rendimenti di scala decrescenti.

Tutti i punti della scatola di Edgeworth le cui dimensioni sono pari a $O_CK'(= O_DL')$ e $O_CL'(= O_DK')$ rappresentano le infinite possibili allocazioni tra *C* e *D* delle quantità date di *K* e *L*. Le funzioni di produzione sono rappresentate da due famiglie di isoquanti (la famiglia di *C* con origine 0_C, la famiglia di *D* con origine 0_D) strettamente convessi verso le rispettive origini e coprenti l'intera scatola di Edgeworth.

Grafico II.A.81. – *La scatola di Edgeworth per i produttori*

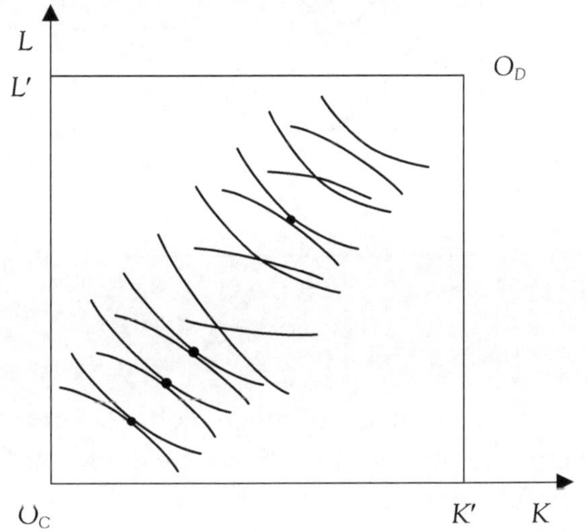

Quindi in ogni punto della scatola di Edgeworth passano un isoquanto di *C* ed un isoquanto di *D* che vi si possono o toccare o intersecare. Se, partendo da un qualunque punto β di intersezione, le imprese sono libere di scambiare (geometricamente: sono libere di spostarsi sulla superficie delimitata dai due isoquanti) faranno solo quegli scambi che consentono ad almeno una delle due di produrre di più senza che l'altra produca di meno, cioè percorreranno uno degli infiniti sentieri, costituiti da sequenze continue di infiniti punti di intersezione, che terminano in uno degli infiniti punti di tangenza tra gli isoquanti e che costituiscono, nel loro insieme, la curva dei contratti per le imprese.

Grafico II.A.82. – *La curva dei contratti per le imprese*

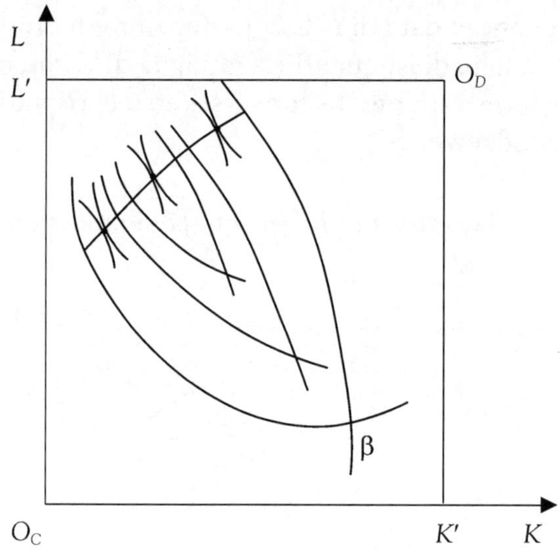

Infatti, se gli scambi continuassero lungo o oltre la curva dei contratti, almeno uno delle due imprese produrrebbe di meno e quindi, se fosse libera di scambiare, non scambierebbe più.

I punti della curva dei contratti sono dunque Pareto-ottimali in quanto, spostandosi dall'uno all'altro, sempre aumenta la produzione di un'impresa e si riduce quella dell'altra. Inoltre, i punti della curva dei contratti, essendo punti di tangenza tra isoquanti, sono geometricamente caratterizzati dal fatto che, in ognuno di essi, i tassi marginali di sostituzione tecnica (*TMST*) tra *K* e *L* sono uguali per entrambe le imprese.

Dunque, la seconda condizione di Pareto ottimalità è la seguente: *l'allocazione Pareto-ottimale dei fattori di produzione tra le imprese è caratterizzata dall'eguaglianza dei TMST delle imprese.* Non è peraltro mai possibile dire se uno dei punti della curva dei contratti delle imprese, cioè una delle allocazioni rispettanti la seconda condizione di Pareto ottimalità, sia migliore o peggiore di un altro punto della stessa curva.

Grafico II.A.83. – *Ottimalità della curva dei contratti per le imprese*

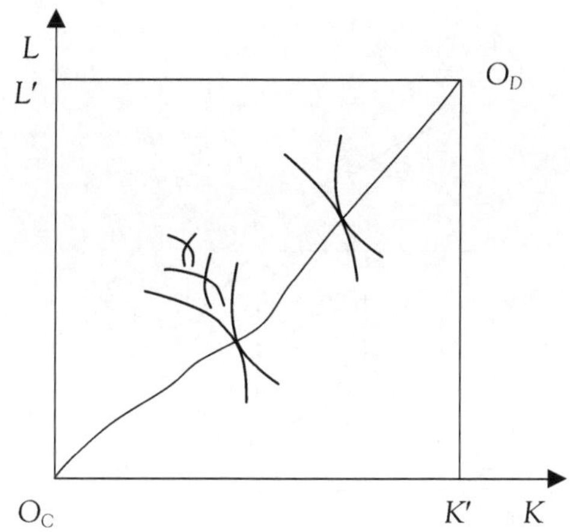

5.2.2.3. *La terza condizione di un'allocazione Pareto-ottimale*

Osserviamo che ogni punto della curva dei contratti delle imprese rappresenta la quantità massima producibile di un bene data la quantità prodotta dell'altro bene: la curva dei contratti delle imprese si può quindi interpretare e rappresentare anche come la frontiera delle possibilità produttive del sistema economico, che è il luogo geometrico dei punti del piano rappresentanti tutte le combinazioni delle quantità dei beni *E* e *F* producibili efficientemente utilizzando tutte le quantità disponibili dei fattori produttivi *K* e *L*.

La frontiera delle possibilità produttive è una curva che ha le seguenti proprietà:

– le sue intersezioni con gli assi, che riportano le quantità producibili di *E* e *F*, indicano la massima quantità producibile di *E* e *F*;

– è inclinata negativamente, il che indica che, al crescere della quantità prodotta di *E*, decresce la massima quantità producibile efficientemente di *F* e viceversa;

– l'inclinazione della frontiera delle possibilità produttive in ogni suo punto si chiama tasso marginale di trasformazione (*TMT*) ed indica di quanto deve diminuire *F*, a seguito di un piccolo aumento di *E*, perché il sistema economico resti sulla frontiera;

Grafico II.A.84. – *La frontiera delle possibilità produttive*

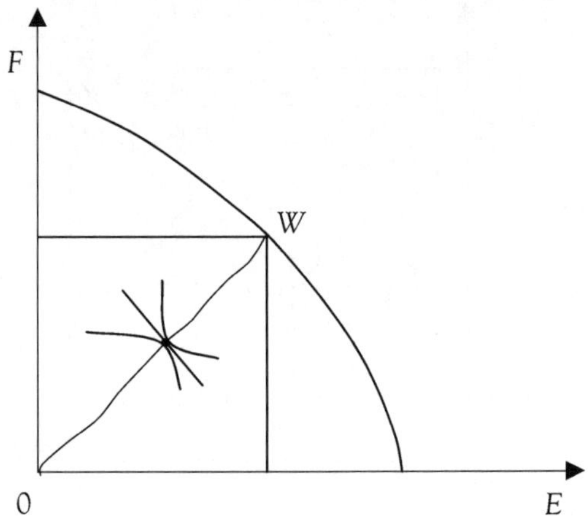

– l'ipotesi di rendimenti decrescenti implica che, per far aumentare *E*, occorrono quantità di *K* e *L* sempre maggiori e che quindi si debba rinunciare alla produzione di quantità sempre maggiori di *F*: quindi *TMT* è crescente (in valore assoluto) scendendo lungo la frontiera (cioè aumentando la produzione di *E*), in altri termini la forma della frontiera delle possibilità di produzione è strettamente concava.

Un qualunque punto sottostante la frontiera corrisponde ad un qualunque punto non situato sulla curva dei contratti delle imprese ed implica che, per produrre le quantità di *E* e *F* da esso rappresentate, non si sono utilizzate efficientemente tutte le quantità disponibili di *K* e *L*; quindi, per l'ipotesi di razionalità, non saranno mai prodotte combinazioni di quantità sottostanti la frontiera.

Scelto un punto sulla frontiera (p.e., *W*), i consumatori (secondo la prima condizione sopra derivata) si allocheranno la coppia corrispondente di *E* e *F* in modo tale che i loro *TMS* siano uguali: ma il *TMT* del punto della frontiera scelto può essere uguale o diverso dal *TMS* comune.

I consumatori sceglieranno un'allocazione per la quale il loro *TMS* comune sia uguale al *TMT* in quanto, con un'allocazione diversa, entrambi starebbero peggio. Infatti, per esempio: un'allocazione per la quale $TMT_{E,F} = 5$ e $TMS_{E,F} = 3$ implica che, per rinunciare ad un'unità di *E*, ogni consumatore pretende almeno 3 unità di *F* mentre ne può ricevere 5; un'allocazione per la quale $TMT_{E,F} = 3$ e $TMS_{E,F} = 5$ implica che, per rinunciare ad un'unità di *E*, ogni consumatore pretende almeno 5 unità di *F* mentre ne può ricevere solo 3; un'allocazione per la quale $TMT_{E,F} = 3$ e $TMS_{E,F} = 3$ implica che, per rinunciare ad un'unità di *E*, ogni consumatore pretende almeno 3 unità di *F* che sono esattamente quelle che può ricevere.

Dunque, la terza condizione di Pareto ottimalità è la seguente: *l'allocazione Pareto-ottimale tra i consumatori della combinazione di quantità efficientemente prodotte è tale che il TMT della combinazione è uguale al TMS comune.*

5.2.2.4. *La quarta condizione di allocazione Pareto-ottimale*

Si ipotizzi che l'utilità del consumatore *A* dipenda positivamente dalle quantità di *E* e *F* di cui dispone e negativamente dalla quantità che vende di *K*, l'*input* che possiede: ciò implica che, al crescere della quantità venduta di *K*, perché l'utilità di *A* rimanga inalterata le quantità da lui possedute di *E* e *F* devono aumentare e, per rispettare l'ipotesi della decrescenza dell'utilità marginale, devono aumentare più che proporzionalmente rispetto all'aumento della quantità venduta di *K*. Alternativamente, dato *F* (dato *E*), al crescere di *K* la quantità di *E* (di *F*) deve crescere più che proporzionalmente e quindi dato *F* (dato *E*), la curva di indifferenza tra *K* e *E* (tra *K* e *F*) deve essere inclinata negativamente e strettamente convessa: per semplicità ci occupiamo solo della curva di indifferenza tra *K* e *E*.

Grafico II.A.85. – *Curva di indifferenza di un consumatore tra bene di consumo acquisito e fattore di produzione venduto*

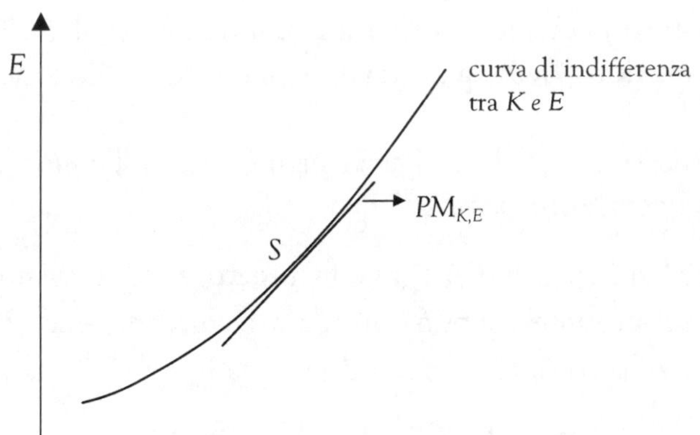

Siano inoltre $PM_{K,E}$ il prodotto marginale di K nella produzione di E e $PM_{K,F}$ il prodotto marginale di K nella produzione di F: per semplicità ci occupiamo solo di $PM_{K,E}$.

Una quantità venduta di K per la quale: $PM_{K,E} = 5$ e $TMS_{K,E} = 3$ implica che, per rinunciare ad un'unità di K, A pretende almeno 3 unità di E mentre ne può ricevere 5; $PM_{K,E} = 3$ e $TMS_{K,E} = 5$ implica che, per rinunciare ad un'unità di K, A pretende almeno 5 unità di E mentre ne può ricevere solo 3; $PM_{K,E} = 3$ e $TMS_{K,E} = 3$ implica che, per rinunciare ad un'unità di K, A pretende almeno 3 unità di E, esattamente quelle che può ricevere.

Dunque, la quarta condizione di Pareto ottimalità è la seguente: *ogni consumatore, del fattore produttivo che possiede, vende la quantità per la quale il PM del fattore produttivo nella produzione di un bene è esattamente uguale al TMS tra il fattore produttivo ed il bene* (come nel punto *S* del grafico II.A.85).

Quindi, date le preferenze dei consumatori e le funzioni di produzione delle imprese, si ha un'allocazione di risorse Pareto-ottimale quando:

– ogni consumatore, di ogni *input* che possiede, vende una quantità tale da eguagliare, per ogni bene prodotto, *TMS* e *PM* (quarta condizione);

– le quantità di *input*, rese così disponibili, sono allocate tra le imprese in modo che i *TMST* degli *input*, nelle imprese, siano uguali (seconda condizione), dando così luogo ad un numero infinito di combinazioni, efficientemente possibili, di quantità prodotte di beni;

– scelta e prodotta una di tali combinazioni efficienti di quantità di beni e distribuita tra i consumatori, essi l'allocano tra di loro in modo che i *TMS* siano uguali: per tutti i consumatori (prima condizione); al *TMT* della combinazione scelta e prodotta delle quantità di beni (terza condizione).

5.2.3. *Dimostrazione della Pareto-ottimalità dell'equilibrio economico generale di concorrenza perfetta*

Dati due beni (p.e. E, F), ogni consumatore, per massimizzare il proprio benessere (che per ipotesi si può considerare coincidere con la propria utilità) nel rispetto del vincolo di bilancio, li domanda in quantità tali che il loro *TMS* sia uguale al rapporto tra i loro prezzi: $\frac{p_E}{p_F} = TMS_{E,F}$. In concorrenza perfetta i prezzi dei beni sono uguali per tutti i consumatori il che implica che i rapporti tra i prezzi dei beni sono uguali per tutti i consumatori e quindi che i *TMS* sono uguali per tutti i consumatori. Quindi, nella concorrenza perfetta viene verificata la prima condizione della Pareto-ottimalità.

Dati due fattori produttivi (p.e. K, L), ogni impresa, per massimizzare i profitti nel rispetto del vincolo tecnologico, li impiega in quantità tali che il loro *TMST* sia uguale al rapporto tra i loro prezzi: $\frac{p_K}{p_L} = TMST_{K,L}$. In concorrenza perfetta i prezzi dei fattori produttivi sono uguali per tutte le imprese il che implica che i rapporti tra i prezzi dei fattori produttivi sono uguali per tutte le imprese e quindi che i *TMST* sono uguali per tutte le imprese. Quindi, nella concorrenza perfetta viene verificata anche la seconda condizione della Pareto-ottimalità.

Poiché ogni impresa di concorrenza perfetta eguaglia il prezzo di ogni bene da essa prodotto al costo marginale di produzione *e*, per ipotesi, un fattore di produzione (p.e. K) serve alla produzione di due beni (p.e. E, F), otteniamo:

$$CMAR = p_K \frac{dK}{dE} = p_K \frac{1}{\frac{dE}{dK}} = \frac{p_K}{PM_{KE}}; \quad CMAR = p_K \frac{dK}{dF} = p_K \frac{1}{\frac{dF}{dK}} = \frac{p_K}{PM_{KF}};$$

(sviluppando $p = CMAR$) $$P_E = \frac{p_K}{PM_{KE}}; \; P_F = \frac{p_K}{PM_{KF}};$$

(rapportando i prezzi dei due beni) $$\frac{p_E}{p_F} = \frac{PM_{K,F}}{PM_{K,E}} = \frac{dF}{dE} = TMT_{E,F}.$$

Poiché dalla prima condizione di ottimalità paretiana abbiamo che, in concorrenza perfetta, $\frac{p_E}{p_F} = TMS_{E,F}$, otteniamo che $TMS_{E,F} = TMT_{E,F}$. Quindi, nella concorrenza perfetta viene verificata anche la terza condizione della Pareto-ottimalità.

Poiché il benessere di A dipende positivamente dalla quantità consumata di E (e di F, caso che non trattiamo per non complicare senza necessità la dimostrazione) e negativamente dalla quantità venduta di K, A massimizza la propria utilità quando vende K in cambio di E in quantità tali che $\frac{p_K}{p_E} = TMS_{K,E}$.

Inoltre C massimizza il profitto quando impiega una quantità di K[35] che gli permette di ottenere una quantità di E tale che $\frac{p_K}{p_E} = PM_{K,E}$.

Poiché in concorrenza perfetta i prezzi dei beni e dei fattori di produzione sono uguali per tutti gli agenti economici (consumatori ed imprese), otteniamo che $TMS_{K,E} = PM_{K,E}$. Quindi, nella concorrenza perfetta viene verificata anche la quarta condizione della Pareto-ottimalità.

La Pareto-ottimalità dell'EEG di concorrenza perfetta costituisce il I° teorema dell'economia del benessere; il II° dell'economia del benessere afferma che qualunque allocazione Pareto-ottimale può ottenersi quale equilibrio economico generale di concorrenza perfetta.

[35] Tralasciamo, perché del tutto analoga, la parte della dimostrazione concernente la quantità impiegata di L e la quantità ottenuta di E.

B Il modello neoclassico allargato. Fallimenti di mercato, ruolo dello stato e sviluppi dell'economia del benessere

Premessa

In questa parte del libro vengono esaminate situazioni teoriche che sono state considerate nella storia del pensiero economico neoclassico come estensioni del modello base.

In esse vengono abbandonate alcune delle assunzioni del modello esposto nella Parte I, fondamentalmente le ipotesi di concorrenza perfetta (introducendo forme di imperfezione dei mercati, dal monopolio, alla concorrenza monopolistica, all'oligopolio) e di assenza di esternalità (introducendo l'ipotesi che i singoli produttori e consumatori non determinino soltanto la loro singola utilità e soddisfazione o profitto).

L'abbandono di queste situazioni dà normalmente luogo a configurazioni produttive e di consumo non ottimali, ovvero a fallimenti dell'azione del mercato, o fallimenti di mercato (*market failures*), e pone quindi il problema di individuare altre soluzioni capaci di ristabilire configurazioni ottimali.

In questa parte si considerano poi tre questioni teoriche importanti: la scelta tra diverse allocazioni Pareto-ottimali, un importante sviluppo dell'economia del benessere, la scelta pubblica e il tema del progresso tecnico.

1. Le imperfezioni della concorrenza

SOMMARIO: Premessa. 1. Le imperfezioni della concorrenza. – 1.1. Il monopolio. – 1.1.1. Il monopolio: definizioni. – 1.1.2. L'equilibrio del monopolista nel breve periodo. – 1.1.3. L'equilibrio del monopolista nel lungo periodo. – 1.1.4. Il costo del monopolio in termini di benessere, o della sub-ottimalità del monopolio. – 1.1.5. Il monopolio e la discriminazione di prezzo. – 1.2. Il monopsonio. – 1.3. Il monopolio bilaterale – 1.4. Il monopolio naturale. – 1.5. La concorrenza monopolistica. – 1.5.1. L'equilibrio di concorrenza monopolistica nel breve periodo. – 1.5.2. L'equilibrio di concorrenza monopolistica nel lungo periodo. – 1.6. L'oligopolio. I modelli tradizionali. – 1.6.1. Premessa. – 1.6.2. Il modello di Cournot: la concorrenza di quantità. – 1.6.3. Equilibrio di Cournot e equilibrio di collusione. – 1.6.4. Il modello di Bertrand: la concorrenza di prezzo. – 1.6.5. Il modello di Stackelberg: concorrenza di quantità tra *leader* e *follower*. – 1.6.6. Il modello della curva di domanda ad angolo. – 1.6.7. Il costo dell'oligopolio in termini di benessere. – 1.6.8. Approfondimenti. Un modello generale di oligopolio basato sulle variazioni congetturali.

1.1. Il monopolio

1.1.1. *Il monopolio: definizioni*

Il monopolio (dal greco *μόνος* (solo) e *πόλιον* (da πόλειν vendere) è quella forma di mercato, caso estremo di concorrenza non perfetta, in cui una sola impresa agisce da venditore di un bene prodotto, che non ha beni strettamente sostitutivi. La causa dell'esistenza dei monopoli è dovuta all'esistenza di un qualche impedimento all'entrata di altre imprese, cioè alla presenza di *barriere all'entrata* (dal caso della proprietà esclusiva di una risorsa base di produzione, al caso in cui lo stato attribuisce a una impresa il diritto esclusivo di produzione di un certo bene o servizio – nel qual caso si ha monopolio di stato –, all'esistenza di *economie di scala*, cioè la situazione in cui l'aumento della scala di produzione comporta una diminuzione del costo medio unitario di produzione [1]).

---

[1] Si noti che il concetto di economie di scala va distinto da quello di rendimenti crescenti di scala. È vero che in presenza di rendimenti di scala crescenti, sotto la condizione di *coeteris paribus*, si producono economie di scala, ma mentre nel caso dei rendimenti crescenti la rela-

Assumiamo più precisamente che vi sia *monopolio puro unilaterale*, il che implica che:

a) tutte le altre imprese nel sistema economico producono beni i cui prezzi non influenzano in alcun modo la domanda del bene prodotto in monopolio;
b) il numero di acquirenti del bene è sufficientemente grande perché nessuno di essi possa influire con la propria domanda sul prezzo del bene stesso.

Essendo l'unico produttore di un certo bene, la curva di domanda del monopolista coincide con la curva di domanda del mercato. Poiché, come sappiamo, la curva di domanda del mercato è inclinata negativamente, il monopolista, a differenza dell'impresa concorrenziale, non perde tutti i suoi compratori, e quindi i suoi ricavi, se alza il prezzo. D'altra parte, se vuole aumentare la produzione, il monopolista deve ridurre il prezzo. Egli, di conseguenza, non è un *price taker* e può fissare il prezzo – ha cioè *potere di mercato* –. In quanto agente razionale egli fisserà il prezzo che gli garantisce il raggiungimento del suo obiettivo che è quello, come ogni altra impresa, della massimizzazione del profitto.

Di seguito esaminiamo l'equilibrio dell'impresa in regime di monopolio in riferimento al breve e al lungo periodo, facendo riferimento alla prima classica analisi del tema condotta dal matematico francese Antoine Augustin Cournot (1801-1877) in un libro del 1838 dal titolo *Recherches sur les principes mathématiques de la théorie des richesses*[2], poi ripresa da Marshall e definitivamente sistemata tra gli anni 20 e 30 del 900 dai teorici della concorrenza imperfetta.

1.1.2. *L'equilibrio del monopolista nel breve periodo*

La condizione di massimizzazione del profitto per l'impresa monopolistica (come ovviamente per ogni impresa) è l'uguaglianza di ricavo marginale e costo marginale: $dR(q)/dq = dC(q)/d(q)$[3], dove $R(q)$ è il ricavo totale e $C(q)$ è

zione presa in esame è quella tra variazione degli *input* e degli *output* di produzione, nel caso delle economie di scala si fa riferimento alla relazione tra dimensione dell'impianto e costo medio unitario di produzione. Esse sono rappresentabili con la curva dei costi medi minimi di lungo periodo. Il punto di minimo di tale curva definisce la dimensione ottima minima d'impianto (o minima scala efficiente).

[2] Cournot fu il primo economista ad affermare che, nell'applicazione della matematica ai problemi economici, il metodo corretto è quello dell'analisi di problemi teorici mediante funzioni arbitrarie, soggette a condizioni generali e non, come si riteneva prima di lui, l'adozione di semplici espressioni algebriche volte ad ottenere risultati numerici.

[3] Dal punto di vista formale alla condizione di uguaglianza tra ricavo marginale e costo marginale va aggiunta la condizione $d^2R(q)/dq^2 < d^2C(q)/dq^2$ che ci dice che perché vi sia equilibrio il ricavo marginale deve crescere meno del costo marginale.

il costo totale. Il prezzo e la corrispondente produzione sono conseguentemente determinati.

Il grafico II.B.1 dà una rappresentazione della posizione di equilibrio. *D* è la curva di domanda, o curva del ricavo medio; *Cme* e *Cma* sono le usuali curve del costo medio e marginale; *Rma* è la curva del ricavo marginale; p_{mon} e q_{mon} sono rispettivamente il prezzo e la quantità di monopolio.

La curva del ricavo marginale (per semplicità rappresentata con una retta) ha sull'asse delle ordinate la stessa intercetta che ha la curva di domanda, mentre la sua inclinazione è doppia (l'intercetta sull'asse delle ascisse è così la metà di quella della retta che rappresenta la domanda). Infatti dato $p = a - bQ$, in corrispondenza della quantità $Q + 1$ il prezzo sarà diminuito di Δp e sarà $p - \Delta p = a - b\,(Q + 1)$, da cui $\Delta p = b$, ovvero per vendere un'unità in più bisogna abbassare il prezzo di *b*. Il ricavo marginale è allora uguale a

$$p - bQ = a - bQ - bQ = = a - 2bQ.$$

In corrispondenza del punto in cui ricavo marginale e costo marginale si eguagliano, il prezzo è maggiore del costo medio, dando così origine a un profitto da monopolio, nel grafico l'area $p_{mon}HKR$. Ne risulta che la quantità prodotta in monopolio è *minore* di quella di concorrenza perfetta.

Grafico II.B.1. – *L'equilibrio del monopolista nel breve periodo*

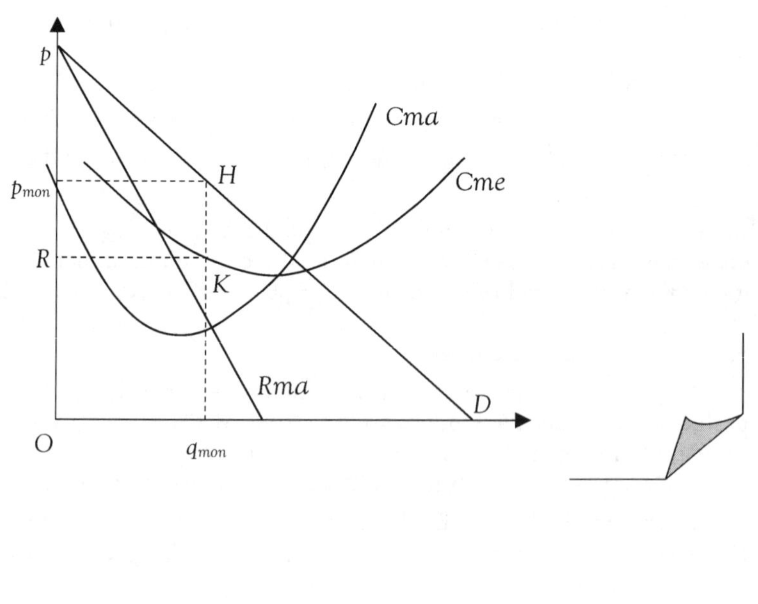

L'entità della differenza dipende dalla *elasticità* della curva di domanda, come mostra il grafico II.B.2: tanto maggiore è l'elasticità della domanda tanto minore è la differenza di produzione rispetto alla situazione di concorrenza perfetta, e viceversa.

Grafico II.B.2. - *Profitto di monopolio e elasticità della domanda*

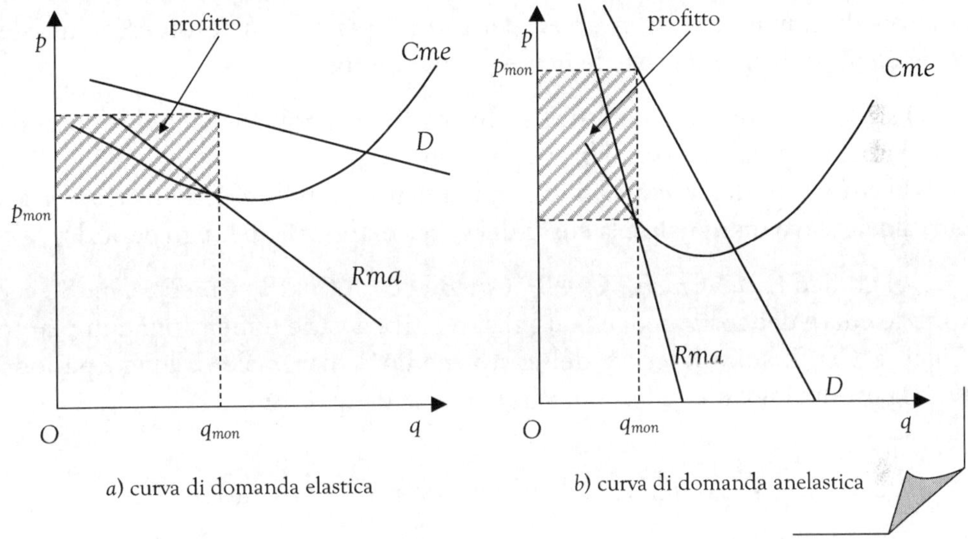

a) curva di domanda elastica *b*) curva di domanda anelastica

In termini formali possiamo scrivere la relazione nei termini seguenti: data l'equazione delle vendite $p = f(Q)$, del ricavo totale $R = f(Q)Q$ e il ricavo medio $R/Q = f(Q)$, il ricavo marginale può essere scritto come

$$dR/dQ = f'(Q)Q + f(Q).$$

Si ha allora:

$$dR/dQ = Q \cdot dp/dQ + p = p\,(1 + Q/p \cdot dp/dQ).$$

Essendo l'elasticità in funzione del prezzo, e, definibile come:

$(p/Q)\,(dQ/dp)$, ne deriva

$$dR/dQ = p(1 + 1/e).$$

Si noti che in equilibrio, ovvero quando l'impresa massimizza il profitto, l'espressione sopra è uguale al costo marginale, cioè:

$$p(1 + 1/e) = Cma, \quad \text{e riordinando} \quad (p - Cma)/p = |1/e|.$$

Quest'ultima equazione rappresenta il grado di monopolio.

1.1.3. *L'equilibrio del monopolista nel lungo periodo*

Nel lungo periodo il monopolista può modificare la dimensione dell'impresa, per cui il suo problema diventa quello di scegliere la dimensione che dà il massimo profitto rispetto a tutte le altre dimensioni possibili, sotto l'ipotesi che la curva di domanda resti invariata per tutto il periodo in considerazione. Per risolvere il problema si procede nel seguente modo:

a) si costruiscono le curve del costo medio e marginale di lungo periodo, come inviluppo delle curve di breve periodo;

b) l'equilibrio di lungo periodo è individuato nel punto d'intersezione tra la curva del ricavo marginale e la curva del costo marginale di lungo periodo.

Nel grafico II.B.3 $CmeB_1$, $CmeB_2$, $CmeB_3$, ecc. e $CmaB_1$, $CmaB_2$, $CmaB_3$, ecc. sono le curve dei costi medi e marginali relative a varie dimensioni d'impianto, *CmeL* e *CmaL* sono le curve del costo medio e marginale di lungo periodo, Q_{mon} la produzione d'equilibrio e P_{mon} il prezzo d'equilibrio.

Grafico II.B.3. - *L'equilibrio del monopolista nel lungo periodo*

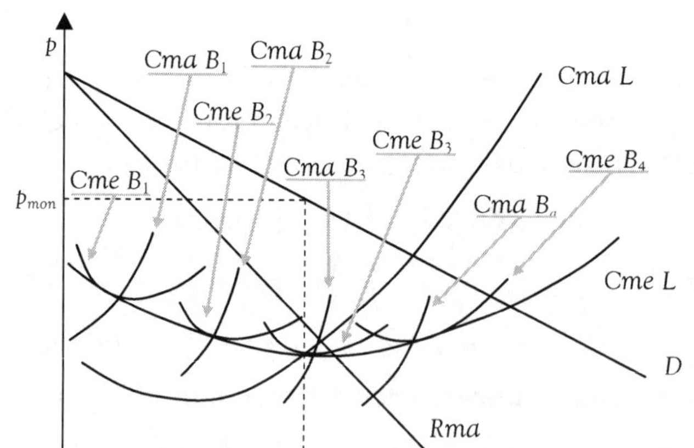

1.1.4. *Il costo del monopolio in termini di benessere, o della sub-ottimalità del monopolio*

Se confrontiamo *ceteris paribus* (segnatamente a parità di costi e di domanda), la situazione di monopolio con quella di concorrenza perfetta, il prezzo di equilibrio risulta aumentato da p_c a p_{mon}, dando luogo ai seguenti effetti:

– la riduzione del surplus dei consumatori da $D + c'' + c'$ a D, a causa della perdita del triangolo c' (per la riduzione della quantità prodotta da q_{cp} a q_{mon}) e del rettangolo c'' (per l'aumento del prezzo da pagare per continuare ad acquistare la quantità q_{mon});

– l'aumento del surplus del monopolista da $i'' + i'$ a $F = i'' + i' + c'' - i'$, cioè a $i'' + c''$: infatti l'ottenimento, dai consumatori, del rettangolo c'' (per l'aumento del prezzo ricevuto per la quantità q_{mon}) più che compensa la perdita del triangolo i' (per la riduzione della quantità prodotta da q_{cp} a q_{mon});

– la riduzione del surplus della società, rivelando l'inefficienza allocativa del monopolio: infatti, il passaggio, *ceteris paribus*, dal monopolio alla concorrenza perfetta aumenterebbe il surplus della società del triangolo $c' + i'$.

Grafico II.B.4. – *Il costo del monopolio in termini di benessere*

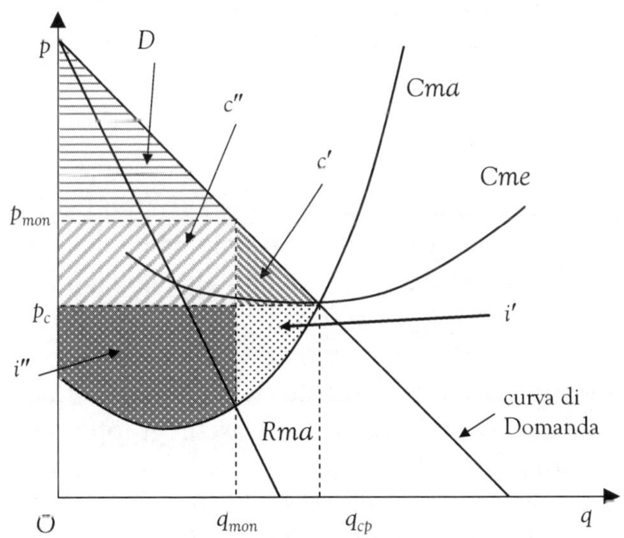

1.1.5. *Il monopolio e la discriminazione di prezzo*

Si ha discriminazione di prezzo quando un venditore offre lo stesso bene a diversi compratori a prezzi differenti. Perché sia possibile la discriminazione di prezzo è necessario che:

a) il venditore possa scegliere coppie diverse prezzo-quantità, il che è possibile appunto soltanto in regime di monopolio (o di concorrenza monopolistica (vedi oltre par. 1.5);

b) il venditore deve poter suddividere i consumatori in gruppi. Su questa base si distinguono tre tipi di discriminazione:

• discriminazione su base personale;

• discriminazione su base d'uso (basata sull'uso al quale il bene venduto viene adibito, ad esempio usi domestici e usi industriali);

• discriminazione su basi geografiche, dipendenti dalla posizione geografica del cliente.

Dividere i consumatori in gruppi significa spezzare la curva di domanda complessiva in curve parziali, tante quante sono i gruppi di clienti. In questo contesto il venditore massimizza il suo profitto quando vende a ciascun gruppo in modo tale che il suo ricavo marginale sia uguale al costo marginale.

Se assumiamo, per semplicità, che i gruppi siano 2, il problema del venditore è quello di massimizzare la funzione di profitto

$$R_1(q_1) + R_2(q_2) - C(q)$$

dove:

– q_1 e q_2 sono le quantità vendute al rispettivamente al gruppo 1 e al gruppo 2;
– $R_1(q_1)$ e $R_2(q_2)$ sono i ricavi delle vendite ai due gruppi;
– $C(q)$ è il costo totale del venditore.

Si dimostra che:

– la posizione di massimizzazione del profitto del venditore è quella in corrispondenza della quale i ricavi marginali relativi a ciascun gruppo sono tra loro uguali e uguali anche al costo marginale corrispondente alla quantità totale;
– i prezzi sono diversi se, in corrispondenza di tali prezzi, le elasticità delle domande dei rispettivi gruppi sono diverse: il che significa che conviene la discriminazione di prezzo rispetto al prezzo unico;
– il prezzo maggiore sarà sostenuto dal gruppo la cui domanda ha elasticità minore rispetto al prezzo.

Vi sono alcune interessanti considerazioni che si possono fare sulla relazione tra benessere e discriminazione di prezzo. Se supponiamo che il monopolista conosca il prezzo massimo che i consumatori sono disposti a pagare per acquistare ognuna delle unità comprese tra q_{mon} e q_{cp}, che produca tali unità e le venda ognuna al proprio prezzo massimo, la discriminazione di prezzo risultante[4] farebbe aumentare, a parità del surplus dei consumatori, il surplus del monopolista di $c' + i'$. Il passaggio dalla concorrenza perfetta ad un monopolio praticante una discriminazione di prezzo lascerebbe quindi immutato il surplus della società rispetto alla situazione di concorrenza perfetta (vedi grafico II.B.3): in entrambi i casi esso sarebbe infatti di $D + c'' + c' + i'' + i'$, consentendo così di qualificare anche il monopolio con discriminazione di prezzo come una forma di mercato efficiente. La ripartizione del surplus sarebbe, rispetto al caso della concorrenza perfetta, più favorevole al monopolista (che avrebbe un surplus pari a $c'' + c' + i'' + i'$ a fronte del surplus $i'' + i'$ di concorrenza perfetta) e meno favorevole ai consumatori (che avrebbero un surplus pari a D a fronte del surplus $D + c'' + c'$ di concorrenza perfetta).

1.2. Il monopsonio

Il monopsonio (dal greco μονος (solo) e ὀψωνία (acquisto)), o monopolio dal lato della domanda, è una situazione nella quale dal lato della domanda opera un solo compratore mentre l'offerta è frazionata tra una moltitudine di imprese prive di potere di mercato. Si assume che il prodotto sia omogeneo. Si tratta, con ogni evidenza, di una situazione speculare a quella del monopolista: infatti, in questo caso è l'unico compratore che decide la quantità da acquistare del prodotto di cui è unico acquirente e può influenzare il prezzo del bene.

La determinazione dell'equilibrio è così rappresentabile. La curva di domanda del monopsonista coincide con la curva di domanda del mercato ed esprime il valore (o utilità) marginale (monetaria) che egli attribuisce ad ogni unità aggiuntiva di bene. Il costo marginale del consumo dipende dal suo potere di mercato. Se fosse un compratore concorrenziale non influenzerebbe il prezzo e il prezzo pagato sarebbe sempre lo stesso, quindi uguale alla spesa media e a quella marginale, ed egli acquisterebbe quella quantità in corrispondenza del-

---

[4] In quanto ognuna delle unità della quantità q_{mon} sarebbe venduta allo stesso prezzo di monopolio p_{mon} mentre, appunto, ognuna delle unità della quantità $q_{mon}q_{cp}$ sarebbe venduta al proprio prezzo massimo accettato dai consumatori.

la quale il valore marginale fosse uguale alla spesa marginale. Se invece è l'unico compratore, egli avrà di fronte a sé una curva di offerta di mercato che gli indica la spesa media che egli deve sostenere, mentre la spesa marginale si trova al di sopra di tale curva, poiché la decisione di acquistare un'unità aggiuntiva aumenta il prezzo di tutte le unità del bene. Il monopsonista acquisterà dunque quella quantità in corrispondenza della quale spesa marginale e valore marginale si eguagliano. Il prezzo si ricava dalla curva di offerta.

Il grafico rappresenta l'equilibrio del monopsonista. Il monopsonista acquista la quantità Q^*_{ms} al prezzo p^*_{ms}. Tale combinazione rappresenta una quantità e un prezzo minori di quelli di concorrenza. Questo dà luogo a una perdita netta di benessere sociale pari all'area del triangolo *ABC*.

Grafico II.B.5. – *L'equilibrio del monopsonio*

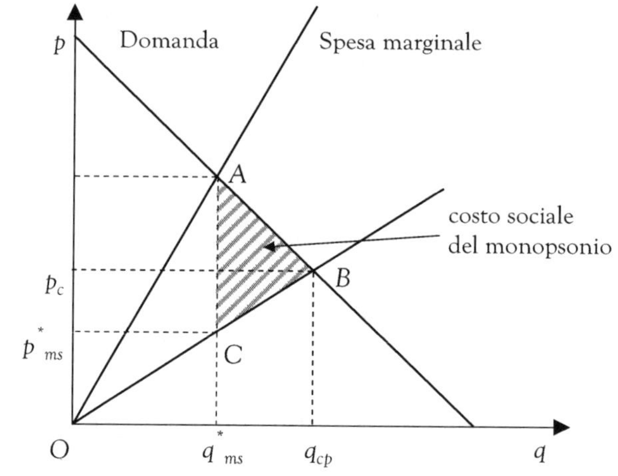

1.3. Il monopolio bilaterale

Il monopolio bilaterale è una forma di mercato caratterizzata dalla presenza di monopolio puro dal lato dell'offerta e dal lato della domanda (monopsonio puro). È il caso di un fattore produttivo prodotto da un unico offerente e richiesto da un unico acquirente. La differenza essenziale tra il monopolista del monopolio bilaterale e il monopolista puro è che, mentre il secondo si trova di fronte a una curva di domanda, il monopolista bilaterale non fronteggia una curva di domanda. La differenza tra monopsonista del monopolio bilaterale e monopsonista puro sta invece nel fatto che mentre il monopsonista puro ha di fronte a sé una curva di offerta, il monopsonista del monopolio bilaterale non fronteggia alcuna curva di offerta. Ciò significa che monopolista bilaterale e monopsonista bilaterale possono tentare di imporre determinate coppie di valori prezzo-quantità. Di conseguenza in condizioni di monopolio bilaterale il prezzo è logicamente indeterminato (cioè la teoria non è in grado di determinare una soluzione): la contrattazione può porlo ad un qualsiasi livello compreso tra il prezzo massimo che chi compra è disposto a pagare e il prezzo minimo che chi vende è disposto ad accettare.

1.4. Il monopolio naturale

Il monopolio naturale si ha quando un'impresa è in grado di soddisfare l'intera domanda di mercato di un bene a costi più bassi di quelli di un potenziale gruppo di imprese alternativo. In questo caso si dice che la curva dei costi è *sub-additiva* nel tratto di produzione rilevante, ossia a sinistra del punto in cui interseca la curva di domanda. Più precisamente la curva dei costi è sub-additiva quando i costi di produzione sono inferiori se la produzione è compiuta da una sola impresa. Formalmente si dice che una funzione di costo è sub-additiva quando vale la relazione

$$C(q' + q'') < [C(q') + C(q'')],$$

dove $C(q)$ è la funzione di costo e q' e q'' sono due diversi valori di *output*. Di conseguenza si dicono superadditiva e additiva le funzioni di costo quando valgono le relazioni, rispettivamente,

$$C(q' + q'') > [C(q') + C(q'')] \text{ e}$$

$$C(q' + q'') = [C(q') + C(q'')].$$

Ne sono consueti esempi la distribuzione di servizi a livello locale (acqua potabile), le industrie che operano attraverso una rete, con conseguente bisogno di standardizzazione e coordinamento (elettricità, comunicazioni, ferrovie).

La ragione tradizionalmente addotta per spiegare l'esistenza del monopolio naturale è tecnologica: il tipo particolare di tecnologie adottate nelle attività sopra citate permette di sfruttare elevate economie di scala. Tali tecnologie sono caratterizzate dall'esistenza di costi fissi molto elevati e costi variabili bassi: ciò fa sì che i costi fissi siano molto più importanti dei costi variabili con la conseguenza che un incremento della quantità prodotta determina una riduzione del costo fisso medio maggiore, in valore assoluto, dell'aumento del costo variabile medio. Tali economie costituiscono una potente barriera all'entrata.

La funzione di costo è dunque, in generale, sub-additiva se la funzione del costo medio è decrescente, come illustrato nel grafico II.B.6a. Una curva dei costi totali medi decrescente implica che la curva del costo marginale le sia sempre sottostante, nell'intervallo di produzione rilevante. L'impresa produce, in quanto monopolio, la quantità q_{mon} per la quale il ricavo marginale è uguale al costo marginale, la vende ad un prezzo p_{mon} maggiore del costo marginale conseguendo un profitto positivo dato dal prodotto tra la quantità prodotta e la differenza, positiva, tra p_{mon} e il costo totale medio corrispondente. La quantità Pareto-ottimale è invece la q_{cp} (maggiore di q_{mon}) alla quale corrisponde un prezzo p_{cp} uguale al costo marginale e minore di p_{mon}. Tale livello produttivo, come si vede dal grafico, se ottenuto, comporterebbe una perdita dovuta alla differenza positiva tra costo medio totale e prezzo di concorrenza.

Notiamo che una funzione di costo può essere sub additiva anche per valori per i quali la funzione di costo medio è crescente. Il grafico II.B.6b rappresenta una situazione di questo tipo.

Grafico II.B.6. - *Il monopolio naturale*

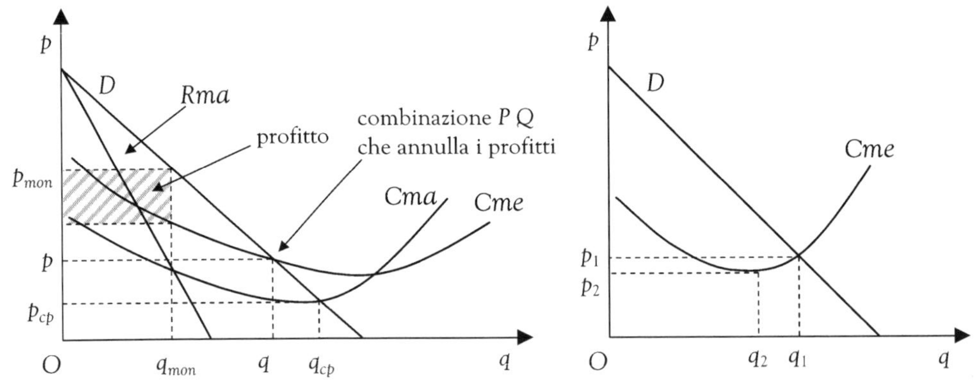

a) monopolio naturale sostenibile

b) monopolio naturale non sostenibile

Possiamo dunque dedurne che l'esistenza di economie di scala è una condizione sufficiente ma non necessaria per la sub additività. In un caso come quello rappresentato nel grafico II.B.6.b. si dice che il monopolio naturale non è *sostenibile*. Infatti, da un lato il costo totale di produzione nel caso in cui vi sia una sola impresa è minore della somma dei costi totali sostenuti da più imprese che offrissero complessivamente la stessa quantità, ma, dall'altro lato, è pur sempre possibile che un'impresa, in possesso di un'analoga tecnologia, entri nel mercato richiedendo un prezzo inferiore a quello dell'impresa esistente e ottenere un profitto positivo. L'impresa entrante potrebbe cioè produrre una quantità pari a q_2 a un prezzo tra p_1 e p_2.

L'esistenza di monopolio naturale non garantisce dunque che altre imprese non entrino sul mercato, ovvero non ne garantisce la *sostenibilità*. Un monopolio naturale è sostenibile soltanto se esiste un prezzo p in corrispondenza del quale: un'impresa può soddisfare l'intera domanda di mercato a quel prezzo, coprire i suoi costi e, nello stesso tempo, ogni altra impresa che entrasse sul mercato vendendo a un prezzo minore andrebbe incontro a perdite (l'entrata nell'industria è cioè non profittevole). Ciò implica che la curva dei costi medi del monopolista deve essere decrescente fino alla quantità prodotta q (il caso del grafico II.B.6a).

1.5. La concorrenza monopolistica

Il termine concorrenza monopolistica, introdotto dall'economista americano Edward Chamberlin (1899-1967) nel 1933 nel libro *The Theory of Monopolistic Competition*[5], indica una forma di mercato caratterizzata da:

a) alto numero di venditori, ognuno dei quali ritiene che le sue azioni non abbiano effetto sugli altri suoi concorrenti;
b) differenziazione del prodotto, cioè i prodotti sono simili ma non identici. Il concetto di differenziazione del prodotto evidenzia il fatto che per i consumatori (che non sono in grado di influenzare con la propria domanda i prezzi) non è indifferente comprare da un'impresa o da un'altra appartenente alla stessa industria, dal che segue che se un'impresa alzasse il proprio prezzo al di sopra di quello praticato dalle altre imprese, non vedrebbe annullarsi le proprie vendite;
c) libertà di entrata e uscita.

Le caratteristiche a) e c) assimilano la concorrenza monopolistica alla concorrenza perfetta, la caratteristica b) è invece un elemento comune con il monopolio: infatti ogni impresa ha di fronte a sé una curva di domanda a elasticità finita, il che implica che essa possiede un suo proprio mercato sul quale tende a comportarsi come un monopolista. In questo contesto un'impresa può far concorrenza alle altre imprese del gruppo non solo variando il prezzo ma anche mutando la 'qualità del prodotto'[6].

1.5.1. *L'equilibrio di concorrenza monopolistica nel breve periodo*

Come detto, poiché il prodotto dell'impresa è, in qualche misura, diverso da quello delle altre imprese, essa si comporta da monopolista. Nel grafico II.B.7, *D* è la curva di domanda, discendente, del prodotto, *Rma* la curva del ricavo marginale, *Cme* la curva del costo medio, *Cma* la curva del costo marginale. Supponendo che l'impresa si comporti in modo da massimizzare il profitto essa venderà la quantità in corrispondenza della quale *Cma* = *Rma*, ovvero la quantità q_{cmbp} al prezzo p_{cmbp}. Il profitto è dato dall'area del rettangolo *PRKH*.

---

[5] Va ricordato che un contributo teorico sostanzialmente identico venne pubblicato nello stesso anno, 1933, dall'economista inglese Joan Robinson nel libro *Economics of Imperfect Competition.*

[6] Per qualità del prodotto si intende qui il complesso delle caratteristiche che individuano il prodotto di un'impresa rispetto a quello delle altre e comprende non solo le proprietà fisico-materiali del prodotto ma anche quelle che gli acquirenti le attribuiscono.

Grafico II.B.7. – *L'equilibrio dell'impresa in concorrenza monopolistica nel breve periodo*

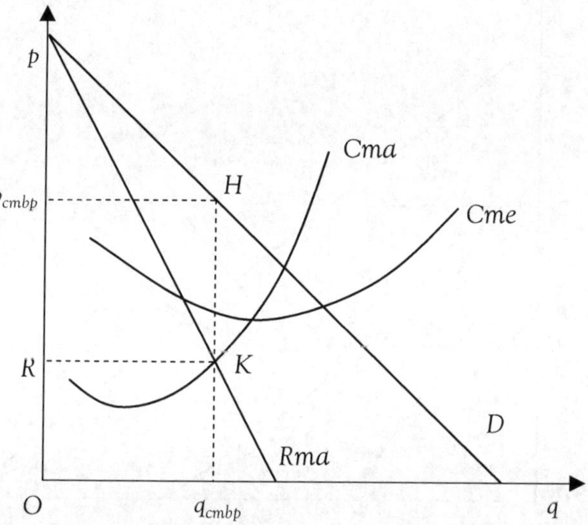

1.5.2. *L'equilibrio di concorrenza monopolistica nel lungo periodo*

Se le imprese, stabilito l'equilibrio di breve periodo, godono di profitti maggiori di quelli 'normali', in virtù della caratteristica di libertà d'entrata nuove imprese, attratte dalla possibilità di guadagno, entreranno sul mercato offrendo beni non identici ma concorrenti con quelli delle imprese già presenti sul mercato. L'entrata di nuove imprese riduce i profitti delle vecchie imprese. Analogamente se alcune imprese subiscono perdite, esse escono dal mercato. Tale processo di entrata e uscita porta a un nuovo equilibrio.

Nel grafico II.B.8 *Cme* e *Cma* sono le curve rispettivamente del costo medio e marginale, D_1 la curva di domanda iniziale, q_1 la quantità prodotta iniziale e p_1 il prezzo corrispondente, P_1HKR il profitto. La presenza di tale profitto richiama nuove imprese, che per semplicità si assume operino nelle stesse condizioni tecniche delle imprese presenti. L'entrata determina uno spostamento verso sinistra della curva di domanda di ciascuna impresa, perché ogni impresa avrà un numero minore di acquirenti. L'entrata continuerà finché la curva di domanda di ogni impresa non sia diventata tangente alla curva di costo medio, cioè avrà raggiunto nel grafico la posizione D_2. La produzione sarà allora Q_2 e il prezzo p_2.

Grafico II.B.8. – *L'equilibrio di concorrenza monopolistica nel lungo periodo*

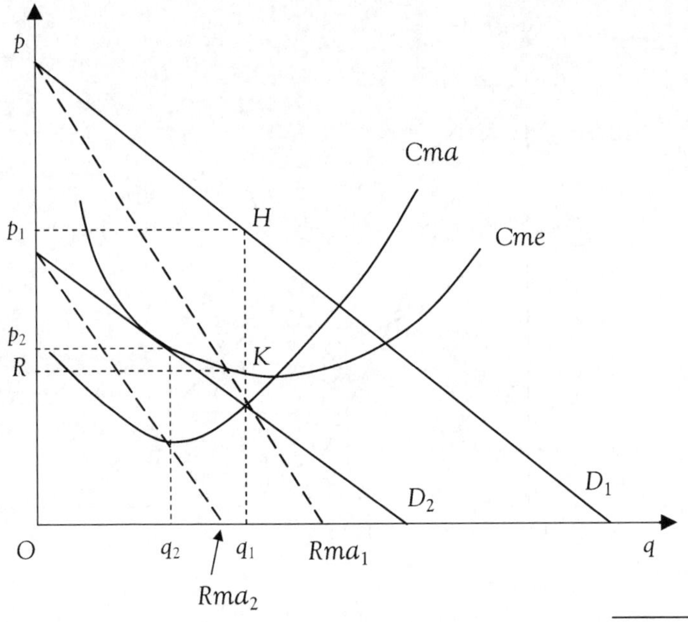

La nuova posizione di equilibrio è caratterizzata dall'assenza di extraprofitto, analogamente alla concorrenza perfetta. La differenza è che, mentre nella concorrenza perfetta la quantità prodotta è quella che corrisponde al costo medio minimo, nella concorrenza monopolistica alla quantità prodotta corrisponde un costo medio maggiore di quello minimo (si può anche dire che l'impresa produce meno della dimensione efficiente e che quindi ha capacità produttiva in eccesso)[7].

---

[7] Si noti che l'equilibrio stabile raggiunto è dovuto all'ipotesi semplificatrice che le imprese hanno curve di costo e di domanda uguali. Se questa irrealistica condizione venisse meno, si potrebbe determinare una situazione di equilibrio permanentemente instabile.

1.6. L'oligopolio. I modelli tradizionali

1.6.1. *Premessa*

L'oligopolio (dal greco ολίγος che significa 'poco numeroso') è una forma di mercato intermedia tra monopolio e concorrenza perfetta, la cui caratteristica fondamentale è che le imprese sono in grado di influire, con le loro decisioni, sui risultati delle decisioni delle altre imprese e sono consapevoli dell'interdipendenza delle loro azioni. Ciò fa sì che il comportamento dell'impresa oligopolista non risulta univocamente determinato dalle caratteristiche del mercato, distinguendolo così, per la sua natura, dalle altre forme di mercato.

Il tipo di interazione esistente tra le imprese definisce una molteplicità di comportamenti che rende l'oligopolio un insieme di forme di mercato per lo studio delle quali gli economisti hanno elaborato una pluralità di modelli. Per un lungo periodo, dalla metà dell'Ottocento agli anni quaranta del Novecento, l'analisi di questa forma di mercato è stata condotta adattando ad essa gli strumenti impiegati per lo studio della concorrenza e del monopolio. Tra gli anni trenta e quaranta del Novecento si è affermato, invece, un nuovo approccio fondato sulla teoria dei giochi che ha permesso di riesaminare i modelli tradizionali alla luce di un concetto più adeguato di razionalità strategica. In questo capitolo trattiamo i contributi che fanno riferimento all'approccio tradizionale, mentre nel Capitolo 3 della Parte III esamineremo l'approccio della teoria dei giochi.

La prima analisi dell'oligopolio si deve al matematico francese Cournot nel libro, già citato, *Recherches sur les principes mathématiques de la théorie des richesses*, in cui formulò un modello in cui due imprese, proprietarie di due fonti della stessa acqua minerale, competono nella vendita dell'acqua minerale utilizzando le quantità come variabile da definire al fine di massimizzare il profitto. All'analisi di Cournot fece seguito, molti anni dopo, nel 1883, quella di un altro matematico francese, Joseph Luis François Bertrand (1822-1900), che sostituì alle quantità i prezzi come variabile da definire, sulla base della considerazione 'realistica', esposta in polemica con Cournot, che le imprese si fanno concorrenza sui prezzi e non sulle quantità. Altri modelli seguirono, tra cui, di particolare rilievo, quello, del 1934, dell'economista tedesco Heinrich von Stackelberg (1905-1946), che introdusse, nel modello di Cournot, l'ipotesi di leadership e di asimmetria di comportamento.

1.6.2. *Il modello di Cournot: la concorrenza di quantità*

Il modello rappresenta una situazione di duopolio, ovvero in cui due imprese che producono e vendono uno stesso prodotto omogeneo, scelgono contemporaneamente la quantità da produrre al fine di massimizzare i propri profitti. Nel fare questo ciascuna impresa assume fissa la quantità del bene prodotta dall'altra impresa concorrente (l'impresa ha dunque un comportamento adattativo). Supponiamo che l'impresa B decida di produrre la quantità q_B. L'impresa A presuppone, o congettura, che l'impresa B non modifichi la sua decisione qualunque sia la quantità che A decide di produrre. Allora il suo profitto dipenderà dalla quantità che essa decide di produrre: essa opera ora come un monopolista in quanto, data la produzione dell'impresa B, l'impresa A sceglie di produrre la quantità di prodotto in corrispondenza della quale il ricavo marginale è uguale al costo marginale.

L'impresa B, a sua volta, conosciute le decisioni dell'impresa A, riconsidera il problema e decide la sua offerta ottimale. Avendo A mutato la sua offerta, B ridefinisce la sua decisione. Si ha così un seguito di aggiustamenti che porta all'equilibrio del mercato.

Possiamo rappresentare questa situazione graficamente nel seguente modo (vedi grafico II.B.9). *D* è la curva di domanda del mercato. L'impresa A ipotizza che l'impresa B produca la quantità q_B^1 e fissa la sua offerta considerando data l'offerta di B, il che significa che si considera monopolista per la quota di mercato rimanente. La domanda per l'impresa A è data dal segmento *AD'*. Uguagliando ricavo marginale e costo marginale essa definisce la quantità da essa prodotta, ovvero q_A^1. Questa è la quantità ottima che al duopolista A conviene produrre quando l'altro offre q_B^1.

Iterando questo ragionamento per diverse quantità che si suppone B possa offrire, A costruisce varie ipotesi di quantità prodotta. A così costruisce la propria curva di reazione: essa è il luogo di combinazioni di quantità offerte dalle due imprese che consente all'impresa A di massimizzare il profitto dopo aver ipotizzato ciò che fa l'altra impresa.

L'impresa B segue lo stesso ragionamento dell'impresa A ed individua a sua volta la propria curva di reazione alle possibili scelte di A.

La posizione di equilibrio del mercato è data dal punto d'intersezione delle due curve. Questa posizione è quella cui si perviene con la sequenza di azioni e reazioni di adattamento delineata.

Grafico II.B.9. – *Il modello di Cournot. la curva di reazione dell'impresa duopolistica*

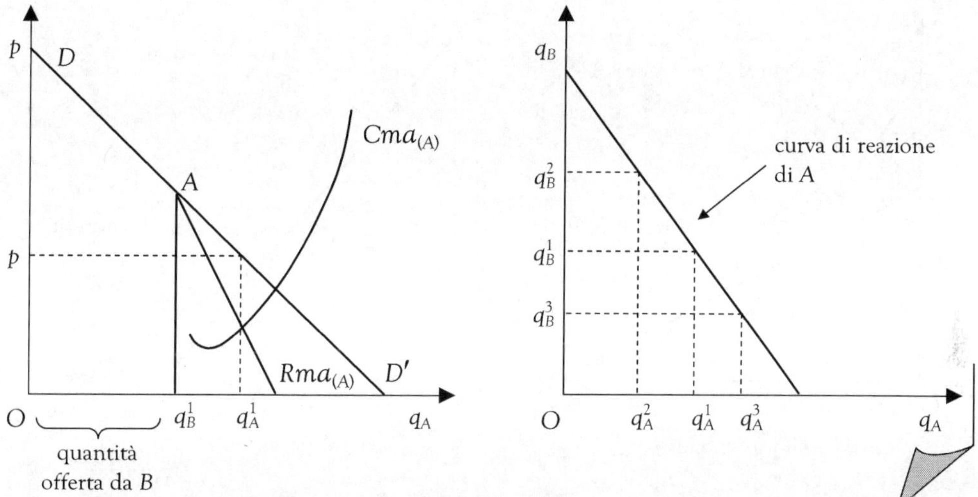

Nel grafico II.B.10.a sull'asse delle ascisse è rappresentata la quantità offerta dal primo duopolista (A), sull'asse delle ordinate è rappresentata la quantità offerta dal secondo duopolista (B). La curva di reazione di B per quantità minori di quelle di equilibrio sta al di sotto della curva di reazione di A e per quantità maggiori al di sopra. Supponiamo che B offra q_B^1 e A, di conseguenza, offra la quantità q_A^1. Conosciuta questa decisione, B ridurrà la sua offerta da q_B^1 a q_B^2. A rivedrà la sua decisione e la sua offerta salirà da q_A^1 a q_A^2. Questi aggiustamenti successivi portano all'equilibrio $q_B^E - q_A^E$.

Si noti che la sequenza non sempre porta all'equilibrio. Se (grafico II.B.10b) si inverte la relazione tra le curve di reazione può generarsi un processo di allontanamento dall'equilibrio. Il grafico mostra questa sequenza. Se B offre q_B^1, A offrirà q_A^1. A questo punto B aumenta l'offerta da q_B^1 a q_B^2. A reagisce riducendo l'offerta da q_A^1 a q_A^2. In questo caso non si perviene all'equilibrio. Ne deriva che condizione sufficiente perché si abbia equilibrio stabile è che la curva di reazione del duopolista le cui quantità sono indicate sull'asse delle ordinate stia al di sotto della curva di reazione dell'altro duopolista per quantità minori di quella di equilibrio e al di sopra per quantità maggiori.

Grafico II.B.10. – *Il modello di Cournot. Le curve di reazione dei duopolisti e l'equilibrio*

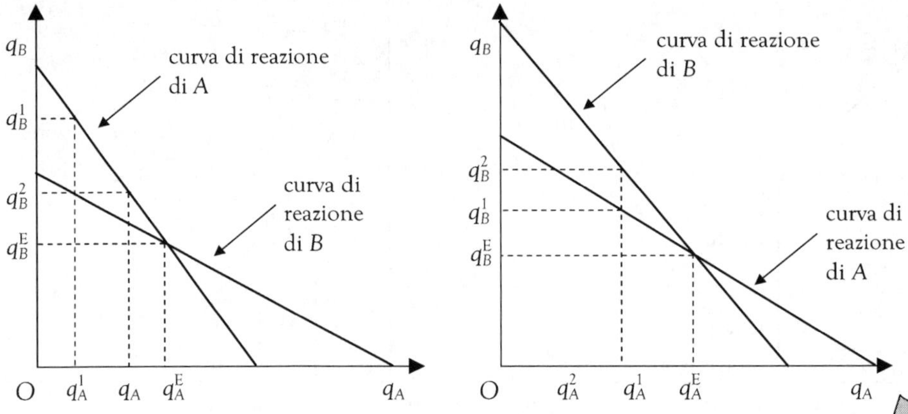

a) equilibrio stabile   *b*) equilibrio instabile

Analiticamente il modello può essere rappresentato come segue. La domanda (che assumiamo lineare) di mercato è: $p = a - bQ$. Le quantità che le due imprese, A e B, devono decidere di produrre sono q_A e q_B. La quantità complessiva sul mercato è perciò: $Q = q_A + q_B$. Sostituendo questa seconda equazione nella prima otteniamo: $p = a - b(q_A + q_B)$. I ricavi delle due imprese, o profitti, nell'ipotesi semplificatrice che i costi marginali siano nulli, sono:

$$\pi_A = [a - b(q_A + q_B)]\, q_A \text{ e } \pi_B = [a - b(q_A + q_B)]\, q_B.$$

La condizione di ottimizzazione implica $Rma = 0$, ovvero $d\pi_A/dq_A = 0$, $d\pi_B/dq_B = 0$, o

$$d\pi_A/dq_A = a - 2bq_A - bq_B = 0 \quad \text{e} \quad d\pi_B/dq_B = a - 2bq_B - bq_A = 0.$$

Risolviamo per sostituzione. Dapprima ricaviamo: $q_A = a/2b - q_B/2$, poi per sostituzione: $\overset{*}{q}_B = a/3b$ *e* $\overset{*}{q}_A = a/3b$, le quali rappresentano le quantità ottimali prodotte da ciascuna impresa (essendo le due imprese identiche le quantità ottimali sono eguali). La quantità complessivamente prodotta è allora

$$Q = \overset{*}{q}_A + \overset{*}{q}_B = 2a/3b$$

questa quantità sarà venduta sul mercato al prezzo

$$p = a - bQ = a - 2ab/3b = a/3.$$

Questa produzione è minore di quella di concorrenza e presenta un prezzo maggiore[8]; allo stesso tempo la quantità di duopolio è maggiore di quella di monopolio e il prezzo minore[9].

1.6.3. *Equilibrio di Cournot ed equilibrio di collusione*

Nel modello di Cournot, assumendo che le due imprese siano eguali, se ipotizziamo che la produzione dell'impresa *B* sia zero, ne segue che la miglior risposta dell'impresa *A* sia produrre la quantità di monopolio, q^{mon}. Inoltre, l'eventuale divisione della produzione di monopolio tra i due duopolisti darà luogo a profitti di monopolio. Nel grafico II.B.11 il segmento che unisce q_A^{mon} e q_B^{mon}

Grafico II.B.11. – *Equilibrio di Cournot ed equilibrio di collusione*

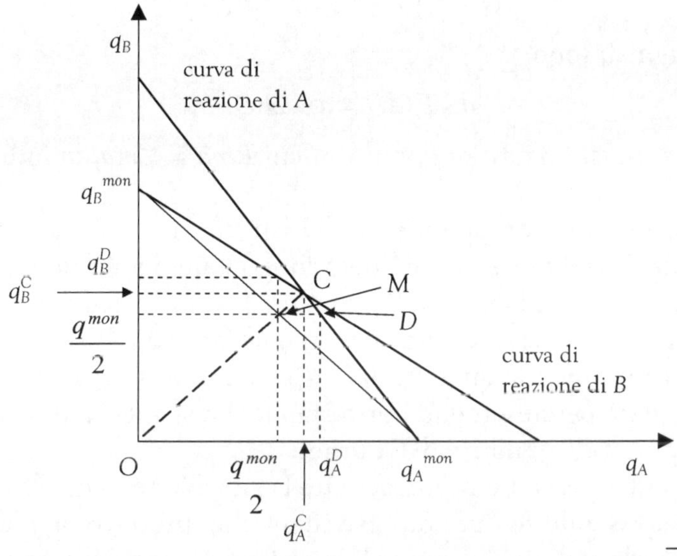

mostra tutte le possibili divisioni della produzione di monopolio tra i due duopolisti: una divisione in parti eguali corrisponde al punto *M*. Come risulta evidente, poiché il profitto di monopolio è maggiore del profitto complessivo di

---

[8] Infatti, poiché in concorrenza perfetta il prezzo è uguale al costo marginale, nell'esempio del testo avremmo $p_{cp} = 0$ e la quantità prodotta $Q = a/b$.

[9] Infatti, poiché in monopolio l'impresa pone $Rma = Cma$, nell'esempio del testo avremmo: $Rma = a - 2bQ = 0$, da cui $Q = a/2b$, e il prezzo corrispondente $p = a - ab/2b = a/2$.

Cournot (punto *C*), metà del profitto di monopolio sarà maggiore della metà del profitto di Cournot: in altri termini, entrambe le imprese si trovano in una situazione migliore (potremmo dire paretianamente efficiente, dal che segue l'inefficienza paretiana dell'equilibrio di Cournot) se si trovano nel punto *M* piuttosto che nel punto *C*.

Esiste dunque una coppia di quantità producibili, diversa dalla combinazione di Cournot, alla quale sono associati per entrambe le imprese profitti maggiori di quelli associati all'equilibrio di Cournot. Questo implica che le due imprese potrebbero accordarsi con l'obiettivo di massimizzare i profitti congiunti: si parla in questo caso di *collusione*.

Analiticamente possiamo rappresentare il modello in questo modo. La domanda (che assumiamo lineare) di mercato è: $p = a - bQ = a - b(q_A + q_B)$.

I costi marginali sono considerati, per semplicità, nulli. I ricavi totali sono:

$$\pi = pQ = = [a - bQ]Q = aQ - bQ^2.$$

I ricavi marginali sono:

$$dRT/dQ = a - 2bQ.$$

Il profitto è massimizzato nel punto in cui $Rma = Cma$, quindi $Rma = a - 2bQ = 0$.

La quantità prodotta corrispondente è $Q = a/2b$.

La decisione di colludere non dà però luogo a un equilibrio stabile. Infatti, se l'impresa A ritiene che l'impresa B rispetterà l'accordo, l'impresa A avrà interesse a non rispettarlo, accrescere unilateralmente la produzione e realizzare maggiori profitti producendo la quantità $q_A^D > q_2^{mon}$, il punto *D* sul grafico. Il punto *M* non rappresenta perciò un equilibrio stabile. La sequenza di reazioni che si determinano porta all'equilibrio di Cournot.

Analiticamente possiamo rappresentare la situazione in questo modo. Ciascuna impresa, essendo le due imprese identiche, produrrebbe la metà della produzione di monopolio: in caso di monopolio sappiamo che la quantità prodotta è $Q = a/2b$, e il prezzo $p = a/2$. Ciascuna impresa produrrebbe perciò la quantità $q_A = q_B = a/4b$ e i profitti congiunti sarebbero $\pi = a^2/4b$. Ma se l'impresa B si impegna a produrre la quantità di collusione ($q_B = a/4b$) allora l'impresa A ha un incentivo a deviare, e viceversa. Infatti, come il modello di Cournot insegna, per massimizzare i profitti la risposta ottima sarebbe:

$$q_A^* = a - bq_B/2b = [a - b\,(a/4b)]/2b = 3a/8b > a/4b.$$

1.6.4. *Il modello di Bertrand: la concorrenza di prezzo*

Come prima accennato, nel 1883 il matematico francese Joseph Louis François Bertrand criticò il modello di Cournot: egli rilevò che i risultati ottenuti da Cournot dipendevano dall'assunzione che le imprese concorrevano fra loro sulle quantità e affermò che, quale che sia il prezzo adottato, se una delle imprese autonomamente riduce il prezzo essa attrarrà tutti i clienti e così raddoppierà il suo ricavo se l'altra impresa non reagisce. Bertrand assumeva dunque che le imprese scegliessero come variabile decisionale il prezzo: ogni impresa fissa il prezzo cui intende vendere il proprio prodotto, assumendo che l'altra impresa tenga fisso il proprio prezzo.

Assumiamo che sul mercato vi siano due sole imprese *A* e *B*, identiche fra loro, che vendono un prodotto omogeneo. p_A e p_B sono i prezzi fissati dalle due imprese. Supponiamo che inizialmente l'impresa *A* fissi un prezzo maggiore del costo marginale: $p_A > Cma$. Allora per l'impresa *B* sarà conveniente fissare un prezzo minore di p_A ma sempre maggiore del costo marginale, in quanto, così facendo, si accaparra l'intero mercato (perché, essendo il bene omogeneo, i consumatori l'acquisteranno solo dall'impresa che pratica il prezzo più basso) e mantiene un profitto positivo. A questo punto l'impresa *A* sarà indotta a reagire riducendo il proprio prezzo al di sotto di quello dell'impresa *B*. È intuitivo che il processo di azione e reazione porterà a un prezzo $p_A = p_B = Cma$, ovvero un prezzo uguale al costo marginale per entrambe le imprese.

Possiamo rappresentare questa situazione graficamente nel seguente modo (vedi grafici II.B.12a e II.B.12b). Nel grafico II.B.12a sull'asse delle ascisse vi è la quantità prodotta e sull'asse delle ordinate il prezzo dall'impresa *B*. *DD'* è la curva di domanda di mercato e *Cma* la curva del costo marginale. La curva di domanda residuale dell'impresa *B* è rappresentata dalla linea più spessa: essa è zero quando p_B è superiore a p_A, è uguale alla domanda di mercato quando p_B è inferiore a p_A ed è orizzontale in p_A quando $p_B = p_A$. Se entrambe le imprese praticano lo stesso prezzo si divideranno la domanda di mercato in parti uguali: nel grafico, dove la domanda dell'impresa *B* è orizzontale, metà linea è tratteggiata a indicare questo fatto. Quando entrambe le imprese fissano un prezzo pari al costo marginale nessuna delle due ottiene un incremento dei profitti modificando il prezzo: se lo abbassa subisce una perdita, se lo aumenta non vende nulla.

L'unico possibile equilibrio di Bertrand è quindi $p = Cma$, come illustrato nel grafico II.B.12b, dove sono rappresentate le curve di reazione nello spazio dei prezzi. Dato un qualsiasi prezzo p_A maggiore del costo marginale che l'impresa B ritiene sarà praticato dall'impresa *A*, l'impresa *B* fissa un prezzo p_B

leggermente inferiore a p_A ma maggiore del costo marginale: ciò significa che la curva di reazione dell'impresa *B* si trova di poco sotto la bisettrice degli assi (lungo la quale i prezzi sono identici), a partire dal punto in cui $p_A = p_B = Cma$, poiché, se l'impresa *A* fissa il prezzo sotto il costo marginale, l'impresa *B* non reagisce. Analogamente, la curva di reazione dell'impresa *A* si trova di poco al di sopra della bisettrice degli assi e sopra il punto con coordinate (*OA, OB*). L'unica intersezione di queste curve di reazione, e quindi il punto di equilibrio, si ha nel punto in cui $p = Cma$.

Grafico II.B.12a. – *Il modello di Bertrand. La domanda residuale dell'impresa* B

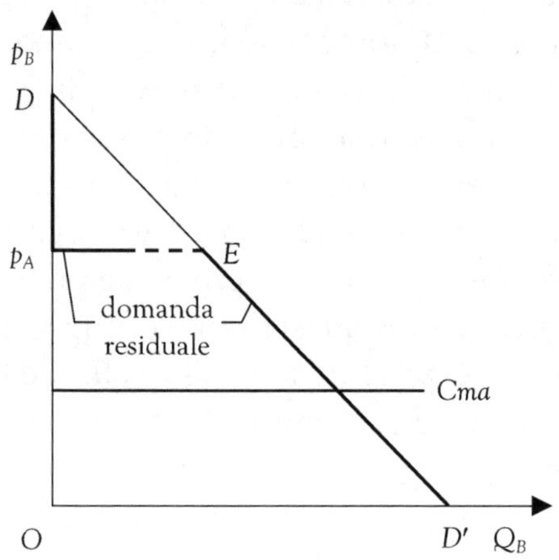

Grafico II.B.12.b. – *Il modello di Bertrand. Le curve di reazione delle imprese*

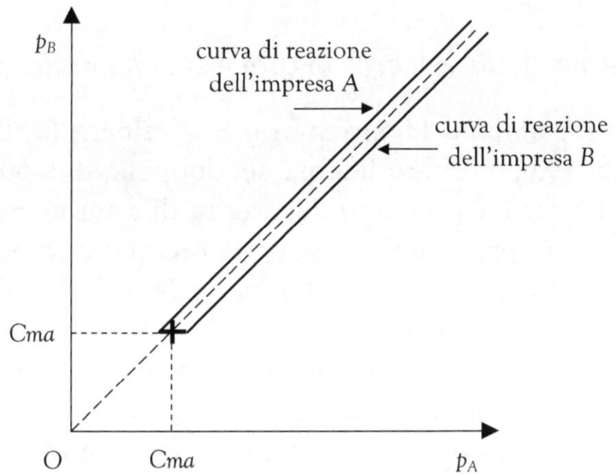

Analiticamente il modello può essere rappresentato come segue. La domanda (che assumiamo lineare) di mercato è: $p = a - bQ = a - b(q_A + q_B)$. I costi marginali sono considerati nulli. I ricavi dell'impresa A sono pari a $\pi_A = pq_A$. Se supponiamo che l'impresa B scelga il prezzo p_B, allora:

– se l'impresa A sceglie $p_A > p_B$ non vende nulla e fa profitti nulli;

– se l'impresa A sceglie $p_A = p_B$ le imprese si dividono il mercato a metà e fanno profitti positivi;

– se l'impresa A sceglie $p_A < p_B$ l'impresa A coprirà l'intera domanda e i suoi profitti saranno positivi.

Poiché, dunque, per massimizzare il profitto alla singola impresa conviene fissare un prezzo minore (anche di poco) di quello della rivale, si genera un meccanismo di riduzione dei prezzi che si interrompe quando il prezzo è sceso al livello del costo marginale. In quel punto le imprese fanno profitti nulli ma non sono incentivate a deviare, in quanto un prezzo minore implicherebbe perdite e un prezzo maggiore vendite nulle.

Quindi, se le imprese adottano i prezzi come variabile decisionale, l'equilibrio del mercato oligopolistico è caratterizzato dall'eguaglianza tra prezzo e costo marginale – si parla a questo proposito di *paradosso di Bertrand* –, ovvero un esito di tipo concorrenziale, una conclusione differente da quella di Cournot, che implica che: a) due imprese possono essere sufficienti per eliminare il potere di mercato, e b) la concorrenza tra due imprese può annullare i profitti [10].

1.6.5. *Il modello di Stackelberg: concorrenza di quantità tra* leader *e* follower

L'economista tedesco Heinrich von Stackelberg (1905-1946) in un libro pubblicato nel 1934, affrontò il tema del duopolio di Cournot (quindi concorrenza sulle quantità) assumendo l'esistenza di asimmetrie tra le due imprese, nel senso che le imprese non scelgono contemporaneamente ma l'impresa *A*, definita *leader*, sceglie per prima e l'impresa *B*, definita *follower*, sceglie per seconda, vista la scelta del *leader*.

L'impresa *A* sa che, una volta fissato il proprio *output* Q_A, l'impresa *B* userà la sua funzione di reazione, nota a *A*, per individuare l'*output* Q_B che massimizza il suo profitto. L'impresa *A* sceglie quindi Q_A in modo da massimizzare il suo profitto e l'impresa *B* reagirà come atteso da *A*.

Possiamo rappresentare graficamente la situazione nel seguente modo. Nella parte (b) del grafico II.B.13 è rappresentata la curva di reazione dell'impresa *B*, che l'impresa *A* conosce (il che significa che *A* può calcolare la produzione corrispondente a qualsiasi livello di *output* fissato da *B* e scegliere l'*output* che massimizza il suo profitto). Sottraendo l'*output* dell'impresa *B* dalla domanda totale *DD'*, l'impresa A calcola la sua curva di domanda residuale (parte (a) del grafico). L'impresa A sceglie l'*output* Q^S_A dove il suo ricavo marginale è uguale al costo marginale. Di conseguenza l'impresa *B* produce la quantità Q^S_B.

---

[10] Questo risultato non tiene se si introducono le ipotesi di differenziazione di prodotto, come appare intuitivo, e limitazioni di capacità produttiva (dove per capacità produttiva limitata si intende che ogni impresa, sfruttando tutta la propria capacità, non riuscirebbe a soddisfare tutta la domanda di mercato quando il prezzo fosse uguale al costo marginale). Quest'ultimo caso fu analizzato da Edgeworth nel 1897 in un articolo sul *Giornale degli Economisti*. Egli sostenne che in situazioni d'oligopolio il prezzo d'equilibrio è indeterminato, se la tecnologia di produzione è a costi crescenti al crescere della quantità prodotta, ovvero con costo marginale crescente. In tal caso, Edgeworth mostrò, il prezzo di mercato può oscillare in un intervallo anziché convergere a una soluzione unica e stabile d'equilibrio.

Grafico II.B.13. – *Equilibrio di Stackelberg*

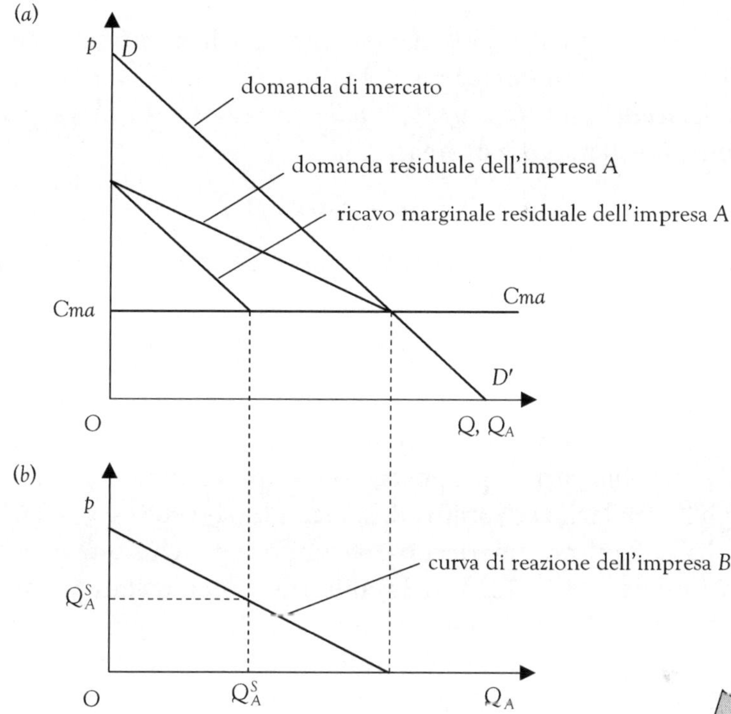

Analiticamente il modello può essere rappresentato come segue. La domanda (che assumiamo lineare) di mercato è: $p = a - bQ = a - b(q_A + q_B)$. I costi marginali sono considerati, per semplicità, nulli. I ricavi dell'impresa *A*, il *leader*, sono pari a $\pi_A = pq_A$. Il *follower* decide la quantità da produrre per massimizzare i profitti data la scelta di produzione dell'impresa *A leader*: il *follower* si comporta dunque come un duopolista *à la* Cournot e produce $q_B^* = (a - bq_A)/2b$.

Il leader gode quindi di un vantaggio "informativo", in quanto prende la sua decisione sapendo come reagirà il *follower* (da duopolista *à la* Cournot). Il ricavo del *leader* è perciò: $\pi_A = pq_A = [a - b(q_A + q_B)]q_A$.

Poiché la scelta del *follower* è la risposta ottimale alla scelta del *leader*, possiamo sostituire $q_B = (a - bq_A)/2b$ nell'espressione che esprime i ricavi del *leader*, ottenendo:

$$\pi_A = pq_A = [a - b(q_A + (a - bq_A)/2b)]q_A,$$

da cui

$$\pi_A = [a/2 - bq_A/2]\, q_A = (a/2)q_A - b\, q_A^2 /2.$$

Il ricavo marginale del *leader* è allora uguale a $d\pi_A/dq_A = a/2 - bq_A$. Data la condizione di massimizzazione del profitto, *Rma* = *Cma*, la quantità ottima prodotta dal *leader* sarà $q_A^* = a/2b$. Il *follower* reagisce a questa quantità in base alla sua funzione di risposta ottima:

$$q_B^* = [a - b(a/2b)]/2b = a/4b.$$

La quantità complessivamente prodotta è allora $Q^* = q_A^* + q_B^* = 3a/4b$.

1.6.6. *Il modello della curva di domanda ad angolo*

Alla fine degli anni trenta venne formulata una teoria dell'oligopolio fondata empiricamente, conosciuta come modello della curva di domanda ad angolo (*kinked demand curve*), proposta, contemporaneamente e indipendentemente, in Inghilterra dagli economisti R.L. Hall (1901-1988) e C.J. Hitch (1910-1995), australiano il primo, americano il secondo, a conclusione di una indagine empirica compiuta ad Oxford in Inghilterra, e negli Stati Uniti da Paul Sweezy (1910-2004), che la elaborò sul piano deduttivo, pur facendo esplicito riferimento alle spiegazioni che gli uomini di affari usano dare alla loro condotta[11]. Il modello ipotizza che ciascuna impresa formuli congetture asimmetriche sugli effetti delle variazioni di prezzo: in particolare, ogni impresa si attende che variazioni verso l'alto del prezzo da essa praticato lascino inalterati i prezzi praticati dalle imprese concorrenti, mentre variazioni verso il basso inducano variazioni identiche nei prezzi delle imprese concorrenti.

Graficamente possiamo rappresentare la curva di domanda congetturata da un'impresa con due differenti tratti di elasticità, un primo tratto superiore più elastico (D'') ed uno inferiore più rigido (D') (grafico II.B.14(a)). La presenza di una curva di domanda spezzata nel punto A, in corrispondenza del prezzo p^* e della quantità q^*, genera a sua volta una curva di ricavo marginale discontinua (grafico II.B.14(b): un primo tratto corrispondente alla parte di curva più elastica, un secondo tratto corrispondente alla curva di domanda più rigida, con un

[11] R.L. Hall e C.J. Hitch, "Price theory and business behaviour ", in *Oxford Eonomic Papers*, 1939, ristampato in *Oxford Studies in the Price Mechanism*, a cura di T. Wilson e P.W.S. Andrews, Oxford, 1951, pp. 106-38.; P.M. Sweezy, "Demand under conditions of oligopoly", in *Journal of Political Economy*, 1939, pp. 568-573. Occorre avvertire che il caso di una curva di domanda ad angolo era già stato astrattamente prospettato da Joan Robinson in *The economics of imperfect competition*, Macmillan, London, 1933.

conseguente salto in corrispondenza del punto di discontinuità (tratto *BC*); ciò comporta che uno spostamento verso l'alto o verso il basso della curva di costo marginale possa lasciare inalterato il prezzo di equilibrio (determinato da *Rma* = *Cma*), così spiegando perché il prezzo possa rimanere costante malgrado avvengano variazioni nei costi (si parla di equilibrio con prezzi rigidi).

Grafico II.B.14. – *Il modello della curva di domanda ad angolo*

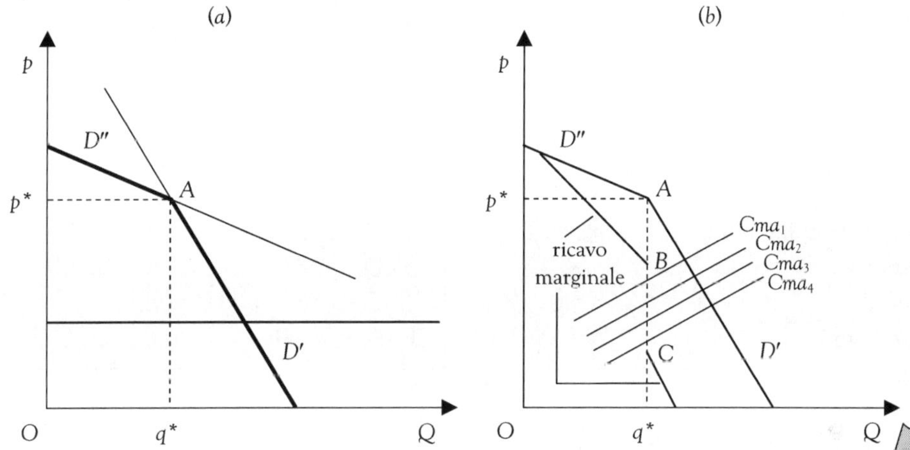

Analiticamente il modello può essere rappresentato come segue. Supponiamo che entrambe le imprese fissino un prezzo pari a p, compreso tra il costo marginale e il prezzo di monopolio, cioè $c < p < p_m$. La domanda che un'impresa i si trova di fronte può essere così espressa:

$$D(p_i) = \begin{cases} 0 & \text{se } p_i > p \\ D(p)/2 & \text{se } p_i = p \\ D(p_i)/2 & \text{se } p_i < p \end{cases}$$

Se l'impresa aumenta il prezzo, la rivale non la seguirà e le sue vendite diminuiranno. Se l'impresa diminuisce il prezzo, l'altra impresa diminuirà il prezzo, la domanda crescerà ma i profitti diminuiranno.

Il tratto della curva di domanda a sinistra del punto A è piatto se nell'industria si produce un bene omogeneo, invece con inclinazione non nulla se nell'industria si producono beni differenziati.

1.6.7. *Il costo dell'oligopolio in termini di benessere*

Se confrontiamo i diversi modelli di oligopolio qui presentati con la situazione di concorrenza perfetta possiamo evidenziarne le implicazioni in termini di benessere, ovvero sulla dimensione del surplus del consumatore. Nella tabella si confrontano i diversi modelli in termini di prezzi, quantità prodotta e profitti, assumendo una domanda di mercato lineare $p = a - bQ$ e costi marginali nulli. Ne risulta che il surplus del consumatore dal massimo della concorrenza perfetta e del duopolio di Bertrand, si riduce progressivamente fino a divenire minimo (pari a quello di monopolio) nella situazione di collusione.

Confronto fra i diversi modelli di duopolio in termini di quantità prodotta, prezzi e profitti			
Concorrenza perfetta	$p = 0$	$Q = a/b$	$\pi = 0$
Monopolio (collusione)	$p = a/2$	$Q = a/2b$	$\pi = a^2/4b$
Cournot	$p = a/3$	$Q = 2a/3b$	$\pi = 2a^2/3b$
Bertrand	$p = 0$	$Q = a/b$	$\pi = 0$
Stackelberg	$p = a/4$	$Q = 3a/4b$	$\pi = 3a^2/16b$

Grafico II.B.15. – *Quantità prodotte e prezzi nei modelli di duopolio. Un confronto*

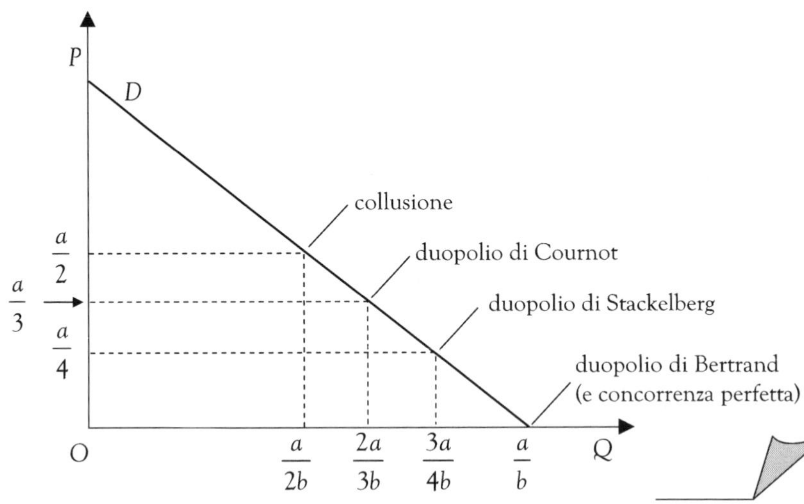

1.6.8. *Approfondimenti. Un modello generale di oligopolio basato sulle variazioni congetturali*

Il concetto di *variazioni congetturali*, introdotto nella letteratura economica dall'economista inglese Arthur L. Bowley (1869-1957) nel 1924 e dall'economista norvegese, poi premio Nobel per l'economia, Ragnar Frisch (1895-1974) (che per primo usò il termine) nel 1933, sta a indicare le aspettative che le imprese in oligopolio si formano sulle reazioni (o variazioni) delle altre imprese. I modelli prima presentati di Cournot, Bertrand e Stackelberg possono essere interpretati come modelli di variazioni congetturali. Di seguito ne diamo una formulazione generale per il caso di prodotti indifferenziati (assunzione fin qui fatta nella trattazione dell'oligopolio)[12].

Ipotizziamo che esistano n imprese venditrici di un prodotto omogeneo su un mercato protetto da barriere all'entrata. La funzione di domanda è $p = f(Q)$, dove Q è la somma delle produzioni delle varie imprese (possiamo scrivere $Q = \Sigma_i q_i$, dove q_i rappresenta la produzione dell'impresa *i*-esima). La funzione del profitto della generica impresa *i* è:

(1) $$\Pi_i = pq_i - C_i(q_i).$$

La massimizzazione del profitto dell'impresa *i*-esima richiede:

(2) $$d\Pi_i/dq_i = p + q_i\, dp/dQ \cdot dQ/dq_i - c_i' = 0$$

e

$$d^2\Pi_i/ dq_i^2 < 0$$

dove c_i' è il costo marginale. L'espressione dQ/dq_i è interpretabile come l'effetto di una variazione della produzione dell'impresa *i* sulla produzione dell'industria. Riscriviamola nel seguente modo:

$$dQ/dq_i = dq_i/dq_i + dQ_i/dq_i = 1 + \lambda_i,$$

dove Q_i = *output* altre imprese e λ_i rappresenta la variazione congetturale, ovvero la congettura dell'impresa *i* sulle reazioni delle altre imprese al suo cambiamento di produzione.

Possiamo allora riscrivere la (2) così:

[12] La nostra presentazione si rifà in parte a quella contenuta in M. WATERSON, *Economic Theory of the Industry*, Cambridge University Press, Cambridge, 1986.

$$p - c_i' = -q_i \cdot dp / dQ \cdot dQ / dq_i = -q_i \cdot dp / dQ(1 + \lambda_i) =$$
$$(3) = (p - c_i')/p - q_i/p \cdot dp/dQ(1 + \lambda_i) = -q_i/Q \cdot Q/p \cdot dp/dQ(1 + \lambda_i) =$$
$$= (p - c_i')/p = s_i \cdot 1/\eta(1 + \lambda_i)$$

dove:

– $(p - c_i')/p$ è definibile come *mark up*, o *indice di monopolio di Lerner*, dal nome dell'economista Abba Lerner (1903-1982) che lo introdusse nel 1934;
– $s_i = q_i/Q$;
– η è elasticità della domanda.

Se tutte le imprese sono della stessa dimensione, ovvero $s_i = 1/N$:

$$(4) \qquad (p - c_i')/p = (1 + \lambda)/N\eta.$$

A questo punto possiamo riformulare le teorie dell'oligopolio sulla base delle variazioni congetturali che le caratterizzano.

a) *Modello di Cournot*

L'assunzione di Cournot che ogni impresa ritenga che la produzione delle altre imprese non varierà come risultato della propria decisione di variare la produzione, implica $\lambda_i = 0$ per entrambe le imprese. La (3), che definisce la funzione di reazione di ciascuna impresa, diventa allora: $(p - c_i')/p = s_i/\eta$.

Si noti che, poiché la congettura del duopolista di Cournot è analoga a quella di un monopolista, l'equazione (3), se $s_i = 1$, ovvero se l'intero mercato è controllato da un monopolista, diventa:

$$(p - c_i')/p = 1/\eta.$$

b) *Modello di Stackelberg*

Il modello di Stackelberg è rappresentabile come un caso speciale della (3) dove non tutte le λ_i sono eguali: un'impresa, il *follower*, formula congetture *à la* Cournot, l'altra impresa, il *leader*, conosce la funzione di reazione della rivale.

c) *Collusione*

La collusione è rappresentabile come una situazione in cui ogni impresa congettura che, se essa varierà la produzione, le altre imprese la seguiranno: se l'impresa in questione ha una quota di mercato s_i, essa si attende che le altre reagiranno a ogni sua variazione di q secondo le loro quote di mercato relative, cioè $\lambda_i = (1 - s_i)/s_i$.

La (3) diventa perciò: $(p - c')/p = 1/\eta$, equivalente al risultato di un monopolista.

d) *Modello di Bertrand*

L'assunzione di Bertrand che ogni impresa decide il prezzo e considera fissi i prezzi dei suoi concorrenti implica che ciascuna impresa congetturi che variazioni nella propria offerta inducano variazioni nell'offerta totale delle concorrenti di uguale entità e di segno opposto, per cui $\lambda_i = -1$.

La (3) diventa allora: $(p - c_i')/p = 0$.

2. Esternalità, beni pubblici e risorse collettive

SOMMARIO: 2. Esternalità, beni pubblici e risorse collettive. – 2.1. Le esternalità. – 2.2. I beni pubblici. – 2.3. Approfondimenti. La questione delle risorse collettive.

2.1. Le esternalità

Vi sono esternalità se le decisioni dei singoli consumatori e dei singoli produttori non determinano solo il loro singolo benessere (utilità o profitto) ma anche (positivamente o negativamente) quello di altri agenti economici. Un esempio di esternalità negativa dovuta alla produzione è quello dell'inquinamento prodotto da un'attività produttiva che danneggia gli abitanti di una vasta area. Un esempio di esternalità positiva è la ricerca scientifica che produce conoscenze a disposizione di tutti.

Il produttore, per ogni unità prodotta, tiene conto solo dei costi (espliciti od impliciti) da lui sopportati (costi privati). Questo implica che, se la produzione di un'unità comportasse anche costi sopportati da altri (*esternalità negative*) e se si volesse tenerne conto, si avrebbe una nuova curva di offerta (ridenominabile *curva di costo sociale*) traslata verso l'alto, implicante una quantità massimizzante il benessere della Società (q^{**}) minore di quella di concorrenza perfetta (q^{*}) ed un prezzo corrispondente (p^{**}) maggiore di quello di concorrenza perfetta (p^{*}) (grafico II.B.16)[13].

Analogamente, il consumatore, per ogni unità acquistata, tiene conto solo dell'utilità che il consumo dell'unità gli dà. Questo implica che, se il consumo di un'unità desse utilità anche ad altri agenti (*esternalità positiva*) e si volesse tenerne conto, si avrebbe una nuova curva di domanda (ridenominabile *curva di domanda sociale*) traslata verso l'alto, implicante una quantità massimizzante il benessere della Società (q^{**}) maggiore di quella di concorrenza perfetta (q^{*}) ed un

[13] I concetti di costo sociale e costo privato vennero introdotti per la prima volta dall'economista inglese Arthur C. Pigou (1877-1959), allievo di Marshall, in un libro dal titolo *The Economics of Welfare* del 1920, testo fondamentale dell'economia del benessere basata su fondamenti utilitaristici.

prezzo corrispondente (p^{**}, al quale il consumatore consumerebbe la quantità Pareto-ottimale) maggiore di quello di concorrenza perfetta (p^*) (grafico II.B.17).

Grafico II.B.16. - *Le esternalità negative*

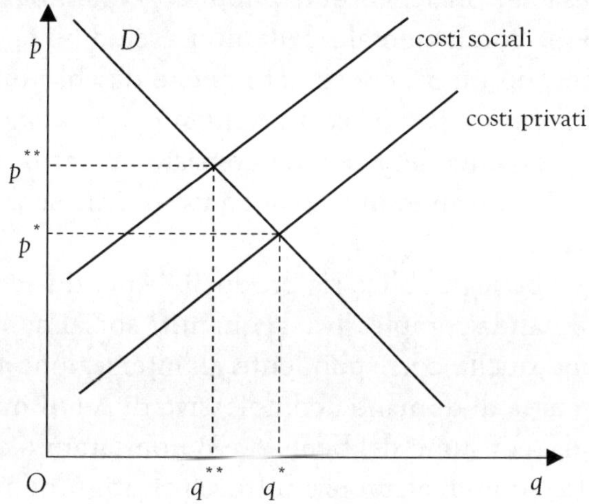

Grafico II.B.17. - *Le esternalità positive*

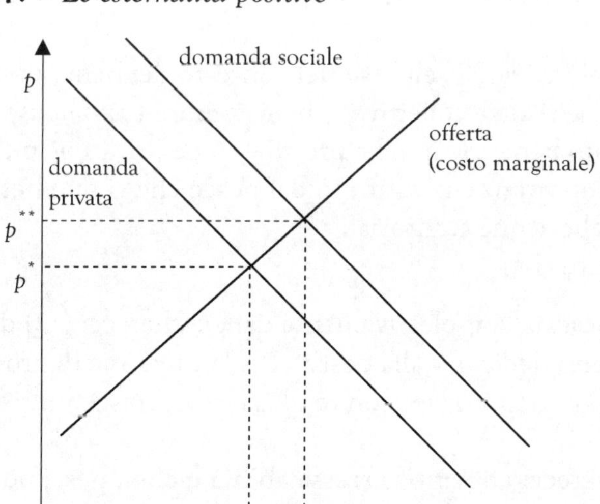

2.2. I beni pubblici

Si definisce pubblico un bene non rivale nel consumo (cioè un bene che può essere consumato da più agenti simultaneamente) e non escludibile dal consumo (cioè un bene dal cui consumo non si può escludere alcun membro della Società, in quanto tale esclusione implicherebbe un costo eccessivo). Ne sono esempi classici la difesa nazionale, l'ordine pubblico, l'illuminazione di una città, ecc. Un'implicazione fondamentale della non escludibilità dal consumo è che un bene pubblico può essere consumato anche da chi non lo paga. Quest'ultimo è definito *free-rider* e il suo comportamento *free riding* (*free ride* significa 'corsa gratis'). Il problema del *free-rider* consiste nel fatto che, in presenza di beni pubblici, gli individui sono incentivati a usufruirne senza contribuire al pagamento dei loro costi.

Supponiamo che un bene pubblico sia producibile per due consumatori, A e B, di cui sia nota la domanda complessiva: la quantità socialmente efficiente del bene pubblico sarebbe quella corrispondente all'intersezione tra la curva del costo marginale e la curva di domanda complessiva di A e B ma, poiché A e B non sono escludibili dal consumo del bene, A e B non saranno disponibili a pagarlo spontaneamente e quindi alcun produttore privato produrrà il bene pubblico, non potendo farsene pagare il prezzo.

2.3. Approfondimenti. La questione delle risorse collettive

Il problema del *free riding*, emerso nel contesto dei beni pubblici, si presenta anche nel caso delle risorse collettive, o beni comuni (*commons*). Per risorsa collettiva si intende un bene che non ha proprietari né privati né pubblici: un esempio di notevole importanza è costituito dal pesce che si può pescare nella parte dei mari esterna alle acque territoriali.

Si può ipotizzare che:

– la quantità pescata complessivamente dai pescherecci (Q) dipenda dal tempo che i pescherecci dedicano alla pesca (L): la funzione di produzione è quindi $Q = f(L)$ che si può ipotizzare con rendimenti decrescenti, cioè con $f'(L) > 0$ e $f''(L) < 0$;

– tutti i pescherecci abbiano la stessa abilità e che i pesci possano muoversi liberamente nella zona di pesca, il che consente di ipotizzare che la quantità pescata da un qualunque peschereccio i (Q_i) sia uguale alla produttività media dei pescherecci $\frac{Q}{L}$ moltiplicata per il tempo dedicato dal peschereccio *i* alla pesca $(L_i) : Q_i = \frac{Q}{L} L_i$;

– il prezzo del pesce (p) ed il salario dei marinai dei pescherecci (w) siano costanti e che ogni peschereccio intenda massimizzare il proprio profitto $\pi_i = = pQ_i - wL_i = p\frac{Q}{L} L_i - wL_i$ rispetto a L_i.

Si dimostra che, quando il bene ha le caratteristiche della risorsa collettiva, si determina un *eccesso di concorrenza* e un *eccesso di sfruttamento* della risorsa, nel nostro caso il pesce.

Analiticamente si può mostrare questa conseguenza nel seguente modo. La massimizzazione del profitto da parte dell'*i-mo* peschereccio implica

$$\frac{d\pi_i}{dL_i} = \frac{d(p\frac{Q}{L}L_i - wL_i)}{dL_i} = p\left(\frac{Lf' - Q}{L^2}L_i\right) + p\frac{Q}{L} - w =$$
$$= p\left[\frac{Q}{L} + \frac{L_i}{L}\left(f' - \frac{Q}{L}\right)\right] - w = 0.$$

Dalla condizione di massimizzazione desumiamo che $p\frac{Q}{L} - w = = p\left(\frac{L_i}{L}\right)\left(\frac{Q}{L} - f'\right)$ dove $\left(\frac{Q}{L} - f'\right) > 0$ [14] ed ovviamente anche $p\left(\frac{L_i}{L}\right) > 0$, da cui ricaviamo $p\frac{Q}{L} - w > 0$ e quindi $\pi_i > 0$.

---

[14] Infatti, la condizione di primo ordine per la massimizzazione di $\frac{Q}{L}$ è $\frac{d\left(\frac{Q}{L}\right)}{L} = = \frac{Lf' - Q}{L^2} = 0$ ovvero $f' - \frac{Q}{L} = 0$. La condizione di secondo ordine è $\frac{d\left(f' - \frac{Q}{L}\right)}{dL} < 0$ che implica $\frac{Q}{L} > f'$.

La possibilità di ottenere profitti positivi indurrà molti altri pescherecci ad entrare nella zona di pesca che, per definizione, è ad accesso libero. Ogni peschereccio finirà con il fornire una quota infinitesimale $\left(\frac{L_i}{L}\right)$ del tempo complessivo di pesca azzerando così, essendo $\pi_i = p\frac{Q}{L}L_i - wL_i$, il proprio profitto.

Quindi, in equilibrio concorrenziale, vi saranno moltissimi pescherecci ognuno dei quali guadagnerà un profitto nullo dando luogo, per l'industria della pesca in quel tratto di mare, a un profitto complessivo parimenti nullo $(pQ - wL = 0)$ (grafico II.B.18).

Grafico II.B.18.

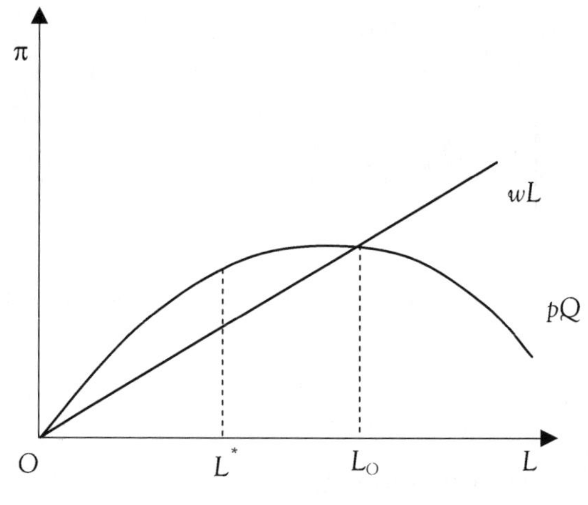

La quantità di tempo di lavoro d'equilibrio concorrenziale è L_0 alla quale corrisponde appunto $pQ - wL = 0$ cioè $pQ = wL$.

L_0 è maggiore della quantità di tempo di lavoro L^* che massimizza il benessere che la società trae dalla pesca e che è la quantità di tempo di lavoro per cui

$$\frac{d(pQ-wL)}{dL}=0 \text{ cioè } pf' - w = 0 \text{ e } f'' < 0 \text{ (condizione di secondo ordine).}$$

Per raggiungere L^* bisognerebbe che tutti i pescherecci riducessero i loro tempi di pesca ma essi non hanno, *rebus sic stantibus*, l'incentivo a comportarsi in tale modo[15].

[15] Infatti il profitto marginale $\frac{d\pi_i}{dL_i} = p\left[\frac{Q}{L} + \frac{L_i}{L}\left(f' - \frac{Q}{L}\right)\right] - w$ è pari a:

$$\frac{d\pi_i}{dL_i} = p\left[\frac{Q}{L} + \frac{L_i}{L}\left(f' - \frac{Q}{L}\right)\right] - pf' = p\left[\frac{Q}{L} - f' + \frac{L_i}{L}\left(f' - \frac{Q}{L}\right)\right] = p\left[\left(\frac{Q}{L} - f'\right)\left(1 - \frac{L_i}{L}\right)\right] > 0,$$

in quanto $\left(f' - \frac{Q}{L}\right) > 0$ (nota 13 supra) e $1 > \frac{L_i}{L} > 0$ per l'ipotesi fatta.

3. Come risolvere i fallimenti del mercato. Un ruolo per lo Stato

SOMMARIO: 3. Come risolvere i fallimenti del mercato. Un ruolo per lo Stato. – 3.1. Lo Stato e le imperfezioni di mercato. – 3.1.1. La politica antimonopolistica. Un cenno. – 3.1.2. La regolamentazione. – 3.2. Soluzioni pubbliche e private all'esistenza di esternalità, beni pubblici e beni collettivi. – 3.3. Il *second best*. Una nota.

3.1. Lo Stato e le imperfezioni di mercato

L'imperfezione dei mercati dà luogo a riduzioni di benessere sociale, ovvero configurazioni non Pareto ottimali. Questo pone il problema di un intervento per eliminare le cause di tali inefficienze. Tale intervento prende il nome di *politiche per la concorrenza*. Gli strumenti di tale intervento pubblico sono la politica antimonopolistica e la politica della regolamentazione, quest'ultima connessa al problema del monopolio naturale. Allo stadio attuale della nostra trattazione possiamo soltanto fornire qualche accenno alla prima forma di intervento, nella misura in cui essa affonda le sue origini nella consapevolezza dei costi del monopolio e nella volontà di eliminarli o almeno ridurli. Dedicheremo invece più spazio alla trattazione del tema della regolamentazione dei monopoli naturali.

3.1.1. *La politica antimonopolistica. Un cenno*

Le politiche antimonopolistiche (o *antitrust*) nascono alla fine dell'Ottocento negli Stati Uniti con lo *Sherman Act* (1890), per poi diffondersi nei decenni successivi, in particolare dopo la seconda guerra mondiale, negli altri paesi industriali. Esse furono il risultato di motivazioni diverse, tra le quali certamente ebbe un ruolo importante, ma non unico, la consapevolezza che le imperfezioni di mercato, e le inefficienze che ne conseguono, sono il risultato di strategie di mercato da parte delle imprese volte a scoraggiare l'entrata attraverso la creazione di barriere all'entrata e comportamenti collusivi. Tra gli obiettivi della legislazione antimonopolistica vi sono così quelli di minimizzare o eliminare la perdita netta di benessere sociale dovuta al potere di mercato e combattere gli effetti redistributivi connessi. Al fine di raggiungere questi obiettivi la legislazione punisce gli atti che possono determinare un ostacolo alla concorrenza, in particolare:

a) la fissazione collusiva dei prezzi;

b) gli accordi tra imprese volti ad escludere dal mercato altri concorrenti effettivi o potenziali;

c) i prezzi predatori, ovvero pratiche di prezzi che sono volte a escludere i concorrenti dal mercato per monopolizzarlo artificialmente o per conservare, sempre artificialmente, la posizione monopolistica già conquistata;

d) la discriminazione di prezzo.

I punti a) e b) si riferiscono ai *comportamenti collusivi*, i punti c) e d) all'*abuso di posizione dominante*.

3.1.2. *La regolamentazione*

Come abbiamo visto (par. 1.4), se il monopolio naturale è gestito da un'impresa privata, questa produce, uguagliando ricavo marginale e costo marginale, una quantità minore di quella che produrrebbe in condizioni di concorrenza perfetta, e la vende ad un prezzo maggiore del costo marginale conseguendo un profitto positivo dato dal prodotto tra la quantità prodotta e la differenza, positiva, tra il prezzo di monopolio e il costo totale medio corrispondente. Alla quantità Pareto-ottimale corrisponde invece un prezzo uguale al costo marginale e minore del prezzo di monopolio. Peraltro l'ottenimento di una produzione Pareto-ottimale implicherebbe una perdita, data dal prodotto tra la quantità prodotta e la differenza, positiva, tra il costo totale medio corrispondente e il prezzo di concorrenza. Si pone quindi un problema di intervento da parte dell'autorità pubblica che riduca la perdita di benessere sociale e nello stesso tempo eviti di produrre in perdita.

Tradizionalmente l'intervento suggerito è detto di *regolamentazione* e si attua secondo due direzioni. Una prima soluzione consiste nell'imporre un prezzo di concorrenza (si parla in tal caso di prezzo di *first best*) e finanziare la perdita con imposte o tariffe che consentano trasferimenti pubblici; una seconda soluzione prevede l'imposizione di una produzione Q^* per la quale il prezzo P^* sia uguale al costo medio (prezzo di *second best*)[16], il che comporta l'azzeramento della perdita[17]: Q^* è minore di Q_{cp} ma è maggiore di Q_{mon} (vedi *supra* grafico II.B.6).

---

[16] Sul concetto di *second best* vedi il par. 3.3.

[17] P^* è l'ordinata del punto m di intersezione tra la curva di domanda e la curva del costo totale medio.

Un secondo, più recente, filone teorico si fonda sulla *teoria dei mercati contendibili* e sostiene che, anche in condizioni di monopolio naturale, la regolamentazione pubblica può essere non necessaria[18]. Un mercato è detto *contendibile* se è possibile per qualsiasi impresa entrare e uscire da esso senza costo. In tale mercato è possibile una concorrenza detta *hit and run*, ovvero "colpisci e fuggi", in cui i concorrenti potenziali possono sfruttare la possibilità di profitti temporanei entrando in mercati in cui sia possibile ottenere profitti, a causa del fatto che il prezzo è superiore al costo medio, uscendone poi senza costo prima che l'impresa esistente sul mercato o altre imprese reagiscano. Ciò implica che, laddove è possibile una tale forma di concorrenza, in equilibrio nessuna impresa può godere di profitti positivi[19]. Dal punto di vista dell'intervento pubblico ciò significa che una politica di regolamentazione non sarebbe necessaria essendo sufficiente favorire la *contendibilità* della struttura di mercato. La condizione di validità della teoria e delle sue implicazioni sta nella non esistenza di costi *non recuperabili* (*sunk costs*), nel caso di uscita dell'impresa dal mercato. Sono tali (in buona misura) i costi d'investimento sostenuti per intraprendere un'attività. L'esistenza di costi non recuperabili, impedendo l'uscita dal mercato senza costi, crea una barriera all'entrata. Ciò costituisce dunque una condizione essenziale per l'esistenza di un monopolio naturale: se non vi fossero costi non recuperabili, l'azione della concorrenza potenziale potrebbe indurre l'impresa a stabilire un prezzo pari al costo medio.

3.2. Soluzioni pubbliche e private all'esistenza di esternalità, beni pubblici e beni collettivi

Per ottenere, in presenza di esternalità, la quantità massimizzante il benessere della società si può ricorrere allo Stato oppure allo scambio, tra i privati interessati, dei loro eventuali diritti di proprietà. Segnatamente lo Stato può:

– in presenza di esternalità positive, versare al consumatore un sussidio pari alla differenza verticale tra i punti corrispondenti della sua curva di domanda

---

[18] La letteratura che ha permesso di ridefinire la trattazione del monopolio naturale ha trovato una prima sistemazione nel libro di Baumol, Panzar e Willig *Contestable Markets and the Theory of Industrial Structure* del 1982, che ha introdotto il concetto di *mercato contendibile*.

[19] Si noti che la teoria dei mercati contendibili, a differenza della teoria della concorrenza perfetta, permette di definire come efficienti anche configurazioni monopolistiche (o oligopolistiche) a patto che sia possibile una concorrenza potenziale senza limiti.

(o domanda privata cioè curva dei prezzi massimi che il consumatore sarebbe disposto a pagare considerando la sola utilità di cui beneficia) e della curva di domanda sociale, oppure ordinare *tout court* al consumatore di consumare la quantità massimizzante il benessere della Società;

– in presenza di esternalità negative, imporre al produttore una tassa pari alla differenza verticale tra i punti corrispondenti della sua curva di offerta (o curva dei costi privati, cioè dei costi sopportati dal solo produttore) e della curva del costo sociale, oppure ordinare *tout court* ai produttori di produrre la quantità massimizzante il benessere della Società.

Alternativamente, se consumatori e produttori possiedono diritti a non subire esternalità negative e, rispettivamente, a produrle e possono contrattare tali diritti con costi di transazione relativamente modesti, consumatori e produttori possono determinare la quantità Pareto-ottimale contrattando tra di loro, cioè senza l'intervento dello Stato[20].

Grafico II.B.19.

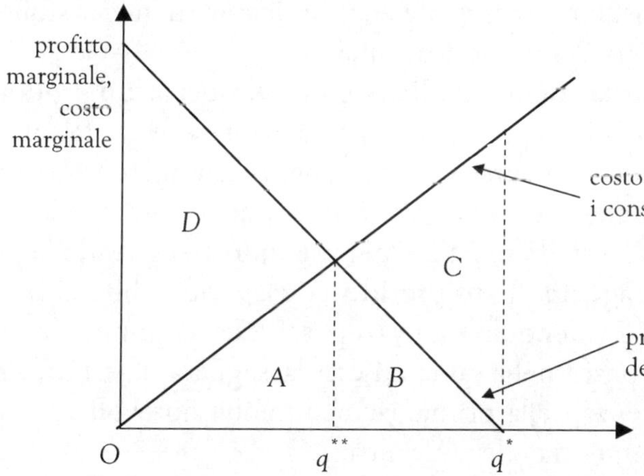

Nel caso in cui un produttore avesse il diritto di produrre esternalità negative, egli produrrebbe (grafico II.B.19) la quantità q^*, cioè quella alla quale il

[20] Questo modo di affrontare il problema delle esternalità è stato suggerito dall'economista americano, premio Nobel per l'economia, Ronald Coase nel famoso articolo del 1960, *The Problem of Social Cost*. La dimostrazione contenuta nell'articolo è nota come 'teorema di Coase'.

profitto marginale è nullo e descrescente e quindi è massimo. I consumatori otterrebbero la produzione Pareto-ottimale q^{**}, cioè quella alla quale il profitto marginale del produttore è uguale al costo marginale per i consumatori, concordando il versamento al produttore di una somma S minore della riduzione dei costi sociali $(B + C)$, di cui i consumatori beneficerebbero grazie alla riduzione delle esternalità negative ottenuta passando da q^* a q^{**}, ma maggiore della riduzione dei profitti (B) che i produttori subirebbero riducendo la produzione da q^* a q^{**}.

Analogamente, se i consumatori avessero il diritto di non subire le esternalità negative (cioè avessero il diritto ad esternalità negative nulle implicante una produzione nulla), i consumatori rinuncerebbero a tale diritto, concedendo ai produttori la produzione Pareto-ottimale (q^{**}), se ricevessero dai produttori una somma S maggiore dei costi sociali (A) che i consumatori subirebbero a causa delle esternalità negative, causate dall'aumento della produzione da zero a q^{**}, ma minore dei profitti $(D + A)$ di cui i produttori beneficerebbero potendo, in luogo di non produrre alcunché, produrre almeno q^{**}.

Se i costi di transazione fossero maggiori dell'incremento del benessere sociale corrispondente al raggiungimento della quantità Pareto-ottimale, l'accordo tra produttori e consumatori sarebbe economicamente impossibile e la quantità prodotta resterebbe Pareto non-ottimale.

Per quanto riguarda i beni pubblici, non essendoci alcun produttore privato disposto a produrlo, la loro produzione potrà essere assicurata solo dallo Stato.

Per quanto riguarda le risorse collettive, per raggiungere la quantità di lavoro che massimizza il benessere collettivo è necessario riorganizzare in un modo non concorrenziale l'attività di pesca, per esempio assegnando la proprietà della zona ad un solo agente, il cui profitto corrisponderebbe al benessere della società, oppure suddividendola tra i vari pescherecci ognuno dei quali avrebbe il monopolio della pesca nella zona ad esso assegnata: tale modalità di riorganizzazione, a differenza della prima, richiederebbe notevoli costi per la deterrenza dagli sconfinamenti nelle zone altrui.

3.3. Il *second best*. Una nota

Si tratta di uno sviluppo dell'economia del benessere paretiana che studia cosa succede se anche una sola delle quattro condizioni della Pareto-ottimalità non è rispettata.

Qualora anche una sola delle quattro condizioni della Pareto-ottimalità non sia soddisfatta, ci si chiede se, per il raggiungimento di una situazione ottimale, sia necessario che le altre tre condizioni continuino ad essere soddisfatte.

Per esempio[21], se un'impresa è di concorrenza perfetta e l'altra è di monopolio, il rapporto tra i loro prezzi differisce dal *TMT* tra i due beni da esse prodotti e quindi il *TMS* tra i due beni comune tra tutti i consumatori differisce, a sua volta, dal citato *TMT*: quindi la presenza di un'impresa monopolistica impedisce la realizzazione dell'ottimo paretiano.

Si pone quindi il problema teorico di stabilire le condizioni per raggiungere un nuovo ottimo paretiano di secondo ordine (appunto il *second best*) nel rispetto del vincolo aggiuntivo della presenza di un monopolio. In particolare ci si chiede se per tutte coppie di beni non comprendenti il bene di monopolio debba continuare a valere $TMT = TMS$ cioè $p = Cma$: risolvendo un problema di massimizzazione di una funzione del benessere sociale[22] nel rispetto dei vincoli della funzione di produzione e del monopolio di un bene, si dimostra che in generale (cioè salvo casi eccezionali) il second best richiede $TMT \neq TMS$ (e quindi $p \neq Cma$) anche per le coppie di beni non comprendenti il bene di monopolio.

---

[21] Si ricordi (par. 5.2.2.3 della Parte A. *Il modello neoclassico di base*) la dimostrazione del soddisfacimento concorrenziale della terza condizione di Pareto-ottimalità.

[22] Per il significato di questo nuovo concetto si veda, *infra*, par. 4.1.

4. Sviluppi dell'economia del benessere paretiana

4.1. La teoria della scelta collettiva

Per teoria della scelta (collettiva o sociale) si intende lo studio dei modi con cui si può uscire dall'impossibilità di scegliere, a causa del criterio paretiano dell'inconfrontabilità delle utilità personali, tra diverse allocazioni Pareto-ottimali. Tali modi si fondano sull'ipotesi della confrontabilità e, conseguentemente, dell'aggregabilità delle utilità personali e sono sostanzialmente due:

– il tentativo di applicare, con i necessari adattamenti, alla scelta collettiva la strumentazione teorica della scelta individuale (segnatamente la teoria del consumatore) mediante la costruzione di una funzione del benessere sociale;
– la costruzione, mediante assiomi etici e logici, di un ordinamento di preferenze sociali a partire dagli ordinamenti di preferenze individuali.

Questi argomenti appartengono alla cosiddetta nuova economia del benessere, che si è sviluppata a partire dalla fine degli anni trenta del Novecento per opera di numerosi autori, tra cui ricordiamo Abram Bergson (1914-2003), Paul Samuelson (1915-2009), Kenneth Arrow (1921-) e Amartya Sen (1933-).

4.1.1. *La funzione del benessere sociale*

Intuitivamente, per applicare al problema della scelta sociale la teoria del consumatore basterebbe poter tracciare una funzione del benessere sociale (d'ora in poi FBS), cioè una funzione aggregante le preferenze individuali (rispetto, per esempio ai beni *a* e *b*) e rappresentata da una famiglia di curve di indifferenza valide per l'intera società: ciò posto, se ci trovassimo di fronte ad una frontiera delle possibilità produttive ne sceglieremmo, quindi, il punto situato sulla più alta delle curve di indifferenza sociali raggiungibile restando sulla frontiera stessa (grafico II.B.20).

Grafico II.B.20.

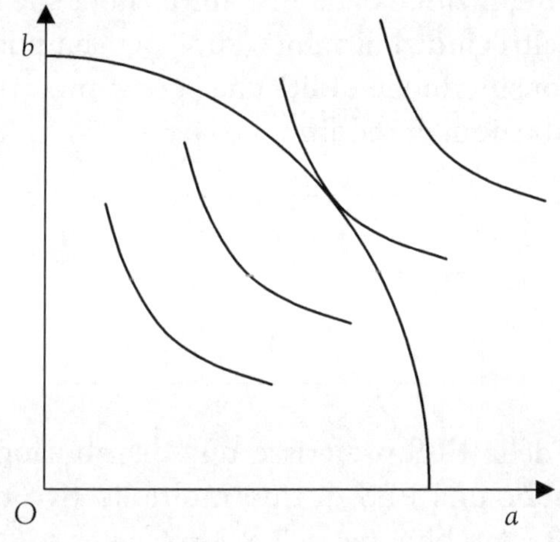

Per la costruzione di tale FBS non si possono utilizzare funzioni di utilità individuali ordinali[23] perché non permettono di individuare univocamente il massimo di benessere sociale.

Infatti, per esempio, si voglia formulare una FBS additiva che individui il massimo di benessere sociale che si ritenga corrispondere all'allocazione equa, tra i consumatori *A* e *B*, di sei unità di un bene: il benessere sociale sarebbe, cioè, massimo per l'allocazione in cui 3 unità vanno ad *A* e 3 unità vanno a *B*.

Tale funzione deve quindi essere tale che $U^A(3) + U^B(3) > U^A(4) + U^B(2)$ ovvero tale che $U^B(3) - U^B(2) > U^A(4) - U^A(3)$, con entrambi i membri della diseguaglianza ovviamente positivi.

Ma, per definizione, una FBS ordinale è equivalente a se stessa moltiplicata per $k > 0$ il che implica che possiamo sempre trovare un k che, moltiplicato per U^A dà luogo a $k[U^A(4) - U^A(3)] > U^B(3) - U^B(2)$, che contraddice la formula precedentemente ottenuta.

---

[23] Ricordiamo dalla teoria del consumatore che una funzione dell'utilità è ordinale se, al crescere (o al decrescere) delle quantità disponibili dei beni, si può dire solo che l'utilità del consumatore cresce (decresce) ma non di quanto.

Per la costruzione di una FBS è quindi necessario fare ricorso a funzioni di utilità individuali cardinali[24] e comparabili: due funzioni di utilità sono comparabili se, violando il giudizio di valore dell'inconfrontabilità delle utilità personali, al crescere delle quantità disponibili dei beni per i due consumatori si può dire non solo che il benessere complessivo dei consumatori aumenta ma anche di quanto. Inoltre la definizione della FBS implicherà che il suo costruttore faccia ricorso anche ad altri giudizi di valori (suoi, per semplicità).

Per esempio: si considerino le utilità che i consumatori *A* e *B* traggono dalle situazioni (p.e. distribuzioni di redditi) c_1 e c_2

	A	B
c_1	2	3
c_2	1	5

Se il costruttore della FBS preferisse una distribuzione di benessere poco sperequata sceglierebbe una FBS di tipo moltiplicativo quale FBS = $U^A U^B$ in quanto effettivamente darebbe: per c_1 $2 \times 3 = 6$ e per c_2 $1 \times 5 = 5$, cioè attribuirebbe il benessere sociale più elevato alla distribuzione dei redditi meno sperequata, cioè a c_1.

Se, invece, il costruttore della FBS avesse preoccupazioni efficientistiche (segnatamente volesse massimizzare il benessere sociale senza preoccuparsi della sua distribuzione) sceglierebbe una FBS di tipo additivo quale FBS = $U^A + U^B$ che effettivamente darebbe: per c_2 $1 + 5 = 6$ e per c_1 $2 + 3 = 5$, cioè attribuirebbe il benessere sociale più elevato alla distribuzione dei redditi dante luogo alla maggiore somma di utilità individuali, cioè c_2.

In entrambe le FBS menzionate, all'utilità di *A* e *B* è attribuita la stessa importanza: infatti U^A e U^B vi sono moltiplicate per lo stesso coefficiente, nei due esempi l'unità. Ma la comparazione delle utilità individuali può, in un modo teoricamente legittimo, effettuarsi anche nel senso di dare maggiore importanza all'utilità di uno dei consumatori. Se, per esempio, l'utilità di *A* fosse ritenuta, dal costruttore della FBS, più importante di quella di *B*, le due FBS potrebbe riformularsi come segue: FBS = $aU^A bU^B$, FBS = $aU^A + bU^B$ con (per semplicità) $a, b > 0$ e $a > b$.

---

[24] Ricordiamo dalla teoria del consumatore che una funzione dell'utilità è cardinale se, al crescere (decrescere) delle quantità disponibili dei beni, si può dire non solo che l'utilità del consumatore cresce (decresce) ma anche di quanto.

4.1.2. *La costruzione assiomatica delle preferenze sociali: il teorema di impossibilità di Arrow*[25]

Un modo alternativo per risolvere il problema della scelta sociale consiste nel definire il confronto tra le utilità (cioè le preferenze) individuali sul fondamento di assiomi etici (cioè accettabili per corrispondenza a sentimenti individuali ma non per ragioni oggettivamente valide) e logici, e nel verificare se esista o meno un meccanismo di scelta sociale che rispetti tali assiomi.

È, in particolare, interessante stabilire cosa teoricamente succeda a partire dai seguenti assiomi, con cui si può configurare una posizione etica liberale:

– l'unanimità: se un individuo esprime una preferenza per una delle due allocazioni alternative *x* e *y* e nessuno esprime una preferenza contraria, la preferenza dell'individuo è accettata dalla società;

– la non dittatorialità: nessuno può imporre alla società una sua preferenza tra due allocazioni alternative *x* e *y*, quando tale preferenza non sia condivisa da altri.

Per costruire una FBS bisogna aggiungere agli assiomi etici le seguenti condizioni di carattere logico:

– la condizione di transitività (cioè di coerenza logica) delle preferenze sociali: ponendo *x* e *y* quali allocazioni alternative, *P* = relazione di preferenza e *I* = relazione di indifferenza: se *xPyPz*, allora *xPz*; se *xIyIz*, allora *xIz*;

– la condizione di non limitatezza dell'insieme degli ordinamenti di preferenza: per ogni individuo e per ogni coppia di allocazioni alternative *x* e *y*, vi è un'allocazione alternativa universale *u* tale che tutti sei gli ordinamenti di preferenza possibili di *x*, *y*, *u* (*xPyPu*; *xPuPy*; *yPxPu*; *yPuPx*; *uPyPx*; *uPxPy*) fanno parte dell'ordinamento delle preferenze dell'individuo;

– la condizione di indipendenza dalle alternative irrilevanti: se la società deve scegliere tra due allocazioni alternative *x* e *y*, la scelta deve dipendere solo dalle preferenze che gli individui esprimono su tali due alternative.

Tutto ciò premesso, vi sono due tipi di dimostrazione dell'inesistenza di meccanismi sociali che consentano di prendere decisioni logicamente coerenti nel rispetto degli assiomi etici liberali.

---

[25] Il teorema di impossibilità, fondamentale contributo all'origine della moderna teoria della scelta sociale, fu formulato da Kenneth Arrow nel 1951 nel libro *Social Choice and Individual Values*.

Il primo tipo di dimostrazione (noto come teorema dell'impossibilità di Arrow) si articola come segue.

Si definisca decisivo un insieme di individui D se, davanti a due allocazioni alternative x e y, il fatto che per tutti i membri di D si ha xPy implica che anche la società (di cui fa parte D) preferisce x a y, pur essendo yPx per tutti gli altri membri della società riuniti in un insieme C.

Se:

- esiste un insieme D decisivo su x e y;
- per tutti i membri di D è $xPyPu$ e per tutti i membri di C è $yPuPx$;

allora, per la definizione dell'insieme decisivo D, per la società è xPy, yPu, xPu: si noti in particolare che, per la società, è xPy e xPu nonostante che solo per i membri di D siano valide tali preferenze.

Per l'assioma di non dittatorialità, D deve contenere almeno due individui: in tale ipotesi, lo si divida nei due sottoinsiemi non vuoti D_1 e D_2.

Per la condizione di non limitatezza dell'insieme degli ordinamenti di preferenza, si ipotizzi che per D_1 sia $xPyPu$, per D_2 sia $yPuPx$ e che per C sia $uPxPy$: per la definizione di D, poiché per D_1 e per D_2 si ha yPu, per la società si ha yPu. Se per la società è anche yPx allora, per la definizione di D, D_2 è decisivo per la scelta sociale tra y e x; se invece per la società è anche xPy allora, per la definizione di D, è D_1 decisivo per la scelta sociale tra x e y.

Dunque, uno dei due sottoinsiemi D_1 e D_2 è decisivo per tutte le coppie di alternative. Suddividendo tale sottoinsieme decisivo in altri due sottoinsiemi e ripetendo la procedura testé esposta, individuiamo un nuovo (e sempre più piccolo) sottoinsieme decisivo e così via fino a stabilire un sottoinsieme decisivo formato da un solo individuo e pervenendo così a violare l'assioma della non dittatorialità, nel senso che una decisione sociale coerente può essere presa solo da un unico individuo, cioè un dittatore.

Il secondo tipo di dimostrazione dell'inesistenza di meccanismi sociali che consentano di prendere decisioni logicamente coerenti nel rispetto di assiomi etici è una delle acquisizioni delle scienze sociali di fine Settecento, di cui il teorema di Arrow è una generalizzazione.

Siano tre classi sociali (1, 2, 3) costituite dallo stesso numero di cittadini i quali, all'interno della loro classe, votano nello stesso modo, auto-interessato, sulle seguenti proposte (a, b, c) di aliquote fiscali: per la classe 1 sia $aPbPc$, per la classe 2 sia $bPcPa$, per la classe 3 sia $cPaPb$. Quindi, se si adottasse l'assioma etico democratico (cioè la decisioni a maggioranza), nel rispetto della condizione di transitività avremmo che, essendo aPb per le classi 1 e 3 e bPc per le classi

1 e 2, per la società dovrebbe valere *aPc* mentre abbiamo che per le classi 2 e 3, e quindi (per l'assioma democratico) per la società, vale *cPa*: dunque la scelta democratica non rispetta l'assioma di transitività e quindi la scelta democratica è logicamente incoerente.

4.1.3. *Il teorema dell'impossibilità di un paretiano liberale di Sen*

Un ulteriore sviluppo della teoria della scelta sociale, contrastante con il teorema dell'impossibilità di Arrow (che segnala l'*impossibilità di un liberale razionale*), è quello del teorema dell'*impossibilità di un paretiano liberale* presentato da Amartya Sen in un articolo del 1970.

Si tratta di stabilire come una società decida nel rispetto dei seguenti assiomi:

– la non limitatezza dell'insieme degli ordinamenti di preferenza: si conoscono tutti i possibili ordinamenti di preferenza che ogni individuo può esprimere circa ogni stato sociale, cioè circa ogni situazione;
– il 'principio di Pareto': dati gli stati sociali *x* e *y*, se, per ogni individuo, *xPy* allora anche per la società *xPy*;
– il 'principio liberale': per ogni individuo esista almeno una coppia di stati sociali (per esempio *u* e *w*) tale che se, per lui, *uPw*, allora anche per la società *uPw*.

Valga inoltre anche la condizione di transitività della preferenze: se *xPy* e *yPz* allora deve essere *xPz*.

Si esamini il seguente esempio.

Se vi sono due individui, *A* e *B*, che hanno a disposizione un libro «osé»[26], gli stati sociali possibili sono che il libro venga letto da *A* (stato sociale *x*), da *B* (stato sociale *y*), da nessuno (stato sociale *z*).

Se *A* è 'pudico e moralista', *B* è 'gaudente e licenzioso' ed ognuno conosce i gusti dell'altro, gli ordinamenti di preferenza sugli stati sociali sono i seguenti: per *A zPxPy*, per *B xPyPz*.

Se per *A* e *B* la scelta è tra leggere e non leggere il libro e vale la condizione di transitività e se si applica il principio liberale (cioè rispettare le scelte di ognuno), la scelta sociale è *yPx* in quanto per *B* vale *yPz* e per *A* vale *zPx*; se, invece, si applica il principio di Pareto, la scelta sociale è *xPy*, in quanto tanto per *A* quanto per *B* è *xPy*.

---

[26] Sen si riferisce a un famoso romanzo di T. Lawrence, che all'epoca della pubblicazione, nel 1928, destò scandalo, *L'amante di Lady Chatterley*.

Se ne ricava che la scelta sociale, per essere logicamente coerente, è o liberale o paretiana.

L'impossibilità di una scelta sociale paretiano-liberale può rimuoversi se *A* rinuncia ad essere moralista e *B* rinuncia ad essere licenzioso assumendo invece entrambi un atteggiamento liberale, cioè un atteggiamento rispettoso delle preferenze altrui, una volta riaffermate le proprie opzioni fondamentali.

Formalmente, si hanno i seguenti nuovi ordinamenti di preferenza: per *A* è *zPyPx*, per *B* è *yPxPz* con la conseguenza che la scelta sociale è *yPx* tanto applicando il principio paretiano (in quanto tanto per *A* quanto per *B* è *yPx*) quanto applicando il principio liberale (*yPx* per *B* è adottato anche dalla società, essendo tollerato da *A*).

Quindi un atteggiamento rispettoso delle preferenze altrui, una volta riaffermate le proprie opzioni fondamentali, conduce ad una scelta sociale paretiano-liberale e logicamente coerente.

4.2. La relazione tra efficienza ed equità

Un'implicazione intuitiva dell'economia del benessere paretiana è l'indipendenza tra l'efficienza (la Pareto-ottimalità) e l'equità (intesa come equi-ripartizione del benessere e quindi, almeno approssimativamente, del reddito): infatti sono Pareto-ottimali (e quindi efficienti) tanto i punti estremi della curva dei contratti (e, quindi corrispondenti, ad una ripartizione molto sperequata del benessere) quanto quelli centrali (e, quindi, corrispondenti, ad una ripartizione poco sperequata del benessere). Si può, alternativamente, affermare che la Pareto-ottimalità è compatibibile con qualunque grado di equità.

Un trattamento più analitico è il seguente. Per equità possiamo intendere la mancanza d'invidia, dove per invidia intendiamo la preferenza che un agente economico attribuisce, rispetto ad un proprio paniere, ad un paniere posseduto da un altro agente: si può, quindi, definire come equa un'allocazione di risorse che non suscita invidia da parte degli agenti economici che vi sono coinvolti.

Un'allocazione di risorse egualitaria, cioè che assegna ad ogni agente che vi partecipa la stessa quantità di ogni bene, implica che ogni agente abbia lo stesso paniere. Se agli agenti è consentito di scambiarsi i beni in un modo concorrenziale, per ogni bene si stabilirà un prezzo valido per ogni agente: tutti gli agenti avranno così lo stesso vincolo di bilancio e quindi il paniere Pareto-ottimale scelto da ogni agente potrà essere acquistato da un qualunque altro agente e quindi non darà luogo ad invidia. Dunque un'allocazione egualitaria è equa e Pareto-ottimale.

Si può peraltro dimostrare che un'allocazione Pareto-ottimale può non essere equa[27]. Supponiamo infatti (vedi il grafico II.B.21) che nell'allocazione x_0 siano tangenti una curva di indifferenza dell'agente α ed una dell'agente β: x_0 è quindi un'allocazione Pareto-ottimale. x_0^{-1} sia l'allocazione che si ottiene attribuendo a α il paniere che in x_0 era di β e viceversa[28]. Se x_0^{-1} sovrasta una delle due curve di indifferenza tangenti in x_0, per esempio quella di α, allora α preferisce il paniere che β ha in x_0 al paniere che α ha in x_0 e quindi α invidia β quando sono in x_0 e quindi x_0 è un'allocazione Pareto ottimale ma non equa.

Grafico II.B.21. – *Un'allocazione Pareto ottimale non equa*

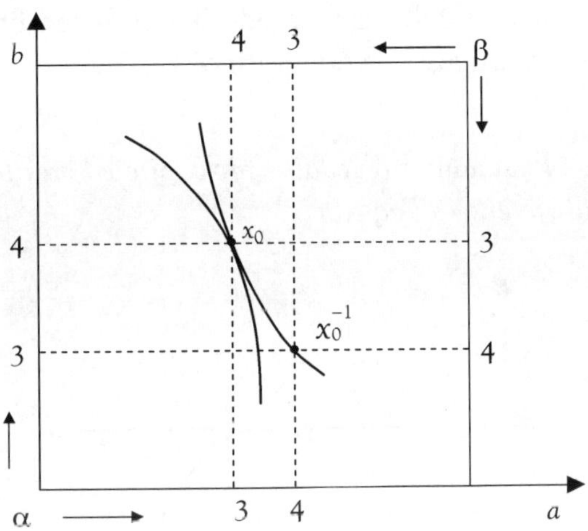

Da un punto di vista aggregato si può studiare la relazione tra l'equità intesa nuovamente come equi-ripartizione del reddito e l'efficienza definita come il più elevato reddito pro-capite ottenibile.

Si ipotizza che gli agenti economici che hanno molto (i «ricchi») risparmia-

---

[27] Ci ispiriamo a A. FELDMAN-A. KIRMAN, *Fairness and Envy*, in *The American Economic Review*, December 1974, pp. 995-1005, segnatamente p. 998.

[28] Per fissare le idee, α e β abbiano complessivamente a disposizione 7 unità tanto del bene a le cui quantità sono rappresentate sull'asse delle ascisse quanto del bene b le cui unità sono rappresentate sull'asse delle ordinate. In x_0 α abbia il paniere (3, 4) e quindi β abbia il paniere (4, 3). In x_0^{-1} α ha, pertanto, il paniere (4, 3) e β ha il paniere (3, 4).

no ed investono molto e che gli agenti economici che hanno poco (i «poveri») risparmiano ed investono poco. Ciò detto, partendo da una situazione di forte iniquità distributiva (pochi hanno redditi altissimi e molti hanno redditi bassissimi), una politica redistributiva a sfavore dei «ricchi» ed a favore dei «poveri», se non riduce le risorse a disposizione degli investimenti, consente un aumento del reddito in quanto permette l'aumento della domanda di beni ad alta tecnologia, incentivando così la loro produzione (resa possibile dagli investimenti) e quindi lo sviluppo. Tuttavia, al continuo ridursi dell'iniquità si ridurrà il numero dei «ricchi» riducendo così gli investimenti e quindi lo sviluppo.

Da tali ipotesi si ricava una frontiera delle possibili combinazioni tra equità distributiva e reddito pro-capite ad U rovesciata, con i livelli di equità distributiva rappresentati sull'asse delle ascisse ed i livelli di reddito pro-capite rappresentati sull'asse delle ordinate[29] (vedi grafico II.B.22).

Grafico II.B.22. – *Relazione tra reddito pro-capite ed equità distributiva e politica economica indifferente all'equità*

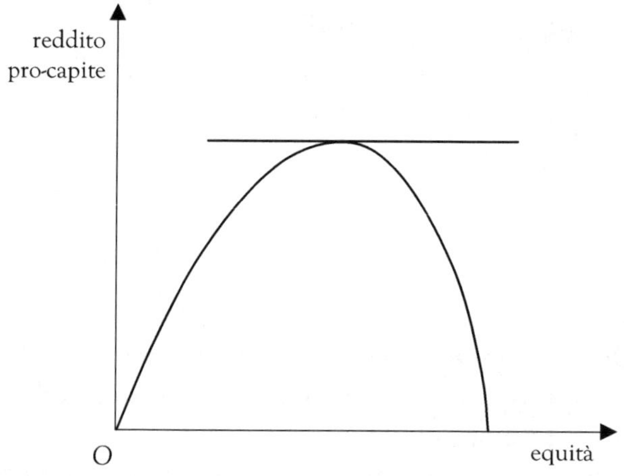

La scelta del punto ottimale su tale curva implica la formulazione, dal parte del decisore della politica economica, di una funzione di utilità che espliciti i suoi giudizi di valore verso l'equità distributiva.

---

[29] Il resto del capitolo si ispira a M. BALDASSARRI-G. PIGA, *Equità distributiva ed efficienza economica: trade off e sinergia*, in *Rivista di politica economica*, dicembre 1994, pp. 261-280, segnatamente pp. 273-279.

Se il decisore è favorevole all'equità (vedi il grafico II.B.23), ritiene che una riduzione del reddito pro-capite possa compensarsi (al fine di mantenere inalterato il livello di benessere sociale) con un aumento dell'equità e quindi la sua funzione di utilità è rappresentata da una famiglia di curve di indifferenza inclinate negativamente, con il benessere sociale che cresce man mano che, lungo la famiglia, ci si allontana dall'origine degli assi. Il decisore sceglie il punto di tangenza tra la frontiera delle possibili combinazioni tra equità e reddito-pro capite e la famiglia delle curve di indifferenza e tale punto corrisponde al massimo di benessere della società secondo i giudizi di valore del decisore: se, per semplicità, si ipotizza che le curve di indifferenza sono strettamente convesse[30], il punto di tangenza si trova sul tratto decrescente della frontiera e, quanto è minore l'avversione all'iniquità (cioè quanto più è piatta la curva di indifferenza) tanto più il punto di tangenza è vicino al punto di massimo reddito pro-capite, cioè al punto più elevato della frontiera.

Grafico II.B.23. – *Politica economica favorevole all'equità*

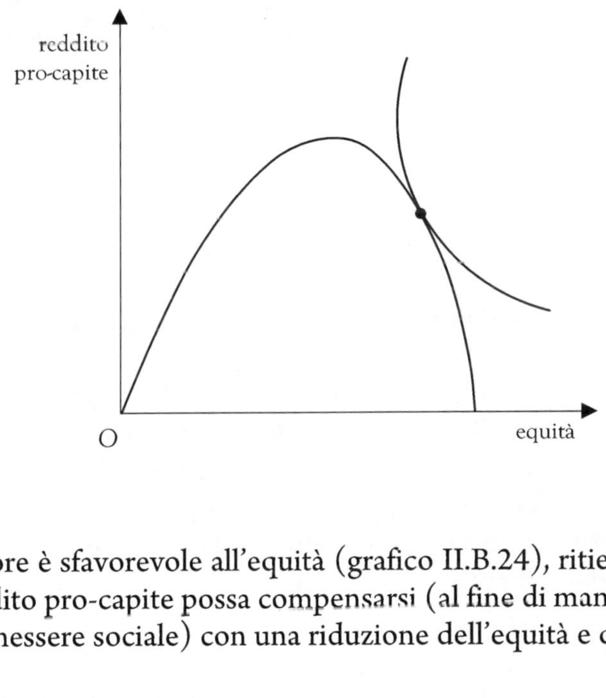

Se il decisore è sfavorevole all'equità (grafico II.B.24), ritiene che una riduzione del reddito pro-capite possa compensarsi (al fine di mantenere inalterato il livello di benessere sociale) con una riduzione dell'equità e quindi la sua fun-

[30] Notiamo che l'ipotesi implica che, al crescere dell'equità, il decisore accetta riduzioni del reddito pro-capite sempre minori.

zione di utilità è rappresentata da una famiglia di curve di indifferenza inclinate positivamente, con il benessere sociale che cresce man mano che, lungo la famiglia, si sale da Sud-Est a Nord-Ovest. Se, per semplicità, si ipotizza che le curve di indifferenza sono strettamente convesse[31], il punto di tangenza si trova sul tratto crescente della frontiera.

Grafico II.B.24. – *Politica economica sfavorevole all'equità*

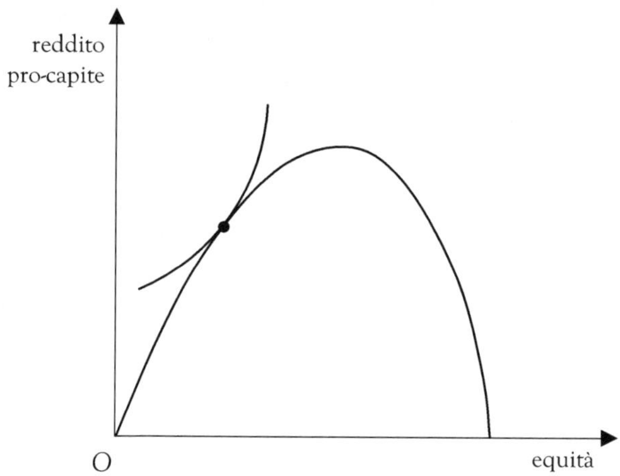

Se il decisore è indifferente all'equità (vedi di nuovo il grafico II.B.22), la sua funzione di utilità è rappresentata da una famiglia di curve di indifferenza orizzontali, con il benessere sociale che cresce man mano che, allontanandosi dall'asse delle ascisse, si sale lungo la famiglia: il punto di tangenza coincide con il punto di massimo reddito pro-capite.

L'andamento temporale della combinazione scelta di grado di equità e reddito pro-capite dipende dall'andamento della frontiera (dipendente dal progresso tecnologico) e dall'eventuale variazione nel tempo (dipendente dal reddito pro-capite e dal grado di equità raggiunto) dell'atteggiamento verso l'equità (indicato dall'inclinazione, positiva o negativa, e dalla curvatura, convessa o concava, delle curve di indifferenza).

---

[31] Notiamo che l'ipotesi implica che, al crescere del reddito pro-capite, l'equità cresce più che proporzionalmente.

5. La teoria della scelta pubblica

SOMMARIO: 5. La teoria della scelta pubblica. – 5.1. L'elettore razionale. – 5.2. Il partito elettorale razionale. – 5.3. Il partito di governo razionale. – 5.4. La burocrazia pubblica razionale.

Finora si è ipotizzato che lo scopo dello Stato fosse l'allocazione Pareto-ottimale delle risorse e, implicitamente, che i costi dell'intervento statale fossero più che compensati dal raggiungimento della Pareto-ottimalità. Alternativamente si può ipotizzare, come fa la scuola della *Public Choice* (o scuola della scelta pubblica)[32], che lo scopo dell'azione dello Stato non sia la Pareto-ottimalità dando così luogo, generalmente, a risultati allocativi Pareto sub-ottimali, che sono denominati fallimenti dello Stato.

La scelta pubblica è l'applicazione della microeconomia neo-classica allo studio del fenomeno politico. Le decisioni politiche, cioè quelle che concernono un'intera collettività, possono essere prese democraticamente da tutti i membri (mediante referendum) oppure dai loro rappresentanti, il che costituisce il caso più frequente per la sua maggiore efficienza organizzativa rispetto al caso referendario. Studiando la democrazia rappresentativa, la scelta pubblica indaga, segnatamente, il comportamento degli elettori, dei partiti, del governo, dei burocrati pubblici e dei gruppi d'interesse[33] nell'ipotesi che tali agenti siano razionali cioè nell'ipotesi che massimizzino, sotto vincolo, una funzione di utilità egoistica. Per semplicità, si considera solo la democrazia rappresentativa bi-partitica.

---

[32] Duncan Black (1908-1991) è tradizionalmente considerato il padre della teoria della *Public Choice* con il suo libro del 1958 (*On the Rationale of Group Decision-making*), dove è delineata la teoria dell'elettore mediano, anche se le origini della teoria stanno in realtà nel pensiero di alcuni studiosi italiani di Scienza delle finanze fra l'Ottocento e il Novecento. L'affermazione della teoria, influenzata anche dall'opera di Arrow già citata, è però riconducibile soprattutto all'opera degli economisti americani James Buchanan (1919-, premio Nobel per l'economia nel 1986) e Gordon Tullock (1922-), autori del libro *The Calculus of Consent: Logical Foundations of Constitutional Democracy* del 1962, e degli economisti e scienziati sociali Anthony Downs (1930-) autore di *An Economic Theory of Democracy*, del 1957, e Mancur Olson (1932-1998) autore di *The Logic of Collective Action* del 1965.

[33] Per semplicità, in questa sede non indagheremo questo tipo di agente politico.

5.1. L'elettore razionale

Per quanto riguarda l'elettore razionale, si ipotizza che voti per il partito dalla cui vittoria si attenda la maggiore utilità personale: l'utilità di tale modo di votare è data dalla differenza positiva, indicata con B, tra l'utilità attesa dalla vittoria del partito preferito e l'utilità attesa dalla vittoria dell'altro partito.

Peraltro, il voto del singolo elettore decide le elezioni solo se i voti di tutti gli altri elettori si dividono esattamente a metà tra i due partiti in lizza (evento con probabilità P_1) oppure se il partito preferito perdesse di un solo voto in caso di astensione dell'elettore (evento con probabilità P_2). Se, nel secondo caso, il partito preferito dall'elettore avesse il 50% di probabilità di vincere le elezioni per sorteggio (modalità cui si ricorrerebbe se le elezioni terminassero con i due partiti alla pari), la probabilità che il voto dell'elettore sia decisivo per far vincere le elezioni al proprio partito preferito è pari a $P = P_1 + (1/2)P_2$: l'utilità che l'elettore si attende dal voto è quindi pari a PB.

Potendosi dimostrare che P decresce al crescere del numero degli elettori (diventando quindi infinitesimale per corpi elettorali numerosi), PB è un valore infinitesimo: se l'operazione di voto implica un costo C (per esempio il tempo necessario per raggiungere il seggio, votare e rientrare nella propria sede), si ha molto probabilmente $PB - C < 0$, il che indica che il votare sarebbe un'operazione irrazionale in quanto ad esito implicante un costo maggiore dell'utilità attesa.

Il modo più semplice per spiegare la comunque sempre notevole affluenza ai seggi consiste nell'ipotizzare che si partecipi alle elezioni non solo nella speranza di deciderne l'esito (che dà appunto all'elettore un'utilità attesa pari a PB) ma anche, e soprattutto, per il piacere di parteciparvi, probabilmente per soddisfare un istinto (dovere?) civico o patriottico: il prendere parte alla consultazione elettorale darebbe quindi un'utilità certa aggiuntiva D che potrebbe trasformare l'esito di tale azione in $PB + D - C > 0$ dando così la cercata spiegazione razionale alla partecipazione dell'elettore alle elezioni.

5.2. Il partito elettorale razionale

Si ipotizzi che le varie posizioni politiche, dall'estrema sinistra all'estrema destra, siano rappresentate da punti di un segmento continuo e che ogni elettore preferisca un punto di tale segmento: ogni elettore voterà quindi il partito che corrisponde (o è più vicino) alla posizione politica dell'elettore.

Se rappresentiamo gli elettori suddivisi per le loro posizioni politiche con una curva ogni punto della quale ha come ascissa una posizione politica e come ordinata il numero degli elettori che la condividono, possiamo studiare il caso più semplice di una curva a forma di campana (curva di distribuzione di frequenze normale, ovvero unimodale e simmetrica).

Se tutti gli elettori votano ed i partiti che partecipano alle elezioni sono due ed assumono le posizioni *S* (sinistra) e *D* (destra), con *X* punto intermedio tra *S* e *D*, il partito S riceve tutti i voti a sinistra di *X* ed il partito *D* riceve tutti i voti a destra di *X*: se *X* è a sinistra (a destra) del punto più alto della curva, ottiene la maggioranza dei voti (e quindi vince le elezioni) il partito *D* (*S*) (grafico II.B.25). Quindi tanto S quanto *D* possono aumentare i loro voti spostando *X* verso il punto più alto della curva, cioè spostando la loro posizione politica verso quella centrale, che è detta anche la posizione politica preferita dall'elettore mediano.

Grafico II.B.25

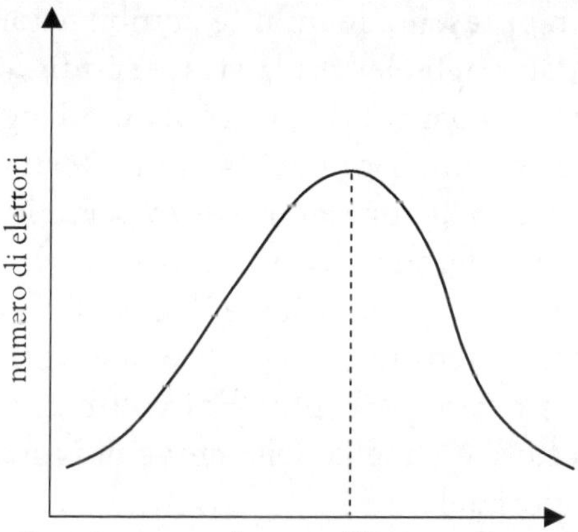

5.3. Il partito di governo razionale

In democrazia, il partito che vince le elezioni consegue la guida del governo: secondo la teoria della scelta pubblica il principale obiettivo del partito di governo è quello di restare tale, per cui adotterà le politiche che, secondo lui, gli consentiranno di vincere le successive elezioni. Il filone della teoria della scelta pubblica che studia questo problema è quello dei "cicli elettorali" (*Political Bu-*

siness Cycles): uno dei suoi modelli più noti è quello dell'economista americano William Nordhaus (1941-).

Si ipotizzi che:

– vi sia una relazione negativa tra tasso d'inflazione e tasso di disoccupazione, cioè che sia valida la curva di Phillips[34] (rappresentata ponendo il tasso di disoccupazione sull'asse delle ascisse ed il tasso d'inflazione su quello delle ordinate): la curva di Phillips di breve periodo (*CPBP*) è meno inclinata di quella di lungo periodo (*CPLP*) (grafico II.B.26)[35];

– gli elettori preferiscano prezzi stabili e bassi tassi di disoccupazione ed abbiano, rispetto al tasso di inflazione ed al tasso di disoccupazione, preferenze rappresentate, individualmente e per la collettività degli elettori, da curve di indifferenza inclinate negativamente, strettamente concave, continue e derivabili (rappresentate, grafico II.B.27, ponendo il tasso di disoccupazione sull'asse delle ascisse ed il tasso d'inflazione su quello delle ordinate);

– dunque: il benessere della collettività degli elettori aumenta se, lungo la famiglia delle curve di indifferenza, ci si sposta verso l'origine degli assi; ogni curva di indifferenza rappresenta le infinite combinazioni dei tassi di inflazione e di disoccupazione danti agli elettori la stessa soddisfazione e quindi la stessa disponibilità a votare per il partito di governo: quindi ogni curva di indifferenza rappresenta le infinite combinazioni dei tassi di interesse e dei tassi di inflazione che assicurano al partito di governo la stessa percentuale di voti (chiamiamo quindi ogni curva di indifferenza, curva di iso-voto), con la percentuale che cresce all'avvicinarsi della curva all'origine degli assi; la curva in grassetto separa la regione del successo elettorale del partito di governo (quella delle curve di Sud-Ovest cui sono associate percentuali di voti maggiori del 50%) da quella della sua sconfitta elettorale (quella delle curve di Nord-Est cui sono associate percentuali di voti minori del 50%);

– ogni elettore abbia un'aspettativa circa i risultati delle politica economica governativa e che, quindi, voti per il partito di governo se ha ottenuto risultati almeno uguali a quelli attesi e per il partito all'opposizione se il partito di governo ha ottenuto risultati peggiori di quelli attesi;

– i partiti, segnatamente quello di governo, conoscano le preferenze degli elettori e cerchino di massimizzare i loro suffragi elettorali.

---

[34] Su cui si veda *infra*, pp. 324-325.

[35] Si ipotizza, infatti, che al ridursi del tasso di disoccupazione i salari e quindi i prezzi aumentino inizialmente con qualche ritardo.

Grafico II.B.26

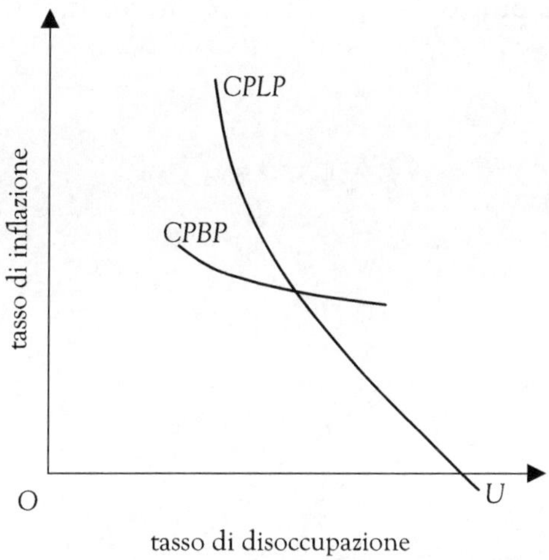

Grafico II.B.27

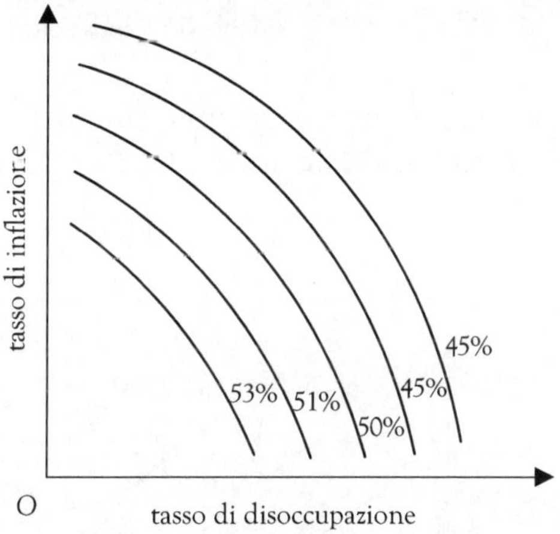

Si dimostra che la politica economica ottimale è rappresentata (grafico II.B.28):

– nel lungo periodo, dal punto *G* di tangenza di *CPLP* con la più bassa curva di iso-voto;

– nel breve periodo, dal punto *M* di tangenza di *CPBP* con la più bassa curva di iso-voto;

– tenendo conto delle preferenze degli elettori tanto nel breve quanto nel lungo periodo, dal punto *W* della *CPLP,* la cui inclinazione è compresa tra quelle dei punti *M* e *G*.

Grafico II.B.28

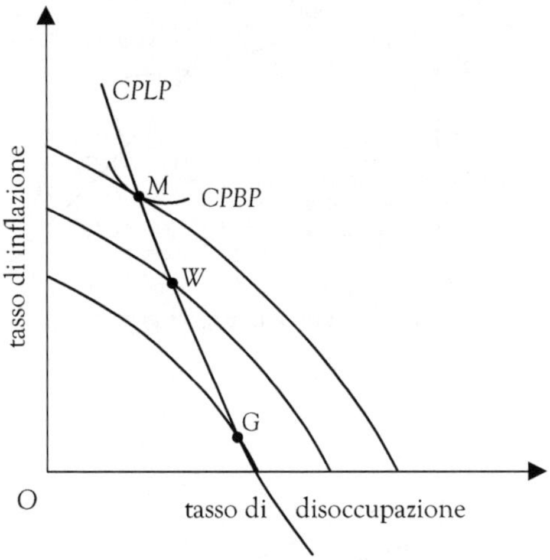

Si noti che in *M* il tasso di disoccupazione (di inflazione) è più basso (alto) che in *W* dove è più basso (alto) che in *G*.

Grafico II.B.29

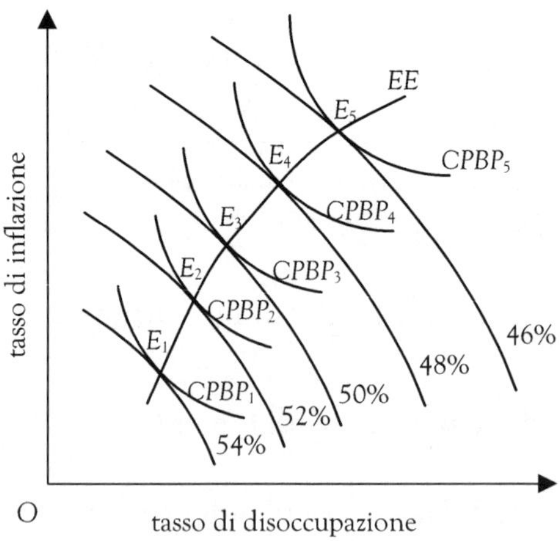

Sovrapponendo, nel grafico II.B.29, i grafici II.B.26 e II.B.27 possiamo determinare la politica economica adottata dal partito di governo durante il suo mandato ed il conseguente risultato elettorale.

In un periodo dato le politiche economiche a disposizione del partito di governo sono rappresentate dalla *CPBP* rilevante in quel periodo, per esempio la $CPBP_1$. Volendo massimizzare i propri voti, il partito di governo sceglie su $CPBP_1$ il punto tangente alla curva di iso-voto più bassa, in questo caso E_1 che, corrispondendo ad una percentuale di voti del 54%, dà al partito di governo la vittoria nelle elezioni al termine del suo mandato. Unendo tutti i punti di tangenza così determinati, otteniamo la curva *EE* degli esiti elettorali del partito di governo la quale mostra che i suoi consensi diminuiscono al crescere simultaneo del tasso di inflazione e del tasso di disoccupazione.

Collocando nel grafico II.B.30 le curve *CPLP* e *EE* possiamo individuare la dinamica del sistema. Se un punto di *EE* è sottostante a *CPLP* (per esempio si tratti di E_1), al tasso di disoccupazione scelto dal partito di governo nel breve periodo corrisponde un tasso di inflazione più basso del tasso di inflazione corrispondente nel lungo periodo a tale tasso di disoccupazione, la *CPBP* si sposterà verso l'alto e quindi il sistema economico si sposterà, lungo *EE*, verso l'alto; analogamente, se un punto di *EE* sovrasta *CPLP* (per esempio si tratti di E_5), al tasso di disoccupazione scelto dal partito di governo nel breve periodo corrisponde un tasso di inflazione più alto del tasso di inflazione corrispondente nel lungo periodo a tale tasso di disoccupazione, la *CPBP* si sposterà verso il basso e quindi il sistema economico si sposterà, lungo *EE*, verso il basso. Quindi il sistema economico è in equilibrio all'intersezione E^* tra *EE* e *CPLP*: essendovi in E^* anche tangenza tra una curva *CPBP* ed una curva di iso-voto, il partito di governo sceglie tale punto in quanto per lui ottimale (è quello che gli procura più voti stante la situazione economica che non può modificare). Ma E^* corrisponde quindi al punto *M* sopra determinato, per cui si può dire che il partito di governo sceglie una politica economica dante luogo ad un tasso di disoccupazione più basso e ad un tasso di inflazione più alto di quelli ottimali indicati dal punto *W*. Peraltro E^* non garantisce al partito di governo il successo elettorale in quanto non necessariamente vi corrisponde una curva di isovoto con più del 50% dei voti.

Se la scelta di E^* consente al partito di governo di vincere le elezioni, si può prevedere che: all'inizio del nuovo mandato farà aumentare il tasso di disoccupazione per ridurre il tasso d'inflazione, cioè cercherà di avvicinare il punto *W*; alla fine del mandato, e quindi in prossimità delle nuove elezioni, cercherà di ridurre il tasso di disoccupazione anche a costo di fare aumentare il tasso di inflazione, cioè cercherà di tornare al punto E^*. È tale politica economica altalenante che dà luogo appunto al ciclo politico-economico.

Grafico II.B.30

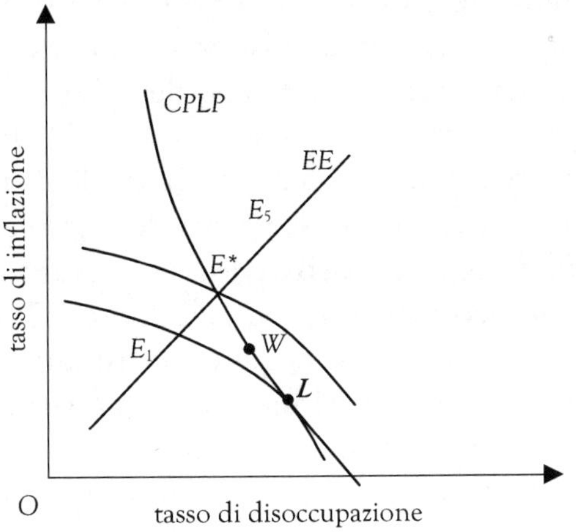

5.4. La burocrazia pubblica razionale

Le politiche economiche (ed in generale tutte le politiche) decise dal governo sono attuate dalla burocrazia pubblica il cui comportamento è studiato da diversi modelli di teoria della scelta pubblica tra cui è molto noto quello proposto dall'economista americano William Niskanen (1933-2011).

Gli agenti del modello di Niskanen sono: una qualunque burocrazia pubblica (chiamiamola BUR, per esempio un qualunque ministero) ed un qualunque ente pubblico che la finanzia (tipicamente il Parlamento, chiamiamolo PARL). Si ipotizzi che: la quantità (Q) del servizio prodotto da BUR sia nota tanto a BUR quanto a PARL; PARL valuti Q e trasformi la sua valutazione in un finanziamento (FIN) il cui importo è noto anche a BUR; il costo (C) di Q sia noto solo a BUR.

Formalmente, tali ipotesi si esprimano come segue:

– FIN=FIN(Q) con $\frac{d\text{FIN}}{dQ}>0$ e $\frac{d^2\text{FIN}}{dQ^2}<0$, cioè il finanziamento che PARL eroga a BUR cresce secondo l'apprezzamento parlamentare di Q ma l'incremento di FIN al crescere di Q diminuisce al crescere di Q. Se, per semplicità, ipotizziamo che FIN = FIN(Q) sia lineare, possiamo rappresentare la relazione tra Q e $\frac{dFIN}{dQ}$ con una retta posta nel quadrante positivo ed inclinata negativamente (grafico II.B.31);

– $C = C(Q)$ con $\frac{dC}{dQ} > 0$ e $\frac{d^2C}{dQ^2} > 0$, cioè il costo dell'erogazione di Q cresce al crescere di Q e tale costo marginale cresce al crescere di Q. Se, per semplicità, ipotizziamo che anche $C = C(Q)$ sia lineare, possiamo rappresentare la relazione tra Q e $\frac{dC}{dQ}$ con una retta posta nel quadrante positivo ed inclinata positivamente.

Grafico II.B.31

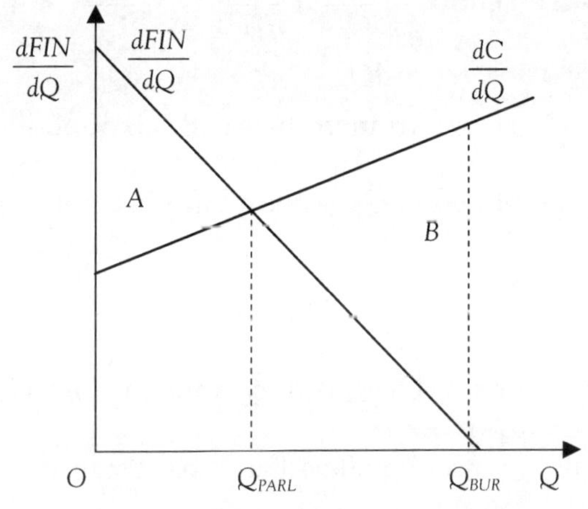

Dal punto di vista di PARL, la quantità ottimale (Q_{PARL}) è quella che massimizza la differenza tra FIN e C, cioè è la quantità che massimizza l'apprezzamento del servizio al netto del costo. Formalmente tale quantità è quella per cui $\frac{d(FIN - C)}{dQ} = 0$ e $\frac{d^2(FIN - C)}{dQ^2} < 0$ cioè è quella per cui $\frac{dFIN}{dQ} = \frac{dC}{dQ}$ e $\frac{d^2FIN}{dQ^2} < \frac{d^2C}{dQ^2}$.

Invece, dal punto di vista di BUR, la quantità ottimale (Q_{BUR}) è quella che massimizza FIN nel rispetto del vincolo di bilancio FIN = C. Formalmente tale quantità è quella per cui $\frac{d[FIN + \lambda(FIN - C)]}{dQ} = 0$ e $\frac{d[FIN + \lambda(FIN - C)]}{d\lambda} = 0$ cioè è quella per cui FIN = C e $\frac{dFIN}{dQ} + \lambda\frac{dFIN}{dQ} - \lambda\frac{dC}{dQ} = 0$ ovvero $\frac{dFIN}{dQ}(1+\lambda) = \lambda\frac{dC}{dQ}$ ovvero $\frac{dFIN}{dQ} = \frac{\lambda}{1+\lambda}\frac{dC}{dQ}$. Poiché il moltiplicatore di Lagrange (è per BUR positivo (infatti un aumento di FIN compensato da un uguale aumento di C è conforme ai fini di BUR), $\frac{\lambda}{1+\lambda}$ è positivo e minore di uno da cui si ricava, essendo $\frac{\frac{dFIN}{dQ}}{\frac{dC}{dQ}} = \frac{\lambda}{1+\lambda}$, $\frac{\frac{dFIN}{dQ}}{\frac{dC}{dQ}} < 1$ cioè $\frac{dFIN}{dQ} < \frac{dC}{dQ}$, che implica $Q_{BUR} > Q_{PARL}$: infatti in grafico II.B.30, dopo il punto di intersezione delle due rette che individua Q_{PARL}, con l'implicazione, appunto, che $\frac{dFIN}{dQ} < \frac{dC}{dQ}$.

Poiché l'individuazione di Q_{BUR} implica anche FIN = C, cioè che l'area sottostante alla retta di $\frac{dFIN}{dQ}$ sia uguale all'area sottostante a $\frac{dC}{dQ}$, Q_{BUR} è esattamente la quantità di Q alla quale l'eccesso di C su FIN (rappresentato in grafico 31 da *B*) dovuto alle quantità prodotte maggiori della quantità ottimale Q_{PARL} è esattamente uguale all'eccesso di FIN su C (rappresentato in grafico II.B.31 da *A*) corrispondente alle quantità prodotte minori di Q_{PARL}.

6. Il progresso tecnico e l'attività inventiva

SOMMARIO: 6. Il progresso tecnico e l'attività inventiva. – 6.1. Progresso tecnico e funzione di produzione. – 6.2. L'allocazione delle risorse per l'attività inventiva. Un problema di fallimento di mercato. – 6.3. Concorrenza, monopolio e incentivi a innovare. Il modello di Arrow.

Per progresso tecnico si intendono tutti quei cambiamenti nelle conoscenze e nelle tecnologie che permettono di rendere più efficienti i processi produttivi, di creare nuovi beni e servizi o di migliorare la qualità di quelli esistenti. Tema centrale dell'economia classica, collegato con quello della crescita, esso ha avuto una trattazione marginale, fino ad epoca recente, all'interno della teoria neoclassica, prevalentemente concentrata su problemi di allocazione efficiente di risorse date. In effetti, la trattazione teoricamente più rilevante sul tema ha riguardato la relazione tra l'attività inventiva, intesa come attività di produzione di conoscenza, e il meccanismo di mercato, ovvero l'efficienza del mercato come allocatore di risorse per tale attività.

6.1. Progresso tecnico e funzione di produzione

Nella teoria neoclassica il progresso tecnico è collegato all'introduzione di una nuova funzione di produzione tale che, con gli stessi fattori di produzione, sia possibile ottenere un più elevato livello di prodotto. In termini analitici, per rappresentare l'effetto del progresso tecnico, la funzione di produzione viene riscritta nel modo seguente:

$$Q = F(K, L, t),$$

dove Q è la produzione, K e L i fattori di produzione capitale e lavoro e t è il tempo, che sta appunto a rappresentare il progresso tecnico come cambiamento che avviene nel tempo (ad esempio attraverso un processo di '*learning by doing*', o apprendimento attraverso il fare). Se consideriamo il progresso tecnico come quell'elemento che permette l'aumento dell'efficienza dei fattori di produzione esistenti, possiamo riscrivere la funzione di produzione nel modo seguente:

$$Q = F[A(t)K, B(t)L],$$

dove $A(t)K$ rappresenta il capitale in termini di unità di efficienza e $B(t)L$ il lavoro in termini di efficienza.

Il progresso tecnico può essere rappresentato come nel grafico II.B.32 nel caso di impiego di un solo fattore variabile (parte a) e nel caso di impiego di due fattori (parte b). Nel primo caso la funzione di produzione si sposta verso l'alto, a indicare che il progresso tecnico ha permesso un aumento della produzione totale, considerando dato l'impiego di un fattore di produzione, nell' esempio il fattore lavoro; nel secondo caso si determina uno spostamento dell'isoquanto verso l'origine, a indicare una maggior efficienza a parità di impiego dei fattori produttivi.

Grafico II.B.32. – *Il progresso tecnico e la funzione di produzione*

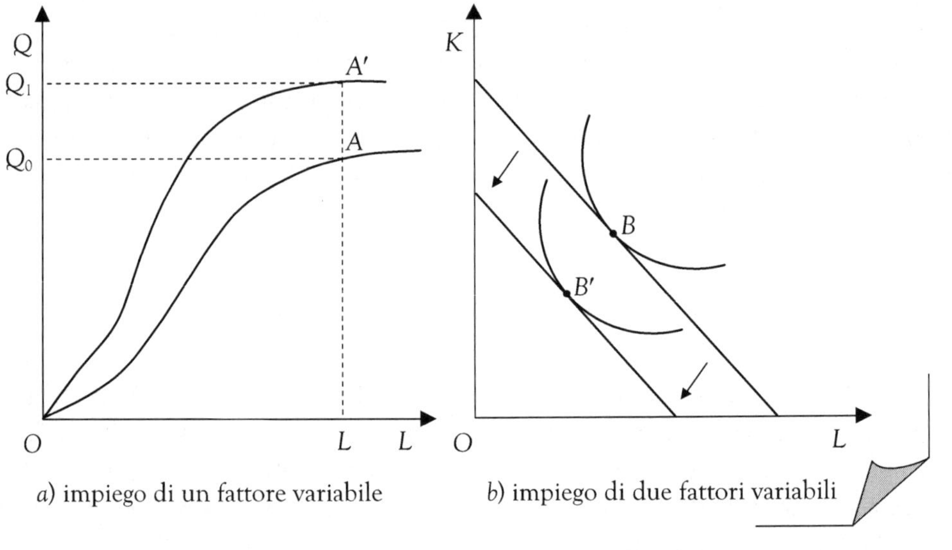

L'economista inglese John Hicks, tra gli altri, ha fornito una classificazione del progresso tecnico secondo gli effetti che esso può avere sulle quote distributive dei fattori di produzione. Egli distingue il progresso tecnico in:

– *neutrale,* se il saggio marginale di sostituzione tecnica resta immodificato (quindi la pendenza dell'isoquanto resta immutata): la produttività marginale di tutti i fattori è influenzata nella stessa proporzione e il rapporto capitale-lavoro non muta (il grafico II.B.31b rappresenta questo caso);

– *risparmiatore di lavoro* (*labour-saving*), se il saggio marginale di sostituzione tecnica aumenta, nel senso che l'aumento della produttività marginale del capitale è maggiore di quello della produttività marginale del lavoro, con conseguente aumento del rapporto capitale-lavoro;

– *risparmiatore di capitale* (*capital-saving*), se il saggio marginale di sostituzione tecnica diminuisce, nel senso che l'aumento della produttività marginale del lavoro è maggiore di quello della produttività marginale del capitale, con conseguente diminuzione del rapporto capitale-lavoro.

Il progresso tecnico neutrale secondo Hicks è anche definito come il progresso tecnico che accresce la produttività totale dei fattori (*total factor productivity augmenting*).

6.2. L'allocazione delle risorse per l'attività inventiva. Un problema di fallimento di mercato

Arrow[36] definisce l'attività inventiva come un processo che genera la produzione di informazione e, quindi, può dar luogo al processo innovativo e all'introduzione di progresso tecnico nel sistema economico. Egli considera il classico problema dell'economia del benessere, cioè se la concorrenza perfetta porta a una allocazione ottimale delle risorse per l'attività inventiva, e conclude che si ha qui a che fare con un problema di fallimento del mercato, in quanto, in condizioni di concorrenza perfetta, il meccanismo di mercato darebbe luogo a una insufficienza di investimento di risorse in ricerca e attività inventiva.

La ragione di tale inefficienza sta nel fatto che l'attività di produzione di informazione è caratterizzata dalla presenza di tre cause di fallimento del mercato: l'indivisibilità, la non appropriabilità e l'incertezza.

Il processo di produzione di informazione presenta significativi aspetti di indivisibilità, ovvero il fatto che il bene non possa essere diviso tra diversi individui, e non-esclusività, che sono caratteristiche dei beni pubblici.

Le attività di produzione di informazione sono caratterizzate anche dall'esistenza di forti esternalità. Il soggetto che ha prodotto l'informazione può cercare di trarne vantaggio o cedendola a un terzo o sfruttandola direttamente, ma in entrambi i casi non è in grado di appropriarsi pienamente dei relativi bene-

---

[36] Il riferimento è all'articolo *Economic Welfare and the Allocation of Resources for Innovation*, in R. NELSON, *The Rate and Direction of Inventive Activity. Economic and Social Factors*, Priceton University Press, Princeton, 1962, pp. 609-625.

fici. Infatti, nel primo caso, il monopolio dell'informazione viene meno nel momento del trasferimento, perché l'acquirente potrà riprodurre l'informazione a basso costo e sfruttarla a sua volta. Nel secondo caso, lo sfruttamento diretto dell'invenzione, è difficile che il proprietario disponga dei mezzi necessari per sfruttare efficacemente l'informazione prodotta. La dimensione delle esternalità è particolarmente rilevante per le attività di ricerca di base[37], dove i risultati hanno spesso una vasta applicabilità, che richiede competenze troppo ampie per essere sfruttate da un solo individuo, o non sono direttamente applicabili alla soluzione di problemi pratici. Queste caratteristiche riducono l'appropriabilità del bene informazione e dunque gli incentivi a svolgere l'attività inventiva.

Infine, all'attività inventiva è connesso un alto livello di incertezza, nel senso che non sono valutabili le probabilità relative agli esiti della ricerca e dell'applicazione dell'informazione prodotta, e di rischio. Gli strumenti di trasferimento del rischio (assicurazioni) sono, in questo caso, limitati, imperfetti e indeboliti, nel loro utilizzo, dalla presenza potenziale di comportamenti sleali da parte dell'assicurato (vedi Parte III, sull'azzardo morale).

In queste condizioni il mercato può rappresentare un meccanismo incapace di fornire gli incentivi adeguati per intraprendere l'attività inventiva – il vantaggio marginale privato dell'agente economico che produce attività inventiva è minore di quello sociale –, ovvero abbiamo un fallimento di mercato. Si rende perciò necessario il supporto dell'intervento pubblico che tuteli l'invenzione attraverso il rilascio di *brevetti* che danno luogo a un *diritto di proprietà intellettuale* e rendono l'informazione un bene economico. Si tratta di interventi che danno luogo a un monopolio legale per un periodo limitato, che limita quindi la concorrenza (e in questo senso entra in conflitto con la politica per la concorrenza) ma promuove l'*efficienza dinamica* del sistema economico, laddove la politica per la concorrenza ne promuove solo l'*efficienza statica,* con tecnologia data. L'efficacia della politica pubblica nei confronti dell'attività di ricerca richiede dunque un delicato equilibrio tra applicazione delle leggi *antitrust* (che può scoraggiare l'innovazione) e concessione di diritti di proprietà intellettuali (che può ostacolare la concorrenza).

---

[37] È stato l'economista americano Richard Nelson (1930-) a discutere per primo il tema in *The Simple Economics of Basic Scientific Research*, in *Journal of Political Economy*, June 1959, pp. 297-306.

6.3. Concorrenza, monopolio e incentivi a innovare. Il modello di Arrow

Se in condizioni di concorrenza perfetta non esistono sufficienti incentivi per la creazione di un mercato delle informazioni contenute nell'invenzione, si può però mostrare che possono esistere in un regime di concorrenza perfetta incentivi a introdurre innovazioni superiori a quelli di monopolio. È Arrow a dimostrare questa relazione in un modello che considera il caso di un'invenzione che riduce i costi e compara i potenziali profitti e costi derivanti.

Si assume l'esistenza di un mercato concorrenziale in cui due imprese producono e dove gli inventori possono arbitrariamente definire le *royalties* (si escludono quindi i problemi legati all'appropriazione) che gli utilizzatori dovranno pagare per poter utilizzare le loro invenzioni. Questa situazione è confrontata con un'altra in cui si assume l'esistenza di una sola impresa protetta da barriere all'entrata (un monopolio).

I costi, considerati costanti, sono c (prima dell'innovazione) e c' (dopo l'innovazione) con $c' < c$. Prima dell'invenzione il prezzo è uguale a c, e x_c è la domanda corrispondente. Il livello unitario delle *royalties* è r, per cui il prezzo di concorrenza del periodo successivo all'invenzione sarà $c' + r$, che non potrà ovviamente superare il valore di c.

La produzione dell'impresa monopolistica è x_m. Esso è definito, prima dell'invenzione, dall'equazione $R(x_m) = c$, dove $R(x)$ è il ricavo marginale; dopo l'invenzione, dall'equazione $R(x'_m) = c'$. I prezzi di monopolio corrispondenti a x_m e x'_m sono p_m e p'_m. P e P' sono i profitti di monopolio prima e dopo l'innovazione.

Supponiamo che la riduzione dei costi dovuta all'innovazione sia drastica, ovvero che $p'_m < c$. Il livello ottimo di *royalties* per l'inventore nel caso di concorrenza perfetta è $r = p'_m - c'$, ovvero le *royalties* dell'inventore sono uguali ai profitti che potrebbe ottenere un'impresa monopolistica nelle medesime condizioni. L'incentivo all'innovazione sarebbe dunque P'. L'incentivo dell'impresa monopolistica è invece uguale a $P' - P$. L'incentivo del monopolista è dunque minore di quello dell'inventore che agisce in condizioni di concorrenza perfetta.

Parte III

Oltre il modello micro-economico neoclassico

Contributi e implicazioni della microeconomia contemporanea e della teoria dei giochi

In questa parte del libro vengono affrontati, in forma necessariamente parziale, argomenti che emergono dall'abbandono di due ipotesi fondamentali del modello neoclassico base, ovvero quelle di razionalità perfetta e informazione completa, e che tradizionalmente occupano una parte molto limitata dei manuali introduttivi. Riteniamo che tali argomenti debbano avere uno spazio maggiore per l'importanza che hanno ormai acquisito nella microeconomia contemporanea.

Le implicazioni della rinuncia alle assunzioni di razionalità perfetta e informazione completa si sono rivelate particolarmente rilevanti, tanto che possiamo dire che, nel loro complesso, i contributi emersi in questo ambito costituiscono un insieme teorico profondamente diverso, per certi versi opposto, al modello neoclassico descritto nella Parte II. Questo vale in particolare per l'informazione asimmetrica e la razionalità limitata, con gli sviluppi di economia comportamentale che quest'ultima nozione ha avviato. Molti degli sviluppi in questi ambiti sono ormai di una tale ampiezza da non poterli più considerare semplici anomalie e/o eccezioni del modello base.

1. L'informazione imperfetta, le nuove forme di fallimento di mercato e le conseguenze teoriche sull'equilibrio

Nel *modello base di concorrenza perfetta* si assume che gli individui e le imprese siano pienamente informati e che l'informazione sia distribuita omogeneamente e senza costo. Tuttavia, *nella realtà,* gli individui e le imprese hanno *informazione imperfetta,* ovvero l'informazione è per loro normalmente *incompleta* e sovente *asimmetrica.* La considerazione di queste caratteristiche dell'informazione ha implicazioni teoriche di grande rilievo, in particolare la presenza di asimmetria informativa tra i diversi soggetti.

1.1. L'asimmetria informativa. Premessa e definizioni

Si ha asimmetria informativa se una parte degli agenti economici ha conoscenza completa e l'altra parte una conoscenza solo parziale, o comunque una parte ha maggiori informazioni (anche se non necessariamente informazione completa) dell'altra, relativamente alle azioni degli individui e/o alle caratteristiche dei beni (prezzo e/o qualità).

Più specificatamente, le asimmetrie informative possono riguardare:

– un'*azione* intrapresa da un soggetto *dopo* la stipula di un contratto o di una transazione. Si parla allora di *azione nascosta.* Si definiscono tali situazioni come caratterizzate da *azzardo* o *rischio morale* (*moral hazard).* Esse danno luogo a un *opportunismo post-contrattuale* causato dalla non osservabilità di certe azioni, la quale permette agli individui che le compiono di praticarlo nel loro proprio interesse e a spese della controparte, ovvero di attuare un *comportamento sleale*: in questo caso gli individui non sopportano, in tutto o in parte, le conseguenze delle loro azioni;

– una caratteristica *intrinseca* di ciò che è oggetto di contratto o di transazione, posseduta prima che il contratto sia stipulato e che si rivelerà solo successivamente. Si parla in tal caso di *informazione nascosta*. Si definiscono tali situazioni come caratterizzate da *selezione avversa (adverse selection)*. Esse danno luogo a un problema di *opportunismo pre-contrattuale* che consente agli individui che posseggono le informazioni private prima che lo scambio o il contratto avvengano, di sfruttarle nel loro interesse nel momento in cui prendono le loro decisioni.

Un esempio può essere utile per spiegare il significato dei concetti introdotti. Supponiamo che gli azionisti di una società debbano assumere un direttore generale. Essi vorranno certamente assumere il migliore sul mercato con il compito di gestire l'azienda in difesa dei loro interessi. Gli azionisti non sono però in grado di valutare le capacità manageriali del candidato alla posizione prima della sua assunzione (un problema quindi di informazione nascosta con rischio di selezione avversa). Dopo l'eventuale assunzione essi non hanno un controllo puntuale sulle sue azioni e decisioni (un problema quindi di azione nascosta con connesso azzardo morale). Se il direttore generale assunto venisse pagato a stipendio fisso, il suo interesse sarebbe quello di minimizzare gli sforzi nell'interesse degli azionisti e, in mancanza di variabili o elementi verificabili su cui fondare un contratto che garantisca gli interessi degli azionisti, cercherebbe di sfruttare il vantaggio informativo per incrementare la sua utilità a scapito di quella della controparte.

I termini 'azzardo morale' e 'selezione avversa' sono stati coniati nel settore delle assicurazioni. 'Azzardo morale' indica la situazione in cui gli assicurati tendono a modificare il loro comportamento riducendo la prudenza necessaria per evitare o minimizzare le perdite, rendendo così, di fatto, più elevati i rimborsi richiesti. Ciò è il risultato dell'impossibilità di fare un accordo assicurativo completo e vincolante, impossibilità dovuta al fatto che la definizione e l'osservabilità di tutte le precauzioni necessarie non sono definibili in anticipo né verificabili. Così l'azzardo morale, fenomeno che, come è ovvio immaginare, si presenta nella vita di tutti i giorni, tende a influenzare l'efficienza, perché i benefici extra ottenuti dagli assicurati sono spesso minori dei costi loro associati e sostenuti dalla controparte. Gli incentivi al comportamento inappropriato rappresentano un problema tanto più grande quanto più le possibilità di controllo o prevenzione sono scarse o costose.

Il termine 'selezione avversa' indica la situazione in cui le persone che acquistano un'assicurazione (le quali rappresentano un gruppo di individui non costituente un campione casuale) hanno informazioni private sulla propria situazione personale le quali le inducono a sottoscrivere, in una proporzione maggiore di quella media della popolazione, una certa assicurazione che li copra dai rischi associati a quella situazione. Ciò fa sì che, all'aumentare del prezzo dell'assicurazione, tenderanno ad assicurarsi in proporzione crescentemente maggiore coloro che corrono maggiori rischi (perché una parte della clientela, quella che con meno probabilità incorrerà nell'evento, tende a rinunciare alla sottoscrizione della polizza, se questa diviene più cara) e quindi hanno maggior probabilità di servirsi della polizza, un processo, appunto, di selezione avversa: infatti la compagnia assicurativa, modificando le condizioni contrattuali, spinge i clienti meno rischiosi a non sottoscrivere più le polizze, con conseguente aumento della percentuale della clientela rappresentata dai soggetti più rischiosi. La fuga dei clienti meno rischiosi implica che a parità di premio incassato per cliente, i rimborsi medi per cliente aumentino. La compagnia assicurativa, che avrebbe interesse a garantirsi una clientela meno rischiosa e meno costosa, finisce pertanto per ottenere il risultato opposto, per effetto della modifica delle condizioni contrattuali.

Come è evidente, queste situazioni possono dar luogo a situazioni non ottimali, per cui si pone un duplice problema: la comprensione di questi fenomeni, in modo separato sebbene si possano presentare insieme, e l'individuazione di soluzioni al fallimento del mercato che esse determinano.

1.2. L'azzardo morale, la relazione principale-agente e il problema degli incentivi

1.2.1. *La relazione principale-agente*

Il problema dell'azzardo morale può essere rappresentato nei termini di una *relazione di agenzia*, termine utilizzato in economia per rappresentare una situazione in cui un individuo (l'agente: ad esempio un dipendente, un fornitore, ecc.) agisce per conto di un altro individuo (il principale: ad esempio un azionista, un datore di lavoro, ecc.) in cambio di un certo compenso, sotto la consueta ipotesi che sia l'agente che il principale operino per massimizzare la propria utilità. La relazione è caratterizzata da azzardo morale se agente e principale hanno interessi diversi e se il principale non è in grado di verificare se l'agente si comporta o meno nel modo da lui desiderato (vi è perciò informazione asimmetrica con azione nascosta), e la sua utilità viene perciò a dipendere dal comportamento dell'agente.

Il cosiddetto *modello principale-agente*[1] è la rappresentazione formale del rapporto di agenzia che di seguito presentiamo.

Si assuma che il profitto del principale dipenda dall'azione e dallo sforzo, a, dell'agente, oltreché dallo stato di natura, s, e che solo l'agente conosca il valore di a.

La massimizzazione del profitto Π del principale è dunque:

(1) $$\Pi = \Pi\,(a, s_i)$$

con $d\Pi/da > 0$ e $d^2\Pi/da^2 < 0$.

Il principale paga l'agente con una ricompensa F basata sui risultati ottenuti, Π:

(2) $$F = F\,(\Pi).$$

L'utilità del principale, U_p, e l'utilità dell'agente, U_a, sono rispettivamente:

(3) $$U_p = U_p\,(\Pi - F)$$

(4) $$U_a = U_a\,(F, a)$$

con $\dfrac{\partial U_a}{\partial F} > 0$ e $\dfrac{\partial U_a}{\partial_a} < 0$.

Definito $C(a)$ il costo dello sforzo, o disutilità dell'agente, assunto costante, possiamo scrivere la funzione dell'utilità attesa dell'agente, il quale sceglie a in modo da massimizzare tale utilità attesa:

(5) $$Eu_a = \sum b_i\,F\,(\Pi_i) - C(a)$$

dove $b_i \ldots b_n$ sono le probabilità che si verifichino $s_i \ldots s_n$.

Sostituendo l'equazione (1) nella (5) si ha:

(6) $$Eu_a = \sum b_i\,F\,(\Pi\,\{a, s_i\}) - C(a).$$

La massimizzazione dell'utilità attesa dell'agente è:

$$dEU_a/da = \sum b_i\,dF/d\Pi \cdot d\Pi/da - c' = 0, \text{ ovvero}$$

(7) $$\sum b_i\,dF/d\Pi \cdot d\Pi/da = c'$$

[1] L'economista che per primo introdusse la locuzione 'relazione principale-agente' fu Kenneth Arrow alla fine degli anni sessanta. La trattazione qui presentata si ispira a D. HAY-D. MORRIS, *Industrial Economics. Theory and Evidence*, Oxford University Press, Oxford, 1990.

La massimizzazione dell'utilità del principale è:

(8) $$Eu_p = \sum b_i \,[\Pi\,(a, s_i) - F(\Pi\,\{a, s_i\})]$$

che, sostituendo dalla (7), implica:

(9) $$\sum b_i \cdot d\Pi/da = c'.$$

La condizione che rende la decisione dell'agente tale che la (7) sia compatibile con la (9), cioè che rende compatibili le rispettive funzioni di massimizzazione, è: $\frac{dF}{d\Pi} = 1$. Questo implica che ogni variazione nel profitto si rifletta interamente in F, ovvero che la remunerazione dell'agente non abbia elementi fissi. Questo risolve il problema degli incentivi per il principale, ma significa che l'agente deve sopportare ogni rischio. Il contratto tra principale e agente è perciò ottimale se l'agente è neutrale al rischio, ma non nel caso in cui l'agente sia avverso al rischio. Quest'ultimo caso comporta infatti $\frac{dF}{d\Pi} < 1$, da cui deriva che la scelta dell'agente genera un valore di $d\Pi/da$ troppo alto per soddisfare la condizione di massimizzazione dell'utilità del principale (data dall'equazione (9)).

1.2.2. *Come controllare l'azzardo morale: la creazione di incentivi*

Dall'ipotesi di avversione al rischio dell'agente nel modello principale-agente sopra rappresentato consegue che l'agente sceglierà un livello di sforzo (un valore di a) minore di quello necessario per massimizzare l'utilità del principale. Si pone dunque per il principale il problema di incentivare l'agente a comportarsi in modo ottimale per il principale. In generale, in situazioni caratterizzate da azzardo morale, se il controllo diretto del comportamento dell'agente non è possibile o è troppo costoso, la possibilità per il principale di ottenere l'obiettivo desiderato dipende dalla sua capacità di motivare gli agenti a far bene creando un appropriato schema di incentivi. La tipologia di un sistema di incentivi che faccia sì che il comportamento degli agenti si identifichi o si avvicini a quello desiderato dal principale è molto varia: da remunerazioni particolari per le prestazioni migliori in termini di produttività; alla modificazione dei compiti assegnati al fine di ottenere un maggior coinvolgimento; alla rimozione del conflitto di interessi, modificando gli obiettivi dell'agente per allinearli a quelli del principale. Uno schema di incentivi non adatto potrebbe d'altra parte determinare ulteriori distorsioni. L'ottenimento del risultato desiderato – l'eliminazione o riduzione dell'azzardo morale – dipende dunque dall'elaborazione di schemi di incentivi adeguati.

1.3. La selezione avversa, il mercato dei bidoni e il problema dei segnali credibili

1.3.1. *La selezione avversa sul mercato delle auto usate. Un esempio*

Un esempio ormai classico di selezione avversa è quello del mercato delle auto usate utilizzato in un articolo del 1970 dall'economista americano George Akerlof, premio Nobel nel 2002, che ne ha dato un'interpretazione che ha fornito il modello generale del fenomeno[2].

Si ipotizzi che sul mercato siano presenti venditori e compratori con informazione asimmetrica sulla qualità delle auto usate in vendita. In particolare si assuma che:

– sul mercato vi siano auto di 'alta qualità' e auto di 'bassa qualità' (che negli Stati Uniti sono conosciute come *lemons*, in italiano 'bidoni');

– la loro differenza non è distinguibile *ex ante*: i venditori conoscono la qualità della propria auto, ma non così i potenziali compratori, che la conosceranno solo dopo che la transazione è stata compiuta;

– i compratori sanno, per esperienza, che metà delle auto usate sono di alta qualità e metà di bassa qualità, per cui sono disposti a pagare un prezzo medio, minore di quello che sarebbero disposti a pagare per un'automobile di qualità alta e maggiore di quello che sarebbero disposti a pagare per un'auto di bassa qualità: il prezzo è medio in quanto la probabilità che l'auto acquistata sia di qualità alta o bassa è la stessa;

– l'offerta di auto di buona qualità dipende dal prezzo di mercato: a un prezzo (medio) elevato vi sarà un numero elevato di auto di buona qualità offerte, ma, man mano che il prezzo medio scende, i venditori di auto di buona qualità diminuiranno (non venderanno più perché non lo riterranno conveniente) e quindi aumenterà la quota dei 'bidoni', ovvero la qualità media calerà al diminuire del prezzo determinando una aspettativa sulla qualità al ribasso da parte dei compratori. Vi è cioè un effetto di *selezione avversa*.

---

[2] G. AKERLOF, *The Market for 'Lemons': Qualitative Uncertainty and the Market Mechanism*, in *Quarterly Journal of Economics*, 1970, pp. 488-500.

La storia appena narrata può essere rappresentata graficamente nel seguente modo (vedi grafico III.1). Nella parte a) del grafico si rappresenti il mercato delle auto di alta qualità, nella parte b) il mercato delle auto di bassa qualità che, se vi fosse informazione completa, sarebbero distinguibili l'uno dall'altro. D_A e D_B rappresentano rispettivamente la domanda di auto di alta e bassa qualità; O_A e O_B le rispettive offerte; p_A e p_B i prezzi, q_A e q_B le quantità di equilibrio sui due mercati.

Grafico III.1. – *La selezione avversa nel mercato delle auto usate*

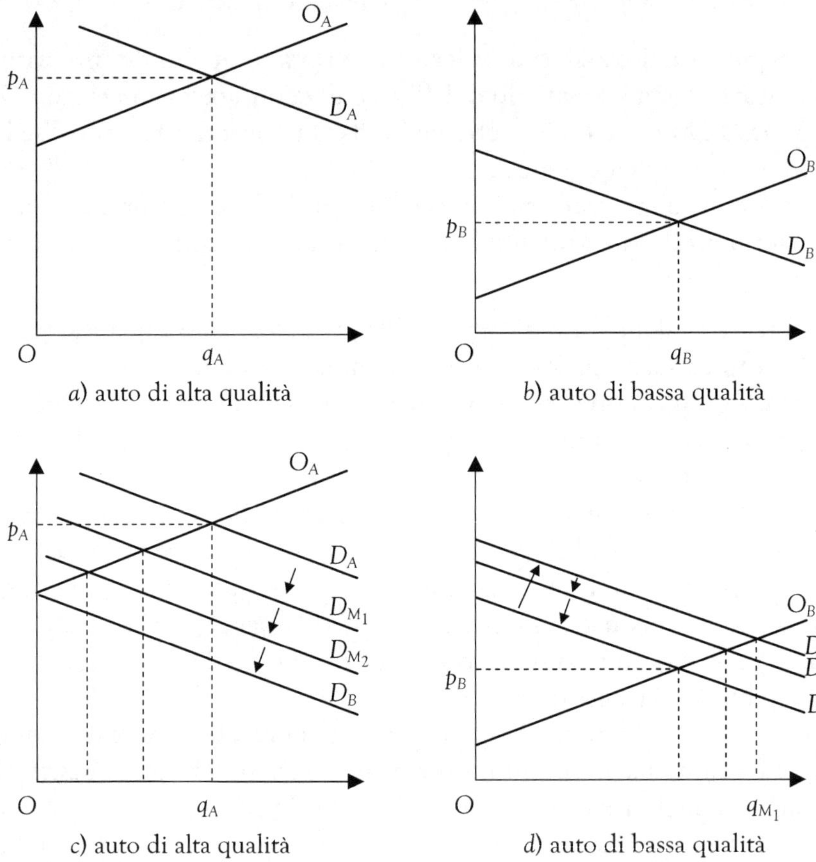

Nelle parti c) e d) del grafico si assume invece che la qualità delle auto sia indistinguibile e valgano le assunzioni prima fatte relativamente alla proporzione media attesa di auto di alta e bassa qualità sul mercato (metà e metà). Il prezzo medio scende e la domanda diventa D_{M1}. A quel prezzo alcuni possessori di auto di alta qualità rinunceranno a venderla, reputando il prezzo offerto troppo basso, e alcuni possessori di auto di bassa qualità, che a un prezzo minore non avrebbero venduto, decidono di vendere.

Dopo che le transazioni sono avvenute si scoprirà che la quota di auto di bassa qualità acquistate e vendute sul mercato è aumentata, quindi il prezzo medio diminuirà e la domanda diventa D_{M2}. Si determinerà un analogo processo di selezione che modificherà la percentuale di auto dei due tipi sul mercato (crescerà la quota di auto di bassa qualità relativamente a quelle di alta qualità) e di riduzione del prezzo medio. Il processo si interromperà quando il prezzo sarà tanto basso che si venderanno soltanto auto di bassa qualità. L'asimmetria dell'informazione da quindi luogo, nel caso estremo considerato, a un processo di selezione avversa che elimina il mercato di auto di alta qualità.

1.3.2. *Il modello di Akerlof*

Assumiamo che la domanda di automobili usate dipenda dal prezzo dell'auto p e dalla qualità media delle auto che vengono scambiate, μ, che a sua volta dipende dal prezzo che segnala la qualità media, ovvero:

(1) $$Q_D = D(p, \mu)$$

L'offerta di auto dipende dal prezzo:

(2) $$O = O(p)$$

In equilibrio la domanda uguaglia l'offerta:

(3) $$O(p) = D(p, \mu\,(p))$$

Assumiamo ora che sul mercato vi siano due gruppi di individui che scambiano, definiti gruppo 1 e gruppo 2, possessori, rispettivamente, il primo di N auto usate, e il secondo di nessuna auto usata. Il gruppo 1 ha la seguente funzione di utilità:

(4) $$U_1 = M + \sum q_i,$$

dove M è un bene composito, che individua tutti i beni "non automobili", q_i la qualità della i-ma auto e n il numero di auto suddivise per qualità.

Il gruppo 2 ha invece la seguente funzione di utilità:

(5) $$U_2 = M + \sum (3/2)q_i.$$

Il numero di auto domandato dal gruppo 1 è determinato in base alla massimizzazione della funzione di utilità attesa:

$$(6) \qquad E(U_1) = E(M + \sum q_i)$$

Poiché il valore atteso di una combinazione lineare è pari alla combinazione lineare del valore atteso, allora si ha:

$$(7) \qquad E(U_1) = M + \sum E(q_i)$$

che, dato che il valore atteso della qualità delle auto è pari a μ, può essere scritta:

$$(8) \qquad E(U_1) = M + \mu n.$$

Dato il reddito, Y_1, la domanda di auto del gruppo 1 sarà:

$$(9) \qquad D_1 = \begin{cases} Y_1/p & \text{per} \quad \mu > p \\ 0 & \text{per} \quad \mu < p. \end{cases}$$

Dato il reddito, Y_2, la domanda di auto del gruppo 2 sarà:

$$(10) \qquad D_2 = \begin{cases} Y_2/p & \text{per} \quad 3\mu/2 > p \\ 0 & \text{per} \quad 3\mu/2 < p. \end{cases}$$

Dalla somma delle due funzioni di domanda otteniamo la domanda complessiva di auto usate:

$$(11) \qquad D(p, \mu) = \begin{cases} (Y_1 + Y_2)/p & \text{per} \quad \mu > p \\ Y_2/p & \text{per} \quad \mu < p < 3\mu/2 \\ 0 & \text{per} \quad p > 3\mu/2. \end{cases}$$

Passiamo ora all'offerta delle N auto usate appartenenti ai membri del gruppo 1 la cui qualità media è $\mu = p/2$. L'offerta complessiva sarà:

$$(12) \qquad S_1 = N p/2 = p(N/2).$$

Ora, la condizione che assicura una domanda di auto positiva da parte del gruppo 1, $\mu > p$, non è soddisfatta perché $p > p/2$, per cui la domanda del gruppo 1 è pari a zero.

La condizione che assicura una domanda di auto positiva da parte del gruppo 2, $3\mu/2 > p$, non è soddisfatta perché implica $3/4 \cdot p > p$, che è falso.

Se ne conclude che né gli operatori del gruppo 1, né quelli del gruppo 2 domanderanno auto usate e il mercato scomparirà, perché la qualità media delle auto è troppo bassa rispetto al prezzo. In condizioni di informazione asimmetrica, dunque, il mercato può non esistere a causa del meccanismo della selezione avversa.

Un mercato nel quale si riscontra asimmetria informativa nei confronti della qualità, dice Akerlof, mostra caratteristiche simili a quelle descritte dalla "legge di Gresham"[3] secondo la quale la moneta cattiva scaccia la buona: in questo caso, le auto cattive tendono a scacciare le buone.

In queste condizioni si verifica una perdita di benessere perché non possono effettuarsi quegli scambi che sarebbero vantaggiosi sia per i venditori che i compratori.

1.3.3. *Segnali credibili come soluzione del problema della selezione avversa*

Soluzioni possibili al problema della selezione avversa sono la segnalazione e la selezione.

Segnalazione. I soggetti che hanno l'informazione privata sono incentivati a rivelarla e perciò adottano comportamenti che rivelano l'informazione da loro posseduta. Se un consumatore non può distinguere un bene di elevata qualità da uno di scarsa qualità, non è disposto a pagare quel che il possessore del bene di alta qualità richiede. Quest'ultimo può allora cercare di segnalare ai potenziali acquirenti la qualità del suo prodotto, ad esempio offrendo garanzie[4] o con la pubblicità[5]. Analogamente, un lavoratore può inviare segnali sulla sua

---

[3] La legge di Gresham è attribuita al mercante inglese Thomas Gresham (1519-1579) che la enunciò a metà del Cinquecento. Per moneta cattiva si intendevano quelle monete (d'oro o di metalli preziosi) il cui valore intrinseco era minore di quello nominale per varie ragioni: la perdita di parte del metallo prezioso di cui erano fatte a causa dell'uso e, soprattutto, della pratica illegale di raschiarne i bordi, oppure per le variazioni relative del valore delle monete in un sistema bimetallico (composto di monete d'oro e d'argento). In questi casi si determinava la tendenza della moneta cattiva a scacciare la moneta buona, ovvero la tendenza degli operatori economici a disfarsi delle monete cattive, rifiutandole in pagamento ma cercando di usarle per pagare. Ciò faceva sì che, a parità di valore nominale, si usasse per gli scambi la moneta il cui valore era diminuito in termini di valore reale e si tesaurizzasse invece l'altra moneta.

[4] Si noti che la *reputazione* può essere intesa come una forma di garanzia. Lo stimolo a mantenere una buona reputazione può fornire alle imprese un incentivo a fornire un bene di buona qualità, in quanto una buona reputazione può dar luogo a ricavi specifici, detti *rendite reputazionali* che verrebbero a svanire se l'impresa abbassasse la qualità dei prodotti.

[5] Si deve trattare di *pubblicità informativa*, ovvero volta a fornire ai clienti informazioni effettive sulla qualità dei beni, e non semplicemente *persuasiva*, che può essere veicolo di disinformazione.

effettiva capacità: titoli di studio e livello di scolarità possono essere interpretati come un segnale di produttività relativamente più alta. In generale i segnali inviati sono *credibili* se il loro invio comporta il sostenimento di elevati costi non necessari e non facilmente recuperabili.

Selezione. Si introducono prodotti o contratti che attraggono solo la porzione desiderata di consumatori, dipendenti, ecc., ovvero determinano una autoselezione da parte degli agenti stessi. Ad esempio, nel campo assicurativo, si può cercare di separare i clienti più rischiosi dagli altri con l'offerta di contratti con maggiore o minore copertura: i clienti meno rischiosi accetteranno una copertura parziale a fronte di una minor onerosità del contratto.

1.3.4. *Conseguenze teoriche dell'ipotesi di dipendenza della qualità dal prezzo*

Nelle situazioni con informazione simmetrica e completa, considerate dal modello neoclassico, i beni di migliore qualità sono venduti a prezzi più alti, ovvero i prezzi dipendono dalla qualità. Nelle situazioni qui considerate, esemplificate dal caso del mercato delle auto usate, invece il nesso causale si inverte e i giudizi rispetto alla qualità dell'oggetto di scambio si formano in funzione del prezzo. Il fatto che i giudizi sulla qualità di beni e servizi dipendano dal prezzo ha varie conseguenze, che il premio Nobel Joseph Stiglitz ha evidenziato in un articolo del 1987, offrendo una fondamentale ricostruzione di una vasta letteratura[6].

Una prima implicazione è che le curve di domanda possono non essere inclinate negativamente. Esempi di tale fenomeno sono molteplici:

– una riduzione del prezzo delle auto usate si traduce in uno scadimento della qualità media delle auto offerte che induce una riduzione della domanda;

– l'aumento del salario, ovvero del prezzo del servizio lavoro, può indurre un aumento della produttività dei lavoratori tale da far aumentare la domanda di lavoro;

– l'aumento del prezzo di un titolo sul mercato finanziario può essere interpretato come un segnale che il rendimento atteso è cresciuto, il che può indurre un aumento della domanda da parte di acquirenti privi di altre informazioni.

---

[6] Vedi J. STIGLITZ, *The Causes and Consequences of the Dependence of Quality on Price*, in *Journal of Economic Literature*, 1987, pp. 1-48.

Una seconda, fondamentale, implicazione è relativa alla concezione dell'equilibrio. Nel modello base neoclassico l'equilibrio del mercato concorrenziale è caratterizzato dall'uguaglianza tra domanda e offerta e dall'esistenza di un unico prezzo per ogni bene e solo in condizioni di *disequilibrio* queste eguaglianze vengono (temporaneamente) meno. Queste relazioni, nel caso in cui la qualità dipende dal prezzo, possono non essere rispettate e l'*equilibrio* di mercato può essere caratterizzato dalla non eguaglianza tra domanda e offerta.

Nel grafico III.2, la curva tracciata descrive la relazione tra prezzo, sull'asse delle ascisse, e costo unitario della qualità di un bene (o servizio). Vi è un prezzo in corrispondenza del quale il costo della qualità raggiunge un minimo.

Grafico III.2. – *Relazione prezzo-costo unitario della qualità di un bene*

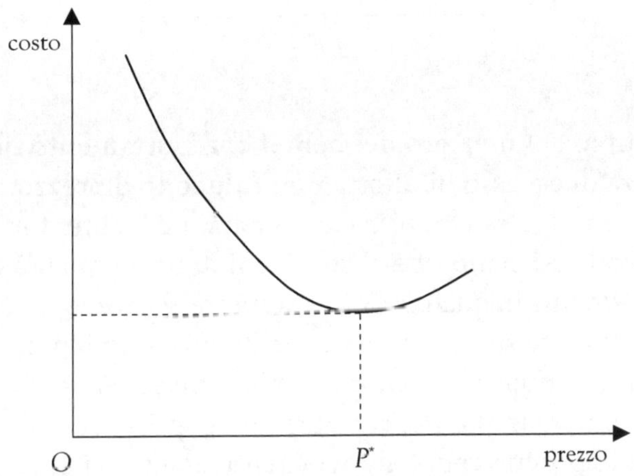

Tale curva è derivata dalla relazione prezzo-qualità rappresentata da una curva che presenta un andamento inizialmente convesso, il che significa che, per un certo intervallo, un aumento del prezzo può dar luogo a un aumento più che proporzionale della qualità (grafico III.3).

Grafico III.3. – *Relazione prezzo-qualità di un bene*

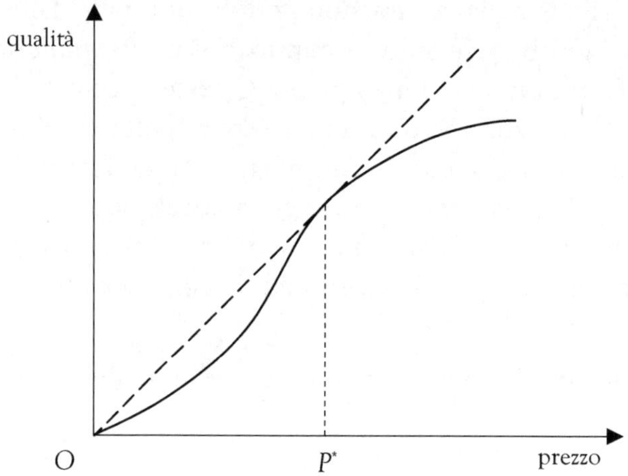

Ne è un esempio sul mercato dei beni il comportamento delle imprese che anche in presenza di eccesso di offerta non riducono il prezzo. Poiché è più costoso produrre beni di alta che di bassa qualità, i consumatori ne possono dedurre che a prezzi bassi siano offerti solo beni di bassa qualità e che all'aumentare dei prezzi aumenti la qualità. Nello stabilire il prezzo, le imprese tengono conto del ragionamento dei consumatori e stabiliscono il prezzo di conseguenza. Questo comportamento ha l'importante conseguenza che, in presenza di eccesso di offerta, nessuna impresa ridurrà il proprio prezzo, sapendo che una tale politica non le procurerebbe nuovi clienti, essendo i consumatori convinti che a prezzi più bassi corrisponde una qualità più bassa.

Ne è un altro esempio quello che accade sul mercato del lavoro. Nel grafico III.4, sull'asse delle ordinate è rappresentato il costo per unità di efficienza (derivato dalla curva della produttività del salario secondo cui la produttività cresce per un certo tratto al crescere del salario) e sull'asse delle ascisse il salario reale w. Il costo è rappresentato come inizialmente decrescente al crescere del salario fino a raggiungere un minimo w^*, detto *salario di efficienza*. Se vi è eccesso di lavoro al salario di efficienza w^*, nessuna impresa ha un incentivo ad abbassare il proprio salario o assumere lavoratori che si offrono a salari inferiori, perché ciò aumenterebbe i costi del lavoro. Quindi w^* è il salario di equilibrio a prescindere dal fatto che, a w^*, l'offerta di lavoro eguagli o ecceda la domanda. Questa è una situazione diversa da quella del modello tradizionale nel quale, se vi è eccesso di offerta di lavoro, i lavoratori possono accettare di lavorare a salari, inferiori, il che permette di assorbire l'eccesso di offerta. In questo caso, invece, se si ritiene che i lavoratori che offrono i loro servizi a un salario inferiore siano meno produttivi, l'impresa non li assumerà, perché il costo per unità di servizio di lavoro di tali lavoratori sarebbe maggiore.

Grafico III.4. – *Relazione salario-costo per unità di efficienza*

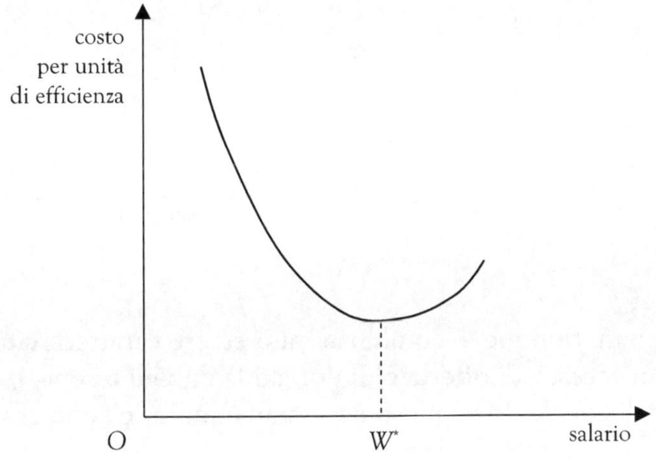

Un fenomeno analogo può accadere sul mercato dei capitali. Si assuma che, se la banca aumenta il tasso d'interesse, la qualità di chi domanda fondi a prestito si riduce perché, essendovi una più alta probabilità di insolvenza, i mutuatari più 'sicuri' non sono disposti a prendere a prestito a tassi d'interesse particolarmente elevati. Il rendimento atteso di un prestito, dal punto di vista della banca erogante, può perciò diminuire al crescere del tasso di interesse. Nel grafico III.5, sull'asse delle ordinate è posto il rendimento atteso per unità di prestito e sull'asse delle ascisse il tasso d'interesse. Il rendimento atteso è rappresentato da una curva prima crescente, che raggiunge un massimo, r^*, e poi declina. L'andamento è derivabile dalla curva di insolvenza, che postula che la probabilità di insolvenza aumenta all'aumentare del tasso di interesse. r^* resta il tasso di equilibrio anche se, a quel tasso, vi è un eccesso di domanda di prestiti, rifiutandosi la banca di finanziare chi è disposto a prendere a prestito a un tasso d'interesse superiore a r^*. Si parla a questo proposito di *razionamento del credito*.

Grafico III.5. – *Relazione tasso d'interesse-rendimento atteso per unità di prestito*

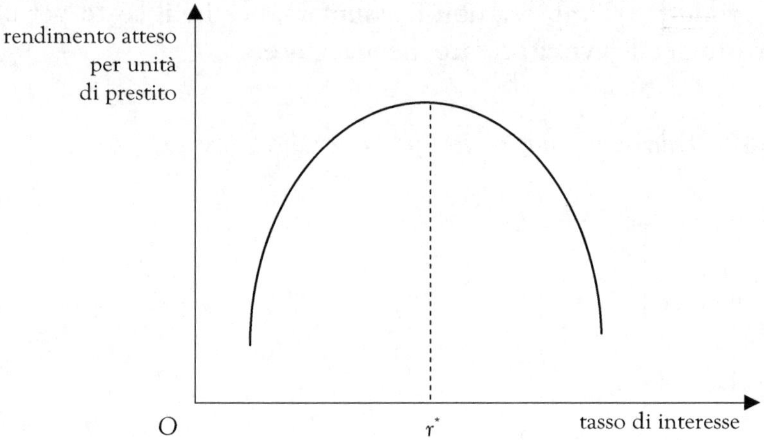

Nei casi esaminati, dunque, l''equilibrio' può essere caratterizzato dal fatto che si mantiene un eccesso di offerta o di domanda di beni o servizi, a differenza del modello tradizionale dove questi eccessi in equilibrio sono eliminati e, si dice, il mercato è 'sparecchiato' (*clear*).

Quando il mercato è 'sparecchiato' si parla di esistenza di un *equilibrio walrasiano*; quando non lo è, ma si è tuttavia in equilibrio nel senso che nessun agente economico ha un incentivo a cambiare il proprio comportamento, si parla invece di esistenza di un *equilibrio con razionamento (o non walrasiano)*.

2. La razionalità limitata, le nuove teorie della scelta in condizioni di incertezza e l'economia dei costi di transazione

2.1. Premessa. Dall'analisi dei comportamenti nelle organizzazioni reali all'economia comportamentale

La difficoltà di applicare il modello della razionalità perfetta nell'analisi delle organizzazioni reali, in cui raramente l'agente economico ha una visione completa e chiara delle conseguenze della sua azione, ha portato vari scienziati sociali ad elaborare un concetto di razionalità "più realistico". A partire dagli anni cinquanta del Novecento studiosi quali Herbert Simon (1916-2001), premio Nobel per l'economia nel 1978, Richard Cyert (1921-1998) e James March (1928-), compirono ricerche empiriche sui processi decisionali nelle imprese che posero le basi delle teorie contemporanee sul fenomeno organizzativo e sui processi di cambiamento organizzativo e tecnologico delle imprese. All'interno di questa riflessione, venne introdotta, grazie soprattutto al contributo di Herbert Simon, una nuova visione della razionalità – la razionalità limitata (*bounded rationality*) – capace di affrontare i comportamenti umani in differenti contesti sociali e organizzativi in modo unificato.

Con il lavoro di Simon lo schema di analisi neoclassico fondato sulla razionalità perfetta ha mostrato, sul piano logico ed empirico, limiti che hanno messo in discussione la sua generalità. Dopo Simon la riflessione di vari autori, in particolare gli psicologi Amos Tversky (1937-1996) e Daniel Kahneman (1934-)[7], che possono essere considerati i fondatori di quella che è stata definita l'*economia comportamentale*, ha permesso di conoscere sempre più approfonditamente ragioni e modi della razionalità limitata e i meccanismi attraverso i quali credi e preferenze sono generati e indebolire la principale obiezione neoclassica che la letteratura iniziata con Simon aveva evidenziato anomalie e deviazioni dal modello di scarso rilievo. Si è ottenuta ormai una grande quantità di evidenza empirica a favore della tesi che il paradigma della razionalità perfetta non è il modo di comportamento prevalente e che l'adozione di un comportamento fondato sulla razionalità limitata è capace di spiegare il comportamento economico in una grande molteplicità di situazioni.

2.2. La complessità del processo decisionale e il concetto di razionalità limitata di Simon

Il modello dell'uomo razionale (e quindi ottimizzante) neoclassico assume che tutte le alternative di scelta siano date, che tutte le possibili conseguenze siano conosciute e che le preferenze siano ordinate. Gli studi sui processi decisionali mostrano però che gli agenti economici, nel momento in cui prendono una decisione, utilizzano solo parte delle informazioni teoricamente disponibili, conoscono solo parzialmente le alternative disponibili, hanno preferenze non ben definite e considerano solo in parte le conseguenze delle loro azioni. Il decisore non è in grado di "vedere" simultaneamente tutte le informazioni, tutte le alternative, tutte le conseguenze, tutti gli obiettivi, ma può solo esplorarli sequenzialmente, trascurando alcuni elementi, per mancanza di informazioni e anche per l'effetto dell'abitudine e di convinzioni radicate.

Quel che è emerso dagli studi è soprattutto il fatto che nei processi decisionali reali il problema non è trovare la miglior decisione tra alternative note – l'essenza del problema decisionale nel modello neoclassico – ma *scoprire e valutare le alternative e le loro conseguenze*. In altri termini, il processo decisionale appare, in questa prospettiva, come un processo complesso[8] che esige di scoprire,

---

[7] Kahneman è stato insignito del premio Nobel per l'economia nel 2002.

[8] In *The Architecture of Complexity* (1962) Simon definisce complesso un sistema composto di un gran numero di parti che interagiscono tra loro in modi "non semplici": "in tali sistemi il tutto è più che la somma delle singole parti, non in senso metafisico, ma nel senso pragmatico che, conosciute le proprietà delle parti e le leggi di interazione, non è banale inferire le proprietà del tutto".

valutare e analizzare gli elementi informativi rilevanti, rivedere le decisioni alla luce di fatti nuovi, e valutare le conseguenze delle decisioni. Tale complessità, si è anche rilevato, sovente supera le capacità dei singoli e va quindi affrontata attraverso le organizzazioni.

Dall'osservazione empirica di come i problemi vengono posti, Simon conia il termine *razionalità procedurale*, che è così definita: "il comportamento è razionale in senso procedurale quando è il risultato di un comportamento corretto" – che è il significato di razionalità prevalente in psicologia.

Gli individui (e le organizzazioni) partono da un quadro conoscitivo e informativo incompleto, incerto sul futuro, e operano con limitate capacità. Il loro agire si esplica nella ricerca di soluzioni dei problemi informativi e decisionali, ricerca che viene effettuata attraverso procedure di comportamento o *routines*[9].

I punti caratterizzanti della razionalità procedurale sono due: la ricerca di alternative, che non sono date *ex ante*, all'interno di un insieme aperto di opzioni e la selezione fra le alternative scoperte. La selezione non si fonda sull'ottimizzazione di una funzione di utilità – perché gli studi mostrano che le scelte umane non sono coerenti in modo da rendere possibile derivare una funzione di utilità con le caratteristiche richieste –, ma, sul raggiungimento di un livello considerato dal soggetto psicologicamente "*soddisfacente*": Simon chiama appunto questo tipo di selezione soddisfacente (*satisfying*).

La razionalità procedurale, caratteristica dei comportamenti organizzativi, è così contrapposta alla razionalità sostanziale – "il comportamento è razionale in senso sostanziale quando è appropriato al raggiungimento di dati obiettivi all'interno di limiti imposti da date condizioni e vincoli" –, tipico della razionalità neoclassica. Con l'abbandono della razionalità neoclassica, viene meno anche una sua caratteristica – l'ipotesi di illimitata capacità computazionale degli individui: con questo si intende che, anche se per certi problemi esistessero in teoria soluzioni ottimali ricavabili dalla enumerazione finita di alternative, non sarebbe razionale ricercarle, non solo per i costi elevatissimi che richiederebbe la ricerca, ma soprattutto a causa delle capacità cognitive umane limitate che renderebbero tale ricerca impossibile in pratica. In altri termini, le limitate capacità computazionali della mente umana unite alla complessità dell'ambiente esterno rendono irrealizzabile la formazione di una scelta razionale perfetta.

---

[9] Con *routine* si intende un comportamento ripetitivo, memorizzato, contestualizzato. La funzione della *routine* è, si può dire, 'risparmiare' calcolo razionale e ridurre la complessità del reale.

Un elemento essenziale da sottolineare in questa prospettiva teorica è che l'individuo (limitatamente) razionale è, come scrive Simon, un "individuo istituzionalizzato", nel senso che nelle sue decisioni l'individuo è inevitabilmente soggetto all'influenza dell'ambiente sociale (o meglio, delle organizzazioni) di cui fa parte.

Questi due elementi – la razionalità procedurale e il comportamento soddisfacente da un lato, l'importanza della dimensione socio-istituzionale in cui la razionalità individuale si manifesta e all'interno del quale si adatta dall'altro – sono alla base dell'approccio teorico dell'economia comportamentale (*behavioural economics*).

2.3. La scelta in condizioni di incertezza. L'approccio comportamentale di Kahneman e Tversky

Sulla base di studi empirici sul comportamento sviluppati a partire dagli anni settanta del Novecento, Kahneman e Tversky hanno sostenuto che, nel compiere scelte in condizioni di incertezza, gli individui utilizzano una serie di regole euristiche per produrre giudizi circa le probabilità e, quel che è rilevante, tali euristiche producono errori sistematici. In altri termini, le stime sono sistematicamente influenzate dal tipo di informazione disponibile all'individuo che deve prendere la decisione. La coerenza logica nel prendere decisioni appare sistematicamente violata.

In particolare il modo in cui i problemi sono posti, cioè la struttura (o *framing*) dei problemi, influenza la scelta. Ciò dà luogo a asimmetrie di comportamento e a un diverso atteggiamento nei confronti del rischio. In particolare:

– *i guadagni sono trattati in modo diverso dalle perdite*. Si verifica un effetto di avversione alle perdite: prendendo decisioni in condizioni di incertezza le persone percepiscono le diverse opzioni in termini di potenziali guadagni o potenziali perdite rispetto a un punto di riferimento neutro: una perdita ha un impatto maggiore di un guadagno di pari entità;
– si ha *propensione al rischio* in caso di perdite e *avversione al rischio* in caso di guadagni: le persone tendono ad evitare scelte rischiose nel dominio dei guadagni e sono più propense a fare scelte rischiose nel dominio delle perdite.

La spiegazione (o forse sarebbe più corretto dire la descrizione razionale) del comportamento in condizioni di incertezza è definita da Kahneman e Tversky *teoria del prospetto* (*prospect theory*) che può essere interpretata come una alternativa (descrittiva) alla teoria dell'utilità attesa di von Neumann e Morgenstern.

Concetto fondamentale è quello di funzione valore (*value function*), in cui le probabilità degli eventi possibili sono ponderate attraverso un peso π di ogni esito nella valutazione dell'individuo. La funzione $V(x) = \sum \pi(p_i)\ v\ (x_i)$, dove $\pi(\cdot)$ è una trasformazione non lineare della probabilità p_i, è rappresenta nel grafico III.6, dove i risultati sono espressi in termini di deviazioni positive o negative rispetto a una situazione di riferimento cui è assegnato un valore pari a zero.

Grafico III.6. – *La funzione di valore soggettivo*

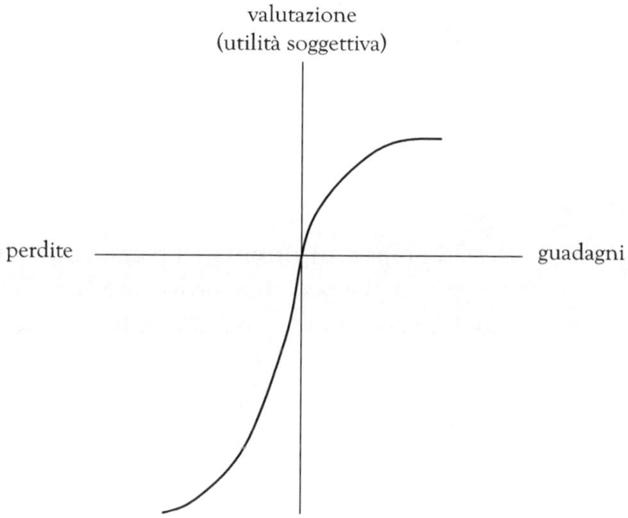

Come si vede, due sono le caratteristiche fondamentali della funzione:

– essa ha un andamento non lineare, concava nella regione dei guadagni e convessa nella regione delle perdite;

– essa ha una pendenza maggiore nella regione delle perdite.

Per spiegare il significato di tale andamento si fa riferimento alle regole euristiche sopra indicate.

Un'efficace esemplificazione dell'effetto contesto è data da un famoso esperimento, compiuto da Kahneman e Tversky negli anni ottanta con gruppi di studenti universitari, noto come 'problema della malattia asiatica'. Esso mostra, a fronte della presentazione di un'analoga situazione a più gruppi di persone, capovolgimenti nella valutazione delle azioni e dei risultati secondo il quadro di riferimento.

Il problema della malattia asiatica

Prima presentazione

Si immagini che il paese si prepari ad affrontare un'epidemia di una malattia contagiosa di eccezionale gravità che potrebbe provocare la morte di 600 persone. Per fronteggiarla sono proposti due programmi di intervento A e B. La stima delle conseguenze dei due programmi è la seguente:

– se viene adottato il programma A verranno salvate 200 persone;
– se viene adottato il programma B, vi è una probabilità di 1/3 che vengano salvate tutte le 600 persone e 2/3 di probabilità che non si salvi nessuno.

Quale programma scegliereste?
La maggioranza delle persone (72%) preferisce il programma A.

Seconda presentazione

Si immagini che il paese si prepari ad affrontare un'epidemia di una malattia contagiosa di eccezionale gravità che potrebbe provocare la morte di 600 persone. Per fronteggiarla sono proposti due programmi di intervento C e D. La stima delle conseguenze dei due programmi è la seguente:

– se viene adottato il programma C, 400 persone moriranno;
– se viene adottato il programma D, c'è 1/3 di probabilità che nessuno muoia, e 2/3 di probabilità che muoiano 600 persone.

Quale programma scegliereste?
In questo caso la maggioranza delle persone (78%) preferisce il programma D.

Le due coppie di programmi sono identiche: infatti il valore atteso dei vari programmi è lo stesso. La differenza sta nella diversa descrizione delle conseguenze: nel primo caso si adotta una 'cornice' (*framing*) positiva, sottolineando il numero di persone che verranno salvate rispetto alle perdite previste, nel secondo si adotta una 'cornice' negativa, sottolineando il numero di persone che certamente moriranno. Nel primo caso la maggioranza mostra un atteggiamento avverso al rischio, nel secondo caso favorevole al rischio.

La funzione valore, nel caso dell'esperimento della malattia asiatica, può essere così rappresentata.

Grafico III.7. – *La funzione di valore – l'esperimento della malattia asiatica*

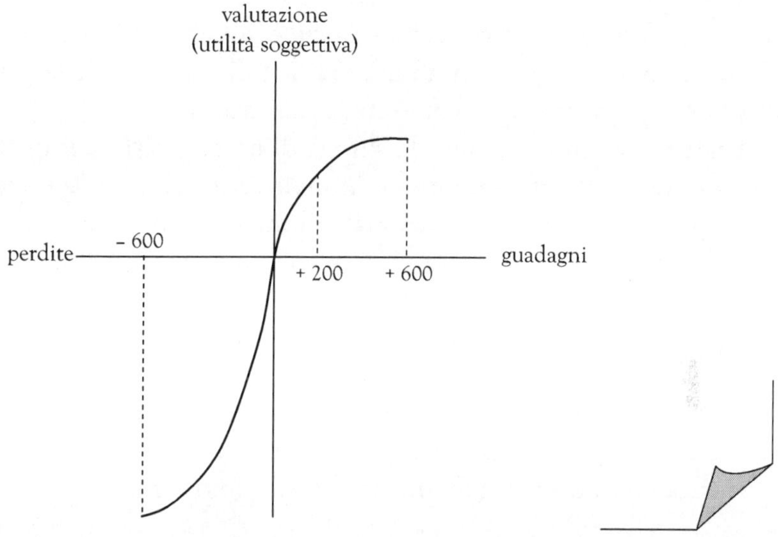

Nel problema della malattia asiatica le persone compiono delle scelte che rappresentano una violazione del principio di coerenza descrittiva. Queste violazioni sono ritenute troppo diffuse per essere ignorate e troppo sistematiche per essere liquidate come errori casuali.

2.4. L'economia dei costi di transazione

Con il termine 'costi di transazione' si fa riferimento ai costi di funzionamento di un'organizzazione economica e ai costi di negoziazione e effettuazione delle transazioni che derivano dall'esistenza di informazione incompleta e/o razionalità limitata. La riflessione su questo tipo di costi nasce negli anni trenta, con gli studi di Ronald Coase (1910-), e si sviluppa a partire dagli anni settanta con i contributi di Oliver Williamson (1932-). A quest'ultimo in particolare si deve lo studio approfondito delle caratteristiche di tali costi.

2.4.1. *Le ragioni dei costi di transazione*

I costi di transazione sorgono quando una transazione di mercato comporta la stipula di un contratto incompleto (cioè un contratto che non specifica in modo completo le varie eventualità e le loro conseguenze) che rende possibile, da parte di qualche partecipante al contratto, di comportarsi in modo opportunistico, a differenza della situazione in cui è possibile stipulare un contratto completo che definisce responsabilità e diritti di ciascuna delle parti in ogni eventualità che possa insorgere durante la transazione.

I fattori che impediscono la stipula di un contratto completo sono la razionalità limitata e l'informazione asimmetrica. Infatti, per quanto riguarda il primo aspetto, i soggetti con razionalità limitata non sono in grado di prevedere tutte le eventualità che potrebbero presentarsi durante una transazione e quindi non sono in grado di stendere contratti completi e di conseguenza non gli sarà possibile indicare diritti e responsabilità di ciascuna delle parti. Per quanto riguarda il secondo aspetto, anche se le parti fossero in grado di prevedere le varie eventualità future, un contratto potrebbe essere comunque incompleto, se le parti non hanno uguale accesso a tutte le informazioni rilevanti, ovvero se si verifica una situazione di informazione asimmetrica.

2.4.2. *Tipologia e caratteristica delle transazioni*

Una classificazione dei costi di transazione può essere fatta esaminandone tipologia e caratteristiche.

Dal punto di vista della tipologia i costi di transazione si dividono in:

– *costi di coordinamento*, ovvero costi di monitoraggio dell'ambiente, di progettazione e di contrattazione;
– *costi di incentivazione*: misurazione delle *performance*, creazione degli incentivi, realizzazione di accordi.

Dal punto di vista delle caratteristiche delle transazioni, esse differiscono per:

– la *specificità* degli investimenti richiesti per condurre le transazioni, recuperabili o non recuperabili al di fuori della transazione;
– la *frequenza* con la quale si verificano transazioni simili e la loro durata (*una tantum* o ripetute);
– la *complessità* delle transazioni e l'*incertezza* sulle prestazioni richieste – situazioni nelle quali si devono stabilire diritti, obblighi e procedure.

2.5. Implicazioni della razionalità limitata e dei costi di transazione: la questione della natura dell'impresa

2.5.1. *Una spiegazione dell'esistenza dell'impresa basata sui costi di transazione*

In un articolo del 1937 dal titolo "La natura dell'impresa", Ronald Coase si pone il problema: qual è il posto dell'impresa in un'economia basata sul mercato [10]? Perché i rapporti contrattuali e gerarchici esistenti all'interno dell'impresa non sono rimpiazzati da scambi di mercato?

La principale spiegazione del perché è vantaggioso creare un'impresa sta nel fatto che l'utilizzo del meccanismo dei prezzi comporta dei costi: la scoperta dei prezzi che interessano, il costo di negoziare e concludere una transazione. Formando un'organizzazione e permettendo ad un'autorità (un imprenditore) di dirigere le risorse, possono essere risparmiati taluni costi di transazione. È questa autorità, sostiene Coase, che definisce l'impresa. All'interno di un'impresa le transazioni avvengono come risultato degli ordini di un capo-manager, senza riferimento ai prezzi.

D'altra parte, se con l'impresa si eliminano i costi di negoziazione, perché l'intera produzione non viene effettuata da una sola impresa? La ragione sta nel fatto che la funzione imprenditoriale può presentare rendimenti decrescenti, ovvero aumentano i costi di organizzare ulteriori transazioni all'interno dell'impresa. I confini dell'impresa sono così determinati dall'eguaglianza tra i risparmi permessi dall'internalizzazione delle transazioni, e i costi per errori addizionali.

Williamson ha proseguito l'analisi di Coase con l'approfondimento della natura dei costi di transazione e il loro collegamento esplicito con il concetto di razionalità limitata e la tendenza al comportamento opportunistico. I costi di transazione, si è rilevato, assumono particolare importanza nelle situazioni nelle quali i soggetti fanno investimenti specifici di notevole rilievo – ad esempio l'addestramento di un individuo per lavorare con un particolare tipo di macchine –. La crescita dei costi di transazione a livello di mercato porta così a considerare l'alternativa dell'integrazione dell'attività all'interno dell'impresa, ovvero

[10] R. COASE, *The Nature of the Firm*, in *Economica*, 1937, pp. 386-405.

l'*integrazione verticale*, che comporta un insieme di vantaggi: dal disegno di strutture di governo delle transazioni più efficienti alla riduzione della tendenza a comportamenti opportunistici.

2.5.2. *Impresa, apprendimento e attività innovativa*

Nell'ambito degli studi sull'organizzazione di ispirazione simoniana è emersa una concezione dell'impresa profondamente diversa da quella neoclassica che ha alimentato le analisi teoriche recenti sull'impresa e, fatto questo di notevole rilevanza, ha influenzato quelle sull'innovazione, uno dei campi in cui la teoria neoclassica è risultata essere più carente.

Nella nuova prospettiva, l'impresa può essere definita come conoscenza organizzativa accumulata nel tempo, influenzata dalla sua storia passata, che elabora, sulla base dell'esperienza, specifiche regole di comportamento in risposta a segnali che provengono dall'esterno o dall'interno dell'impresa stessa.

Queste regole o *routines* sono adottate e mantenute finché esse danno risultati soddisfacenti. Quando i risultati non sono più soddisfacenti e danno luogo a rischi di non sopravvivenza nel processo di selezione competitiva, l'impresa inizia la ricerca di nuove *routines* più efficienti.

Questa ricerca è un processo di apprendimento e innovazione che si compie in condizioni di elevata incertezza e disequilibrio, in cui gli agenti economici, limitatamente razionali (il che vale sia per l'impresa che per gli altri agenti con cui è in relazione), da un lato mancano di adeguate informazioni, dall'altro sono in difficoltà a individuare e valutare le alternative e sono potenzialmente a rischio di subire gli effetti di comportamenti opportunistici e di selezione avversa dovuti alle asimmetrie informative che si producono nel processo, con conseguenti problemi di appropriabilità dei prodotti dell'attività innovativa da parte dell'impresa.

In questo contesto il ruolo dell'*apprendimento* diviene cruciale, in quanto l'azione razionale degli agenti è volta proprio a ridurre, almeno localmente, la carenza di informazioni e, quindi, i rischi di fallimento. La ricerca comporta, attraverso la raccolta e l'elaborazione di informazioni, il progressivo accumularsi di apprendimento che determina la decisione dell'impresa di introdurre un'innovazione.

Il processo di ricerca comporta l'emergere di costi specifici: di valutazione, di coordinamento, di transazione in generale, che portano all'introduzione di modifiche organizzative nell'impresa. Infatti gli alti costi di transazione inducono le imprese a processi di integrazione verticale, la quale determina a sua volta crescenti costi di coordinamento, dando luogo a innovazioni organizzative volte a ridurli.

2.5.3. "*La storia è importante*": *la teoria della 'dipendenza dal percorso'* (path dependence)

Come sopra rilevato, gli studi sull'organizzazione di ispirazione simoniana hanno sottolineato l'importanza della storia nella determinazione delle caratteristiche dell'impresa. In particolare, l'apprendimento è condizionato da molteplici fattori tra cui sembra assumere un ruolo importante la *path-dependence* (dipendenza dal percorso): un processo evolutivo *path dependent* è quello il cui esito finale può essere influenzato in maniera determinante da eventi precedenti, anche di tipo casuale e non sistemico. Il concetto, originariamente introdotto dallo studioso della complessità ed economista americano Brian Arthur (1945-), è stato poi sviluppato dallo storico economico americano Paul David (1939-), che ha illustrato il caso della diffusione a fine ottocento di uno standard tecnologico, la disposizione QWERTY dei tasti di una macchina per scrivere, che ha influenzato il modo in cui ancor oggi si scrive al *personal computer*[11].

L'affermazione commerciale della tastiera QWERTY fu il risultato di un processo, apparentemente accidentale, le cui tappe fondamentali furono:

a) nel 1873 l'adozione di tale tastiera per la prima macchina per scrivere commerciale prodotta dalla Remington; essa presentava vantaggi tecnici rispetto alle macchine di generazione precedente;

b) intorno al 1895 l'adozione di QWERTY come standard dominante da parte degli utilizzatori, proprio mentre la sua superiorità tecnica veniva meno per l'emergere di alternative;

c) negli anni successivi la sua adozione da parte delle imprese concorrenti.

David spiega il determinarsi del dominio di QWERTY in base a tre fattori fondamentali: l'interrelazione tecnica tra *hardware* e *software* (i programmi dei dattilografi) o effetto rete indiretto, le economie di scala e la 'quasi-irreversibilità degli investimenti', ossia i costi correlati a investimenti specifici, o costi di *switching*. L'hardware della macchina per scrivere richiede infatti per un utilizzo ottimale la memorizzazione di sequenze e procedure appropriate da parte dei dattilografi, generando effetti di rete. La maggior presenza di macchine per

---

[11] Si veda: P. DAVID, "Clio and the economics of QWERTY", in *American Economic Review*, 75(2), pp. 332-337.

scrivere QWERTY determinava una più ampia disponibilità di dattilografi esperti, con economie di scala di sistema, cioè sia dal lato dell'offerta che della domanda. Man mano che QWERTY diventava prevalente anche i produttori che avevano adottato standard concorrenti lo adottavano, essendo la conversione tecnica poco costosa a confronto dei costi di riaddestramento dei dattilografi, vantaggio che si mantenne anche in presenza di standard più efficienti. In generale, quando una tecnologia o uno standard si diffonde largamente può risultare difficile che se ne affermi in seguito una nuova e diversa: gli utilizzatori potrebbero restare ingabbiati (*locked-in*) nella scelta precedente anche in presenza di alternative superiori – si parla di effetto *lock-in*. La conclusione di David è che il corso degli eventi passati può influenzare le scelte successive di agenti razionali e quindi gli stati del sistema economico e il loro livello di efficienza: la storia è importante (*history matters*).

La storia di QWERTY narra dunque di un processo economico incapace di scrollarsi di dosso l'influenza degli eventi passati, ed in cui agenti razionali sono portati ad un risultato condiviso e collettivo che potrebbe apparire non migliore per alcuni, e peggiore per altri di una possibile alternativa. Nonostante il fatto che ciascun soggetto individualmente, se avesse la possibilità di cancellare il passato, preferirebbe la scelta alternativa, è probabile che la collettività nel suo insieme continui a convivere con la situazione insoddisfacente (Pareto-inferiore) – a causa delle difficoltà o dei costi di coordinamento in cui si incorrerebbe per porre in atto la scelta alternativa.

Le scelte di oggi sono condizionate da quelle di ieri, ovvero sono "dipendenti dal percorso". In generale è "dipendente dal percorso" una sequenza di cambiamenti economici le cui influenze di rilievo sull'eventuale risultato possono essere desunte da eventi temporalmente remoti, inclusi accadimenti dominati da elementi casuali, piuttosto che da forze sistematiche. Processi stocastici come questi non convergono automaticamente ad una determinata distribuzione di risultati e sono chiamati 'non ergodici'. In tali circostanze, sottolinea David, gli accidenti della storia non possono essere ignorati.

3. La razionalità strategica, la teoria dei giochi e le nuove teorie dell'oligopolio

SOMMARIO: 3. La razionalità strategica, la teoria dei giochi e le nuove teorie dell'oligopolio. – 3.1. Definizione, rappresentazione e classificazione dei giochi. – 3.2. Alcune semplici tipologie di gioco e il concetto di equilibrio. – 3.2.1. Giochi con strategie dominanti: il dilemma del prigioniero. – 3.2.2. Giochi con strategie a dominanza debole e il concetto di iterazione. – 3.2.3. L'equilibrio di Nash. – 3.2.4. Giochi senza strategia dominante e molteplicità di equilibri di Nash. – 3.2.5. La non esistenza dell'equilibrio di Nash e le strategie miste. – 3.3. I modelli di oligopolio e la teoria dei giochi. – 3.3.1. Il modello di duopolio di Cournot come equilibrio di Nash di un gioco non cooperativo. – 3.3.2. I giochi ripetuti e le condizioni di affermazione della cooperazione. – 3.3.2.1. Il problema dell'orizzonte temporale. – 3.3.2.2. Strategie per la cooperazione: l'esperimento di Axelrod. – 3.3.2.3. I risultati degli studi empirici. Una nota. – 3.4. Mosse strategiche e giochi sequenziali. Cenni alle nuove teorie dell'oligopolio. – 3.4.1. Rivalità, minacce e promesse, impegni credibili. – 3.4.2. Barriere all'entrata e entrata potenziale. – 3.4.3. Il comportamento predatorio.

Se gli agenti sono razionali, e quindi perseguono obiettivi di massimizzazione (dell'utilità o del profitto), ma tengono conto, nel compiere le loro scelte, di quelle compiute dagli altri agenti, si dice che essi si comportano in modo strategico, usano cioè una *razionalità strategica*. In tal caso i risultati delle loro azioni possono essere diversi da quelli che abbiamo ottenuto nel contesto del modello base.

La teoria economica dei giochi, nata con il libro *Theory of Games and Strategic Behavior* del matematico di origine ungherese John von Neumann (1903-1957) e dell'economista austriaco Oskar Morgenstern (1902-1977) [12], descrive e analizza le situazioni di *interazione strategica* tra agenti razionali, definite *giochi di strategia*. La teoria ha avuto un grande sviluppo nei decenni successivi, per opera di vari studiosi, tra cui va in primo luogo ricordato il matematico americano John Nash (1928-), premio Nobel per l'economia nel 1994.

---

[12] J. VON NEUMANN-O. MORGENSTERN, *The Theory of Games and Economic Behavior*, Princeton University Press, Princeton, 1944.

3.1. Definizione, rappresentazione e classificazione dei giochi

Si ha un *gioco di strategia* ogni qualvolta l'esito, o guadagno, o *payoff*, di un insieme di azioni intraprese da due o più individui, i giocatori, dipende non solo dalle scelte del singolo ma anche dalle scelte degli altri partecipanti al gioco. Possiamo anche dire che un gioco di strategia è l'insieme di regole, conosciute dai giocatori, che vincola le scelte dei giocatori e ne definisce i *payoff*. Più precisamente, un gioco è definito da:

– un insieme di giocatori;
– le scelte o strategie a loro disposizione;
– i *payoff* ottenuti a seconda delle scelte effettuate dai partecipanti al gioco.

Formalmente: $G = (I, S_i; \Pi_i)$, dove I è l'insieme ($I = 1, 2, \dots N$) di tutti i giocatori, S_i è l'insieme ($S_i = s_1, \dots, s_i, \dots, s_N$) delle strategie che i giocatori hanno a loro disposizione, e Π è l'insieme ($\pi_i = \Pi_i(s_1, \dots, s_i, \dots, s_N)$ dei *payoff* per ogni giocatore i derivanti da tutte le possibili combinazioni di strategie.

Inoltre, nella definizione di un gioco, intervengono due altri elementi:

– le informazioni a disposizione dei giocatori quando devono fare le proprie mosse;
– l'ordine in cui i giocatori scelgono.

Qualsiasi gioco di strategia ammette due tipi di *rappresentazioni*: in forma estesa mediante l'albero del gioco, oppure in forma normale.

Tabella 1. – *Rappresentazione di un gioco in forma normale (strategica) e in forma estesa (ad albero)*

		Giocatore 2	
		Strategia C	Strategia D
Giocatore 1	Strategia A	e, f	g, h
	Strategia B	i, l	m, n

Payoff giocatore 1 (→ e)
Payoff giocatore 2 (→ f)

a) Forma normale (o strategia)

Tabella 1. - *Segue*

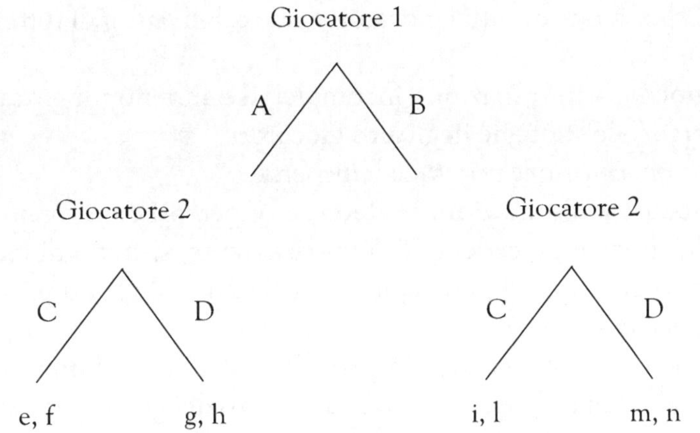

b) Forma estesa (o ad albero)

I giochi possono essere classificati, secondo diversi criteri, in vari modi:

– *Giochi cooperativi e non cooperativi*

• è cooperativo un gioco in cui i partecipanti possono stipulare contratti vincolanti che permettono loro di porre in atto strategie congiunte;

• è non cooperativo un gioco in cui non è possibile stipulare e far rispettare contratti vincolanti.

– *Giochi simultanei e sequenziali*

• è simultaneo (o statico) un gioco in cui i giocatori scelgono le azioni contemporaneamente;

• è sequenziale (o dinamico) un gioco in cui i giocatori scelgono le azioni secondo una successione particolare.

– *Giochi uniperiodali (one-shot) o ripetuti un certo numero di volte*

– *Giochi a somma costante o a somma variabile*

• un gioco si dice a somma costante o nulla se la somma degli esiti per i singoli giocatori è sempre la stessa, qualunque sia la combinazione di strategie risultante dalla loro interazione. In altre parole, in un gioco a somma costante ad ogni vincita di un giocatore corrisponde un'uguale perdita per altri giocatori;

• un gioco è a somma variabile se la somma dei *payoff* dei singoli giocatori cambia.

– *Giochi a informazione completa o incompleta*

• un gioco è a informazione completa se tutti i giocatori conoscono le strategie a disposizione di tutti i giocatori e i possibili *payoff* di tutti i partecipanti al gioco;

• un gioco è a informazione incompleta se almeno un giocatore non conosce i *payoff* e/o le strategie degli altri giocatori.

– *Giochi a informazione perfetta o imperfetta*

• un gioco è a informazione perfetta se i giocatori conoscono con certezza la storia delle giocate precedenti. Più precisamente, si tratta di giochi in cui in ogni momento del gioco si può capire in quale nodo della rappresentazione ad albero del gioco ci si trova;

• un gioco è a informazione imperfetta se il giocatore non sa precisamente in quale nodo della rappresentazione ad albero del gioco si trova.

Anche le *strategie* dei giocatori possono essere classificate in diversi modi:

– *Strategia pura o strategia mista*

• una strategia pura corrisponde a una situazione in cui il giocatore prende una decisione specifica;

• una strategia mista consiste in una situazione in cui il giocatore compie una scelta casuale tra più azioni possibili, sulla base di una data distribuzione di probabilità.

– *Strategie dominanti, dominate e normali*

• una strategia è detta dominante se garantisce al giocatore il maggior *payoff* possibile rispetto a tutte le altre strategie a disposizione, indipendentemente dal comportamento dell'altro giocatore (o degli altri giocatori);

• una strategia è detta dominata se non viene mai utilizzata da un giocatore razionale, qualunque sia il comportamento dall'avversario.

Si noti che non sempre esiste una strategia dominante per ogni giocatore e a volte nessun giocatore possiede una strategia dominante. In tal caso, può esistere una strategia ottimale dipendente dalla strategia adottata dall'avversario.

Considereremo inizialmente giochi statici uniperiodali nei quali i giocatori operano simultaneamente e hanno informazione completa. Successivamente abbandoneremo le ipotesi di gioco uniperiodale e simultaneità nella scelta.

3.2. Alcune semplici tipologie di gioco e il concetto di equilibrio

3.2.1. *Giochi con strategie dominanti: il dilemma del prigioniero*

Si ha una strategia dominante, come abbiamo visto, quando una strategia risulta migliore per un giocatore, indipendentemente dalla strategia adottata dall'altro. Il caso classico di questo tipo è un famoso gioco, detto 'dilemma del prigioniero', proposto per la prima volta dal matematico americano Albert Tucker (1905-1995) nel 1950. Il gioco può essere descritto come segue.

Vi sono due individui, A e B, sospettati di aver compiuto una rapina insieme, che vengono arrestati e interrogati separatamente. Ognuno dei due giocatori ha due possibili azioni: confessare di aver compiuto la rapina e non confessare (Si noti che 'non confessare' equivale ad adottare una strategia di cooperazione con l'altro giocatore). Viene loro detto che:

– se solo uno dei due confessa, chi ha confessato evita la pena e viene liberato, mentre l'altro viene condannato a 10 anni di carcere;
– se entrambi confessano, vengono entrambi condannati a 8 anni di carcere;
– se nessuno dei due confessa, entrambi vengono condannati a un anno.

Il gioco può essere rappresentato con la seguente tabella a forma di matrice.

Tabella 2. – *Il dilemma del prigioniero*

		Giocatore B	
		non confessa	confessa
Giocatore A	non confessa	(- 1, - 1)	(- 10, 0)
	confessa	(0, - 10)	(- 8, - 8)

In questo gioco entrambi i giocatori hanno una strategia dominante.

Si consideri il giocatore A. Egli non sa cosa farà l'altro giocatore B, ma sa che se decide di non confessare, egli rischia una pena di un anno se B non confessa e di 10 anni se B confessa. Se A sceglie di confessare, subisce una pena di 0 anni se B non confessa e una di otto anni se B confessa. In entrambi i casi per A è meglio confessare. Poiché il gioco è simmetrico, B farà le stesse valutazioni.

Essendo lo scopo di entrambi minimizzare la propria pena, la miglior strategia è quella di confessare, quindi l'equilibrio a strategie dominanti è (A confessa, B confessa) e i *payoffs* di equilibrio sono (– 8, – 8). La strategia 'confessa' è dominante sulla strategia dominata 'non confessa'. Si noti che la strategia dominante costituisce per entrambi i giocatori una soluzione peggiore rispetto a quella (non confessa, non confessa) *con payoffs* (– 1, – 1).

3.2.2. *Giochi con strategie a dominanza debole e il concetto di iterazione*

Il concetto di dominanza può essere proficuamente utilizzato anche quando non è 'forte' come nel caso del dilemma del prigioniero. Ne è un esempio un altro gioco, noto come 'gioco della battaglia del mare di Bismark', che si rifà a una battaglia effettivamente avvenuta nel Pacifico del sud nel 1943 tra americani, guidati dall'ammiraglio Kenney, e giapponesi, comandati dall'ammiraglio Imamura.

Imamura deve trasferire truppe in Nuova Guinea attraverso il mare di Bismark e Kenney vuole bombardarle durante il trasferimento. Imamura deve scegliere tra la rotta più corta del Nord e quella più lunga del sud, e Kenney deve decidere dove inviare i suoi bombardieri alla ricerca dei giapponesi. Se Kenney invia gli aerei sulla rotta sbagliata può richiamarli indietro ma, così facendo, riduce il numero di giorni utili per attaccare. Il gioco è rappresentato nella tabella 3.

Tabella 3. – *Il gioco della battaglia del mare di Bismark*

		Imamura	
		Nord	Sud
Kenney A	Nord	(2, - 2)	(2, - 2)
	Sud	(1, - 1)	(3, - 3)

I giocatori devono scegliere all'interno dello stesso insieme di azioni ma i loro *payoffs* sono diversi, l'uno guadagnando quando l'altro perde. Si noti che nessun giocatore ha una strategia dominante (forte). Infatti:

– Kenney sceglierebbe Nord se pensasse che la scelta di Imamura fosse Nord, e sceglierebbe sud se pensasse che la scelta di Imamura fosse sud;
– Imamura sceglierebbe Nord se ritenesse che la scelta di Kenney fosse sud, e sarebbe indifferente se pensasse che la scelta di Kenney fosse nord.

Imamura ha però una strategia dominante debole, Nord. Se Kenney se ne rende conto, egli esclude la scelta sud per Imamura e sceglie Nord che viene ora ad essere una strategia dominante forte. Tale strategia si dice a strategie dominanti iterate, ovvero una combinazione di strategie ricavate escludendo la strategia debolmente dominata dall'insieme di strategie di uno dei giocatori.

3.2.3. *L'equilibrio di Nash*

L'equilibrio è il risultato dell'interazione tra i giocatori. L'equilibrio di Nash[13] è definibile come una situazione in cui nessun giocatore desidera modificare il suo comportamento, dato quello degli altri giocatori, ovvero la strategia di ogni giocatore rappresenta la miglior risposta alle strategie giocate da tutti gli altri giocatori.

L'equilibrio di Nash rappresenta quindi la situazione nella quale un gruppo si viene a trovare se ogni componente del gruppo fa ciò che è meglio per sé, cioè mira a massimizzare il proprio guadagno a prescindere dalle scelte degli avversari.

Tuttavia, non è detto che l'equilibrio di Nash sia la soluzione migliore per tutti. L'equilibrio di Nash può non essere un *ottimo* paretiano, e quindi possono esistere altre combinazioni di strategie che conducono a migliorare il guadagno di alcuni senza ridurre il guadagno di nessuno, o addirittura, come accade nel caso del dilemma del prigioniero, ad aumentare il guadagno di tutti.

---

[13] Il concetto di equilibrio di Nash prende il nome dal matematico John Nash che ne diede la prima formulazione in un articolo del 1949.

L'equilibrio di Nash: una rappresentazione formale

Dato:

– un insieme G di giocatori che indichiamo con $i = 1, ..., N$;
– un insieme S di strategie $S_i = (s_1, ..., s_i, ..., s_N)$;
– un insieme Π di funzioni $\pi_i = \Pi_i(s_1, ..., s_i, ..., s_N)$ che associano ad ogni giocatore i il *payoff* derivante da una data combinazione di strategie;

un equilibrio di Nash per un dato gioco è una combinazione di strategie $s_1^*, ..., s_i^*, ..., s_N^*$ tale che:

$$\Pi_i(s_1^*, ..., s_i^*, ..., s_N^*) \geq \Pi_i(s_1^*, ..., s_i^\circ, ..., s_N^*)$$

per ogni i e per ogni strategia s_i scelta dal giocatore i-esimo.

L'espressione a sinistra del segno di disuguaglianza rappresenta il guadagno che il giocatore i riceve quando sceglie s_i^*, e gli altri giocatori compiono le scelte in s^*. L'espressione a destra del segno di disuguaglianza rappresenta il guadagno del giocatore i nel caso in cui decidesse di deviare da s^* adottando la strategia s_i°, mentre tutti gli altri giocatori continuano a effettuare le scelte in s^*. La condizione di equilibrio dice che nessun giocatore i può trarre beneficio dalla deviazione da s_i^*.

3.2.4. *Giochi senza strategia dominante e molteplicità di equilibri di Nash*

Non tutti i giochi presentano equilibri determinabili con il concetto di dominanza, inoltre molti giochi presentano molteplicità di equilibri di Nash.

Un esempio classico è quello del cosiddetto 'gioco del pollo' che dà forma, in termini di gioco di strategia, alla sfida automobilistica di un celebre film degli anni cinquanta, *Rebel without a cause* (in italiano *Gioventù bruciata*). Due ragazzi fanno una corsa automobilistica lanciando simultaneamente le auto verso un dirupo. Vince chi smonta per ultimo dall'auto in corsa prima di precipitare nel burrone. Se entrambi sterzano prima di arrivarvi, faranno la figura del pollo con i membri della banda giovanile. Se uno sterza e l'altro continua per un tratto di strada maggiore, il primo farà la figura del pollo, mentre il secondo guadagnerà il rispetto dei membri della banda. Se entrambi continuano sulla strada, moriranno (nel film uno dei due ragazzi effettivamente muore).

Il gioco è rappresentato nella tabella 4.

Tabella 4. – *Il gioco del pollo*

		Automobilista B	
		sterza	non sterza
Automobilista A	sterza	(0, 0)	(- 1, 1)
	non sterza	(1, - 1)	(- 10, - 10)

Come nel dilemma del prigioniero, la cooperazione di entrambi non rappresenta un equilibrio stabile. Nessuno dei due giocatori ha una strategia dominante e vi sono due equilibri di Nash potenziali: ("sterza", "non sterza") e ("non sterza", "sterza").

Un altro esempio di gioco senza strategia dominante e con molteplicità di equilibri è quello noto come 'gioco della coppia'. In questo caso i giocatori sono rappresentati da un marito e una moglie che devono decidere come passare la serata. Il marito vorrebbe andare al cinema e la moglie a teatro, ma, comunque, ognuno preferirebbe passare la serata con l'altro piuttosto che da solo.

Il gioco è rappresentato nella tabella 5.

Tabella 5. – *Il gioco della coppia*

		Marito	
		cinema	teatro
Moglie	cinema	(4, 5)	(0, 0)
	teatro	(0, 0)	(5, 4)

Come trovare la soluzione nei casi con più equilibri di Nash?

Una possibilità di soluzione sta nel permettere che le mosse non siano simultanee: in tal caso, in cui è importante l'ordine delle mosse, si ha una situazione da "vantaggio della prima mossa", nel senso che chi sceglie per primo costringe il secondo a 'seguirlo', così come accadrebbe se, nel gioco delle coppie, fosse il marito (o la moglie) a poter decidere per primo. Una seconda possibile soluzione sta nel semplice fatto che, talvolta, taluni equilibri sembrano più probabili di altri: è stato l'economista americano Thomas Schelling (1921-), premio Nobel nel 2005, a sottolineare che, pur in assenza di comunicazione, vi sono soluzioni (o punti focali) che vengono adottate dai giocatori perché appaiono naturali, o comunque rilevanti per loro[14]. Ovviamente poi, le possibilità di mediazione e di comunicazione possono portare alla soluzione del problema.

3.2.5. *La non esistenza dell'equilibrio di Nash e le strategie miste*

Accenniamo infine al fatto che talora i giochi non presentano equilibri di Nash, ovvero non è definibile la scelta compiuta dal giocatore nelle varie situazioni che egli affronta. In questo caso si dice che non esiste un *equilibrio di Nash con strategie pure*. Per la soluzione di questi giochi si deve ampliare la nozione di strategia considerando non solo la scelta di un'azione (una strategia pura) ma anche la probabilità che venga scelta. Si parla in tal caso di *strategia mista*.

Un classico esempio è un gioco noto come 'Matching pennies' (vedi tabella 6), in cui ogni giocatore ha una moneta e deve scegliere se mostrare il lato su cui compare Testa o quello su cui compare Croce. Se il lato di entrambe le monete è Testa oppure Croce (cioè i lati sono gli stessi) vince il giocatore 1; se i lati non sono gli stessi vince il giocatore 2.

---

[14] Schelling ha illustrato il concetto di punto focale attraverso il seguente esempio. Un individuo deve incontrare un'altra persona, un estraneo per lui, a New York, senza aver preso un preciso appuntamento relativo al dove e quando incontrarla. Dove andare e quando? Posto questo quesito a un gruppo di studenti, Schelling si sentì rispondere dalla maggior parte di loro: "Alla *Grand Central Station* alle 12". La ragione sta nel fatto che essa è un luogo di incontro tradizionale a quell'ora. Il libro più noto di Schelling è *The Strategy of Conflict*, Harvard University Press, Cambridge, 1960.

Tabella 6. – *Matching Pennies*

		Giocatore 2	
		testa	croce
Giocatore 1	testa	1, - 1	- 1, 1
	croce	- 1, 1	1, - 1

Nel gioco non esiste alcun equilibrio di Nash con strategie pure a causa della intrinseca incertezza su ciò che i giocatori faranno. L'equilibrio di Nash è in strategia mista. Una strategia mista per un giocatore è una distribuzione di probabilità sulle strategie. Nel nostro esempio una strategia mista per il giocatore 1 è la distribuzione di probabilità $(q, 1 - q)$, dove q è la probabilità di giocare Testa e $1 - q$ la probabilità di giocare Croce. Ogni giocatore sceglie di giocare Testa o Croce con la stessa probabilità, il che fa sì che l'altro sia indifferente a scegliere testa o croce, così che nessun giocatore ha alcun incentivo a cambiare strategia con un *payoff* atteso di zero.

3.3. I modelli di oligopolio e la teoria dei giochi

Nei modelli di variazioni congetturali trattati nella Parte II, si è assunto che ogni impresa formuli delle congetture su come le quantità prodotte dall'impresa rivale varieranno in risposta a variazioni della quantità che essa produce. Le congetture sono trattate in tale approccio come dati esogeni. Nell'approccio della teoria dei giochi, invece, le quantità prodotte da ogni impresa sono il risultato dell'utilizzo della teoria del comportamento razionale in un contesto strategico, in questo modo eliminando l'arbitrarietà insita nell'assunzione esogena del comportamento. Tenendo conto di ciò, è possibile riformulare, adottando il concetto di razionalità strategica, i modelli già esaminati: ridiscuteremo in particolare il modello di Cournot.

3.3.1. *Il modello di duopolio di Cournot come equilibrio di Nash di un gioco non cooperativo*

Il duopolio di Cournot è riformulabile come un gioco costituito da due giocatori (le imprese 1 e 2) che devono scegliere quanto produrre. L'equilibrio è interpretabile come l'equilibrio di Nash di un gioco non cooperativo in cui la variabile strategica è la quantità da produrre e i *payoff* sono i profitti ricavati dalle vendite, sulla base delle funzioni di profitto di ciascuna impresa[15].

L'interpretazione dell'equilibrio di Cournot come equilibrio di Nash permette un'interessante considerazione. Poiché, come sappiamo, l'equilibrio di Cournot non è 'Pareto ottimale', ne segue che, nel contesto della teoria dei giochi, esso è rappresentabile come un "dilemma del prigioniero": gli accordi collusivi tra le imprese per produrre quantità che generino profitti 'Pareto ottimali' (di cui avevamo rilevato l'instabilità) non sono equilibri nel senso di Nash e quindi non sono stabili.

Va rilevato che la caratteristica di dilemma del prigioniero del modello di Cournot è legata alla sua natura uniperiodale, ovvero statica: ciascuna impresa deve decidere, una e una sola volta, la quantità da produrre. Il che pone la questione: se il gioco fosse dinamico, ovvero ripetuto così che un'impresa si confrontasse non una volta per tutte ma ripetutamente con l'altra impresa, la soluzione collusiva potrebbe affermarsi? La questione ci porta ad considerare i *giochi ripetuti,* in cui i giocatori interagiscono più volte, come possibile soluzione del dilemma del prigioniero.

3.3.2. *I giochi ripetuti e le condizioni di affermazione della cooperazione*

3.3.2.1. *Il problema dell'orizzonte temporale*

I giocatori che si trovano in una situazione da 'dilemma del prigioniero' vorrebbero uscirne raggiungendo con la cooperazione un risultato individualmente più soddisfacente. Ma la loro strategia dominante, come abbiamo visto, è di non rispettare l'accordo. Il problema diventa allora: come evitare che tale strategia prevalga?

Immaginiamo che le imprese abbiano stabilito un accordo di cooperazione. Il loro problema allora può essere interpretato come cercare di impedire che l'accordo venga violato imponendo delle punizioni per chi non lo rispetta. È abbastanza intuitivo comprendere che il problema si pone soltanto se vi è rap-

---

[15] Nello stesso modo il modello di Bertrand è riformulabile come un gioco in cui le due imprese devono decidere il prezzo. L'equilibrio è interpretabile come un equilibrio di Nash di un gioco non cooperativo in cui la variabile strategica è costituita dai prezzi.

porto ripetuto tra i giocatori, quindi solo un *gioco ripetuto* (nel senso di ripetizione delle scelte strategiche) può far emergere una motivazione a cooperare.

Il problema si trasforma così in quello dell'orizzonte temporale della ripetizione: quale deve essere il periodo in cui i giocatori continuano ad incontrarsi per rendere possibile la cooperazione? A questo proposito si distingue tra *giochi a orizzonte definito* (ripetuti un numero di volte definito) e *giochi a orizzonte indefinito* (che non hanno un termine definito).

Se il gioco è a orizzonte definito la cooperazione tende a non affermarsi. In base al principio del "guardare avanti e ragionare retrospettivamente" (*backward induction*) si può affermare che la cooperazione finirà quando non c'è più tempo per punire chi non rispetta l'accordo. Per comprenderlo esaminiamo il seguente esempio. Due imprese competono sullo stesso mercato per 10 anni. Ogni impresa ha convenienza a non rispettare un eventuale accordo stabilito sulle quantità da produrre l'ultimo anno, il decimo, quando l'altra impresa non potrà più compiere una rappresaglia nei suoi confronti. Chiediamoci allora quel che succede nel nono anno. Entrambe le imprese sanno che non gli converrà cooperare nel decimo anno, quindi nel nono anno coopereranno soltanto se la punizione per non aver cooperato è superiore al profitto. Altrimenti spezzeranno l'accordo al nono anno. Ma lo stesso problema si pone l'ottavo anno e così via a ritroso. Il non rispetto dell'accordo è dunque ancora la strategia dominante quando l'orizzonte temporale è definito. La possibilità di cooperazione implica quindi un orizzonte temporale indefinito.

3.3.2.2. *Strategie per la cooperazione: l'esperimento di Axelrod*

La strategia non cooperativa può essere neutralizzata introducendo nell'accordo punizioni efficaci, cioè disincentivi capaci di dissuadere dalla violazione dell'accordo.

Lo scienziato politico Robert Axelrod (1943-), uno studioso di cooperazione, ha elaborato un esperimento con il quale ha affrontato il problema delle strategie efficaci per stabilire la cooperazione in un gioco ripetuto [16]. Egli ha organizzato un torneo di incontri tra esperti di teoria dei giochi, facendo loro giocare il gioco del dilemma del prigioniero, abbinandoli a 2 a 2. Il gioco è stato giocato 150 volte e i partecipanti sono stati classificati in base al punteggio. Il vincitore è risultato Anatol Rapoport, un noto scienziato, il quale ha adottato la strategia detta *tit for tat* ("occhio per occhio"), la quale consiste in una sequenza molto semplice di mosse: la prima volta il giocatore collabora (si dice che fa la colomba) e poi si comporta sempre allo stesso modo dell'avversario, ovvero,

---

[16] R. AXELROD, *The Evolution of Cooperation*, Basic Books, New York, 1984.

se l'altro giocatore coopera, egli continua a cooperare, se invece l'avversario non rispetta l'accordo, anche il primo giocatore non lo rispetta.

È stato notato che la strategia *tit for tat* ha il difetto di essere troppo rapida nel 'punire' anche nel caso in cui vi sia una lunga storia di cooperazione. Ne è stata perciò proposta una variazione che consiste nella seguente sequenza di mosse: inizialmente il giocatore coopera e continua a cooperare anche se l'altro giocatore ha cessato di farlo; quando la percentuale di defezioni diviene 'inaccettabile' si torna alla strategia *tit for tat*. Si ritorna poi a collaborare soltanto dopo che l'altra parte ha adottato un comportamento cooperativo per un lungo periodo, e si abbandona definitivamente la cooperazione se l'avversario smette nuovamente di cooperare.

Come hanno mostrato esperimenti come quello di Axelrod, quindi, giocatori razionali tendono a sviluppare strategie semplici che appaiono irrazionali nel breve periodo (non comportano la massimizzazione del profitto) ma sono efficaci nell'indurre cooperazione nel tempo (quando il gioco è ripetuto) e quindi una somma di guadagni nel tempo superiore a quella che si potrebbe ottenere con un comportamento non cooperativo [17].

3.3.2.3. *I risultati degli studi empirici. Una nota*

Lo stabilire accordi collusivi (o cooperativi) presenta difficoltà, a causa dell'instabilità intrinseca alla collusione, che gli esperimenti mostrano parzialmente superabili sul piano teorico.

Gli studi empirici di economia industriale su accordi e cartelli (cioè accordi espliciti) tra imprese ci confermano la complessità del fenomeno e permettono di individuare alcuni fattori che facilitano la collusione. Quelli che appaiono più rilevanti nel permettere la formazione di un accordo di cartello sono i seguenti: anelasticità della curva di domanda e presenza di barriere all'entrata, che rendono possibile aumentare i prezzi senza indurre un incremento della concorrenza; bassa numerosità delle imprese, elevata concentrazione di mercato ed omogeneità di prodotto, che riducono i costi organizzativi di formazione dell'accordo e permettono di individuare con facilità le deviazioni dall'accordo nel caso in cui si verifichino; strutture di costi (costi fissi bassi) e metodi efficaci di prevenzione delle deviazioni che determinano uno scarso incentivo a non rispettare l'accordo.

---

[17] A questo proposito Axelrod sostiene la tesi che un atteggiamento di cooperazione basato sulla reciprocità è più conveniente di uno egoista purché ci sia una sufficiente prospettiva di interazione a lungo termine, ovvero nel tempo l'atteggiamento cooperativo evolve spontaneamente e si auto-sostiene, senza il bisogno di ipotizzare la presenza di fattori culturali o sociali che lo favoriscono. Il concetto è simile a quello dell'*altruismo reciproco* in biologia (aiutare qualcuno anche se questo richiede di sostenere un costo, idea introdotta dal biologo americano Robert Trivers).

3.4. Mosse strategiche e giochi sequenziali. Cenni alle nuove teorie dell'oligopolio

La teoria dei giochi ha sviluppato lo studio delle strategie che possono alterare azioni e aspettative altrui al fine di limitare le possibilità di azione degli avversari. È ciò che viene definito *mossa strategica*[18]. Si tratta di un campo di studi che ha avuto molteplici applicazioni in economia, grazie soprattutto al pionieristico contributo di Schelling, e ha permesso di ampliare e approfondire le teorie dell'oligopolio.

3.4.1. *Rivalità, minacce e promesse, impegni credibili*

Le problematiche coinvolte nell'esame delle mosse strategiche possono essere presentate partendo da un esempio di un gioco di rivalità. Immaginiamo che due imprese siano impegnate a sviluppare un nuovo prodotto: un'impresa (l'impresa A) è superiore sul piano tecnologico ma dispone di meno risorse finanziarie, l'altra (l'impresa B), tecnologicamente inferiore ma più ricca di risorse finanziarie, punta sullo svantaggio in termini di risorse dell'impresa A. Supponiamo che esse scelgano simultaneamente le loro strategie, le opzioni essendo "maggiore impegno in ricerca" e "minore impegno in ricerca", il maggiore impegno accorciando i tempi di sviluppo del prodotto ma comportando costi maggiori. Entrambe le imprese ritengono che le soluzioni peggiori siano nell'ordine: a) una corsa a chi si impegna di più e b) un impegno scarso da parte di una delle due imprese, mentre l'altra si impegna a fondo.

L'impresa A preferisce la situazione in cui l'impegno di entrambe è ridotto, l'impresa B preferisce la situazione in cui essa si impegna molto e l'impresa A poco. Il gioco è rappresentato nella tabella 7.

---

[18] Thomas Schelling ha così definito il concetto di mossa strategica: "una mossa che influenza la scelta dell'altra persona, in maniera a noi favorevole, influenzando le aspettative dell'altra persona sul modo in cui noi ci comporteremo. In questo modo si vincola la scelta che farà l'altra persona, vincolando il proprio comportamento. L'obiettivo è quello di stabilire e comunicare in maniera convincente all'altro giocatore una modalità di comportamento (incluse le risposte condizionate al comportamento dell'altro) che lascerà all'altro un semplice problema di massimizzazione la cui soluzione sarà un ottimo per noi, e distruggerà la capacità dell'altro di fare la stessa cosa".

Tabella 7. – *Un gioco di rivalità tra imprese in forma simultanea*

		Impresa B	
		impegno basso	impegno alto
Impresa A	impegno basso	(4, 3)	(2, 4)
	impegno alto	(3, 2)	(1, 1)

Come si vede dalla tabella, la strategia dominante per A è "impegno basso", per B è "impegno alto". Si verrebbero allora a trovare nel quadrante in alto a destra. Ma l'impresa A, per cercare di migliorare la propria posizione, potrebbe ricorrere a una mossa strategica, giocando d'anticipo e annunciando un livello di impegno alto. Questo trasforma il gioco da simultaneo a sequenziale, in cui i giocatori scelgono le loro azioni in modo sequenziale. La tabella 8 mostra il gioco nella sua nuova forma.

Tabella 8. – *Un gioco di rivalità tra imprese in forma sequenziale*

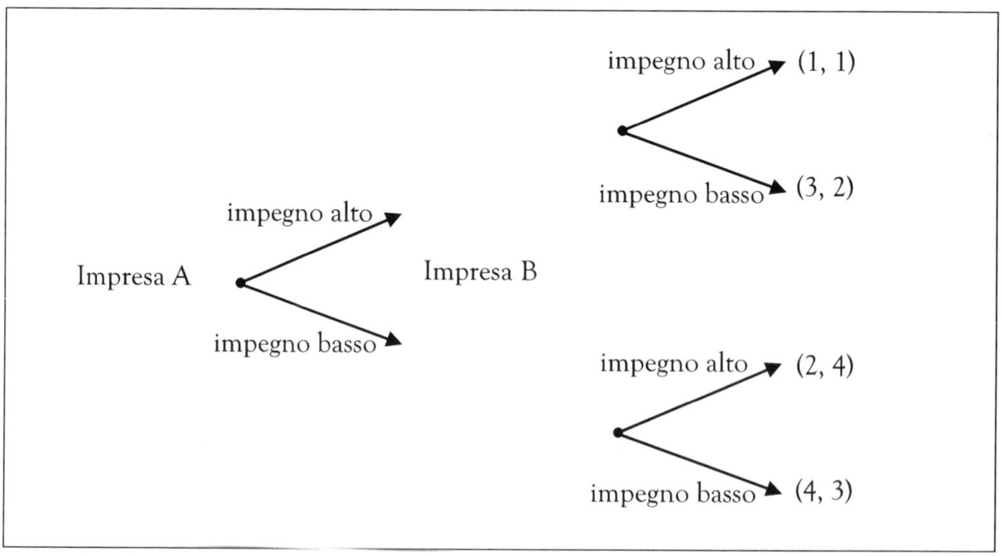

Come si può notare, nel nuovo contesto, se l'impresa A sceglie "impegno basso", l'impresa B risponderà con "impegno alto" e il risultato per l'impresa A è "2". Se l'impresa A sceglie "impegno alto", l'impresa B risponderà con "impegno basso" e il risultato per l'impresa A è "3". Di conseguenza l'impresa A dovrebbe annunciare "impegno alto" e aspettarsi che l'impresa B risponda con "impegno basso". L'equilibrio del gioco a mosse sequenziali è perciò (3, 2), migliore per l'impresa 1 dell'equilibrio a mosse simultanee.

È questo un esempio di azioni che modificano le aspettative dell'avversario e cambiano la struttura del gioco. Rientra in questo ambito una vasta gamma di mosse, minacce e promesse.

Per essere efficaci le mosse devono però essere *credibili*. Per dare credibilità a una mossa è necessario impegnarsi nei confronti dell'azione intrapresa. Questo può avvenire attraverso contratti, o creandosi una reputazione, o rendendo impossibile modificare successivamente l'azione (si dice in questo caso che "si bruciano i ponti dietro di sé").

3.4.2. *Barriere all'entrata ed entrata potenziale*

Le strategie per impedire l'entrata rappresentano un tipo di mossa di particolare interesse in campo economico che è stato oggetto di ampia indagine la quale ha dato luogo a sviluppi teorici nel campo della teoria dell'oligopolio.

Le *barriere all'entrata* sono una caratteristica di un mercato in cui è possibile proteggere il potere di mercato delle imprese esistenti rendendo l'entrata di concorrenti non profittevole. Oltre alle tradizionali fonti di barriere all'entrata già ricordate – i vantaggi assoluti di costo, la differenziazione del prodotto, le economie di scala –, che sono indipendenti dalle strategie attuate dalle imprese, i comportamenti strategici delle imprese possono ostacolare l'entrata di potenziali concorrenti.

All'origine dell'analisi delle barriere all'entrata strategiche sta un modello elaborato alla fine degli anni cinquanta attraverso i contributi di più economisti, detto 'modello Bain-Sylos Labini-Modigliani'[19]. In esso si assume l'esistenza di un'industria in cui si produce un prodotto omogeneo e in cui vi è una sola impresa presente (un monopolista dunque), ma si suppone che esista all'esterno dell'industria un potenziale entrante. Nella formulazione iniziale del modello si ipotizza

[19] I contributi che hanno dato origine al modello sono i seguenti: J. BAIN, *Barriers to New Competition*, Harvard University Press, Cambridge, 1956; P. SYLOS LABINI, *Oligopolio e progresso tecnico*, Einaudi, Torino, 1957; F. MODIGLIANI, *New Development in the Oligopoly Front*, in *Journal of Political Economy*, 1958, pp. 215-232.

poi (ipotesi nota come 'postulato di Sylos') che il potenziale entrante preveda che l'impresa esistente non modifichi la sua produzione se egli entra (in termini di variazioni congetturali si ha cioè un'ipotesi di comportamento *à la* Cournot, con $\lambda = 0$), il che implica che solo la parte residuale della curva di domanda sarà rilevante per il potenziale entrante. Ne deriva che la quantità prodotta dal monopolista che impedisce l'entrata (il prezzo corrispondente è detto *prezzo limite*) è quella che lascia una domanda residua che non consente di coprire i costi.

Dal punto di vista della razionalità strategica il 'postulato di Sylos' implica che il concorrente potenziale formuli congetture non razionali circa il comportamento dell'impresa esistente. Assumiamo che prima dell'entrata il monopolista produca la quantità x_l al prezzo p_l. Se il concorrente potenziale entrasse, il monopolista troverebbe ancora conveniente produrre la quantità x_l, o non potrebbe preferire una politica accomodante, accettare cioè una situazione di duopolio in cui spartire i profitti?

In termini di razionalità strategica è ragionevole ritenere che egli sceglierebbe di essere accomodante. Infatti: se continuasse a produrre x_l si avrebbe un eccesso di offerta che spingerebbe i prezzi verso il basso, il che determinerebbe una guerra di prezzi con perdite per entrambe le imprese. La situazione è rappresentata nella tabella 9.

Tabella 9. – *Il modello Bain-Sylos-Modigliani rappresentato come un gioco in forma estesa*

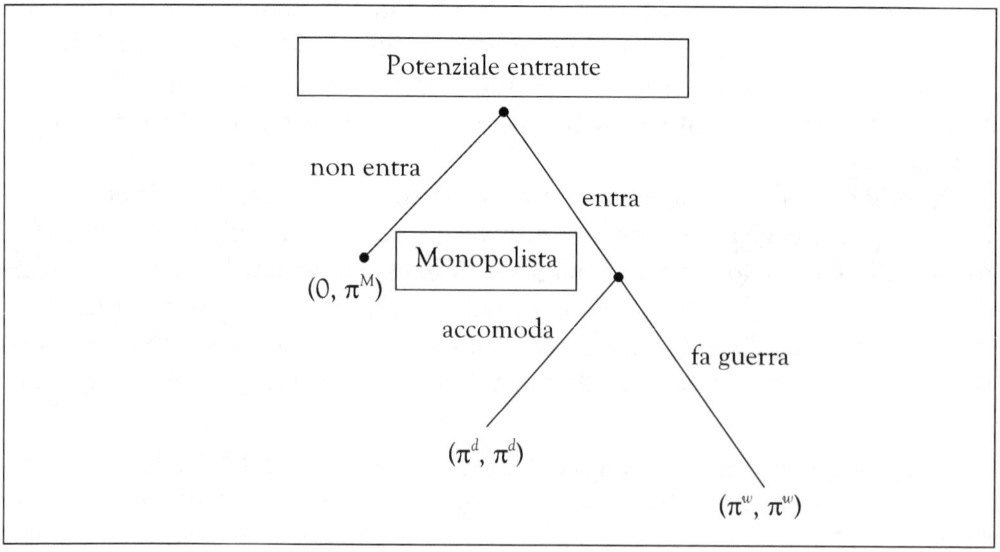

Come si vede nella tabella:

– se il potenziale entrante non entra, l'impresa guadagna π^M;

– se il potenziale entrante entra, l'impresa esistente deve decidere se produrre x_1 con conseguente guerra e perdita di profitti pari a π^w o accettare di produrre la quantità di duopolio con profitti pari a π^d.

È evidente che se la minaccia di mantenere invariata la produzione (postulato di Sylos) non è credibile il monopolista non ha interesse a porla in atto. La credibilità della strategia del monopolista di impedire l'entrata del concorrente richiede $\pi^w > \pi^d$, il che non è possibile, e quindi non rende credibile la minaccia del monopolista.

Perché le barriere all'entrata siano efficaci è necessario che la minaccia sia credibile, attraverso cioè impegni che il monopolista prende e che rendono credibile la sua minaccia. Un impegno di questo genere è il sostenimento da parte del monopolista di un investimento non recuperabile (quindi implicante costi non recuperabili, o *sunk costs*), ad esempio una campagna pubblicitaria, che rendesse necessario al potenziale entrante, qualora decidesse di entrare, di sostenere anch'esso quell'investimento: questo modifica la struttura dei costi del potenziale entrante, che deciderà di non entrare se il costo non recuperabile è pari o superiore ai profitti che potrebbe attendersi di ottenere con l'entrata.

3.4.3. *Il comportamento predatorio*

Abbiamo visto nel paragrafo precedente come non sia possibile ostacolare l'entrata di un concorrente potenziale in mancanza di un impegno vincolante, per cui la politica di accomodamento dovrebbe prevalere su quella di 'guerra'. Le guerre di prezzi, anche in situazioni in cui sembrerebbe possibile la convivenza tra imprese, però avvengono. È quindi necessario trovarne una spiegazione teorica. Esamineremo qui in particolare il caso dei *prezzi predatori*.

Con prezzi predatori si intendono riduzioni di prezzo temporanee, al di sotto del costo medio di produzione, compiute, ad esempio, da un'impresa al fine di controllare l'offerta, con l'obiettivo di scoraggiare i concorrenti potenziali dall'entrare nell'industria o per scacciare concorrenti già presenti: raggiunto l'obiettivo, il prezzo viene nuovamente aumentato.

L'importanza del fenomeno non sta soltanto nella frequenza con cui nella storia economica si sono verificate le guerre di prezzo, ma anche nel fatto che il comportamento predatorio è all'origine dell'introduzione delle leggi antimonopolistiche negli Stati Uniti a fine Ottocento: di tale comportamento venne accusata, sulla base dello *Sherman Act*, la Standard Oil, una grande impresa del settore petrolifero, per la sua strategia di acquisizione di una posizione dominante sul mercato della raffinazione. Si sostenne che la posizione dominante era stata raggiunta attuando strategie anticompetitive tra cui, appunto, guerre di prezzo nei confronti dei concorrenti. In effetti, raggiunta la posizione dominante, la Standard Oil aumentò i prezzi.

In termini stilizzati, il caso può essere così sintetizzato. Un'impresa che opera in più mercati, in uno o alcuni dei quali gode di potere di mercato, fissa, in un altro mercato, un prezzo sottocosto, subendovi quindi delle perdite, sostenute dai profitti ottenuti in altre attività. Sul mercato le imprese che non hanno tali risorse aggiuntive subiscono perdite nel breve periodo e nel lungo periodo sono costrette a uscire dal mercato, con la conseguenza che l'impresa dominante, che ha attuato una strategia predatoria, diventa un monopolio.

Quando un'impresa prende in considerazione una strategia predatoria? Posto che un prerequisito per il comportamento predatorio è che l'impresa predatrice abbia potere di mercato in un qualche altro mercato, perché i profitti ottenuti altrove devono compensare le perdite (pur temporanee) degli altri, si può dire che un'impresa dominante prende in considerazione una strategia predatoria se il suo rendimento, cioè il valore del flusso di guadagni previsti dalla predazione (V_{pred}), è positivo. Esso dipende da:

– il prezzo predatorio attuato: minore esso è, più rapidamente avverrà l'uscita del concorrente, ma maggiori saranno le perdite per periodo;

– il periodo di tempo necessario ad allontanare i concorrenti dal mercato. Esso è tanto più lungo quanto più i beni capitali impiegati sono irrecuperabili, perché maggiore è il costo per la vittima dell'abbandono del mercato;

– il tasso di sconto al quale si valutano i flussi di reddito: se esso è elevato ciò significa che un'impresa attribuisce grande peso alle perdite di breve periodo: dunque, più basso il tasso di sconto, più probabile la predazione;

– l'entità dei profitti di monopolio, che dipende dalle condizioni di entrata: più facile l'entrata, più probabile che la concorrenza potenziale impedisca l'esercizio del potere di mercato e quindi non conveniente una strategia predatoria.

Il fatto che una strategia predatoria possa risultare redditizia non significa però che un'impresa sceglierà necessariamente tale strategia. La sceglierà soltanto se risulta essere la strategia più redditizia.

4. Sviluppi nel campo dell'economia dei mercati finanziari. La teoria dei mercati efficienti ed i suoi critici

SOMMARIO: 4. Sviluppi nel campo dell'economia dei mercati finanziari. La teoria dei mercati efficienti ed i suoi critici. – 4.1. Fluttuazioni dei mercati finanziari e comportamento razionale. – 4.2. La teoria dei mercati efficienti. – 4.2.1. La razionalità degli agenti. – 4.2.1.1. L'ipotesi di aspettative razionali. – 4.2.1.2. Razionalità e valore dei titoli. – 4.2.2. Il cammino casuale (*random walk*) dei prezzi dei titoli azionari. – 4.2.3. La tipologia dell'informazione e le verifiche della teoria. – 4.3. La critica alla teoria dei mercati efficienti. Cenni alla finanza comportamentale.

4.1. Fluttuazioni dei mercati finanziari e comportamento razionale

I mercati finanziari, e i mercati azionari in particolare, sono da sempre caratterizzati da ampie e repentine fluttuazioni con l'alternarsi di fasi euforiche e fasi depressive e creazione delle cosiddette *bolle speculative*, periodi di incremento considerevole dei prezzi dovuto a repentini aumenti di domanda. Sono questi fatti, e in particolare la determinazione dei prezzi delle azioni e dei loro andamenti nel tempo, spiegabili in termini di comportamento razionale degli individui?

Se il funzionamento del mercato azionario fosse spiegabile come risultato di comportamenti razionali, allora rendimento atteso delle azioni e rischio associato a un certo investimento dovrebbero determinare le scelte degli investitori. Ma perché gli investitori possano comportarsi razionalmente è necessario che i prezzi delle azioni esistenti forniscano segnali corretti, ovvero contengano le informazioni necessarie per fare valutazioni corrette, il che renderebbe non possibile "battere il mercato", ovvero ottenere extraprofitti. È questa la tesi sostenuta dalla teoria dei *mercati efficienti*, introdotta negli anni sessanta dall'economista americano Eugene Fama (1939-), che ha cercato di interpretare i fenomeni che accadono sui mercati azionari nei termini dei principi economici neoclassici del comportamento razionale, in polemica con i sostenitori della tesi che sui mercati azionari prevalgono comportamenti non razionali[20]. La discussione sulla validità interpretativa della teoria dei mercati efficienti ha generato altre spiegazioni, in particolare quella della cosiddetta *finanza comportamentale*, una branca dell'economia comportamentale (vedi *supra* capitolo 2.3), che ha cercato di interpretare il funzionamento dei mercato azionari in termini di regole di comportamento spiegabili in termini di fattori psicologici e culturali.

4.2. La teoria dei mercati efficienti

La teoria dei mercati efficienti afferma che in un mercato azionario con un gran numero di operatori razionali che competono tra loro cercando di prevedere i prezzi futuri dei titoli azionari, tali prezzi rispecchiano tutte le informazioni disponibili relative a rendimenti e rischio, oltre a qualsiasi altra informazione rilevante, e quindi sono valutabili correttamente rendendo impossibile conseguire extra-profitti sfruttando quelle informazioni. In altri termini, se i prezzi riflettono sempre completamente l'informazione disponibile, ossia se si adeguano con prontezza e in modo accurato all'informazione che giunge ai mercati, possiamo dire che il mercato è efficiente.

4.2.1. *La razionalità degli agenti*

4.2.1.1. *L'ipotesi di aspettative razionali*

Alla base della teoria dei mercati efficienti sta l'ipotesi di aspettative razionali. Si tratta di un'ipotesi, formulata per la prima volta dall'economista americano John Muth (1930-2005) nel 1961[21], secondo cui le aspettative sono il risultato dell'uso efficiente di tutta l'informazione disponibile. Essa ha avuto grande fortuna, adottata dai teorici dei mercati efficienti e dalla scuola della nuova macroeconomia classica (vedi oltre Parte IV). Ne possiamo dare la seguente sintetica rappresentazione formale. Definiti:

---

[20] La teoria è stata in realtà anticipata da vari autori tra la fine dell'Ottocento e gli anni trenta del Novecento, ma è diventata parte riconosciuta della teoria economica neoclassica soltanto con il lavoro di Fama.

[21] J.F. MUTH, *Rational Expectations and the Theory of Price Movements*, in *Econometrica*, 29, 1961, pp. 315-335. È interessante ricordare che l'ipotesi di aspettative razionali di Muth e quella di razionalità limitata di Simon (vedi *supra* par. 2.2) emersero contemporaneamente nell'ambito di studi sui modelli previsivi delle imprese, condotti in collaborazione tra loro e altri studiosi.

– x_t il valore che la variabile x assume effettivamente nel periodo t;

– x_t^e l'aspettativa del valore che la variabile x, sulla base delle informazioni nel periodo precedente, assumerà nel periodo t;

– I_{t-1} l'informazione disponibile agli agenti al tempo $t - 1$, dove per informazione si intendono i valori passati e correnti di tutte le variabili oltre che la conoscenza della struttura dell'economia descritta dalla teoria economica rilevante;

– E_t il valore atteso di x_t;

l'aspettativa razionale è data da $E[(x_t - x_t^e)/I_{t-1}] = 0$, o $E(x_t/I_{t-1}) = x_t$.

In altri termini, quando la aspettativa è formulata tenendo conto di tutte le informazioni rilevanti disponibili nel periodo $t - 1(I_{t-1})$ in cui è formulata la aspettativa, il valore atteso (E)[22] degli errori di previsione è nullo[23]. Ciò significa che, in media, l'aspettativa razionale è perfetta nel senso che prevede perfettamente il futuro.

Dunque, avere aspettative razionali riguardo una variabile economica o finanziaria significa non commettere errori sistematici di previsione: l'aspettativa della variabile stimata al tempo t per il tempo $t + 1$ è uguale alla variabile che effettivamente si realizza, a meno di un termine di errore, che dipende dall'esistenza di incertezza sul futuro. Tale errore o differenza tra il valore stimato e quello reale deve avere natura puramente casuale, in modo che la media degli errori sia zero.

4.2.1.2. *Razionalità e valore dei titoli*

Applicata al mercato finanziario, l'ipotesi di razionalità degli operatori implica che essi valutino un titolo al suo valore fondamentale, cioè il valore attuale dei dividendi futuri attesi, con un tasso di sconto corretto dal rischio. In termini formali, dati:

---

[22] Ricordiamo dalla statistica che, per variabile casuale, si intende una doppia successione di variabili in cui la prima successione di valori (chiamiamoli x_i) rappresenta tutti i valori che un fenomeno x può assumere, mentre la seconda successione di valori (chiamiamoli p_i) rappresenta le probabilità attribuite ai corrispondenti valori della prima successione (ovviamente $\Sigma\, p_i = 1$). Per valore atteso della variabile casuale x se ne intende la media, cioé $E(x) = \Sigma\, x_i\, p_i$.

[23] Inoltre gli errori di previsione del periodo corrente non sono correlati con quelli commessi nel passato e mostrano, tra tutti i metodi previsionali, la varianza più piccola.

- P_t, il prezzo dell'azione al tempo t;
- D_t, dividendi al tempo t;
- D^e_{t+1} dividendi attesi al tempo $t + 1$;
- D^e_{t+2} dividendi attesi al tempo $t + 2$;
- D^e_{t+n} dividendi attesi al tempo $t + n$;
- r_t tasso di interesse a un anno al tempo t;
- r^e_{t+1} tasso di interesse a un anno atteso al tempo $t + 1$;
- ε premio per il rischio;

si ha:

$$P_t = [D^e_{t+1}/(1 + r_t + \varepsilon)] + [D^e_{t+2}/(1 + r_t + \varepsilon)(1 + r^e_{t+1} + \varepsilon)] + \ldots$$

Quando nuove informazioni diventano disponibili, l'investitore risponde aumentando o diminuendo il prezzo d'offerta a seconda che la notizia sia buona o cattiva, cosicché il prezzo si adatta immediatamente al nuovo livello corrispondente al nuovo valore attuale dei dividendi attesi. Ciò implica che la variazione di prezzo, nel momento in cui la nuova informazione è disponibile, "salta" al nuovo valore senza raggiungere il nuovo valore in modo graduale, come mostrato nel grafico III.8 dove la parte a) mostra l'effetto di una informazione, nell'esempio positiva, in un mercato efficiente e la parte b) in un mercato non efficiente.

Grafico III.8. - *Effetti di un'informazione positiva sul prezzo di un titolo*

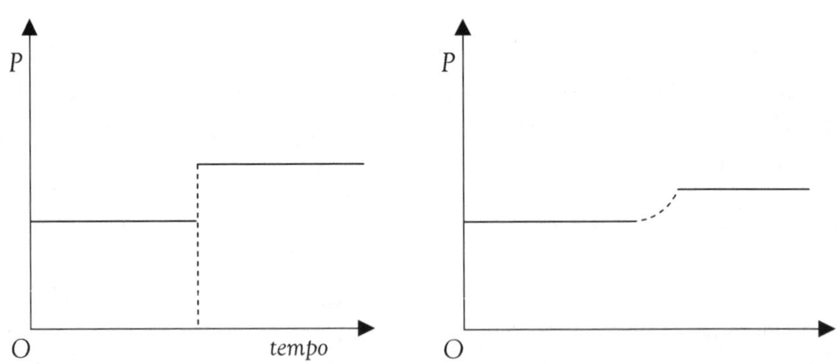

a) reazione immediata in un mercato efficiente

b) reazione graduale

4.2.2. *Il cammino casuale* (random walk) *dei prezzi dei titoli azionari*

La teoria dei mercati efficienti sostiene che, per quanto intelligenti gli operatori siano, essi hanno tutti le stesse probabilità di successo o di insuccesso. Talvolta le quotazioni dei titoli possono apparire troppo alte o troppo basse, ma esse possono egualmente essere spiegate dalla teoria senza ricorrere all'ipotesi che vi siano investitori irrazionali. Infatti, le nuove informazioni che giungono sul mercato sono per definizione imprevedibili, per cui i movimenti dei prezzi in risposta a tali informazioni devono essere imprevedibili. Dunque il loro movimento deve essere casuale, ossia seguire un cammino casuale (*random walk*), come quello di un ubriaco che barcolla con movimenti instabili e imprevedibili lungo il suo percorso.

D'altra parte, se esistessero sul mercato operatori non razionali, ciò non inficerebbe necessariamente la teoria. Questa ipotizza che, quando il numero di investitori è molto alto, gli scambi compiuti dagli investitori non razionali, essendo causali, si compensino e si cancellino a vicenda.

Se peraltro ciò non avvenisse, l'azione di arbitraggio compiuta dagli operatori razionali riporterebbe il valore dei titoli al suo valore di equilibrio: infatti gli arbitraggisti vendendo ciò che ritengono sopravvalutato e acquistando ciò che pensano sia sottovalutato, riporterebbero i prezzi ai loro valori fondamentali.

4.2.3. *La tipologia dell'informazione e le verifiche della teoria*

Fama individua tre tipi di informazione, distinguendo così la teoria dei mercati efficienti in tre forme in base al significato attribuito al termine informazione:

– efficienza in forma debole: essa afferma che i prezzi sono efficienti se rispecchiano completamente le informazioni contenute nella serie storica dei prezzi;
– efficienza in forma semiforte: essa afferma che nei prezzi delle azioni è riflessa tutta l'informazione pubblica disponibile: ogni informazione, quando diventa pubblica, viene immediatamente e completamente assorbita nei prezzi;
– efficienza in forma forte: essa afferma che nei prezzi delle azioni è riflessa l'informazione contenuta nella serie storica dei prezzi stessi, qualunque altra informazione pubblica, nonché qualunque informazione privata.

Molte verifiche empiriche sembrano confermare la teoria, almeno nella sua forma debole. In effetti, a favore della teoria dei mercati efficienti sembra giocare il semplice argomento che è difficile guadagnare molto denaro comprando basso e vendendo alto sul mercato: molte persone che sembrano in grado di farlo, come gli investitori professionisti, ci provano ma senza ottenere il successo sperato nel tempo. D'altra parte, le ricerche empiriche mostrano a) che i mercati possono attraversare periodi che molti operatori giudicano di errata valutazione che durano per molto tempo, b) la volatilità dei prezzi dei titoli non si associa a una analoga volatilità del valore attuale dei dividendi, come la teoria prevede, e c) sono state riscontrate numerose anomalie, ovvero irregolarità sistematiche, come ad esempio il fatto che i prezzi non si adeguano immediatamente all'annuncio di utili positivi superiori alle attese, ecc. In altri termini, l'idea secondo la quale il prezzo delle azioni rispecchia *sempre* il suo valore fondamentale non sembra verificata.

4.3. La critica alla teoria dei mercati efficienti. Cenni alla finanza comportamentale

L'economia comportamentale (vedi par. 2.3 *supra*) ha mostrato come i comportamenti reali degli agenti economici non siano conciliabili con l'ipotesi di razionalità delle scelte. La finanza comportamentale, a partire dai risultati raggiunti in questo ambito di ricerca, studia il comportamento effettivo degli individui in condizioni di rischio e incertezza sui mercati finanziari e indaga, a partire dallo studio dei processi di elaborazione delle informazioni, le ragioni per cui gli investitori compiono errori sistematici che, influenzando prezzi e rendimenti possono determinare situazioni anomale (come le bolle speculative).

Come già sappiamo, gli individui non seguono nella realtà la teoria neoclassica del comportamento in condizioni di incertezza. Gli individui limitatamente razionali utilizzano strutture mentali che permettono loro di semplificare la realtà: essi seguono principi euristici che si rivelano utili in condizioni di incertezza, ma possono dar luogo a errori sistematici di previsione nello stimare eventi futuri incerti: il che significa che la media degli errori è diversa da zero.

Dagli studi di Kahneman e Tversky sappiamo che la razionalità delle preferenze non è confermata empiricamente. Le ricerche empiriche mostrano poi che, nell'elaborare le informazioni, gli individui usano un numero limitato di regole euristiche che riducono la complessità del problema ma possono generare errori sistematici. La raccolta delle informazioni è influenzata dalla disponibilità delle stesse, i giudizi di probabilità sono spesso formulati sulla base di situazioni familiari all'individuo e sono influenzati da ipotesi e informazioni che agiscono come ancore cui aggrapparsi.

Esempi di ciò nel comportamento reale degli investitori sui mercati finanziari sono i seguenti: gli investitori tendono a concentrare gli acquisti sulle azioni che hanno sperimentato elevati volumi di negoziazione; nel valutare i rischi di fallimento di una società essi guardano a casi di società fallite con caratteristiche simili a quella analizzata; essi formulano previsioni sull'andamento delle azioni che tendono ad essere ottimistiche per quei titoli che hanno mostrano andamenti superiori alla media dell'indice di mercato per un certo periodo di tempo, e viceversa; reagiscono in modo limitato o eccessivo a nuove informazioni diffuse dalle imprese per conservatorismo o presunzione di poter battere il mercato (si parla di atteggiamenti noti come *underreaction, overreaction* e *overconfidence*); talvolta ignorano le informazioni se queste non confermano le opinioni; sono soggetti alle emozioni: vendere un titolo che ha dato buoni risultati genera orgoglio, vendere un titolo che ha determinato perdite provoca rimpianto.

Secondo la finanza comportamentale dunque, gli effetti delle informazioni sui mercati finanziari hanno a che fare non tanto con le reazioni logiche alle stesse ma piuttosto al modo in cui gli individui si sentono di fronte alle notizie. Questi fattori psicologici hanno un effetto tanto più grande quanto più sono condivisi. Se le decisioni degli individui sui mercati finanziari fossero indipendenti, potremmo ammettere, come fa la teoria dei mercati efficienti, che i comportamenti non razionali possano non influenzare i prezzi, ma se tali comportamenti fossero condivisi da un gran numero di individui allora essi potrebbero avere effetti sullo stato del mercato. Si parla in tal caso di *comportamento gregario*: esso genera un contagio di idee che può generare eccesso di ottimismo o di pessimismo nel mercato.

Si noti che un comportamento di gruppo irrazionale può essere il risultato di singoli comportamenti (limitatamente) razionali. Un aneddoto frequentemente citato per illustrare questo fenomeno è il seguente. Si supponga che vengano aperti due nuovi ristoranti uno vicino all'altro. I clienti potenziali devono scegliere dove entrare. Il primo cliente che arriva deve scegliere osservando due ristoranti vuoti, e lo farà ad esempio guardando attraverso la vetrina e formandosi un'idea della bontà del ristorante dal suo aspetto. Il successivo cliente potrà decidere basandosi non solo sull'aspetto del ristorante ma anche sulla scelta fatta dal primo cliente. Se il secondo cliente sceglie lo stesso ristorante del primo cliente, il terzo cliente vedrà due persone in quel ristorante e nessuna in quello vicino. Il risultato potrebbe essere che tutti i clienti finiscano per entrare nella stesso ristorante, che in realtà potrebbe non essere il migliore. Per non sprecare tempo a formarsi una propria valutazione (il che è razionale in un contesto in cui ricavare informazioni costa e le conoscenze sono limitate) gli individui seguono il comportamento altrui e non danno una propria autonoma valutazione. Così sul mercato azionario le decisioni di investitori razionali che adattano le proprie aspettative a quelle medie degli investitori possono determinare una variazione dei prezzi, non supportata da dati effettivi, ma soltanto dal prevalere dell'ottimismo o del pessimismo della maggioranza. La scelta di un dato titolo (il ristorante scelto dai più nell'esempio) ne aumenta il valore, e quindi la probabilità che il suo valore aumenti nel breve periodo, determinando una bolla speculativa, il che conferma la razionalità individuale del continuare a comportarsi cercando di conformarsi all'opinione media del mercato, così rischiando però di determinare il successivo crollo del mercato.

5. Le teorie economiche della giustizia

Sommario: 5. Le teorie economiche della giustizia. – 5.1. La giustizia dell'utilitarismo. – 5.2. La teoria neo-contrattualista di Rawls. – 5.3. La teoria libertaria di Nozick. – 5.4. Sen e la teoria delle capacità.

Il tema della giustizia, la cui importanza e problematicità in relazione all'economia era ben presente al sorgere della scienza economica ai tempi di Adam Smith, nel corso dello sviluppo della disciplina ha perso di rilevanza. La visione che ha comunque per lungo tempo prevalso tra gli economisti è stata quella dell'utilitarismo, con la sua etica della massimizzazione del bene collettivo, che in epoca contemporanea ha avuto una interessante riformulazione con il contributo dell'economista e filosofo politico ungherese John Harsanyi (1920-2000), premio Nobel per l'economia nel 1994[24]. Negli anni settanta però si è andata affermando una nuova riflessione sulla giustizia distributiva, al di fuori del contesto utilitarista, che si è ricollegata al pensiero filosofico tra seicento e settecento e che ha destato una rilevante ripresa di interesse fra gli economisti. Essa è principalmente dovuta ai contributi di due filosofi americani, che sono stati entrambi professori ad Harvard, John Rawls (1921-2002) e Robert Nozick (1938-2002) con, rispettivamente, *A Theory of Justice* del 1971 e *Anarchy, State and Utopia* del 1974. Ai loro lavori si possono aggiungere i contributi del premio Nobel per l'economia Amartya Sen, che in buona parte costituiscono un'integrazione della teoria rawlsiana[25].

---

[24] Si veda in particolare J. Harsanyi, "Cardinal Welfare, Individualistic Ethics and Interpersonal Comparison of Utility", in *The Journal of Political Economy*, LXIII, 1955, pp. 309-321.

[25] J. Rawls, *A Theory of Justice*, Cambridge, Harvard University Press, 1971 (trad. it. *Una teoria della giustizia*, Feltrinelli, Milano, 1985). Il pensiero di Rawls si è approfondito in un'opera successiva, *Political Liberalism* (*Liberalismo politico*); R. Nozick, *Anarchy, State and Utopia*, Basic Books, New York, 1974 (trad. it., *Anarchia, Stato e Utopia*, Il Saggiatore, Milano, 2000). Per il pensiero di Sen vedi: *Collective Choice and Social Welfare*, San Francisco, Holden (trad. it. *La diseguaglianza. Un riesame critico*, il Mulino, Bologna, 1994; e *The Idea of Justice*, Harvard University Press, Cambridge, 2009 (trad. it. *L'idea di giustizia*, Mondadori, Milano, 2010).

5.1. La giustizia dell'utilitarismo

L'utilitarismo è una dottrina filosofica che ebbe le sue prime formulazioni compiute con il filosofo e giurista inglese Jeremy Bentham (1748-1832) e poi con l'economista e filosofo inglese John Stuart Mill, e che considera l'utilità una misura cardinale della felicità sia a livello individuale che della società – il benessere sociale è concepito come la somma delle singole utilità, il che rende i diversi stati sociali comparabili fra loro. In questo modo l'utilità fonda il ragionamento etico sulla giustizia sociale: la giustizia si identifica cioè con la massimizzazione del benessere sociale. Si tratta di una visione di tipo welfarista e consequenzialista, nel senso che la giustificazione di una scelta dipende dal risultato in termini di utilità che comporta per l'insieme degli individui. In questo contesto, nel secondo dopoguerra, Harsanyi ha proposto una concezione secondo cui il problema della giustizia consiste essenzialmente nel promuovere il benessere degli individui in modo efficiente. Egli dimostra che un individuo razionale con preferenze utilitariste massimizza una funzione del benessere sociale, risultato di un accordo unanime tra i membri della società, che può essere concepita come una combinazione lineare delle utilità individuali: $W(U_1, U_2, ..., U_n)$ dove $U_i = f(y_i, p, a_i)$ e y_i, p, a_i indicano, rispettivamente, il reddito monetario dell'individuo i-esimo, il vettore dei prezzi dei beni di consumo e un vettore di caratteristiche individuali. Le preferenze considerate sono quelle morali, dove, con questo termine, Harsanyi intende quella struttura di preferenze che ciascun individuo razionale manifesta nel momento in cui assume, di fronte a un problema di scelta fra due situazioni alternative, un atteggiamento impersonale, non condizionato dal fatto di sapere quale sarà la sua posizione finale. Le preferenze morali inducono gli individui ad approvare politiche pubbliche che massimizzano la funzione di benessere sociale. La giustificazione logica dell'additività della funzione W deriva, secondo Harsanyi, dall'ipotesi che le decisioni di ciascun individuo siano prese dietro ad un 'velo di ignoranza', ossia in condizioni d'incertezza rispetto alla posizione che egli occuperà nella scala delle utilità, e che ciascuno assegni ad ogni possibile risultato la probabilità $1/N$, dove N è il numero di individui che costituiscono la società. Sotto l'ipotesi che tutti gli individui abbiano la stessa struttura delle preferenze morali e agiscano per massimizzare l'utilità attesa, secondo i criteri di razionalità di Von Neumann-Morgenstern, Harsanyi mostra che W assume una forma additiva, in cui ciascuna utilità individuale è ponderata per $1/N$, ovvero, se esistono N individui, ogni individuo ha una probabilità $1/N$ di essere un individuo qualsiasi e quindi massimizza una somma ponderata delle utilità attese in quanto individuo i-esimo.

5.2. La teoria neo-contrattualista di Rawls

Rawls afferma che la giustizia è "la prima virtù delle istituzioni sociali, così come la verità lo è dei sistemi di pensiero". Come una teoria deve essere abbandonata o modificata se non è vera, così leggi e istituzioni devono essere riformate o abolite se sono ingiuste: ogni persona, sostiene Rawls in polemica con l'utilitarismo, possiede un'inviolabilità fondata sulla giustizia su cui neppure il benessere della società nel suo complesso può prevalere, ovvero che non può essere messa in discussione neanche in nome del bene comune. Per questa ragione la perdita della libertà per qualcuno non può essere giustificata da maggiori benefici goduti da altri. Nell'elaborare la sua teoria Rawls utilizza, come già avevano fatto i grandi filosofi del Seicento e del Settecento, la metafora del contratto sociale considerando i principi di giustizia sociale oggetto di un accordo originario. Tali principi sono quelli che persone libere e razionali accetterebbero in una immaginaria "posizione originale" di eguaglianza per definire i termini fondamentali della loro associazione cooperativa per il reciproco vantaggio. Per "posizione originaria" (che corrisponde al classico 'stato di natura') si intende in particolare quello stato del mondo in cui nessuno conosce quale posizione occuperà in futuro, in termini di talento naturale, sesso, razza, classe sociale di appartenenza, reddito e ricchezza. Questi principi regolerebbero tutti gli accordi successivi tra i membri della società. Questo modo di considerare i principi di giustizia è chiamato da Rawls 'giustizia come equità, o imparzialità (*fairness*)'. L'ipotesi di trovarsi in tale stato originario del mondo è necessaria in quanto il contratto sociale può essere correttamente definito solo immaginando che gli individui, che si assume siano avversi al rischio di trovarsi nella condizione peggiore, si trovino dietro "un velo di ignoranza" (concetto già impiegato da Harsanyi) del posto che occuperanno nella società così da non essere influenzati nella scelta dai loro interessi costituiti e dalle contingenze naturali e sociali[26].

I beni oggetto dell'accordo originario sono chiamati da Rawls "beni primari sociali", distinti dai beni primari naturali (come la salute e il talento): essi consentono agli individui di vivere in modo degno e sono necessari per ogni progetto di vita. Si tratta di diritti di libertà – di parola, di associazione e di voto –,

---

[26] Si noti che nella visione di Rawls gli individui non dispongono di informazioni in termini di probabilità soggettiva, come nel caso di Harsanyi: essi sanno di poter essere chiunque nella società, ma non sanno quale probabilità hanno di essere in una qualsiasi delle posizioni nella società. Si può dunque dire che il velo d'ignoranza di Rawls è più fitto di quello dell'utilitarismo.

di benessere, e quindi di reddito, e di condizioni istituzionali che rendono possibile a tutti realizzare i propri obiettivi.

La teoria della giustizia di Rawls può allora essere riassunta con riferimento alle tre seguenti prescrizioni: a) si deve realizzare la completa eguaglianza nella distribuzione dei beni primari sociali che rientrano tra le libertà fondamentali, o "principio di uguale libertà". Esso stabilisce la garanzia per ogni membro della società di un insieme fondamentale di diritti e libertà al livello più elevato possibile; b) gli individui debbono poter contare sulla stessa opportunità di accesso alle diverse posizioni sociali, o "principio di uguaglianza delle opportunità"; c) si deve scegliere quel sistema sociale che massimizza la dotazione dei beni sociali primari (diversi dalle libertà fondamentali) che va al gruppo che dispone della minore quantità di essi (ovvero che si trova sul gradino più basso della scala sociale), o "principio di differenza", che fonda un principio redistributivo. Nella visione di Rawls il principio di eguale libertà ha la priorità sugli altri due: infatti non esiste un *trade-off* tra libertà fondamentali e uguali opportunità d'accesso, o tra libertà fondamentali e beni materiali, ovvero non sono ammessi scambi o transazioni tra il sistema delle libertà ed altri valori sociali.

Rawls scrive che, nella terminologia degli economisti, il principio di differenza può esprimersi con il nome di criterio del *maximin* (*maximum minimorum*) a sottolineare che esso impone di massimizzare le dimensioni del più piccolo paniere di beni primari esistente nella società.

Il principio di differenza richiede che i vantaggi socioeconomici per chi sta in fondo alla scala sociale siano i più elevati possibile, senza per questo giungere a definire una posizione egualitaria, in cui tutti gli individui dispongano dello stesso reddito e della stessa ricchezza. Secondo Rawls la società massimizza il proprio benessere nella misura in cui garantisce la massima quantità di beni primari all'individuo più svantaggiato. Il benessere sociale dipende quindi in modo cruciale dal benessere dell'individuo che sta peggio e non vi è aumento del benessere dei più ricchi che possa compensare una riduzione del benessere dell'individuo che sta peggio.

Se Q_i è la quantità di beni primari posseduta dall'individuo i-esimo, la funzione di benessere sociale da massimizzare è: $W = min\ Q_i$. In termini di curve di indifferenza il principio si può rappresentare nel seguente modo. Assumiamo che le curve di indifferenza rappresentino distribuzioni giudicate egualmente giuste. Il principio di differenza esprime una concezione egualitaria nel senso che, limitandoci al caso di 2 persone, è da preferirsi una distribuzione uguale, a meno che non ne esista un'altra che fa star meglio entrambi. Le curve di indifferenza assumono la forma descritta nel grafico III.9: linee orizzontali e verticali che si intersecano ad angolo retto sulla linea a 45°, a significare che, indipendentemente da quanto venga migliorata la situazione di uno dei due, non c'è guadagno secondo il principio di differenza a meno che anche l'altro non si avvantaggi. Nel punto *A* sulla curva di indifferenza II l'individuo 2 è in una posizione peggiore dell'individuo 1; il movimento da *A* a *B*, non produce alcun miglioramento per l'individuo 2, e perciò non incrementa il benessere sociale.

Grafico III.9 – *Mappa di curve di indifferenza generate da una funzione del benessere sociale ralwsiana*

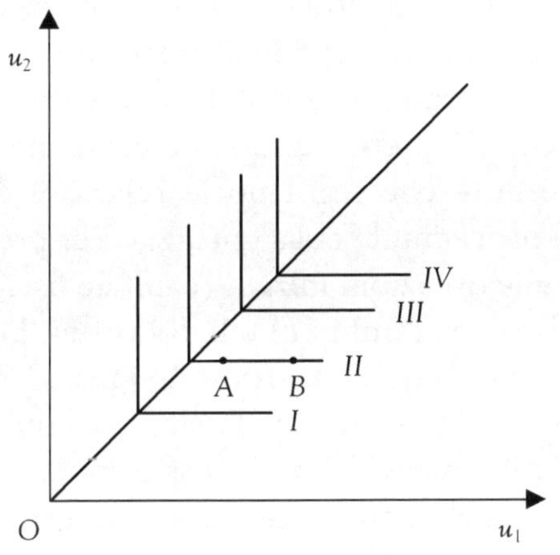

Obiettivo della teoria della giustizia di Rawls non è dunque la massimizzazione dell'utilità degli individui, ma la dimensione del più piccolo dei panieri di beni sociali primari. L'obiettivo non è la completa eguaglianza delle risorse: una volta eguagliati i beni sociali primari, tocca agli individui trasformarli in benessere. La responsabilità personale è fondamentale nel definire la distribuzione finale delle risorse.

5.3. La teoria libertaria di Nozick

Al libro di Rawls rispose pochi anni dopo il filosofo americano Robert Nozick con il libro *Anarchy, State and Utopia,* che contiene un approccio libertario al tema della giustizia. Il libertarismo è una filosofia politica che si riallaccia a tradizioni di pensiero lontane nel tempo – dal liberalismo classico alle teorie del *laissez faire* degli economisti francesi del Settecento e dell'Ottocento, alla scuola austriaca di economia, all'anarchismo individualista –, ma che si è data una nuova identità a partire dalla metà del Novecento principalmente negli Stati Uniti, in particolare ad opera dell'economista e filosofo Murray Rothbard (1926-1995). Secondo il libertarismo, il ruolo dello stato in una società dovrebbe essere estremamente limitato – essenzialmente alla difesa nazionale, alla gestione dell'ordine pubblico e all'amministrazione della giustizia, mentre altre funzioni normalmente svolte dagli stati moderni dovrebbero esserlo da istituzioni private operanti sul libero mercato. La peculiarità del libertarismo di Nozick sta nel fatto che nel sostenere le sue posizioni egli non fa riferimento ai benefici della concorrenza e ad altre classiche motivazioni liberiste, ma all'importanza del rispetto dei diritti individuali. Secondo Nozick il concetto di giustizia non va definito in termini di risultato finale (ad esempio in termini del reddito che si consegue all'interno di una determinata distribuzione) ma con riferimento alle procedure che regolano le relazioni economiche – si tratta dunque di una teoria procedurale della giustizia. Per procedure egli intende sia i diritti di proprietà sulle dotazioni iniziali (capitale fisico e capitale umano) sia le modalità che regolano lo scambio di tali dotazioni. La funzione dello stato è quindi quella di assicurare l'equità di entrambi i piani. Pur partendo, come Rawls, da premesse ispirate al liberalismo classico e da un'analoga posizione critica nei confronti dell'utilitarismo, Nozick sostiene una visione radicalmente individualista della vita – nel senso di una assoluta priorità dell'individuo sulla società –, che lo avvicina alle teorie dell'economista austriaco Friedrich von Hayek (1899-1992), cui egli pure si richiama. Gli individui hanno il diritto di possedere le loro proprietà e non vi è alcuna legittimità morale negli interventi redistributivi della ricchezza compiuti coercitivamente dai poteri pubblici: se lo Stato andasse oltre la funzione di proteggere gli individui dalle violazioni dei loro diritti individuali, cercando di realizzare un assetto economico divergente da quello risultante dal libero scambio, usurperebbe i diritti individuali [27]. Infatti, secondo Nozick, non si possono infrangere i diritti di alcune persone anche se così facendo si ottiene un bene sociale maggiore, perché la categoria 'socie-

[27] L'esistenza dell'organizzazione statale è giustificata ipotizzando che la società sia caratterizzata nello "stato di natura" da una sostanziale anarchia in cui vi è limitata consapevolezza dei diritti altrui e che quindi sia necessaria la creazione di un'agenzia pubblica in grado di garantire la convivenza pacifica all'interno della collettività. Tale agenzia corrisponde ad una forma di stato minimale, il cui unico bene pubblico fornito è la protezione contro la violenza e la frode.

tà' non esiste: vi sono solo individui, ciascuno diverso da ogni altro. Con l'espressione "diritti" degli individui Nozick intende essenzialmente i confini delle sfere d'azione dei singoli: essi sono "inviolabili", ovvero non possono essere varcati senza il consenso dell'individuo. L'individuo ha dunque il diritto di perseguire liberamente i propri obiettivi e progetti attraverso il diritto alla proprietà, se posseduto a giusto titolo. Il possesso della proprietà è giusto se rispetta le condizioni di giustizia nell'acquisizione originaria e di giustizia nei trasferimenti.

L'idea di fondo del principio di acquisizione originaria è che ogni individuo ha il diritto ad appropriarsi o sfruttare qualunque risorsa (o idea) non ancora rivendicata (o brevettata) da altri. Unica limitazione la cosiddetta 'clausola lockiana', secondo la quale a un individuo non è consentito arrogarsi tale diritto se altri ne saranno danneggiati. In altre parole, ogni individuo ha il diritto ad appropriarsi di qualunque risorsa non ancora rivendicata da altri, se e solo se la posizione degli uni dopo l'appropriazione da parte degli altri non è peggiore della posizione che avevano prima, nello stato di natura, quando la risorsa era in comune e non posseduta da nessuno. Ove questo si verifichi, è necessario compensare chi tardi arriva per rendere legittima un'acquisizione che altrimenti non lo sarebbe.

Il principio di giustizia nei trasferimenti sostiene che il risultato di ogni transazione volontaria, per il solo fatto di essere tale, è equo, fatto salvo ovviamente che i contraenti lo scambio siano legittimi proprietari dei beni scambiati. La giustizia nel trasferimento è così assimilata alla mancanza di coercizione.

Nozick introduce poi un terzo principio, principio di rettifica, complementare ai primi due. Se "scrutando il passato" ci si accorge che la distribuzione attuale dei diritti di proprietà è il frutto di violazioni procedurali precedenti, o in fase di acquisizione o durante qualche trasferimento successivo, il principio di rettifica ammette l'intervento dello Stato al fine di ristabilire l'equità che sarebbe prevalsa in assenza di tali violazioni.

Date queste premesse, ne deriva, in relazione allo spazio occupato dallo Stato, che esso deve interferire il meno possibile nella vita individuale. I compiti dello stato minimo sono quelli del "guardiano notturno" della tradizione liberale classica, secondo cui il compito dello Stato è quello di impedire che gli individui si danneggino reciprocamente e di tutelare i contratti. Al di fuori di questi compiti lo Stato non può e non deve andare, altrimenti lederebbe i diritti degli individui. In particolare, uno Stato che intendesse ridistribuire il reddito e riequilibrare le condizioni sociali, perseguendo politiche di "riparazione" nei confronti delle persone meno avvantaggiate, non considererebbe le singole persone come fini, ma semplicemente come mezzi in vista del bene della società, in qualche modo intesa. Secondo Nozick, non è dunque giustificato alcun sacrificio da parte di un individuo per solidarietà con gli altri. L'utopia di cui egli parla è così semplicemente un luogo in cui la gente è libera di associarsi volontariamente per tentare di attuare la propria individuale visione della vita, senza imporla agli altri.

5.4. Sen e la teoria delle capacità

La teoria di Rawls ha influenzato le riflessioni sulla giustizia del già citato Amartya Sen: la sua teoria delle capacità (*capability approach*) può essere interpretata come una integrazione e un ampliamento della concezione rawlsiana.

Nel valutare il benessere, Sen sostiene, la cosa più importante è considerare quel che gli individui sono in grado di essere e di fare, e non semplicemente i beni in sé. I beni primari sono dei mezzi e non dei fini, ciò che è rilevante è quel che un individuo è capace di fare con questi beni. L'approccio delle capacità si concentra perciò sulla qualità della vita che gli individui sono effettivamente in grado di avere. Scrive Sen che nell'approccio delle capacità "il possesso dei beni ... viene considerato strumentalmente e in modo contingente, importante solo nella misura in cui ci aiuta a ottenere ciò cui attribuiamo valore, vale a dire le capacità". L'uguaglianza di beni e risorse di Rawls è così sostituita con l'uguaglianza delle capacità fondamentali degli individui.

La qualità della vita è analizzata da Sen con due concetti: funzionamenti (*functionings*) e capacità (*capabilities*). I funzionamenti sono stati dell'essere e del fare, riflettono l'azione in cui un dato individuo è impegnato (ciò che egli fa) e ciò che egli è, che fa riferimento agli stati di esistenza di un individuo, come l'essere ben nutriti o denutriti, essere in miseria o avere un buon reddito, avere un grado di alfabetizzazione maggiore o minore. I funzionamenti non vanno confusi con i beni utilizzati per raggiungerli poiché essi rappresentano le realizzazioni effettive di un individuo (ad esempio, andare in bicicletta è diverso dal possedere una bicicletta). Le capacità fanno invece riferimento all'insieme di funzionamenti a cui un individuo ha effettivamente accesso, le sue opportunità reali. Così la capacità di una persona rappresenta l'effettiva libertà di scegliere tra differenti combinazioni di funzionamenti – tra differenti tipi di vita. Il valore di una risorsa (ad esempio una bicicletta) dipende dall'abilità dell'individuo di tradurla in funzionamenti che abbiano valore (ad esempio andare in bicicletta) il che dipende dal suo stato di salute, dalle norme sociali, dall'ambiente fisico. Sen porta l'esempio di un individuo disabile, con un deficit motorio: da solo egli non ha la capacità di uscire di casa, ma aiutato da altri ha la capacità e la libertà di farlo, la capacità essendo dunque la libertà sostanziale di un individuo.

La differenza con la posizione di Rawls risiede nel riconoscimento da parte di Sen della fondamentale diversità degli esseri umani. Due persone in possesso dello stesso paniere di beni primari possono avere libertà molto diverse di perseguire la loro concezione del bene, indipendentemente dal fatto che tali concezioni coincidano. Giudicare l'eguaglianza nello spazio dei beni primari equivale a dar priorità agli strumenti della libertà rispetto ad una valutazione dell'estensione effettiva della libertà. Sen sottolinea come questa differenza possa essere molto grande, quando si ha a che fare con diseguaglianze connesse con il genere, con la classe, con la collocazione geografica ed evidenzia l'inadeguatezza della base informativa dei beni primari per la concezione politica della giustizia nel senso di Rawls e l'esigenza di focalizzare l'attenzione sulle *capacità*. I beni primari, infatti, non sono che mezzi o risorse di uso generale, utili per il perseguimento delle differenti concezioni del bene che gli individui possono avere. Ma la conversione di questi beni primari e risorse in libertà di scelta su combinazioni alternative di funzionamenti ed altre acquisizioni può variare da persona a persona; l'eguaglianza nel possesso di beni primari può coesistere con grandissime diseguaglianze nella libertà effettivamente goduta dagli individui, incompatibili con l'idea di fondo della concezione politica della giustizia. Nella valutazione della giustizia basata sulle capacità, così come proposta da Sen, le situazioni individuali sono giudicate sulla base della libertà effettivamente goduta di scelta di vita. In questo senso la sua teoria delle capacità può rappresentare una preziosa integrazione della giustizia come equità. Nella prospettiva di Sen, l'obiettivo di una società giusta dovrebbe essere la realizzazione dell'eguaglianza delle capacità dei suoi membri, non semplicemente la redistribuzione dei beni primari, ma le capacità di utilizzare quei beni. Allo stesso tempo, come Rawls, anche Sen attribuisce un ruolo importante alla responsabilità individuale, dal momento che l'effettiva realizzazione delle capacità è rimessa alla responsabilità del singolo e le differenze di realizzazione non dovrebbero essere compensate dall'intervento pubblico.

6. L'analisi economica del diritto

SOMMARIO: 6. L'analisi economica del diritto. – 6.1. Le origini dell'analisi economica del diritto (*Law and Economics*). – 6.2. L'estensione dei concetti economici all'analisi del diritto. – 6.2.1. Il Concetto di Costo Opportunità nell'analisi economica del diritto. – 6.2.2. Il criterio di efficienza. – 6.3. La scuola "positiva" di Chicago e la scuola "normativa" di Yale. – 6.4. Sviluppi più recenti.

6.1. Le origini dell'analisi economica del diritto (*Law and Economics*)

Il movimento della *Law and Economics* è uno degli esempi, forse quello di maggior successo, della recente tendenza ad applicare gli assunti e i metodi dell'economia in ambiti di ricerca che erano tradizionalmente considerati estranei al campo di indagine proprio della teoria economica e del suo studio delle transazioni di mercato.

Sebbene la *Law and Economics*, così come oggi la conosciamo, sia un ambito di ricerca relativamente recente, non mancano nella storia del pensiero economico importanti antecedenti tra i quali possiamo ricordare il contributo di Adam Smith, che ne *La Ricchezza delle Nazioni* (1776) discute degli effetti economici della legislazione e del filosofo e giurista inglese Jeremy Bentham che in *Of Laws in General* (1782) e in *An Introduction to the Principles of Morals and Legislation* (1789) si occupa di teoria della legislazione.

Intorno alla metà del ventesimo secolo, grazie al lavoro di studiosi americani come Aaron Director e George Stigler dell'Università di Chicago e di Henry Manne, della George Mason University, il legame tra economia e diritto comincia a delinearsi come uno ambito di ricerca di interesse all'interno della teoria economica. Inizialmente la ricerca si concentra sulla regolamentazione del commercio, ambito in cui i legami con il diritto societario, il diritto tributario e il diritto della concorrenza sono particolarmente stretti.

Bisogna attendere però l'inizio degli anni sessanta del Novecento perché i tratti distintivi di questo approccio diventino nettamente individuabili. Il centro di sviluppo della *Law and Economics* sono gli Stati Uniti dove i pioneristici lavori di Ronald Coase e il giudice Guido Calabresi[28] applicano in modo sistematico l'analisi economica ad aree del diritto non dichiaratamente volte a regolamentare interazioni di tipo economico. Il lavoro di questi autori ebbe come conseguenza l'estensione dell'analisi economica del diritto alle aree dell'illecito civile, della proprietà e dei contratti. Successivamente, il clima intellettuale creatosi intorno a questi temi portò ad un progressivo allargamento dell'oggetto di indagine della *Law and Economics*: Gary Backer[29] in particolare estese l'indagine all'analisi del diritto penale, della discriminazione razziale e del diritto di famiglia.

Il successo che questo approccio teorico e metodologico ha raggiunto negli ultimi quarant'anni è, però, senz'altro dovuto al fatto che sia stato ampiamente adottato anche dai giuristi fino ad allora estranei all'uso del ragionamento economico. Tra questi si possono ricordare i fondamentali contributi di Guido Calabresi e di Richard Posner[30] i cui lavori contribuiscono ulteriormente a dimostrare la portata esplicativa e analitica della loro metodologia in ogni ambito del diritto.

Va precisato inoltre che la moderna analisi economica del diritto, essendo approccio teorico nato in un sistema di *common law*[31] (gli USA), si concentra principalmente sull'analisi di decisioni giurisprudenziali (i cosiddetti "precedenti"). Secondo alcuni critici della *Law and Economics*, questo rappresenterebbe un limite sostanziale per l'applicazione di questo approccio a sistemi basti sulla *civil law* (nei sistemi di *civil law*, come l'Italia, il diritto è "incorporato"

---

[28] Abbiamo già incontrato Coase nel corso del testo, in particolare si veda il par. 3.2 Parte II B. Il giudice Guido Calabresi (1932-) è considerato insieme a Ronald Coase il fondatore della analisi economica del diritto grazie ai suoi lavori, tra cui *The Cost of Accidents: A Legal and Economic Analysis*, Yale University Press, New Haven and London, 1970. Egli ha aperto la strada all'applicazione della teoria economica al diritto civile e ha portato la Scuola di Yale a divenire un centro di riferimento per tutti gli studiosi di questa disciplina.

[29] Gary Becker (1930-2014), economista statunitense ha vinto il premio Nobel per l'economia nel 1992 per "aver esteso il dominio dell'analisi microeconomica a un ampio raggio di comportamenti e interazioni umane, incluso il comportamento non legato al mercato".

[30] Richard Posner (1939-) giurista ed economista americano, il suo contributo alla analisi economica del diritto permette di ampliare notevolmente l'ambito di indagine di questo approccio includendo il diritto degli animali, il matrimonio, il femminismo, la discriminazione razziale, l'aborto, ed altri temi non tradizionalmente trattati dalla disciplina economica.

[31] La *Common law* è il sistema giuridico di nato nell'Inghilterra medioevale e diffusosi in tutti i paesi anglosassoni e negli Stati Uniti, che, contrariamente ai sistemi di *civil law* derivanti dal diritto romano, è basato sui precedenti giurisprudenziali. In questo sistema sono le decisioni dei giudici, le sentenze ad avere valore vincolante rispetto alle decisioni future.

in testi legislativi e il compito del giurista è "solo" quello di interpretare questi testi). In realtà, se l'analisi economica del diritto nei sistemi di *common law* guarda alle decisioni delle Corti perché queste sono le fonti principali del diritto, ciò non vuol dire che lo stesso tipo di analisi non sia applicabile ed altrettanto utile quando sia rivolga, invece che alle Corti, alle fonti del diritto e alla regolamentazione nei Paesi di *civil law*.

6.2. L'estensione dei concetti economici all'analisi del diritto

La *Law and Economics* si configura quindi come l'applicazione delle teorie e dei metodi propri dell'economia all'analisi delle regole e delle norme giuridiche.

L'analisi economica del diritto parte dall'assunzione che le regole, in particolare quelle sancite dal diritto, siano capaci di influenzare le scelte degli individui guidando, di fatto, il loro comportamento. È facile quindi comprendere come questo approccio teorico possa essere attratto dalla teoria delle scelte individuali che contraddistingue il modello microeconomico neoclassico. La *Law and Economics,* quindi, fa suoi tanto i concetti quanto gli strumenti della microeconomia per valutare l'effetto delle regole sul comportamento degli agenti.

Come abbiamo imparato nella Parte II di questo libro, la microeconomia studia le scelte, suscettibili di avere effetti su sé stessi e sugli altri, dei soggetti economici in contesto di scarsità. L'analisi economica del diritto, quindi, fa sua l'assunzione standard del modello neoclassico che descrive gli individui come soggetti razionali (cioè capaci di massimizzare il proprio benessere) e, parte dal concetto di costo opportunità per studiare il ruolo del diritto come mezzo per variare i prezzi relativi di comportamenti alternativi dei soggetti. Secondo questo approccio, una variazione delle norme giuridiche è in grado di condizionare i comportamenti degli agenti alterando la struttura dei prezzi e di conseguenza la struttura del problema di ottimizzazione affrontato dai soggetti stessi. La massimizzazione rimane quindi il paradigma anche per l'analisi economica del diritto e il suo raggiungimento può essere stimolato o ostacolato dalla presenza di norme giuridiche.

L'applicazione degli assunti e degli strumenti economici rappresenta per gli studiosi del diritto *una prospettiva di analisi.* Secondo Calabresi l'analisi economica è solo un approccio, seppure essenziale, che arricchisce la trattazione e lo studio delle norme.

6.2.1. *Il Concetto di Costo Opportunità nell'analisi economica del diritto*

Nella Parte II di questo libro abbiamo imparato che in un contesto di scarsità gli agenti economici valutano le scelte alternative applicando il concetto di costo opportunità (Parte II, 1.2.2.2). L'analisi economica del diritto applica questo concetto per capire se una determinata norma è atta a ridurre (o aumentare) la probabilità del verificarsi di un certo comportamento. A questo fine, infatti, è necessario prima di tutto comprendere quali siano le alternative possibili (opportunità) tra cui l'agente può scegliere e quale costo o beneficio queste gli comporterebbero: la migliore delle alternative possibili per il soggetto ha un costo opportunità nullo, mentre tutte le altre alternative hanno costi opportunità positivi che aumentano quanto maggiore è la differenza tra quello che si ottiene da una scelta di comportamento e quello che si otterrebbe dalla scelta di un comportamento migliore.

Nell'analisi economica del diritto è necessario distinguere tra il costo opportunità privato (o semplicemente costo privato) ed il costo opportunità sociale (o costo sociale). Il costo privato si riferisce alle alternative dell'agente che compie la scelta: rimane valida l'assunzione fondamentale della teoria economica secondo cui l'individuo "razionale" cerca di minimizzare i costi opportunità "privati".

Il costo sociale invece comprende le opportunità alternative per la società, genericamente definita. La scelta del singolo soggetto, finalizzata a minimizzare i costi privati, potrebbe non coincidere con la situazione che minimizza i costi sociali. *Il problema del costo sociale,* che è anche il titolo di uno dei contributi fondamentali dell'analisi economica del diritto, scritto da Ronald Coase nel 1960[32], si manifesta ogni qualvolta che costo privato (conseguenza delle scelte private) e costo sociale (ciò che sarebbe migliore per la società/comunità) sono differenti. Secondo la prospettiva di analisi economica del diritto, le regole devono essere "costruite" per incentivare le scelte e comportamenti individuali verso l'ottenimento di un benessere sociale.

6.2.2. *Il criterio di efficienza*

L'obiettivo del benessere sociale implica che per l'analisi economica del diritto sia necessario valutare in maniera comparativa regole differenti. Pertanto il problema metodologico di questo approccio riguarda la scelta del criterio con il

[32] Si veda quanto discusso relativamente al lavoro di Coase nella Parte II B, par. 3.2.

quale svolgere tale analisi comparativa. L'analisi economica del diritto condivide questo problema con la filosofia del diritto e l'economia del benessere.

L'analisi di efficienza delle norme della *Law and Economics* considera due criteri di efficienza: il criterio paretiano, che abbiamo già avuto modo di esaminare in questo libro (Parte II, 5.2), secondo cui il sistema economico più efficiente è quello che realizza un'allocazione di risorse tale per cui non sia possibile migliorare ulteriormente la condizione di un individuo senza peggiorare quella di un altro, e quello detto di Kaldor-Hicks. Quest'ultimo prende il nome da Nicholas Kaldor e John Richard Hicks[33], studiosi che alla fine degli anni trenta del Novecento, per superare i problemi che la logica del criterio di efficienza paretiana incontra rispetto alle politiche di redistribuzione, proposero il cosiddetto "*principio della compensazione*" secondo cui una modificazione nell'allocazione delle risorse è efficiente se il benessere ottenuto da alcuni soggetti supera le perdite di benessere subite da altri. Pertanto, secondo il criterio di Kaldor-Hicks, una scelta pubblica (una norma, o una regola) è preferibile rispetto ad un'altra se genera un incremento per la collettività tale da permettere ai soggetti beneficiari di compensare le perdite dei soggetti danneggiati. Si tratta, comunque, di una compensazione soltanto "*potenziale*" poiché la compensazione di coloro che subiscono una perdita è solo ipotetica e non deve necessariamente avvenire in concreto. Il criterio di Kaldor-Hicks, di fatto, richiede una comparazione tra i guadagni di alcuni soggetti e le perdite di altri, ogni volta che i guadagni dei vincitori superano quanto perdano i perdenti, il cambiamento è efficiente. Questo criterio di efficienza ha numerose controindicazioni ma, come affermato da Posner, esso rappresenta "il migliore dei mondi possibili" in quanto rappresenta la migliore approssimazione possibile al criterio di efficienza di Pareto ed è l'unico che non ponga problemi redistributivi né di riconciliazione delle necessità di redistribuzione con quelle dell'efficienza delle norme.

---

[33] Abbiamo già incontrato Hicks nel corso del testo, in particolare discutendo il problema del progresso tecnologico e l'attività inventiva, ci veda Parte II B. cap. 6. Nicholas Kaldor (1908-1986) economista dell'Università di Cambridge è considerato uno dei principali esponenti del pensiero post-keynesiano, i suoi contributi più importanti riguardano la formazione del capitale, il funzionamento del sistema economico contemporaneo, l'impresa, e il ciclo economico.

6.3. La scuola "positiva" di Chicago e la scuola "normativa" di Yale

La nascita e lo sviluppo dell'analisi economica del diritto sono stati accompagnati da importanti dibattiti metodologici. Le tradizioni culturali e il background teorico di economisti e giuristi portano tali comunità di studiosi a considerare diversamente il ruolo da attribuire all'analisi economica nella scelta di regole e norme istituzionali. Nonostante la *Law and Economics* sia un approccio recente è già possibile individuare due principali scuole di pensiero: si tratta della Scuola "positiva" di Chicago e della Scuola "normativa" di Yale, che si sono sviluppate quasi simultaneamente intorno alla fine degli anni sessanta del Novecento negli Stati Uniti e hanno portato gli studiosi a distinguere tra *Law and Economics* "Chicago-style" o "Yale-style". Queste due scuole si caratterizzano per un diverso approccio all'analisi economica del diritto: metterle a confronto permette di individuare quindi consistenti differenze metodologiche.

La Scuola di Chicago si definisce positiva poiché gli studiosi che ne fanno parte ritengono che la *Law and Economics* abbia come obiettivo prevedere gli effetti delle regole e delle norme giuridiche e comprendere le possibili conseguenze di scelte normative alternative applicate a medesimi problemi. L'analisi quindi si concentra sugli incentivi prodotti dal sistema legale le cui norme sono presunte efficienti.

Questa scuola fonda sul lavoro svolto da Posner negli anni Settanta ed ha come premessa fondamentale l'idea che la *common law*,e più in generale le regole, siano il risultato di uno sforzo, consapevole o meno, di creare regole efficienti che portino a risultati altrettanto efficienti. Questa premessa nota come "*efficency of Common Law hypotesis*" è stata introdotta da Ronald Coase nel 1960 e successivamente ripresa e sistematizzata da Posner e altri.

Sempre secondo la Scuola di Chicago le regole di *common law* sono volte ad allocare le risorse secondo criteri di efficienza di tipo paretiano o di Kaldor-Hicks. Come argomentato da Posner, l'applicazione del criterio di efficienza nella valutazione di una regola o norma nel contesto del processo giudiziale è giustificata dal fatto che questo criterio (sia esso quello paretiano o di Kaldor-Hicks) permette di superare l'inaccettabile ambiguità delle considerazioni di "giustizia" della decisione.

Nonostante gli importanti risultati teorici ed analitici della loro analisi, gli studiosi della Scuola di Chicago riconoscono che le competenze dell'economista nella valutazione del diritto e delle questioni giuridiche sono limitate, e per questo motivo generalmente ritengono che le loro teorie abbiano dei limiti nel fornire prescrizioni normative per cambiamenti sociali o riforme giuridiche.

Al contrario la scuola di Yale, fondata da Calabresi, viene definita "normativa" perché essa intende suggerire ai vari soggetti coinvolti nel processo legislativo (il legislatore e il giudice nei sistemi di *common law*) la soluzione più efficiente per ciascuno dei problemi che si presentano.

Gli studiosi della Scuola di Yale credono nella diffusa necessità di un intervento legale per correggere forme di fallimenti di mercato, le loro teorie sono, rispetto a quelle della Scuola di Chicago, maggiormente influenzate da giudizi di valore e prospettano la sostanziale necessità dell'intervento dello Stato.

Il metodo utilizzato dagli studiosi di Yale non è diverso da quello utilizzato a Chicago ma vi è una diffusa tendenza a formulare proposizioni prescrittive relative a come il diritto dovrebbe essere.

6.4. Sviluppi più recenti

Negli anni più recenti, il panorama dell'analisi economica del diritto si è ampliato grazie al nascere di quella che Francesco Parisi e Jonathan Klick[34] definiscono come la scuola funzionale, legata alla Virginia School of Law. Questa scuola prende le mosse dalla teoria delle scelte pubbliche e dalla *constitutional political economy,* e offre una terza prospettiva alternativa a quella positiva e normativa proprie della Scuola di Chicago e della Scuola di Yale.

Questo approccio teorico, contrariamente all'approccio positivo, parte dall'idea che lo sviluppo efficiente delle norme legali non possa essere un processo naturale, ma che anzi questo processo sia ostacolato da forze strutturali presenti nei sistemi legali: su questa premessa discute ampiamente la definizione di efficienza da utilizzare nell'analisi tanto dei processi decisionali individuali quanto di quelli collettivi. L'approccio funzionale non concorda neanche con la scuola normativa, in quanto, diversamente da quest'ultima sostiene che vi siano fallimenti di mercato rispetto ai quali è molto difficile intervenire.

Data l'estrema difficoltà nell'individuare le effettive conseguenze dell'introduzione di norme legali correttive, la scuola funzionale adotta gli assunti e gli strumenti della teoria economica al fine di individuare delle meta-norme giuridiche capaci di promuovere l'efficienza *ex ante*.

---

[34] Francesco Parisi-Jonathan Klick, *Functional Law and Economics: The Search for Value-Neutral Principles of Lawmaking*, in *Chicago Kent Law Review*, 2004, 79 (431): 438-42.

Questo significa che obiettivo di questo approccio è la realizzazione di norme e istituzioni che spingano gli individui ad essere consapevoli degli effetti delle loro scelte private, ed a rivelare le loro vere preferenze nei contesti di decisione collettiva. Giudici e legislatori secondo questo approccio dovrebbero comprendere gli incentivi che caratterizzano il contesto legale e sociale che genera le norme di diritto piuttosto che cercare di soppesare costi e benefici di ciascuna norma presa individualmente. In questo modo l'ambito di ricerca dell'analisi economica del diritto si estende non solo allo studio dell'effetto delle istituzioni di mercato e non di mercato sui sistemi giuridici ma anche allo studio dei vantaggi comparati che fonti giuridiche alternative centralizzate o decentralizzate possono avere nell'suggerire al sistema giuridico norme efficienti.

7. L'economia delle istituzioni

SOMMARIO: 7. L' economia delle istituzioni. – 7.1. L'economia delle istituzioni. – 7.2. Dalla 'vecchia scuola istituzionalista' alla odierna *Original Institutional Economics*. – 7.3. La Nuova economia istituzionalista (*New Institutional Economics*) e la sua relazione con l'economia ortodossa. – 7.4. *New Institutional Economics* e *Original Institutional economics*: percorsi per il futuro. –

7.1. L'economia delle istituzioni

L'economia delle istituzioni può essere definita in maniera generica come quell'approccio teorico che studia il ruolo delle istituzioni nei sistemi economici. Al suo interno è possibile distinguere due tradizioni diverse, quella oggi definita come *Original Institutional Economics* (che affonda le sue radici nella Vecchia Scuola Istituzionalista americana di Thorstein Veblen[35]) e quella definita New Institutional (che nasce dai pionieristici lavori di Ronald Coase, Douglas North, e Oliver Williamson[36]).

È opportuno tuttavia chiarire che sia l'approccio "*original*" quanto quello "*new*" sono ambiti di ricerca molto differenziati sia al loro interno che tra di loro. Tale differenziazione riguarda sia la stessa definizione di "istituzioni" che il metodo di indagine applicato.

Riguardo la definizione delle "istituzioni" c'è sempre stato all'interno dell'approccio istituzionalista un ampio e acceso dibattito che sembra oggi convergere su una definizione, rispetto alla quale tuttavia rimane aperta qualche controversia, secondo cui sono istituzioni tutti i sistemi di regole radicati nella società. Sono in tal senso istituzioni le norme di diritto, ma anche gli usi e i co-

---

[35] Thorstein Veblen (1857-1929) economista e sociologo statunitense è stato uno dei principali esponenti della Vecchia Scuola Istituzionalista.

[36] Abbiamo già incontrato Coase e Williamson nel corso di questo testo, il loro contributo alla economia delle istituzioni è particolarmente legato ai loro lavori sui costi di transazione considerati fondamentale anche per lo sviluppo della analisi economica del diritto (si veda il cap. 6). Douglas North (1920-2015) economista statunitense e vincitore del Premio Nobel per l'economia nel 1993 per aver dato nuovo vigore all'applicazione della teoria economica per spiegare i processi di cambiamento economico ed istituzionale.

stumi e tutte le regole di comportamento condivise in una società. In particolare sono istituzioni anche il linguaggio e i comportamenti imposti dall'etichetta; la moneta in quanto racchiude regole condivise dagli individui rispetto al suo valore, alla sua funzione e al suo potere di scambio; le organizzazioni come gli stati, le banche, e le imprese in quanto sono costituite da un insieme di regole formali ed informali necessarie per il loro funzionamento. L'economia delle istituzioni, quindi, ha come oggetto di indagine le istituzioni economiche intese in senso ampio come tutti quei sistemi di regole che influenzano l'andamento dei sistemi economici.

Definire questo approccio teorico tramite il suo oggetto d'indagine non ci permette però di dire nulla riguardo ai metodi ed alle assunzioni adottate nell'attività di ricerca: come vedremo anche nei metodi e nelle assunzioni la "original" e la "new" *institutional economics* differiscono ampiamente se pur non mancano interessanti intrecci fra questi due distinte tradizioni che permettono oggi di interrogarsi su un possibile sviluppo futuro comune.

7.2. Dalla 'vecchia scuola istituzionalista' alla odierna *Original Institutional Economics*

La 'vecchia scuola istituzionalista', da cui muove i passi quella che oggi viene definita *Original Institutional Economics*, nasce negli Stati Uniti nella prima metà del Novecento dove diviene ben presto l'approccio predominante nelle università e nei centri di ricerca, grazie al lavoro di Thorstein Veblen ed altri studiosi americani. Dopo la fine della Seconda Guerra Mondiale, tuttavia, essa perde il suo ruolo centrale a favore dell'approccio neoclassico rispetto al quale si era fortemente contrapposta. Il suo declino non è stato tuttavia totale, e numerosi rimangono gli studiosi (anche popolari, come John Kenneth Galbraith) che hanno dichiarato di essere ampiamente influenzati dai contributi di questa scuola di pensiero.

Le principali caratteristiche della 'Vecchia Scuola Istituzionalista' sono riassunte in quello che è stato considerato il suo manifesto: l'articolo "The Institutional Approach to Economic Theory", pubblicato da Walton Hamilton[37] nel 1919 su *The American Economic Review*. In cui Hamilton indica cinque aspetti fondamentali che contraddistinguono l'economia delle istituzioni del suo tempo:

[37] Walton Hamilton (1881-1958) economista e professore di diritto alla Yale Law School, ha coniato la definizione "institutional economics" per descrivere l'approccio teorico che si andava delineando grazia al lavoro di Veblen e altri.

1. l'approccio istituzionalista non si definisce in termini di proposte di politica economica;

2. l'economia delle istituzioni trae vantaggio dall'interazione con altri ambiti di ricerca come la psicologia, la sociologia, l'antropologia, per sviluppare un'analisi più approfondita del comportamento umano;

3. le istituzioni sono un elemento essenziale di ogni sistema economico: pertanto studiare le istituzioni e i processi che ne determinano il cambiamento nel tempo deve essere uno dei principali compiti della teoria economica;

4. l'economia è un sistema aperto soggetto a cambiamenti di tipo evolutivo, nonché caratterizzato dalla presenza di elementi complessi da investigare, quali la cultura, le classi sociali, il potere politico e molte altre variabili ancora;

5. l'assunzione neoclassica che descrive gli individui come agenti razionali massimizzanti è inadeguata ed erronea. L'economia delle istituzioni, quindi, non considera agenti economici standardizzati ma osserva gli individui nella loro relazione con il contesto istituzionale e culturale in cui vivono. Gli individui, infatti, sono influenzati e forgiati dalle istituzioni che tramite un processo definito di "*downward causation*" sono in grado di influenzare e modificare il loro comportamento.

Ad un secolo di distanza dalla pubblicazione di questo manifesto i tratti principali dell'approccio istituzionalista possono essere ritrovati nel lavoro di quegli economisti che recuperando questa tradizione contribuiscono allo sviluppo della *Original Institutional Economics* (*OIE*). Questo approccio, in particolare, continua a contrastare esplicitamente l'assunzione tipica dell'economia neoclassica che considera come date le preferenze degli agenti economici: le istituzioni e il contesto culturale sono considerati elementi capaci di influenzare il comportamento individuale tanto da modificare le preferenze individuali. Queste ultime, nella prospettiva istituzionalista, sono il risultato di più complessi meccanismi di evoluzione di *modelli mentali condivisi nella società* ("*social habits*") la cui origine è da ricercare nelle consuetudini della comunità di appartenenza. Questo, peraltro, non significa che secondo l'approccio istituzionalista l'individuo sia privo di ogni potere: al contrario, come chiarito dall'economista inglese Jeoffrey Hodgson[38], gli individui stessi sono promotori del cambiamento istituzionale. *L'Original Institutional Economics* descrive quindi un complesso legame fra individui ed istituzioni caratterizzato da processi "*top-down*" attraverso i quali le istituzioni forgiano e modificano il comportamento indivi-

[38] Si veda G.M. HODGSON, *The Evolution of Institutional Economics: Agency, Structure and Darwinism in American Institutionalism*, Routledge, London and New York, 2004.

duale, e da processi "*bottom-up*" attraverso i quali sono gli individui a promuovere il cambiamento delle istituzioni.

Gli individui, quindi, non possono essere interpretati come semplici agenti razionali massimizzanti e standardizzati, essi sono invece individui eterogenei guidati da *modelli mentali* (*habit*) i quali si rafforzano attraverso la ripetizione di comportamenti o pensieri. Gli *habit* sono *regole di comportamento* (*rules of action*), aspetti ripetuti del comportamento degli individui, che nel lungo periodo possono essere in grado di adattarsi all'ambiente. La presenza dei *modelli mentali* (*habit*) mostra il ruolo svolto da importanti meccanismi psicologici nella relazione tra individui ed istituzioni. Ogni qualvolta gli individui adeguano il loro comportamento ad una determinata regola, rafforzano i modelli mentali (*habit*) che sono in sintonia con tale regola sentendosi ancor più vincolati a tale regola, consolidandone quindi il valore prescrittivo. In questo senso Gli individui sono *istituzionalizzati*, le loro scelte e il loro comportamento sono condizionati e formati all'interno del contesto istituzionale e culturale in cui vivono, la presenza di *habit* condivisi crea una rete di modelli mentali condivisi nella società e permette ad agenti eterogenei di avere aspettative corrette rispetto al comportamento altrui.

La *Original Institutional Economics* rimane un approccio molto variegato al suo interno, in cui convivono studiosi che si sono occupati di temi molto diversi tra di loro e hanno utilizzato strumenti metodologici altrettanto variegati spesso adottando una prospettiva fortemente interdisciplinare in contrapposizione al diffuso utilizzo degli strumenti matematici tipico della teoria economica neoclassica. In particolare, nella tradizione della Vecchia scuola istituzionalista questo approccio adotta un metodo induttivo e comparativo, e integra contributi derivanti da altri approcci disciplinari come la psicologia, la sociologia, l'antropologia e la storia.

7.3. La Nuova economia istituzionalista (*New Institutional Economics*) e la sua relazione con l'economia ortodossa

Dal canto suo, la *New Institutional Economics* (*NIE*) nasce nella seconda metà del Novecento e in meno di trent'anni ha raggiunto grandi successi, testimoniati dall'attribuzione del premio Nobel a Elinor Ostrom, Herbert Simon, Oliver Williamson e Douglas North, e dal crescente impatto che ha avuto sulle decisioni politiche. La *New Institutional Economics* non è un approccio unitario: infatti, fin dalla sua nascita si è contraddistinta per la coesistenza al suo interno di aree di ricerca distinte. Tuttavia è possibile individuare alcuni temi che sono considerati come i mattoni costitutivi di questo approccio teorico, in particolare possiamo individuarne tre: i già citati costi di transazione e diritti di proprietà, e l'analisi dei contratti[39]. Più di recente si è assistito ad una progressiva espansione dell'oggetto di analisi. Così, oggi, la *NIE* comprende tanto l'analisi di temi tradizionalmente suoi, come la teoria dell'impresa (nell'ambito della quale approfondisce questioni relative alla regolamentazione delle interazioni con altri soggetti come la pubblica amministrazione e le altre imprese), e la teoria delle organizzazioni, quanto quella di problemi più vicini agli ambiti di ricerca della *Original Institutional Economics* come le convenzioni sociali, le norme giuridiche, e l'analisi positiva delle politiche economiche.

Tanto per i temi trattati che per i metodi utilizzati, la *New Institutional Economics* si presenta come un approccio trasversale rispetto a molti ambiti disciplinari: la teoria economica, il diritto, la teoria delle organizzazioni, la scienza politica, la sociologia, l'antropologia. Essa, quindi, pur utilizzando il linguaggio della teoria economica come principale strumento di analisi prende liberamente a prestito idee e concetti di altre discipline. Tuttavia per quanto la *NIE* si proclami aperta al contributo di approcci meno formalizzati, il ragionamento deduttivo tipico dell'economia neoclassica, l'analisi predittiva e i test empirici rimangono i suoi criteri metodologici di riferimento. In particolare ampio spazio è dato all'uso della teoria dei giochi, che permette di creare modelli predittivi che descrivono la nascita di nuove istituzioni dall'interazione degli agenti economici in contesti originariamente privi di istituzioni predefinite. L'uso della teoria dei giochi presuppone tuttavia forti assunzioni rispetto al comportamento degli agenti. Per quanto, quindi, *la New Institutional Economics* non possa negare la presenza di significativi legami con la tradizione della Vecchia Scuola Istituzionalista, nel tempo essa ha ampiamento abbracciato le principali assunzioni e i metodi del paradigma neoclassico.

7.4. *New Institutional Economics* e *Original Institutional economics*: percorsi per il futuro

Tradizionalmente la letteratura ha sottolineato una netta contrapposizione tra la "*Original*" e la "*New*" *Institutional Economics*. La contrapposizione fra questi due approcci deriva, come meglio sintetizzato nella tabella 1, dal fatto

---

[39] Si evidenzia come i temi trattati dall'economia delle istituzioni in parte si sovrappongano con quelli propri della *Law and Economics* (cap. 6).

che pur avendo come oggetto di ricerca sistemi economici caratterizzati dalla presenza di istituzioni, esse si distinguono per una diversa definizione del problema economico, per una diversa concezione dell'individuo, e per un diverso metodo di indagine.

Tuttavia, intorno alla fine del Novecento, si è cominciato a riscontrare un sostanziale aumento della sovrapposizione delle aree d'indagine di queste due distinte tradizioni di ricerca. Studiosi appartenenti alla NIE hanno cominciato a riconoscere esplicitamente la rilevanza dei contributi della Vecchia Scuola Istituzionalista segnalando quindi la flessibilità dei confini tra *NIE* e *OIE* tanto che oggi la letteratura comincia ad interrogarsi sulla possibilità di un loro prossimo sviluppo congiunto[40].

È stato in particolare a partire dal lavoro Douglas North, che ha riportato l'attenzione degli istituzionalisti sui processi di cambiamento istituzionale e sulla relazione tra individui ed istituzioni, che la *NIE* è tornata ad occuparsi di questi problemi tradizionalmente cari all'approccio "*original*".

Nella letteratura recente, quindi, si fa strada l'idea che in un prossimo futuro l'economia delle istituzioni debba svilupparsi attraverso un percorso congiunto che permetta di riconciliare i contributi derivanti tanto dalla tradizione della *Original Institutional Economics* quanto quelli della *New Institutional Economics*. Secondo quanto sostenuto da Goffrey Hodgson, l'economia delle istituzioni in futuro dovrebbe: 1. Recuperare l'eredità del vecchio istituzionalismo americano ed allo stesso tempo prendere in considerazione i contributi della sociologia economica e di altri ambiti disciplinari capaci di spiegare specifici sistemi di istituzioni e la loro evoluzione; 2. Rigettare l'idea di massimizzazione razionale, in quanto non è in grado di offrire una spiegazione completa e sostanziale né del comportamento umano né tantomeno della nascita e dell'evoluzione delle istituzioni.

Uno dei punti critici di questo progetto di riconciliazione tra "*Original*" e "*New*" *Institutional economics* è rappresentato dal metodo d'indagine. Anche se la teoria dei giochi ampiamente usata dalla NIE è uno strumento utile, tuttavia essa non può divenire l'unico metodo di indagine poiché essa non è sufficiente per indagare la complessità dei meccanismi di causazione reciproca che caratterizzano l'interazione tra individui ed istituzioni. Perché l'economia delle istituzioni possa muoversi verso un nuovo paradigma essa deve trasformarsi, così si sostiene, in un approccio fortemente interdisciplinare in cui vi sia una pro-

---

[40] Si veda G.M. HODGSON-M. GEOFFREY, *On Fuzzy Frontiers and Fragmented Foundations: some Reflections on the Original and New Institutional Economics*, in *Journal of Institutional Economics*, 2014, Vol. 10, No. 4, pp. 591-611.

gressiva integrazione di differenti programmi di ricerca con un comune interesse per l'analisi delle istituzioni economiche.

Tabella 1.

Approccio	**Neoclassical economics**	**New Institutional Economics**	**Original Institutional Economics**
Problema economico	Allocazione ottima di risorse scarse (risorse date e vincoli di bilancio);	Allocazione ottima di risorse scarse (risorse date e vincoli di bilancio) in sistemi economici caratterizzati dalla presenza di istituzioni;	I sistemi economici sono caratterizzati dalla presenza di istituzioni e sono sistemi evolutivi. La teoria economica è legata alla comprensione dei processi di cambiamento istituzionale;
Individuo	Preferenze definite, comportamenti opportunistici, perfetta razionalità	il meccanismo di formazione delle preferenze è un meccanismo endogeno ma non rientra nell'ambito di indagine dell'economista, gli agenti hanno comportamenti opportunistici ma hanno razionalità limitata;	l'individuo è istituzionalizzato, le sue scelte sono condizionate dal contesto sociale e istituzionale in cui vive, gli individui sono eterogenei;
Contesto	Contesto statico, informazione perfetta assenza di tempo storico, certezza (o incertezza probabilistica);	informazione imperfetta, incertezza, considerazione del tempo storico	Interazioni interdipendenti, contesto dinamico, incertezza, considerazione del tempo storico;
Istituzioni	Irrilevanti i meccanismi di mercato garantiscono efficienza paretiana	Le istituzioni e i meccanismi di *governance* sono strumenti per ridurre i costi di transazione, i vale il principio di efficienza;	Le istituzioni sono un tratto distintivo dei sistemi sociali, nella definizione di Veblen esse sono definite come "shared habits of thought"; esistono legami di reciproca causazione fra individui ed istituzioni, su cui influiscono contesto culturale e tempo storico;

Metodo	Metodo deduttivo Elevato livello di formalizzazione, uso delle tecniche econometriche;	analisi istituzionale comparativa, uso del metodo deduttivo, formalizzazione dei modelli, uso dei modelli econometrici, uso della teoria dei giochi, apertura verso un approccio interdisciplinare;	Metodo comparativo e induttivo, analisi descrittiva, approccio multidisciplinare e non formalizzato;

Parte IV

L'approccio macroeconomico

Macroeconomia keynesiana, sviluppi recenti della Macroeconomia, teoria della crescita

1. Elementi di contabilità nazionale e di statistica economica

1.1. Premessa

Per contabilità nazionale si intende un sistema di definizioni che indirizza teoricamente la descrizione statistica della situazione o dell'andamento di un sistema economico: la situazione viene stabilita con riferimento ad un istante di tempo e l'andamento con riferimento ad un intervallo (o periodo) di tempo. Si ricordi che una grandezza stimata in un istante di tempo si chiama fondo (*stock*) mentre una grandezza stimata in un periodo di tempo si chiama flusso (*flow*).

Prima di iniziare la formulazione di tali definizioni, è necessario segnalare che, in contabilità nazionale, per produzione si intende la trasformazione di beni e servizi in altri beni e servizi[1] in grado di soddisfare, direttamente o indirettamente, i bisogni espressi dagli esseri umani.

Dal canto loro, i beni prodotti si dividono in due categorie:

– i *beni di produzione*, che sono quelli in grado di soddisfare solo indirettamente i bisogni, cioè solo mediante una loro ulteriore trasformazione, e che sono

---

[1] D'ora in poi, per semplicità, parleremo solo di beni, sottintendendo che ci riferiremo anche ai servizi.

suddivisi in due sotto-categorie: quelli impiegabili solo una volta (vengono chiamati *beni intermedi*: per esempio, una cartuccia di toner per stampante) e quelli impiegabili più di una volta (*beni strumentali*: per esempio, una stampante);

– i *beni di consumo*, che sono quelli in grado di soddisfare direttamente i bisogni e che sono suddivisi in due sotto-categorie: quelli impiegabili solo una volta (*beni di consumo immediato*: per esempio, un *croissant*) e quelli impiegabili più di una volta (*beni di consumo durevole*: per esempio, un televisore).

1.2. Definizioni

1.2.1. *Prodotto Interno Lordo e Netto e Prodotto Nazionale Lordo*

Il *Prodotto Interno Lordo* (PIL) è il valore dei beni di consumo e dei beni strumentali, definiti complessivamente *beni finali*, prodotti in un dato Paese, in un dato periodo di tempo[2] e stimati al lordo degli *ammortamenti*: in contabilità nazionale, per ammortamenti si intendono quei beni strumentali che, sostituendo quelli che si sono resi inutilizzabili (per logorio tecnico o economico) durante il periodo per il quale viene stimato il PIL, non aumentano quelli impiegati nella produzione.

Se al PIL si sottraggono gli ammortamenti si ottiene il *Prodotto Interno Netto* (PIN). Poiché stimare praticamente gli ammortamenti è molto complicato, nella contabilità nazionale ci si occupa soprattutto della stima del Prodotto Interno Lordo.

Se al PIL si aggiungono le remunerazioni del lavoro e del capitale appartenenti a cittadini del Paese ma abitanti fuori del Paese e si sottraggono le remunerazioni del lavoro e del capitale ottenute nel Paese da stranieri si ottiene il *Prodotto Nazionale Lordo* (PNL). Per esempio, per passare dal PIL italiano al PNL italiano bisogna aggiungere al PIL italiano i redditi ottenuti all'estero dagli emigrati italiani (ancora residenti in Italia) e dalle imprese italiane e sottrarre i redditi ottenuti in Italia dagli immigrati e dalle imprese straniere: se i redditi aggiunti superano quelli sottratti, il PNL è maggiore del PIL, se i redditi aggiunti sono minori di quelli sottratti, il PNL è minore del PIL.

---

[2] Il PIL e le grandezze che ne derivano sono quindi grandezze flusso.

1.2.2. *Prezzi, valore aggiunto e loro relazione con il Prodotto Interno Lordo*

Il *valore dei beni finali* è dato dalla somma delle loro quantità moltiplicate per i rispettivi prezzi, questi ultimi stimati nell'anno in cui i beni finali sono stati prodotti (prezzi correnti) o in un altro anno, detto anno-base.

I prezzi, in contabilità nazionale, sono di due tipi:

– i *prezzi di mercato*, che sono quelli effettivamente pagati dagli acquirenti e che sono, quindi, comprensivi delle imposte dirette ed al netto dei contributi pubblici alla produzione;

– i *costi dei fattori*, cioè i prezzi incassati effettivamente dai proprietari dei fattori produttivi (capitale, lavoro, terra) e che si ottengono dai prezzi di mercato, sottraendo le imposte indirette ed aggiungendo i contributi pubblici alla produzione.

Per *valore aggiunto* di un'impresa si intende la differenza tra il suo fatturato, cioè il valore della sua produzione, ed il valore dei beni che essa acquista da altre imprese.

Il PIL si ottiene sommando i valori aggiunti delle singole imprese, aggiungendo a tale somma le imposte indirette e sottraendone i contributi pubblici.

Per esempio, ipotizziamo che l'unico bene finale prodotto sia il bene «b», prodotto in un anno da un'impresa trasformando, mediante l'applicazione dei fattori produttivi, il bene «a» (che è quindi un bene intermedio) acquistato da un'altra impresa che l'ha prodotto trasformando, sempre mediante l'applicazione dei fattori produttivi, materie prime presenti in natura e quindi disponibili gratuitamente.

Ipotizziamo inoltre che il fatturato dell'impresa che produce «a», che è quindi pari al suo valore aggiunto (chiamiamolo VA_a), sia di 100 euro, e il fatturato dell'impresa che produce «b», che è quindi pari al PIL, sia di 200 euro.

Abbiamo dunque che $VA_b = 200 - 100 = 100$ e $\text{PIL} = VA_a + VA_b = 100 + 100 = 200$ euro.

1.2.3. *Prodotto interno lordo, Reddito Interno Lordo e Domanda Aggregata*

Se si considera che:

– i beni finali sono prodotti trasformando i beni intermedi (comprensivi delle materie prime) mediante lavoro, capitale e terra forniti da coloro che domanderanno tali beni finali;

– i produttori dei beni finali remunerano coloro che gli hanno fornito lavoro, capitale e terra, con la somma di tali remunerazioni che rappresenta il *Reddito Interno Lordo* (Y): ne consegue che il PIL ed il Reddito Interno Lordo sono identicamente uguali, cioè Y = PIL;

– il Reddito Interno Lordo viene completamente utilizzato in acquisti di beni di consumo (C) e in risparmio (S) (vale quindi l'identità[3] $Y = C + S$);

– il risparmio (S) è completamente investito in acquisti di beni strumentali prodotti nell'anno in corso (denominati investimenti fissi lordi, I) e/o in incremento delle scorte di beni finali, con la somma degli acquisti dei beni finali e dell'incremento delle loro scorte che costituisce la Domanda Finale Aggregata (D), ne consegue che $D = C + I$.

Ne traiamo allora che il PIL, il Reddito Interno Lordo e la Domanda Finale Aggregata sono tre modi diversi ma equivalenti di definire e misurare l'attività, in un determinato periodo di tempo, del sistema produttivo del Paese.

Vale quindi l'identità PIL = $Y = D$ che si può sviluppare nell'identità PIL = $= C + S = C + I$.

1.2.4. *Il conto delle risorse e degli impieghi*

Se consideriamo anche il *settore pubblico*, rappresentato dai consumi pubblici (G) che, al netto dell'imposizione fiscale complessiva (T), si aggiungono a D, e i *rapporti con il resto del mondo*, rappresentati, per semplicità, solo dalle *esportazioni* dei beni finali ed intermedi (E), che si aggiungono a D, e dalle *importazioni* di beni finali ed intermedi (IM), che si aggiungono a PIL, otteniamo le seguenti due ulteriori definizioni:

– PIL + IM, che rappresenta il *conto delle risorse*, cioè il valore dei beni a disposizione del sistema economico nazionale, a seguito di produzione interna o di importazione;

– $D = C + I + (G - T) + E$, che rappresenta il *conto degli impieghi*, cioè il valore dei beni domandati, internamente o dall'esterno, al sistema economico nazionale.

L'equilibrio della domanda e dell'offerta di beni disponibili nel sistema economico nazionale costituisce il conto delle risorse e degli impieghi cioè l'identità PIL + $IM = C + I + (G - T) + E$.

---

[3] Ricordiamo che per identità si intende un'uguaglianza verificata per tutti i valori delle variabili che vi compaiono.

Essendo PIL = Y, il conto delle risorse e degli impieghi si può scrivere anche come

$$Y + IM = = C + I + (G - T) + E:$$

portando a sinistra tutti i termini, ricordando che $Y - C = S$ e raggruppando i termini in modi economicamente interessanti, riformuliamo il conto delle risorse e degli impieghi come segue:

$$(S - I) + (T - G) + (IM - E) = 0.$$

Da tale identità si possono ricavare diverse relazioni contabili, sempre verificate, tra le quali sono degne di nota le seguenti due:

– se $(T - G) < 0$, allora o $(S - I)$ o $(IM - E)$ o entrambi sono positivi: in altri termini, se esiste un *disavanzo di bilancio pubblico* vi devono essere anche un *eccesso del risparmio sugli investimenti* e/o un *disavanzo di bilancia commerciale* (che implica l'ottenimento di un finanziamento dal resto del mondo);
– se $(S - I) < 0$, allora o $(T - G)$ o $(IM - E)$ o entrambi sono positivi: in altri termini, se esiste un eccesso degli investimenti sul risparmio, vi devono essere anche un *avanzo pubblico* e/o un *disavanzo di bilancia commerciale.*

1.3. Contabilità nazionale e benessere

La contabilità nazionale riguarda solo gli scambi di mercato regolari ed il settore pubblico e quindi non tiene conto:

– dell'economia di mercato sommersa (cioè contrattualmente non valida);
– della produzione per l'autoconsumo;
– della produzione altruistica (cioè non remunerata) e del tempo libero (che contribuisce, per quanto non remunerato, al soddisfacimento dei bisogni umani).

Tali limiti della contabilità nazionale implicano una valutazione distorta del benessere economico del Paese e difficoltà di confronti di benessere spazio-temporali. Per esempio, secondo la contabilità nazionale due Paesi con lo stesso PIL ma con diversa presenza del volontariato hanno lo stesso benessere materiale mentre, evidentemente, dei due sta meglio chi dispone di una maggiore quantità di volontariato.

1.4. Il Prodotto Interno Lordo e i fattori di produzione

1.4.1. *Il Prodotto Interno Lordo come risultato della combinazione dei fattori di produzione*

Il PIL è il risultato della combinazione (realizzabile nelle imprese o nell'amministrazione pubblica) dei tre fattori produttivi fondamentali (lavoro, terra e capitale) ognuno dei quali è da intendersi come uno *stock*.

Il *lavoro* è l'insieme delle risorse fisiche ed intellettuali degli esseri umani. La *terra* è l'insieme delle risorse naturali, che sono stimate mediante il loro prezzo corrente o il valore attuale dei loro redditi futuri previsti. Il *capitale* è l'insieme dei beni di produzione i quali si dividono in due categorie:

- il capitale *circolante* (cioè l'insieme dei beni intermedi);
- il capitale *fisso* (cioè l'insieme dei beni strumentali).

Il PIL si può studiare anche con riferimento alla sua distribuzione tra le varie categorie di proprietari dei fattori di produzione. Si tratta in tal caso della *distribuzione funzionale*, per la quale:

- la parte del PIL che va ai proprietari del lavoro costituisce i salari;
- la parte del PIL che va ai proprietari della terra costituisce le rendite;
- la parte del PIL che va ai proprietari del capitale costituisce i profitti e/o gli interessi.

Il PIL si può anche studiare con riferimento alla distribuzione tra i singoli percettori di reddito: si tratta in tal caso della *distribuzione personale*.

1.4.2. *Il fattore lavoro: forze di lavoro, occupazione e disoccupazione*

Il fattore di produzione lavoro viene stimato come la somma, denominata *forze di lavoro*, del numero dei lavoratori *occupati* e dei lavoratori *disoccupati*. I lavoratori disoccupati sono definiti come coloro che hanno perduto l'occupazione e ne cercano una nuova o coloro che sono in cerca della loro prima occupazione.

Per *tasso di disoccupazione* si intende il rapporto tra il numero dei disoccupati e le forze di lavoro.

Il *tasso di partecipazione alla forza lavoro* è invece dato dalla percentuale di popolazione in età lavorativa che è impiegata o sta cercando lavoro.

1.5. Le variazioni del Prodotto Interno Lordo

1.5.1. *Variazioni reali e variazioni nominali, tasso di crescita e tasso d'inflazione*

Da un anno all'altro, il PIL può variare a seguito della variazione delle quantità prodotte, dei prezzi, o delle quantità prodotte e dei prezzi.

Poiché il benessere economico di un Paese è una funzione crescente delle quantità prodotte e consumate, lo studio della variazione del benessere economico di un Paese si concentra sulla variazione del PIL a prezzi costanti, cioè sulla variazione del PIL lungo un certo numero di anni (una *serie storica*) dovuta solo a variazioni di quantità. La variazione del benessere economico di un Paese può anche essere studiata esaminando la serie storica del PIL a prezzi costanti pro-capite, che è dato dal rapporto tra il PIL a prezzi costanti ed il numero degli abitanti.

Per stabilire se l'incremento del valore nominale (cioè a prezzi correnti) del PIL implichi o no un incremento del benessere economico (cioè delle quantità disponibili dei beni), si procede come segue.

Si scelgono alcuni beni rappresentativi del benessere economico (per esempio i beni «a» e «b») e i prezzi di «a» e «b» in un anno che è definito anno-base. Poi i prezzi dell'anno-base vengono sintetizzati in un prezzo medio, facendo ricorso ad una delle infinite ponderazioni possibili, ma la cui somma deve essere uguale ad 1[4]. Una volta scelta una ponderazione, essa viene applicata ai prezzi di tutti gli altri anni della serie storica. I prezzi medi così ottenuti vengono per comodità espressi in base 100, cioè sotto forma di indici[5].

Se ipotizziamo ora che, a prezzi correnti, il PIL del primo anno è 30 euro ed il PIL del secondo anno è 60 euro, ne deduciamo un aumento del PIL, in termini nominali, del 100%. Conoscendo gli indici dei prezzi nei due anni (per esempio 100 nel primo anno, 200 nel secondo anno) possiamo calcolare il PIL

---

[4] Per esempio: se il prezzo di «a» è 1 e di «b» è 2, possiamo farne la media aritmetica (pesi eguali per i due prezzi, in questo caso entrambi pari a $\frac{1}{2}$) il che dà luogo al seguente prezzo medio $= 1 \times \frac{1}{2} + 2 \times \frac{1}{2} = \frac{3}{2} = 1{,}5$.

[5] Per esempio: il prezzo medio dell'anno-base, p.e. 1,5, è rapportato a 100. Il prezzo medio di un altro anno, p.e. 3, verrà proporzionalmente trasformato come segue: $3 : x = 1{,}5 : 100$ e quindi $x = 200$.

nominale del secondo anno ai prezzi del primo anno, applicando la seguente proporzione:

$$PIL_{\text{secondo anno ai prezzi secondo anno}} : PIL_{\text{secondo anno ai prezzi primo anno}} =$$
$$= \text{Indice}_{\text{prezzi secondo anno}} : \text{Indice}_{\text{prezzi primo anno}}$$

Utilizzando i dati del nostro esempio avremo: $60 : x = 200 : 100$ da cui ricaviamo

$$x = PIL_{\text{secondo anno ai prezzi primo anno}} = \frac{60 \times 100}{200} = 30 \text{ euro.}$$

Quindi il PIL in termini quantitativi (oppure «reali», cioè a prezzi costanti, nel nostro caso quelli del primo anno) è rimasto tra il primo ed il secondo anno immutato, il che implica che l'aumento registrato del PIL è solo nominale ovvero che il benessere economico del Paese non è cambiato.

Analogamente, conoscendo, per lo stesso anno, il PIL ai prezzi correnti ed il PIL ai prezzi dell'anno base, possiamo calcolare l'indice dei prezzi (ovvero il deflatore) del PIL di quell'anno rispetto all'indice dell'anno base (che è sempre uguale a 100), applicando la seguente proporzione:

$$PIL_{\text{secondo anno ai prezzi secondo anno}} : PIL_{\text{secondo anno ai prezzi primo anno}} =$$
$$= \text{Indice}_{\text{prezzi secondo anno}} : \text{Indice}_{\text{prezzi primo anno}}.$$

Utilizzando i dati del nostro esempio avremo: $60 : 30 = x : 100$ da cui ricaviamo $x = \text{Indice}_{\text{prezzi secondo anno}} \ \frac{60 \times 100}{30} = 200$, ovvero che l'indice dei prezzi è aumentato del 100%.

Ottenuta una serie storica di PIL a prezzi costanti se ne può calcolare il tasso di variazione, che è denominato *tasso di crescita*. Analogamente ottenuta una serie storica di deflatori se ne può calcolare il tasso di variazione che è denominato *tasso d'inflazione*.

Quando il tasso di variazione si riferisce a due anni consecutivi, lo si calcola come percentuale di variazione annua; quando invece si riferisce a un periodo poliennale, lo si calcola come tasso annuo medio di variazione composto[6].

1.5.2. *L'andamento del Prodotto Interno Lordo nel tempo: il ciclo economico*

L'esame statistico della serie storica del PIL consente di individuare un fatto molto importante e cioè che l'andamento temporale del PIL non è lineare (cioè il PIL non cresce sempre né decresce sempre) ma ciclico, cioè il PIL tipicamente cresce, raggiunge un massimo, diminuisce, raggiunge un minimo, riprende a crescere, ecc.

Per ciclo economico si intende appunto la sequenza (ogni parte della quale dipende dalla precedente e determina la successiva) di fasi di *crescita* (o *ripresa*), *espansione* (terminante nel punto di massimo o *boom*), *decrescita* (o *recessione*), terminante nel punto di minimo del PIL, o *crisi*. A queste fasi va aggiunta la *depressione*, che si ha in presenza di una lunga e profonda recessione. Il ciclo si può individuare rappresentandone la serie storica in un grafico che ha sull'asse delle ascisse il tempo e sull'asse delle ordinate il PIL, oppure la differenza tra il tasso di crescita del PIL tra un anno e quello successivo ed il tasso di crescita medio annuo del PIL in un dato periodo di tempo (grafici IV.1a e b).

La letteratura sul ciclo economico, in larga misura di carattere statistico-economico, è molto complessa (non ne daremmo cenno in questo libro) e mira a

---

[6] Per esempio si abbia la seguente serie storica

Anno	*PIL a prezzi anno 2000 (milioni di euro)*
2000	100
2001	200
2002	400
2003	500

La percentuale di variazione del PIL dal 2002 al 2003 è

$$\frac{PIL_{2003} - PIL_{2002}}{PIL_{2002}} \times 100 = \frac{500 - 400}{400} \times 100 = 25\%.$$

Il tasso annuo medio di variazione composto del PIL dal 2000 al 2003 è dato da $PIL_{2000}(1 + i)^3 = PIL_{2003}$. Utilizzando i dati della seria storica abbiamo $100(1 + i)^3 = 500$, da cui ricaviamo $ln100 + 3ln(1 + i) = ln500$, ovvero $4{,}60 + 3ln(1 + i) = 6{,}21$, ovvero $3ln(1 + i) = 6{,}21 - 4{,}60$, ovvero $ln(1 + i) = 0{,}53$, ovvero $e^{0{,}53} = 1 + i$, ovvero $1{,}70 = 1 + i$: quindi il tasso annuo medio di variazione composto è $\cong 0{,}70 \cong 72\%$.

descrivere ed a fornire tentativi di spiegazione dei cicli di breve periodo (un decennio), di medio periodo (mezzo secolo) e di lungo periodo (uno o più secoli).

Gafico IV.1.a e b. – *Il ciclo economico*

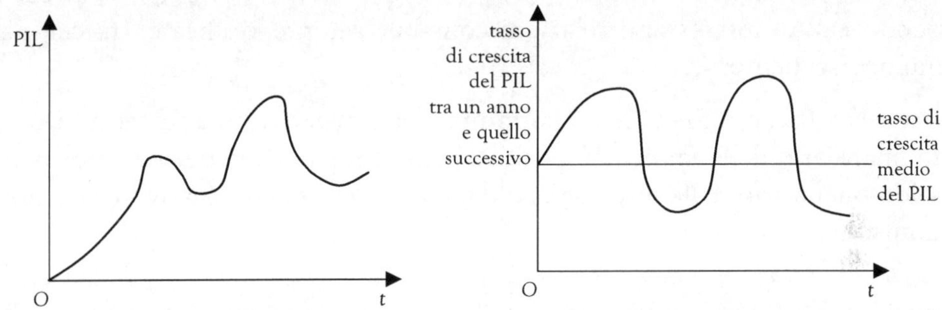

a) rappresentazione di una serie storica del PIL nel tempo

b) rappresentazione della serie storica del PIL come differenza annua rispetto al tasso di crescita medio

1.6. Cenni di contabilità nazionale finanziaria

Accenniamo brevemente in questo paragrafo all'esame dei fenomeni finanziari interni a un paese.

Siano:

I_i = investimenti delle imprese;
S_i = risparmi delle imprese;
I_f = investimenti delle famiglie;
S_f = risparmi delle famiglie;
ΔAF = variazione attività finanziarie (= variazione crediti);
ΔPF = variazione passività finanziarie (= variazione debiti),

allora possiamo scrivere:

$$I = I_i + I_f \quad \text{e} \quad S = S_i + S_f.$$

Siano:

$I_i + \Delta AF_i = \Delta PF_i + S_i$ il bilancio finanziario delle imprese, da cui ricaviamo
$S_i - I_i = \Delta AF_i - \Delta PF_i = SF_i$ = saldo finanziario delle imprese;
$I_f + \Delta AF_f = \Delta PF_f + S_f$ il bilancio finanziario delle famiglie, da cui ricaviamo

$S_f - I_f = \Delta AF_f - \Delta PF_f = SF_f =$ saldo finanziario delle famiglie;

$G + \Delta AF_{sp} = \Delta PF_{sp} + T$ il bilancio finanziario del settore pubblico, da cui ricaviamo;

$T - G = \Delta AF_{sp} - \Delta PF_{sp} = SF_{sp} =$ saldo finanziario del settore pubblico.

Se, per semplicità, nel conto delle risorse e degli impieghi ipotizziamo $IM - E = 0$, otteniamo l'identita $(S - I) + (T - G) = SF_i + SF_f + SF_{sp} = 0$, da cui si possono ricavare interessanti relazioni contabili, sempre verificate, tra cui, per esempio, la seguente:

– se $SF_f > 0$ allora SF_i o SF_p o entrambi, sono negativi. In altri termini, se il saldo finanziario delle famiglie è positivo (cioè aumenta), vi deve essere anche un saldo finanziario delle imprese e/o del settore pubblico negativo (che, cioè, diminuisce).

2. La macroeconomia neoclassica, o pre-keynesiana

SOMMARIO. 2. La macroeconomia neoclassica, o pre-keynesiana. – 2.1. Le ipotesi. – 2.2. Il modello. – 2.2.1. Il mercato del lavoro. – 2.2.2. La determinazione del reddito reale. – 2.2.3. L'equilibrio risparmio-investimento. – 2.2.4. Grandezze reali e ruolo della moneta.

Nel periodo neoclassico, in particolare tra la fine dell'Ottocento e il primo decennio del Novecento, si formò un'ampia *communis opinio* macroeconomica, per quanto non formalizzata in un modello esplicito. In questo capitolo la ricostruiamo brevemente in una forma che permetterà il confronto con gli sviluppi degli anni trenta, legati al contributo di Keynes. In questo senso possiamo definirla macroeconomia pre-keynesiana.

2.1. Le ipotesi

L'ipotesi di partenza della macroeconomia neoclassica è che l'andamento di un sistema economico è la risultante delle decisioni massimizzanti dei consumatori-lavoratori-risparmiatori e delle imprese che, appunto, stabiliscono (secondo le modalità studiate dalla microeconomia) le quantità di beni complessivamente prodotte, consumate e risparmiate nonché le quantità complessivamente domandate ed offerte di lavoro.

Se aggiungiamo l'ipotesi di concorrenza perfetta, tali decisioni massimizzanti determineranno, come abbiamo già visto nella Parte II del libro, l'equilibrio economico generale di concorrenza perfetta, cioè un vettore di prezzi in corrispondenza del quale in ogni mercato vi è eguaglianza tra domanda ed offerta: moltiplicando ogni quantità prodotta d'equilibrio per il rispettivo prezzo e sommando otterremo il PIL, che sarà necessariamente un PIL di *piena occupazione*.

2.2. Il modello

Il modello macroeconomico neoclassico può essere così sinteticamente esposto.

2.2.1. *Il mercato del lavoro*

Formalmente e in termini macroeconomici (cioè aggregati), possiamo in primo luogo ipotizzare, secondo quanto abbiamo già visto in microeconomia, che la domanda di lavoro (D_L) dipenda negativamente dal salario reale $\frac{w}{p}$ e che l'offerta di lavoro (S_L) dipenda positivamente da tale salario reale: il punto d'intersezione delle curve corrispondenti avrà come coordinate il salario reale d'equilibrio e la quantità di lavoro domandata ed offerta d'equilibrio L_E implicante la piena occupazione (grafico IV.2).

Grafico IV.2. – *Il mercato del lavoro*

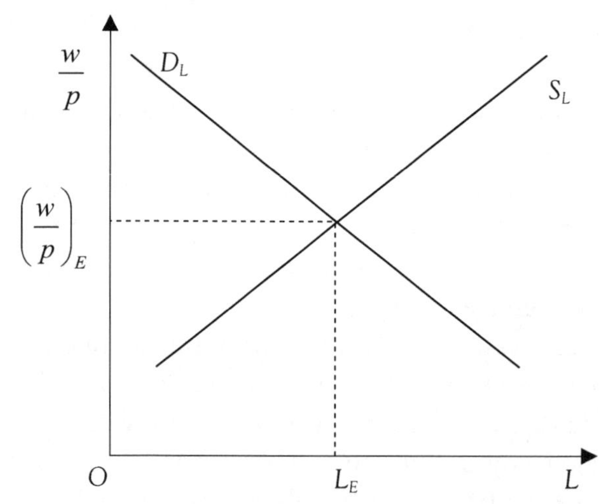

2.2.2. *La determinazione del reddito reale*

Data una funzione di produzione aggregata che si può ipotizzare a rendimenti decrescenti, la quantità di lavoro d'equilibrio, combinata con una quantità data di capitale, determina il reddito interno reale (cioè in termini di quantità) d'equilibrio Y_E (grafico IV.3).

Grafico IV.3. – *La determinazione del reddito reale*

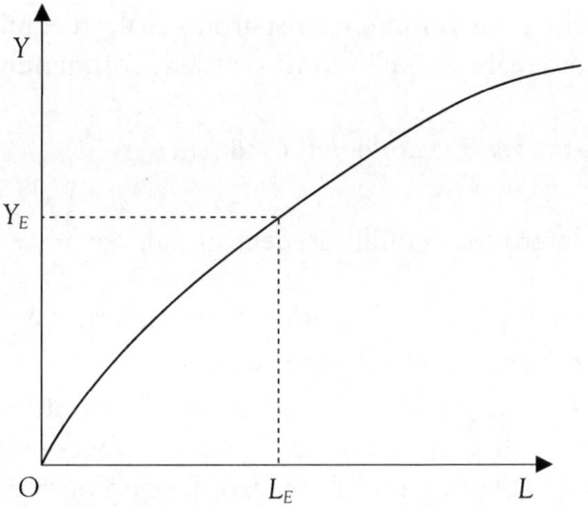

2.2.3. *L'equilibrio risparmio-investimento*

In secondo luogo possiamo ipotizzare che la domanda di investimenti (che si aggiungono allo stock di capitale esistente) dipenda negativamente dal tasso d'interesse reale r (cioè dal costo del loro finanziamento) e che l'offerta di risparmio (da cui gli investimenti sono resi possibili) dipenda positivamente sem-

Grafico IV.4. – *L'equilibrio risparmio-investimento*

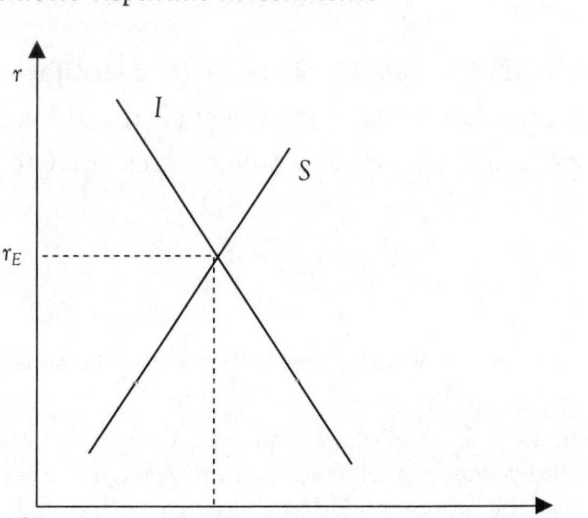

pre dal tasso d'interesse reale (che è la remunerazione del risparmio): il punto d'intersezione delle curve corrispondenti avrà come coordinate il tasso d'interesse reale d'equilibrio e l'investimento-risparmio reale d'equilibrio $I_E = S_E$ (grafico IV.4). Il consumo reale d'equilibrio C_E si ottiene sottraendo S_E da $C_E = Y_E - S_E$.

2.2.4. *Grandezze reali e ruolo della moneta*

Il modello determina l'equilibrio delle grandezze $\frac{w}{p}$, r_E, L_E, Y_E, I_E, S_E, C_E. Tale equilibrio è il risultato delle decisioni massimizzanti degli agenti economici, in questo senso può essere definito spontaneo.

Si noti che tutte le grandezze evocate sono di carattere reale in quanto concernono quantità di beni o lavoro. Nella macroeconomia pre-keynesiana la moneta svolge le sole funzioni di mezzo di scambio e di misura di valore[7] ed analiticamente serve solo per determinare i valori nominali dei prezzi cioè w, p ed il valore nominale corrispondente a Y_E, I_E, S_E, C_E.

Il livello dei prezzi è definito mediante la *teoria quantitativa della moneta*[8] che può, nei termini più semplici, essere formulata come segue. Si definisca per velocità di circolazione della moneta (V) il numero di volte in cui, in un periodo di tempo dato, un'unità di moneta è utilizzata per consentire scambi di merci che, a loro volta, si possono definire come il reddito nazionale espresso in termini monetari PQ dove, P è il prezzo medio e Q è il reddito nazionale in termini reali).

Abbiamo quindi $V = \frac{PQ}{M}$ da cui facilmente otteniamo $P = \frac{VM}{Q}$ ovvero che P è dato una volta dati V, M e Q. Nella teoria quantitativa della moneta, tipicamente, si ipotizzano dati solo V e Q (quest'ultimo al livello di piena occupazione del lavoro) per cui P cresce (decresce) al crescere (decrescere) di M.

---

[7] E non anche di riserva di valore, come vedremo sarà il caso nella macroeconomia keynesiana.

[8] Si veda al par. 4.1.1 del capitolo 4.1 sul monetarismo una trattazione più approfondita della teoria quantitativa della moneta, teoria di antica origine, che ebbe nel tempo più formulazioni: quella che si affermò nel periodo neoclassico è attribuibile all'economista americano Irving Fisher (1867-1947).

3. La macroeconomia keynesiana

3.1. Premessa. Le origini storiche della macroeconomia keynesiana e le sue ipotesi fondamentali

Per macroeconomia keynesiana si intende la teoria macroeconomica che è stata costruita dalla fine degli anni trenta a partire dalla, e in riferimento alla, maggiore opera di John Maynard Keynes, cioè la *General Theory of Employment,*

Interest and Money. Come rilevato nella parte I, Keynes concepì la *General Theory*, che venne pubblicata nel 1936, come una critica del modello teorico aggregato neoclassico e un contribuito teorico sia alla comprensione della Grande Crisi sia alla fuoriuscita del capitalismo da tale crisi, oltreché, più in generale, allo stabile raggiungimento, nell'ambito di tale sistema economico, della piena occupazione del lavoro. Negli anni successivi alla pubblicazione della *General Theory*, attraverso il contributo di più autori, si affermò un modello che venne definito *sintesi neoclassica* che, pur rinunciando ad alcuni degli aspetti più innovativi del contributo di Keynes, ne riprese gli elementi analitici fondamentali, dando così origine alla cosidetta *macroeconomia keynesiana*[9].

La principale ipotesi della macroeconomia keynesiana è che il sistema economico non sia necessariamente in grado di raggiungere, operando in modo spontaneo, una situazione di piena occupazione. In altri termini il sistema economico può presentare disoccupazione (cioè incompleta utilizzazione del lavoro e del capitale a sua disposizione), dovuta a una carenza di Domanda Finale Aggregata (d'ora in poi D). In queste condizioni si ipotizza che un'accresciuta D possa essere soddisfatta da un'accresciuta produzione (cioè da un accresciuto PIL ovvero da un accresciuto Reddito Interno Lordo, d'ora in poi abbreviato con Reddito e simboleggiato con Y) senza aumento dei salari monetari e quindi dei prezzi.

Nel modello si stabilisce la seguente relazione: il reddito Y, e dunque l'occupazione (segnatamente quella di lavoro[10]), dipende, in presenza di stabilità dei salari nominali e dei prezzi, dalla domanda aggregata D. Lo scopo della teoria è quello di spiegare D, il che consente di spiegare Y, essendo questi, in equilibrio, pari a D.

Il presente capitolo si articola su tre macro-paragrafi: il primo studia l'equilibrio macroeconomico di un'economia chiusa a prezzi fissi; il secondo studia l'equilibrio macroeconomico di un'economia aperta sempre a prezzi fissi; il terzo studia l'equilibrio macroeconomico di un'economia chiusa a prezzi variabili.

[9] La Macroeconomia keynesiana trascurò parti importanti della *General Theory* di Keynes, in particolare quelle connesse alla trattazione dell'incertezza, delle aspettative di lungo periodo e dell'instabilità finanziaria, che furono riprese da una parte minoritaria del mondo degli economisti, facenti parte della scuola cosiddetta post-keynesiana (vedi parte IV.C, capitolo 4.7).

[10] Se, per semplicità, ipotizziamo che il capitale sia costante, abbiamo la funzione di produzione aggregata data $Y = f(L)$ dove ipotizziamo che Y aumenti all'aumentare di L (lavoro) occupato; ne traiamo, intuitivamente, la funzione $L = g(Y)$, cioè che all'aumentare di Y aumenta L.

3.2. L'equilibrio macroeconomico di un'economia chiusa a prezzi fissi

Il presente macro-paragrafo si articola sui seguenti argomenti: le funzioni del consumo, del risparmio e dell'investimento; l'equilibrio del mercato dei beni: il moltiplicatore keynesiano di economia chiusa e la curva *IS*; l'equilibrio del mercato della moneta e la curva *LM*; il modello *IS-LM*.

3.2.1. *Le funzioni del consumo, del risparmio, dell'investimento e la spesa pubblica*

3.2.1.1. *La funzione del consumo*

La componente statisticamente più importante di D è rappresentata dai consumi privati. Nella teoria keynesiana si ipotizza la seguente funzione del consumo:

$$C = C_0 + c\,(Y - tY)$$ [11]

dove:

C è il consumo;

C_0 è il consumo autonomo da Y – quindi un consumo che si può effettuare con un reddito nullo, cioè attingendo alla ricchezza (W), variabile che definiremo *infra* al par. 3.1.1 – che si ipotizza positivo e costante;

$c = \frac{dC}{dY}$ è la propensione marginale al consumo, ovvero l'incremento che C subisce a seguito di un piccolo incremento di Y. Tale propensione si ipotizza costante e compresa tra 0 ed 1: quindi, e questo è l'aspetto non intuitivo e quindi caratterizzante la funzione del consumo keynesiana, se aumenta il reddito solo una parte (per quanto preponderante) dell'aumento è consumata, mentre il resto è, come vedremo *infra*, destinato al risparmio;

t è l'aliquota impositiva proporzionale (quindi, al crescere del reddito, la quota prelevata dallo Stato è sempre la stessa), che si ipotizza compresa tra 0 ed 1 e costante;

tY è il gettito fiscale;

---

[11] Nell'appendice A del capitolo, daremo un cenno ad una teoria alternativa del consumo, quella del ciclo vitale del consumo.

$Y - tY$ è il reddito disponibile, cioè il reddito che si può destinare al consumo (ed al risparmio) una volta pagate le imposte.

La funzione del consumo può quindi essere riformulata come segue:

$$C = C_0 + c\,(1 - t)\,Y$$

esprimendo così con chiarezza l'ipotesi che il consumo dipenda dal reddito.

C è funzione crescente di Y, a parità di C_0, c, t e W (la ricchezza), ovvero:

$$\frac{dC}{dY} = c\,(1 - \mathrm{t}) > 0$$ [12](grafico IV.5).

Nel grafico la bisettrice del piano rappresenta il luogo geometrico dei punti del piano in cui reddito e consumo sono uguali (l'inclinazione della bisettrice è quindi pari ad 1): si noti che, per bassi livelli di reddito, il consumo supera il reddito il che necessita il ricorso, per consentire il consumo eccedente il reddito, ad un risparmio negativo (cioè ad una riduzione di W); per alti livelli di reddito, il reddito supera il consumo rendendo possibile un risparmio positivo (cioè un aumento di W).

Grafico IV.5. - *La funzione del consumo*

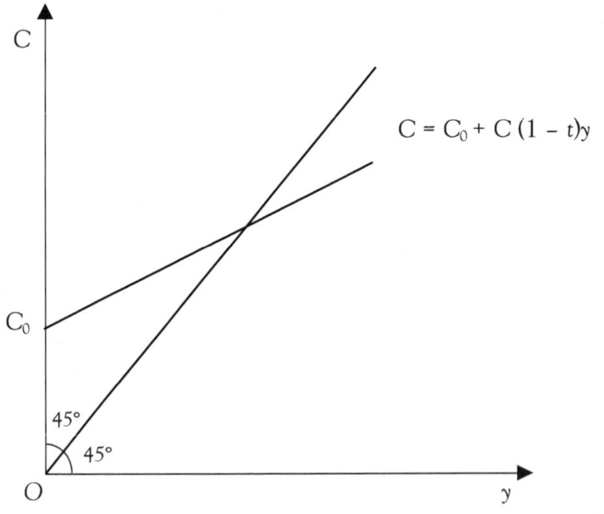

[12] In quanto tanto c quanto $1 - t$ sono positivi.

3.2.1.2. *La funzione del risparmio*

Dalla contabilità nazionale ricordiamo che il risparmio (S) è il reddito non consumato, cioè $S = Y - C$. Sostituendo C con la funzione del consumo (dove, per semplicità, poniamo $t = 0$) otteniamo $S = Y - C_0 - cY$, cioè $S = - C_0 + Y(1 - c)$ ovvero la funzione del risparmio

$$S = S_0 + sY$$

dove:

S è il risparmio;

$S_0 = - C_0$ è il risparmio autonomo da Y, che è negativo[13] e (per l'ipotesi fatta su C_0) costante;

s è la propensione marginale al risparmio che è uguale a $1 - c = \frac{dS}{dY}$, che è, per l'ipotesi fatta su c, compresa tra 0 ed 1 e costante.

Dunque il risparmio dipende dal reddito e precisamente, poiché $\frac{dS}{dY} = s$ e quindi $\frac{dS}{dY} > 0$, S è funzione crescente di Y, a parità di S_0, s e W.

Grafico IV.6. - *La funzione del risparmio*

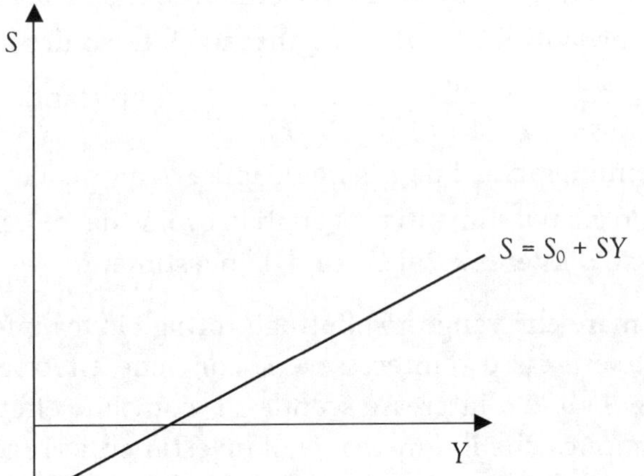

[13] Si tratta della riduzione di W necessaria per rendere possibile il positivo consumo autonomo.

Conformemente al grafico IV.5, si noti che, per bassi livelli di reddito, il risparmio è negativo (corrispondente ad una riduzione di W) per rendere possibile un consumo autonomo positivo; per alti livelli di reddito, il risparmio è positivo (corrispondente ad un aumento di W).

3.2.1.3. *La funzione d'investimento*

Ricordato che per investimento (I), che è la componente più fluttuante di D, si intende un incremento del capitale e che per tasso di interesse (i) si intende la remunerazione (di solito espressa in termini percentuali) di un'unità di moneta presa a prestito, vale la seguente ipotesi:

$$I = I_0 - bi$$

dove:

I_0 è l'investimento autonomo da i (e da Y) che viene ipotizzato positivo e costante;

i è il tasso d'interesse;

$b = \frac{dI}{di}$ è la sensibilità dell'investimento al tasso di interesse che è negativa ed è ipotizzata costante.

Infatti:

se per tasso di rendimento di un investimento I, che dà luogo, nei successivi anni, ai redditi previsti R_1, R_2, R_3, ..., si intende il tasso di sconto r che soddisfa l'equazione $I = \frac{R_1}{(1+r)} + \frac{R_2}{(1+r)^2} + \frac{R_3}{(1+r)^3} + ...,$ implicando che il tasso di rendimento è la remunerazione della singola unità di moneta investita;

se si ordinano gli investimenti progettati in ordine decrescente del rispettivo r;

poiché il tasso d'interesse è il costo dell'investimento,

possiamo affermare che vengono effettuati tutti gli investimenti per i quali $r > i$ (grafico IV.7): se il tasso d'interesse è i_0 conviene effettuare solo gli investimenti I_1 e I_2; se il tasso d'interesse scende a i_1 conviene effettuare tutti gli investimenti. Ciò implica che il numero degli investimenti progettati che conviene compiere (e quindi l'ammontare complessivo degli investimenti) cresce al decrescere di i (oppure decresce al crescere di i).

Se, a parità del tasso d'interesse, i redditi previsti aumentano a causa di un umore ottimistico degli investitori, r aumenta e quindi I aumenta: se il tasso d'interesse è i_0 conviene effettuare non solo gli investimenti I_1 e I_2 ma anche gli

Grafico IV.7. – *La funzione d'investimento. la relazione tra tasso di sconto, tasso d'interesse e investimento*

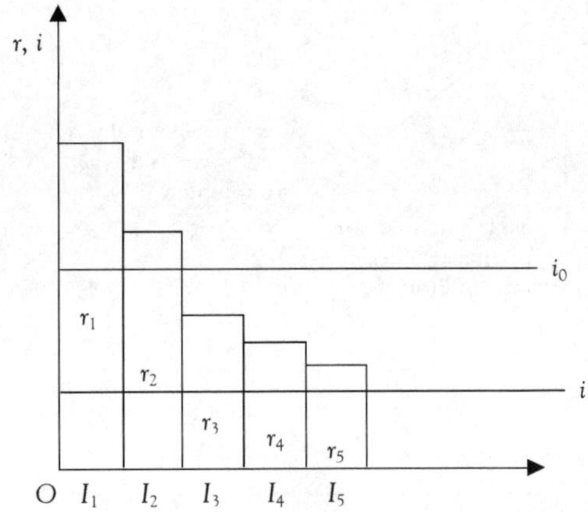

investimenti I_3, I_4 (grafico IV.8). Ciò implica uno spostamento verso destra della curva del grafico IV.9. Analogamente se, a parità del tasso d'interesse, i redditi previsti diminuiscono a causa di un umore pessimistico degli investitori, *r* diminuisce e quindi *I* diminuisce, implicando uno spostamento verso sinistra della curva.

Grafico IV.8. – *La funzione d'investimento. Effetti, a parità di tasso d'interesse, di cambiamenti nelle aspettative degli investitori sull'investimento*

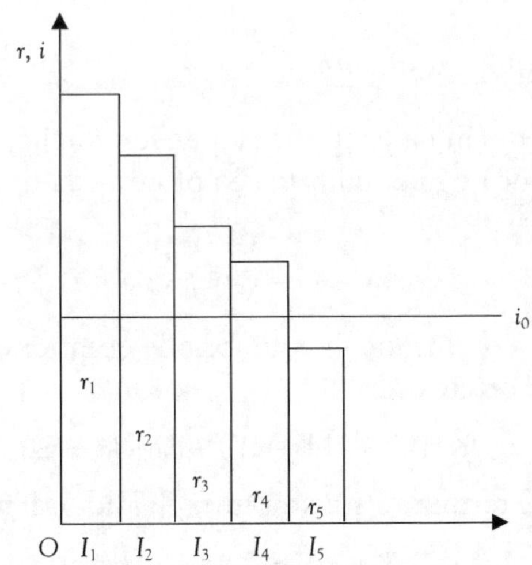

Grafico IV.9. – *La funzione d'investimento, spostamenti della curva d'investimento*

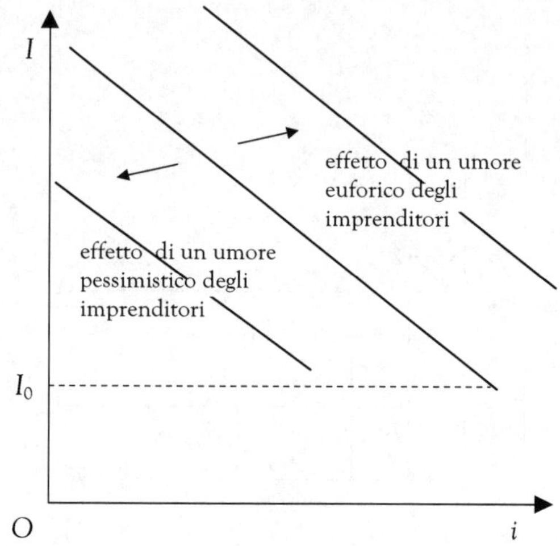

3.2.1.4. *La spesa pubblica*

Per completare la teorizzazione macroeconomica del settore pubblico, si considera la spesa pubblica $G = G_0$ che ipotizziamo, per semplicità, essere autonoma da Y, positiva e costante e si aggiunge a C ed I come componente di D.

3.2.2. *L'equilibrio del mercato dei beni: il moltiplicatore keynesiano di economia chiusa e la curva IS*

3.2.2.1. *Il moltiplicatore keynesiano*

Il mercato dei beni (in cui si ipotizza, per semplicità, che sia prodotto e domandato un solo bene) è in equilibrio se l'offerta e la domanda di beni si eguagliano, cioè se

$$Y = D = C + I + G.$$

Sostituendo nella condizione di equilibrio le componenti della domanda con le rispettive funzioni otteniamo:

$$Y = C_0 + c(Y - tY) + I_0 - bi + G_0$$

da cui, spostando nel termine a sinistra tutti gli addendi in Y, ricaviamo:

$$Y - cY + ctY = C_0 + I_0 - bi + G_0$$

ovvero:

$$Y(1 - c + ct) = C_0 + I_0 - bi + G_0$$

da cui otteniamo:

$$Y = \frac{1}{1 - c + ct}(C_0 + I_0 - bi + G_0).$$

Ne deriva che il reddito di equilibrio (e quindi l'occupazione di equilibrio) è il prodotto tra $C_0 + I_0 - bi + G_0$ (che è la somma delle componenti della Domanda Finale Aggregata autonome da Y) e $\frac{1}{1-c+ct}$, espressione conosciuta come *moltiplicatore del reddito keynesiano* di un'economia chiusa con settore pubblico, che indica di quanto aumenta Y a seguito di un piccolo incremento di C_0 o I_0 o $-bi$[14] o G_0[15].

Rileviamo che, per le ipotesi fatte circa i valori di c e t, il moltiplicatore keynesiano:

– ha sempre un valore maggiore di uno. Infatti: $1 - c$ è minore di uno, $1 - c + ct$ è pure minore di uno perché ct è minore di c; una frazione che ha al numeratore l'unità ed al denominatore una quantità positiva ma minore dell'unità ha un valore maggiore di uno.

– cresce al crescere di c (e quindi decresce al decrescere di c)[16];

– decresce al crescere di t (e quindi cresce al decrescere di t)[17].

3.2.2.2. *L'equilibrio del mercato dei beni e la curva IS*

La condizione di equilibrio del mercato dei beni

[14] Ricordiamo che $-bi$ aumenta se i diminuisce.

[15] Infatti $\frac{1}{1-c+ct} = \frac{\partial Y}{\partial C_0} = \frac{\partial Y}{\partial I_0} = \frac{\partial Y}{\partial(-bi)}$. Rinviamo all'appendice B di questo capitolo la spiegazione della logica economica del moltiplicatore keynesiano.

[16] Infatti $\frac{\partial\left(\frac{1}{1-c+ct}\right)}{\partial c} = \frac{1-t}{(1-c+ct)^2} > 0.$

[17] Infatti $\frac{\partial\left(\frac{1}{1-c+ct}\right)}{\partial c} = \frac{-c}{(1-c+ct)^2} < 0.$

$$Y = \frac{1}{1 - c + ct}(C_0 + I_0 - bi + G_0)$$

è un'equazione nelle due incognite Y ed i: pertanto, per risolverla si può arbitrariamente attribuire un valore positivo[18] a Y (oppure ad i) e determinare il corrispondente valore di i (di Y). L'insieme delle infinite coppie di valori, entrambi positivi, di Y ed i che risolvono l'equazione si rappresenta graficamente con la curva *IS*, che è il luogo geometrico degli infiniti punti del piano costituiti dalle infinite combinazioni dei valori di Y ed i che mettono in equilibrio il mercato dei beni (grafico IV.10)[19].

Grafico IV.10. - *La curva IS*

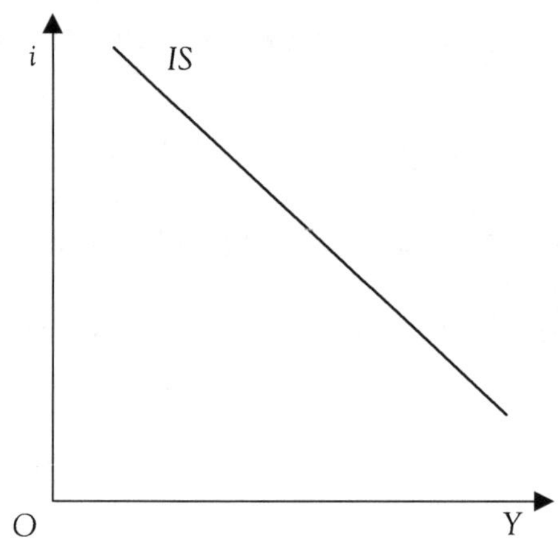

[18] In quanto che la macroeconomia si occupa solo di Y ed i positivi.

[19] La denominazione *IS* è dovuta al fatto che, semplificando, la condizione di equilibrio del mercato dei beni si può esprimere algebricamente come $Y = C + I$ da cui, come abbiamo visto, si ricava $Y - C = S = I$ ovvero $I = S$. Poiché, nella presente teoria, è arbitraria l'attribuzione a Y oppure ad i del ruolo di variabile indipendente (oppure di variabile dipendente), è solo per rispettare la tradizione espositiva che nel grafico IV.10 consideriamo Y come variabile indipendente e i come variabile dipendente. Ma, per non complicare in un modo teoricamente sterile le successive considerazioni, vi faremo sempre riferimento all'equazione formulata nel testo e quindi considereremo come variabile indipendente il tasso d'interesse e come variabile dipendente il reddito interno lordo. Si può agevolmente dimostrare che i segni delle derivate non cambiano se prendiamo come variabile dipendente Y e come variabile dipendente i.

Le proprietà della *IS* sono le seguenti:

– è inclinata negativamente[20], per illustrare il fatto che al crescere di *i* diminuiscono *I* e quindi *D* e quindi, per mantenere l'equilibrio del mercato dei beni, *Y* (alternativamente, al decrescere di *i* aumentano *I* e quindi *D* e quindi, per mantenere l'equilibrio del mercato dei beni, *Y*);

– è tanto più piatta (cioè l'inclinazione negativa è algebricamente più piccola) quanto maggiori sono *b* ed il moltiplicatore keynesiano[21], per illustrare il fatto che, al crescere di *i*, la diminuzione di *I*, e quindi di *D* e quindi di *Y*, è tanto maggiore quanto più grandi sono *b* e/o il moltiplicatore keynesiano (alternativamente, al decrescere di *i* l'aumento di *I*, e quindi di *D* e quindi di *Y*, è tanto maggiore quanto più grandi sono *b* e/o il moltiplicatore keynesiano) (grafico IV.11);

Grafico IV.11. – *Inclinazione della curva IS*

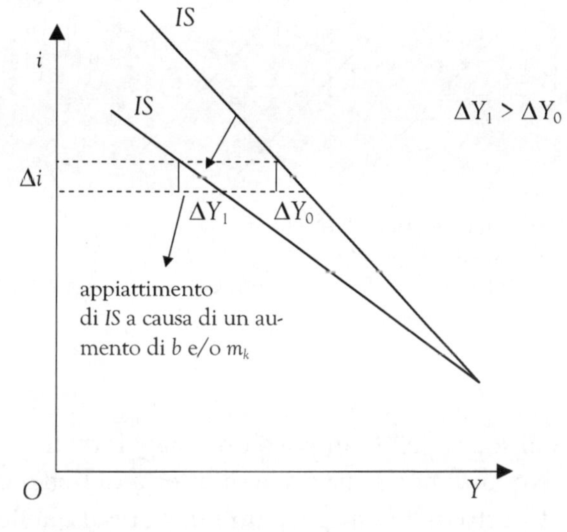

---

[20] In quanto $\frac{dY}{di} = \frac{-b}{1-c+ct} < 0$.

[21] Infatti, se, per semplificare, poniamo $\frac{1}{1-c+ct} = m_k$, otteniamo $\frac{\partial\left(\frac{dY}{di}\right)}{\partial b} = \frac{\partial(-bm_k)}{\partial b} = -m_k < 0$ e $\frac{\partial\left(\frac{dY}{di}\right)}{\partial_{mk}} = \frac{\partial(-bm_k)}{\partial_{mk}} = -b < 0$.

– a parità di b e del moltiplicatore keynesiano (e quindi a parità di inclinazione) è situata tanto più in alto a destra quanto più grandi sono C_0, I_0 e G_0: infatti, a parità di b, m_k ed i, un aumento di C_0 e/o I_0 e/o G_0 implica un aumento di D e quindi di Y (alternativamente, a parità di b e del moltiplicatore keynesiano, la IS è situata tanto più in basso a sinistra quanto più piccoli sono C_0, I_0 e G_0: infatti, a parità di b, m_k ed i, una riduzione di C_0 e/o I_0 e/o G_0 implica una riduzione di D e quindi di Y) (grafico IV.12);

Grafico IV.12. - *Spostamenti della curva IS*

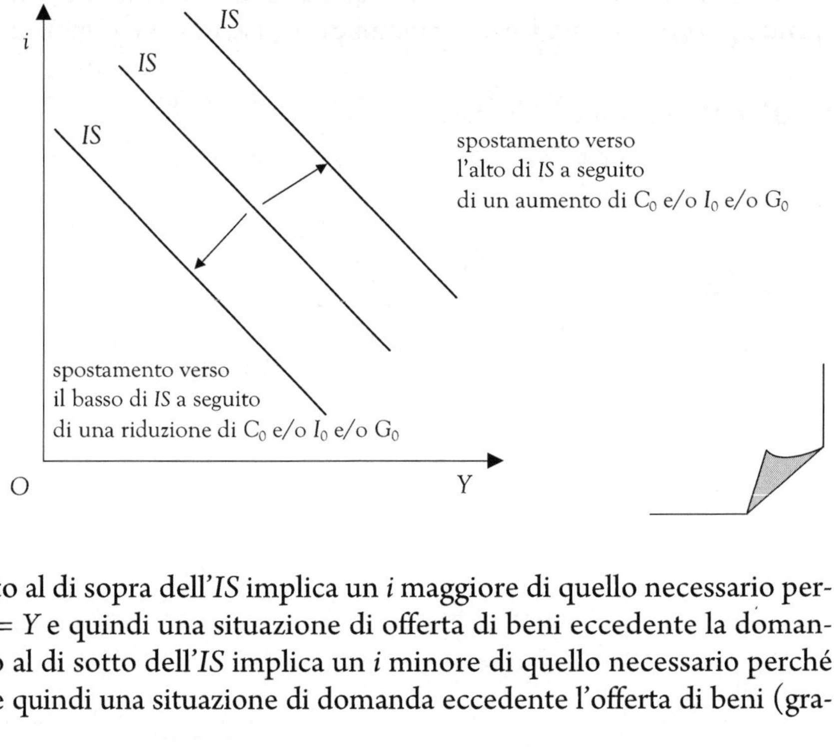

– un punto al di sopra dell'IS implica un i maggiore di quello necessario perché vi sia $D = Y$ e quindi una situazione di offerta di beni eccedente la domanda; un punto al di sotto dell'IS implica un i minore di quello necessario perché vi sia $D = Y$ e quindi una situazione di domanda eccedente l'offerta di beni (grafico IV.13).

Grafico IV.13. – *La curva IS e gli eccessi di offerta e domanda di beni*

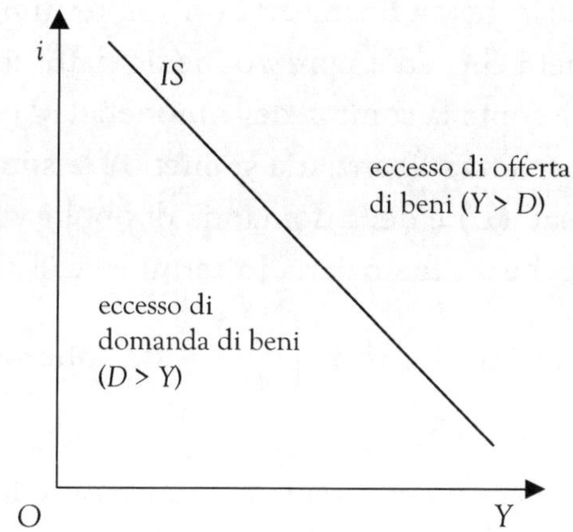

3.2.3. *L'equilibrio del mercato della moneta: la curva LM*

3.2.3.1. *Definizioni*

Scopo di una teoria è quello di spiegare e/o di prevedere il valore di equilibrio delle variabili (cioè dei fenomeni) di cui si occupa: dalla teoria delle equazioni apprendiamo che un sistema di equazioni (cioè un gruppo di equazioni contenenti le stesse incognite) ha un'unica soluzione[22] se contiene un numero di equazioni, tra di loro indipendenti, uguale al numero delle incognite. Quindi, la teoria macroeconomica keynesiana, per determinare il reddito interno lordo d'equilibrio ed il tasso di interesse d'equilibrio, necessita di affiancare all'equazione di equilibrio del mercato dei beni un'altra equazione, indipendente dalla prima ed avente anch'essa, quali variabili, il reddito interno lordo ed il tasso di interesse. Per costruire questa seconda equazione, si introduce nella teoria il fenomeno monetario, la cui interazione con il fenomeno reale (rappresentato dal mercato dei beni) costituisce il fenomeno economico vero e proprio.

Definiamo come moneta (M) tutti i beni che hanno le proprietà di essere utilizzati come mezzo di pagamento, misura di valore e riserva di valore: per fissare le idee, faremo riferimento, in questo e nei successivi paragrafi, solo alla

[22] Con unica soluzione si intende che tutte le equazioni del sistema sono simultaneamente soddisfatte da un solo valore per ogni variabile.

moneta comunemente intesa, cioè a quella emessa (sotto forma di monete metalliche e biglietti) da una banca di emissione[23].

Definiamo quindi la ricchezza finanziaria (W) in termini reali (cioè nei termini della quantità di beni che, ad un prezzo medio dato, si può acquistare con la ricchezza finanziaria) come la somma della moneta (M) e delle obbligazioni (B): per domanda di ricchezza finanziaria si intende la somma della domanda di moneta in termini reali (L) e della domanda di obbligazioni in termini reali (DB); per offerta di ricchezza finanziaria in termini reali si intende la somma dell'offerta di moneta in termini reali $\left(\frac{M}{P}\right)$ e dell'offerta di obbligazioni in termini reali (SB)[24].

Il mercato della ricchezza finanziaria è in equilibrio se la domanda è uguale all'offerta cioè se

$$L + DB = \frac{M}{P} + SB$$

da cui ricaviamo che $\left(L - \frac{M}{P}\right) + (DB - SB) = 0$, ovvero che se il mercato della moneta è in equilibrio (cioè se $L - \frac{M}{P} = 0$, il che implica $L = \frac{M}{P}$) lo è anche il mercato delle obbligazioni: infatti, se in $\left(L - \frac{M}{P}\right) + (DB - SB) = 0$ abbiamo $L - \frac{M}{P} = 0$, allora ne ricaviamo $DB - SB = 0$, cioè $DB = SB$. Nel seguito dell'analisi, quindi, quando parleremo del mercato della moneta in equilibrio, intenderemo implicitamente che lo è anche il mercato delle obbligazioni.

3.2.3.2. *La domanda di moneta*

Secondo la teoria macroeconomica keynesiana, la domanda di moneta dipende da scopi transattivi (cioè dal bisogno di finanziare acquisti di beni), cau-

---

[23] Per esempio il Sistema europeo di banche centrali, diretto dalla Banca Centrale Europea e di cui fa parte la Banca d'Italia.

[24] Per semplificare l'esposizione non ripeteremo più che ci occupiamo, nel resto del paragrafo, solo di grandezze in termini reali.

telativi (cioè dal bisogno di conservare moneta per fronteggiare imprevisti) e speculativi.

Si ipotizza che la domanda di moneta a scopi transattivi e cautelativi cresca al crescere del reddito interno lordo: formalmente la domanda di moneta per scopi transattivi e cautelativi si esprime come

$$L_{stc} = kY$$

dove k rappresenta la sensibilità di L a Y ed è uguale a $\frac{\partial L}{\partial Y}$, per ipotesi positiva e costante.

Per quanto attiene alla domanda di moneta per scopi speculativi, bisogna tenere presente che un agente economico, come già visto, può detenere la propria ricchezza finanziaria data in moneta oppure obbligazioni: questo implica che, se il tasso di interesse i (che è la remunerazione delle obbligazioni) cresce, diventa più conveniente aumentare la domanda di obbligazioni e quindi ridurre la domanda di moneta. Invece se il tasso d'interesse decresce diventa più conveniente ridurre la domanda di obbligazioni e quindi aumentare la domanda di moneta[25].

Formalmente la domanda di moneta per scopi speculativi si esprime come

$$L_{sspec} = hi$$

dove h è la sensibilità di L a Y ed è uguale a $\frac{\partial L}{\partial i}$, per ipotesi negativa e con valore che può tendere a $-\infty$.

---

[25] Una spiegazione alternativa della domanda di moneta per scopi speculativi è la seguente. Ricordiamo che la formula della capitalizzazione composta $M = C\ (1 + i)^n$, cioè $\frac{M}{(1+i)^n} = C$, significa che una somma M disponibile tra n anni vale oggi C (= V = valore attuale), se il tasso di interesse corrente è i. Dalla formula ricaviamo $\frac{dV}{di} = \frac{-nM}{(1+i)^{1+n}} < 0$ ovvero quanto segue: se i è molto alto (e quindi V molto basso) si prevede una sua riduzione (e quindi un aumento di V), il che implica un aumento della domanda di titoli (per beneficiare del previsto aumento di V) e dunque, per la costanza della ricchezza finanziaria disponibile, una riduzione della domanda di moneta per scopi speculativi; se i è molto basso (e quindi V molto alto), si prevede un suo aumento (e quindi una riduzione di V), il che implica una diminuzione della domanda di titoli (per la prevista riduzione di V) e quindi un aumento della domanda di moneta per scopi speculativi (appunto alternativi alla collocazione di W in obbligazioni).

La funzione complessiva della domanda di moneta è quindi

$$L = L_{stc} + L_{sspec} = kY + hi.$$

Per semplicità, ipotizziamo che siano dati tanto l'offerta nominale di moneta (che rappresentiamo con M_0 e che immaginiamo essere fissata dalla Banca Centrale[26]) quanto il livello dei prezzi (che rappresentiamo con P_0): l'offerta di moneta è quindi $\frac{M}{P} = \frac{M_0}{P_0}$.

Il mercato della moneta è quindi in equilibrio quando $L = \frac{M}{P}$ ovvero quando $kY + hi = \frac{M_0}{P_0}$ che possiamo riformulare, per mantenere un opportuno parallelismo formale con l'equazione di equilibrio del mercato dei beni, come

$$Y = -\frac{h}{k}\,i + \frac{M_0}{P_{0K}}.$$

3.2.3.3. *L'equilibrio del mercato della moneta e la curva LM*

La condizione di equilibrio del mercato della moneta è, come richiesto dalle nostre esigenze teoriche, un'equazione nelle due incognite *Y* ed *i* (come la condizione di equilibrio del mercato dei beni): pertanto, per risolverla, si può arbitrariamente attribuire un valore positivo a *Y* (oppure ad *i*) e determinare il corrispondente valore di *i* (di *Y*). L'insieme delle coppie di valori, entrambi positivi, di *Y* ed *i* che risolvono l'equazione si rappresentano graficamente con la curva *LM* che è definita come il luogo geometrico degli infiniti punti del piano costituiti dalle infinite combinazioni dei valori di *Y* ed *i* che mettono in equilibrio il mercato della moneta (grafico IV.14)[27].

---

[26] Per l'esposizione dei principi della teoria dell'offerta di moneta rinviamo all'appendice C di questo capitolo.

[27] La denominazione *LM* fa riferimento alla domanda di moneta (*L*) ed all'offerta di moneta (*M*). Come nel caso dell'*IS*, è arbitraria l'attribuzione a *Y* oppure ad *i* del ruolo di variabile indipendente (oppure di variabile dipendente) ed è solo per rispettare la tradizione espositiva che consideriamo, nel grafico IV.14, *Y* come variabile indipendente ed *i* come variabile dipendente. Si può agevolmente dimostrare che i segni delle derivate non cambiano se prendiamo come variabile dipendente *Y* e come variabile dipendente *i*.

Grafico IV.14. - *La curva LM*

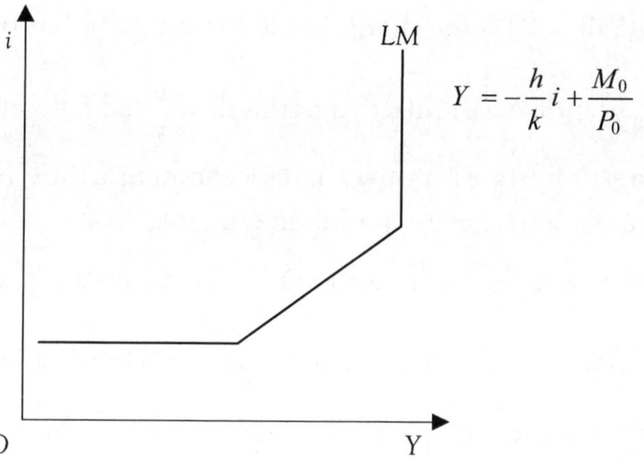

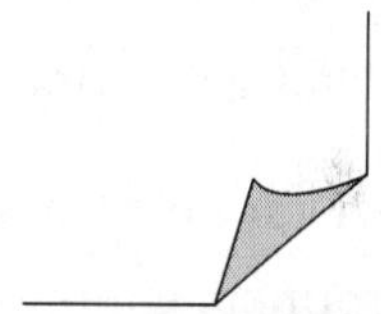

Come per la trattazione formale dell'*IS*, considereremo come variabile indipendente *i* e come variabile dipendente *Y*.

Le proprietà della *LM* sono le seguenti:

– è inclinata positivamente[28], per illustrare il fatto che, al crescere di *i*, diminuisce la domanda di moneta per scopi speculativi e quindi, a parità di offerta di moneta, per mantenere l'equilibrio del mercato della moneta occorre un aumento della domanda di moneta per scopi transattivo-speculativi e quindi un aumento del reddito interno lordo da cui tale domanda dipende positivamente. Alternativamente: al decrescere di *i* aumenta la domanda di moneta per scopi speculativi e quindi, per mantenere l'equilibrio del mercato della moneta, deve diminuire la domanda di moneta per scopi transattivo-cautelativi e quindi deve diminuire il reddito interno lordo da cui tale domanda dipende positivamente;

– è tanto più piatta quanto minore è *h* e tanto più rigida quanto maggiore è *h*[29], con l'implicazione geometrica che la *LM* è una spezzata ad inclinazione non nega-

---

[28] In quanto $\frac{dY}{di} = -\frac{h}{k} > 0$: ricordiamo infatti che h è < 0 mentre $k > 0$.

[29] Infatti $\frac{\frac{dY}{di}}{dh} = -\frac{1}{k} < 0$.

tiva con un tratto orizzontale (cui corrisponde h che tende a $-\infty$) seguito da un tratto obliquo e da un tratto verticale (cui corrisponde h che tende a 0);

– a parità di $-\frac{h}{k}$ (cioè di inclinazione) è situata tanto più in basso a destra quanto più grande è M_0: infatti, a parità di $-\frac{h}{k}$ ed i, un aumento di M_0 implica un eccesso di offerta di moneta la cui compensazione necessita un aumento della domanda di moneta e quindi un aumento di Y (alternativamente, a parità di $-\frac{h}{k}$ ed i, la LM è situata tanto più in alto a sinistra quanto più piccolo è M_0: infatti, a parità di $-\frac{h}{k}$ ed i, una riduzione di M_0 implica un eccesso di domanda di moneta, la cui compensazione necessita una riduzione della domanda di moneta e quindi una riduzione di Y (grafico IV.15)[30];

Grafico IV.15. – *Spostamenti di LM dovuti a variazioni nell'offerta di moneta*

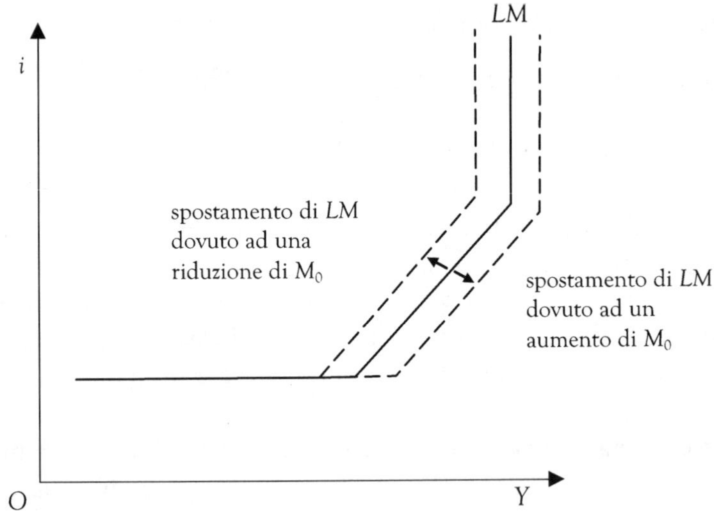

[30] Se, partendo dalla condizione di equilibrio con M_0 costante, L aumenta (diminuisce), il ripristino dell'equilibrio richiede una riduzione (un aumento) di L il che implica un aumento (una riduzione) di i e/o una riduzione (un aumento) di Y e quindi uno spostamento dei tratti obliquo e verticale di LM a sinistra (a destra).

– il tratto orizzontale della *LM* non varia al variare di M_0: infatti se M_0 aumenta (diminuisce) basta un piccolissimo decremento (incremento) di *i* per mantenere l'equilibrio del mercato della moneta. Quindi al variare di M_0 il tratto orizzontale si allunga (si accorcia) se M_0 aumenta (diminuisce). Tale tratto, per ragioni di politica economica (vedi *infra* par. 3.2.4.3), si chiama *trappola della liquidità*. Il tasso di interesse corrispondente alla trappola della liquidità è il tasso di interesse più basso realizzabile nel sistema economico studiato.

– un punto al di sopra della *LM* implica un i maggiore di quello necessario perché vi sia $L = M$ e quindi una situazione di offerta di moneta eccedente la domanda; un punto al di sotto dell'*IS* implica un *i* minore di quello necessario perché vi sia $D = Y$ e quindi una situazione di domanda eccedente l'offerta di moneta (grafico IV.16).

Grafico IV.16. – *La curva LM e gli eccessi di offerta e domanda di moneta*

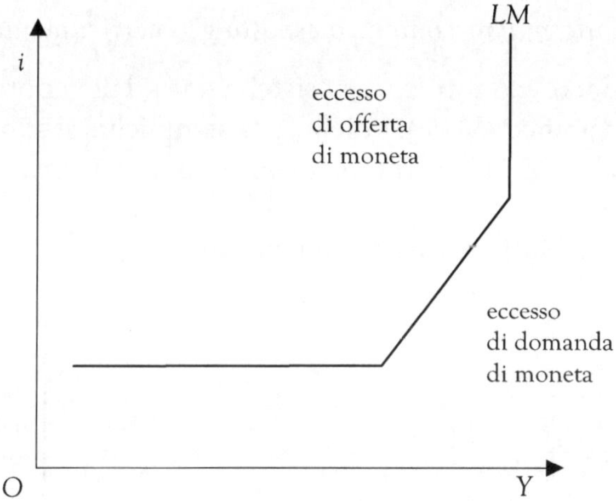

3.2.4. *Il modello IS-LM* [31]

3.2.4.1. *L'equilibrio macroeconomico*

Associando l'equazione dell'equilibrio del mercato dei beni e l'equazione dell'equilibrio del mercato della moneta (e delle obbligazioni), otteniamo un si-

[31] La prima formulazione del modello venne data da John Hicks in un articolo del 1937 dal titolo *Mr. Keynes and the Classics: A suggested Interpretation*, in *Econometrica*, 5, pp. 147-159. L'intenzione esplicita di Hicks era quella di dare una formulazione matematica della *General*

stema di due equazioni indipendenti in due incognite (il reddito interno lordo ed il tasso d'interesse):

(1) $$Y = \frac{1}{1-c+ct}(C_0 + I_0 - bi + G_0)$$

(2) $$Y = -\frac{h}{k}i + \frac{M_0}{P_0}$$

la cui soluzione (se esistente ed unica) ci dà la coppia di valori del reddito interno lordo e del tasso d'interesse che dà luogo all'equilibrio macroeconomico, che cioè mette simultaneamente in equilibrio il mercato dei beni e della moneta (e delle obbligazioni), sempre nelle ipotesi di disoccupazione (e quindi di salari monetari fissi e di prezzi fissi) e di assenza di rapporti economici con l'estero.

Tale soluzione può trovarsi con metodi algebrici oppure geometricamente. Nel paragrafo successivo ne diamo una rappresentazione geometrica.

3.2.4.2. *L'equilibrio macroeconomico esposto geometricamente*

L'equilibrio macroeconomico, se esiste, è dato dalle coordinate dell'intersezione di *IS* e *LM* (grafico IV.17). Poiché, per semplicità, si sono ipotizzate lineari tanto l'*IS* quanto la *LM*, la loro intersezione, se esiste, è unica.

Grafico IV.17. - *L'equilibrio macroeconomico*

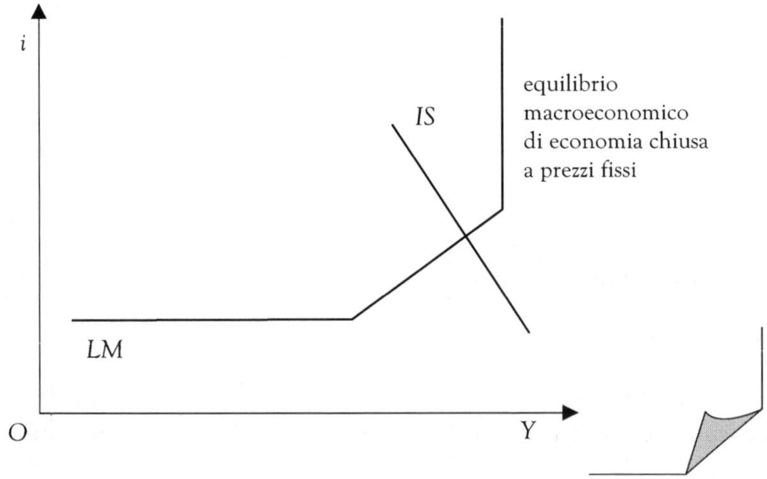

Theory di Keynes, pur riconoscendo che per fare questo era necessario rinunciare a punti importanti della teoria originaria.

È fondamentale tenere presente che la citata coppia di coordinate mette simultaneamente in equilibrio i mercati dei beni e della moneta (nonché delle obbligazioni), una volta dati c, t, C_0, I_0, b, G_0, h, k, M_0, P_0.

Rileviamo innanzitutto che l'equilibrio macroeconomico è stabile, nel senso che il sistema economico, se è inizialmente fuori equilibrio, raggiunge automaticamente l'equilibrio valendo le seguenti ipotesi:

– se la domanda di beni è maggiore dell'offerta, l'offerta di beni aumenta vuoi perché vi è lavoro disoccupato cui fare ricorso vuoi perché le imprese, per soddisfare l'eccesso di domanda, riducono le loro scorte di beni al di sotto della quantità che ritengono opportuna e quindi intendono ricostituirle;

– se la domanda di beni è minore dell'offerta, l'offerta di beni diminuisce (e quindi l'occupazione diminuisce) perché le imprese vedono le loro scorte di beni salire al di sopra della quantità che ritengono opportuna e quindi intendono ridurle;

– (ricordando la relazione $\left(L - \frac{M}{P}\right) + (DB - SB) = 0$), se la domanda di moneta è maggiore dell'offerta di moneta allora vi è un eccesso di offerta di obbligazioni sulla domanda di obbligazioni che fa ridurre il loro prezzo e quindi aumentare il tasso d'interesse, il che implica una riduzione della domanda di moneta fino al ristabilimento dell'equilibrio sul mercato monetario;

– se, invece, la domanda di moneta è minore dell'offerta di moneta allora vi è un eccesso di domanda di obbligazioni sull'offerta di obbligazioni che fa aumentare il loro prezzo e quindi diminuire il tasso d'interesse, il che implica un aumento della domanda di moneta fino al ristabilimento dell'equilibrio sul mercato monetario.

Il grafico IV.18 ci dà una rappresentazione semplice dell'equilibrio[32].

---

[32] Per semplificare l'analisi grafica, non consideriamo, qui, i tratti orizzontale e verticale della *LM*.

Grafico IV.18. - *L'equilibrio macroeconomico in forma semplificata*

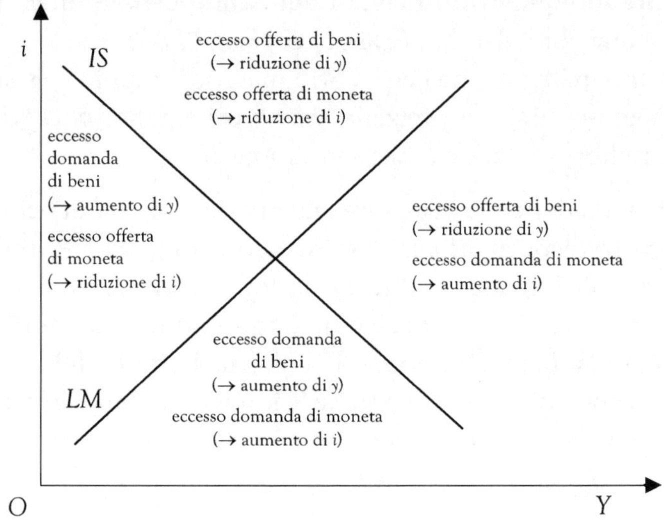

Se il sistema economico si trova:

– in un punto sovrastante l'equilibrio macroeconomico, vi è eccesso tanto dell'offerta di beni quanto dell'offerta di moneta e quindi si riducono tanto *Y* quanto *i*;

– in un punto a sinistra dell'equilibrio macroeconomico, vi è eccesso della domanda di beni e dell'offerta di moneta e quindi *Y* aumenta ed *i* diminuisce;

– in un punto sottostante l'equilibrio macroeconomico, vi è eccesso tanto della domanda di beni quanto della domanda di moneta e quindi aumentano tanto *Y* quanto *i*;

– in un punto a destra dell'equilibrio macroeconomico, vi è eccesso dell'offerta di beni e della domanda di moneta e quindi *Y* diminuisce ed *i* aumenta.

Le modalità di raggiungimento dell'equilibrio macroeconomico variano a seconda di quale sia, tra il mercato dei beni e quello della moneta, il più rapido a raggiungere l'equilibrio. Se, conformemente alla realtà, si ipotizza che sia il mercato della moneta il più rapido ad equilibrarsi, il raggiungimento dell'equilibrio macroeconomico avrà luogo, nei quattro casi sopra indicati, come segue (grafico IV.19):

Grafico IV.19. – *Il raggiungimento dell'equilibrio macroeconomico*

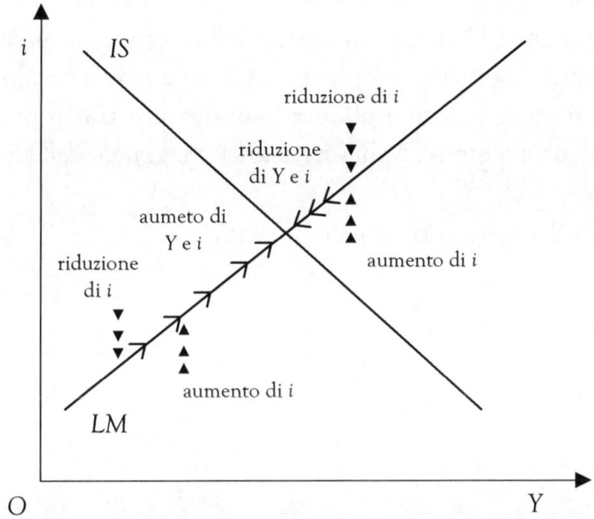

– partendo da un punto sovrastante l'equilibrio macroeconomico, il sistema raggiunge la *LM* mediante una riduzione del tasso d'interesse e, scendendo lungo la stessa, raggiunge l'intersezione con l'*IS* mediante una riduzione di *Y* e di *i*;

– partendo da un punto a sinistra dell'equilibrio macroeconomico, il sistema raggiunge la *LM* mediante una riduzione del tasso d'interesse e, salendo lungo la stessa, raggiunge l'intersezione con l'*IS* mediante un aumento di *Y* e di *i*;

– partendo da un punto sottostante l'equilibrio macroeconomico, il sistema raggiunge la *LM* mediante un aumento del tasso d'interesse e, salendo lungo la stessa, raggiunge l'intersezione con l'*IS* mediante un aumento di *Y* e di *i*;

– partendo da un punto a destra dell'equilibrio macroeconomico, il sistema raggiunge la *LM* mediante un aumento del tasso d'interesse e, scendendo lungo la stessa, raggiunge l'intersezione con l'*IS* mediante una riduzione di *Y* e di *i*.

3.2.4.3. *Complicazioni nel raggiungimento dell'equilibrio di piena occupazione. Esercizi di statica comparata*

L'interesse teorico del modello *IS-LM* lo si può apprezzare ulteriormente con i seguenti esercizi di statica comparata[33]:

[33] Per statica comparata si intende il confronto delle proprietà di due soluzioni di equilibrio stabile.

– se l'equilibrio è nel tratto orizzontale della *LM*, si può aumentare *Y* (e quindi l'occupazione) solo traslando verso destra *IS* (grafico IV.20) o rendendo più piatta la stessa *IS* (grafico IV.21). Un aumento dell'offerta di moneta M_0 sarebbe, invece, completamente inefficace perché sposterebbe a destra solo i tratti obliquo e verticale di *LM*, mentre si limiterebbe ad allungare il tratto orizzontale (grafico IV.22) che, per questa ragione, è chiamato anche *trappola della liquidità*;

Grafico IV.20. - *Esercizi di statica comparata*

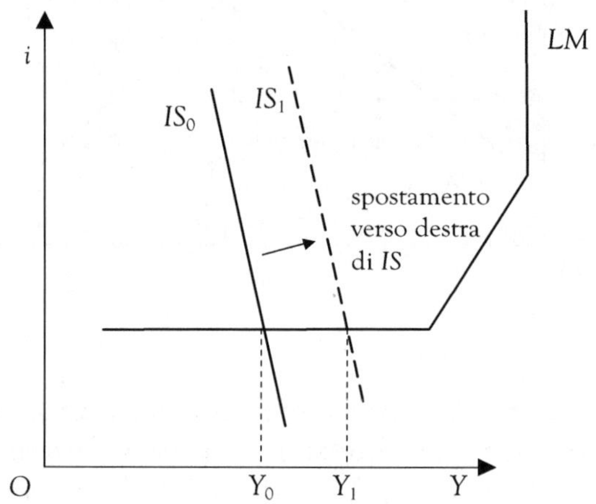

Grafico IV.21. - *Esercizi di statica comparata*

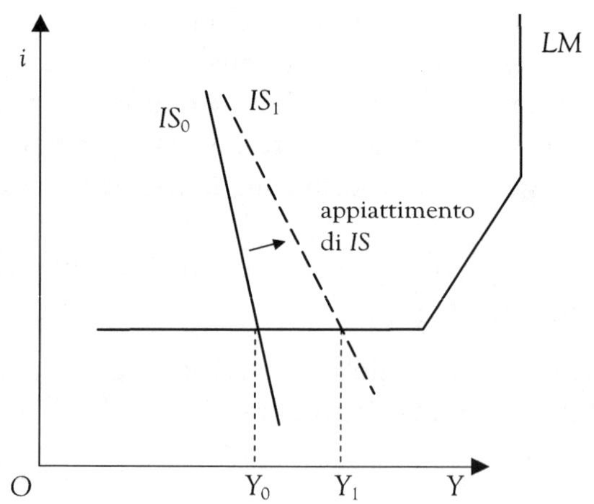

Grafico IV.22. – *Esercizi di statica comparata*

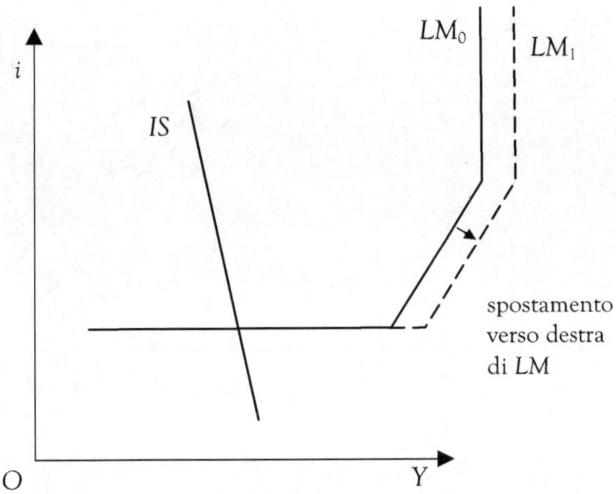

– se l'equilibrio è nel tratto obliquo della *LM*, si può aumentare *Y* tanto traslando a destra e/o appiattendo *IS* (grafici IV.23 e IV.24) quanto traslando a destra *LM* (grafico IV.25) quanto attuando gli spostamenti di *IS* e *LM* simultaneamente (grafici IV.26 e IV.27);

Grafico IV.23. – *Esercizi di statica comparata*

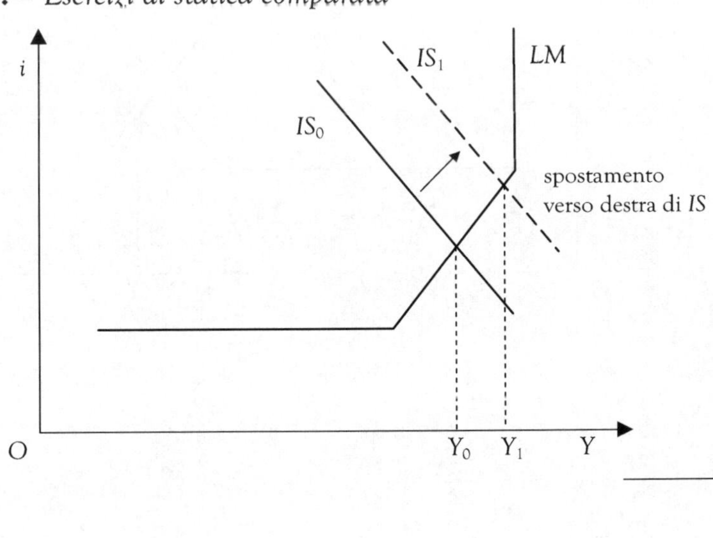

Grafico IV.24. - *Esercizi di statica comparata*

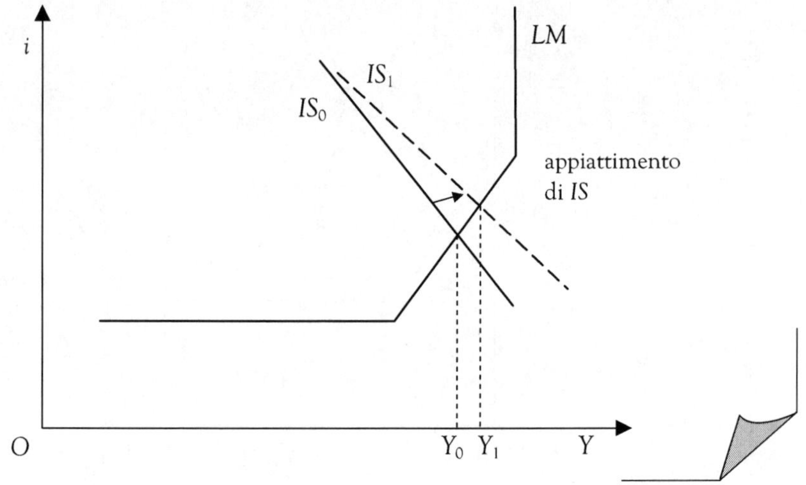

Grafico IV.25. - *Esercizi di statica comparata*

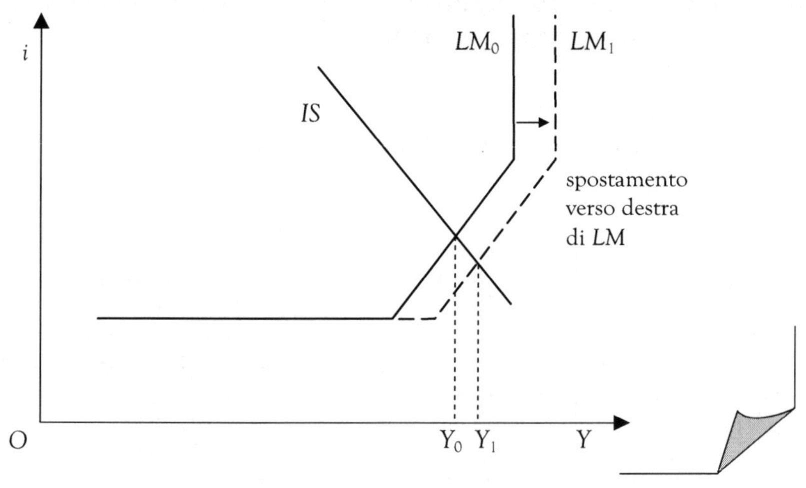

Grafico IV.26. - *Esercizi di statica comparata*

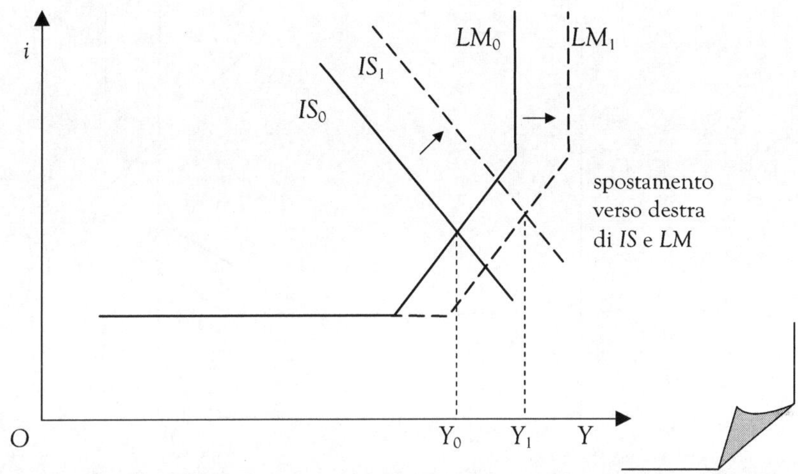

Grafico IV.27. - *Esercizi di statica comparata*

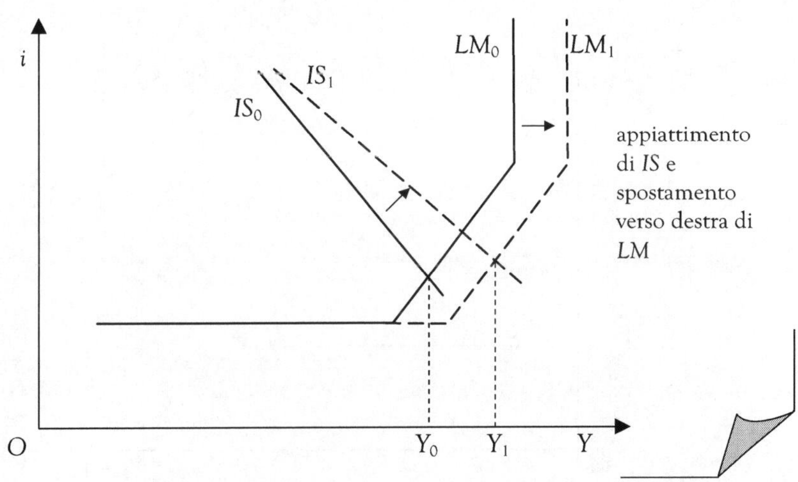

– se l'equilibrio è nel tratto verticale della *LM*, si può aumentare *Y* solo traslando a destra *LM* (grafico IV.28): invece una traslazione a destra di *IS*, oppure un suo appiattimento, comporterebbero solo un aumento di i (grafici IV.29 e IV.30).

Grafico IV.28. - *Esercizi di statica comparata*

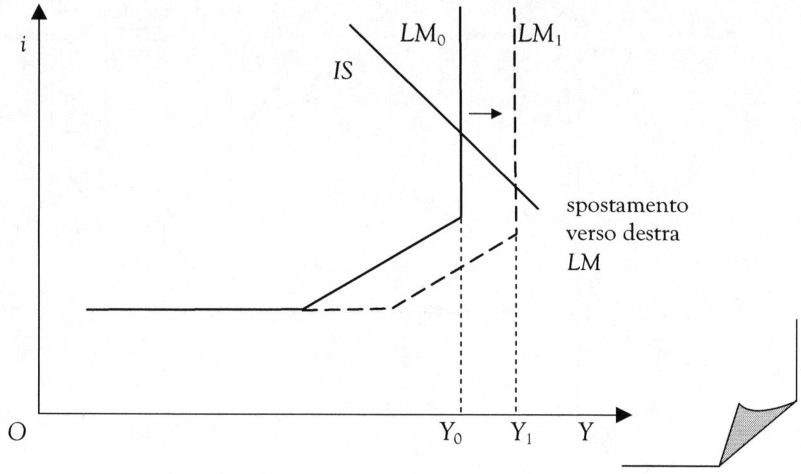

Grafico IV.29. - *Esercizi di statica comparata*

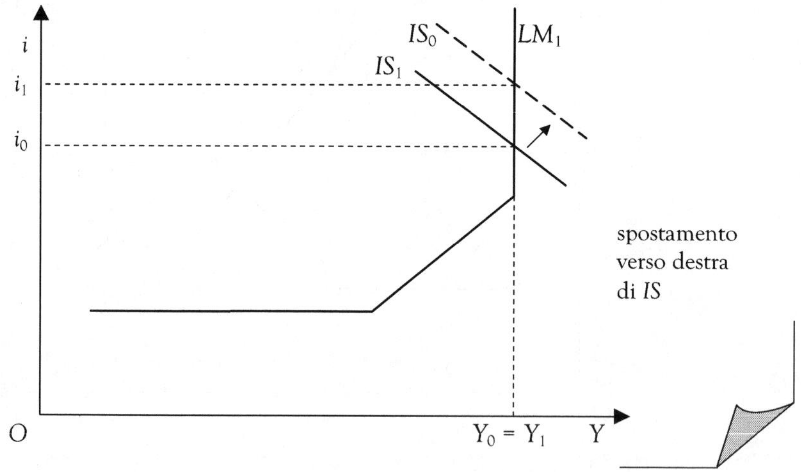

Grafico IV.30. – *Esercizi di statica comparata*

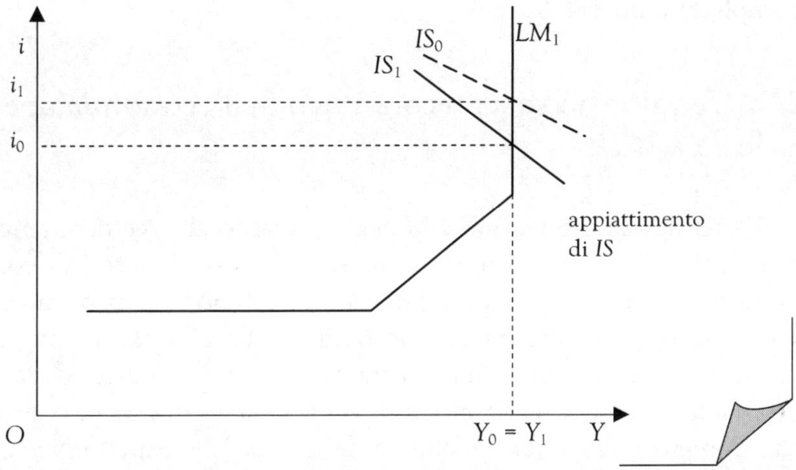

3.2.4.4. *Una riesposizione dell'analisi in termini di politica economica*

La precedente analisi può essere utilmente riesposta in termini di comparazione delle due forme disponibili di intervento delle autorità pubbliche in campo macroeconomico, cioè le forme della *politica economica*: quella finanziaria (o politica fiscale) e quella monetaria. Per semplicità esamineremo solo l'efficacia comparata che la politica finanziaria espansiva, costituita dall'aumento della spesa pubblica G_0 (rappresentata da una traslazione verso destra di *IS*) e/o dalla riduzione dell'aliquota fiscale media *t* (rappresentata da un appiattimento di *IS*) [34] e la politica monetaria espansiva, costituita dall'aumento dell'offerta nominale di moneta M_0 (rappresentata da una traslazione verso destra di *LM*) possono avere al fine di aumentare *Y*.

Se l'equilibrio macroeconomico è situato:

– nel tratto orizzontale della *LM*, un aumento di *Y* può ottenersi solo mediante una politica finanziaria espansiva; una politica monetaria espansiva è, invece, completamente inefficace;

– nel tratto obliquo della *LM*, un aumento di *Y* può ottenersi mediante una politica finanziaria espansiva e/o una politica monetaria espansiva;

---

[34] Gli effetti delle varie misure di politica finanziaria sul saldo del bilancio dello Stato sono esaminati nell'appendice D al presente capitolo. Nell'appendice E, tratteremo il tema connesso della sostenibilità del debito pubblico.

– nel tratto verticale della *LM*, un aumento di *Y* può ottenersi solo mediante una politica monetaria espansiva; una politica finanziaria espansiva è, invece, completamente inefficace.

3.3. L'equilibrio macroeconomico dell'economia aperta: il modello *IS-LM-BP*

Partendo dal modello *IS-LM* ci avviciniamo alla realtà aprendolo agli scambi economici col resto del mondo ma mantenendo l'ipotesi di costanza dei salari monetari e dei prezzi (e quindi di esistenza di non piena occupazione). Nel presente macro-paragrafo tratteremo quindi della bilancia dei pagamenti, del tasso di cambio e della teoria della parità dei poteri d'acquisto; della determinazione dell'equilibrio macroeconomico di economia aperta sia in regime di cambi fissi che in regime di cambi flessibili, e del ruolo delle aspettative circa le variazioni del tasso di cambio.

3.3.1. *La bilancia dei pagamenti e il tasso di cambio*

3.3.1.1. *La bilancia dei pagamenti: definizioni*

La bilancia dei pagamenti (*BP*) di un Paese è il conto nazionale che raccoglie, per un dato periodo di tempo, la descrizione statistica delle sue relazioni commerciali e finanziarie con l'estero.

Le poste attive di *BP* (cioè quelle che implicano offerta di valuta) sono:

E = esportazioni di beni e servizi;
RNAZ = redditi, da capitale e lavoro, conseguiti all'estero dai residenti e reimpatriati, sommati ai trasferimenti unilaterali dall'estero;
KIMP = capitali importati.

Le poste passive di *BP* (cioè quelle che implicano domanda di valuta) sono:

IM = importazioni di beni e servizi;
RSTR = redditi, da capitale e lavoro, conseguiti nel Paese da stranieri ed espatriati, sommati ai trasferimenti unilaterali all'estero;
KEXP = capitali esportati.

Si possono così stabilire le seguenti definizioni:

SBCOM = saldo della bilancia commerciale che è uguale alla differenza tra esportazioni e importazioni, in simboli $E - M$;

SRE = saldo della bilancia dei redditi che è dato dalla differenza tra redditi conseguiti all'estero da residenti e redditi conseguiti nel paese da stranieri, *RNAZ* – *RSTR*;

SPC = saldo delle partite correnti, dato dalla somma del saldo della bilancia commerciale e dal saldo della bilancia dei redditi, *SBCOM* + *SRE*;

SMC = saldo dei movimenti di capitale, dato dalla differenza tra capitali importati ed esportati, *KIMP* – *KEXP*;

SBP = saldo della bilancia dei pagamenti, dato dalla somma dei saldi delle partite correnti e dei movimenti di capitale, *SPC* + *SMC*.

3.3.1.2. *Il tasso di cambio e la teoria della parità dei poteri d'acquisto*

Il tasso di cambio è il prezzo di una moneta nei termini di un'altra moneta: p.e. il numero di € che bisogna pagare per acquistare un $. Il tasso di cambio può essere: fisso (cioè stabilito da accordi internazionali, ad esempio il trattato di Bretton Woods del 1946 che definì le regole delle relazioni commerciali e finanziarie tra i principali paesi del mondo fino ai primi anni settanta) oppure flessibile (cioè stabilito ogni giorno dal mercato dei cambi quale suo prezzo di equilibrio). Il tasso di cambio, come sopra definito: si deprezza (in regime di cambi fissi si dice che si svaluta) se aumenta; si apprezza (in regime di cambi fissi si dice che si rivaluta) se diminuisce.

Dati due Paesi (per esempio Unione Europea e USA), se nel lungo periodo i loro scambi commerciali fossero completamente liberi e non vi fossero costi di trasporto, ogni merce scambiabile avrebbe lo stesso prezzo nei due Paesi, se espresso nella stessa moneta (proposizione nota come *teoria della parità dei poteri d'acquisto*).

Per esempio, siano:

– p_{EU} il prezzo in € di esportazioni di EU verso USA;
– p_{USA} il prezzo in $ di importazioni di USA da EU;

tc il tasso di cambio €/$, ovvero il numero di € necessari per un $.

Secondo la teoria della parità dei poteri d'acquisto si ha: $p_{USA} = \frac{p_{EU}}{tc}$, cioè la stessa merce in UE e in USA ha lo stesso prezzo, espresso, nell'esempio, in $.

Dalla formula ricaviamo $tc = \frac{p_{EU}}{p_{USA}}$ da cui otteniamo che la variazione del tasso di cambio è data dalla differenza tra i tassi d'inflazione dei due paesi, formalmente $\frac{\frac{dtc}{dt}}{tc}=\frac{\frac{dp_{EU}}{dt}}{p_{EU}}-\frac{\frac{dp_{USA}}{dt}}{p_{USA}}$ [35]. Quindi, se il tasso d'inflazione UE $\left(=\frac{\frac{dp_{EU}}{dt}}{p_{EU}}\right)$ è maggiore di quello USA $\left(=\frac{\frac{dp_{USA}}{dt}}{p_{USA}}\right)$, si ha $\frac{\frac{dtc}{dt}}{tc}>0$, cioè € si deprezza verso $. Invece, se il tasso d'inflazione UE è minore di quello USA, si ha $\frac{\frac{dtc}{dt}}{tc}<0$, cioè € si apprezza verso $.

3.3.1.3. *Un approfondimento. La condizione di Marshall-Lerner*

Di seguito diamo una dimostrazione, la meno complicata possibile, della condizione di Marshall-Lerner[36], un tema apparentemente solo teorico ma, in realtà, di notevole importanza pratica (segnatamente di politica economica) in quanto indica con precisione l'effetto che una variazione del tasso di cambio ha sulla bilancia commerciale del Paese che la sperimenta.

Siano:

X la quantità esportata;
N la quantità importata;
P il prezzo medio interno in moneta nazionale (per esempio €);

---

[35] Infatti derivando rispetto al tempo (t) $tc = \frac{p_{EU}}{p_{USA}}$ otteniamo $\frac{dtc}{dt} = \frac{p_{USA}\frac{dp_{EU}}{dt}-\frac{dp_{USA}}{dt}p_{EU}}{p^2_{USA}} = \frac{dp_{EU}}{dt}\frac{1}{p_{USA}}-\frac{\frac{dp_{USA}}{dt}}{p_{USA}}\frac{p_{EU}}{p_{USA}}$ da cui (dividendo per tc) otteniamo $\frac{\frac{dtc}{dt}}{tc}=\frac{\frac{dp_{EU}}{dt}}{p_{EU}}-\frac{\frac{dp_{USA}}{dt}}{p_{USA}}$.

[36] Essa è nota anche come condizione Marshall-Lerner-Robinson, dal nome dei tre economisti, Alfred Marshall, Abba Lerner e Joan Robinson che, in modo indipendente, la scoprirono. A Robinson si deve una generalizzazione della condizione.

P_f il prezzo medio estero in moneta straniera (per esempio \$);
tc il tasso di cambio (per esempio il numero di € per 1\$);
$\frac{tcP_f}{P}$ la competitività-prezzo internazionale del Paese.

La competitività-prezzo internazionale del Paese, come appena definita, aumenta (diminuisce) per una riduzione (un aumento) di P e/o un aumento (una riduzione) di P_f e/o un aumento (una riduzione) di tc.

Inoltre, un aumento (una diminuzione) della competitività-prezzo di un Paese fa aumentare (diminuire) X e diminuire (aumentare) N.

Quindi, una svalutazione dà luogo ad un aumento di X e ad una riduzione di N ma anche ad una riduzione di $\frac{P}{tc}$: pertanto, una svalutazione non necessariamente migliora il saldo della bilancia commerciale *SBCOM* – facendolo aumentare se positivo e diminuire (in valore assoluto) se negativo – perché potrebbe provocare una riduzione degli incassi in valuta (se la riduzione percentuale di $\frac{P}{tc}$ fosse, in valore assoluto, maggiore dell'aumento percentuale di X) e maggiore, in valore assoluto, della riduzione degli esborsi in valuta (che si ha se la riduzione percentuale di N è maggiore, in valore assoluto, dell'aumento percentuale di tcP_f)

Infatti, ponendo per semplicità $P = P_f = 1$, $SBCOM = E - IM = PX - tcP_fN$ si riduce a

$$SBCOM = X - tcN$$

da cui si deduce quanto segue:

$$\frac{\partial SBCOM}{\partial tc} = \frac{\partial X}{\partial tc} - N - tc\frac{\partial N}{\partial tc} = \frac{\partial X}{\partial tc}\frac{X}{X}\frac{tc}{tc} - N - tc\frac{N}{N}\frac{\partial N}{\partial tc} = \eta x\frac{X}{tc} - N - N\eta_N$$ [37]

che diventa (se $X = tcN$[38] cioè se *SBCOM* è in equilibrio)

---

[37] $\eta_X = \frac{\partial X}{\partial tc}\frac{tc}{X}$ = elasticità di X alla svalutazione, con $\eta_X > 0$. $\eta_N = \frac{\partial N}{\partial tc}\frac{tc}{N}$ = elasticità di N alla svalutazione, con $\eta_N < 0$.

[38] Vale quindi $\frac{X}{tc} = N$.

$$\frac{\partial SBCOM}{\partial tc}\frac{1}{N}=\eta_x\frac{\frac{X}{tc}}{N}-\frac{N}{N}-\frac{N}{N}\eta_N=\eta_x-1-\eta_N\,.$$

Ricaviamo quindi che, perché una svalutazione migliori sicuramente *SBCOM*, è necessario che $\frac{\partial SBCOM}{\partial tc}\frac{1}{N}=\eta_x-1-\eta_N>0$ ovvero che $\eta_X-\eta_N>1$ relazione che è nota come condizione di Marshall-Lerner, la quale si può formulare anche come $\eta_X+|\eta_N|>1$. Quindi la svalutazione lascia immutato *SBCOM* se $\eta_X+|\eta_N|=1$ e peggiora *SBCOM* se $\eta_X+|\eta_N|<1$.

Si può illustrare la condizione appena trovata mediante un esempio numerico. Si supponga che: il Paese sia EU e la sua moneta sia €; *P* sia dato e pari a 1€; P_f sia dato e pari a 1\$; *tc* iniziale sia 1€ per 1\$; siano *X* iniziale = 100 e *N* iniziale = 100. EU ha quindi inizialmente *SBCOM* (in \$) = *E* – *IM* = $\frac{P}{tc}X-P_fN$ = = 100 – 100 = 0.

La svalutazione di € verso \$ sia dell'1%, il che implica che *tc* salga a 1,01€ per 1\$; siano inoltre $\eta_X=0{,}7$ e $|\eta_N|=0{,}2$. Le conseguenze sono le seguenti:

$\frac{P}{tc}$	X	E	N	P_f	*IM*	E – *IM*	E – *IM* *peggiora*
0,99	100,7	99,7	99,8	1	99,8	- 0,1	

Se $\eta_X=0{,}7$ e $|\eta_N|=0{,}3$, le conseguenze della svalutazione sono le seguenti:

$\frac{P}{tc}$	X	E	N	P_f	*IM*	E – *IM*	E – *IM* *non cambia*
0,99	100,7	99,7	99,7	1	99,7	0	

Se $\eta_X=0{,}7$ e $|\eta_N|=0{,}4$, le conseguenze della svalutazione sono le seguenti:

$\frac{P}{tc}$	X	E	N	P_f	*IM*	E – *IM*	E – *IM* *migliora*
0,99	100,7	99,7	99,6	1	99,6	0,1	

3.3.1.4. *L'equilibrio della bilancia dei pagamenti: la curva BP*

Siano:

Y_f il reddito del resto del mondo;

$E = E\left(\frac{tcP_f}{P}, Y_f\right)$[39], con le esportazioni crescenti al crescere della competitività-prezzo del Paese e del reddito mondiale[40];

$IM = IM\left(\frac{tcP_f}{P}, Y\right)$, con le importazioni crescenti al decrescere della competitività-prezzo del Paese e crescenti al crescere del reddito nazionale[41].

Se *SRE* = 0, allora il saldo delle partite correnti è uguale al saldo della bilancia commerciale, ovvero *SPC* = *SBCOM* = = *E* – *IM* = $E\left(\frac{tcP_f}{P}, Y_f\right) - IM\left(\frac{tcP_f}{P}, Y\right)$ e quindi genericamente $SPC = SPC\left(\frac{tcP_f}{P}, Y_f, Y\right)$ con il saldo delle partite correnti che aumenta (diminuisce)[42] con il crescere (decrescere) della

[39] Per semplicità espositiva, nel presente paragrafo le funzioni non vengono ulteriormente specificate. Le modifiche che la considerazione anche di *E* ed *IM* impone alla formulazione di *IS* vengono esaminate più in dettaglio nel paragrafo successivo.

[40] Abbiamo quindi $\frac{\partial E}{\partial\left(\frac{tcP_f}{P}\right)} > 0$ (per la condizione di Marshall-Lerner) e $\frac{\partial E}{\partial Y_f} > 0$.

[41] Abbiamo quindi $\frac{\partial IM}{\partial\left(\frac{tcP_f}{P}\right)} < 0$ (per la condizione di Marshall-Lerner) e $\frac{\partial IM}{\partial Y} > 0$.

[42] Si noti che un aumento (una riduzione) di *SPC* implica, dal punto di vista economico, un suo miglioramento (peggioramento).

competitività-prezzo del Paese[43] e del reddito mondiale[44] e con il decrescere (crescere) del reddito nazionale[45].

Si ipotizzi inoltre che:

i = tasso d'interesse interno;

i_f = tasso d'interesse internazionale;

SMC = saldo dei movimenti di capitale = $KIMP - KEXP$ e quindi genericamente $SMC = SMC\,(i - i_f)$ con, per ipotesi: $\frac{dSMC}{d(i-i_f)} > 0$, il che implica quanto segue: se $i > i_f$, vi è un afflusso netto di K; se $i < i_f$, vi è un deflusso netto di K;

$SMC = 0$ se $i = i_f$.

Dunque possiamo definire $SBP = SPC + SMC = SPC\left(\frac{tcP_f}{P}, Y_f, Y\right) + SMC(i - i_f)$ e quindi, genericamente, $SBP = SBP\left(\frac{tcP_f}{P}, Y_f, Y, i, i_f\right)$ con il saldo della bilancia dei pagamenti che aumenta (diminuisce)[46]: al crescere (descrescere) della competitività-prezzo del Paese[47] e del reddito mondia-

---

[43] Abbiamo quindi $\frac{\partial SPC}{\partial\left(\frac{tcP_f}{P}\right)} > 0$: infatti un aumento della competitività-prezzo del Paese, per la condizione di Marshall-Lerner, fa aumentare E e diminuire IM.

[44] Abbiamo quindi $\frac{\partial SPC}{\partial Y_f} > 0$: infatti l'aumento del reddito del resto del mondo fa aumentare E e non ha effetto su IM.

[45] Abbiamo quindi $\frac{\partial SPC}{\partial Y} < 0$: infatti l'aumento del reddito nazionale fa aumentare IM e non ha effetto su E.

[46] Un aumento (una riduzione) di SBP implica, dal punto di vista economico, un suo miglioramento (peggioramento).

[47] Abbiamo quindi $\frac{\partial SBP}{\partial\left(\frac{tcP_f}{P}\right)} > 0$.

le[48]; al decrescere (crescere) del reddito nazionale[49]; al crescere (decrescere) del tasso d'interesse nazionale[50]; al decrescere (crescere) del tasso d'interesse mondiale[51].

Se, nello spirito del modello *IS-LM*, ipotizziamo costanti P, P_f Y_f, i_f, la funzione generica di *SBP* si semplifica nella

$$SBP = SBP(Y, tc, i).$$

Se ipotizziamo costante anche *tc*, la funzione di *SBP* si semplifica ulteriormente nella $SBP = SBP(Y, i)$ ovvero, ricorrendo alla sua versione lineare ed ipotizzando l'equilibrio di *BP*, nell'equazione

$$SBP = SPC(Y) + SMC(i) = 0$$

rappresentante una relazione tra le variabili *Y* e *i* che è descritta dalla curva *BP*, il luogo geometrico degli infiniti punti del piano indicanti le infinite combinazioni di *Y* e i che azzerano *SBP*, cioè che mettono in equilibrio la bilancia dei pagamenti.

In generale *BP* è:

– inclinata positivamente (grafico IV.31)[52];

---

48 Abbiamo quindi $\frac{\partial SBP}{\partial Y_f} > 0$.

49 Abbiamo quindi $\frac{\partial SBP}{\partial Y} < 0$.

50 Abbiamo quindi $\frac{\partial SBP}{\partial i} > 0$: infatti un aumento, *ceteris paribus*, di *i* aumenta *SBP* vuoi perché riduce *Y*, e quindi *IM*, vuoi perché dà luogo ad un afflusso netto di *K*.

51 Abbiamo quindi $\frac{\partial SBP}{\partial i_f} < 0$: infatti un aumento, *ceteris paribus*, di i_f diminuisce *SBP* perché dà luogo ad un deflusso netto di *K*.

52 Infatti otteniamo $dSBP = \frac{\partial SBP}{\partial Y} dY + \frac{\partial SBP}{\partial i} di = 0$ da cui, considerando sempre *Y* come variabile indipendente ed *i* come variabile dipendente e tenendo conto dei segni ipotizzati delle derivate parziali di *SBP*, perveniamo a $\frac{di}{dY} = -\frac{\frac{\partial SBP}{\partial Y}}{\frac{\partial SBP}{\partial i}} > 0$ esprimente il fatto che, al crescere

– tanto più piatta quanto è maggiore l'afflusso netto di capitali dall'estero a seguito di un aumento della differenza positiva tra i e i_f.

Grafico IV.31. – *La curva BP*

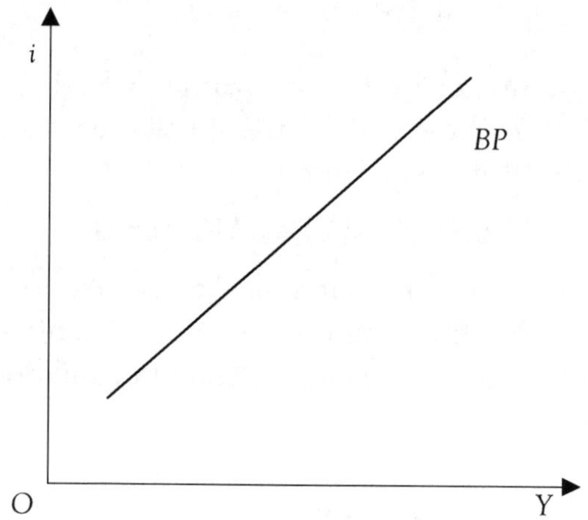

Se $\frac{\partial SBP}{\partial i} \rightarrow \infty$ (cioè se vi è perfetta mobilità dei capitali tra il Paese ed il resto del mondo, cioè se vi è perfetta sostituibilità tra i titoli interni e quelli internazionali, come accade nella nostra epoca) allora $\frac{di}{dY} \rightarrow 0$, il che implica che *BP* tende a diventare una retta parallela all'asse delle ascisse con ordinata all'origine pari al dato i_f (grafico IV.32).

---

di *Y*, peggiora *SPC* e quindi deve aumentare *i* per determinare il miglioramento di *SMC* necessario per ripristinare l'originario equilibrio della bilancia dei pagamenti.

Grafico IV.32. – *La curva BP in condizioni di perfetta mobilità dei capitali*

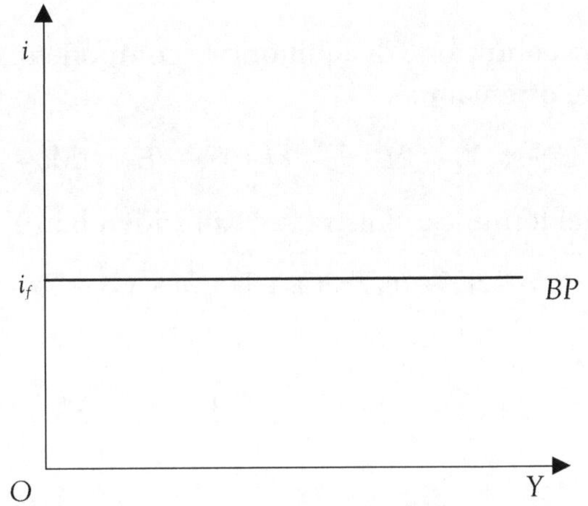

Sia nel caso di *BP* inclinata positivamente sia nel caso di *BP* piatta, possiamo ipotizzare, come accade nella realtà della nostra epoca, che le variazioni di *SMC* siano, per ammontare, molto più importanti di quelle di *SPC* e quindi decisive per l'andamento di *SBP*.

In entrambe le rappresentazioni grafiche di *BP*, tutti i punti sovrastanti *BP* implicano $SBP > 0$ e tutti i punti sottostanti *BP* implicano $SBP < 0$: infatti, per tutti i punti sovrastanti (sottostanti) *BP*, il tasso d'interesse interno è maggiore (minore) di quello internazionale dando luogo ad un afflusso (deflusso) netto di *K*. Lungo *BP*, il tasso d'interesse interno è uguale a quello internazionale azzerando i movimenti di capitali.

3.3.2. *IS ed LM di economia aperta*

Ricordiamo dalla contabilità nazionale l'identità dell'equilibrio del mercato dei beni $Y + IM = C + I + G + E$ che possiamo riformulare come

$$Y = D = C + I + G + E - IM.$$

Per semplicità, ipotizziamo:

$E = E_0$ con E_0 autonomo dal reddito interno lordo > 0 e costante;
$IM = IM_0 + imY$, con IM_0 autonomo dal reddito interno lordo e costante;

$$im = \frac{dIM}{dY} = \text{propensione marginale ad importare, > 0 e costante.}$$

Sostituendo nella condizione di equilibrio le componenti della domanda con le rispettive funzioni otteniamo:

$$Y = C_0 + c(Y - tY) + I_0 - bi + G_0 + E_0 - IM_0 - imY$$

da cui, spostando nel termine a sinistra tutti gli addendi in Y, ricaviamo

$$Y - cY + ctY + imY = C_0 + I_0 - bi + G_0 + E_0 - I_0$$

ovvero

$$Y(1 - c + ct + im) = C_0 + I_0 - bi + G_0 + E_0 - IM_0$$

da cui otteniamo

$$Y = \frac{1}{1 - c + ct + im}(C_0 + I_0 - bi + G_0 + E_0 - IM_0).$$

Rileviamo che, per le ipotesi fatte circa i valori di c, t ed im, il moltiplicatore keynesiano di economia aperta $\frac{1}{1 - c + ct + im}$[53] ha un valore maggiore di uno solo se $c - ct > m$[54] e, in tale caso, è comunque più piccolo del moltiplicatore keynesiano di economia chiusa: infatti im, essendo positivo, fa aumentare il denominatore, positivo e minore di uno, del moltiplicatore keynesiano. Quindi, per esempio, se il denominatore aumenta da $\frac{1}{5}$ a $\frac{1}{4}$, il valore del moltiplicatore keynesiano scende da 5 a 4. Il moltiplicatore keynesiano di economia

---

[53] Vale la seguente relazione $\frac{1}{1-c+ct+im} = \frac{\partial Y}{\partial C_0} = \frac{\partial Y}{\partial I_0} = \frac{\partial Y}{\partial(-bi)} = \frac{\partial Y}{\partial G_0} = \frac{\partial Y}{\partial E_0} = \frac{\partial Y}{\partial - IM_0}$: ricordiamo che $-IM_0$ cresce al decrescere di IM_0.

[54] Infatti: $\frac{1}{1-c+ct+im} > 1$ implica $1 > 1 - c + ct + im$ cioè $c - ct > im$.

aperta decresce al crescere di *im* (e quindi cresce al decrescere di *im*)[55].

I cambiamenti delle proprietà di *IS*, rispetto a quelle dell'economia chiusa, sono i seguenti:

– pur restando inclinata negativamente[56], *IS* è più ripida, come riflesso della riduzione del moltiplicatore keynesiano, con l'implicazione che la stessa riduzione di i dà luogo ad un minore aumento di Y (grafico IV.33);

Grafico IV.33. - *Inclinazione della curva IS*

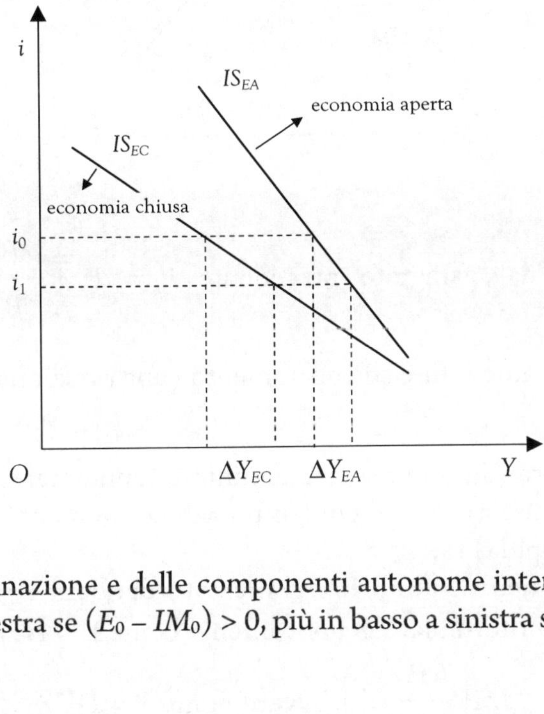

– a parità di inclinazione e delle componenti autonome interne di *D*, *IS* è situata più in alto a destra se $(E_0 - IM_0) > 0$, più in basso a sinistra se $(E_0 - IM_0) < 0$ (grafico IV.34).

---

[55] Infatti $\dfrac{\partial\left(\dfrac{1}{1-c+ct+im}\right)}{\partial im} = -\dfrac{1}{(1-c+ct+im)^2} < 0 .$

[56] Infatti $\dfrac{dY}{di} = -\dfrac{b}{1-c+ct+im} < 0 .$

Grafico IV.34. – *Spostamenti della curva IS*

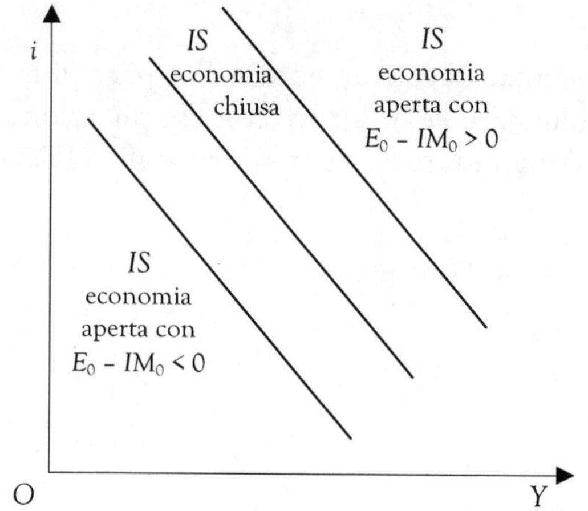

Ricordando dal paragrafo precedente $E = E\left(\frac{tcP_f}{P}, Y_f\right)$, $IM = IM\left(\frac{tcP_f}{P}, Y\right)$, rileviamo infine che un aumento (una riduzione) di $\frac{tcP_f}{P}$:

– fa aumentare (diminuire) E_0 e diminuire (aumentare) IM_0 e quindi trasla verso destra (sinistra) *IS*; nel contempo riduce (aumenta) *im* e quindi rende più piatta (più ripida) *IS*;

– la condizione di equilibrio del mercato dei beni $Y = D = C + I + G_0 + E - IM$ si può riformulare genericamente come $Y = D = C(Y) + I(i) + G + E\left(\frac{tcP_f}{P}, Y_f\right) + IM\left(\frac{tcP_f}{P}, Y\right)$ ovvero come $Y = D\left(Y, i, \frac{tcP_f}{P}, Y_f\right)$, ovvero, ipotizzando costanti Y_f, P_f, P, come:

$$Y = D(Y, i, tc).$$

Per quanto attiene al mercato della moneta, l'apertura agli scambi finanziari con l'estero implica che la domanda di moneta dipenda anche da i_f con le stesse modalità con cui dipende da i, cioè $\frac{\partial L}{\partial i_f} < 0$.

Quindi la condizione di equilibrio del mercato della moneta $L = \frac{M_0}{P_0}$ ovvero $kY + hi = \frac{M_0}{P_0}$ diventa genericamente (e rendendo variabile M):

$$L(Y, i, i_f) = \frac{M}{P_0}.$$

3.3.3. *L'equilibrio macroeconomico di economia aperta*

3.3.3.1. *Le condizioni d'equilibrio*

Raggruppando le equazioni che esprimono genericamente le condizioni di equilibrio dei mercati dei beni e della moneta nonché della bilancia dei pagamenti, otteniamo il seguente sistema:

$$(1) \qquad Y = D(Y, i, tc)$$

$$(2) \qquad L(Y, i, i_f) = \frac{M}{P_0}$$

$$(3) \qquad SBP = SBP(Y, tc, i).$$

Si tratta di un sistema di tre equazioni in cinque incognite Y, i, tc, i_f, M, che si possono ridurre immediatamente a quattro ipotizzando che i_f sia dato, come è sicuramente il caso dal punto di vista del singolo Paese.

In un regime di cambi fissi (dove è quindi costante tc) e nel quale la Banca Centrale si astiene dall'intervenire nel mercato dei cambi[57], il sistema diventa risolubile determinando i valori di equilibrio di Y, i e M.

Per contro, in un regime di cambi flessibili, la Banca Centrale può fissare M secondo la sua interpretazione delle esigenze monetarie nazionali: il sistema è parimenti risolubile determinando i valori di equilibrio di Y, i e tc.

Nei prossimi due paragrafi indagheremo tali soluzioni graficamente avvalendoci del modello *IS-LM-BP* in cui, per semplicità, considereremo solo i casi di *BP* orizzontale e di *LM* priva dei tratti orizzontale e verticale.

---

[57] Così succedeva ai tempi del *Gold Standard*, tra la seconda meta dell'Ottocento e l'inizio del Novecento.

Anticipiamo che:

– si hanno simultaneamente tanto l'equilibrio macroeconomico quanto l'equilibrio di bilancia dei pagamenti, cioè si ha l'equilibrio macroeconomico di economia aperta, se *IS*, *LM* e *BP* si intersecano nello stesso punto;

– in regime di cambi fissi con intervento compensativo (detto anche sterilizzazione) della Banca Centrale sul mercato monetario, *BP* può non intersecare il punto di intersezione tra *IS* e *LM*[58].

3.3.3.2. *L'equilibrio macroeconomico di economia aperta in regime di cambi fissi*

Ricordiamo che la Banca Centrale di un Paese aderente ad un regime di cambi fissi ha l'obbligo di garantire, se necessario con interventi sul mercato valutario, che ogni giorno il prezzo di equilibrio di un qualunque mercato valutario in cui sia scambiata la sua moneta sia pari al relativo tasso di cambio fisso.

Supponiamo che il Paese sia UE e che il cambio fisso sia tra e € e $, sulla base di un accordo tra UE ed USA.

Se al cambio fisso tra € e $:

– $SBP > 0$ (cioè se la bilancia dei pagamenti EU è attiva), si registra, sul mercato in cui si scambiano € e $, un eccesso dell'offerta di $ (in cambio dei quali si domanda €) sulla domanda di $ (in cambio dei quali si offre €): se la Banca Centrale EU non intervenisse, il prezzo di $ in € diminuirebbe (e quindi € si rivaluterebbe), contrariamente all'accordo preso. Per mantenere il cambio fisso, la Banca Centrale EU dovrà compensare l'eccesso di offerta di $ aumentando la propria domanda di $ (offrendo in cambio €). Quindi se $SBP > 0$, la difesa del cambio implica un aumento delle riserve in $ (in simboli *RU*) della Banca Centrale EU ed un aumento di *M* di €[59] (grafico IV.35);

– $SBP < 0$ (cioè se la bilancia dei pagamenti EU è passiva), si registra un eccesso della domanda sull'offerta di $: se la Banca Centrale EU non intervenisse, il prezzo di $ in € aumenterebbe (quindi € si svaluterebbe), contrariamente all'accordo preso. Per mantenere il cambio fisso, la Banca Centrale EU dovrà compensare l'eccesso di domanda di $ aumentando la propria offerta di $. Quindi se $SBP < 0$, la difesa del cambio implica una riduzione delle riserve in $ della Banca Centrale EU ed una riduzione di *M* di € (grafico IV.36).

---

[58] Non indagheremo tale situazione che aveva un notevole rilievo all'epoca degli accordi di Bretton Woods.

[59] Sulle relazioni tra *RU* e *M* si veda, più in dettaglio, l'appendice C del presente capitolo.

Grafico IV.35. – *Bilancia dei pagamenti attiva e cambio*

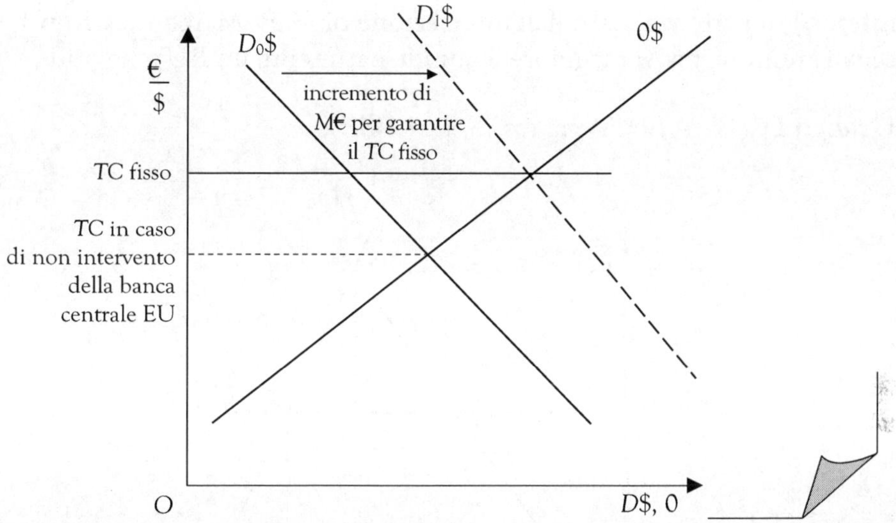

Grafico IV.36. – *Bilancia dei pagamenti passiva e cambio*

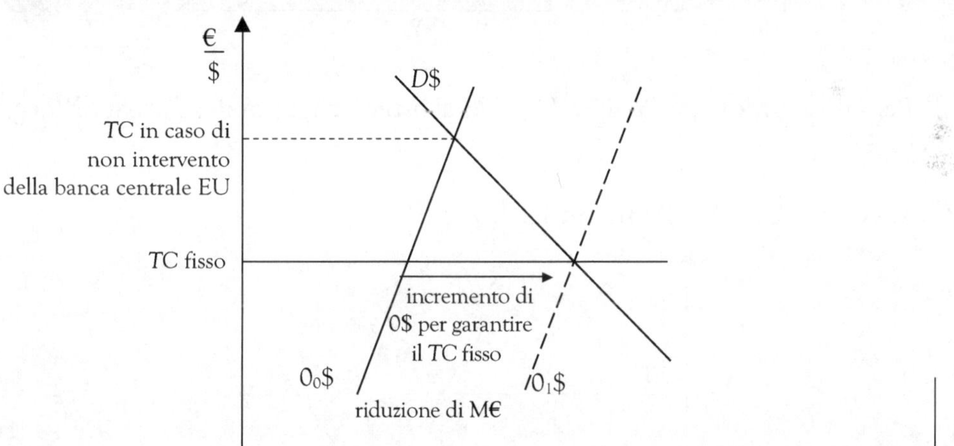

Tutto ciò precisato, ipotizziamo che *IS* e *LM* si intersechino al di sopra di *SBP* (grafico IV.37).

Abbiamo quindi $i > i_f$ che provoca un afflusso netto di capitali, il che necessita, per mantenere il tasso di cambio fisso, un aumento dell'offerta di moneta: si avrà allora, lungo *IS*, uno spostamento verso destra di *LM* fino al raggiungimento dell'equilibrio macroeconomico di economia aperta, rappresentato dall'intersezione di *IS*, *LM* e BP. Tale equilibrio, comparato con l'equilibrio (solo interno) di partenza, dato dall'intersezione di *IS* e *LM*, manifesta un *Y* maggiore, un *i* minore, un *M* maggiore e quindi, parimenti, un *RU* maggiore.

Grafico IV.37. - *Equilibrio tra IS, LM e BP*

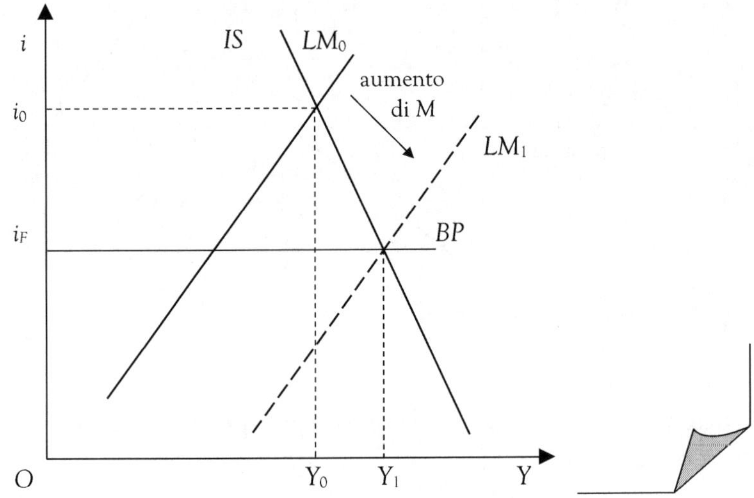

Per contro, ipotizziamo che *IS* e *LM* si intersechino al di sotto di *SBP* (grafico IV.38).

Grafico IV.38. - *Equilibrio tra IS, LM e BP*

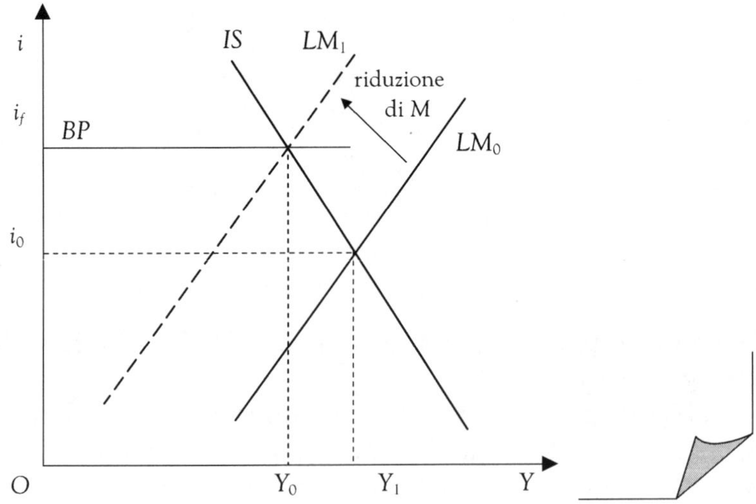

Abbiamo, quindi, $i < i_f$ che provoca un deflusso netto di capitali, il che necessita, per mantenere il tasso di cambio fisso, una riduzione dell'offerta di moneta: si avrà allora, lungo *IS*, uno spostamento verso sinistra di *LM* fino al raggiungimento dell'equilibrio macroeconomico di economia aperta. Tale equilibrio, comparato con l'equilibrio (interno) di partenza, manifesta un *Y* minore, un i maggiore, un *M* minore, e quindi, parimenti, un *RU* minore.

Sempre in regime di cambi fissi, ipotizziamo, a partire dall'intersezione di *IS*, *LM* e *BB*:

– una politica finanziaria espansiva, cioè una politica economica rappresentata da una traslazione verso destra di *IS* (grafico IV.39) [60].

Grafico IV.39. – *Equilibrio tra IS, LM e BP e politica finanziaria espansiva in regime di cambi fissi*

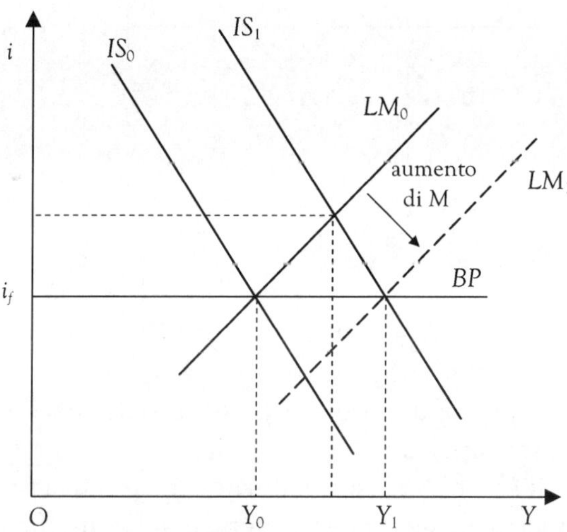

Tale politica economica provoca un aumento di *Y* ed *i* e quindi (per l'ipotesi che le variazioni di *SMC* sono molto più importanti di quelle di *SPC*) *SBP* > 0, che dà luogo, lungo la nuova *IS*, ad uno spostamento verso destra di *LM*, che prosegue fino ad un nuovo e stabile equilibrio macroeconomico di economia

[60] In questo, e nel prossimo paragrafo, le analisi di politica economica che saranno proposte trascureranno, per semplicità, i cambiamenti delle inclinazioni di *IS* ed *LM* (*BP* è ipotizzato immutabilmente orizzontale e con ordinata all'origine costante).

aperta che, comparato con quello antecedente la politica finanziaria espansiva, manifesta: un Y maggiore, un M maggiore ed un i immutato;

– una politica monetaria espansiva, cioè una politica economica rappresentata da una traslazione verso destra di LM (grafico IV.40).

Grafico IV.40. – *Equilibrio tra IS, LM e BP e politica monetaria espansiva in regime di cambi fissi*

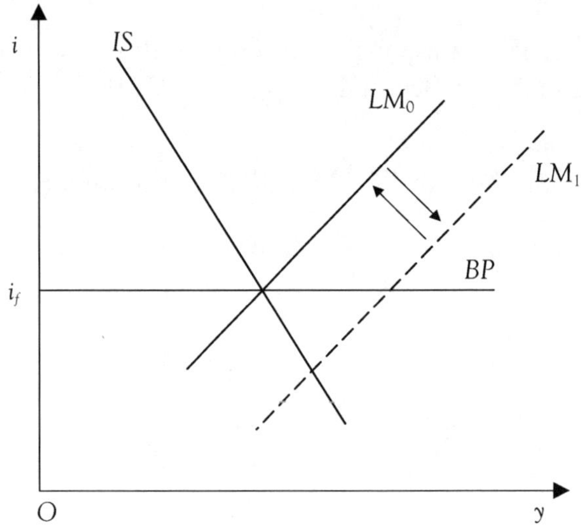

Tale politica economica provoca un aumento di Y ed una riduzione di i e quindi (per entrambe le ragioni) $SBP < 0$, che dà luogo ad uno spostamento verso sinistra di LM che prosegue fino al ripristino dell'iniziale equilibrio macroeconomico di economia aperta.

Pertanto, in regime di cambi fissi, sono efficaci una politica finanziaria espansiva e la politica finanziaria in generale[61], mentre sono inefficaci una politica monetaria espansiva e la politica monetaria in generale[62].

3.3.3.3. *Equilibrio macroeconomico di economia aperta in regime di cambi flessibili*

In un regime di cambio flessibile tra € e $, ipotizziamo che IS e LM si intersechino al di sopra di SBP (grafico IV.41).

---

[61] Cioè una politica finanziaria restrittiva darà luogo ad un Y minore, ad un M minore e ad un i immutato.

[62] Cioè anche una politica monetaria restrittiva non riuscirà a modificare stabilmente l'equilibrio di partenza.

Grafico IV.41. - *Equilibrio tra IS, LM e BP in regime di cambi flessibili*

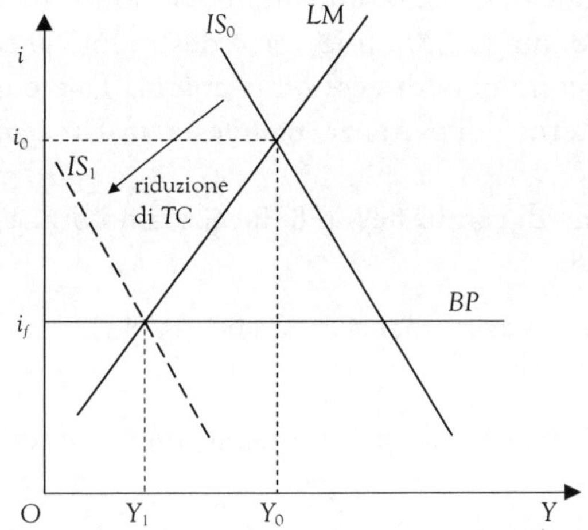

Abbiamo quindi $i > i_f$ che provoca un afflusso netto di capitali, il che determina una rivalutazione di € che riduce *E* e fa aumentare *IM* con la conseguenza di uno spostamento, lungo *LM*, di *IS* verso sinistra fino al raggiungimento dell'equilibrio macroeconomico di economia aperta. Tale equilibrio, comparato con l'equilibrio (solo interno) di partenza, manifesta un *Y* minore, un *i* minore, un *tc* minore.

Per contro, ipotizziamo che *IS* e *LM* si intersechino al di sotto di *SBP* (grafico IV.42).

Grafico IV.42. - *Equilibrio tra IS, LM e BP in regime di cambi flessibili*

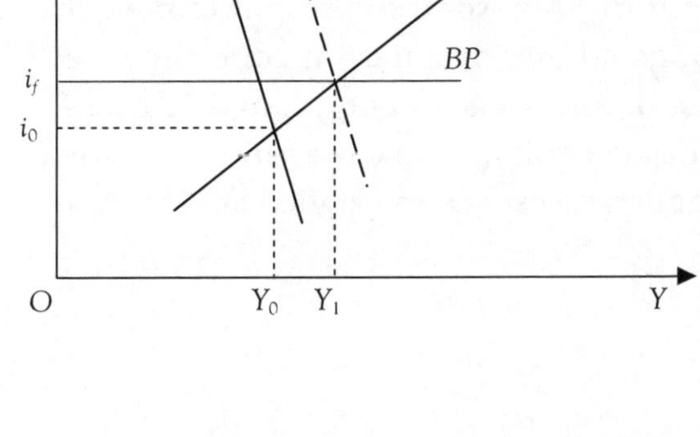

Abbiamo quindi $i < i_f$ che provoca un deflusso netto di capitali, il che determina una svalutazione di € che fa aumentare *E* e riduce *IM* con la conseguenza di uno spostamento, lungo *LM*, di *IS* verso destra fino al raggiungimento dell'equilibrio macroeconomico di economia aperta. Tale equilibrio, comparato con l'equilibrio (interno) di partenza, manifesta un *Y* maggiore, un i maggiore, un *tc* maggiore.

Sempre in regime di cambi flessibili, ipotizziamo ora, a partire dall'intersezione di *IS*, *LM* e *BB*:

– una politica finanziaria espansiva (grafico IV.43).

Grafico IV.43. – *Effetti di una politica finanziaria espansiva in regime di cambi flessibili*

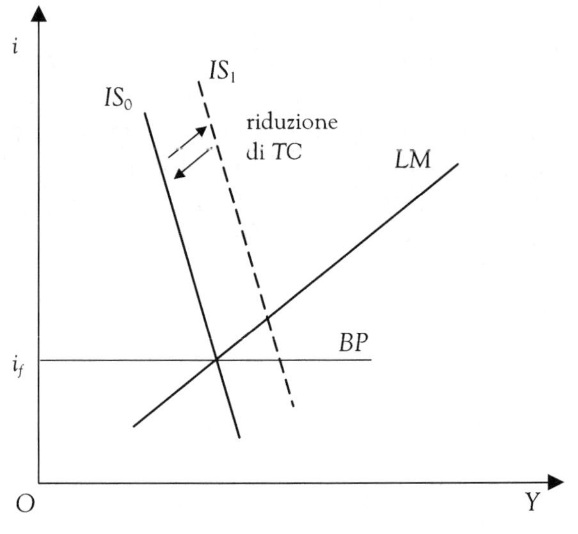

Tale politica economica provoca un aumento di *Y* ed *i* e quindi (per l'ipotesi che le variazioni di *SMC* sono molto più importanti di quelle di SPC) *SBP* > 0, che dà luogo ad una rivalutazione di € che riduce *E* ed aumenta *IM* con la conseguenza di uno spostamento, lungo *LM*, di *IS* verso sinistra fino al ripristino dell'iniziale equilibrio macroeconomico di economia aperta;

– una politica monetaria espansiva (grafico IV.44).

Grafico IV.44. – *Effetti di una politica monetaria espansiva in regime di cambi flessibili*

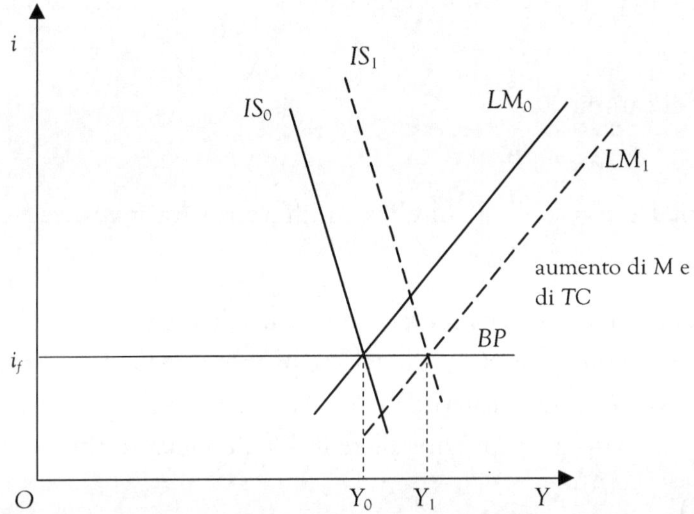

Tale politica economica provoca un aumento di *Y* ed una riduzione di *i* e quindi (per entrambe le ragioni) *SBP* < 0, che dà luogo ad una svalutazione di € che aumenta *E* e riduce *IM* con la conseguenza di uno spostamento, lungo la nuova *LM*, di *IS* verso destra fino ad un nuovo e stabile equilibrio macroeconomico di economia aperta che, comparato con quello antecedente la politica monetaria espansiva, manifesta un *Y* maggiore, un *M* maggiore ed un *tc* maggiore.

Pertanto, in regime di cambi flessibili, sono efficaci una politica monetaria espansiva e la politica monetaria in generale[63], mentre sono inefficaci una politica finanziaria espansiva e la politica finanziaria in generale[64].

3.3.3.4. *Le aspettative circa le variazioni del tasso di cambio e i movimenti di capitale*

In un regime di cambi flessibili, i movimenti internazionali dei capitali dipendono non solo dalla differenza tra *i* e i_f ma anche dalle previsioni circa la va-

---

[63] Cioè una politica monetaria restrittiva darà luogo ad un *Y* minore, ad un *tc* minore e ad un *i* immutato.

[64] Cioè anche una politica finanziaria restrittiva non riuscirà a modificare stabilmente l'equilibrio di partenza.

riazione di *tc* (che possiamo simboleggiare con $\left(\frac{\frac{dtc}{dt}}{tc}\right)_e$, tasso di variazione atteso del tasso di cambio).

La relazione $i - i_f = \left(\frac{\frac{dtc}{dt}}{tc}\right)_e$ implica indifferenza tra investire nel Paese ed all'estero: un eccesso di i su i_f è infatti compensato da un atteso aumento proporzionale di *tc* cioè da una prevista svalutazione proporzionale di *tc*. Analogamente, un eccesso di i_f su i è compensato da un'attesa riduzione proporzionale di *tc* cioè da un'attesa rivalutazione proporzionale di *tc*. Ne deduciamo che:

– se $\left(\frac{\frac{dtc}{dt}}{tc}\right)_e = 0$, cioè se si prevede un tc stabile, allora $i = i_f$;

– se $\left(\frac{\frac{dtc}{dt}}{tc}\right)_e > 0$, cioè se si prevede una svalutazione di *tc*, allora, per evitare un deflusso di capitali, il Paese deve fare in modo che sia $i > i_f$, cioè che vi sia un eccesso di i su i_f proporzionale alla svalutazione attesa;

– se $\left(\frac{\frac{dtc}{dt}}{tc}\right)_e < 0$, cioè se si prevede una rivalutazione di *tc*, allora, per evitare un afflusso di capitali, il Paese deve fare in modo che sia $i < i_f$, cioè che vi sia un eccesso di i_f su i proporzionale alla rivalutazione attesa.

La tabella offre un'illustrazione aritmetica dell'influenza che le attese di variazione del cambio hanno, *ceteris paribus*, sugli investitori.

i	if	$\left(\frac{\frac{dtc}{dt}}{tc}\right)_e$	$i\text{-}if\text{-}\left(\frac{\frac{dtc}{dt}}{tc}\right)_e$	
6%	5%	0	1%	Conviene investire nel Paese
6%	3%	3%	0	Indifferenza tra investimenti nel Paese ed all'estero
6%	5%	10%	- 9%	Conviene investire all'estero
3%	5%	- 5%	3%	Conviene investire nel Paese

Per il lungo periodo possiamo combinare la teoria della parità dei poteri d'acquisto con quanto detto nel presente paragrafo, peraltro sostituendo: $\frac{\frac{dtc}{dt}}{tc}$ con $\left(\frac{\frac{dtc}{dt}}{tc}\right)_e$; il riferimento a UE con il riferimento ad un generico Paese (quindi P_{EU} diventa P); il riferimento ad USA con il riferimento all'insieme dei restanti Paesi (quindi P_{USA} diventa P_f).

Abbiamo quindi $\left(\frac{\frac{dtc}{dt}}{tc}\right)_e = \frac{\frac{dP}{t}}{P} - \frac{\frac{dP_f}{t}}{Pf}$ che, combinato a $i - i_f = \left(\frac{\frac{dtc}{dt}}{tc}\right)_e$, consente di stabilire la relazione

$$\frac{\frac{dP}{t}}{P} - \frac{\frac{dP_f}{t}}{Pf} = \left(\frac{\frac{dtc}{dt}}{tc}\right)_e = i - i_f$$

da cui traiamo alcune interessanti considerazioni conclusive:

– se il Paese ha un'inflazione maggiore di quella internazionale, si prevede una svalutazione della sua moneta, il che implica che il suo tasso d'interesse, per evitare un deflusso di capitali, deve essere maggiore rispetto a quello internazionale;

– se il Paese ha un'inflazione minore di quella internazionale, si prevede una rivalutazione della sua moneta, il che implica che il suo tasso d'interesse, per evitare un afflusso di capitali, deve essere minore rispetto a quello internazionale.

3.4. L'incorporazione della curva di Phillips nel modello keynesiano

Nel 1958, lo statistico neozelandese Alban W. Phillips (1914-1975) trovò che nel Regno Unito, tra il 1861 ed il 1957, vi era una relazione tra il tasso di incremento del salario nominale (g_w) ed il tasso di disoccupazione (u) rappresentabile da una curva inclinata negativamente suggerente quindi che, nel lungo periodo, una riduzione di u implicasse un aumento di g_w (grafico IV.45)[65].

Grafico IV.45. – *La curva di Phillips. La relazione originaria*

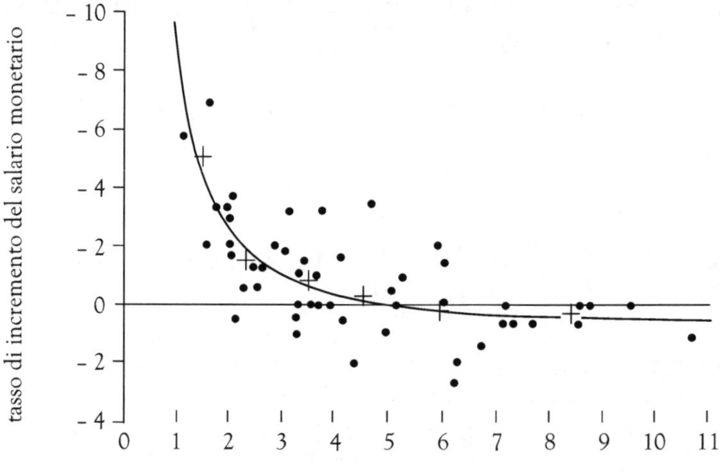

[65] A.W. PHILLIPS, *The Relation Between Unemployment and the Rate of Change of Money Wage Rates in the United Kingdom, 1861-1957*, in *Economica*, 25, 1958, pp. 283-299.

Una spiegazione teorica intuitiva di tale relazione si ottiene collegando le due variabili appena evocate mediante la variabile intermedia della differenza tra domanda ed offerta di lavoro: un aumento (una riduzione) della disoccupazione implica un aumento (una riduzione) dell'eccesso dell'offerta sulla domanda di lavoro e quindi una riduzione (un aumento) del tasso di incremento del salario nominale. Se si ipotizza inoltre che il tasso di inflazione sia dato dal tasso di incremento del salario nominale tenuto conto del *mark-up*[66], allora la curva di Phillips si può concepire anche come la relazione inversa tra il tasso di disoccupazione ed il tasso d'inflazione (grafico IV.46), spiegando così (senza fare ricorso all'*AD*[67]) un fenomeno che, nella macroeconomia keynesiana, era per ipotesi assente (si ricordi infatti che l'ipotesi fondamentale della macroeconomia keynesiana è che i prezzi siano dati).

Grafico IV.46. – *La curva di Phillips come relazione tra tasso di disoccupazione e tasso di inflazione*

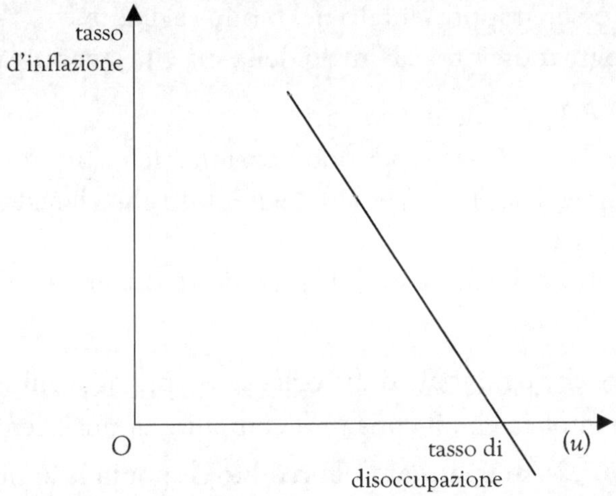

Un'importante implicazione dell'ipotesi di stabilità di lungo periodo della curva di Phillips è che essa rappresenterebbe il *menu* a disposizione dei responsabili della politica economica: un basso tasso di disoccupazione, raggiungibile mediante una politica economica, monetaria e/o fiscale, espansiva, implicherebbe un più alto tasso d'inflazione e viceversa.

---

[66] Se gp è il tasso d'inflazione e $q > 0$ è il *mark-up*, avremo quindi $gp = gw(1 + q)$.

[67] Su cui si veda *infra* il par. 4.4.2.

3.5. Appendice. Estensioni e approfondimenti

A. La teoria del ciclo vitale del consumo e del risparmio

L'ipotesi del ciclo vitale del consumo e del risparmio, sviluppata negli anni cinquanta dall'economista italiano naturalizzato americano Franco Modigliani (1918-2003), premio Nobel nel 1985, formula un modello di scelta del consumatore basato sull'idea che gli individui hanno una forte preferenza per la stabilità del flusso di consumo nel tempo. A tal fine essi risparmiano durante gli anni lavorativi parte del reddito per far fronte alle loro esigenze di consumo al termine dell'attività lavorativa, nel periodo della pensione. Così il risparmio, positivo negli anni lavorativi e negativo in quelli della pensione, consente al consumatore di mantenere un consumo relativamente costante anche quando il reddito è variabile.

Il modello può essere rappresentato nel modo seguente.

Si ipotizzi che ogni individuo, all'inizio della sua vita lavorativa, conosca:

– la durata (T_1) del periodo di lavoro;
– la durata (T_2) del successivo periodo pensionistico;
– la durata complessiva ($T = T_1 + T_2$) del periodo che gli resta da vivere, una volta iniziato a lavorare;
– il reddito al netto delle imposte (cioè il reddito *disponibile* YD) che guadagnerà in ogni anno di T_1.

Si ipotizzi inoltre che ogni individuo voglia avere, per ogni anno di T, lo stesso consumo C, il che implica che il consumo compiuto annualmente per tutti i T anni ($C \times T$) dovrà essere finanziato dal reddito disponibile annuo guadagnato per tutti i T_1 anni di lavoro ($YD \times T_1$), cioè dovrà valere l'identità $C \times T = YD \times T_1$ ovvero l'identità $C = \left(\frac{T_1}{T}\right)YD$ da cui si ricava che C aumenta, *ceteris paribus*, all'aumentare di YD e/o all'aumentare di T_1 e/o al diminuire di T a seguito della riduzione di T_2.

Analogamente, durante il periodo di lavoro T_1 ogni individuo dovrà risparmiare una somma ($S \times T_1$) che gli consenta di continuare lo stesso C anche durante ogni anno di T_2, con la conseguenza che varrà l'identità $S \times T_1 = C \times T_2$, ovvero l'identità $S = \left(\frac{T_2}{T_1}\right)C$ da cui si ricava che S aumenta, *ceteris paribus*, all'aumentare di C e/o all'aumentare di T_2 e/o al diminuire di T_1.

B. La logica economica del moltiplicatore keynesiano

Supponiamo che una componente autonoma della domanda finale (D), per esempio la spesa pubblica (G), aumenti: ciò implica un primo aumento di D pari a ΔG che, nell'ipotesi di disoccupazione, dà luogo anche ad un primo aumento di Y pari pure a ΔG che, se la propensione marginale al consumo è c, dà luogo ad un secondo aumento di D pari a $c\Delta G$, che dà luogo ad un secondo aumento di Y pari pure a $c\Delta G$, che dà luogo ad un terzo aumento di D pari a $c^2\Delta G$ e così via.

La somma degli aumenti di D a seguito dell'iniziale aumento ΔG è quindi:

$$\Delta D = \Delta G + c\Delta G + c^2\Delta G + ... = \Delta G(1 + c + c^2 + ...) = \frac{1}{1-c}\Delta G.$$

La dimostrazione formale è la seguente.

Consideriamo la somma della serie $s_n = 1 + c + c^2 + ... c^{n-1}$

Moltiplicando tutti i termini per c otteniamo $cs_n = c + c^2 + ... c^n$. Sottraendo membro a membro otteniamo: $s_n - cs_n = 1 - c^n$. Ne ricaviamo $s_n = \frac{1}{1-c} - \frac{c^n}{1-c}$ che implica (poiché $c^n \to 0$, se $0 < c < 1$ e $n \to \infty$):

$$s_n = \frac{1}{1-c}.$$

C. L'offerta di moneta

1. *Definizioni*

Introduciamo le seguenti definizioni monetarie:

$CIRC$ = circolante (biglietti e monete emessi dalla Banca Centrale);
DCC = depositi bancari in conto corrente;
$M1$= definizione operativa di moneta (M) = $CIRC + DCC$;
RE = riserve detenute dalle banche a fronte di DCC;
RU = riserve ufficiali della Banca Centrale con $\Delta RU = SBP$ = saldo della bilancia dei pagamenti;
$BMTES$ = finanziamenti della Banca Centrale al Tesoro sotto forma di acquisto di titoli del debito pubblico;
$FINBI$ = finanziamenti della Banca Centrale alle banche commerciali;

H = base monetaria con:

$RU + BMTES + FINBI$ = fonti della base monetaria;
$CIRC + RE$ = impieghi della base monetaria;

in equilibrio, fonti di H = impieghi di H.

Siano poi:

$\dfrac{CIRC}{CIRC+DCC} = circ$ = rapporto di preferenza del pubblico per il circolante con, ovviamente, $0 < circ < 1$ da cui deduciamo $CIRC = circ(CIRC + DCC)$ ovvero $CIRC(1 - circ) = circDCC$ e quindi $CIRC = \dfrac{circ}{1-circ}DCC$;

$\dfrac{RE}{DCC} = re$ = tasso di riserva (legale e discrezionale) con, ovviamente $0 < re < 1$, da cui deduciamo $RE = reDCC$.

2. *Il moltiplicatore monetario*

Sviluppando M e H otteniamo:

$M = M1 = CIRC + DCC$, da cui $M = \dfrac{circ}{1-circ}DCC + DCC$ ovvero $M = \dfrac{1}{1-circ}DCC$;

H = impieghi della base monetaria = $CIRC + RE$, da cui $H =$

$$= \frac{circ}{1-circ}DCC + reDCC \quad \text{ovvero } H = \frac{circ + re(1-circ)}{1-circ}DCC.$$

Rapportando le definizioni algebriche di M e H appena stabilite otteniamo:

$$\frac{M}{H} = \frac{\frac{1}{1-circ}DCC}{\frac{circ+re(1-circ)DCC}{1-circ}} \quad \text{ovvero} \quad \frac{M}{H} = \frac{1}{circ+re(1-circ)} \quad \text{ovvero}$$

$$\frac{M}{H} = \frac{1}{circ+1-1+re(1-circ)} \quad \text{ovvero} \quad \frac{M}{H} = \frac{1}{1+(1-circ)(re-1)} \quad \text{e quindi } M =$$

$$= \frac{1}{1-(1-circ)(1-re)}H.$$

Osserviamo che $\frac{dM}{dH} = \frac{1}{1-(1-circ)(1-re)}$ = *moltiplicatore monetario*, indica di quanto aumenta M a seguito di un piccolo aumento di H (visto come somma delle fonti di base monetaria (mm).

Il moltiplicatore monetario ha le seguenti proprietà:

- è > 1 in quanto il denominatore è positivo e minore di uno;
- decresce (cresce) al crescere (decrescere) di *circ* e di *re*[68].

Inoltre M cresce al crescere del moltiplicatore monetario e di H[69].

---

[68] In quanto

$$\frac{\partial\left(\frac{1}{1-(1-circ)(1-re)}\right)}{\partial circ} = \frac{-(1-re)}{[1-(1-circ)(1-re)]^2} < 0 \text{ e}$$

$$\frac{\partial\left(\frac{1}{1-(1-circ)(1-re)}\right)}{\partial re} = = \frac{-(1-circ)}{[1-(1-circ)(1-re)]^2} < 0.$$

[69] In quanto $\frac{\partial MON}{\partial mm} = H > 0$ e $\frac{\partial MON}{\partial H} = mm > 0$.

Ricaviamo che la Banca Centrale può aumentare (o diminuire) M:

– aumentando (diminuendo) *BMTES* e *FINBI*, il che le permette di aumentare (diminuire) H;
– diminuendo (aumentando) la parte legale di *re*, il che le permette di aumentare (diminuire) *mm*;
– diminuendo (aumentando) il tasso di sconto ufficiale, cioè il costo di *FINBI*, il che le permette di far aumentare (diminuire) la domanda di *FINBI* e quindi di conseguire un aumento (riduzione) di H.

Analogamente, supponiamo che la Banca Centrale acquisti dai privati una quantità di titoli per un controvalore di ΔH. Ciò implica, dividendo i privati l'accresciuta disponibilità di base monetaria in *CIRC* ed in *DCC*, che *CIRC* subisce un primo aumento di $\mathit{cinc}\Delta H$ e *DCC* un primo aumento di $(1 - \mathit{circ})\Delta H$ che dà luogo, dividendo il sistema bancario i suoi accresciuti depositi in riserve e prestiti, ad un primo incremento di prestiti bancari pari a $(1 - \mathit{re})(1 - \mathit{circ})\Delta H$. *CIRC* subisce così un secondo aumento pari $\mathit{circ}(1 - \mathit{re})(1 - \mathit{circ})\Delta H$ mentre *DCC* subisce un secondo aumento pari a $(1 - \mathit{re})(1 - \mathit{circ})^2\Delta H$

$$(1 - \mathit{re})^2(1 - \mathit{circ})^2\Delta H,$$

e così via.

3. *Dimostrazioni*

La somma degli aumenti di *CIRC* è $\mathit{circ}\Delta H + \mathit{circ}(1 - \mathit{re})(1 - \mathit{circ})\Delta H + \mathit{circ}(1 - \mathit{re})^2(1 - \mathit{circ})^2\Delta H + \dots \mathit{circ}(1 - \mathit{re})^{n-1}(1 - \mathit{circ})^{n-1}\Delta H = \mathit{circ}\Delta H\,[1 + (1 - \mathit{re})(1 - \mathit{circ}) + (1 - \mathit{re})^2(1- \mathit{circ})^2 + \dots (1 - \mathit{re})^{n-1}(1 - \mathit{circ})^{n-1}] = \dfrac{\mathit{circ}\Delta H}{1-(1-\mathit{re})(-\mathit{circ})}$.

Infatti: $s_n = 1 + (1- \mathit{re})(1- \mathit{circ}) + (1- \mathit{re})^2(1- \mathit{circ})^2 + \dots (1 - \mathit{re})^{n-1}(1 - \mathit{circ})^{n-1}$ che implica $[(1 - \mathit{re})(1 - \mathit{circ})]s_n = (1 - \mathit{re})(1 - \mathit{circ}) + (1 - \mathit{re})^2(1 - \mathit{circ})^2 + (1 - \mathit{re})^3(1 - \mathit{circ})^3 + \dots (1 - \mathit{re})^n(1 - \mathit{circ})^n$, che implica $- [(1 - \mathit{re})(1 - \mathit{circ})]s_n = 1 - (1 - \mathit{re})^n(1 - \mathit{circ})^n$

$$\text{ovvero } s_n = \frac{1}{1-(1-\mathit{re})(1-\mathit{circ})} - \frac{(1-\mathit{re})^n(1-\mathit{circ})^n}{1-(1-\mathit{re})(1-\mathit{circ})}$$

$$\text{ovvero } s_n = \frac{1}{1-(1-\mathit{re})(1-\mathit{circ})},$$

poiché $0 < (1 - re) < 1$ e $n \rightarrow \infty$ implicano $(1 - re)^n \rightarrow 0$ e $0 < (1 - circ) < 1$ e $n \rightarrow \infty$ implicano $(1 - circ)^n \rightarrow 0$.

La somma degli aumenti di *DCC* è $(1 - circ)\Delta H + (1 - re)(1 - circ)^2\Delta H + \dots (1 - re)^{n-1}(1 - circ)^n\Delta H = (1 - circ)\Delta H\,[1 + (1 - re)(1 - circ) + (1 - re)^2 (1 - circ)^2 + \dots (1 - re)^{n-1}(1 - circ)^{n-1}] = \dfrac{(1-circ)\Delta H}{1-(1-re)(1-circ)}$.

Infatti $s_n = 1 + (1 - re)(1 - circ) + (1 - re)^2(1 - circ)^2 + \dots (1 - re)^{n-1}(1 - circ)^{n-1}$ implica $[(1 - re)(1 - circ)]s_n = (1 - re)(1 - circ) + (1 - re)^2(1 - circ)^2 + (1 - re)^3 (1 - circ)^3 + \dots (1 - re)^n(1 - circ)^n$, che implica $- [(1 - re)(1 - circ)]s_n = 1 - (1 - re)^n(1 - circ)^n$

$$\text{ovvero } s_n = \frac{1}{1-(1-re)(1-circ)} - \frac{(1-re)^n(1-circ)^n}{1-(1-re)(1-circ)}$$

$$\text{ovvero } s_n = \frac{1}{1-(1-re)(1-circ)},$$

poiché $0 < (1 - re) < 1$ e $n \rightarrow \infty$ implicano $(1 - re)^n \rightarrow 0$ e $0 < (1 - circ) < 1$ e $n \rightarrow \infty$ implicano $(1 - circ)^n \rightarrow 0$.

La somma degli aumenti di *CIRC* e *DCC* dà l'aumento di *M* a seguito dell'aumento iniziale di *H*:

$$\Delta M = \frac{circ\Delta H}{1-(1-re)(1-circ)} + \frac{(1-circ)\Delta H}{1-(1-re)(1-circ)} = \frac{(circ+1-circ)\Delta H}{1-(1-re)(1-circ)} =$$

$$= \frac{\Delta H}{1-(1-re)(1-circ)}$$

e quindi, integrando ΔM e ΔH,

$$\mathrm{M} = \frac{1}{1-(1-re)(1-circ)}H.$$

D. Gli effetti della politica finanziaria sul saldo del bilancio dello Stato

Siano:

G = spesa pubblica;

$T = T_0 + tY$ = gettito fiscale dove: T_0 = gettito fiscale autonomo dal reddito; t = aliquota marginale, ipotizzata costante e $0 < t < 1$;

D = Debito pubblico;

I = tasso d'interesse;

iDP = interessi pagati su DP;

$SBS = T - G - iDP$ = saldo del bilancio dello Stato con $SBS < 0$ implicante deficit di bilancio ed $SBS > 0$ implicante attivo di bilancio. Per semplicità, ipotizziamo $iDp = 0$.

Ricordiamo inoltre che $Y = C_0 + c(Y - T_0 - tY) + G = C_0 + c(1 - t)Y - cT_0 + G$ il che implica $Y = \frac{1}{1-c(1-t)}(C_0 - cT_0 + G)$.

Ciò detto, notiamo innanzitutto che $SBS = T - G = T_0 + tY - G$ dà luogo a:

$$\frac{dSBS}{dG} = \frac{dT_0}{dG} + t\frac{dY}{dG} + Y\frac{dt}{dG} - \frac{dG}{dG} = t\frac{dY}{dG} - 1, \text{ ovvero}$$

(sostituendo $\frac{dY}{dG} = \frac{1}{1-c(1-t)}$ che è il moltiplicatore keynesiano di economia chiusa) a:

$$\frac{dSBS}{dG} = t\frac{1}{1-c(1-t)} - 1 = \frac{t-1+c(1-t)}{1-c(1-t)} = \frac{-(1-t)+c(1-t)}{1-c(1-t)} =$$

$$= \frac{(1-t)(c-1)}{1-c(1-t)} = -\frac{(1-t)(1-c)}{1-c(1-t)}$$

il che implica $\frac{dSBS}{dG} < 0$ ovvero che $dG > 0$ (< 0) riduce (aumenta) l'attivo di bilancio o aumenta (diminuisce) il deficit di bilancio;

$$\frac{dSBS}{dT_0} = 1 + t\frac{dY}{dT_0} + Y\frac{dt}{dT_0} - \frac{dG}{dT_0} = 1 + t\frac{dY}{dT_0}$$

ovvero (sostituendo $\frac{dY}{T_0}=\frac{-c}{1-c(1-t)}$)

$$\frac{dSBS}{dT_0}=1+t\frac{-c}{1-c(1-t)}= =\frac{1-c(1-t)-ct}{1-c(1-t)}=\frac{1-c+ct-ct}{1-c(1-t)}=\frac{1-c}{1-c(1-t)}$$

il che implica $\frac{dSBS}{dT_0}>0$ ovvero che $dT_0 > 0$ (< 0) aumenta (diminuisce) l'attivo di bilancio o riduce (aumenta) il deficit di bilancio;

$$\frac{dSBS}{dt}=\frac{dT_0}{dt}+t\frac{dY}{dt}+Y-\frac{dG}{dt}=t\frac{dY}{dt}+Y$$

ovvero (sostituendo $\frac{dY}{dt}=-\frac{cY}{1-c(1-t)}$)

$$\frac{dSBS}{dt}=-t\frac{cY}{1-c(1-t)}+Y=\frac{[1-c(1-t)]Y-ctY}{1-c(1-t)}=\frac{(1-c)Y}{1-c(1-t)}$$

il che implica $\frac{dSBS}{dt}>0$ ovvero che $dt > 0$ (< 0) aumenta (diminuisce) l'attivo di bilancio o riduce (aumenta) il deficit di bilancio.

In secondo luogo, consideriamo che $t = 0$ implica $Y = \frac{1}{1-c}(C_0 - cT_0 + G)$, da cui deduciamo, se $dT_0 > 0$ e $dG > 0$, $dY=\frac{\partial Y}{\partial T_0}dT_0+\frac{\partial Y}{\partial G}dG$ ovvero, sostituendo, $dY=\frac{-c}{1-c}dT_0+\frac{1}{1-c}dG$ che implica, se $dT_0 = dG$, $dY=\frac{1}{1-c}(-cdG+dG)=\frac{1-c}{1-c}dG$ cioè $dY = dG$.

Quindi $dG > 0$ che lasci immutato *SBS*, in quanto completamente finanziato da $dT_0 = dG$, provoca un aumento di Y pari a $dY = dG$.

In terzo luogo $T_0 = 0$ implica $T = ty$ e $Y = \frac{1}{1-c(1-t)}(C_0 + G)$ da cui deduciamo, se $dt > 0$ e $dG > 0$, $dY = \frac{\partial Y}{\partial t}dt + \frac{\partial Y}{\partial G}dG$ ovvero, sostituendo, $dY =$ $= -\frac{cY}{1-c(1-t)}dt + \frac{1}{1-c(1-t)}dG$ che implica $dY[1 - c(1 - t)] = - cYdt + dG$ ovvero $dY - cdY + ctdY = - cYdt + dG$ ovvero $dY - cdY = - ctdY - cYdt + dG$ ovvero $dY - cdY = - c(tdY + Ydt) + dG$ ovvero, se $dT = Ydt + tdY = dG$, $dY - cdY =$ $= - cdG + dG$ ovvero $dY(1 - c) = dG(1 - c)$ ovvero $dY = dG$.

Quindi $dG > 0$ che lasci immutato *SBS*, in quanto completamente finanziato da $dT = Ydt + tdY = dG$, provoca un aumento di Y pari a $dY = dG$[70].

[70] Gli ultimi due risultati sono specificazioni del teorema di Haavelmo, o teorema del bilancio in pareggio, formulato nel 1945 dall'economista norvegese Trygve Haavelmo (1911-1999), premio Nobel per l'economia nel 1989.

E. La sostenibilità del debito pubblico

Riscrivendo $SBS = G - T = + iDP$, ponendo $G - T$ = saldo primario = SP, otteniamo $SBS = SP + iDP$. Ricordiamo inoltre che vale sempre la relazione $SBS = SP + iDP = \frac{dM}{dt} + \frac{dDP}{dt}$ ovvero che un disavanzo di bilancio ($SBS > 0$) può finanziarsi con infinite combinazioni di incrementi di M e DP.

Abbiamo quindi $SP + iDP - \frac{dM}{dt} - \frac{dDP}{dt} = 0$ che, per l'Italia e tutti i Paesi dell'Euro a seguito degli accordi di Maastricht del 1992, si semplifica in $SP + iDP - \frac{dDP}{dt} = 0$ (cioè un qualunque disavanzo di bilancio si può finanziare solo emettendo titoli di DP, ovvero solo facendo aumentare DP).

Il vincolo di bilancio statale $\frac{dDP}{dt} = SP + iDP$ implica $\frac{\frac{dDP}{dt}}{Y} = \frac{SP}{Y} + i\frac{DP}{Y}$ ovvero (se poniamo $\frac{SP}{Y} = sp$; $\frac{DP}{Y} = dp$) $\frac{\frac{dDP}{dt}}{Y} = sp + idp$ ovvero (ponendo $\frac{\frac{dY}{dt}}{Y} = g$),

$$\frac{d\left(\frac{DP}{Y}\right)}{dt} = \frac{d(dp)}{dt} = \frac{Y\frac{dDP}{dt} - DP\frac{dY}{dt}}{Y^2} = \frac{\frac{dDP}{dt}}{Y} - \frac{DP}{Y}\frac{\frac{dY}{dt}}{Y} = \frac{\frac{dDP}{dt}}{Y} - dpg,$$

da cui ricaviamo $\frac{\frac{dDP}{dt}}{Y} = dpg + \frac{d(dp)}{dt} = sp + idp$ da cui ricaviamo $\frac{dDP}{dt} = \frac{d(dp)}{dt} = SP + (c - g)dp$ [71].

---

[71] Dove, se ipotizziamo, per semplicità, che non vi sia inflazione, i è anche il tasso d'interesse reale e g è anche il tasso di crescita reale di Y.

Quindi il rapporto tra DP e Y, nel tempo, cresce (decresce): al crescere (decrescere) del disavanzo primario, del tasso di interesse reale e del valore iniziale del rapporto tra DP e Y; al decrescere (crescere) del tasso di crescita reale.

DP è sostenibile se dp si stabilizza, cioè se diventa costante nel tempo: ovvero, DP è sostenibile se $\frac{d(dp)}{dt}=0$.

Rappresentiamo l'equazione differenziale $\frac{d(dp)}{dt}=sp+(i-g)dp$ con una retta che ha dp sull'asse delle ascisse e $\frac{d(dp)}{dt}$ sull'asse delle ordinate: l'inclinazione di tale retta è data da $\frac{d\left(\frac{d(dp)}{dt}\right)}{d(dp)}=i-g$.

Se ipotizziamo che $g > i$ (grafico IV.47), la retta:

– è inclinata negativamente;

– interseca l'asse delle ascisse nel punto che ha come ordinata (naturalmente) $\frac{d(dp)}{dt}=0$ e come ascissa $dp = dp^{*}= \frac{sp}{g-i}>0$.

Grafico IV.47. – *La sostenibilità del debito pubblico g > i*

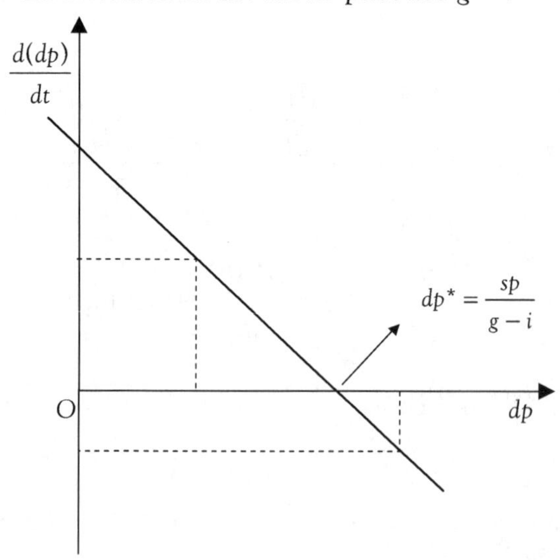

Che dp^* è il punto di stabilità (e che quindi il valore corrispondente sia quello in cui si stabilizza nel tempo il rapporto tra *DP* e *Y*) lo dimostrano le seguenti considerazioni:

– se $dp < dp^*$, dp cresce (in quanto vi corrisponde $\frac{d(dp)}{dt} > 0$) e quindi converge verso dp^* da sinistra;

– se $dp > dp^*$, dp decresce (in quanto vi corrisponde $\frac{d(dp)}{dt} < 0$) e quindi converge verso dp^* da destra.

Notiamo anche che $dp^* = \frac{sp}{g-i} > 0$ implica che, dp si può stabilizzare anche continuando a realizzare $sp > 0$ cioè anche continuando ad incorrere in un disavanzo primario.

Se ipotizziamo che $g < i$ (grafico IV.48), la retta:

– è inclinata positivamente;

– interseca l'asse delle ascisse nel punto che ha come ordinata (naturalmente) $\frac{d(dp)}{dt} = 0$ e come ascissa $dp = dp^* = \frac{sp}{g-i} < 0$.

Grafico IV.48. – *La sostenibilità del debito pubblico se g < i*

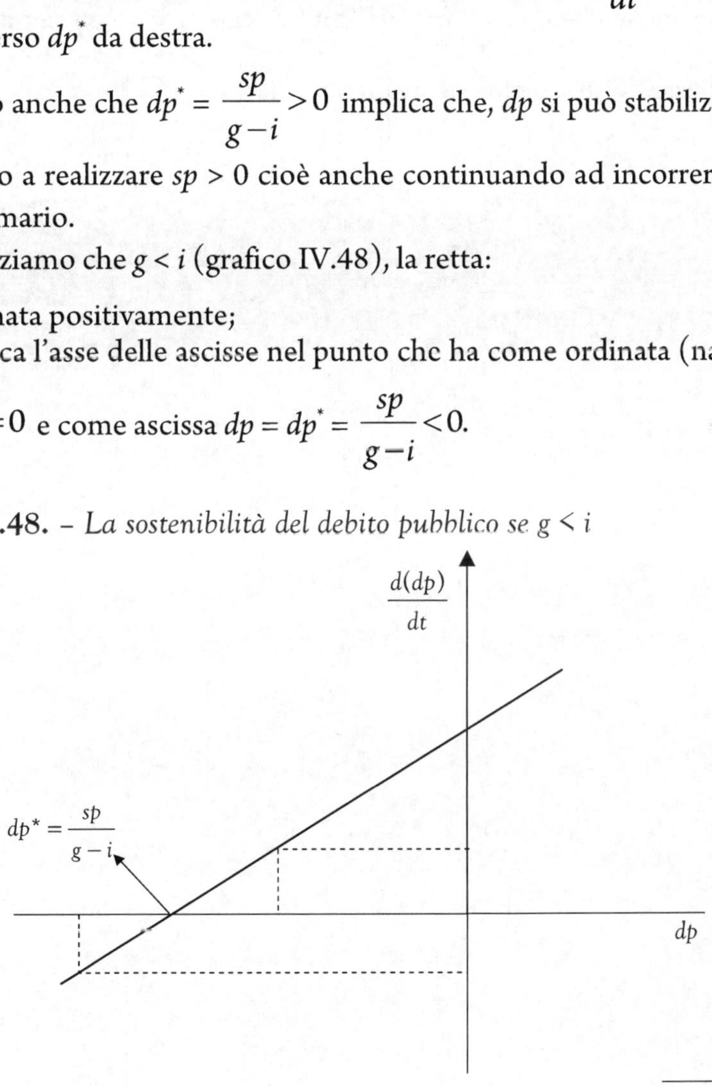

Che dp^* è instabile lo dimostrano le seguenti considerazioni:

se $dp < dp^*$, dp decresce (in quanto $\frac{d(dp)}{dt} < 0$) e quindi diverge da dp^* verso sinistra;

se $dp > dp^*$, dp cresce (in quanto $\frac{d(dp)}{dt} > 0$) e quindi diverge da dp^* verso destra.

Notiamo anche che $dp^* = \frac{sp}{g-i} > 0$ implica che, se $g < i$, dp si può stabilizzare solo realizzando $sp < 0$ cioè un avanzo primario.

4. La macroeconomia dopo la macroeconomia keynesiana

SOMMARIO: 4. La macroeconomia dopo la macroeconomia keynesiana. – A) La reazione critica alla macroeconomia keynesiana. La rifondazione della macroeconomia neoclassica. – 4.1. Il Monetarismo. – 4.1.1. La rielaborazione monetaristica della teoria quantitativa della moneta. – 4.1.2. La reinterpretazione monetarista della curva di Phillips. – 4.1.3. Questioni di politica economica. – 4.1.4. Una nota sul concetto di aspettative statiche e adattive. – 4.1.5. L'approccio monetario alla bilancia dei pagamenti. – 4.2. La nuova macroeconomia classica. – 4.2.1. L'ipotesi di mercati perfettamente concorrenziali e continuamente in equilibrio. – 4.2.2. L'ipotesi delle aspettative razionali. – 4.2.3. L'ipotesi della curva d'offerta aggregata. – 4.2.4. L'inefficacia della politica monetaria anche nel breve periodo. – 4.2.5. La credibilità delle autorità di politica monetaria. – 4.3. La teoria del ciclo economico reale. – 4.3.1. Premessa. – 4.3.2. Un modello di teoria del ciclo economico reale. – B) La rifondazione microeconomica (non neoclassica) della macroeconomia keynesiana. – 4.4. La macroeconomia neo-keynesiana. – 4.4.1. Premessa. – 4.4.2. Il modello *AD-AS*. – 4.4.3. La disoccupazione quale conseguenza di rigidità e asimmetrie informative. – 4.5. L'Equilibrio Generale Dinamico Stocastico: cenni. – 4.6. La macroeconomia del disequilibrio ovvero l'equilibrio non-walrasiano. – C) La ripresa di Keynes. Cenni alla macroeconomia post-keynesiana. – 4.7. Il modello di instabilità finanziaria di Minsky – 4.7.1. Premessa. – 4.7.2. Il punto di partenza: il concetto di incertezza di Keynes. – 4.7.3. Il modello. – 4.7.3.1. Flussi di cassa e bilanci patrimoniali. – 4.7.3.2. Prezzi delle attività, investimento e finanziamento. – 4.7.3.3. Offerta e domanda di beni capitali nel ciclo economico. – 4.7.3.4. La generazione endogena di instabilità finanziaria. – 4.7.3.5. La Banca centrale come "prestatore di ultima istanza".

A) La reazione critica alla macroeconomia keynesiana. La rifondazione della macroeconomia neoclassica

4.1. Il Monetarismo

La macroeconomia keynesiana, che negli anni cinquanta e sessanta del Novecento è lo schema interpretativo dei fenomeni macro-economici di gran lunga più seguito nei Paesi occidentali, inizia ad essere contestata, alla fine degli anni sessanta, da una nuova scuola di pensiero conosciuta come monetarismo ed animata dai due economisti statunitensi, poi premi Nobel, rispettivamente nel 1976 e nel 2006, Milton Friedman (1912-2006) ed Edmund Phelps (1933-).

Il monetarismo origina dalla constatazione che il principale suggerimento di politica economica dell'economia keynesiana, cioè la proprietà di una politica economica espansiva (monetaria o finanziaria) di dar luogo ad un aumento dell'occupazione senza alimentare eccessivamente l'inflazione, dalla fine degli anni sessanta è sempre più smentito dall'esperienza pratica, che vede le politiche economiche espansive dar luogo ad incrementi di occupazione sempre più modesti ed a spinte inflazionistiche sempre più forti. Nel capitolo, tratteremo gli argomenti teorici che caratterizzano il monetarismo: la sua riformulazione della teoria quantitativa della moneta; la sua interpretazione della curva di Phillips; l'approccio monetario alla bilancia dei pagamenti.

4.1.1. *La rielaborazione monetaristica della teoria quantitativa della moneta*

Il punto di partenza del monetarismo è la ripresa della teoria quantitativa della moneta che può formularsi come segue.

Si definisca per *velocità di circolazione della moneta* (V) il numero di volte in cui, in un periodo di tempo dato, un'unità di moneta è utilizzata per consentire scambi di merci che, a loro volta, si possono definire come il reddito nazionale espresso in termini monetari (PQ dove, P è il prezzo medio e Q è il reddito nazionale in termini reali).

Abbiamo quindi $V = \frac{PQ}{M}$, da cui otteniamo $MV = PQ$ da cui, facendo variare l'identità nel tempo, otteniamo $g_M + g_V = g_P + g_Q$, dove:

$g_M = \dfrac{\frac{dM}{dt}}{M}$ = tasso di crescita della moneta;

$g_V = \dfrac{\frac{dV}{dt}}{V}$ = tasso di crescita della velocità di circolazione della moneta;

$g_P = \dfrac{\frac{dP}{dt}}{P}$ = tasso di crescita dei prezzi;

$g_Q = \dfrac{\frac{dQ}{dt}}{Q}$ = tasso di crescita del reddito nazionale in termini reali.

Secondo la macroeconomia keynesiana, come si ricorderà, vi è un caso, quello della trappola della liquidità, in cui un aumento dell'offerta di moneta non cambia il reddito nazionale nominale: in termini della teoria quantitativa della moneta, la trappola della liquidità è rappresentata da un g_M positivo esattamente compensato da un g_V negativo.

Secondo i monetaristi, invece, g_V è sempre nullo (cioè V è sempre stabile) con la conseguenza che un qualunque g_M positivo o negativo dà luogo ad un'eguale $g_P + g_Q$: segnatamente un aumento (una riduzione) dell'offerta nominale di moneta dà sempre luogo ad un aumento (una riduzione) dei prezzi[72] e del reddito reale.

Peraltro, sostengono i monetaristi, i ritardi temporali intercorrenti tra le variazioni di M e di Q sono ampi e variabili con la conseguenza che, in particolare, un'espansione monetaria può destabilizzare l'economia, di per sé stabile, giungendo a stimolare un aumento di Q quando tale aumento è già stato stimolato dall'economia privata stessa (per esempio mediante un aumento dei consumi autonomi o degli investimenti automomi o delle esportazioni). La politica monetaria più opportuna è quindi quella che persegue $g_M = g_Q$ garantendo così $g_P = 0$ cioè l'assenza di inflazione: da $g_M + g_V = g_P + g_Q$, se $g_V = 0$, otteniamo $g_M - g_Q = g_P$ da cui, se $g_M = g_Q$, $g_P = 0$. g_Q è il tasso di crescita annuale di medio periodo previsto per l'economia.

I monetaristi affidano alla politica fiscale il solo, tradizionale ruolo di ripartizione del reddito e della ricchezza.

Il modello *IS-LM* consente di caratterizzare le posizioni teoriche dei keynesiani e dei monetaristi come segue: i keynesiani ritengono che la *LM* sia piatta (ritengono cioè che la domanda di moneta sia molto sensibile al tasso d'interesse), la *IS* sia ripida (ritengono cioè che la domanda globale sia poco sensibile al tasso d'interesse) e che, nella realtà economica, le variazioni più importanti di Y siano quelle di origine reale (siano cioè dovute a spostamenti della *IS*); i monetaristi ritengono invece che la *LM* sia ripida (ritengono cioè che la domanda di moneta sia poco sensibile al tasso d'interesse), la *IS* sia piatta (ritengono cioè che la domanda globale sia molto sensibile al tasso d'interesse) e che, nella realtà economica, le variazioni più importanti di Y siano quelle di origine monetaria (siano cioè dovute a spostamenti della *LM*).

---

[72] Ipotizziamo che anche $g_Q = 0$ e che $M_d = M_s$, dove M_d = domanda di moneta, M_s = offerta di moneta. Un aumento di M_s implica $M_d < M_s$, il che induce gli agenti economici a liberarsi della moneta che hanno in eccesso comprando beni, il che da luogo, essendo data la quantità di beni (a seguito dell'ipotesi $g_Q = 0$), ad un aumento dei prezzi come, appunto, indicato dalla teoria quantitativa della moneta.

Se ne deduce che: una data politica monetaria espansiva ha per i monetaristi (i keynesiani) un forte (debole) effetto espansivo su *Y*; una data politica fiscale espansiva ha per i monetaristi (i keynesiani) un debole (forte) effetto espansivo su *Y*[73].

4.1.2. *La reinterpretazione monetarista della curva di Phillips*

Finora la teoria monetarista, ad eccezione del suggerimento di una politica monetaria semplicemente non inflazionistica, non è in contrasto con quella keynesiana, se (come spesso succedeva alla fine degli anni sessanta) si rappresenta quest'ultima con la curva di Phillips: infatti anche i monetaristi, come i keynesiani, ammettono che una politica monetaria espansiva dà luogo non solo ad inflazione ma anche ad un aumento dell'occupazione e quindi, a parità di forza lavoro, ad una riduzione della disoccupazione.

Il dissidio emerge circa la ripartizione degli effetti della politica monetaria tra inflazione e riduzione della disoccupazione e, soprattutto, circa la durata della riduzione della disoccupazione: ricordiamo infatti che, per i keynesiani, tale riduzione era acquisita non solo nel breve ma anche nel lungo periodo.

Nella teorizzazione keynesiana della curva di Phillips[74] il tasso di crescita del salario monetario è determinato indipendentemente dal tasso d'inflazione, con l'implicazione che i lavoratori si comporterebbero non razionalmente, decidendo di offrire il lavoro con riferimento non al salario reale ma semplicemente al salario monetario. Naturalmente, come osserva Friedman, tanto i lavoratori quando i datori di lavoro, quando negoziano il salario monetario, sono invece interessati, nella misura del possibile, a negoziare il salario reale e quindi le richieste di aumenti salariali nominali da parte dei lavoratori e la disponibilità dei datori di lavoro ad accordare tali aumenti dipendono positivamente dal tasso d'inflazione previsto.

---

[73] Precisamente, i monetaristi ritengono che l'equilibrio macroeconomico sia rappresentato da un'intersezione tra IS e LM nel tratto verticale della LM. Quindi, per esempio, uno spostamento della IS verso l'alto rappresenta una politica fiscale espansiva (costituita da un aumento della spesa pubblica e/o da una riduzione dell'imposizione autonoma) che dà luogo ad un nuovo equilibrio macroeconomico caratterizzato da reddito nazionale e da un aumento di i che riduce gli investimenti privati nella misura necessaria per mantenere l'equilibrio del mercato dei beni: quindi, una politica fiscale espansiva ha come solo risultato di aumentare la spesa pubblica o i consumi privati (tramite la riduzione dell'imposizione autonoma) riducendo simultaneamente gli investimenti privati.

[74] Cfr. *supra* il par. 3.4.

Dunque, secondo Friedman, il tasso di crescita del salario nominale $\frac{\frac{dw}{dt}}{w} = g_w$ dipende non solo (e negativamente) dal tasso di disoccupazione (u) ma anche (e positivamente) dal tasso d'inflazione previsto $\frac{\frac{dp_e}{dt}}{p} = g_{p_e}$.

La formula descrittiva della curva di Phillips deve essere modificata da $g_W = f(u)$ (con $\frac{dg_W}{du} < 0$) in $g_W = f(u) + g_{p_e}$ (con $\frac{\partial g_W}{\partial u} < 0$ e $\frac{\partial g_W}{\partial g_{p_e}} > 0$).

Quindi, la relazione tra il tasso di crescita del salario nominale ed il tasso di disoccupazione non sarà più descritta da una sola curva di Phillips ma da una famiglia di curve di Phillips tra di loro parallele e che differiscono per il tasso di inflazione previsto.

Lungo tale famiglia di curve ci si sposta verso curve tanto più elevate (cioè lontane dall'origine) quanto maggiore è il tasso d'inflazione previsto: infatti se, per un dato tasso di disoccupazione, datori di lavoro e lavoratori si accordano su un certo tasso di crescita del salario realc, il tasso di crescita del salario monetario sarà tanto maggiore quanto maggiore è il tasso di inflazione previsto (grafico IV.49).

Grafico IV.49. - *La curva di Phillips di breve e di lungo periodo*

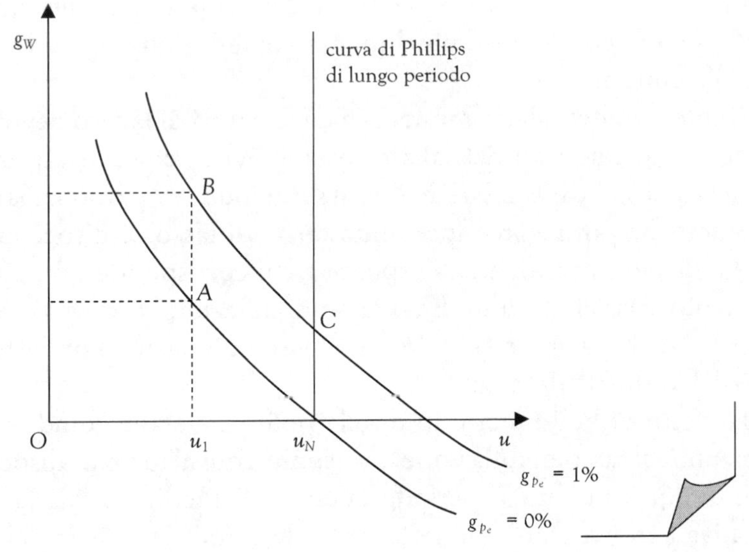

Supponiamo, per esempio, che le parti concordino su un tasso di incremento del salario reale dell'1%: se il tasso d'inflazione previsto è dello 0%, il tasso di incremento accordato del salario nominale è dell'1%; se il tasso d'inflazione previsto è dell'1%, il tasso di incremento accordato del salario nominale è del 2% e così via.

Supponiamo che l'economia si trovi all'intersezione della più bassa curva di Phillips (per ipotesi quella con $g_{p_e} = 0$) e l'asse delle ascisse. In tale punto (u_N), che è denominato *tasso naturale di disoccupazione*, il tasso di incremento del salario monetario è uguale al tasso di inflazione previsto e quindi il salario reale è costante. Il tasso d'inflazione previsto è uguale a zero e quindi (se si ipotizza che $g_p = kg_W$ con $k > 0$) il tasso di inflazione effettivo è uguale a zero, il che implica un g_{pe} pure uguale a zero.

Il ricorso ad una politica monetaria espansiva farà aumentare la domanda sul mercato dei beni (attraverso l'aumento degli investimenti determinato dalla riduzione del tasso d'interesse) e quindi il livello dei prezzi; il soddisfacimento dell'incremento della domanda di beni richiede un aumento della domanda di lavoro dante luogo ad un aumento del salario monetario.

Dunque, inizialmente, la politica monetaria espansiva sposta l'economia su un punto A della curva di Phillips a sinistra di quello iniziale (pur con del ritardo, dovuto al carattere adattivo delle loro previsioni). Tuttavia, con il passare del tempo i lavoratori si accorgono che il salario reale si è abbassato e quindi, per ristabilire il salario reale precedente la politica monetaria espansiva, pretendono un aumento del salario monetario pari all'effettivo aumento dei prezzi: l'economia si sposta, a parità di tasso di disoccupazione, sulla più elevata curva di Phillips corrispondente al più alto tasso di inflazione atteso che è ormai uguale a quello corrente.

L'aumento del salario monetario che i datori di lavoro devono concedere dà luogo ad un aumento del salario reale al livello che aveva prima della politica monetaria espansiva, il che naturalmente induce i datori di lavoro a ridurre la loro domanda di lavoro riportando anche il tasso di disoccupazione al livello (u_N) *ante* politica monetaria espansiva cui corrisponde non più un tasso di incremento salariale (e quindi un tasso di inflazione previsto) nullo ma un tasso di incremento salariale (e quindi un tasso di inflazione previsto) positivo indicato dall'ordinata del punto C.

L'effetto di lungo periodo di tale politica è stato quindi solo quello di far aumentare il tasso di inflazione corrispondente al tasso di disoccupazione naturale: dunque, nel lungo periodo la curva di Phillips perde la sua inclinazione negativa per diventare una retta verticale, parallela all'asse del tasso di crescita del salario ed iniziante, sull'asse delle ascisse, dal punto che rappresenta u_N.

L'impostazione teorica monetarista venne corroborata dal fatto che, negli anni settanta, le economie occidentali furono caratterizzate da una relazione disoccupazione-inflazione non solo non negativa ma addirittura positiva: la compresenza tra alta disoccupazione ed alta inflazione venne popolarmente designata con il neologismo *stagflazione*.

4.1.3. *Questioni di politica economica*

Nel quadro teorico monetarista si pongono due problemi di politica economica: come ridurre il tasso d'inflazione e come ridurre il tasso di disoccupazione naturale.

Come già detto precedentemente, i monetaristi, ritenendo che l'inflazione sia un fenomeno esclusivamente monetario[75], affermano che, per ridurre l'inflazione, bisogna ridurre il tasso di crescita dell'offerta nominale di moneta, mantenendo il tasso di crescita prescelto per tutto il periodo necessario al rientro dall'inflazione. Riconoscono, comunque, che la riduzione dell'inflazione implica, nel breve periodo, un aumento della disoccupazione e quindi propongono un menu di scelte di politica monetaria che vanno da una riduzione molto forte dell'offerta nominale di moneta, che consente di abbassare rapidamente il tasso d'inflazione anche se a costo di un tasso di disoccupazione molto alto per quanto di breve durata, ad una riduzione più graduale dell'offerta nominale di moneta, che consente una crescita più graduale della disoccupazione ma implicante una permanenza più lunga tanto di un'alta inflazione quanto di un'alta disoccupazione. Infatti, per ridurre l'inflazione effettiva bisogna ridurre quella attesa e ciò lo si ottiene, partendo da un punto di intersezione tra la curva di Phillips di lungo periodo ed una curva di Phillips di breve periodo, riducendo l'offerta nominale di moneta in modo da portare il sistema su una curva di Phillips di breve periodo corrispondente ad un tasso di inflazione previsto più basso e quindi intersecante la curva di Phillips di lungo periodo ad un tasso di inflazione parimenti più basso (grafico IV.50)

[75] Nelle ipotesi, da loro condivise, di costanza della velocità di circolazione della moneta e del reddito nazionale, fermo al massimo valore reale compatibile con il più efficiente impiego di tutte le risorse produttive disponibili, compreso il lavoro.

Grafico IV.50. - *Curva di Phillips e politica monetaria*

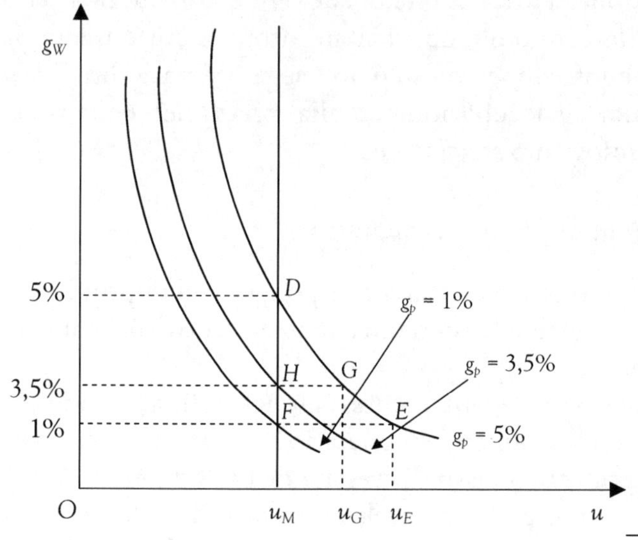

Le politiche monetarie restrittive possibili per raggiungere, partendo dal punto *D* (con tasso d'inflazione del 5%) l'obiettivo di un tasso d'inflazione dell'1% sono in sostanza le due seguenti: quella che porta il sistema, lungo la curva di Phillips di breve periodo con tasso d'inflazione previsto del 5%, dal punto *D* al punto *E*, cui corrispondono un forte tasso di disoccupazione *u* ed un tasso di incremento del salario monetario = tasso di inflazione effettivo = tasso di inflazione previsto = 1%, spostando quindi il sistema sulla curva di Phillips che ha il tasso d'inflazione previsto dell'1% cui corrisponde un tasso d'inflazione effettivo di lungo periodo dell'1% indicato dal punto *F*; l'altra politica riduce il tasso d'inflazione in modo analogo ma graduale portando il sistema da *D* a *G* ad *H* ad *I* ed infine a *F*.

Dal canto suo, la riduzione del tasso naturale di disoccupazione dovrà essere perseguita non con politiche macroeconomiche di sostegno alla domanda finale ma con politiche microeconomiche del mercato del lavoro quali la riduzione delle imposte sul reddito e dei sussidi ai disoccupati, la flessibilizzazione dei salari e dei contratti di lavoro, le misure di riqualificazione dei lavoratori disoccupati.

4.1.4. *Una nota sul concetto di aspettative statiche e adattive*

Un breve *excursus* sul concetto di aspettativa utilizzato nell'analisi precedente è qui necessario.

Definiamo:

x_{t-1} il valore che la variabile x assume effettivamente nel periodo $t - 1$;

x_t^e l'*aspettativa*, concepita nel periodo $t - 1$, del valore che la variabile x assumerà nel periodo t.

Il tipo di aspettativa (per aspettativa si intende una previsione compiuta sulla base di informazioni) più semplice è quello statico secondo cui il futuro coincide con il presente: l'aspettativa statica è quindi formalizzata come $x_{t+1}^e = x_t$, dove notiamo che la aspettativa non tiene conto degli eventuali errori di previsione compiuti nel passato.

Un tipo di aspettativa più raffinato (ed è quello usato dal monetarismo) è quello *adattivo*. L'ipotesi è che quando gli individui riscontrano che gli eventi effettivi non corrispondono a quelli attesi, rivedranno le loro aspettative per avvicinarle maggiormente alla realtà. L'aspettativa di tipo adattivo tiene dunque conto degli eventuali errori di previsione compiuti nel passato, esprimibili per esempio come $(x_t - x_t^e) \neq 0$.

L'aspettativa adattativa è quindi formalizzata come $x_{t+1}^e = x_t^e + \alpha(x_t - x_t^e)$, dove 0 < (1, da cui $x_{t+1}^e = \alpha x_t + (1 - \alpha) x_t^e$ che, sostituendovi $x_t^e = \alpha x_{t-1} + (1 - \alpha) x_{t-1}^e$, diviene $x_{t+1}^e = \alpha x_t + (1 - \alpha)\alpha x_{t-1} + (1 - \alpha)^2 x_{t-1}^e$ e così via. Osserviamo quindi che l'aspettativa adattativa (che coincide con quella statica quando (= 1, cioè quando l'errore di previsione viene preso completamente in considerazione), viene determinata dai valori assunti dalla variabile nel passato, con tali valori che hanno un peso che decresce man mano che si allontanano dal presente.

4.1.5. *L'approccio monetario alla bilancia dei pagamenti*

Il monetarismo, per completare la sua posizione di alternativa teorica alla macroeconomia keynesiana, propone anche una diversa versione dell'economia aperta che va sotto il nome di approccio monetario alla bilancia dei pagamenti e che si fonda sull'idea che il saldo della bilancia dei pagamenti di un Paese dipende dalla situazione del suo mercato monetario[76].

---

[76] Gli economisti che hanno sviluppato tale approccio sono gli americani Harry Johnson (1923-1977) e Robert Mundell (1932-), premio Nobel per l'economia nel 1999.

Le principali ipotesi di tale teoria, applicata ad una piccola economia aperta, sono le seguenti: il reddito nazionale è quello di pieno impiego, i prezzi ed il tasso d'interesse del Paese sono pari a quelli mondiali, le autorità del Paese non possono interferire sugli effetti che il saldo non nullo della bilancia dei pagamenti ha sul loro mercato monetario.

Ciò detto, se il tasso di cambio è fisso, si ipotizza che nel Paese:

– la domanda di moneta M_d sia stabile e, per semplicità, data;

– l'offerta di moneta complessiva del Paese sia $M_s = M_{si} + RU$, dove M_{si} = offerta di moneta interna;

Il mercato monetario è in equilibrio se $M_d = M_s$ cioè se $M_d = M_{si} + RU$ ovvero se $RU = M_d - M_{si}$. Partendo da una situazione di equilibrio, se M_{si} aumenta (diminuisce) si crea un eccesso (una carenza) dell'offerta di moneta rispetto alla domanda di moneta che dà luogo ad un aumento (una riduzione) delle importazioni e quindi ad un disavanzo (ad un avanzo) di bilancia dei pagamenti che, in regime di cambi fissi, deve essere finanziato dalle autorità del Paese mediante vendita (acquisto) di *RU*. L'equilibrio del mercato monetario, e quindi della bilancia dei pagamenti, si ristabilisce quando la riduzione (l'aumento) di *RU* eguaglia, in valore assoluto, l'originario aumento (l'originaria riduzione) di M_{si}. Quindi, come nel modello *IS-LM-BP*, la politica monetaria di un piccolo Paese aperto agli scambi con l'estero e con tasso di cambio fisso non è in grado di modificare le variabili reali (Q e i) ma solo di stabilire la ripartizione dell'offerta di moneta, che deve essere pari alla domanda, in offerta di moneta interna e riserve valutarie. Quindi, se i cambi sono fissi, la politica monetaria è inefficace.

Se, invece, il tasso di cambio è flessibile, un aumento (una riduzione) dell'offerta di moneta interna, a partire da una situazione di equilibrio del mercato della moneta e quindi della bilancia dei pagamenti, dà luogo ad un aumento (una riduzione) dei prezzi interni e quindi ad un disavanzo (avanzo) di bilancia dei pagamenti seguito dal deprezzamento (dall'apprezzamento) del tasso di cambio necessari per ripristinare l'equilibrio della bilancia dei pagamenti. Quindi, se il tasso di cambio è flessibile, la politica monetaria è efficace.

Infine l'inflazione, in un regime di cambi fissi è un fenomeno monetario internazionale la cui origine è costituita da una politica monetaria espansiva attuata da un singolo Grande Paese o, in modo simultaneo, da molti piccoli Paesi. Supponiamo che in un grande Paese un incremento di M_s implichi $M_d < M_s$ dando luogo ad un tasso di inflazione maggiore che negli altri Paesi. I saldi delle bilance dei pagamenti degli altri Paesi diventeranno attive implicando un aumento delle offerte di moneta nazionali dante luogo ad un aumento dei tassi d'inflazione nazionali che contribuirà a ridurre gli attivi di *BP*: nel grande Paese il saldo della *BP* diventerà passivo implicando una riduzione dell'offerta nazionale di moneta dante luogo ad una riduzione del tasso d'inflazione nazionale che contribuirà a ridurre il disavanzo di *BP*. Quindi, nel lungo periodo l'espansione monetaria di un grande Paese ha l'effetto di far aumentare i tassi d'inflazione degli altri Paesi.

In un regime di cambi flessibili, invece, il tasso di inflazione di un qualunque Paese è determinato dal suo tasso di espansione monetaria e l'eventuale differenza tra i tassi d'inflazione di due Paesi dà luogo, secondo la teoria della parità dei poteri d'acquisto, ad una variazione del tasso di cambio (cfr. *supra*, par. 3.3.1.2., p. 331-2).

4.2. La nuova macroeconomia classica

La nuova macroeconomia classica (NMC) è una critica della teoria keynesiana, ancora più radicale di quella monetarista, formulata negli anni '70-'80 da una corrente di pensiero prevalentemente statunitense e mettente capo a Robert Lucas (1937-), premio Nobel nel 1995, ed a Thomas Sargent (1943-), premio Nobel nel 2011.

Tale impostazione si fonda sulla seguenti ipotesi.

4.2.1. *L'ipotesi di mercati perfettamente concorrenziali e continuamente in equilibrio*

La prima ipotesi è che il sistema economico sia costituito da mercati perfettamente concorrenziali e sempre in equilibrio (e quindi massimizzanti il benessere della società) a seguito di scelte ottimizzanti fatte, a prezzi dati, da consumatori, lavoratori ed imprese. Tale ipotesi implica, come sappiamo, quella della perfetta flessibilità dei prezzi di mercato. Inoltre essa implica, per quanto attiene al fondamentale mercato del lavoro, che al salario d'equilibrio chiunque desideri lavorare trovi un lavoro ovvero che l'eventuale disoccupazione sia volontaria (cioè sia una soluzione del problema della massimizzazione dell'utilità del consumatore-lavoratore) e quindi socialmente non problematica. Se si vuole ridurre la disoccupazione, quindi, bisogna ricorrere a politiche micro (e non macro) che incentivino i disoccupati a preferire un lavoro alla disoccupazione, sostanzialmente riducendo (più o meno drasticamente) i benefici che lo stato sociale concede ai disoccupati.

4.2.2. *L'ipotesi delle aspettative razionali*

La seconda ipotesi è che le aspettative (cioè le previsioni) degli agenti economici siano razionali Riguardando ogni decisione economica un'azione da compiere oggi per una remunerazione futura, ovviamente incerta, le aspettative del futuro sono fondamentali per le decisioni economiche. Le aspettative razionali sono omogenee all'ipotesi di comportamento ottimizzante ed in sostanza rappresentano l'ipotesi che gli agenti economici, sulla base di tutte le informazioni disponibili, sono in grado di stabilire, per ogni fenomeno economico, tutti i valori che può assumere in un istante futuro con le relative probabilità, con il valore medio di tale variabile casuale, cioè l'aspettativa razionale, che è uguale al valore vero.

4.2.3. *L'ipotesi della curva d'offerta aggregata*

La terza ipotesi è che esista una curva d'offerta aggregata.

A tale proposito, si ipotizza in primo luogo che ogni consumatore massimizzi la sua funzione di utilità intertemporale (che dipende dal consumo corrente e da quello futuro nonché dal tempo libero corrente e da quello futuro) nel rispetto del vincolo di bilancio intertemporale che eguaglia la somma del consumo corrente e del consumo futuro attualizzato e la somma del salario reale corrente e del salario reale futuro attualizzato. Si ottiene che l'offerta di lavoro corrente rapportata all'offerta di lavoro futura dipende dal rapporto tra il salario reale corrente e quello futuro previsto: segnatamente un aumento (una riduzione) del salario reale corrente rispetto a quello futuro previsto implica una riduzione (un aumento) del tempo libero corrente rispetto al tempo libero futuro e quindi un aumento (una riduzione) dell'offerta di lavoro corrente rispetto a quella futura: tali relazioni tra l'offerta di lavoro ed il salario relativo sono denominate sostituzione intertemporale nell'offerta di lavoro.

In secondo luogo si ipotizza che un'impresa conosca il prezzo di mercato corrente solo del bene da essa prodotto e che conosca i prezzi di mercato di tutti gli altri beni con un certo ritardo. Ciò implica che, se il prezzo corrente di mercato del bene prodotto da un'impresa aumenta, essa deve decidere, al fine della determinazione della quantità da produrre, se sono aumentati o meno anche gli altri prezzi. L'impresa: aumenta la sua quantità prodotta, se ipotizza che gli altri prezzi non siano aumentati e che quindi l'aumento del prezzo del bene da essa prodotto rifletta un aumento reale della sua domanda; non cambia la quantità prodotta, se ipotizza che anche gli altri prezzi siano aumentati e che quindi le quantità realmente domandate di tutti i beni non siano cambiate (ricordiamo infatti che, se tutti i prezzi variano nella stessa proporzione, la retta del bilancio di ogni consumatore resta immutata per posizione ed inclinazione, con l'implicazione che le quantità domandate di tutti i beni restano immutate).

Le due ipotesi suddette sono la base logica della curva di offerta aggregata di Lucas $Y = Y_N + \alpha[P - P_e($dove Y = livello corrente del reddito nazionale; Y_N = livello naturale del reddito nazionale (quello corrispondente al tasso di disoccupazione naturale); P = livello corrente dei prezzi; P_e = livello razionalmente previsto dei prezzi; $\alpha > 0$.

Ne deduciamo che: $Y >$ $(<)Y_N$ se $P >(<)P_e$; $Y = Y_N$ se $P = P_e$[77]. Segnatamen-

[77] Gli Y diversi da Y_N sono situazioni, comunque, di equilibrio la cui sequenza costituisce un ciclo economico.

te, se $P > P_e$ le imprese interpretano, a seguito di un errore dovuto alle informazioni imperfette di cui dispongono, il livello corrente dei prezzi maggiore del previsto come un aumento dei soli prezzi dei beni da loro prodotti, il che le induce ad aumentarne la quantità prodotta. Nei modelli della *NMC* (come, peraltro, in quelli monetaristi), l'aumento generale dei prezzi è dovuto ad un aumento dell'offerta nominale di moneta.

In termini grafici (cfr. grafico IV.51): per ogni P_e, essendo dato Y_N, Y è una funzione crescente di P; al crescere di P_e, (nel grafico da P_{eA} a $P_{eA'}$) la curva che collega Y e P si trasla verso l'alto; quanto maggiore è (tanto più piatta è la curva appena menzionata (al crescere di α, a parità di incremento di P, cresce il corrispondente incremento di Y).

Grafico IV.51. – *La curva di offerta di breve periodo*

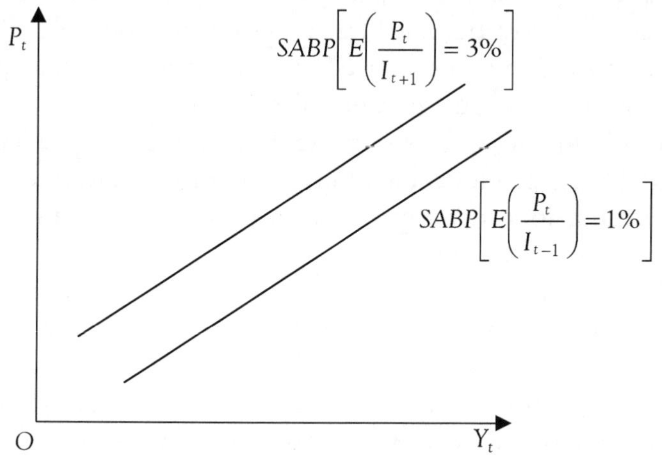

4.2.4. *L'inefficacia della politica monetaria anche nel breve periodo*

La NMC ha interessanti implicazioni per la politica economica: la più importante è quella dell'inefficacia della politica monetaria anche nel breve periodo (ricordiamo che, per i monetaristi, la politica monetaria è inefficace solo nel lungo periodo).

Si faccia riferimento al grafico IV.52a dove *AD* è la curva di domanda aggregata[78] *SABP* è la curva di offerta aggregata di breve periodo (come definita, *in-*

[78] Come vedremo nel par. 4.4.3, *AD*, cioè il luogo geometrico dei punti del piano rappresen-

fra, nel par. 4.4.3) e *SALP* è la curva di offerta di lungo periodo perfettamente verticale per riflettere la proposizione monetaristica, condivisa dalla *NMC*, secondo cui nel lungo periodo una politica monetaria espansiva produce solo inflazione senza modificare il reddito nazionale reale, fermo al livello Y_N corrispondente al tasso naturale di disoccupazione.

Grafico IV.52a. - *Curva di domanda aggregata, curva di offerta aggregata di breve periodo e curva di offerta aggregata di lungo periodo*

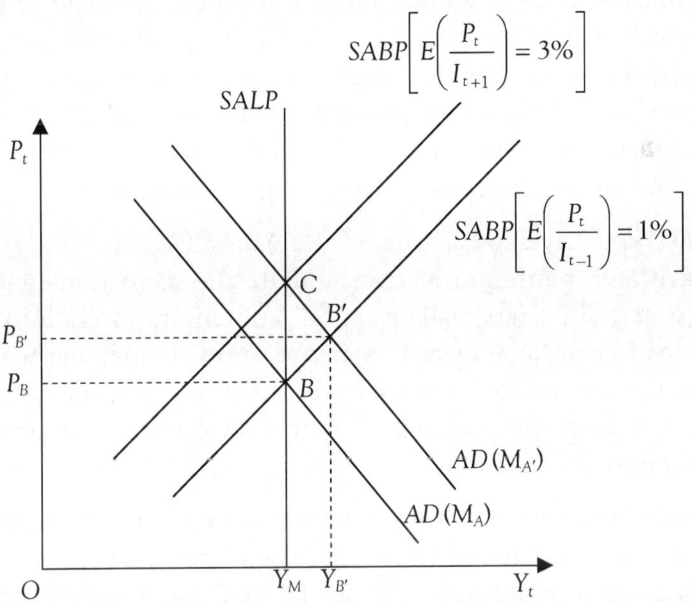

Supponiamo che il sistema economico sia inizialmente in equilibrio nel punto *B*, ovvero che il livello dei prezzi P_B sia stato perfettamente previsto il che implica, per quanto visto nel paragrafo precedente, che il livello del reddito nazionale sia uguale a quello naturale.

Ipotizziamo che le autorità di politica monetaria annuncino ed effettuino un aumento di *M* da M_A a $M_{A'}$. Le conseguenze saranno le seguenti:

---

tanti le infinite combinazioni di *P* e *Y* che mettono in equilibrio il mercato dei beni, della moneta e delle obbligazioni, è derivata dal modello *IS-LM*, sopprimendovi l'ipotesi di costanza dei prezzi. Tale curva è: inclinata negativamente, in quanto all'aumentare di *P* (*ceteris paribus*) si riduce M_0/P dando luogo ad un aumento di *i* e quindi ad una riduzione di *I* e quindi di *D* e quindi di *Y*; situata in una posizione che dipende da C_0, I_0, *G*, *E*, IM_0, M_0.

– AD si sposta verso l'alto da $AD(M_A)$ a $AD(M_{A'})$; i lavoratori prevederanno razionalmente (cioè con esattezza, in media) l'aumento dei prezzi da P_{eA} a $P_{eA'}$ e quindi richiederanno, per conservare il precedente salario reale (e mantenere l'offerta di lavoro corrispondente al tasso di disoccupazione naturale) un proporzionale aumento del salario monetario che darà luogo ad un proporzionale aumento di P e quindi ad un proporzionale spostamento verso sinistra di *SABP*;
– dal canto loro le imprese, constatando che sono aumentati tutti i prezzi, manterranno inalterato il livello di produzione a Y_N.

Nel nuovo punto di equilibrio, *C*, il reddito nazionale resta fermo a Y_N ma con un livello dei prezzi maggiore: quindi una politica monetaria espansiva nota a tutti gli agenti economici è inefficace anche nel breve periodo.

Supponiamo, invece, che il sistema economico sia inizialmente al punto *B* e che le autorità di politica monetaria effettuino un aumento di M da M_A a $M_{A'}$ senza annunciarlo. Le conseguenze saranno le seguenti:

– AD si sposta verso l'alto da $AD(M_A)$ a $AD(M_{A'})$;
– i lavoratori penseranno erroneamente che siano aumentati solo i salari monetari (e quindi i salari reali) e quindi aumenteranno la loro offerta di lavoro mentre le imprese, analogamente, penseranno erroneamente che siano aumentati solo i prezzi dei beni da essi prodotti il che le indurrà ad aumentarne la quantità prodotta (impiegando l'aumentata offerta di lavoro), portando il sistema al punto *B′*.

Quando lavoratori ed imprese si accorgeranno che l'aumento dei prezzi è generalizzato, daranno luogo ad uno spostamento verso sinistra di *SABP*, portando il sistema nel punto di equilibrio stabile (cioè di lungo periodo), *C*. Quindi la sola forma di politica monetaria efficace, anche se solo nel breve periodo, è quella imprevista.

4.2.5. *La credibilità delle autorità di politica monetaria*

Secondo la *NMC*, la politica monetaria può solo perseguire l'obiettivo di abbassare l'inflazione, che si può ottenere con il semplice annuncio, purché credibile (cioè stimato essere seguito da una pronta realizzazione), di una drastica riduzione dell'offerta di moneta: un tale annuncio, infatti, farebbe abbassare, lungo *SALP*, immediatamente, simultaneamente e nella stessa misura tanto *AD* quanto *SABP*, consentendo un'immediata riduzione dei prezzi senza portare la disoccupazione oltre il tasso di disoccupazione naturale, per esempio (vedi grafico IV.52a) portando il sistema da *C* a *B*.

Il mancato verificarsi pratico di tale risultato in occasione delle politiche monetarie restrittive annunciate adottate negli anni ottanta negli Stati Uniti e in Gran Bretagna (nei termini del grafico IV.52 *SABP* si è abbassata meno che proporzionalmente rispetto a *AD*) ha contribuito a ridurre la rilevanza politico-economica della *NMC*.

La questione della credibilità delle autorità di politica monetaria è stata, comunque, approfondita dalla *NMC*.

In particolare si è ipotizzato che: la Banca Centrale (che è l'autorità di politica monetaria) controlli il tasso di inflazione; i mercati siano continuamente in equilibrio: gli agenti economici abbiano aspettative razionali. Si ipotizza, essendo U = tasso di disoccupazione corrente, U_N = tasso naturale di disoccupazione, $\dot{P}_e$ = tasso d'inflazione razionalmente previsto, $\dot{P}$ = tasso d'inflazione corrente, $\psi > 0$, che la Banca Centrale razionale voglia massimizzare una funzione obiettivo di utilità sociale $S = S(\dot{P}, U)$, con $\partial S/\partial \dot{P} < 0$ $\partial S/\partial U < 0$, nel rispetto di un vincolo rappresentato dalla curva di Phillips $U = U_N + \psi(\dot{P}_e - \dot{P})$.

Grafico IV.52b. - *La politica monetaria ottimale*

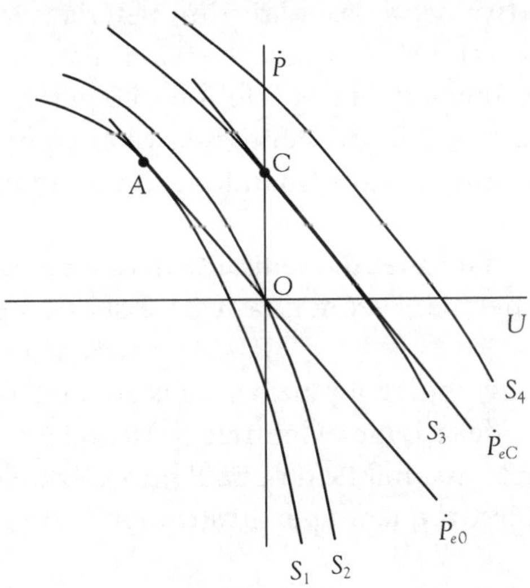

Graficamente (cfr. grafico IV.52b), con U sull'asse delle ascisse e $\dot{P}$sull'asse delle ordinate, la funzione obiettivo è rappresentata da una famiglia di contorni inclinati negativamente e strettamente concavi mentre il vincolo è rappresentato, dati U_N e un $\dot{P}_e$, da una retta inclinata negativamente. Poiché l'utilità sociale aumenta scendendo lungo la famiglia dei contorni, con il punto preferito costituito dall'origine degli assi 0 (dove $U = U_N$ e $\dot{P} = \dot{P}_e = 0\%$), la politica monetaria ottimale è costituita dal punto del vincolo che si trova anche sul più basso dei contorni, con il vincolo che varia al variare del $\dot{P}_e$ scelto.

Nel caso in cui il vincolo è la retta corrispondente a $\dot{P}_{eC}$, la politica monetaria ottimale è rappresentata dal punto C che è, però, sub-ottimale in quanto si trova sul contorno S_3 più elevato del contorno S_2 su cui si trova 0: in termini economici, C è dispreferito rispetto a 0 perché, a parità di disoccupazione, presenta un'inflazione più elevata.

Quindi, la Banca Centrale vorrà spostarsi verso 0, tendenza di cui gli agenti economici privati (consumatori, lavoratori, imprese, d'ora poi indicati complessivamente come agenti) terranno conto nella formulazione delle loro aspettative razionali.

La Banca Centrale può annunciare una riduzione dell'offerta nominale di moneta da M_c (corrispondente a C) a M_0 (corrispondente a $\dot{P}= 0\%$): se gli agenti credono a tale annuncio, il loro $\dot{P}_e$ si abbassa, il che comporta l'abbassamento del vincolo alla retta corrispondente a $\dot{P}_{e0}$ (con $\dot{P}_{e0} < \dot{P}_{eC}$). Ma una volta ottenuto che gli agenti abbassino il loro $\dot{P}_e$, niente garantisce che la Banca Centrale adotti effettivamente la politica monetaria restrittiva annunciata: infatti, se venisse conservata M_c (e quindi venisse mantenuto $\dot{P}_C$), la politica monetaria ottimale diverrebbe A che è preferibile a 0 perché si trova su S_1, contorno più basso rispetto a S_2. Ma gli agenti, una volta compreso di essere stati ingannati, rialzeranno il loro $\dot{P}_e$ ripristinando C come politica monetaria ottimale[79].

Quindi, a causa della mancanza di credibilità di una Banca Centrale libera di decidere la politica monetaria, l'economia resterà sul punto C per quanto dispreferito rispetto a 0.

L'unico modo per raggiungere il punto 0 consiste nell'impegno, senza possibilità di svincolarsene, della Banca Centrale a M_0: tale impegno, secondo la *NMC*, è più credibilmente assumibile da una Banca Centrale indipendente dal governo tanto per gli obiettivi quanto per gli strumenti con cui perseguirli.

---

[79] Un ulteriore aumento non sarà adottato dalla Banca Centrale razionale perché farebbe aumentare $\dot{P}_e$ e spostare il vincolo verso l'alto, dando luogo ad una politica monetaria ottimale su un contorno più elevato, cioè corrispondente ad una utilità sociale minore di quella corrispondente a C.

4.3. La teoria del ciclo economico reale

4.3.1. *Premessa*

Le due teorie finora esaminate ipotizzano che l'andamento del reddito nazionale sia determinato dall'andamento della domanda finale. La teoria del ciclo economico reale, introdotta negli anni ottanta dagli economisti americani Edward Prescott (1940-) e Finn Kydland (1943-), premi Nobel nel 2004, pur sviluppando i suggerimenti del monetarismo e della nuova macroeconomia classica a favore di una micro-politica del lavoro come unico modo per ridurre stabilmente il tasso di disoccupazione naturale, perviene però ad un'interpretazione dell'andamento del reddito nazionale come determinato, soprattutto, dall'andamento delle condizioni dell'offerta.

L'ipotesi di base è che ogni stadio del ciclo economico (recessione, depressione, ripresa, espansione) è da classificare come una situazione di equilibrio in quanto è il risultato aggregato delle decisioni che i singoli agenti economici prendono nel rispetto dei vincoli che li fronteggiano. Il sistema economico passa da uno stadio all'altro del ciclo a causa di brusche variazioni soprattutto dal lato dell'offerta (disastri naturali; variazioni importanti del prezzo di beni cruciali come il petrolio; sommovimenti politico-sociali; interventi statali nell'organizzazione dell'economia[80]; e, soprattutto, variazioni tecnologiche nel senso di produzione di nuovi beni e/o cambiamento della funzione di produzione di beni già prodotti). In questo quadro viene creato un nuovo modello macroeconomico.

4.3.2. *Un modello di teoria del ciclo economico reale*

Nella teoria del ciclo economico reale si ipotizza che la produzione dipenda da una funzione di produzione aggregata a rendimenti costanti che, nella sua forma più semplice, si può esprimere come $Y = Af(K, L)$, dove A rappresenta il fattore che fa variare la produttività totale di K e L.

La logica della teoria è la seguente:

– in concorrenza perfetta, un aumento (una riduzione) della produttività (cioè di A)[81] dà luogo ad un aumento (una riduzione) della domanda di lavoro[82] e

[80] Diversi da variazioni di *G*, *T*, *M*.

[81] Per esempio, la produttività può aumentare grazie all'innovazione tecnologica e ridursi a seguito di un terremoto.

[82] Cfr., *supra*, pp. 83-84.

quindi (ipotizzando una curva di offerta di lavoro inclinata positivamente[83]) un aumento (una riduzione) del salario reale ed un aumento (una riduzione) dell'offerta di lavoro;

– analogamente, sempre in concorrenza perfetta, un aumento (una riduzione) della produttività dà luogo ad un aumento (una riduzione) della domanda di capitale e quindi (ipotizzando una curva di offerta di capitale inclinata positivamente[84]) un aumento (una riduzione) tanto della remunerazione quanto dell'offerta del capitale;

– quindi, nel periodo corrente, il concomitante aumento (la concomitante riduzione) della produttività, dell'offerta di lavoro e di capitale dà luogo ad un aumento (una riduzione) del reddito;

– pertanto un eventuale susseguirsi di aumenti e riduzioni della produttività produce un ciclo economico.

Grafico IV.53. – *La teoria del ciclo economico reale*

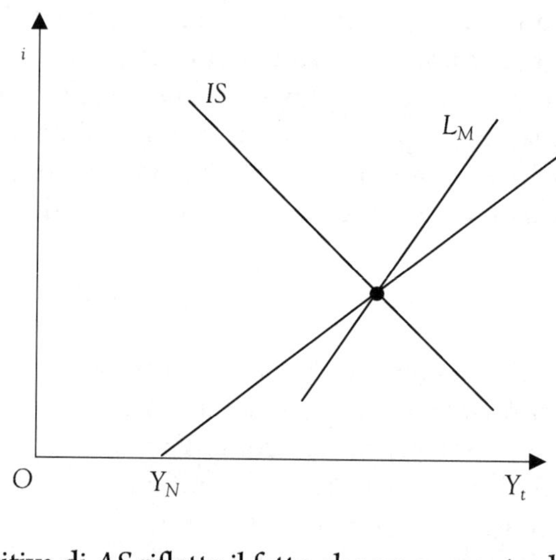

L'inclinazione positiva di *AS* riflette il fatto che un aumento del tasso di interesse reale aumenta la quantità offerta di lavoro in quanto rende più importante il reddito presente rispetto a quello futuro[85]. L'aumento casuale della produttività,

[83] Cioè ipotizzando, cfr. *supra* pp. 80-82, che, a seguito di un aumento del salario reale, l'effetto di sostituzione tra tempo libero ed offerta di lavoro (cioè consumo) sia maggiore dell'effetto reddito.

[84] Cfr., *supra*, pp. 86-88.

[85] Si ricordi la formula dell'interesse composto $R_1 = (1 + i)R_0$: se R_1 (il reddito futuro) è

dando luogo ad una aumento dell'offerta di lavoro completamente assorbito (grazie alla flessibilità dei prezzi), darà luogo ad uno spostamento verso destra di *AS*.

Si ha l'equilibrio macroeconomico all'intersezione delle tre rette: se *LM* interseca *IS* al di sotto (al di sopra) di tale punto, si avrà un eccesso (una carenza) di domanda di beni, quindi un aumento (una riduzione) dei prezzi, quindi una riduzione (un aumento) dell'offerta reale di moneta con spostamento della *LM* verso sinistra (verso destra), cioè verso l'equilibrio con aumento (riduzione) del tasso d'interesse reale. Vista la proprietà di *LM* di raggiungere sempre e spontaneamente l'equilibrio macroeconomico[86], possiamo quindi limitarci a studiare le variazioni di *IS* e *AS*.

Un aumento della produttività sposta a destra *AS* dando luogo ad un nuovo equilibrio caratterizzato da un aumento di *Y* e da una riduzione di *i* (grafico IV.54).

Una riduzione della produttività sposta a sinistra *AS* dando luogo ad un nuovo equilibrio caratterizzato da una riduzione di *Y* e da un aumento di *i* (grafico IV.54).

Grafico IV.54.

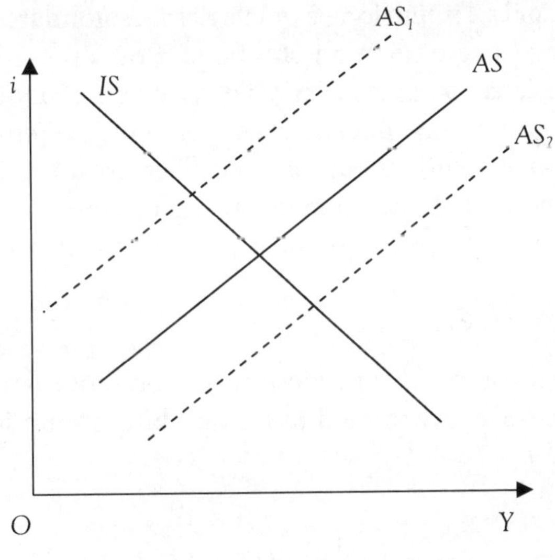

fisso, un aumento di i consente di ottenere R_1 con un minore R_0 il che implica appunto un aumento dell'importanza di R_0 rispetto a R_1.

86 Si tratta sostanzialmente dell'illustrazione grafica della concezione, tipica dei teorici del ciclo economico reale ed opposta a quella dei teorici keynesiani e monetaristi, secondo cui l'offerta di moneta si adegua all'andamento del reddito nazionale reale.

B) La rifondazione microeconomica (non neoclassica) della macroeconomia keynesiana

4.4. La macroeconomia neo-keynesiana

4.4.1. *Premessa*

L'ipotesi di costanza del salario monetario e del prezzo medio è una delle ipotesi fondamentali della macroeconomia keynesiana. Questa assunzione è ripresa dalla scuola neokeynesiana (in realtà un insieme ampio e variegato di autori e contributi[87]), in contrapposizione critica alla nuova macroeconomia classica, in un programma di fondazione microeconomica della macroeconomia keynesiana, in quanto che la sua base microeconomica è ritenuta carente. La volontà di rendere compatibili fra loro microeconomia e macroeconomia è, come abbiamo visto, al centro anche della nuova macroeconomia classica: ciò che distingue il progetto neokeynesiano è però quello di costruire una microeconomia (non neoclassica) che sia compatibile con la teoria keynesiana – come ha detto uno dei leader della scuola, Joseph Stiglitz, l'intenzione è quella di macrofondare la microeconomia.

Nel capitolo procederemo in questo modo. Prima presenteremo un modello di ispirazione keynesiana con prezzo variabile, noto come modello *AD-AS*, che esporremo nella sua formulazione più semplice, poi lo utilizzeremo per rappresentare le implicazioni dei «fallimenti microeconomici del mercato», rigidità e asimmetrie informative, che spiegano gli impedimenti all'aggiustamento rapido dell'economia ai cambiamenti delle condizioni economiche, dando così luogo alla disoccupazione.

4.4.2. *Il modello AD-AS*

Riprendiamo il sistema di equazioni corrispondente al modello *IS-LM* ed ipotizziamo che P, cioè il prezzo medio, sia variabile: simbolicamente non avremo più P_0 ma P.

Abbiamo quindi:

$$Y = \frac{1}{1 - c - ct}(C_0 + I_0 - bi + G_0)$$

---

[87] Tra questi vanno senz'altro ricordati due economisti già ampiamente citati in questo libro per i loro importanti contributi alla nuova microeconomia, Joseph Stiglitz e George Akerlof, oltre a David Romer (1958-) e N. Gregory Mankiw (1958-).

$$Y = -\frac{h}{k}i + \frac{M_0}{P}.$$

Possiamo ora compattare formalmente la prima ponendo $C_0 + I_0 + G_0 = A_0$ nonché $\frac{1}{1-c-ct} = m_k$, il che ci permette di riformularla come $Y = m_k(A_0 - bi)$; e riformulare la seconda equazione come $i = \left(Y - \frac{M_0}{P}\right)\left(-\frac{h}{k}\right)$.

Sostituendo $i = \left(Y - \frac{M_0}{P}\right)\left(-\frac{h}{k}\right)$ in $Y = m_k(A_0 - bi)$ otteniamo l'equazione:

$$Y = \frac{m_k hA - m_k \frac{bM_0}{P}k}{h - bkm_k}$$

che ha come incognite Y e P: pertanto, per risolverla si può arbitrariamente attribuire un valore positivo a Y (oppure a P) e determinare il corrispondente valore di P (di Y). L'insieme delle infinite coppie di valori, entrambi positivi, di Y e P che risolvono l'equazione si rappresentano graficamente con la curva *AD* (acronimo di *Aggregate Demand* (domanda aggregata), (grafico IV.55), che è il luogo geometrico degli infiniti punti del piano costituiti dalle infinite combinazioni dei valori di Y e P che, con i corrispondenti valori di equilibrio di i (uno per ogni coppia di valori di Y e P), mettono in equilibrio i mercati dei beni, della moneta (e delle obbligazioni), dati c, t, C_0, I_0, b, G_0, h, k, M_0.

Grafico IV.55. - *Curva della domanda aggregata (AD)*

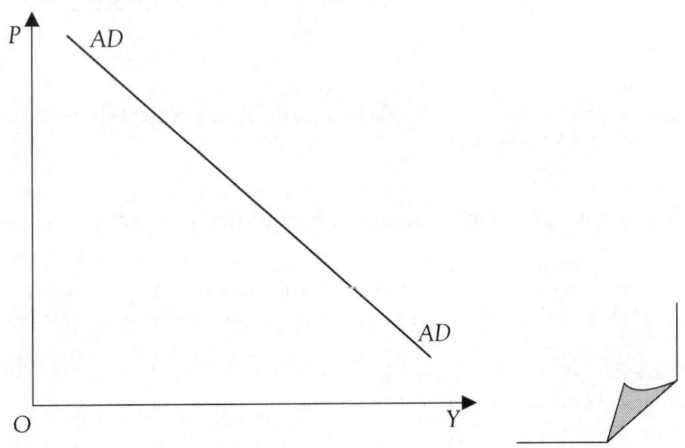

Le proprietà della *AD* sono le seguenti:

– è inclinata negativamente[88] esprimendo il fatto che al crescere di *P* diminuisce $\frac{M_0}{P}$ e quindi aumenta i, provocando una riduzione di *I*, *D* e *Y* (alternativamente, al decrescere di *P* aumenta $\frac{M_0}{P}$ e quindi diminuisce i, provocando un aumento di *I*, *D* e *Y*);

– è, intuitivamente, tanto più piatta (cioè una data riduzione di *P* dà luogo ad un aumento di *Y* tanto maggiore) quanto minori sono *h* e *k* e maggiori sono *b* e m_k[89](analogamente *AD* è tanto più rigida quanto maggiori sono *h* e *k* e minori sono *b* e m_k); infatti l'aumento dell'offerta reale di moneta (per esempio dovuto, a parità di offerta nominale di *M*, ad una riduzione di *P*) richiede, per il ripristino dell'equilibrio del mercato monetario, una riduzione di *i* tanto maggiore (in valore assoluto) quanto minore è la sensibilità della domanda di moneta al tasso di interesse ed un aumento di *Y* tanto maggiore quanto minore è la sensibilità della domanda di *M* ad *Y* mentre, a parità di riduzione di *i*, l'incremento di *Y* è tanto maggiore quanto maggiori sono la sensibilità della domanda di *I* a *i* ed il moltiplicatore keynesiano;

– a parità di inclinazione è situata tanto più in alto a destra quanto più grandi sono *A* e *M* e, analogamente, tanto più in basso a sinistra quanto più piccoli sono *A* e *M* (grafico IV.56)[90];

– un punto al di sopra di *AD* implica un *P* maggiore di quello necessario perché vi siano $D = Y$ e $L = M$ e quindi una situazione di domanda di moneta eccedente l'offerta di moneta e quindi una situazione di offerta di beni eccedente la domanda di beni; un punto al di sotto di *AD* implica un *P* minore di quello necessario perché vi siano $D = Y$ e $L = M$ e quindi una situazione di of-

---

[88] Infatti $\frac{dY}{dP} = \frac{m_k kbM_0}{(h - bkm_k)P^2} < 0$ in quanto il numeratore è positivo ed il denominatore è negativo.

[89] Analogamente *AD* è tanto più rigida quanto maggiori sono *h* e *k* e minori sono *b* e m_k.

[90] Infatti $\frac{\partial Y}{\partial A} = \frac{(h - bkm_k)m_k h}{(h - bkm_k)^2} > 0$ e (rendendo momentaneamente variabile *M*) $\frac{\partial Y}{\partial M} = \frac{(h - bkm_k)\left(-m_k k\frac{b}{P}\right)}{(h - bkm_k)^2} > 0$.

ferta di moneta eccedente la domanda di moneta e quindi una situazione di domanda di beni eccedente l'offerta di moneta (grafico IV.57).

Grafico IV.56. - *Esercizi statica comparata*

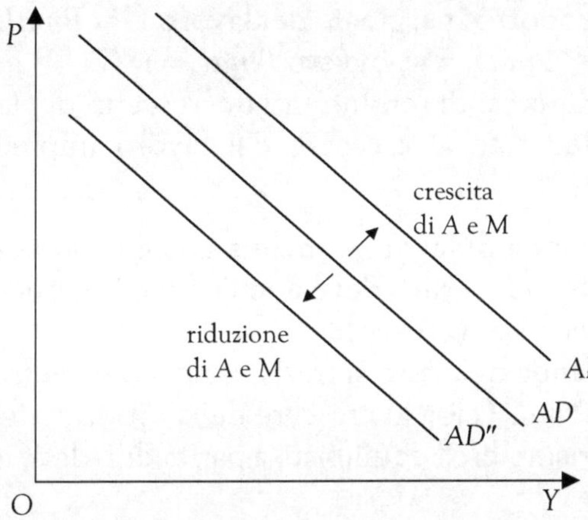

Grafico IV.57. - *Esercizi statica comparata*

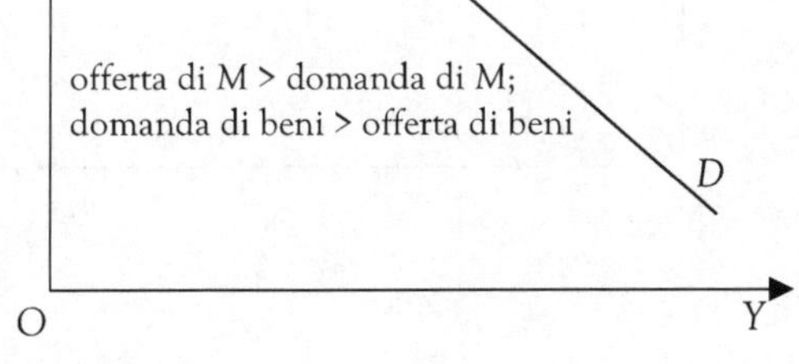

Per rendere risolvibile il modello, visto che *AD* rappresenta un'equazione in due incognite (*Y* e *P*), è necessario stabilire una nuova equazione, sempre nelle due incognite *Y* e *P*, ma indipendente da *AD*.

Si tratta dell'equazione rappresentante la curva *AS* (acronimo di *Aggregate*

Supply (offerta aggregata) e che descrive l'equilibrio del mercato del lavoro.

Il modo più semplice per derivarla è il seguente.

Ipotizziamo che vi sia disoccupazione, il che implica che un aumento della domanda di lavoro sia soddisfatto ad un salario nominale *w* costante.

Dal par. 3.4.2 sappiamo che, in un'impresa di concorrenza perfetta, in equilibrio il valore del prodotto marginale del lavoro ($P \cdot PmaL$) è uguale al salario nominale: dunque $P \cdot PmaL = w$, ovvero $PmaL = w/P$.

Se manteniamo l'ipotesi di rendimenti decrescenti del lavoro, cioè se ipotizziamo che *PmaL* decresce al crescere del lavoro impiegato (*L*), ricaviamo che (grafico IV.58a):

– la curva di domanda di lavoro è inclinata negativamente, in quanto al crescere (decrescere) di *w/P*, *PmaL* deve anch'esso crescere (decrescere), il che è possibile solo se *L* decresce (cresce);
– la curva di domanda di lavoro si trasla verso l'alto (verso il basso), *ceteris paribus,* al crescere di *PmaL* (cioè al crescere della produttività del lavoro): infatti, se cresce *PmaL,* per ristabilire l'equilibrio, a parità di *L* deve aumentare *w/p*.

Grafico IV.58a. – *La curva di domanda di lavoro*

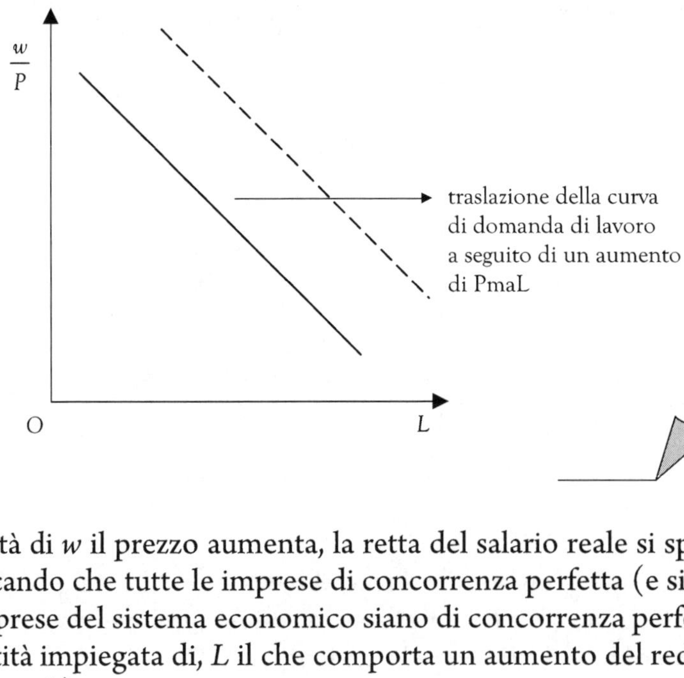

Quindi se, a parità di *w* il prezzo aumenta, la retta del salario reale si sposta verso il basso implicando che tutte le imprese di concorrenza perfetta (e si ipotizza che tutte le imprese del sistema economico siano di concorrenza perfetta) aumentano la quantità impiegata di, *L* il che comporta un aumento del reddito prodotto (grafico IV.58b).

Grafico IV.58b. – *Equilibrio del mercato del lavoro a seguito di un aumento di* P

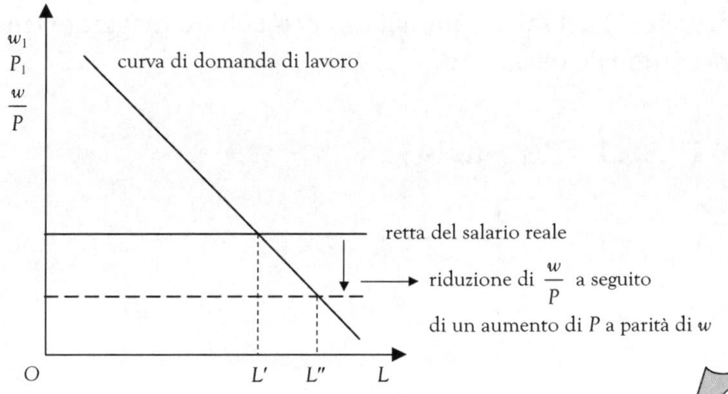

Analogamente, a parità di *w* e *P*, un aumento della produttività marginale del lavoro implica che la curva di domanda di tutte le imprese si trasli verso destra facendo aumentare la quantità impiegata di *L*, il che comporta un aumento del reddito prodotto (grafico IV.58c).

Grafico IV.58c. – *Equilibrio del mercato del lavoro a seguito di un aumento di* PmaL

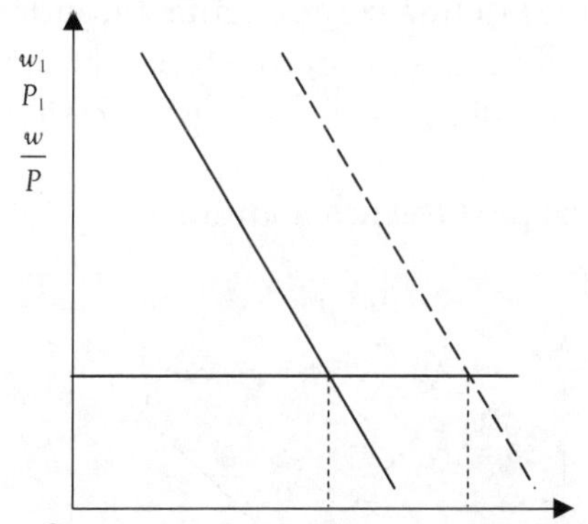

La *AS* è quindi il luogo geometrico dei punti del piano rappresentanti le infinite combinazioni di *P* e *Y* che mettono in equilibrio il mercato del lavoro in una situazione di disoccupazione.

Le proprietà della *AS* (che si traccia, per convenzione, con *Y* sull'asse delle ascisse e *P* su quella delle ordinate) sono le seguenti:

– è inclinata positivamente;

– a parità di inclinazione è situata tanto più a destra (a sinistra) quanto minore (maggiore) è il salario monetario e/o quanto maggiore (minore) è la produttività marginale del lavoro.

Grafico IV.58.d. - *La curva AS*

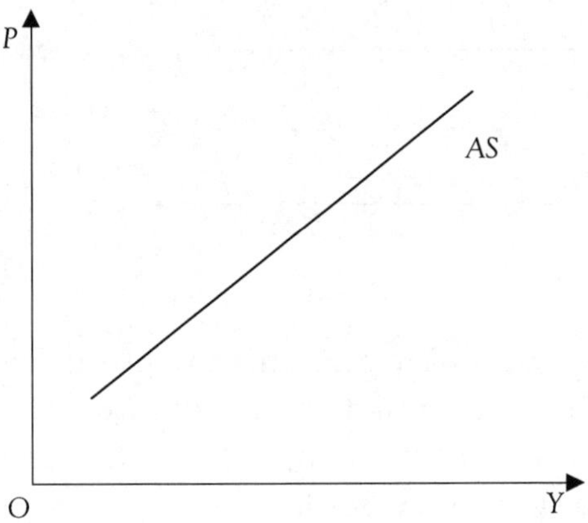

Valgono, intuitivamente le seguenti proposizioni di statica comparata:

– a parità di *AS*, uno spostamento verso l'alto (verso il basso) di *AD* (dovuto ad un aumento (una riduzione) di una componente autonoma della domanda finale e/o dell'offerta nominale di moneta fa aumentare (diminuire) tanto il reddito di equilibrio quanto il prezzo medio di equilibrio (grafico IV.59a);

Grafico IV.59a. - *Esercizi di statica comparata*

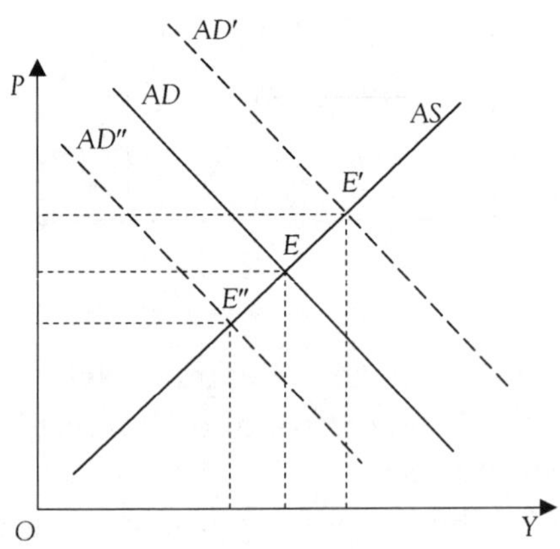

– a parità di *AD*, uno spostamento verso l'alto (verso il basso) di *AS* (dovuto ad un aumento (una riduzione) del salario monetario fa diminuire (aumentare) il reddito di equilibrio e fa aumentare (diminuire) il prezzo medio di equilibrio (grafico IV.59b);

Grafico IV.59b. - *Esercizi di statica comparata*

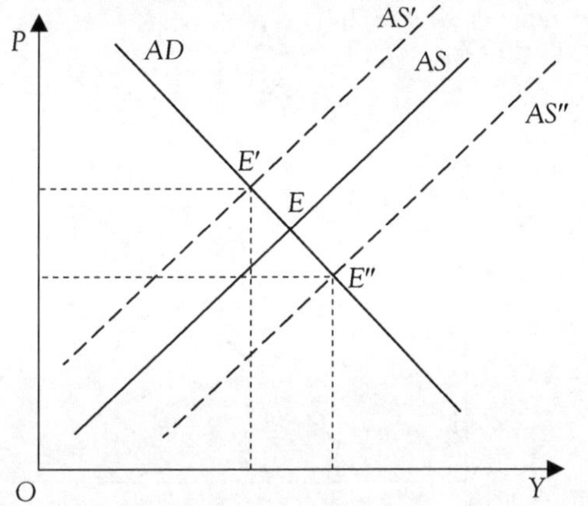

– uno spostamento verso l'alto di *AD* ed un concomitante e proporzionale spostamento verso destra di *AS* danno luogo ad un aumento del reddito di equilibrio a parità del prezzo medio di equilibrio (grafico IV.59c);

Grafico IV.59c. - *Esercizi di statica comparata*

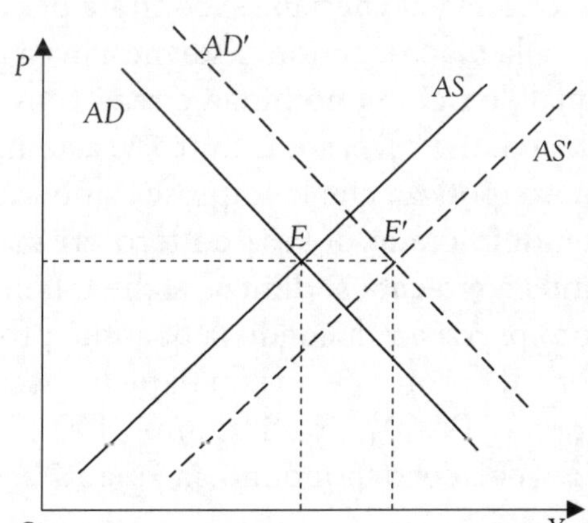

– uno spostamento verso l'alto di *AS* ed un concomitante e proporzionale spostamento verso sinistra di *AD* danno luogo ad una riduzione del reddito di equilibrio a parità del prezzo medio di equilibrio (grafico IV.59d).

Grafico IV.59d. - *Esercizi di statica comparata*

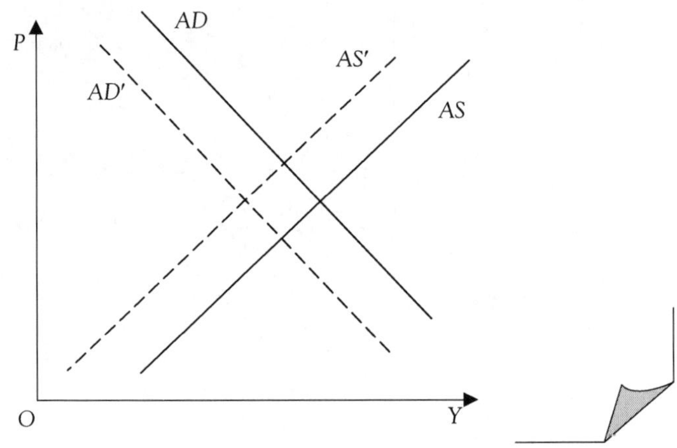

4.4.3. *La disoccupazione quale conseguenza di rigidità e asimmetrie informative*

La nuova macroeconomia keynesiana si connota per il tentativo di riprodurre i risultati ottenuti dalla macroeconomia keynesiana a partire da esplicite basi microeconomiche quali le rigidità nominali e reali (ovvero la costanza dei singoli prezzi e dei prezzi relativi[91]), e, soprattutto, le asimmetrie informative.

Il primo filone citato ipotizza che le imprese siano tutte di concorrenza monopolistica e che quindi in grado di fissare i loro prezzi: in presenza di una riduzione della domanda aggregata si dimostra che tali imprese possono reagire mantenendo fissi i loro prezzi e riducendo la quantità prodotta e quindi la quantità impiegata di lavoro al di sotto del livello di piena occupazione.

In dettaglio, (grafico IV.60), ipotizziamo che, partendo dall'equilibrio iniziale nel punto *E* (cui corrispondano la quantità di equilibrio Q_E ed il

[91] Ovviamente un prezzo relativo è costante anche se i prezzi di cui è il rapporto variano, purché varino nello stesso senso e nella stessa proporzione.

prezzo d'equilibrio P_E), la domanda del prodotto dell'impresa scenda da *DD* a *D' D''*.

Grafico IV.60.

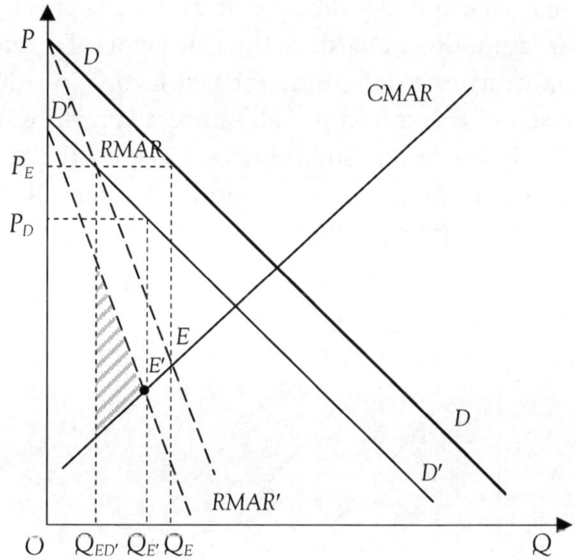

Se l'impresa mantiene immutato il prezzo, la quantità che le conviene produrre scende da Q_E a $Q_{ED'}$ e, di conseguenza, se tale comportamento è tenuto da tutte le imprese, si avrà una riduzione del reddito nazionale e del livello di occupazione. Se invece l'impresa decide di continuare a massimizzare il profitto, abbassa il prezzo a P_D consentendo così il contenimento della riduzione dei livelli occupazionali a $Q_E - Q_{E'}$ che è minore di $Q_E - Q_{ED'}$. Il vantaggio che l'impresa trae dal diminuire i prezzi è rappresentato dall'area del triangolo ombreggiato del grafico IV.60: se il vantaggio è maggiore (minore) del costo (in larga misura amministrativo) di cambiare il prezzo, l'impresa riduce (lascia inalterato) il prezzo e l'effetto della riduzione della domanda sulla quantità prodotta dall'impresa è contenuto (rilevante).

Il secondo filone assume che quanto accade sul mercato dei beni è determinato da quanto accade, in precedenza, sui mercati del lavoro, dei capitali e del credito, cioè sui mercati dei fattori produttivi, secondo le linee indicate nel capitolo 1 della Parte III: poiché in questi ultimi mercati vale l'ipotesi di asimmetrie informative, in essi vi sono razionamenti (segnatamente l'offerta di lavoro è maggiore della domanda di lavoro mentre la domanda di capitali e di credito è maggiore dell'offerta di capitali e di credito) con la conseguenza che il reddito di equilibrio, determinato sul mercato dei beni, è, come nell'economia keynesiana, minore di quello di piena occupazione.

Esemplificando con riferimento al mercato del lavoro (grafico IV.61), consideriamo che, se il salario di equilibrio è flessibile e la curva di offerta di lavoro S_L è costante, un aumento della domanda di lavoro D_L aumenta il salario di equilibrio ed una riduzione della domanda di lavoro lo riduce. Se i lavoratori sono avversi al rischio, accetteranno dall'impresa la proposta di un salario fisso $\overline{w}$ che li mette al riparo da una sua riduzione mentre mette l'impresa al riparo da un suo aumento: ciò detto, se la domanda di lavoro si riduce si creerà una disoccupazione pari al segmento *FG*.

Grafico IV.61. - *Il mercato del lavoro*

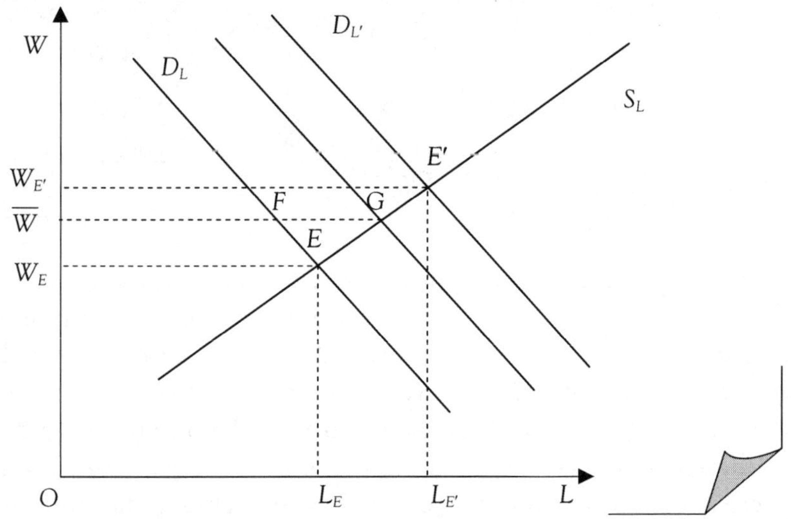

4.5. L'Equilibrio Generale Dinamico Stocastico: cenni

Le scuole dei cicli economici reali (*RBC*) e della macroeconomia keynesiana (*NMK*) convergono producendo modelli che vanno sotto il nome di Equilibrio Generale Dinamico Stocastico (*EGDS*)[92]: i modelli delle due scuole differiscono per la circostanza (già vista supra) che quelli ispirati da *RBC* si fondano sull'ipotesi che i prezzi siano flessibili mentre quelli ispirati da *NMK* si fondano sull'ipotesi che i prezzi siano fissati da imprese di concorrenza monopolistica che li cambiano lentamente alla luce del costo di tale cambiamento.

L'*EGDS* concepisce la macroeconomia come lo studio microeconomico delle interazioni dei macro-agenti economici (famiglie, imprese, governi, banche centrali) viste nel loro evolversi temporale e tenendo conto che possono essere colpite da importanti disturbi casuali (cambiamenti tecnologici, variazioni importanti dei prezzi delle materie prime e della politica economica). Il carattere microeconomico dei modelli *EGDS* implica che i macro-agenti hanno comportamenti razionali, cioè massimizzanti sotto vincolo: le famiglie massimizzano la loro utilità nel rispetto delle risorse di cui dispongono, le imprese massimizzano i profitti nel rispetto della funzione di produzione, i governi praticano politiche finanziare vincolati (per esempio rispettose dell'equilibrio di bilancio) e le banche centrale praticano analogamente politiche monetarie vincolate (per esempio rispettose della necessità di impedire che il tasso d'inflazione superi un valore predeterminato).

La soluzione di tali modelli implica la determinazione del reddito nazionale, dei consumi, degli investimenti, dei prezzi, dei salari, dell'occupazione, dei tassi d'interesse nonché la loro variazione nel tempo a seguito dei succitati disturbi casuali. Peraltro il fatto che tali sofisticatissimi modelli, che costituiscono la conoscenza macro-economica più progredita della nostra epoca, non siano riusciti, purtroppo, a prevedere l'attuale crisi finanziaria globale ci indica con chiarezza l'ampia distanza che continua, inevitabilmente, a persistere tra la teoria e la realtà del fenomeno economico.

---

[92] Tale convergenza viene identificata anche con la definizione nuova sintesi neo-classica, dove per vecchia sintesi neo-classica si intende il modello *IS-LM*.

4.6. La macroeconomia del disequilibrio ovvero l'equilibrio non-walrasiano

Nell'EEG walrasiano, dato il vettore dei prezzi, ogni scambista riesce ad acquistare (o a vendere), di ogni bene, la quantità che desidera.

L'economista americano Robert Clower (1926-2011), nell'ambito di uno dei primi tentativi di interpretazione microeconomica dell'economia di Keynes, ha dato, invece, avvio ad un filone di studi concernenti l'EEG non-walrasiano, ovvero un EEG caratterizzato:

– dal fatto che, dato il vettore dei prezzi, alcuni scambisti non riescono ad acquistare (o a vendere), di almeno un bene, la quantità che desiderano, dovendosi quindi accontentare di quella che il mercato è disposto a vendergli (ad acquistargli);

– dal fatto che gli scambisti razionati in un mercato (cioè non soddisfattivi dei loro desideri) proprio per questa ragione cambieranno le loro decisioni, di domanda o di offerta, sugli altri mercati.

Tale situazione di squilibrio si può illustrare con il noto schema del mercato di concorrenza perfetta (grafico IV.62).

Grafico IV.62. – *Equilibrio non walrasiano*

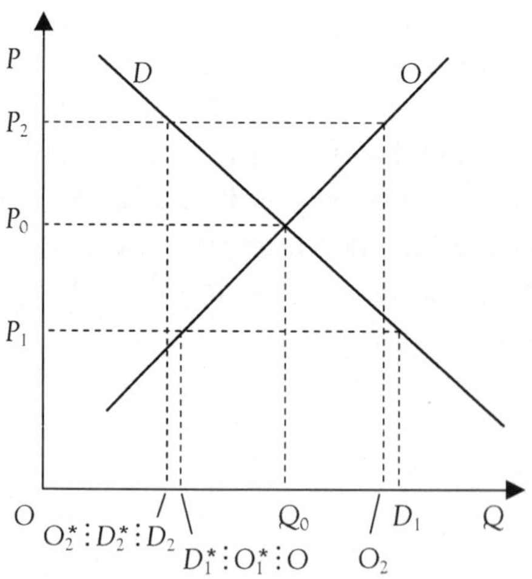

Il prezzo d'equilibrio walrasiano è p_0 in quanto a tale prezzo domanda ed offerta di mercato si eguagliano, con l'implicazione che ogni consumatore acquista quanto desidera ed ogni impresa vende quanto desidera: quindi, in EEG, alcun scambista è razionato.

Invece: al prezzo p_1, minore di quello di equilibrio, la domanda è maggiore dell'offerta con la conseguenza che, mentre tutte le imprese vendono quanto desiderano, almeno un consumatore non può acquistare quanto desidera ed è quindi razionato; al prezzo p_2, maggiore di quello di equilibrio, l'offerta è maggiore della domanda, con la conseguenza che, mentre tutti i consumatori acquistano quanto desiderano, almeno un'impresa non può vendere quanto desidera ed è quindi razionata.

In altri termini, al prezzo p_1 la domanda effettiva (D_1^*, minore quindi di quella desiderata D_1) eguaglia l'offerta effettiva (O_1^*, uguale a quella desiderata O_1), mentre al prezzo p_2 l'offerta effettiva (O_2^*, minore di quella desiderata O_2) eguaglia la domanda effettiva (D_2^*, uguale a quella desiderata D_2).

Si stabilisce così, ai prezzi dati (p_1 o p_2), un equilibrio nel quale (diversamente da quanto occorre nell'EEG walrasiano) alcuni scambisti sono razionati e quindi non massimizzano la propria funzione obiettivo: l'EEG non-walrasiano è quindi un EEG nel quale vi sono eccessi di domanda non nulli permanenti.

Per semplicità espositiva, ipotizziamo che vi siano due soli mercati, quello di un bene e quello del lavoro necessario per produrre tale bene, e due gruppi di agenti, le famiglie (che vendono il lavoro e comprano il bene) e le imprese (che vendono il bene e comprano il lavoro).

Teoricamente vi possono, pertanto, essere quattro casi di EEG non-walrasiano:

– quello in cui vi è eccesso di offerta in entrambi i mercati (e quindi i venditori sono razionati su entrambi i mercati): il caso è definito di disoccupazione keynesiana (in quanto la disoccupazione vi è connessa, secondo la visione tipica di Keynes, ad una carenza di domanda effettiva del bene) e in esso la legge di Walras non è valida essendo entrambi gli eccessi di domanda negativi;

– quello in cui vi è eccesso di domanda sul mercato del bene ed eccesso di offerta sul mercato del lavoro (e quindi i compratori sono razionati sul mercato del bene mentre i venditori sono razionati sul mercato del lavoro): il caso è definito di disoccupazione classica (in quanto la disoccupazione non è dovuta a carenza di domanda effettiva del bene ma ad un salario reale eccessivo) ed in esso la legge di Walras potrebbe valere, essendo i due eccessi di domanda di segno opposto;

– quello in cui vi è eccesso di domanda su entrambi i mercati (e quindi i compratori sono razionati su entrambi i mercati): il caso è definito di inflazione repressa e in esso la legge di Walras non è valida essendo entrambi gli eccessi di domanda positivi;

– quello in cui vi è eccesso di offerta sul mercato del bene ed eccesso di domanda sul mercato del lavoro (e quindi i venditori sono razionati sul mercato del bene ed i compratori sul mercato del lavoro): il caso è definito di sottoconsumo ed in esso la legge di Walras potrebbe valere essendo i due eccessi di domanda di segno opposto.

Di questi quattro casi è possibile l'interessante rappresentazione grafica seguente (grafico IV.63) suggerita dall'economista francese Edmond Malinvaud (1923-).

Grafico IV.63. – *I casi dell'equilibrio macroeconomico non walrasiano*

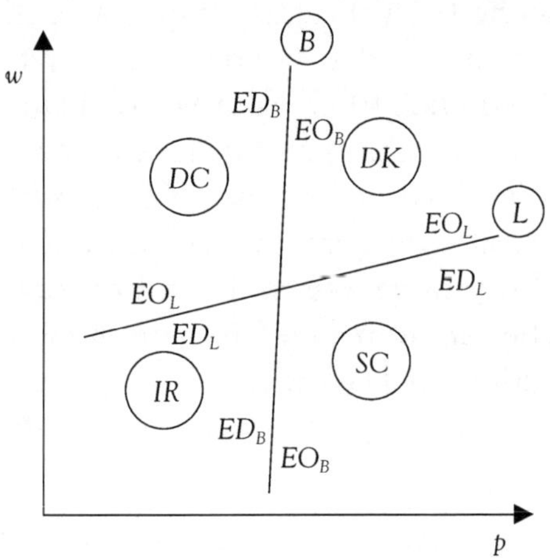

Si mettano sull'asse delle ascisse il prezzo del bene (p) e sull'asse delle ordinate il salario monetario, cioè il prezzo del lavoro (w).

Ipotizziamo di partire da una combinazione di p e w, cioè da un punto del nostro grafico, cui corrisponda l'equilibrio del mercato del lavoro, cioè l'eguaglianza tra domanda ed offerta effettive di lavoro. Se, a parità di w, aumenta p, si riduce w/p, cioè il salario reale, il che fa aumentare la domanda di lavoro e diminuirne l'offerta con la conseguenza che viene meno l'equilibrio del mercato del lavoro: per ripristinare l'equilibrio occorrerà un aumento di w. Dunque il luogo geometrico dei punti del piano rappresentanti le combinazioni di p e w che mettono in equilibrio il mercato del lavoro è una retta inclinata positivamente, indicata come L. Un punto qualunque sottostante (sovrastante) la retta rappresenta un punto di eccesso di domanda (offerta) di lavoro in quanto, in tale punto, al valore di *p* corrisponde un valore di *w* minore (maggiore) di quello di equilibrio, cioè un valore di *w/p* minore (maggiore) di quello di equilibrio e quindi, appunto, un eccesso della domanda (dell'offerta): l'eccesso di domanda si può rappresentare con l'acronimo *ED* e l'eccesso di offerta con l'acronimo *EO* aggiungendo l'indice L con riferimento alla curva citata.

Analogamente, partiamo da una combinazione di *p* e *w* cui corrisponda l'equilibrio del mercato del bene, cioè l'eguaglianza tra domanda ed offerta effettive del bene. Se, a parità di *w*, aumenta *p*, l'offerta del bene aumenta e ne diminuisce la domanda con la conseguenza che viene meno l'equilibrio del mercato del bene: per ripristinare l'equilibrio occorrerà un aumento di *w* che ridurrà la domanda di lavoro e quindi la produzione del bene. Dunque il luogo geometrico dei punti del piano rappresentanti le combinazioni di *p* e *w* che mettono in equilibrio il mercato del bene è una retta inclinata positivamente, indicata come *B*. Un punto qualunque sottostante (sovrastante) la retta rappresenta un punto di eccesso di offerta (domanda) del bene in quanto, in tale punto, al valore di *w* corrisponde un valore di *p* maggiore (minore) di quello di equilibrio e quindi, appunto, un eccesso dell'offerta (della domanda). L'eccesso di domanda si può rappresentare con l'acronimo *ED* e l'eccesso di offerta con l'acronimo *EO* aggiungendo l'indice *B* con riferimento alla curva citata.

Il punto di intersezione *W* tra *B* e *C*, rappresentando l'equilibrio simultaneo dei mercati del lavoro e del bene, rappresenta l'EEG walrasiano.

Il piano cartesiano è quindi suddiviso in quattro regioni:

– la regione *DK* che, essendo caratterizzata da eccesso di offerta tanto del lavoro quanto del bene, rappresenta la disoccupazione keynesiana;

la regione *SC* che, essendo caratterizzata da eccesso di domanda di lavoro ed eccesso di offerta del bene, rappresenta il sottoconsumo;

la regione *IR* che, essendo caratterizzata da eccesso di domanda tanto del bene quanto del lavoro, rappresenta l'inflazione repressa;

la regione *DC* che, essendo caratterizzata da eccesso di domanda del bene ed eccesso di offerta di lavoro, rappresenta la disoccupazione classica.

L'inclinazione di *B* è ipotizzata maggiore di quella di *L* in quanto consente la stabilità di *W* (proprietà, come già ricordato, di un qualunque ragionamento teorico che miri a risultati precisi). Infatti se, con le inclinazioni ipotizzate, il sistema economico si trova in punto della regione *DK* cioè di eccesso di offerta generalizzato (della regione *IR* cioè di eccesso di domanda generalizzato), con una riduzione (un aumento) tanto di *p* quanto di *w* riuscirà a raggiungere *W*.

C) La ripresa di Keynes. Cenni alla macroeconomia post-keynesiana

4.7. Il modello di instabilità finanziaria di Minsky

4.7.1. *Premessa*

Come accennato nel capitolo 3.1. della Parte IV, la Macroeconomia keynesiana trascurò parti importanti della *General Theory* di Keynes, in particolare quelle connesse alla trattazione dell'incertezza, delle aspettative di lungo periodo e dell'instabilità finanziaria, che furono riprese e approfondite da una parte minoritaria del mondo degli economisti, facenti parte della cosiddetta scuola post-keynesiana, che ebbe esponenti importanti nella Cambridge di Keynes e negli Stati Uniti: tra essi l'economista americano Hyman P. Minsky (1919-1996), il quale elaborò negli anni '70 e '80 del '900 un modello di instabilità finanziaria che è tornato a suscitare interesse in anni recenti contribuendo al "ritorno" di Keynes nel dibattito contemporaneo[93].

Minsky guarda all'economia "dalla prospettiva della sala di un consiglio di amministrazione di Wall Street", considerando fine degli agenti l'accumulazione di ricchezza monetaria e trattando l'instabilità finanziaria come generata endogenamente dal meccanismo di funzionamento dell'economia capitalistica e dalle strutture di finanziamento delle unità economiche. La sua trattazione attribuisce grande rilevanza all'esame dei flussi monetari e finanziari caratterizzanti la gestione dei portafogli di attività di ogni singola unità economica, sulla base dei quali è possibile formulare congetture per stabilire in che modo eventuali cambiamenti nelle condizioni di mercato possano influenzare le dinamiche comportamentali dell'unità e dell'intero sistema, in condizioni di incertezza keynesiana. Gli agenti sono classificati in base alla loro posizione finanziaria: coperta, speculativa e ultraspeculativa (o "Ponzi[94]") e la fragilità del sistema cresce al crescere del peso relativo delle posizioni speculativa ed ultraspeculativa. La tesi di Minsky è che lo sviluppo delle attività comporti 'per sua natura' un

---

[93] Minsky ha presentato la sua teoria in un grande numero di saggi in parte raccolti nel volume *Can 'It'Happen Again? Essays on Instability and Finance*, M.E. SHARPE, New York 1982 (traduzione italiana: *Potrebbe ripetersi? Instabilità e finanza dopo la crisi del '29*, Torino, Einaudi, 1984).

[94] "Finanza Ponzi" è un termine coniato da Minsky richiamandosi a Charles Ponzi (1883-1949), un finanziere e truffatore italiano divenuto famoso per le sue speculazioni finanziarie negli Stati Uniti nel 1920.

aumento delle posizioni speculative e ultraspeculative e quindi della fragilità complessiva.

4.7.2. *Il punto di partenza: il concetto di incertezza di Keynes*

Minsky riprende l'analisi di Keynes delle decisioni in condizioni di incertezza radicale, ovvero irriducibile a certezza attraverso il calcolo delle probabilità. Secondo Keynes la teoria neoclassica assume erroneamente che le aspettative sono sempre suscettibili di calcolo nel senso che il rischio associato al futuro sia sottoponibile a un calcolo attuariale esatto: in altri termini, nella visione neoclassica, il calcolo delle probabilità sarebbe sempre in grado di ridurre l'incertezza a certezza, attribuendole cioè un carattere misurabile. Tuttavia, secondo Keynes, il concetto da lui esaminato di 'conoscenza incerta' non può riferirsi semplicemente alla distinzione tra ciò che si sa per certo e ciò che è solo probabile, ma piuttosto alla conoscenza relativa a quelle situazioni riguardo alle quali non esiste alcuna base scientifica sulla base della quale costruire un qualsivoglia tipo di probabilità suscettibile di misurazione precisa. Nondimeno, la necessità di agire e di prendere decisioni, scriveva Keynes, ci costringe, *in quanto uomini pratici,* a fare del nostro meglio per non tenere conto di questa circostanza. Il processo decisionale in condizioni di incertezza si basa, secondo Keynes, su giudizi convenzionali (il riferirsi all'opinione più diffusa) e *animal spirits* (intendendo con questo termine, di lontane origini filosofiche, soprattutto l'"ottimismo spontaneo" associato al comportamento imprenditoriale), i quali operano a supporto di un calcolo razionale solo parzialmente utilizzabile quando la conoscenza, del futuro in particolare, è "fluttuante, vaga e incerta". È la necessità di decidere in condizioni di incertezza che fa sì che gli investimenti abbiano un andamento instabile.

Minsky riprende la prospettiva keynesiana nell'analisi dei casi in cui, egli sottolinea, l'incertezza interviene in modo decisivo nella determinazione del comportamento economico: le scelte di portafoglio delle istituzioni finanziarie, delle imprese e delle famiglie e le valutazioni che le imprese e le banche formulano sul rendimento futuro degli investimenti.

4.7.3. *Il modello*

4.7.3.1. *Flussi di cassa e bilanci patrimoniali*

Si consideri una moderna economia monetaria di tipo capitalistico con una complessa struttura finanziaria. Le unità decisionali, entrambe assunte massimizzanti i rispettivi profitti, sono le imprese – che possiedono attività reali, si finanziano con capitale proprio e debiti (a breve e a lungo termine) e ricavano i profitti producendo e vendendo beni e servizi –, e le banche – che possiedono attività finanziarie e ricavano i profitti vendendo debito. L'economia è vista come un insieme di bilanci delle varie unità in cui le attività generano entrate di cassa e le passività rappresentano impegni di pagamento. Il problema è in che modo le relazioni tra impegni di pagamento, flussi di cassa attesi e realizzati influiscono sul comportamento del sistema.

Il flusso lordo dei contanti di un'impresa è costituito dai ricavi delle vendite dei propri prodotti che indichiamo con Q: tali ricavi meno le spese correnti costituiscono i profitti lordi. La serie dei profitti lordi attesi (o quasi-rendite) è $AQ_1, \ldots, AQ_n$. Le passività generano esborsi di liquidità a scadenza. La struttura corrente delle passività comporta una serie di impegni di pagamento $PC_1, \ldots, PC_n$. Perché un investimento sia conveniente è necessario che i profitti lordi attesi AQ_i siano maggiori degli impegni che derivano dalla struttura delle passività PC_i, ovvero:

$$(1)\quad \sum_{i=1}^{n} AQ_i > 0$$

$$(2)\quad \sum_{i=1}^{n} AQ_i > \sum_{i=1}^{n} PC_i$$

Dividiamo i profitti attesi e gli impegni in due parti: $AQ(a)$, $AQ(y)$ e $PC(a)$, $PC(y)$, dove $AQ(a)$ è l'ammontare di profitti attesi che va a coprire il consumo del capitale; $PC(a)$ è l'ammontare di pagamenti sui debiti che rimborsano il capitale preso a prestito; $AQ(y)$ e $PC(y)$ la parte di reddito netto dei flussi di cassa:

$$(3)\quad \begin{aligned} AQ(y) &= AQ - AQ(a) \\ PC(y) &= PC - PC(a) \end{aligned}$$

Come anticipato, a seconda della natura della relazione tra incassi e pagamenti si possono distinguere tre tipi di unità economiche: unità con finanza coperta (*hedge-finance unit*), unità con finanza speculativa (*speculative-finance unit*) e unità finanziaria di tipo Ponzi (*Ponzi-finance unit*), o ultraspeculativa.

Un'unità con finanza coperta si caratterizza per l'eccedenza delle entrate sulle uscite in ogni periodo di tempo considerato. Inoltre in ogni periodo i ricavi totali attesi sono superiori alle spese correnti ed ai pagamenti legati al debito (interessi più quota capitale).

Un'unità con finanza speculativa si trova invece in qualche periodo di tempo con impegni di pagamento superiori ai flussi di entrata, anche se questi ultimi coprono i pagamenti a breve termine per gli interessi sul debito. Essa detiene moneta per garantirsi contro il rischio di un mancato rifinanziamento e non soltanto, come un'unità con finanza coperta, moneta a fini precauzionali contro possibili interruzioni dei flussi di cassa.

Per una unità finanziaria ultraspeculativa (o di tipo Ponzi), infine, i flussi di entrate a breve termine sono inferiori ai pagamenti a breve termine degli interessi sul debito cosicché essa deve indebitarsi per pagare gli interessi sul debito contratti in precedenza. La possibilità di sopravvivenza di una unità di tipo Ponzi dipende dall'aspettativa che in futuro le attività potranno essere vendute a un prezzo sufficientemente alto.

La combinazione di posizioni finanziarie coperte, speculative e ultraspeculative esistenti in un certo momento riflette la storia dell'economia. Un sistema finanziario è robusto se è composto prevalentemente da unità con una struttura finanziaria coperta. In questo caso cambiamenti modesti nei flussi di cassa e negli obblighi di pagamento non influenzano in modo sostanziale la capacità delle unità di fronteggiare i propri impegni finanziari. Un sistema finanziario è fragile se è composto in misura rilevante da unità di tipo speculativo e ultraspeculativo, tale da aumentare le probabilità del verificarsi di una situazione in cui cambiamenti di modesta portata siano sufficienti a far insorgere l'instabilità finanziaria.

4.7.3.2. *Prezzi delle attività, investimento e finanziamento*

Consideriamo ora il processo di finanziamento dell'investimento. Le imprese, che detengono attività reali, si finanziano ricorrendo all'autofinanziamento e al credito bancario. Nel considerare l'erogazione di prestiti le banche valutano la profittabilità attesa delle imprese e il rischio della mancata restituzione del prestito, rischio tanto maggiore quanto più elevato è il rapporto tra finanziamento esterno e attività dell'impresa e quanto maggiore è il rapporto tra impegni di pagamento e rendimenti futuri attesi. All'aumentare del rischio perciò le banche aumentano i costi di indebitamento dell'impresa (in primo luogo stabilendo tassi di interesse più alti), il che comporta un prezzo di offerta dei beni di investimento crescente – si assume che il prezzo di offerta, che dipende dalle aspettative dei produttori di beni di investimento dei beni capitali sia calcolato secondo la regola del costo pieno, ossia il costo di produzione del bene capitale più un *mark-up*. Per gli imprenditori il flusso degli esborsi dovuto al prestito ricevuto è certo, mentre i rendimenti futuri sono incerti. Quindi, quanto più elevati sono gli investimenti tanto più si riduce il margine di garanzia sulla realizzazione dei profitti futuri attesi: ciò significa che il prezzo di domanda dei beni capitali decresce al crescere degli investimenti – il prezzo di domanda dei beni capitali è il prezzo massimo che l'impresa investitrice è disposta a pagare, ed è pari al valore attuale atteso dei flussi di cassa generati dall'investimento. Quanto detto si può rappresentare graficamente nel seguente modo:

Grafico IV.64. – *Domanda e offerta di beni capitali e finanziamento dell'impresa*

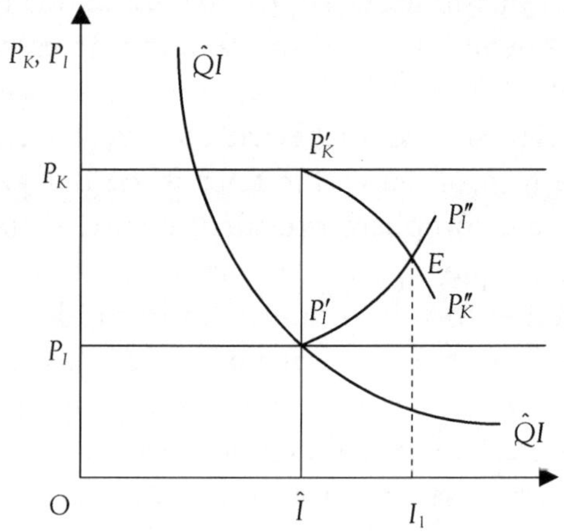

dove:

P_k = prezzo di domanda dei beni capitali;
P_I = prezzo di offerta dei nuovi beni capitali;
$P_k\, P'_k\, P''_k$ = curva di domanda dei beni capitali;
$P_I\, P'_I\, P''_I$ = curva di offerta dei beni capitali;
$\hat{Q}_I \hat{Q}_I$ = tutti i possibili livelli degli investimenti che possono essere finanziati con un dato ammontare di fondi interni in corrispondenza dei vari livelli di prezzo dei beni capitali.

Dato P_I, fissato dal produttore del bene capitale, un'impresa può finanziare, facendo ricorso all'autofinanziamento, il livello di investimenti $\hat{I}$, mentre per $I > \hat{I}$ l'impresa deve ricorrere al finanziamento esterno da parte del sistema bancario. In tale caso il rischio del debitore assume rilievo, e la curva di domanda assume la forma con pendenza negativa $P'_k\, P''_k$, mentre la curva di offerta assume la forma con pendenza positiva $P'_I\, P''_I$, a rappresentare il rischio crescente del creditore all'aumentare del rapporto tra finanziamento esterno e autofinanziamento. Il livello di investimento effettivamente realizzato, I_1, è dato dall'intersezione tra le curve di domanda e di offerta dei beni capitali: esso è il punto in cui il prezzo di domanda del capitale, influenzato dal rischio del debitore, è uguale al prezzo di offerta di beni capitali aumentato per riflettere il rischio del creditore.

In conseguenza di un investimento I_1, l'ammontare $P_I (I_1 - \hat{I})$ di debito viene a far parte della struttura delle passività delle imprese. La misura del rapporto di indebitamento nel finanziamento dell'investimento è data dal rapporto tra I_1 e $\hat{I}$.

4.7.3.3. *Offerta e domanda di beni capitali nel ciclo economico*

Il rapporto di indebitamento, e quindi le pendenze delle curve di domanda e offerta, dipendono dal rapporto P_K/P_I, dal finanziamento disponibile e dalla valutazione del rischio, cioè dall'atteggiamento verso di esso da parte di creditori e debitori in funzione dello stato dell'economia, ovvero della fase attraversata del ciclo economico. Le diverse fasi del ciclo economico si caratterizzano infatti per la presenza di diverse aspettative di profitto e percezione del rischio.

In una situazione di crescita e boom economico prevale un clima di ottimismo e euforia e al rischio connesso alle attività si attribuisce un peso relativamente scarso: aumenta la domanda di nuovi beni capitali, le banche sono più propense a concedere prestiti (riducono i tassi di interesse) e le imprese ad aumentare la quota di investimenti finanziati con fondi esterni – con la crescita dell'indebitamento aumentano gli investimenti. Ciò implica un aumento dell'elasticità delle curve di domanda e offerta d'investimento. Il livello dell'investimento aumenta, ad esempio a I_2, come nel grafico IV.65.

Grafico IV.65. – *Gli investimenti e il ciclo economico: le situazioni di boom e di recessione*

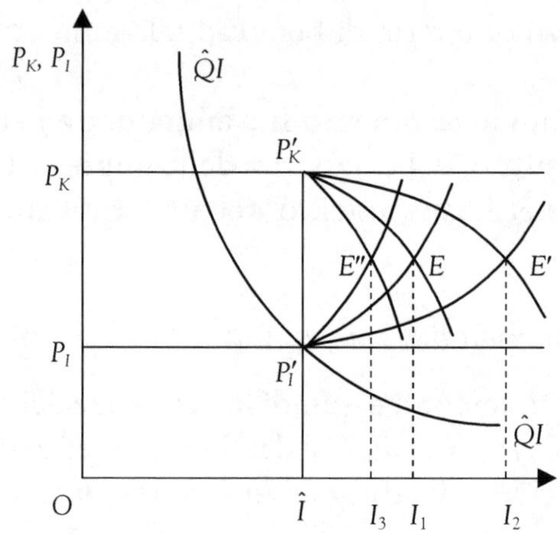

In una situazione di recessione, invece, le aspettative degli imprenditori peggiorano e aumenta il rischio percepito; aumenta il tasso di interesse e si riducono i finanziamenti da parte del sistema bancario. L'impresa riduce il ricorso al mercato dei prestiti: all'aumentare del pessimismo l'impresa può rinunciare del tutto a ricorrere al prestito e utilizzare esclusivamente tutto o parte dei fondi interni per finanziare l'investimento. In tal caso essa può usare una parte dei fondi per consolidare i debiti a breve contratti in precedenza – si è allora nella cosiddetta situazione di "deflazione da debiti"[95]. Graficamente la recessione è rappresentata dallo spostamento dal punto di equilibrio I_2 al punto di equilibrio I_3.

Una variazione delle aspettative altera lo stato di fiducia degli operatori e induce dunque le banche e le imprese a modificare la composizione di portafoglio, ovvero l'insieme di attività (finanziarie e reali) e di passività che esse detengono. In questo processo si genera instabilità finanziaria.

4.7.3.4. *La generazione endogena di instabilità finanziaria*

Si consideri un sistema economico in cui tutti gli operatori sono in posizione coperta, ovvero in una posizione in cui per tutte le unità i flussi di entrata

---

[95] Il concetto di deflazione da debiti venne introdotto nei primi anni trenta dall'economista americano Irving Fisher (1867-1947) in lavori dedicati all'interpretazione della grande crisi.

eccedono i flussi di uscita in ogni periodo di tempo considerato. Se questo stato dell'economia permane per un certo periodo di tempo le aspettative a lungo termine saranno influenzate positivamente, ovvero prevarranno aspettative ottimistiche. Ciò ridurrà l'incertezza sul futuro da parte degli operatori e spingerà verso l'alto il valore delle attività reali e finanziarie. Vi sarà allora un aumento della domanda dei beni capitali di nuova produzione, ovvero dei beni d'investimento. Assumendo realisticamente che l'offerta di beni capitali si adegui con ritardo alla domanda, un incremento di quest'ultima si tradurrà in un aumento del prezzo dei beni capitali. Poiché prezzi crescenti sui nuovi beni capitali convalidano le aspettative di profitto di breve periodo dei produttori di questi beni, ne conseguirà anche un incremento degli investimenti, con conseguente richiesta aggiuntiva di prestiti bancari. A sua volta, un aumento degli investimenti darà luogo ad un'espansione della domanda effettiva e dell'occupazione.

Con l'affermarsi di uno stato di euforia, gli imprenditori attribuiscono poco peso alla eventuale mancata realizzazione dei rendimenti futuri attesi. Essi pertanto riducono la proporzione di attività liquide nei loro portafogli e si spostano verso l'acquisto di attività reali. A loro volta, le istituzioni finanziarie, soggette allo stesso clima di euforia, attribuiscono scarso peso alla mancata restituzione dei prestiti: esse sono perciò disposte ad aumentare il rapporto impieghi-riserve e accettare strutture delle passività – sia proprie che di coloro che prendono a prestito – che in un clima di aspettative meno ottimistiche avrebbero rifiutato.

Connesso alla crescita della domanda di prestiti, tipica della fase di boom, è lo sviluppo degli intermediari finanziari, che consente di soddisfare la domanda di prestiti con mezzi di pagamento sostitutivi della moneta – diminuiscono cioè le scorte liquide delle imprese e aumenta la velocità di circolazione della moneta[96].

Con la modifica nelle composizioni dei portafogli nel senso indicato, tende ad aumentare la propensione ad assumere posizioni speculative da parte delle varie unità con un generalizzato aumento del rapporto tra impegni finanziari e reddito. Il boom borsistico che accompagna l'incremento di attività finanziarie induce poi l'emergere e il diffondersi di attività ultraspeculative: infatti, in un boom borsistico una parte della domanda di prestiti non è connessa alla redditività attesa dei beni capitali, ma al fatto che alcuni operatori prendono a prestito

[96] Si noti che ciò significa che l'offerta di mezzi di pagamento è endogena, cioè determinata dai comportamenti degli agenti, il che rende difficile il suo controllo attraverso gli strumenti della politica monetaria.

al solo scopo di trarre profitto dall'aumento futuro atteso del corso dei titoli.

In conseguenza di ciò, la struttura finanziaria delle diverse unità subisce ulteriori mutamenti. In primo luogo, i pagamenti finanziari aumentano più rapidamente della crescita del reddito. In secondo luogo, tra le attività finanziarie delle diverse unità diminuisce il peso di quelle più sicure, come la moneta e i buoni del tesoro. Infine, nella struttura finanziaria vengono incorporati i prezzi più alti delle attività che riflettono le aspettative della fase di boom e di euforia. In termini macroeconomici, l'insieme di questi fenomeni determina un incremento del prezzo relativo delle attività finanziarie rispetto alle altre attività presenti nel sistema. Ciò contribuisce a ridurre la stabilità del sistema finanziario.

Una particolare considerazione richiede la posizione delle banche. Le loro attività sono prevalentemente a lungo termine, poiché esse finanziano gli investimenti, mentre le passività sono a breve termine. Con l'incremento dei prestiti nella fase di boom, questa struttura temporale delle attività e passività può determinare una situazione in cui le uscite non sono coperte dalle entrate in ogni periodo. In tal caso le banche cercano di far fronte alle accresciute passività correnti aumentando la raccolta. D'altra parte, nel boom le condizioni per aumentare la liquidità diventano sempre più onerose, perché i risparmiatori riducono le preferenze per la liquidità, spostandosi verso l'acquisto di titoli.

Il passaggio da aspettative positive a negative che avviene nella fase più accentuata del boom si determina a seguito del mutato atteggiamento dei banchieri. L'incremento del rapporto tra finanziamento esterno ed autofinanziamento delle imprese, che si ha nel boom, rende queste ultime più esposte ai mutamenti esterni, con un conseguente aumento del rischio della mancata restituzione dei prestiti e un aumento dei tassi di interesse. D'altra parte, nel boom le banche devono offrire ai risparmiatori tassi d'interesse sempre più elevati per poter far fronte alle accresciute passività correnti. A sua volta, la crescita dei tassi d'interesse modifica in senso negativo la posizione anche di quegli operatori che sulla base dei precedenti tassi d'interesse risultavano affidabili e si riducono le loro opportunità di investimento. Inoltre, quando questi sviluppi si ripercuotono sul mercato azionario, gli speculatori vedono disattese le loro aspettative di aumento del corso dei titoli. Si determina il timore di fallimenti. Il fallimento delle unità in posizione speculativa e ultraspeculativa provoca il panico nei banchieri, a causa della non restituzione dei prestiti, rischiando di trascinarli nel fallimento. Scrive Minsky:

"l'elemento chiave nell'intensificazione delle gravi difficoltà finanziarie fino a raggiungere l'instabilità e la crisi di tutto il sistema è il presentarsi di gravi difficoltà finanziarie fra le istituzioni finanziarie ... I fallimenti delle banche e degli interme-

diari finanziari hanno ripercussioni su molte attività poiché moltissime unità detengono passività di queste istituzioni in misura maggiore di quanto detengono passività delle altre organizzazioni del settore privato".

In altri termini, alla crescita dei tassi d'interesse segue l'insolvenza delle unità in posizione speculativa e ultraspeculativa; ciò determina il fallimento delle banche coinvolte e quest'ultimo trascina nella crisi le unità che hanno i rapporti con queste istituzioni.

Quindi, una struttura finanziaria inizialmente dominata dalla posizione coperta offre sia lo stimolo ad investire che l'incentivo ad assumere posizioni di tipo speculativo e ultraspeculativo. In tal modo la struttura finanziaria diventa più esposta alla crisi proprio quando il comportamento di banchieri e imprenditori è meno vincolato dalla preoccupazione del presentarsi di una crisi finanziaria. D'altra parte, in una situazione di boom, in cui sono diffuse le posizioni speculative e ultraspeculative, il fallimento di alcune unità può trascinare le altre nella crisi finanziaria.

La crisi finanziaria costituisce la premessa della depressione economica. Lo spostamento verso una struttura dei portafogli più liquida che si ha nella crisi, dovuta ad un aumento dell'avversione al rischio degli operatori, determina una caduta del prezzo di domanda dei beni capitali rispetto al prezzo di offerta, con una conseguente contrazione del livello degli investimenti.

4.7.3.5. *La Banca centrale come "prestatore di ultima istanza"*

Se il boom e le crisi finanziarie sono fenomeni connessi al normale funzionamento del capitalismo, per Minsky gli effetti economici di questi fenomeni non sono inevitabili. Lo Stato e la banca centrale possono svolgere un ruolo importante per modificare il normale comportamento dell'economia.

Minsky sostiene che la funzione della banca centrale non è solo quella di controllare l'offerta di moneta. Egli sostiene che la banca centrale "è sia il prestatore di ultima istanza, il cui compito è di evitare l'instabilità finanziaria che porta a massicce bancarotte delle istituzioni finanziarie, sia il controllore dell'economia, il cui compito è di aiutare l'economia a dirigersi verso un sentiero di crescita di piena occupazione e di prezzi stabili". Come "prestatore di ultima istanza", la banca centrale ha la responsabilità d'impedire un crollo generalizzato dei valori delle attività, procurando i fondi che servono per la creazione di posizioni coperte delle istituzioni finanziarie, oppure estendendo il credito alle organizzazioni con problemi di rifinanziamento. La banca centrale deve poi promuovere mutamenti nelle istituzioni finanziarie volti a ridurre il peso delle posizioni speculative e ultraspeculative.

5. Approfondimenti. Cenni di teoria della crescita

SOMMARIO: 5. Approfondimenti. Cenni di teoria della crescita. – 5.1. Il modello di Harrod-Domar. – 5.2. Il modello di Solow, o la teoria della crescita uniforme. – 5.3. Dal modello di Solow alla teoria della crescita endogena. – 5.3.1. Il modello di Solow e il progresso tecnico. – 5.3.2. Il modello di crescita endogena di Romer. – 5.4. La contabilità della crescita economica.

Si ha crescita economica quando il PIL reale aumenta ininterrottamente per una serie di anni sufficientemente lunga: la crescita economica si qualifica stazionari (o uniforme) se il tasso di crescita annuo del PIL è non solo positivo ma anche costante.

Nel presente capitolo presenteremo le caratteristiche dei principali modelli della crescita (quelli keynesiani di Harrod-Domar, quello neoclassico di Solow e quello della nuova economia della crescita di Paul Romer). In conclusione presenteremo una delle loro applicazioni più semplici ed interessanti: la contabilità della crescita economica.

5.1. Il modello di Harrod-Domar

Il primo modello della crescita di orientamento keynesiano è quello formulato dall'economista inglese Roy Harrod (1900-1978) e dall'economista russo naturalizzato statunitense Evsey Domar (1914-1997) tra il 1939 ed il 1941 e può essere esposto come segue.

Siano: K = capitale; Y = reddito nazionale reale; $\frac{dK}{dt} = I$ = investimento; $v = \frac{\frac{dK}{dt}}{\frac{dY}{dt}}$ = incremento di capitale tecnologicamente necessario per produrre un incremento infinitesimale di Y rapportato a quest'ultimo: v è ipotizzata costante;

S = risparmio; $s = \dfrac{\frac{dK}{dt}}{\frac{dY}{dt}}$ = propensione media al risparmio, per ipotesi $0 < s < 1$ e costante.

Da $v = \dfrac{\frac{dK}{dt}}{\frac{dY}{dt}}$ otteniamo $\dfrac{\frac{dK}{dt}}{\frac{dY}{dt}}$ e quindi $\frac{I}{v} = \frac{dY}{dt}$ da cui, essendo in equilibrio macroeconomico $S = sY = I$, si perviene a $\frac{I}{v} = \frac{dY}{dt}$ cioè a $\frac{I}{v} = \frac{dY}{dt} = g$ dove g è chiamato tasso di crescita garantito del reddito nazionale: osserviamo che g dipende da s e da v mentre non vale la relazione inversa.

Se definiamo g_e = tasso di crescita effettivo (cioè quello che si verifica nella realtà), deduciamo quanto segue: un Y_e eccessivo (insufficiente), cioè corrispondente a $g_e > g$ ($g_e < g$) ovvero a $v_e < v$ e/o $s_e > s$ ($v_e > v$ e/o $s_e < s$), implica un continuo aumento (una continua riduzione) di Y_e cui corrisponde un g_e sempre maggiore (minore) di g e quindi un'inflazione[97] (una disoccupazione[98]) sempre maggiore.

---

[97] Infatti: l'incremento di capitale per incremento infinitesimale di reddito è minore di quello tecnologicamente necessario, il che implica uno stimolo ad un aumento della domanda di capitale; la propensione media al risparmio è maggiore di quella corrispondente al tasso di crescita garantito, cioè è maggiore di quella che garantisce $S = I$: questo implica uno stimolo ad aumentare la domanda di capitale e di beni di consumo. Lo stimolo complessivo ad aumentare la domanda di beni si traduce in un ulteriore aumento della produzione in eccesso ma anche in un'inflazione sempre più elevata.

[98] Infatti: l'incremento di capitale per incremento infinitesimale di reddito è maggiore di quello tecnologicamente necessario, il che implica uno stimolo ad una riduzione della domanda di capitale; la propensione media al risparmio è minore di quella corrispondente al tasso di crescita garantito, cioè è minore di quella che garantisce $S = I$: questo implica uno stimolo ad una riduzione la domanda di capitale e di beni di consumo. Lo stimolo complessivo a ridurre la domanda di beni si traduce in un'ulteriore riduzione della produzione e quindi in una disoccupazione sempre più elevata accompagnata anche da deflazione.

5.2. Il modello di Solow, o la teoria della crescita uniforme

Tale implicazione del modello di Harrod-Domar contrasta con quello che, negli anni '50, appariva a Robert Solow (1924-), economista americano premio Nobel nel 1987, un andamento macroeconomico all'insegna di episodi temporalmente limitati di inflazione e disoccupazione. Solow, ritenendo che le conseguenze empiricamente smentite del modello Harrod-Domar fossero dovute all'irrealismo dell'ipotesi di v costante (implicante l'impossibilità di sostituire, per ottenere efficientemente la stessa quantità prodotta, capitale con lavoro), costruisce un nuovo modello della crescita, che diventerà noto come il modello neoclassico della crescita, fondato appunto sull'ipotesi di sostituibilità tra lavoro e capitale.

Tale modello può essere presentato come segue.

Siano (oltre a K, Y, S, s, I come sopra definiti): L = lavoro; $\frac{\frac{dL}{dt}}{L} = n$ = tasso di incremento dell'offerta di lavoro che, per semplicità, si ipotizza uguale al tasso di incremento demografico (ovvero si ipotizza che ogni essere umano sia anche un lavoratore); $k = \frac{K}{L}$ = capitale per lavoratore; $x = \frac{K}{L}$ = reddito nazionale reale per lavoratore; $x = f(k)$ = funzione di produzione aggregata, per ipotesi a rendimenti di scala decrescenti, cioè con $f'(k)>0$ e $f''(k)<0$: quindi tale funzione di produzione è rappresentata, graficamente, da una curva inclinata positivamente e strettamente concava; amm=ammortamento per unità di capitale; $AMM = ammK$ = ammortamento totale. Si ipotizzi, infine, l'assenza di progresso tecnologico.

Si ha una *crescita uniforme* se k è costante nel tempo, ovvero se $\frac{\frac{dk}{dt}}{k} = 0$.

La definizione di crescita uniforme implica quanto segue:

$$\frac{\frac{dk}{dt}}{k} = \frac{\frac{d\left(\frac{K}{L}\right)}{dt}}{\frac{K}{L}} = \frac{L\frac{dK}{dt} - K\frac{dL}{dt}}{L^2}\frac{L}{K} = \frac{\frac{dK}{dt}}{K} - \frac{\frac{dL}{dt}}{L} = 0$$

da cui traiamo $\frac{\frac{dK}{dt}}{K} - n = 0$ ovvero $\frac{dK}{dt} = nK$.

Inoltre, poiché $\frac{dK}{dt} = I = S - AMM = sY - ammK$, in crescita uniforme (cioè sostituendo $\frac{dK}{dt}$ con nK) si ottiene $nK = sY - ammK$ ovvero $s\frac{Y}{L} = n\frac{K}{L} + {}$ $+ amm\frac{K}{L}$ ovvero $sx^* = (n + amm)k^*$ (grafico IV.66) dove:

– sx = curva del risparmio per lavoratore (ovvero la curva d'offerta di capitale per lavoratore), dipendente da k e quindi inclinata positivamente, strettamente concava, parallela e sottostante (perché $0 < s < 1$) alla curva $x = f(k)$;

– $(n + amm)k$ = retta della domanda di risparmio per lavoratore, dipendente da k, inclinata positivamente (in quanto $\frac{d(n+amm)k}{dk} > 0$), con inclinazione che cresce (cioè diventa più ripida) al crescere di n e/o amm e che decresce (cioè diventa più piatta) al decrescere di n e/o amm: tale domanda rappresenta la quantità di risparmio necessaria per mantenere inalterato k[99].

---

[99] nk è la domanda di capitale per lavoratore necessaria per assicurare ad ogni nuovo lavoratore lo stesso capitale a disposizione dei lavoratori già presenti all'inizio del periodo esaminato; $ammk$ è la domanda di capitale per lavoratore necessaria per assicurare ad ogni lavoratore ("vecchio" o "nuovo"), durante il periodo esaminato, lo stesso capitale pro-capite disponibile all'inizio del periodo esaminato.

Grafico IV.66. - *Modello di Solow*

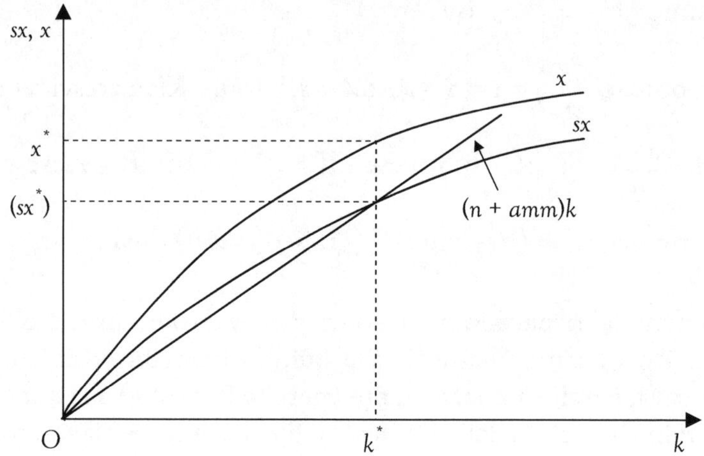

Quindi, in crescita uniforme la curva di offerta di capitale per lavoratore interseca la curva di domanda di capitale per lavoratore in un unico punto le cui coordinate sono k^* (k di crescita uniforme) e sx^* (sx di crescita uniforme): naturalmente a k^* corrisponde anche x^* (x di crescita uniforme).

Per continuare l'analisi della crescita uniforme è necessario dimostrare che k^* è un valore di equilibrio, cioè che il sistema economico vi perviene quale che sia il suo valore iniziale. Infatti, da $\frac{dK}{dt} = I = S - AMM = sY - ammK$ otteniamo

$$\frac{\frac{dK}{dt}}{K} = s\frac{Y}{K} - amm \quad \text{da cui}^{100} \quad \frac{\frac{dk}{dt}}{k} + n = s\frac{Y}{K} - amm \quad \text{ovvero} \quad \frac{dk}{dt} = sx - (amm + n)k.$$

Dunque:

– se $k < k^*$ vediamo dal grafico IV.66 che $sx > (amm + n)k$, il che implica $\frac{dk}{dt} > 0$ che permette a k di raggiungere k^* da sinistra;

– se $k > k^*$ vediamo dal grafico IV.66 che $sx < (amm + n)k$, il che implica

---

[100] Poiché $\frac{\frac{dk}{dt}}{k} = \frac{\frac{dK}{dt}}{K} - \frac{\frac{dL}{dt}}{L}$ implica $\frac{\frac{dK}{dt}}{K} = \frac{\frac{dk}{dt}}{k} - \frac{\frac{dL}{dt}}{L} = \frac{\frac{dk}{dt}}{k} + n.$

$\frac{dk}{dt} < 0$ che permette a k di raggiungere k^* da destra.

Partendo da $sx^* = (n + amm)k^*$ possiamo fare i seguenti esercizi di statica comparata:

– se, dati n e amm, s cresce (decresce) si ottiene (grafico IV.67a e b) un nuovo $k^{**} > k^*$ ($k^{**} < k^*$) e quindi un nuovo $x^{**} > x^*$ ($x^{**} < x^*$);

Grafico IV.67a. - *Esercizi di statica comparata*

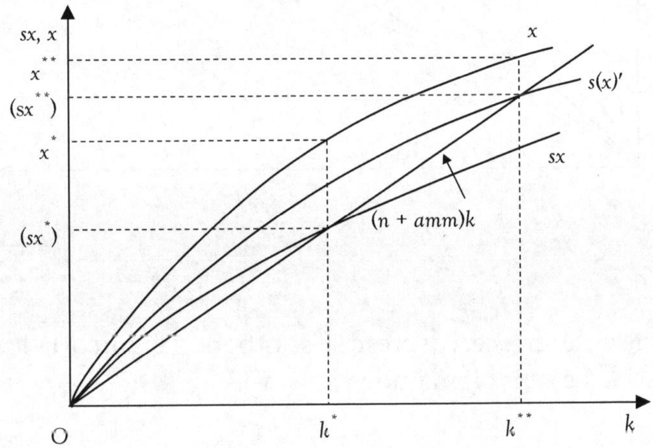

Grafico IV.67b. – *Esercizi di statica comparata*

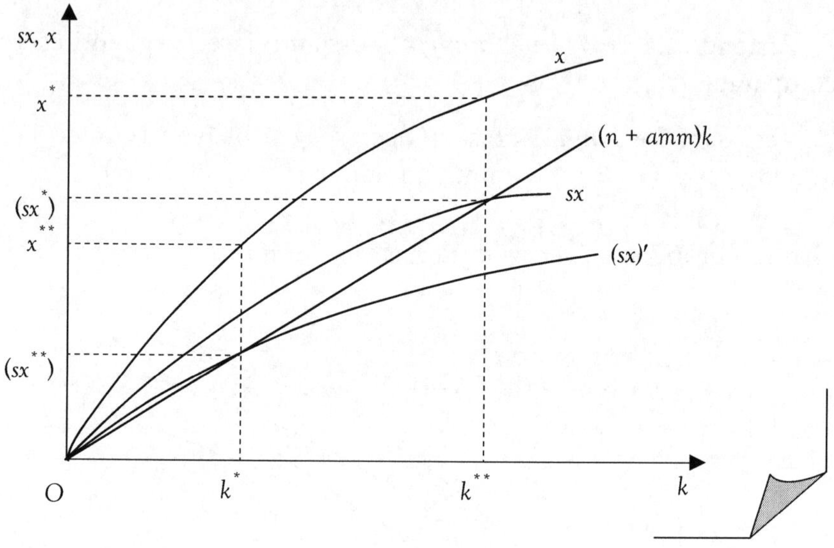

– se, dati *s e amm*, n cresce (decresce) si ottiene (Grafico IV.68a e b) un nuovo $k^{**} < k^*(k^{**} > k^*)$ e quindi un nuovo $x^{**} < x^*(x^{**} > x^*)$;

Grafico IV.68a. – *Esercizi di statica comparata*

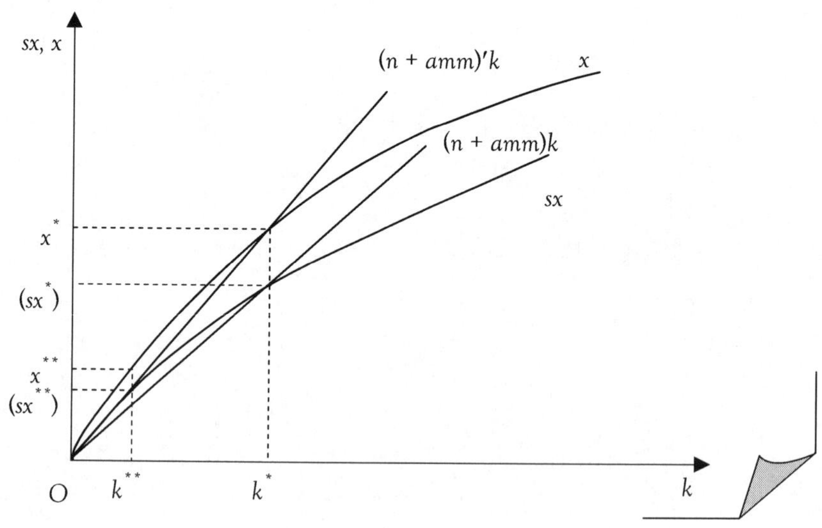

Grafico IV.68b. – *Esercizi di statica comparata*

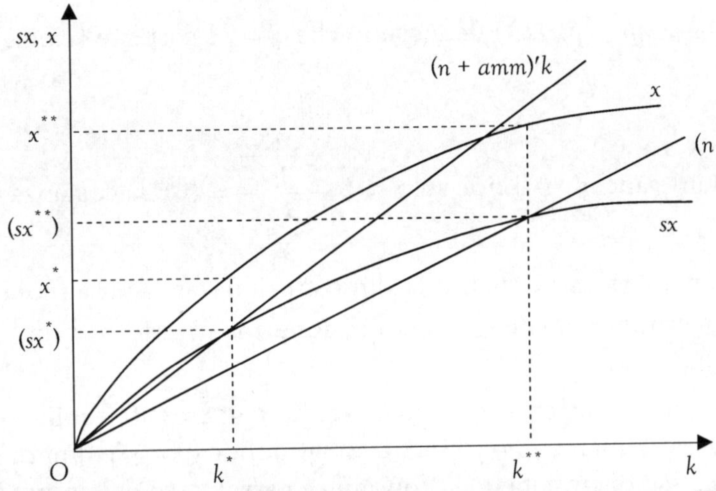

– se, dati *s* e *n*, *amm* cresce (decresce) si ottiene[101] un nuovo $k^{**} < k^{*}$ ($k^{**} > k^{*}$) e quindi un nuovo $x^{**} < x^{*}$ ($x^{**} > x^{*}$).

5.3. Dal modello di Solow alla teoria della crescita endogena

5.3.1. *Il modello di Solow e il progresso tecnico*

Lo sviluppo più importante del modello di Solow è stato quello di arricchirlo formalmente al fine di metterlo in grado di tenere conto anche del progresso tecnologico. Il modo più semplice per compiere tale arricchimento è di riformulare la funzione di produzione aggregata come $x = K^{\alpha}T^{1-\alpha}$ dove T= tecnologia e $0 < \alpha < 1$. Ne deduciamo $\frac{\frac{dx}{dt}}{x} = \alpha \frac{\frac{dK}{dt}}{K} + (1-\alpha)\frac{\frac{dT}{dt}}{T}$ ovvero (definendo $\frac{\frac{dx}{dt}}{x} = g_x, \frac{\frac{dK}{dt}}{K} = g_K, \frac{\frac{dT}{dt}}{T} = g_T$) $g_x = \alpha g_k + (1-\alpha)g_T$.

---

[101] L'illustrazione grafica coincide esattamente con i grafici IV.68a e b, purché si faccia variare *amm* anziché *n*.

Dall'espressione

$$\frac{\frac{dK}{dt}}{K} = s\frac{Y}{K} - amm$$

(p. 423) deduciamo che $\frac{\frac{dK}{dt}}{K}$ è costante (cioè è $\frac{\frac{dK}{dt}}{K} = 0$) solo se è costante anche $\frac{Y}{K}$ (cioè solo se è $\frac{\frac{d\left(\frac{Y}{K}\right)}{dt}}{\frac{K}{Y}} = 0$): la costanza di $\frac{Y}{K}$, dal canto suo, implica (non ne diamo la dimostrazione per non appesantire inutilmente l'esposizione) anche $g_x = g_k$ condizione che caratterizza un sentiero di crescita equilibrata.

Quindi, se l'economia cresce lungo un sentiero di crescita equilibrata da $g_x = \alpha g_k + (1 - \alpha)g_T$ otteniamo $g_x = \alpha g_x + (1 - \alpha)g_T$ donde $g_x = g_T$ e quindi possiamo asserire che il tasso di crescita dell'economia è pari al tasso del progresso tecnologico.

Grafico IV.69. - *Esercizi di statica comparata*

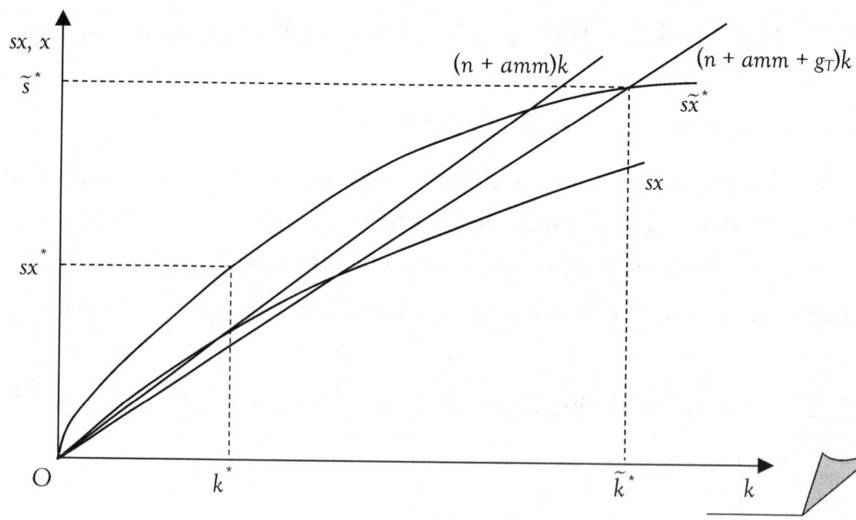

5.3.2. *Il modello di crescita endogena di Romer*

Negli ultimi anni, gli studiosi della teoria della crescita (in particolare l'economista americano Paul Romer (1955-), dopo avere individuato, con riferimenti classici, nel progresso tecnologico la variabile causante la crescita, hanno cercato di spiegarlo in termini di variabili economiche dando così luogo alla teoria della crescita endogena o nuova teoria della crescita. L'idea di fondo di tale nuova teoria è che anche il progresso tecnologico (che si concreta in innovazioni, cioè in nuovi beni e/o in nuovi modi per produrre beni già prodotti) è il risultato di attività di massimizzazione del profitto.

Così, la teoria della crescita endogena aggiunge alle equazioni del modello di Solow quella che spiega $\frac{dT}{dt}$. Essa è espressa come $\frac{dT}{dt} = \tau L_T^{\lambda} T(t)^{\varepsilon}$, che si può definire funzione di produzione delle innovazioni, dove:

– τ è il numero di innovazioni che il singolo lavoratore realizza nel singolo istante di tempo;

– L_T è il numero di lavoratori impiegati nella realizzazione di innovazioni;

– $0 < \lambda < 1$ indica che l'incremento delle innovazioni cresce, ma meno che proporzionalmente, al crescere del numero dei ricercatori;

– $T(t)$ è il numero delle innovazioni disponibili all'inizio del periodo che si sta indagando;

– $0 < \varepsilon < 1$, indica che l'incremento delle innovazioni cresce, ma meno che proporzionalmente, al crescere del numero di innovazioni ereditate dal passato. Il tasso di crescita del numero delle innovazioni è $\frac{\frac{dT}{dt}}{T} = \frac{\tau L_T^{\lambda}}{T(t)^{1-\varepsilon}} = g_T$.

g_T è costante nel tempo se $\frac{dg_T}{dt} = 0$ ovvero se $\frac{d\left(\frac{\tau L_T^{\lambda}}{T(t)^{1-\varepsilon}}\right)}{dt} = 0$ che implica

$g_T = \frac{\lambda \frac{\frac{dL_T}{dt}}{L_T}}{(1-\varepsilon)}$: dunque il tasso di crescita uniforme dell'economia è determinato dal tasso di crescita del numero delle innovazioni che, a sua volta, è funzione crescente tanto di entrambi i parametri della funzione di produzione delle innovazioni ((ed ε) quanto del tasso di crescita del numero dei ricercatori.

5.4. La contabilità della crescita economica

Una delle applicazioni di statistica economica più interessanti suggerite dal modello di Solow va sotto il nome di contabilità della crescita economica.

Siano:

Y = reddito nazionale;

K =capitale;

L =lavoro;

T =stato della tecnologia, reinterpretato come la produttività dei fattori produttivi presi nel loro complesso;

$Y = F(K, L, T) = TK^{\alpha}L^{1-\alpha}$ funzione di produzione aggregata dove:

α è la quota di Y attribuita, in concorrenza perfetta, a K[102];

$1 - \alpha$ (= quota di Y attribuita, in concorrenza perfetta, a L[103].

Prendendo i logaritmi della funzione di produzione menzionata, otteniamo $\log Y = \log T + \alpha \log K + (1 - \alpha)\log L$ derivando la quale rispetto al tempo otteniamo:

$$\frac{d\log Y}{dt} = \frac{d\log T}{dt} + \alpha\frac{d\log K}{dt} + (1-\alpha)\frac{d\log L}{dt}$$

ovvero
$$\frac{\frac{dY}{dt}}{Y} = \frac{\frac{dT}{dt}}{T} + \alpha\frac{\frac{dK}{dt}}{K} + (1-\alpha)\frac{\frac{dL}{dt}}{L}$$

---

[102] Infatti in concorrenza perfetta K è remunerato con la sua produttività marginale che è $\frac{\partial Y}{\partial K} = T\alpha K^{\alpha-1}L^{1-\alpha} = T\alpha\frac{K^{\alpha}}{K}L^{1-\alpha}$ da cui si ricava $\frac{K\frac{\partial Y}{\partial K}}{TK^{\alpha}AL^{1-\alpha}} = \alpha$ ovvero $\frac{K\frac{\partial Y}{\partial K}}{Y} = \alpha$.

[103] Infatti in concorrenza perfetta L è remunerato con la sua produttività marginale che è $\frac{\partial Y}{\partial L} = T(1-\alpha)L^{-\alpha}K^{\alpha} = T(1-\alpha)L^{-\alpha}\frac{L}{L}K^{\alpha} = T(1-\alpha)L^{1-\alpha}\frac{1}{L}K^{\alpha}$ da cui si ricava $\frac{L\frac{\partial Y}{\partial L}}{TK^{\alpha}L^{1-\alpha}} = 1-\alpha$ ovvero $\frac{L\frac{\partial Y}{\partial L}}{Y} = 1-\alpha$.

$$g = g_T + \alpha g_K + (1 - \alpha)n$$

da cui ricaviamo che g (dato α) cresce (decresce) al crescere (decrescere) di g_T, g_K, n.

La statistica economica si serve di tale schema per proporre interessanti scomposizioni fattoriali di g, di cui presentiamo i seguenti esempi dove *PTF* = produttività totale dei fattori = g_T; c_K = contributo di K a $g = \alpha g_K$; c_L = contributo di L a $g = (1 - \alpha)n$:

Anno	g	c_L	c_K	*PTF*
2000	4,6	0,7	1,1	2,8
2006	2,4	1,5	0,5	0,4

Fonte : Dati in %, ISTAT, Misure di produttività anni 1980-2008, 14 dicembre 2009.

Appendice
matematica e statistica

1. La rappresentazione formale dei fenomeni economici. Concetti matematici di base

SOMMARIO: 1. La rappresentazione formale dei fenomeni economici. Concetti matematici di base. – 1.1. Concetti fondamentali della geometria analitica e dell'analisi matematica. – 1.2. Massimi e minimi liberi di una funzione di una variabile. – 1.3. Regole di calcolo differenziale per una funzione di una variabile. – 1.4. Cenni di calcolo differenziale per funzioni di più variabili. – 1.5. Massimi e minimi vincolati.

A partire dall'epoca marginalista, o neoclassica, del pensiero economico, il ragionamento matematico è diventato parte importante della teoria economica, permettendo una rappresentazione astratta di molti problemi caratterizzata da formulazioni semplici e rigorose. Si pensi alla possibilità di definire l'ipotesi centrale di razionalità mediante il concetto di ottimizzazione (cioè di massimo e minimo vincolato). Sebbene, dunque, la scienza economica non possa definirsi, come in passato alcuni economisti auspicarono, una scienza matematica, essa non può però prescindere dall'utilizzo dello strumento matematico come ausilio dell'analisi. Per questa ragione forniamo in questa introduzione quei concetti matematici fondamentali utili all'analisi presentata in questo volume. La loro espressione anche in forma verbale e, soprattutto, grafica, sarà d'ulteriore aiuto alla loro comprensione.

1.1. Concetti fondamentali della geometria analitica e dell'analisi matematica

Variabili e funzioni

Per variabile si intende un concetto che può assumere diversi valori (non necessariamente numerici). Per semplicità, si considerino solo due variabili numeriche x e y: se x è collegata ad y in modo tale che ad ogni valore di x corrisponda al massimo un valore di y, si dice che y è funzione di x.

Una funzione può esprimersi mediante: una definizione verbale; una tabella numerica; un'equazione; una curva: consideriamo, per semplicità, solo curve continue (cioè senza buchi né salti) e senza punti angolosi.

Pendenza di una curva e concetto di derivata

Per misura della pendenza (o dell'inclinazione o della variazione marginale) di una curva in un suo punto si intende il rapporto tra una piccola variazione di x (Δx) e la corrispondente variazione di y (Δy) a partire da quel punto: $\frac{\Delta y}{\Delta x} \cong f'(x)$ = = derivata prima di y rispetto ad x;

Grafico A.1.1.

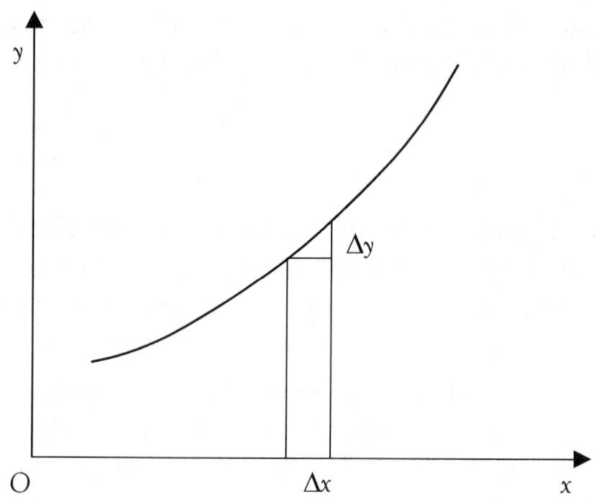

$f'(x)$ può essere: > 0, implicante una funzione che sale; < 0, implicante una funzione che scende; = 0, implicante una funzione che né sale né scende.

Si definisce poi la derivata seconda di y rispetto ad x, cioè la derivata prima della derivata prima di y rispetto ad $x = f''(x)$.

$f''(x)$ può essere: > 0, implicante una funzione ad inclinazione crescente; < 0, implicante una funzione ad inclinazione decrescente; = 0, implicante una funzione ad inclinazione costante.

Si hanno quindi le seguenti possibili combinazioni:

– se in tutti i punti della curva Δy e Δx sono dello stesso segno, la curva sale (cioè $f'(x) > 0$);

– se $f'(x) > 0$ e $f''(x) = 0$, la curva sale ed ha inclinazione costante: la curva è una retta ed è inclinata positivamente (grafico A.1.2);

Grafico A.1.2.

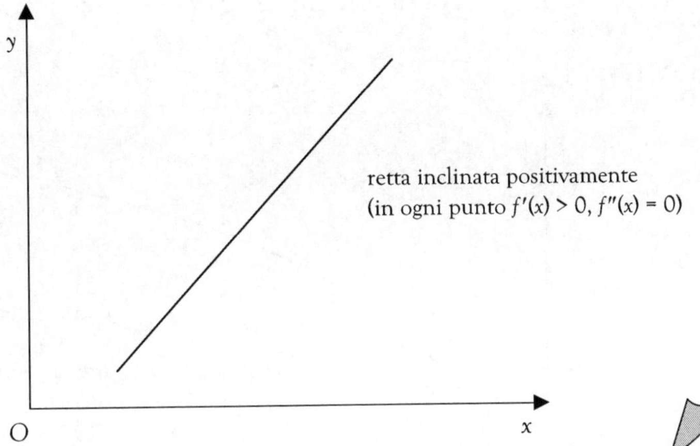

– se $f'(x) > 0$ e $f''(x) > 0$, la curva sale ed ha inclinazione sempre crescente: la curva è detta anche inclinata positivamente e strettamente convessa[1] (grafico A.1.3);

Grafico A.1.3.

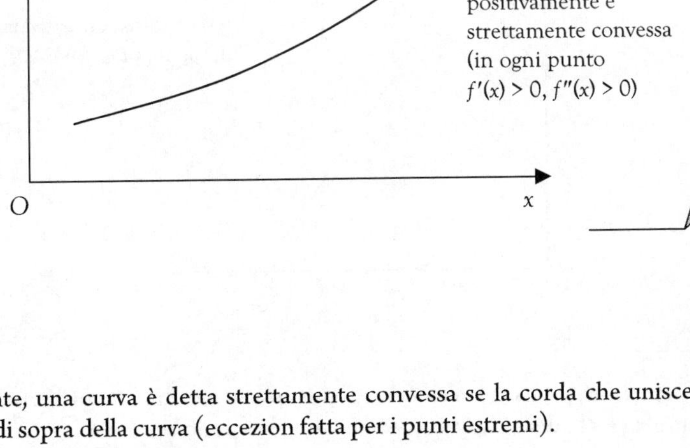

[1] Geometricamente, una curva è detta strettamente convessa se la corda che unisce due suoi punti qualsiasi sta al di sopra della curva (eccezion fatta per i punti estremi).

– se $f'(x) > 0$ e $f''(x) < 0$, la curva sale ed ha inclinazione sempre decrescente: la curva è detta anche inclinata positivamente e strettamente concava[2] (grafico A.1.4);

Grafico A.1.4.

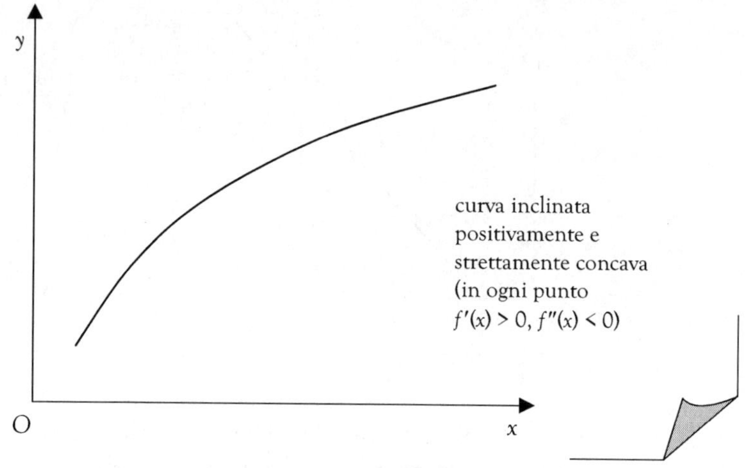

– se in tutti i punti della curva Δy e Δx sono di segno opposto, la curva scende (cioè $f'(x) < 0$);

– se $f'(x) < 0$ e $f''(x) = 0$, la curva scende ed ha inclinazione costante: la curva è una retta ed è inclinata negativamente (grafico A.1.5);

Grafico A.1.5.

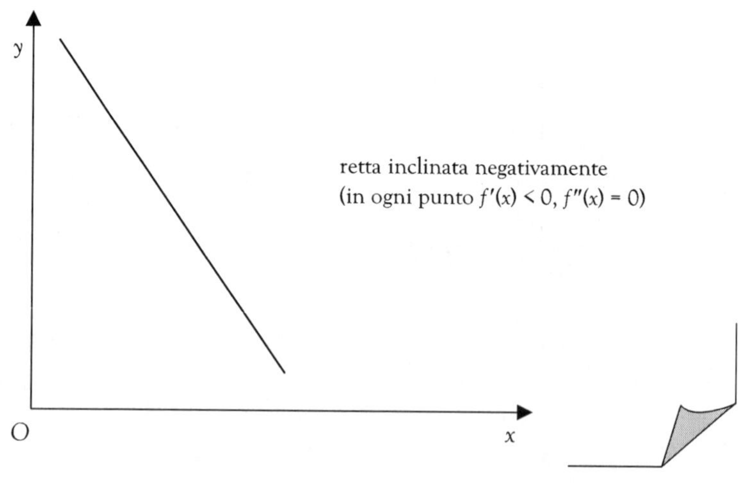

---

[2] Geometricamente una curva è detta strettamente concava se la corda che unisce due suoi punti qualsiasi sta al di sotto della curva (eccezion fatta per i punti estremi).

– se $f'(x) < 0$ e $|f''(x)| < 0$[3], la curva scende ed ha inclinazione decrescente (in valore assoluto), percorrendola dall'alto verso il basso: la curva è detta anche inclinata negativamente e strettamente convessa (grafico A.1.6);

Grafico A.1.6.

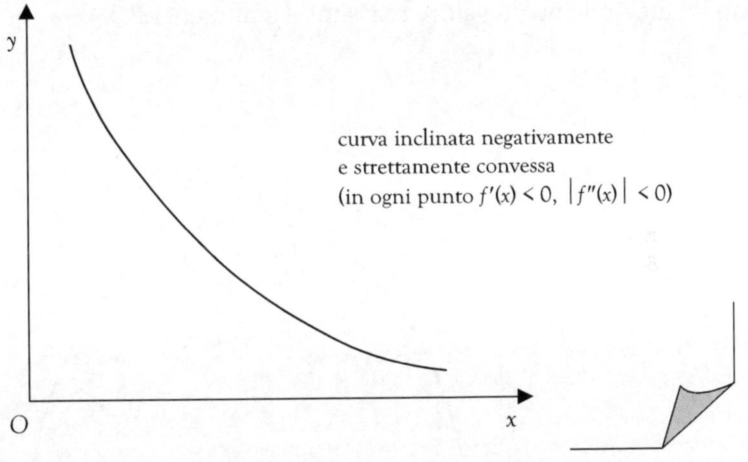

– se $f'(x) < 0$ e $|f''(x)| > 0$, la curva scende ed ha inclinazione crescente (in valore assoluto): la curva è detta anche decrescente e strettamente concava (grafico A.1.7).

Grafico A.1.7.

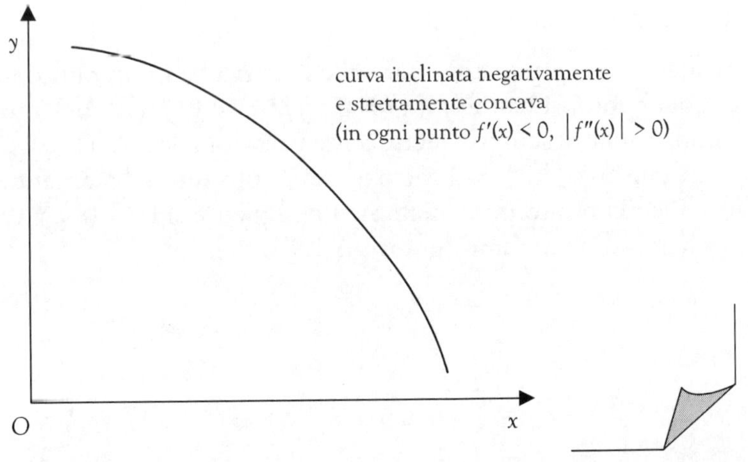

[3] Cioè, per semplicità interpretativa, $|f''(x)|$ viene considerato in valore assoluto, ovverossia trascurandone il segno.

1.2. Massimi e minimi liberi di una funzione di una variabile[4]

Se in un punto è $f'(x) = 0$ (cioè nel punto la curva né cresce né decresce) mentre nel punto immediatamente precedente si ha $f'(x) > 0$ (cioè la curva cresce) e nel punto immediatamente seguente si ha $f'(x) < 0$ (cioè la curva decresce), nel punto la funzione ha un valore massimo (grafico A.1.8.).

Grafico A.1.8.

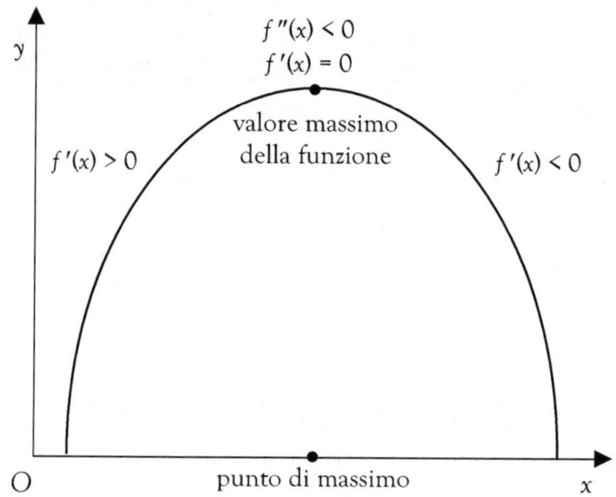

In alternativa, si può affermare che la curva ha in un punto un valore massimo se, in quel punto, si hanno $f'(x) = 0$ e $f''(x) < 0$; $f'(x)$, nell'intorno del punto di massimo, è, infatti, sempre decrescente passando da $f'(x) > 0$ a $f'(x) < 0$.

Se in punto è $f'(x) = 0$ mentre nel punto immediatamente precedente si ha $f'(x) < 0$ e nel punto immediatamente seguente si ha $f'(x) > 0$, nel punto la funzione ha un valore minimo (grafico A.1.9.).

[4] Per semplicità espositiva, ci limitiamo a trattare il caso dei massimi e minimi globali.

Grafico A.1.9.

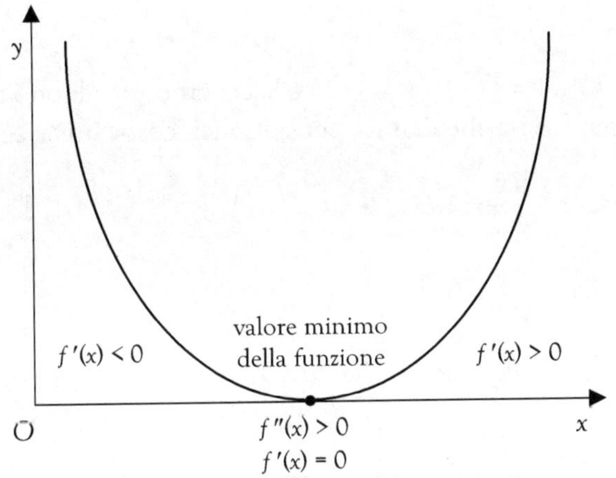

In alternativa, si può affermare che la curva ha in un punto un valore minimo se, in quel punto, si hanno $f'(x) = 0$ e $f''(x) > 0$; $f'(x)$, nell'intorno del punto di minimo, è, infatti, sempre crescente passando da $f'(x) < 0$ a $f'(x) > 0$.

Se in punto è $f'(x) = 0$ mentre[5] nel punto immediatamente precedente si hanno $f'(x) > 0$ e $f''(x) < 0$ ed in quello immediatamente seguente si hanno $f'(x) > 0$ e $f''(x) > 0$, nel punto la funzione ha un flesso, cioè cambia di curvatura (diventando, nel presente caso, da concava convessa) (grafico A.1.10.).

Grafico A.1.10.

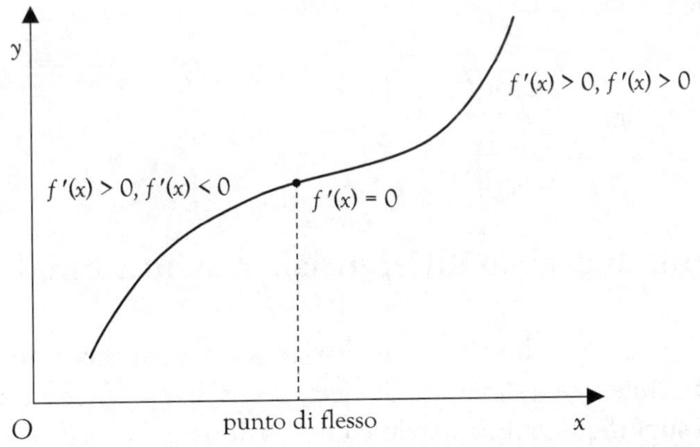

[5] Limitandoci, per semplicità, al caso di una funzione che sale.

1.3. Regole di calcolo differenziale per una funzione di una variabile

Siano le funzioni $y = f(x)$ e $w = g(x)$ e la costante s: valgono allora le seguenti regole di calcolo differenziale che diamo, per semplicità espositiva, senza dimostrazione.

Prima regola: $\frac{dx}{dx} = 1;$

seconda regola: $\frac{ds}{dx} = 0;$

terza regola: $\frac{d(y+w)}{dx} = \frac{dy}{dx} + \frac{dw}{dx};$

quarta regola: $\frac{d(yw)}{dx} = \frac{dy}{dx}w + \frac{dw}{dx}y;$

quinta regola: $\frac{d(sy)}{dx} = s\frac{dy}{dx};;$

sesta regola: $\frac{dx^2}{dx} = \frac{d(xx)}{dx} = \frac{dx}{dx}x + \frac{dx}{dx}x = 2x;$

da cui si ricava immediatamente, se n è un numero intero positivo, $\frac{dx^n}{dx} = nx^{n-1};$

settima regola: $\frac{d\left(\frac{y}{w}\right)}{dx} = \frac{w\frac{dy}{dx} - \frac{dw}{dx}y}{w^2};$

ottava regola: $\frac{d\log(x)}{dx} = \frac{1}{x}.$

1.4. Cenni di calcolo differenziale per funzioni di più variabili

Se ad ogni coppia di valori delle variabili x e z corrisponde al massimo un valore della variabile u, u è funzione di x e z, si scrive $u = f(x, z)$ e si può rappresentare come una superficie in uno spazio tridimensionale.

Se x subisce, a parità di z, una piccola variazione, $\frac{\partial u}{\partial x} = f_x$ è la derivata parziale prima di u rispetto ad x; analogamente, $\frac{\partial u}{\partial z} = f_z$ è la derivata parziale prima di u rispetto a z.

Se, con riferimento a f_x, x subisce, a parità di z, una piccola variazione, $\frac{\partial^2 u}{\partial x^2} = f_{xx}$ è la derivata parziale seconda pura di u rispetto a x; analogamente $\frac{\partial^2 u}{\partial z^2} = f_{zz}$ è la derivata parziale seconda pura di u rispetto a z.

Se, con riferimento a f_x, z subisce, a parità di x, una variazione infinitesimale, $\frac{\partial^2 u}{\partial x \partial z} = f_{xz}$ è la derivata parziale seconda mista di u rispetto a x ed a z; analogamente $\frac{\partial^2 u}{\partial z \partial x} = f_{zx}$ è la derivata parziale seconda mista di u rispetto a z ed a x; per il teorema di Young si ha $f_{xz} = f_{zx}$.

Le regole di calcolo differenziale per funzioni di una sola variabile valgono anche per funzioni di più variabili.

Per differenziale della funzione $u = u(x, z)$ si intende l'incremento complessivo che u subisce a seguito degli incrementi arbitrari dx e dz di x e z, cioè: $du = f_x dx + f_z dz$.

1.5. Massimi e minimi vincolati

Supponiamo che (come, peraltro, spesso succede nei fenomeni economici) in $F = f(x, z)$ (detta funzione obiettivo) x e z non siano tra di loro indipendenti e che la loro relazione sia rappresentata dalla funzione (detta vincolo) $G = g(x, z)$.

Allora, il problema del massimo (minimo) vincolato consiste nell'individuare, nella funzione di vincolo, la combinazione di valori di x e z (cioè il punto di coordinate x e z) che attribuisce alla funzione obiettivo il suo valore massimo (minimo).

Per contorno di una funzione di più variabili si intende il luogo geometrico[6] delle infinite combinazioni di valori delle variabili indipendenti che attribuiscono alla funzione lo stesso valore.

Si ipotizzi, inoltre, che:

– i contorni della funzione obiettivo ed il vincolo siano continui e senza punti angolosi;

---

[6] Ricordiamo che, per luogo geometrico, si intende una collezione di punti che godono della stessa proprietà.

– i contorni della funzione obiettivo ed il vincolo siano, quando sono concavi o convessi, strettamente concavi o strettamente convessi, cioè non abbiano tratti rettilinei.

Ciò premesso, i problemi economici di ottimizzazione vincolata rilevanti per la teoria economica si rappresentano geometricamente mediante:

a) un vincolo a forma di retta inclinata negativamente ed una funzione obiettivo sotto forma di un insieme di contorni costituiti da curve convesse inclinate negativamente (p.e. massimizzazione dell'utilità del consumatore nel rispetto del vincolo di bilancio). Il punto di ottimo (segnatamente di massimo vincolato) è quello situato sul vincolo e sul più alto contorno della funzione obiettivo raggiungibile restando sul vincolo (grafico A.1.11.).

Grafico A.1.11.

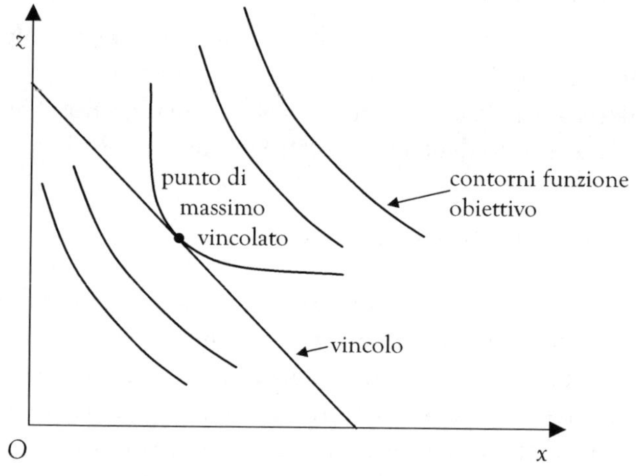

b) un vincolo a forma di curva convessa inclinata negativamente ed una funzione obiettivo sotto forma di un insieme di rette (contorni) inclinate negativamente (p.e. minimizzazione del costo di produzione di una data quantità da produrre): il punto di ottimo (segnatamente di minimo vincolato) è quello situato sul vincolo e sul più basso contorno della funzione obiettivo raggiungibile restando sul vincolo (grafico A.1.12);

Grafico A.1.12.

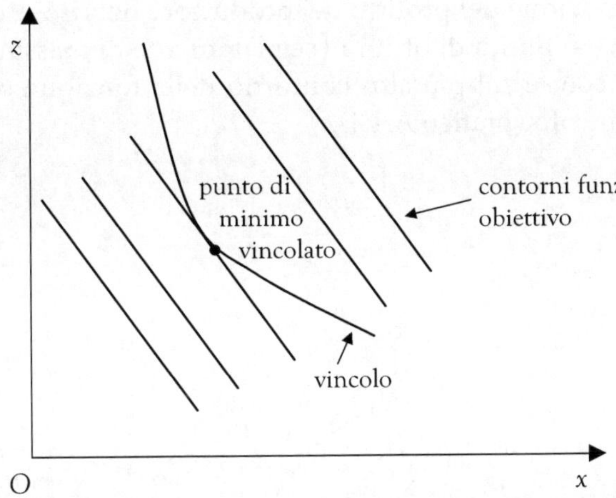

c) un vincolo a forma di curva concava inclinata negativamente ed una funzione obiettivo sotto forma di un insieme di contorni costituiti da curve convesse inclinate negativamente (p.e. massimizzazione dell'utilità della collettività nel rispetto di una data funzione di produzione): il punto di ottimo (segnatamente di massimo vincolato) è quello situato sul vincolo e sul più alto contorno della funzione obiettivo raggiungibile restando sul vincolo (grafico A.1.13.);

Grafico A.1.13.

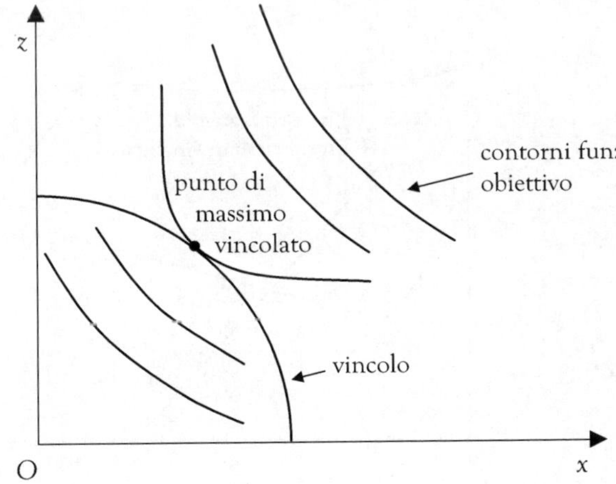

d) un vincolo a forma di curva concava inclinata negativamente ed una funzione obiettivo sotto forma di un insieme di rette (contorni) inclinate negativamente (p.e. massimizzazione del profitto del produttore nel rispetto di una data funzione di produzione): il punto di ottimo (segnatamente di massimo vincolato) è quello situato sul vincolo e sul più alto contorno della funzione obiettivo raggiungibile restando sul vincolo (grafico A.1.14.).

Grafico A.1.14.

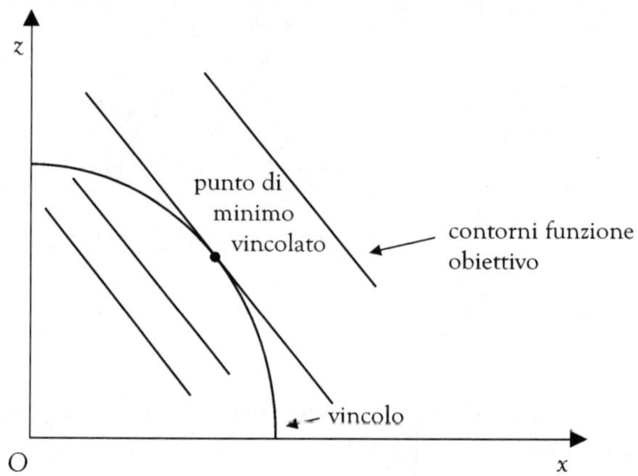

Il punto di ottimo può essere anche situato all'estremo del vincolo e sul più alto o basso contorno della funzione obiettivo raggiungibile restando sul vincolo: si ha così un punto di ottimo (di massimo o minimo vincolato) chiamato soluzione ad angolo (grafico A.1.15.).

Grafico A.1.15.

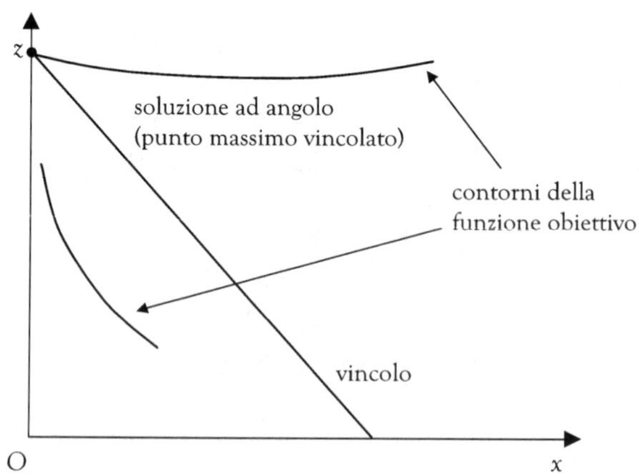

Nel punto di ottimo, se non è all'estremo del vincolo, il vincolo ed il contorno più alto o più basso della funzione obiettivo hanno la stessa inclinazione: la stretta concavità o convessità dei contorni della funzione obiettivo o del vincolo o di entrambi assicurano che si ha un solo punto di ottimo. Che il punto di ottimo così individuato sia di massimo o di minimo vincolato è indicato dalla natura del problema.

Il massimo o il minimo vincolato lo si può individuare anche analiticamente stabilendone le condizioni di primo e secondo ordine.

Se $F(x, z) = c$, con c = costante, è un contorno della funzione obiettivo $F(x, z)$, si ottiene $dF = \frac{\partial F}{\partial x}dx + \frac{\partial F}{\partial z}dz = 0$ da cui $\frac{\frac{\partial F}{\partial x}}{\frac{\partial F}{\partial z}} = -\frac{dz}{dx}$;

se $G = G(x, z)$, con G = costante, è il vincolo, si ottiene $dG = 0 =$

$= \frac{\partial G}{\partial x}dx + \frac{\partial G}{\partial z}dz$ da cui $\frac{\frac{\partial G}{\partial x}}{\frac{\partial G}{\partial z}} = -\frac{dz}{dx}$.

Ricordando che il punto di massimo o di minimo vincolato è geometricamente caratterizzato dall'eguaglianza delle inclinazioni del vincolo e del contorno più alto o più basso della funzione obiettivo, la funzione F ha un valore massimo o minimo rispettoso del vincolo G in un punto in cui $\frac{\frac{\partial F}{\partial x}}{\frac{\partial F}{\partial z}} = \frac{\frac{\partial G}{\partial x}}{\frac{\partial G}{\partial z}}$ [7] da cui $\frac{\frac{\partial F}{\partial x}}{\frac{\partial G}{\partial x}} = \frac{\frac{\partial F}{\partial z}}{\frac{\partial G}{\partial z}}$ (nei problemi economici, in genere, $\frac{\partial G}{\partial x}$ e $\frac{\partial G}{\partial z} > 0$, per cui la condizione di primo ordine $\frac{\frac{\partial F}{\partial x}}{\frac{\partial G}{\partial x}} = \frac{\frac{\partial F}{\partial z}}{\frac{\partial G}{\partial z}}$ è definita).

Nel punto in cui è rispettata la condizione di primo ordine, la funzione F ha un valore massimo nel rispetto del vincolo G se in quel punto si ha anche $d^2F < 0$; nel punto in cui è rispettata la condizione di primo ordine, la funzione F ha un valore minimo nel rispetto del vincolo G se in quel punto si ha anche $d^2F > 0$.

---

[7] O alternativamente in un punto in cui $dF = 0$ e $dG = 0$.

Lo stesso risultato lo si ottiene come soluzione del seguente problema:

determinare i valori delle variabili x, z, λ che massimizzano (o minimizzano) la funzione $L = F(x, z) + \lambda(G - G(x, z))$ dove L = lagrangiano, λ = moltiplicatore indefinito di Lagrange.

Derivando L rispetto a x, z, λ ed eguagliando a zero i risultati si ottiene il seguente sistema di equazioni:

$$\frac{\partial L}{\partial x} = \frac{\partial F}{\partial x} - \lambda \frac{\partial G}{\partial x} = 0 \text{ da cui } \frac{\partial F}{\partial x} = \lambda \frac{\partial G}{\partial x} \text{ da cui } \frac{\frac{\partial F}{\partial x}}{\frac{\partial G}{\partial x}} = \lambda;$$

$$\frac{\partial L}{\partial z} = \frac{\partial F}{\partial z} - \lambda \frac{\partial G}{\partial z} = 0 \text{ da cui } \frac{\partial F}{\partial z} = \lambda \frac{\partial G}{\partial z} \text{ da cui } \frac{\frac{\partial F}{\partial z}}{\frac{\partial G}{\partial z}} = \lambda;$$

$$\frac{\partial L}{\partial \lambda} = G - G(x, z) = 0;$$

se il sistema ottenuto ha soluzione e questa è unica, essa è costituita da valori (tutti positivi) di x, z, λ che attribuiscono a F il suo valore massimo o minimo vincolato; nel punto in cui è rispettata la condizione di primo ordine la funzione L ha un valore massimo (minimo) se in quel punto si ha anche $d^2L < 0$ ($d^2L > 0$).

Se v è il valore massimo assunto da $F(x)$, si ottiene $dv = \frac{\partial F}{\partial x}dx + \frac{\partial F}{\partial z}dz =$

$= \lambda \left(\frac{\partial G}{\partial x}dx + \frac{\partial G}{\partial y}dy \right) = \lambda dG$ da cui si ottiene $\lambda = \frac{dv}{dG}$: λ è quindi l'incremento che il valore massimo vincolato subisce a seguito di un piccolo incremento del parametro della funzione di vincolo.

2. Cenni sui principi della statistica metodologica

Molto raramente è possibile studiare una popolazione, intesa come l'insieme delle unità costitutive di un fenomeno [8], in modo diretto cioè attraverso un suo censimento [9], a causa dell'elevato costo di quest'ultimo [10].

In alternativa, possiamo compiere tale studio, in modo indiretto, mediante la statistica metodologica, che è l'insieme dei metodi matematici che consentono di:

– sintetizzare in cifre, chiamate indici, le osservazioni compiute su una parte della popolazione (tali osservazioni costituiscono un campione della popolazione): i metodi in questione danno luogo alla statistica descrittiva che può concernere un solo fenomeno (statistica descrittiva univariata, par. 1) o più fenomeni considerati nelle loro relazioni (statistica descrittiva bivariata, par. 2, o multivariata);

– stabilire in che misura gli indici succitati valgono anche per la popolazione da cui è stato tratto il campione su cui sono stati calcolati (statistica induttiva o inferenziale, par. 3).

Le osservazioni fenomeniche, a loro volta, sono quantitative (sono tali se sono

---

[8] Per esempio i redditi conseguiti in un determinato anno da tutte le famiglie residenti in un dato Paese.

[9] Un censimento è l'osservazione di tutte le unità costitutive di un fenomeno.

[10] A titolo di esempio, si ricordi che in Italia il censimento demografico è effettuato solo ogni dieci anni.

ordinabili [11] e rapportabili [12] tra di loro: per esempio il PIL) o qualitative (sono tali se non sono ordinabili: per esempio il colore dei capelli). Ci occuperemo solo di fenomeni descrivibili con osservazioni quantitative (come è, in particolare, il caso dei fenomeni economici).

2.1. La statistica descrittiva univariata

Iniziamo la nostra indagine passando in rassegna i principali indici di una variabile statistica discreta (par. 1.1) e descrivendo il concetto di variabile statistica continua (par. 1.2).

2.1.1. *Gli indici della tendenza centrale e della dispersione di una variabile statistica discreta*

Le osservazioni quantitative possono compiersi in tempi diversi nello stesso luogo (per esempio la stima del PIL di un Paese in tempi diversi) oppure in luoghi diversi nello stesso tempo (per esempio la stima, nello stesso tempo, di PIL di diversi Paesi).

Tali osservazioni campionarie (per esempio: 1, 1, 1, 2, 3, 3) rappresentano una variabile statistica discreta: il numero di volte in cui un valore vi è osservato si chiama frequenza assoluta (nell'esempio, la frequenza assoluta del valore 1 è 3).

Una variabile statistica discreta è utilmente sintetizzabile mediante indici della tendenza centrale e della dispersione dei suoi valori.

I principali indici della tendenza centrale sono la moda, la media e la mediana.

La moda è il valore osservato cui è associata la frequenza assoluta più elevata (nell'esempio, la moda è 1, valore la cui frequenza è pari a 3).

La media aritmetica, che è formalmente la più semplice delle medie, si ottiene: moltiplicando ogni osservazione per il reciproco del numero complessivo delle os-

---

[11] Due osservazioni sono ordinabili se si può dire che una è maggiore, minore oppure uguale all'altra: per esempio, di due curve di indifferenza si può dire che a quella sovrastante è associata un'utilità maggiore ma non si può dire di quanto tale utilità sia maggiore dell'utilità della curva d'indifferenza sottostante.

[12] Due osservazioni sono rapportabili se si può dire non solo che una è maggiore (minore) dell'altra ma anche di quanto: se il PIL reale di un Paese è stato nel 2009 di 1 miliardo di euro e nel 2010 di 2 miliardi di euro, si può dire non solo che il PIL del 2010 è maggiore di quello del 2009 ma precisare che è il doppio.

servazioni e sommando i prodotti così ottenuti; oppure dividendo la somma delle osservazioni per il loro numero.

In generale se:

X_i è una osservazione (nell'esempio X_i può assumere uno dei seguenti valori: 1, 1, 1, 2, 3, 3);

N è il numero delle osservazioni (nell'esempio sono 6);

$\overline{X}$ è la media aritmetica con $\overline{X} = \sum_{i=1}^{N} \frac{X_i}{N}$ (nell'esempio $\overline{X} = \sum_{i=1}^{6} \frac{X_i}{N} = \frac{\sum_{i=1}^{6} X_i}{N}$)[13].

Dal canto suo, collocati in ordine crescente i valori della variabile statistica, la mediana è il valore che lascia dietro e davanti a sé il 50% delle frequenze assolute della variabile statistica così riordinata. Nel nostro esempio, è il valore che lascia dietro e davanti a sé 3 frequenze ed è quindi un valore compreso tra 1 e 2 e per convenzione è ritenuto pari alla loro media aritmetica cioè a 3/2 = 1,5.

Notiamo che, al variare dei valori estremi (cioè il più alto ed il più basso) della variabile statistica, la media varia sempre (e quindi utilizza sempre tutte le osservazioni disponibili) mentre la mediana, di solito, non varia (e quindi, di solito, non utilizza tutte le osservazioni disponibili).

Gli indici di dispersione della variabile statistica potrebbero costruirsi attorno ad ognuno degli indici della tendenza centrale: in pratica si costruiscono solo intorno alla media e, per semplicità, intorno alla media aritmetica.

Il più intuitivo degli indici di dispersione utilizzanti tutte le osservazioni è la somma delle differenze (o scarti) tra le singole osservazioni e la media aritmetica cioè $\sum_{i=1}^{N}(X_i - \overline{X})$. Tale indice di dispersione è però sempre uguale a 0 e quindi è irrilevante perché, appunto, non in grado di misurare la dispersione[14].

Si ricorre, quindi, alla somma delle differenze tra le singole osservazioni e la media aritmetica elevate al quadrato e moltiplicate per il reciproco del numero delle osservazioni, cioè $\frac{\sum_{i=1}^{N}(X_i - \overline{X})^2}{N}$: tale indice è comunemente indicato come

---

[13] Utilizzando i dati dell'esempio abbiamo $\overline{X}$ = 1/6+1/6+1/6+2/6+3/6+3/6 = 11/6 ≅ 1,8333 oppure $\overline{X}$ = (1+1+1+2+3+3)/6 = 11/6 ≅ 1,8333.

[14] Infatti $\sum_{i=1}^{N}(X_i - \overline{X}) = \sum_{i=1}^{N} X_i - N\overline{X} = \sum_{i=1}^{N} X_i - N\frac{\sum_{i=1}^{N} X_i}{N} = \sum_{i=1}^{N} X_i - \sum_{i=1}^{N} X_i = 0$.

varianza (abbreviato var)[15]. Molto impiegato è anche l'indice, chiamato comunemente standard deviation (*sd*), costituito dalla radice quadrata della varianza, cioè $\sqrt{\text{var}}$[16].

La variabile statistica può essere organizzata in una tabella in cui ad ogni valore osservato viene associata la sua frequenza assoluta

Valore osservato	1	2	3
Frequenza assoluta	3	1	2

La rappresentazione tabellare della variabile statistica può essere ulteriormente elaborata sostituendo le frequenze assolute con le frequenze relative, che si ottengono dividendo le frequenze assolute per il numero totale delle osservazioni. Si ottiene così la nuova tabella

Valore osservato	1	2	3
Frequenza relativa	3/6	1/6	2/6

dove la somma delle frequenze relative è sempre pari a 1 (condizione di normalizzazione)[17].

[15] Utilizzando i dati dell'esempio abbiamo: $[(1-1{,}83)^2+(1-1{,}83)^2+(1-1{,}83)^2+(2-1{,}83)^2+(3\text{-}1{,}83)^2+(3\text{-}1{,}83)^2]/6 \cong 0{,}8056$.

[16] Utilizzando i dati dell'esempio abbiamo: $\sqrt{0{,}8056} \cong 0{,}8975$.

[17] Infatti se n_i è una frequenza assoluta, abbiamo sempre $\sum_{i=1}^{n} n_i = N$ (nel nostro esempio $\sum_{i=1}^{3} n_i = 6$) da cui otteniamo (dividendo per N) $\frac{\sum_{i=1}^{n} n_i}{N} = \frac{N}{N} = 1$ che possiamo scrivere anche, ponendo $\frac{n_i}{N} = f_i$ (frequenza relativa), $\sum_{i=1}^{n} f_i = 1$. Nel nostro esempio $\sum_{i=1}^{3} f_i = 3/6 + 1/6 + 2/6 = 1$. Se indichiamo con x_i il singolo valore osservato, abbiamo sempre $\sum_{i=1}^{n} X_i = \sum_{i=1}^{n} x_i n_i$ (nel nostro esempio abbiamo $\sum_{i=1}^{6} X_i = \sum_{i=1}^{3} x_i n_i = 11$) da cui otteniamo (dividendo per N),

A partire dalle sue rappresentazioni tabellari, la variabile statistica può essere rappresentata graficamente con una curva di distribuzione, che si costruisce unendo con segmenti di retta i punti individuati dalla variabile statistica: ognuno di tali punti ha come ascissa un valore osservato e come ordinata la frequenza assoluta o relativa corrispondente (grafico A.2.1.a e A.2.1.b), mentre i punti dei segmenti congiungenti non hanno alcun significato statistico.

Grafico A.2.1.a.

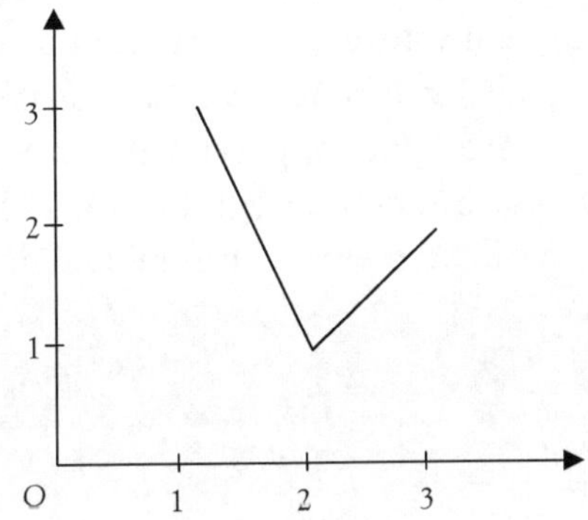

Grafico A.2.1.b.

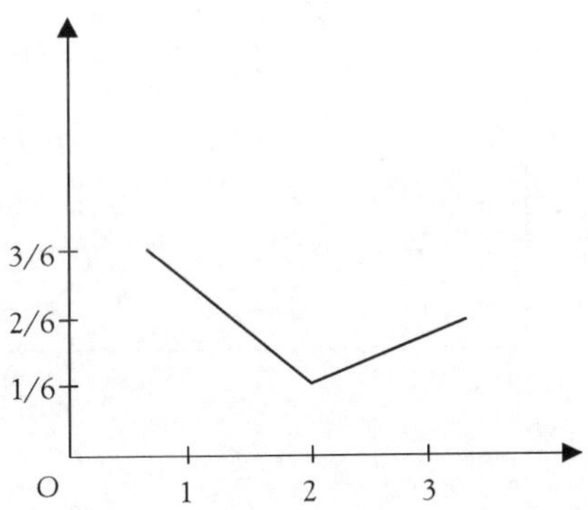

$\frac{\sum_{i=1}^{n} X_i}{N} = \frac{\sum_{i=1}^{n} x_i n_i}{N}$ ovvero $\frac{\sum_{i=1}^{n} X_i}{N} \overline{X} = \sum_{i=1}^{n} x_i \left(\frac{n_i}{N}\right) = \sum_{i=1}^{n} x_i f_i$. Nel nostro esempio abbiamo $\sum_{i=1}^{3} x_i f_i =$ $1 \cdot (3/6) + 2 \cdot (1/6) + 3 \cdot (2/6) = 11/6 \cong 1{,}8333$.

2.1.2. *La variabile statistica continua standardizzata*

Finora ci siamo occupati solo della variabili statistica discreta (quella la cui rappresentazione statistica mostra buchi): ci occupiamo ora della variabile statistica continua (quella la cui rappresentazione grafica non mostra buchi) di cui consideriamo solo le frequenze relative. Ogni variabile statistica continua è quindi rappresentata graficamente da una curva di distribuzione continua, ogni punto della quale ha come ascissa un valore osservato e come ordinata la corrispondente frequenza.

Supponiamo inoltre che la curva, oltre che continua, sia anche normale o di Gauss, supponiamo cioè che il valore osservato medio sia anche quello con la frequenza maggiore e che gli altri valori osservati si distribuiscano simmetricamente attorno a quest'ultimo (ovvero ogni coppia di valori equidistanti dal valore medio abbiano in comune la stessa frequenza) (grafico A.2.2). Tale curva è qualificata normale perché molte curve descriventi fenomeni reali le solo, per forma, simili.

Grafico A.2.2.

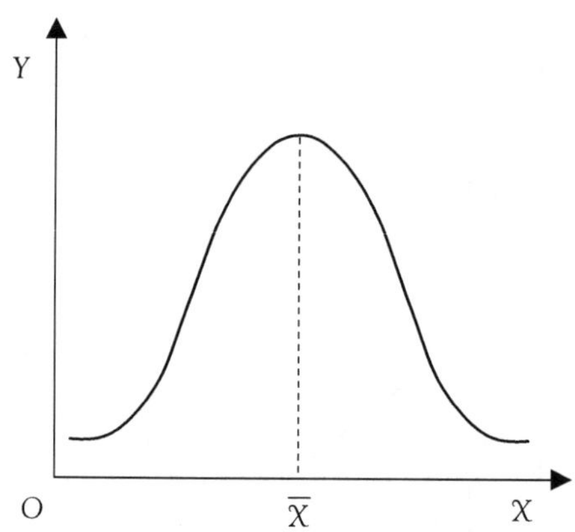

È stato dimostrato (grafico A.2.3) che sotto una curva normale:

– l'intervallo di osservazioni tra la media e più o meno una standard deviation contiene sempre il 68,26% di tutte le osservazioni della variabile statistica[18] (per esempio: se la media e la standard deviation di una variabile statistica a distribu-

[18] Cioè le osservazioni tra la media e più o meno una *standard deviation* rappresentano il 68,26% della superficie dell'area tra la curva normale e l'asse delle ascisse.

zione normale sono pari a 10 ed 1, sappiamo che il 68,26% delle osservazioni sono comprese nell'intervallo tra 9 ed 11);

– l'intervallo di osservazioni tra la media e più o meno due standard deviation contiene sempre il 95,46% di tutte le osservazioni della variabile statistica (se la media e la standard deviation di una variabile statistica a distribuzione normale sono pari a 10 ed 1, sappiamo che il 95% delle osservazioni sono comprese nell'intervallo tra 8 e 12).

Grafico A.2.3.

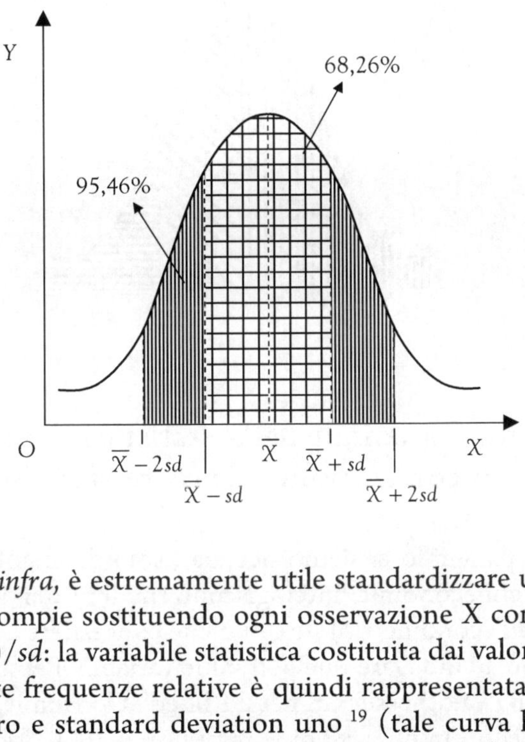

Come vedremo *infra*, è estremamente utile standardizzare una curva normale, operazione che si compie sostituendo ogni osservazione X con il corrispondente valore $Z = (X - \overline{X})/sd$: la variabile statistica costituita dai valori di Z e delle corrispondenti, immutate frequenze relative è quindi rappresentata da una curva normale con media zero e standard deviation uno [19] (tale curva ha quindi la media coincidente con l'origine dell'asse delle ascisse, grafico A.2.4). I manuali di statistica riportano la tabella dei valori critici di *Y* che indicano la quota percentuale dell'area compresa tra la curva normale standardizzata e l'intervallo tra la media ed un qualunque valore di *Z*: poiché l'area complessiva sottostante la curva è pari ad

[19] Infatti, da $Z = (X - \overline{X})/sd$ otteniamo: $\overline{Z} = \sum Z/N = (\sum(X - \overline{X})/sd)/N = (\sum X - N\overline{X})/sdN = (\overline{X} - \overline{X})/sd = 0$; var $Z = (\sum(Z - \overline{Z})^2/N) =$ (ricordando che $\overline{Z}$ $\overline{Z} = 0$) $\sum Z^2/N = \sum((X - \overline{X})/sd)^2/N = ((X - \overline{X})^2/sd^2N = \mathrm{var}X/\mathrm{var}X = 1$.

1 [20], le aree alla sinistra o alla destra della media sono entrambe pari a 0,5. Da tali tabelle apprendiamo, per esempio, che l'area compresa tra la curva, la media di Z (cioè 0) ed un valore di Z pari a 1,9 è 0,4713 e che, quindi, l'area maggiore di 1,9 è pari a 0,5 – 0,4713 = 0,0287.

Grafico A.2.4.

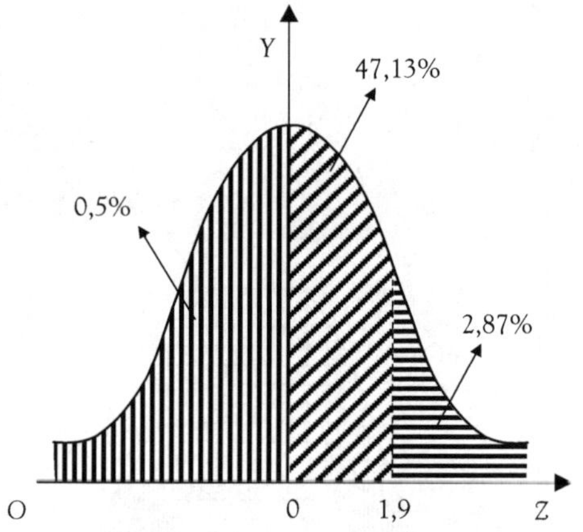

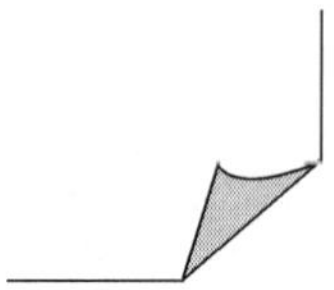

2.2. I concetti fondamentali della statistica descrittiva bivariata: il coefficiente di correlazione e la regressione semplice

Nel precedente paragrafo ci siamo occupati solo di singole variabili. Dal momento che i fenomeni economici interagiscono tra di loro, il loro studio statistico (che è compiuto dall'econometria) non può che concernere le relazioni tra più variabili: ci limiteremo ad indagare quelle tra due variabili. Per avvicinarci un pò alla realtà, consideriamo i valori osservati per il PIL ed i Consumi (C) del nostro Paese dal 1997 al 2008 (valori in miliardi di euro ai prezzi 2000, fonte Istat, *Contabilità nazionale, Conti economici nazionali 1997-2008*, Roma, 2010, pp.19-20).

	1997	*1998*	*1999*	*2000*	*2001*	*2002*	*2003*	*2004*	*2005*	*2006*	*2007*	*2008*
PIL	1116	1132	1149	1191	1213	1218	1218	1237	1245	1270	1290	1277
C	868	892	912	933	947	954	966	977	990	1000	1012	1007

[20] Una spiegazione intuitiva di tale nozione fa riferimento alla succitata condizione di normalizzazione, che è valida anche per le variabile continue.

2.2.1. *Il coefficiente di correlazione*

Le osservazioni congiunte di due variabili si possono rappresentare graficamente con un diagramma a grappolo, ogni punto del quale ha ovviamente come ascissa una variabile (nel nostro caso, per fissare le idee, il PIL) e sull'ordinata l'altra variabile (nel nostro caso, *C*). Se il diagramma a grappolo ha un andamento anche solo grosso modo lineare (come nel grafico A.2.5), la forza della relazione lineare tra le due variabili si può stimare numericamente con il coefficiente di correlazione (detto anche r di Pearson) che viene calcolato nell'ipotesi che le due variabili siano tra loro indipendenti.

Grafico A.2.5.

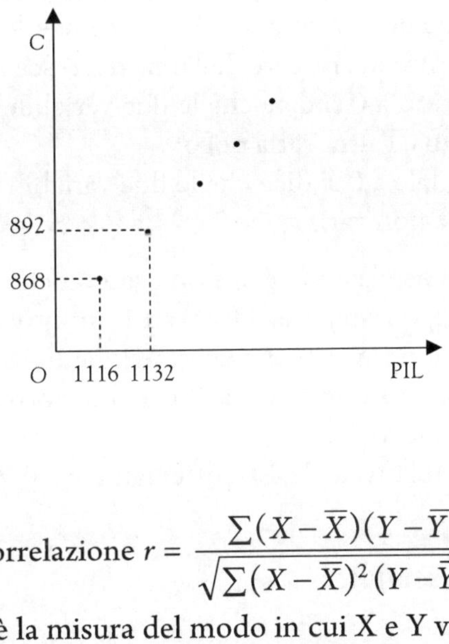

Nel coefficiente di correlazione $r = \dfrac{\sum(X-\overline{X})(Y-\overline{Y})}{\sqrt{\sum(X-\overline{X})^2(Y-\overline{Y})^2}}$ il numeratore è la codevianza di *X* e *Y*, cioè la misura del modo in cui X e Y variano insieme, mentre il denominatore esprime la radice quadrata del prodotto tra la devianza di *X* e la devianza di *Y*.

Se tra *X* e *Y* vi è una relazione lineare:

– positiva, significa che a valori elevati di *X* corrispondono valori elevati di *Y* con la conseguenza che a $X > \overline{X}$ corrisponde $Y > \overline{Y}$ con il prodotto $\sum(X - \overline{X})(Y - \overline{Y})$ che è, quindi, positivo;

– negativa, significa che a valori elevati di *X* corrispondono valori bassi di *Y* con la conseguenza che a $X > \overline{X}$ corrisponde $Y < \overline{Y}$ con il prodotto $\sum(X - \overline{X})(Y - \overline{Y})$ che è, quindi, negativo;

– nulla, significa che a circa metà di valori elevati di X corrispondono valori elevati di *Y* e quindi un prodotto parziale $\sum(X-\overline{X})(Y-\overline{Y})$ positivo mentre a circa metà di valori elevati di *X* corrispondono valori bassi di *Y* e quindi un prodotto parziale $\sum(X-\overline{X})(Y-\overline{Y})$ negativo: dunque, se la relazione tra *X* e *Y* è nulla il prodotto $\sum(X-\overline{X})(Y-\overline{Y})$ è nullo.

Si dimostra inoltre[21] che il rapporto tra $\sum(X-\overline{X})(Y-\overline{Y})$ e $\sqrt{\sum(X-\overline{X})^2(Y-\overline{Y})^2}$ consente di contenere il valore di *r* nell'intervallo tra – 1 ed 1 (estremi compresi), cioè di standardizzare *r*.

Se r ha un valore:

– uguale o vicino *a* + 1, si dice che le due variabili hanno una forte correlazione positiva: al crescere (decrescere) dell'una, cresce (decresce) l'altra;

– se ha un valore uguale o vicino *a* – 1, si dice che le due variabili hanno una forte correlazione negativa: al crescere dell'una, decresce l'altra;

– se ha un valore vicino a 0 si dice che le due variabili hanno una debole correlazione: al variare dell'una, l'altra varia poco;

– se ha un valore uguale a 0 si dice che le due variabili non hanno correlazione: al variare dell'una, l'altra non varia.

Come misura della correlazione è spesso usato anche r^2 (coefficiente di determinazione), che assume, quindi, valori tra 0 ed 1: intuitivamente se r^2 è uguale o di poco maggiore di 0, vi è tra *X* e *Y* una correlazione nulla o debole mentre se r^2 è uguale o di poco minore ad uno vi è tra *X* e *Y* una correlazione perfetta o molto forte, a prescindere dal suo segno.

Usando i nostri dati relativi a *C* e PIL otteniamo $r = 0{,}9909$ e $r^2 = 0{,}9819$.

2.2.2. *La regressione semplice*

Il metodo della regressione semplice ipotizza, invece, che:

– una delle due variabili sia indipendente e l'altra dipendente (nel nostro esempio sia, secondo la macroeconomia keynesiana, PIL la variabile indipendente e *C* la variabile dipendente);

– la relazione sia di tipo lineare, cioè della forma $Y = \alpha + \beta X$ (nel nostro esempio $C = \alpha + \beta\text{PIL}$) dove α e β rappresentano i parametri della relazione lineare tra la popolazione dei valori di *X* e la popolazione dei valori di *Y*.

---

[21] Vedi *infra*, nel presente paragrafo, la n. 16.

Ricordiamo che:

– α è l'ordinata all'origine, cioè il valore che la variabile dipendente assume quando il valore della variabile indipendente è nullo: nel nostro esempio, α è il consumo autonomo;

– β è l'inclinazione della retta ed indica la misura, costante, di quanto varia Y al crescere di un'unità di *X*: se β è positivo, l'inclinazione della retta è positiva (al crescere di *X* cresce *Y*, grafico A.2.6a); se β è negativo, l'inclinazione della retta è negativa (al crescere di X decresce Y, A.2.6b); se β è nullo, l'inclinazione della retta è nulla, cioè la retta è parallela all'asse delle ascisse (al crescere di *X*, *Y* non varia, grafico A.2.6c): nel nostro esempio, β è la propensione marginale al consumo.

Grafico A.2.6.

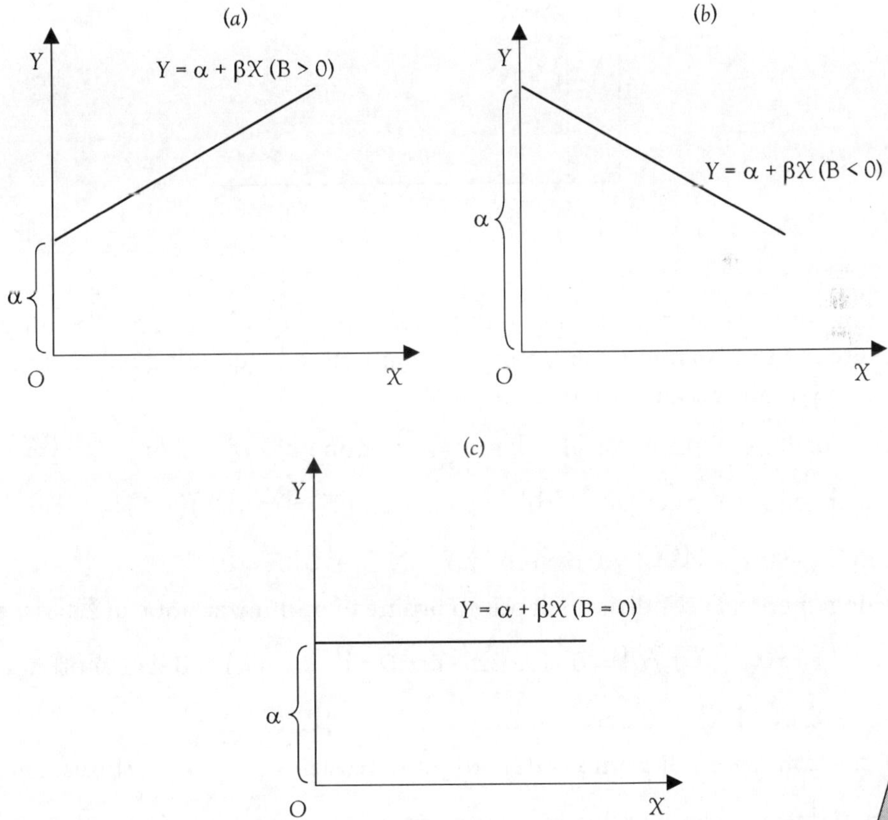

$\hat{Y} = \hat{\alpha} + \hat{\beta}X$ è la retta di regressione (o interpolante) generica, cioè la retta che attraversa il diagramma a grappolo con $Y - \hat{Y} = \varepsilon$ = residuo, definito come, dato un valore di X, la differenza verticale tra l'ordinata del punto corrispondente della retta di regressione ($\hat{Y}$) e l'ordinata del punto osservato (Y) (grafico A.2.7).

Grafico A.2.7.

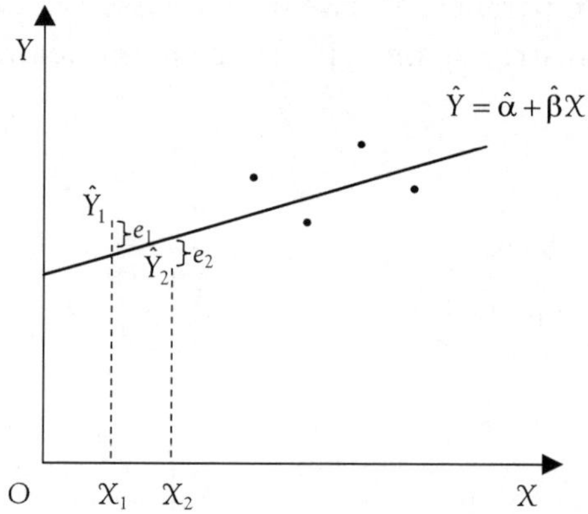

La migliore retta di regressione (o retta dei minimi quadrati) è quella complessivamente meno distante dal diagramma a grappolo ed è quindi quella i cui parametri $\hat{\alpha}$ e $\hat{\beta}$ minimizzano la somma degli ε^2.

La condizione di primo ordine di minimizzazione di $\Sigma\varepsilon^2 = \Sigma\,(Y - \hat{\alpha} - \hat{\beta}X)^2$ rispetto a $\hat{\alpha}$ è $\partial\Sigma\,(Y - \hat{\alpha} - \hat{\beta}X)^2/\partial\hat{\alpha} = 0$ cioè $2\Sigma\,(Y - \hat{\alpha} - \hat{\beta}X)(-1) = 0$ da cui otteniamo $\Sigma\,(-Y + \hat{\alpha} + \hat{\beta}X) = 0$ ovvero $-\Sigma Y + N\hat{\alpha} + \hat{\beta}\Sigma X = 0$.

Analogamente, la condizione di primo ordine di minimizzazione di $\Sigma\varepsilon^2$ rispetto a $\hat{\beta}$ è $\partial\Sigma\,(Y - \hat{\alpha} - \hat{\beta}X)^2/\partial\hat{\beta} = 0$ cioè $2\Sigma\,(Y - \hat{\alpha} - \hat{\beta}X)(-X) = 0$ da cui otteniamo $\Sigma(-XY + \hat{\alpha}X + \hat{\beta}X^2) = 0$ ovvero $-\Sigma XY + \hat{\alpha}\,\Sigma X + \hat{\beta}\Sigma X^2 = 0$.

Le due condizioni di primo ordine di minimizzazione di $\Sigma\varepsilon^2$ costituiscono un sistema di due equazioni in due incognite (appunto $\hat{\alpha}$ e $\hat{\beta}$) la cui soluzione (ottenuta per esempio per sostituzione) è costituita da:

$$\hat{\alpha} = \overline{Y} - \hat{\beta}\overline{X}; \overline{\beta} = \frac{\sum XY - \overline{Y}\sum X}{-\sum X\overline{X} + \sum X^2 +} = \frac{\sum (X-\overline{X})(Y-\overline{Y})}{\sum (X-\overline{X})^2 +}$$ [22]

Con $\hat{\alpha}$ e $\hat{\beta}$ che sono gli stimatori dei minimi quadrati di α e β[23-24].

---

[22] Infatti abbiamo $\sum(X-\overline{X})(Y-\overline{Y}) = \sum XY - \overline{Y}\sum X - \overline{X}\sum Y + N\overline{X}\overline{Y} = \sum XY - \overline{Y}\sum X - \overline{X}\sum Y + N\overline{X}\overline{Y} = \sum X - \overline{X}\sum Y + N\overline{X}\sum \frac{Y}{N} = \sum XY - \overline{Y}\sum X - \overline{X}\sum Y + \overline{X}\sum Y = \sum XY - \overline{Y}\sum X$;
$\sum(X-\overline{X})^2 = \sum X^2 - 2\overline{X}\sum X + N\overline{X}^2 = \sum X^2 - 2\overline{X}\sum X + N\overline{X}\sum\frac{X}{N} = \sum X^2 - \overline{X}\sum X = -\sum X\overline{X}$
$= \sum X^2$.

[23] Siamo ora in grado di dare la dimostrazione che i valori del coefficiente di correlazione sono compresi tra 1 e – 1.

In primo luogo, poniamo $Y - \overline{Y} = (\hat{Y} - \overline{Y}) + (Y - \hat{Y})$ da cui otteniamo $\Sigma(Y - \overline{Y})^2 = \Sigma[(\hat{Y} - \overline{Y}) + (Y - \hat{Y})]^2 = \Sigma(\hat{Y} - \overline{Y})^2 - 2\Sigma(\hat{Y} - \overline{Y})(\hat{Y} - \overline{Y}) + \Sigma(Y - \hat{Y})^2 = \Sigma(\hat{Y} - \overline{Y})^2 + \Sigma(Y - \hat{Y})^2$: infatti, sostituendo $\hat{\alpha} = \overline{Y} - \hat{\beta}\overline{X}$ in $\hat{Y} = \hat{\alpha} + \hat{\beta}X$ otteniamo $\hat{Y} = \overline{Y} - \hat{\beta}\overline{X} + \hat{\beta}X$ ovvero $\hat{Y} - \overline{Y} - \hat{\beta}X - \overline{X}$ grazie al quale otteniamo $2\Sigma(\hat{Y} - \overline{Y})(Y - \hat{Y}) = 2\hat{\beta}\Sigma(X - \overline{X})(Y - \hat{Y}) = 2\hat{\beta}\Sigma\overline{X}(Y - \hat{Y}) - 2\beta\overline{X}\,\Sigma(Y - \hat{Y}) = 0$ in quanto, moltiplicando per meno uno le condizioni di primo ordine per la minimizzazione di $\hat{\beta}$ e $\hat{\alpha}$, otteniamo rispettivamente $\Sigma\overline{X}(Y - \hat{Y}) = 0$ e $\Sigma(Y - \hat{Y}) = 0$.

In secondo luogo, sostituendo $\hat{Y} - \overline{Y} = \hat{\beta}(X - \overline{X})$ nella $\Sigma(Y - \overline{Y})^2 = \Sigma(\hat{Y} - \overline{Y})^2 + \Sigma(Y - \hat{Y})^2$ otteniamo

$\Sigma(Y - \overline{Y})^2 = \hat{\beta}^2\sum(X - \overline{X})^2 + \Sigma(Y - \hat{Y})^2$.

In terzo luogo, abbiamo $\hat{\beta}/r = \frac{\Sigma(X-\overline{X})(Y-\overline{Y})}{\Sigma(X-\overline{X})^2} / \frac{\Sigma(X-\overline{X})(Y-\overline{Y})}{\sqrt{\Sigma(X-\overline{X})^2\,\Sigma(Y-\overline{Y})^2}} = \frac{\sqrt{\Sigma(X-\overline{X})^2\,\Sigma(Y-\overline{Y})^2}}{\Sigma(X-\overline{X})^2}$ da cui otteniamo $\hat{\beta} = r\frac{\sqrt{\Sigma(X-\overline{X})^2\,\Sigma(Y-\overline{Y})^2}}{\Sigma(X-\overline{X})^2} = r\Sigma(Y - \hat{Y})/\Sigma(X - \overline{X})$.

In quarto luogo, sostituendo $\hat{\beta} = r\Sigma(Y - \hat{Y})/\Sigma(X - \overline{X})$ in $\Sigma(Y - \overline{Y})^2 = \hat{\beta}^2\,\Sigma(X - \overline{X})^2 + \Sigma(Y - \hat{Y})^2$ otteniamo $\Sigma(Y - \overline{Y})^2 = r^2[\Sigma(Y - \overline{Y})^2/\Sigma(X - \overline{X})^2]\,\Sigma(X - \overline{X})^2 + \Sigma(Y - \hat{Y})^2 = r^2\Sigma(Y - \overline{Y})^2 + \Sigma(Y - \hat{Y})^2$ da cui $r^2 = [\Sigma(Y - \overline{Y})^2 - \Sigma(Y - \hat{Y})^2]/\Sigma(Y - \overline{Y})^2 = \Sigma(\hat{Y} - \overline{Y})^2]/\Sigma(Y - \overline{Y})^2$: infatti dalla succitata $\Sigma(Y - \overline{Y})^2 = \Sigma(\hat{Y} - \overline{Y})^2 + \Sigma(Y - \hat{Y})^2$ si ottiene $\Sigma(Y - \overline{Y})^2 -$

Con i dati dell'esempio esposto all'inizio del paragrafo, abbiamo $\hat{\alpha} \cong -28{,}52$; $\hat{\beta} \cong 0{,}81$: quindi avremmo un consumo autonomo negativo ed un aumento del consumo di 0,81 unità per ogni aumento unitario del PIL.

Come vedremo nel successivo paragrafo, il condizionale usato nella descrizione verbale dei risultati ottenuti è davvero d'obbligo.

2.3. I concetti fondamentali della statistica induttiva o inferenziale: l'intervallo di confidenza e la prova delle ipotesi

Le osservazioni che ipotizziamo di aver compiuto concernono solo una parte della popolazione, cioè costituiscono solo un campione. Pertanto, non possiamo mai essere certi che gli indici di tendenza centrale e di dispersione, il coefficiente di correlazione, l'ordinata all'origine ed il coefficiente angolare della retta di regressione che abbiano stimato con riferimento al nostro singolo campione siano quelli veri, cioè che valgano anche per la popolazione da cui il campione è tratto.

È quindi indispensabile dotarci di metodi (segnatamente l'intervallo di confidenza, par. 3.3.1, e la prova delle ipotesi, par. 3.3.2) che ci consentano di stabilire quanto gli indici stimati siano statisticamente significativi (cioè credibili dal punto di vista statistico), con la loro significatività statistica che, lo ribadiamo, non potrà mai essere del 100%.

Preliminare all'esposizione di tali metodi è quella delle nozioni di variabile casuale continua standardizzata, par. 3.1, e delle proprietà statistiche degli stimatori dei minimi quadrato, par. 3.2.

$\Sigma(Y-\hat{Y})^2=\Sigma(\hat{Y}-\overline{Y})^2$. Il numeratore di $r^2=\Sigma(\hat{Y}-\overline{Y})^2]/\Sigma(Y-\overline{Y})^2$ ci dà la parte della devianza totale di Y dalla media (data da $\Sigma(Y-\overline{Y})^2$) spiegata dalla regressione: poiché tale numeratore non può essere maggiore del denominatore, il valore massimo di r^2 è 1 ed il valore minimo è 0. Quindi r ha un valore minimo che è pari a – 1 ed un valore massimo pari a 1.

[24] Se si regredisce il log di y sul log di x, $\hat{\beta}$ rappresenta l'elasticità di y rispetto ad x, cioè, come abbiamo già visto *supra* nei parr. 3.3.3.1-2-3-4, l'incremento percentuale di y a seguito dell'incremento dell'1% di x. Infatti, da $\log y = \hat{\alpha} + \hat{\beta}\log x$ otteniamo $d\log y/d\log x = d(\hat{\alpha}+\hat{\beta}\log x)/dx = (1/y)(dy/dx)=(1/x)\,\hat{\beta}$ da cui $\hat{\beta}= (x/y)\,(dy/dx) = (dy/y)/(dx/x)$ = elasticità di y rispetto ad x.

2.3.1. *La variabile casuale continua standardizzata*

Le nostre osservazioni si possono anche considerare, diversamente da quanto fatto finora, solo possibili e non effettivamente compiute: a tali osservazioni si possono quindi associare le relative probabilità di osservazione, che sono valori compresi tra zero ed uno (estremi inclusi) e la cui somma è uguale all'unità. Tale doppia serie di valori si chiama variabile casuale. Se indichiamo con x_i una delle N possibili osservazioni e con p_i la probabilità associata, definiamo il valore atteso (o media) e la varianza della variabile casuale X come $E(X) = \sum_{i=1}^{N} x_i p_i$ e rispettivamente come $\mathrm{var}(X) = E\,(X - E(X))^2 = \sum_{i=1}^{N} (x_i - E(X))\,p_i$. Si definisce la standard deviation della variabile casuale X come $sd(X) = \sqrt{\mathrm{var}(X)}$. La covarianza tra le due variabili casuali X e Y è data da $cov(X, Y) = E[(X - E(X))(Y - E(Y))]$: se X e Y sono indipendenti (cioè il verificarsi di un qualunque valore di X non determina il verificarsi di un qualunque valore di Y e viceversa), per definizione si ha $cov(X, Y)=0$.

La tabella della variabile normale standardizzata Z si può utilizzare anche per valutazioni di tipo probabilistico, quali la probabilità che, in un campionamento casuale (cioè un campionamento in cui ogni elemento di una popolazione abbia la stessa probabilità di essere estratto) si estragga un valore standardizzato compreso tra 2,1 e 1,58. Tale probabilità (grafico A.2.8) è pari a 0,0391 che è la differenza tra la probabilità (pari a 0,4821) di estrarre un valore tra 0 e 2,1 e la probabilità (pari a 0,4430) di estrarre un valore tra 0 e 1,58.

Grafico A.2.8.

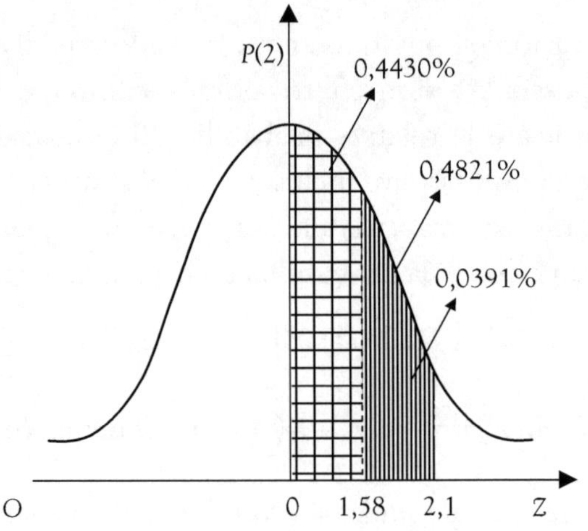

2.3.2. *Le proprietà statistiche degli stimatori dei minimi quadrati*

Si ipotizzi che:

– la relazione tra le variabili X e Y sia di tipo lineare e della forma $Y = \alpha + \beta X + u$, dove u è una variabile (chiamata a volte perturbazione stocastica) che rappresenta tanto l'effetto di tutte le variabili diverse da X (e quindi non esplicitamente considerate nella nostra equazione) che contribuiscono a determinare Y, quanto gli errori di misurazione di X e Y[25];

– i valori di X siano fissi;

– ad ogni X corrisponda una variabile casuale u distribuita normalmente con: valore atteso = $E(u) = 0$; varianza = $\text{var}(u) = \sigma^2$ = costante, cioè che non varia quando si passa da un X ad un altro (tale ipotesi è chiamata anche di omoschedasticità);

– i valori delle variabili casuali u siano tra loro indipendenti, cioè covarianza = $\text{cov}(u) = 0$.

---

[25] Notiamo che $u \neq$ (in quanto $u = Y - \alpha - \beta X$ mentre $\varepsilon = Y - \hat{\alpha} - \hat{\beta}$ cioè, per ogni X, u rappresenta la differenza tra il valore osservato di Y e quello indicato dalla vera (e non conoscibile) relazione lineare tra X e Y mentre (rappresenta la differenza tra il valore osservato di Y e quello indicato dalla migliore relazione lineare tra X e Y stimabile con i dati disponibili, cioè con il campione che è stato osservato.

Quindi, poiché, per ogni *X*, al variare di *u* varia *Y*, anche gli stimatori dei minimi quadrati di α e β (cioè $\hat{\alpha}$ e $\hat{\beta}$) sono variabili casuali distribuite normalmente di cui si si dimostra che:

– $E(\hat{\alpha}) = \alpha$[26] e $E(\hat{\beta}) = \beta$[27]: quindi, $\hat{\alpha}$ e $\hat{\beta}$ sono stimatori non distorti in quanto i loro valori attesi sono uguali ai parametri veri;

– $\mathrm{var}(\hat{\alpha}) = \sigma^2\left(\frac{1}{N} + \overline{X}\frac{\overline{X}^2}{\sum x^2}\right)$[28] e $\mathrm{var}(\hat{\beta}) = \frac{\sigma^2}{\sum x^2}\sigma^2$[29] da cui si deduce, chia-

---

[26] Posto $\hat{\beta} = \frac{\sum(X-\overline{X})(Y-\overline{Y})}{\sum(X-\overline{X})^2} = \frac{\sum xy}{\sum x^2}$ e ricordato che $\sum x = \sum(X-\overline{X}) = \sum X - N\overline{X} = \sum X - N\frac{\sum x}{N} = \sum X - \sum X = 0$; $\sum xy = \sum x(Y-\overline{Y}) = \sum xY - \overline{Y}\sum xY$; $\sum x^2 = \sum x(X-\overline{X}) = \sum xX - \overline{X}\sum x = \sum xX$, otteniamo:

$$\hat{\alpha} = \overline{Y} - \hat{\beta}\overline{X} = \frac{\sum(\alpha+\beta X+u)}{N} - \overline{X}\frac{\sum xy}{\sum x^2} = \frac{\sum(\alpha+\beta X+u)}{N} - \overline{X}\frac{\sum xY}{\sum x^2} = \frac{\sum(\alpha+\beta X+u)}{N}$$

$$-\overline{X}\frac{\sum(\alpha+\beta X+u)}{\sum x^2} = \sum(\alpha+\beta X+u)\left(\frac{1}{N} - \overline{X}\frac{x}{\sum x^2}\right) = \sum\frac{\alpha}{N} - \alpha\overline{X}\frac{\sum x}{\sum x^2} + \beta\sum\frac{X}{N} - \beta\overline{X}\frac{\sum Xx}{\sum x^2}$$

$$+\sum\left(\frac{1}{N-} - \overline{X}\frac{x}{\sum x^2}\right)u = \alpha + \beta\overline{X} - \beta\overline{X}\frac{\sum Xx}{\sum x^2} + \sum\left(\frac{1}{N} - \overline{X}\frac{x}{\sum x^2}\right)u = \alpha + \sum\left(\frac{1}{N} - \overline{X}\frac{x}{\sum x^2}\right)u$$

che ci permette di verificare, poiché il valore atteso di una costante è la costante stessa e nell'ultima formula tutte le variabili diverse da *u* sono costanti, che

$$E(\hat{\alpha}) = E(\alpha) + \sum\left(\frac{1}{N} - \overline{X}\frac{x}{\sum x^2}\right)E(u) = \alpha.$$

[27] Utilizzando la nota precedente, notiamo che $\hat{\beta} = \frac{\sum xy}{\sum x^2} = \frac{\sum xY}{\sum x^2} = \frac{\sum x(\alpha+\beta X+u)}{\sum x^2} = \frac{\alpha\sum x + \beta\sum xX + \sum xu}{\sum x^2} = \beta + \sum\left(\frac{x}{\sum x^2}\right)u$ che ci permette di verificare, essendo nell'ultima formula costanti tutte le variabili diverse da *u*, che $E(\hat{\beta}) = E(\beta) + \sum\left(\frac{x}{\sum x^2}\right)E(u) = \beta$.

[28] Dalla nota 19 riprendiamo $\hat{\alpha} = \alpha + \sum\left(\frac{1}{N} - \overline{X}\frac{x}{\sum x^2}\right)u$ da cui otteniamo

mandosi standard error (*se*) la *sd* di uno stimatore, se var($\hat{\alpha}$) = $\sigma\sqrt{\left(\frac{1}{N}+\frac{\overline{X}^2}{\sum x^2}\right)}$

e $se(\hat{\beta})=\frac{\sigma}{\sqrt{\sum x^2}}$; si può anche dimostrare che $\hat{\alpha}$ e $\hat{\beta}$ sono gli stimatori non distorti con la varianza più piccola.

2.3.3. *L'intervallo di confidenza e la prova delle ipotesi*

Siamo ora in grado di esporre i metodi dell'intervallo di confidenza (par. 3.3.1) e della prova delle ipotesi (par. 3.3.2) mediante la loro applicazione al solo caso, ma importante perché è il primo stadio dell'econometria, della summenzionata regressione bivariata.

$$\mathrm{var}(\hat{\alpha}) = \mathrm{var}\left(\alpha+\sum\left(\frac{1}{N}+\overline{X}\frac{x}{\sum x^2}\right)u\right)=\sum\left(\frac{1}{N}+\overline{X}\frac{x}{\sum x^2}\right)^2\mathrm{var}(u)$$

$$=\sigma^2\sum\left(\frac{1}{N}-\overline{X}\frac{x}{\sum x^2}\right)^2=\sigma^2\left(\sum\frac{1}{N^2}-2\overline{X}\frac{x}{N\sum x^2}+\left(\overline{X}\frac{x}{\sum x^2}\right)\right)$$

$$=\sigma^2\left(\frac{1}{N}-2\overline{X}\frac{x}{N\sum x^2}+\left(\overline{X}\frac{x}{\sum x^2}\right)^2\right)=\sigma^2\left(\frac{1}{N}+\frac{\overline{X}^2}{\sum x^2}\right)$$

poiché: la varianza di una costante (come è il caso di α) è nulla; la varianza di una variabile motiplicata per una costante (come è il caso di $\sum\left(\frac{1}{N}-\overline{X}\frac{x}{\sum x^2}\right)u$) è pari alla varianza della variabile moltiplicata per il quadrato della costante.

[29] Dalla nota 20 riprendiamo $\hat{\beta}=\beta+\sum\left(\frac{x}{\sum x^2}\right)u$ $\hat{\beta}$da cui otteniamo var($\hat{\beta}$) = var(β $+\sum\left(\frac{x}{\sum x^2}\right)u$) $=\sum\left(\frac{x}{\sum x^2}\right)^2\mathrm{var}(u)=\sigma^2\sum\left(\frac{x}{\sum x^2}\right)^2=\frac{\sigma^2}{\sum x^2}\mathrm{var}(u)=$

$\sigma^2\sum\left(\frac{x}{\sum x^2}\right)^2=\frac{\sigma^2}{\sum x^2}$ poiché: la varianza di una costante (come è il caso di β) è nulla; la varianza di una variabile moltiplicata per una costante (come è il caso di $\sum\left(\frac{x}{\sum x^2}\right)u$) è pari alla varianza della variabile moltiplicata per il quadrato della costante.

2.3.3.1. *L'intervallo di confidenza*

Le condizioni che un valore $\hat{\beta}_1$ di $\hat{\beta}$ deve soddisfare perché cada tra un numero f di standard deviation a destra ed a sinistra di $E(\hat{\beta})$ sono le seguenti [30]:

– se è alla sinistra di $E(\hat{\beta})$, $-fsd(\hat{\beta}) < \hat{\beta}_1 < E(\hat{\beta})$ ovvero $\hat{\beta}_1 > E(\hat{\beta}) - fsd(\hat{\beta})$;

– se è alla destra di $E(\hat{\beta})$, $E(\hat{\beta}) < \hat{\beta}_1 < fsd(\hat{\beta})$ ovvero $\hat{\beta}_1 < E(\hat{\beta}) + fsd(\hat{\beta})$;

ovvero, unendo le due condizioni, si ottiene $E(\hat{\beta}) - fsd(\hat{\beta}) < \hat{\beta}_1 < E(\hat{\beta}) + fsd(\hat{\beta})$ da cui, sottraendo ad ogni membro $E(\hat{\beta})$ e dividendo ogni membro per $sd(\hat{\beta})$, si perviene a

$$-f < (\hat{\beta}_1 - E(\hat{\beta}))/sd(\hat{\beta}) < f \text{ ovvero a } -f < Z < f.$$

È dunque possibile, utilizzando la tabella dei valori critici di Z, determinare l'intervallo di valori, estendentesi simmetricamente attorno a $E(\hat{\alpha})$, in cui ci sia una data probabilità (pr) di trovare $\hat{\beta}_1$.

Per esempio, se $pr(-f < Z < f) = 0,95$, cioè se vogliamo determinare l'intervallo di valori attorno a Z in cui vi sia il 95% di probabilità di trovare $\hat{\beta}_1$, la tabella dei valori di Z ci informa che $f = 1,96$, per cui da $E(\hat{\beta}) - fsd(\hat{\beta}) < \hat{\beta}_1 < E(\hat{\beta}) + fsd(\hat{\beta})$ deduciamo che vi è il 95% di probabilità di trovare $E(\hat{\beta}) - 1,96\, sd(\hat{\beta}) < \hat{\beta}_1 < E(\hat{\beta}) + 1,96\, sd(\hat{\beta})$.

Ricordando che $E(\hat{\beta}) = \beta$ e che $sd(\hat{\beta}) = se(\hat{\beta}) = \frac{\sigma}{\sqrt{\sum x^2}}$, è fondamentale precisare che vi è, nell'ipotesi che (sia effettivamente noto, il 95% di probabilità di trovare $\hat{\beta}_1 - 1,96\, se(\hat{\beta}) < \hat{\beta}_1 < \beta + 1,96\, \text{se}(\hat{\beta})$ cioè di trovare

$$\hat{\beta}_1 - 1,96\, se(\hat{\beta}) < \beta < \hat{\beta}_1 + 1,96\, se(\hat{\beta})$$ [31]:

---

[30] La stessa dimostrazione vale ovviamente per $\hat{\alpha}$.

[31] Da $\beta - 1,96\, \text{se}(\hat{\beta}) < \hat{\beta}_1 < \beta + 1,96\, \text{se}(\hat{\beta})$ otteniamo le diseguaglianze: $-\hat{\beta}_1 - 1,96\, \text{se}(\hat{\beta}) < -\beta$ ovvero $\hat{\beta}_1 + 1,96\, \text{se}(\hat{\beta}) > \beta$; $\hat{\beta}_1 - 1,96\, \text{se}(\hat{\beta}) < \beta$. Unendole perveniamo a $\hat{\beta}_1 - 1,96\, \text{se}(\hat{\beta}) < \beta < \hat{\beta}_1 + 1,96\, \text{se}(\hat{\beta})$.

quest'ultimo intervallo si definisce come l'intervallo di fiducia al 95% per il valore vero di β.

Se, come succede praticamente sempre, σ non è noto, lo si può stimare con la formula $\hat{\sigma} = \frac{\sum e^2}{(n-2)}$ per cui abbiamo se $(\hat{\beta}) = \frac{\sigma}{\sqrt{\sum x^2}}$ con se($\hat{\beta}$) che diviene da costante una variabile casuale dipendendo appunto da uno stimatore di σ, in cui i residui e sono, tramite Y, funzioni delle perturbazioni u.

Ma, a causa del ricorso a $\hat{\sigma}$, $\hat{\beta}_1 - 1{,}96\, se(\hat{\beta}) < \beta < \hat{\beta}_1 + 1{,}96\, \text{se}(\hat{\beta})$ è ora associato ad una probabilità minore del 95%: per continuare ad associare all'intervallo una probabilità del 95% bisogna sostituire il valore critico 1,96 con un nuovo valore critico desunto dalla distribuzione t i cui valori dipendono dai gradi di libertà, grandezza pari al numero delle osservazioni meno i parametri da stimare: se il numero delle osservazioni è 30 ed i parametri da stimare sono, come nel caso della regressione semplice, 2, i gradi di libertà sono quindi 28.

Facendo riferimento sempre alla variabile casuale $\hat{\beta}$, la corrispondente variabile t, anch'essa casuale e standardizzata ma con distribuzione non normale, è data dalla $t = \frac{\hat{\beta} - \beta}{\frac{\hat{\sigma}}{\sqrt{\sum x^2}}} = \frac{\hat{\beta} - \beta}{se(\hat{\beta})}$. Siamo ora interessati a trovare, *ceteris paribus*, f che soddisfi la relazione $pr(-f < t < f) = 0{,}95$: per esempio, se i gradi di libertà sono 10, $f = 2{,}23$.

Nel nostro esempio in cui $\beta_1 = 0{,}8107$, se $(\beta) = 0{,}0348$ ed i gradi di libertà sono 10 (in quanto vi sono 12 osservazioni e due parametri da stimare), vi è il 95% di probabilità di trovare l'intervallo $0{,}8107 - 2{,}23 \cdot 0{,}0348 < \beta < 0{,}8107 + 2{,}23 \cdot 0{,}0348$ ovvero vi è il 95% di probabilità che il valore vero di β sia tra 0,733096 e 0,888304, cioè sia positivo e minore dell'unità come suggerito dalla teoria keynesiana.

2.3.3.2. *La prova delle ipotesi*

Dal momento che $\hat{\beta}$ è una variabile casuale, è interessante concepire un metodo che consenta di stabilire se un $\hat{\beta}_1$ diverso da 0 sia stato trovato solo per caso oppure come riflesso del fatto che β è effettivamente diverso da 0. Se i gradi di libertà sono 60, sappiamo dalla distribuzione t che vi è il 95% di probabilità che sia $\beta - 2\, se(\hat{\beta}) < \hat{\beta}_1 < \beta + 2\, se(\hat{\beta})$.

Se ipotizziamo che $\beta = 0$ (ipotesi nulla chiamata anche H_0) allora otteniamo che vi è il 95% di probabilità che sia $-2\, se(\beta) < \hat{\beta}_1 < 2\, se(\beta)$, per cui:

– se $-2\, se(\hat{\beta}) < \hat{\beta}_1 < 2\, se(\hat{\beta})$ non possiamo affermare che $\beta \neq 0$, cioè non possiamo respingere l'ipotesi nulla;

– se invece $\hat{\beta}_1 < -2\, se(\beta)$ oppure $\hat{\beta}_1 > 2\, se(\beta)$, possiamo affermare (visto che vi era solo il 5% di probabilità del verificarsi di una delle due ultime diseguaglianze nel caso di $\beta = 0$) che $\beta \neq 0$, cioè respingiamo l'ipotesi nulla[32].

Quindi $\beta \neq 0$ se $\dfrac{\beta_1}{se(\hat{\beta})} > 2$ oppure se $\dfrac{\beta_1}{se(\hat{\beta})} < -2$ cioè se $-\dfrac{\beta_1}{se(\hat{\beta})} > 2$: in altri termini, $\beta \neq 0$ se $\left|\dfrac{\beta_1}{se(\hat{\beta})}\right| > 2$ dove $\left|\dfrac{\beta_1}{se(\hat{\beta})}\right| = t$ nell'ipotesi di $\beta = 0$.

Nel nostro esempio, dal momento che il t corrispondente a $\beta_1 = 0{,}8107$ e se $(\beta) = 0{,}0348$ è $\cong 23{,}2960$ mentre il valore critico di t con 10 gradi di libertà è 2,23, possiamo, analogamente al risultato ottenuto con l'intervallo di confidenza, respingere l'ipotesi $\beta = 0$.

All'ipotesi nulla corrisponde l'ipotesi non nulla $\beta \neq 0$ che può essere a due code, cioè contemplante entrambi i casi $\beta < 0$ e $\beta > 0$, oppure ad una sola coda, contemplante cioè uno solo dei due casi appena indicati.

Poiché nel nostro esempio viene soddisfatta la diseguaglianza $\dfrac{\beta_1}{se(\hat{\beta})} > 2{,}23$, possiamo non solo respingere l'ipotesi $\beta = 0$ ma anche non respingere l'ipotesi non nulla ad una coda $\beta > 0$, avvicinandoci così ulteriormente al risultato ottenuto con l'intervallo di confidenza.

Infine, si può dimostrare che in generale i metodi dell'intervallo di confidenza e della prova delle ipotesi sono equivalenti nel senso che se l'intervallo di confidenza: contiene l'ipotesi nulla, questa non viene respinta neppure dalla prova delle ipotesi; non contiene l'ipotesi nulla, questa viene respinta anche dalla prova delle ipotesi.

---

[32] Così procedendo, possiamo inevitabilmente commettere due errori: se il valore calcolato del test è maggiore di quello critico, corriamo il rischio di respingere H_0 quando è invece vera (errore del primo tipo); se il valore calcolato del test è minore di quello critico, corriamo invece il rischio di non respingere H_0 quando è invece falsa (errore del secondo tipo).

Indice analitico

D

E

F

G

I

N

O

P

Q

R

S

T

U

V

Indice dei nomi

Finito di stampare nel mese di dicembre 2020
nella Stampatre s.r.l. di Torino
Via Bologna, 220

Note

Note

Note